Daniel Mandl

mit freundlicher Unterstützung
von Michael Schwarz

Wir wünschen eine anregende Lektüre!

Edition Digital Lifestyle

MANDL & SCHWARZ

Das Grundlagenbuch zu

Mac OS X 10.5 Leopard

Das fortschrittliche Betriebssystem von Apple

Impressum

Das Grundlagenbuch zu Mac OS X 10.5 Leopard
Das Betriebssystem von Apple in der Praxis –
unterhaltsam und kompetent erklärt

ISBN 978-3-939685-03-6
1. Auflage 2008

MANDL & SCHWARZ

Mandl & Schwarz-Verlag
Edition Digital Lifestyle

Theodor-Storm-Straße 13
D-25813 Husum / Nordsee

Fax 04841 – 770 99 96
leo@mandl-schwarz.de

Bibliografische Information der Deutschen Nationalbibliothek
Die Deutsche Nationalbibliothek verzeichnet diese Publikation in der Deutschen Nationalbibliografie; detaillierte bibliografische Daten sind im Internet über http://dnb.d-nb.de abrufbar.

Der Verlag übernimmt keine Haftung für Folgen, die auf unvollständige oder fehlerhaften Angaben in diesem Buch zurückzuführen ist. Denn zwar wurde das Ihnen vorliegende Buch in unzähligen Tages- und Nachtstunden mit großer Sorgfalt und viel »Herzblut« erstellt. Dennoch finden sich ab und an Fehler, für die wir uns entschuldigen möchten. Wir sind Ihnen dankbar für Anregungen und Hinweise.

Zu Ihrer ersten Orientierung

Das erwartet Sie im Detail

6

Endlich online – Surfen, E-Mail und Chat mit dem Mac 415

Liebe Leserin, lieber Leser,

haben Sie Dank für Ihr Interesse an unserem »Grundlagenbuch zu Mac OS X 10.5 Leopard«. Darüber freuen wir uns sehr. Auf den nachfolgenden Seiten werden wir Ihnen das fortschrittliche Betriebssystem von Apple vorstellen. Mancher wird vielleicht sagen, dass der Mac auch intuitiv zu bedienen sei. Stimmt; aber dann würden Sie als Einsteiger nur einen Bruchteil von dem nutzen, was Ihnen Apple an Erleichterungen bietet. Und das wäre doch schade, oder?

Schließlich bietet *Leopard* eine Fülle an Funktionen – z. B. die optimierte Benutzerführung, mit der Sie Ihre Arbeit am Computer noch flüssiger gestalten können. *Mac OS X* verfügt in seiner neuen Version über verbesserte Programme und neue Features wie die automatische Datensicherung *Time Machine*, die wir Ihnen detailliert erläutern. Aber vor allem wollen wir Sie fit machen im alltäglichen Umgang mit *Leopard*, so dass Sie sich nach der Lektüre innerhalb kürzester Zeit wirklich auf Ihrem schicken Rechner zu Hause fühlen.

Es ist unser Hauptanliegen, Ihnen dies auf unterhaltsame wie kompetente Art und Weise zu vermitteln. Unsere Buch-*Edition Digital Lifestyle* z. B. zum Thema »iPhoto '08 – iLife von Apple für engagierte Digitalfotografen« wie auch alle anderen Produkte aus unserem noch jungen *Mandl & Schwarz-Verlag* leben dabei von Ihrem Feedback. Am Ende dieses Vorwortes finden Sie unsere Mail-Adresse. Bitte machen Sie davon regen Gebrauch. Wir freuen uns auf Ihre Antwort!

Über dieses Grundlagenbuch

Im ersten Kapitel erwartet Sie die *Installation von Mac OS X*. Sie erfahren dabei, was es zu beachten gilt und welche Tricks Sie anwenden können, um viele Hundert Megabyte an unnötigem Daten-Volumen einzusparen. So bleibt Ihr Rechner schlank und wendig für die wirklich wichtigen Aufgaben. Anschließend lernen Sie die *Finder-Oberfläche* kennen, die nicht nur sympathisch wirkt, sondern auch eine Menge an Funktionen oder gar Raffinessen enthält, die manchmal erst auf den zweiten Blick erkennbar sind. Im dritten Kapitel befassen wir uns mit den *Systemeinstellungen;* diese steuern vielfach unbemerkt das Grundverhalten Ihres Rechners. Wir zeigen Ihnen in Wort und Bild die Vielzahl an Möglichkeiten, wie Sie Ihren Mac dabei noch besser an Ihre persönlichen Bedürfnisse anpassen.

Apple wartet zudem mit zahlreichen hauseigenen *Programmen* auf, die für die meisten Ansprüche vollauf genügen. Wir stellen Ihnen im vierten Kapitel die Wichtigsten vor und erläutern ausführlich deren Bedienung. Wir legen dabei besonderen Wert auf die Erklärung der Funktionsvielfalt sowie der reibungslosen Zusammenarbeit zwischen den einzelnen Anwendungen.

Die *Dienstprogramme* im fünften Kapitel durchleuchten den Mac, helfen tatkräftig bei Problemen oder stellen sich der Auseinandersetzung in Sachen Windows, Mathematik, Peripherie-Erkennung und mehr.

Die Konfiguration Ihrer Internet-Verbindung, das Surfen im World Wide Web mit *Safari*, das Empfangen und Versenden von E-Mails sowie die virtuelle Kommunikation über *iChat AV* sind die Themen im sechsten Kapitel. Danach geht es ans Netzwerken: Wie verbinde ich meine Mac-Rechner, um Daten auszutauschen? Wie gut kommen Macs in der Windows-Welt zurecht? Die Antworten auf diese Fragen finden Sie im siebten Kapitel. Dieses Grundlagenbuch schließt mit allerlei Tipps und Tricks für den Fall, wenn es denn mal nicht so gut klappt: Support und Prävention stehen im Vordergrund, damit Ihr Mac schnell wieder auf die Beine kommt.

Leichter lesen – Ihr Leitsystem

Auf den nachfolgenden Seiten haben wir wichtige Textstellen hervorgehoben und mit einem Icon (Symbol) versehen. Diese bedeuten im Einzelnen:

Grundwissen: Dieses Symbol taucht immer dann auf, wenn es um die Bedienung im Allgemeinen geht oder wenn Fachbegriffe auftauchen. Hier vermitteln wir auch grundsätzliche Details, die Ihnen den Umgang mit Ihrem Mac erleichtern.

Tipp: Ob hilfreiche Tastenkombinationen oder bislang noch unentdeckte Features: Dieses Icon weist Sie auf Zusatz-Informationen und allerlei Tipps und Tricks rund um *Mac OS X Leopard* hin.

Achtung: Damit Sie eher weniger als mehr Arbeit haben: Das Symbol mit dem Ausrufezeichen warnt Sie vor typischen Fehlern, die der oftmals noch unbedarfte Software-Einsteiger gerne einmal macht.

Wir glauben fest daran, dass Ihnen aufregende Wochen und Monate bevorstehen, denn *Mac OS X* dient Ihnen nach der Lektüre als wunderbares Werkzeug im Apple-Alltag. Wie gut das Betriebssystem die multimedialen Fähigkeiten und innovativen Features umsetzt, wird Sie überraschen. Der Mac wird zum ständigen Begleiter, der Sie in all Ihren Tätigkeiten unterstützt und Ihnen Arbeit abnimmt.

Wir danken für Ihr Verständnis ...

Mit diesem Buch erhalten Sie einen leichten Einstieg in eine nicht immer sofort verständliche Materie. Nichtsdestotrotz mögen ab und an Probleme auftreten. Bitte haben Sie dafür Verständnis, dass wir über dieses Buch hinaus keinen persönlichen Support leisten können. Dazu gibt es einfach zu viele

Rechner- und Software-Konfigurationen. Unsere Bitte: Wenden Sie sich in solchen Fällen doch an die – hier von uns zahlreich recherchierten – Foren und Support-Webseiten, auf denen sich Anwender-Gruppen sowie professionelle »Problemlöser« zum Austausch treffen. Die Wahrscheinlichkeit, dass Ihnen dort schnell und unbürokratisch geholfen werden kann, ist recht hoch. Vielen Dank.

Über den Horizont hinaus

Apple wie auch die im Folgenden erwähnten Drittanbieter von Software und Hardware bemühen sich stets um weitere Aktualisierungen und Verbesserungen. Sollten sich daher in Ergänzung zu diesem Grundlagenbuch wichtige Neuigkeiten ergeben, so werden wir Sie selbstverständlich weiterhin mit kompetenten Beiträgen versorgen. Diese finden Sie stets auf unserer Webseite unter der Adresse `www.mandl-schwarz.de/leopard`. Als besonderes Schmankerl finden Sie dort auch ab und an weiterführende PDFs zum Herunterladen. Schauen Sie doch mal vorbei und lassen Sie sich überraschen!

Feedback willkommen!

Natürlich freuen wir uns, wenn Ihnen dieses Buch gefallen hat und Sie eine Menge daraus für Ihre ganz persönlichen Bedürfnisse und Aufgaben umsetzen können. Daher unsere Bitte: Teilen Sie uns Ihre Eindrücke mit und senden Sie uns auch Ihre Kritik – denn gerade als junger Verlag möchten wir dazulernen und uns konstant weiterentwickeln. Sie erreichen uns dazu über **leo@mandl-schwarz.de**. Wir freuen uns auf Ihre Antwort!

Wir wünschen Ihnen nun eine anregende Lektüre!
Ihr Daniel Mandl, im Frühjahr 2008

PS: Ein paar Worte des Dankes

Ein ganz lieber Gruß und Dank geht an Georg Albrecht (Leiter Apple Presse- und Öffentlichkeitsarbeit D/A), Frank Limbacher (ebenso Presse- und Öffentlichkeitsarbeit) sowie an Martin Kuderna und Florian Hoser von der 100zehn GmbH – allen gebührt Anerkennung für ihre stete Unterstützung.

Auch möchten wir uns bei Freunden und Familie/n für ihr Verständnis bedanken, dass ein Buch »eben nicht über Nacht« (oder vielleicht doch oft genug zu diesen Uhrzeiten) entsteht.

Nicht zuletzt danken wir allen Lesern und Anhängern unseres jungen Verlages, die uns mit Zuspruch wie auch Kritik begleitet haben. Bleiben Sie uns so treu und bitte: **empfehlen Sie uns auch weiterhin** so engagiert!

Die Installation – Schritt für Schritt zum fehlerfreien Betriebssystem

Die Installation komplexer Betriebssysteme besitzt den Ruf von stundenlangem Probieren und umfangreichem Ärger. Und in der Tat bestätigt so manches Mal die Erfahrung des Anwenders diese zweifelhafte Einschätzung: Nichts geht mehr, kein Programm funktioniert so, wie es soll, und überhaupt ist doch diese Computerwelt ein einziger Graus.

Nach dem Motto »Nobody is perfect« haben auch wir als Autoren schon das ein oder andere Desaster erlebt, nur gehen wir damit wahrscheinlich anders um. Das soll nun nicht heißen, dass unsereiner Freudentänze aufführt, wenn mal wieder nichts klappt, doch installieren wir so oft und ausführlich, dass die Wahrscheinlichkeit, dass etwas schief geht, automatisch mit in das Zeitbudget eingerechnet wird. Man ist froh, wenn alles funktioniert, und man ärgert sich nur wenig, wenn nichts mehr geht.

Um Ihnen nun negative Erfahrungen zu ersparen, möchten wir die typische Installation von Mac OS X 10.5 »Leopard« Schritt für Schritt aufzeigen und erläutern, was es zu beachten gilt und welche Anpassungen und Sicherheitsvorkehrungen Sie schon im Vorfeld treffen können. Dazu gehören auch die von Apple vorgegebenen Systemvoraussetzungen, die im Folgenden kurz aufgelistet werden:

- Mac mit Intel-, PowerPC G5- oder PowerPC G4-Prozessor (867 MHz oder schneller).
- 512 MB Arbeitsspeicher, wobei das eher untertrieben ist: Rüsten Sie mindestens auf 1024 MB (entsprechend 1 Gigabyte) oder höher auf, da erst ab diesem Umfang ein flüssiges Arbeiten möglich ist. Gerade dann, wenn Sie Video- oder Bildbearbeitung betreiben möchten, ist das Aufstocken des Arbeitsspeichers unerlässlich. Möchten Sie zudem noch Windows mit Hilfe von *Boot Camp* bzw. in einer Virtualisierung (sprich parallel zu Mac OS X) laufen lassen, dann sollten Sie ruhigen Gewissens die zwei Gigabyte-Hürde ins Auge fassen.
- DVD-Laufwerk für die Installation sowie mindestens 9 GB freier Speicherplatz auf der Festplatte. Auch hier gilt selbstverständlich, dass es nicht verkehrt ist, mindestens 50 oder mehr Gigabyte an Festplatten-Platz frei zu halten, schließlich wollen Sie weitere Programme installieren bzw. Ihre Bilder- oder Musiksammlung unterbringen. Da kommen schnell etliche Gigabyte zusammen.

- Für manche Dienste und Funktionen benötigen Sie einen Internet-Account. Falls Sie sich noch keinem Internet-Dienstleister zugehörig fühlen, sollten Sie sich schleunigst schlau machen, denn der Internet-Zugang ist in der heutigen Zeit (fast) unerlässlich. Software-Aktualisierungen etc. laufen fast ausschließlich über diese Schiene.

- Einige Funktionen erfordern die *.Mac*-Dienste von Apple. Der Spaß kostet circa 98 Euro im Jahr und ist somit nicht ganz billig. Sie bekommen dafür 10 Gigabyte an Speicherplatz (jeweils fünf GB für E-Mail und *iDisk*) sowie eine Menge an Erleichterung.

Betrachten Sie die von Apple vorgeschlagenen Werte wirklich nur als Minimal-Voraussetzung und gönnen Sie sich lieber den Luxus höheren Arbeits- und Festplatten-Speichers. Auf seinen Rechner warten zu müssen ist mit der Zeit ein unangenehmes Unterfangen, dem Sie schon im Vorfeld mit ein wenig Kleingeld im Säckel begegnen können.

Die Vorbereitungen zum gelungenen Leopard-Auftritt

Kommen Sie das erste Mal nach einer Neuanschaffung mit einem Macintosh-Rechner in Berührung, so dürfen Sie sich erst einmal zurücklehnen und sich am Design erfreuen. Denn dank Apples Vorarbeit ist das Betriebssystem bereits auf die Festplatte kopiert und vorkonfiguriert – Sie müssen nur noch über Assistenten einige wichtige Daten eingeben. Nichtsdestotrotz sollten Sie sich auch die folgenden Seiten durchlesen, denn schließlich lernt man nie genug und ein wenig Hintergrundwissen über Installationsvorgänge hat noch niemandem geschadet. Ein paar Seiten weiter, wenn Sie auf die Überschrift »Mac OS X Leopard heißt Sie Willkommen« stoßen, wird es auch für Sie wieder interessant.

Für alle anderen (also jene, die sich Mac OS X 10.5 nachträglich gekauft haben) lautet die Devise nun »Aufgepasst!«, denn das Kapitel ist für Sie bestimmt und möchte den unbedarften Anwendern unter die Arme greifen.

Die wichtigste Grundregel bei vorhandenen, bereits fehlerfrei laufenden Systemen sollte da lauten: Muss das sein? ;-) Verdienen Sie Ihr Geld mit dem Mac, so ist das problemlose Arbeiten mit Vorgängerversionen keine Schande, sondern erspart Ihnen eine Menge an Zeit und Ärger. Es ist schlicht Tatsache, dass nach jedem größeren Versionssprung (in unserem Fall eben von *Tiger* zu *Leopard*) das ein oder andere liebgewordene Programm die Segel streicht. Möchten Sie dann Ihre Dokumente öffnen, so stürzt das Programm ab oder das System weigert sich beharrlich, diese Software zu akzeptieren. Dann heißt es mitunter auf ein Update des Herstellers zu warten bzw. mit Erschrecken festzustellen, dass dieser gar kein Update anbietet, sondern lieber (mit dem Dollarzeichen im Auge) auf die aktuellen, leider aber nur käuflich zu erwerbenden Versionen verweist. Ein neues System bedeutet also – gerade für die professionell arbeitende Gemeinde – immer auch Zusatzausgaben in Form neuer Software-Produkte.

Möchten oder müssen Sie dennoch das Allerneueste besitzen, so sollten Sie im Vorfeld alle wichtigen Daten in Sicherheit bringen. Dies bedeutet für Sie das Brennen mehrerer CDs/DVDs bzw. das Kopieren Ihrer Schätze auf eine externe Festplatte oder einen anderen Mac. Beherzigen Sie bitte diesen Ratschlag, denn nichts ist ärgerlicher als im Nachhinein feststellen zu müssen, dass sämtliche Daten verschwunden sind, einzelne Dateien nicht mehr gelesen werden können oder gar das gesamte System sich nicht mehr starten lässt.

Und wenn Sie schon dabei sind, auf Ihrem Rechner nach Wichtigem zu forschen, so machen Sie es wie der Hausmann/die Hausfrau bei aufkommenden Frühlingsgefühlen: Säubern Sie Ihre Festplatte und befreien Sie sie von unnötigem Ballast. Dazu gehören nicht mehr benötigte Programme, wiederentdeckte, aber nicht mehr aktuelle Daten oder auch Hunderte von alten E-Mails, die das Programm *Mail* (oder ein Alternativ-Programm) brav hortet, die aber mit Sicherheit nie wieder gelesen werden. Überlegen Sie sich vielleicht auch schon eine neue Ordnung oder vereinfachte Hierarchien, so dass Sie Ihre Daten später schneller und somit effektiver finden.

Haben Sie dann fleißig kopiert und gelöscht und sich die Nächte um die Ohren geschlagen, so sollten Sie auch die Festplatte selbst einmal über das *Festplatten-Dienstprogramm* überprüfen. Dieses finden Sie im Ordner *Programme*, Unterordner *Dienstprogramme*. Über den Reiter *Erste Hilfe* gelangen Sie hierbei an die Funktionen zum Überprüfen und Reparieren.

Auf dem *Startvolume* (also jenes Laufwerk, auf dem sich das Betriebssystem befindet) lassen sich nur die *Volume-Zugriffsrechte* reparieren. Das Reparieren des Volumes selbst klappt nur, indem Sie von einer Installations-CD/DVD aus den Rechner starten und von dort aus das *Festplatten-Dienstprogramm* benutzen. Letzteres ist in unserem Fall kein Beinbruch, schließlich stehen wir kurz vor der Installation von Mac OS X 10.5 und müssen so oder so den Rechner mit der Install-DVD hochfahren. Im Falle einer Partitionierung Ihrer Festplatte (indem Sie Ihre Festplatte in mehrere Volumes aufgeteilt haben) lassen sich die anderen Volumes jedoch kontrollieren und bei festgestellten Problemen gegebenenfalls gleich auf Vordermann bringen.

Das Programm bietet in der Tat erstklassige Unterstützung bei Problemen mit Festplatte & Co.

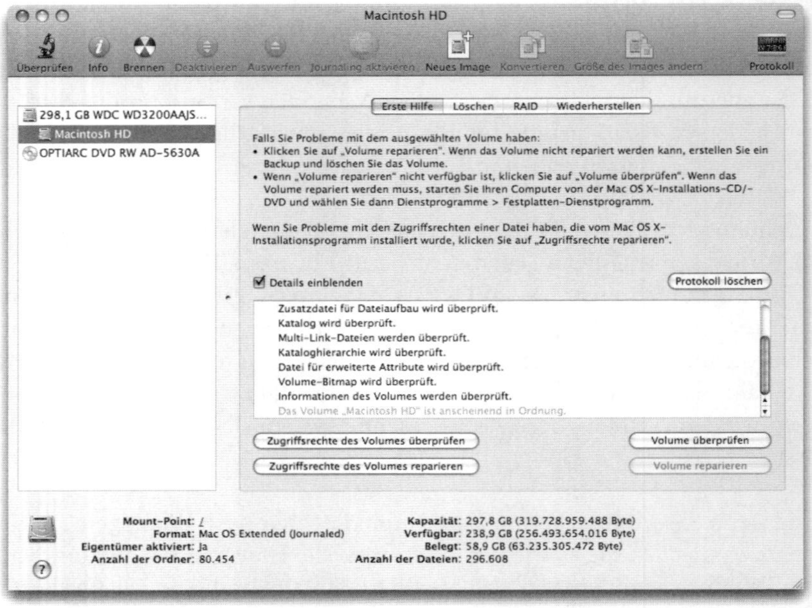

Sind die Vorarbeiten erledigt und die Spannung so groß, dass die Vorfreude auf das neue Mac OS X 10.5 nicht mehr zu halten ist, so erfolgt nun der Start-Schuss zum Installieren.

Besitzen Sie eine externe Festplatte mit ausreichend freier Festplatten-Kapazität, so können Sie mit Programmen wie etwa *Carbon Copy Cloner* (`www.bombich.com/software/ccc.html`) ein genaues Abbild Ihrer vorliegenden Festplatte (inklusive Programme, Benutzer-Einstellungen und so weiter) erstellen. Vergessen Sie aber nicht, Ihr »altes« System zuvor über die *Softwareaktualisierung* auf den neuesten Stand (Mac OS X Tiger: 10.4.11) zu bringen. Um zu überprüfen, ob dieses Backup auch hinreichend funktioniert, sollten Sie einmal probehalber diese externe Festplatte als Startvolume verwenden (unter Mac OS X Tiger: Systemerweiterung *Startvolume* öffnen und dann das »Clone«-System auswählen). Ein Neustart bringt Ihnen dann Gewissheit. Ein weiterer Vorteil dieser Vorgehensweise: Über den in *Leopard* integrierten *Migrationsassistent* (Ordner *Dienstprogramme*) lassen sich so Daten wie beispielsweise Benutzer-Eintragungen, Programme, Netzwerk- und Computereinstellungen auf ein frisch installiertes Mac OS X Leopard übertragen. Und keine Sorge – auch das erklären wir noch ausführlich.

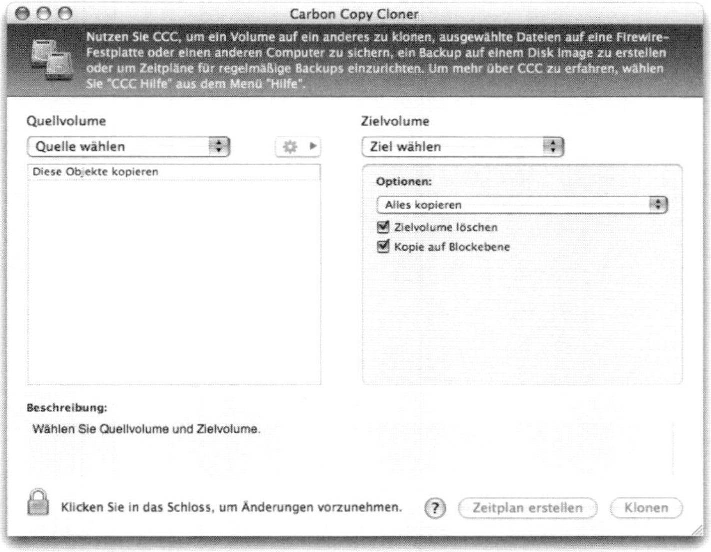

Der »Carbon Copy Cloner« von Mike Bombich ist Donationware – das heißt eigentlich kostenlos, doch freut sich der Programmierer um ein wenig Zuwendung in Form des Greenbacks (=> US-Dollarnoten) :-)

Wenn Sie sich eine externe Festplatte zulegen, sollten Sie sie im Vorfeld für die Macintosh-Plattform aufbereiten. Dies deshalb, da üblicherweise die Festplatten vom Fachhandel für die Windows-Welt eingerichtet sind. Der Fachmann spricht hier vom Formatieren, das heißt die Festplatte wird für die Aufnahme der vielen Tausend Dateien hergerichtet. Der Mac ist bei externen Festplatten jedoch ein wenig wählerisch. Während die »alten« Macs (PowerPC G4 oder G5) zum Hochfahren über ein dort installiertes, startfähiges System zwingend eine FireWire-Festplatte fordern, tut's ein Intel-Mac auch mit einer USB 2-Festplatte.

Weiterhin müssen Sie sich auf ein so genanntes *Partitionsschema* festlegen. Dazu starten Sie das *Festplatten-Dienstprogramm*, wählen in der linken Leiste die externe Festplatte aus und klicken auf das Popup-Menü bei *Schema*. Dort legen Sie nun fest, in wie viele Partitionen (Abschnitte) Ihre Festplatte geteilt werden soll. Und – wichtig – klicken Sie bitte unbedingt auf den unten liegenden Knopf *Optionen*, über den Sie das *Partitionsschema* bestimmen. Für einen Intel-Mac sollten Sie daher *GUID-Partitionstabelle* auswählen, für einen PowerPC-Mac die Option *Apple-Partitionstabelle*. Durch diese Einstellung lassen sich die darauf installierten Betriebssysteme (auch bei einer Spiegelung des alten Systems bspw. über den *Carbon Copy Cloner*) eben auch zum Mounten Ihres Rechners verwenden.

Gut versteckt und dennoch wichtig: Zum Einrichten des Partitionsschemas sollten Sie unbedingt den Knopf »Optionen« im Hinterkopf halten. Ansonsten legen Sie zwar ein Betriebssystem auf der externen Festplatte ab, das jedoch nicht startfähig ist.

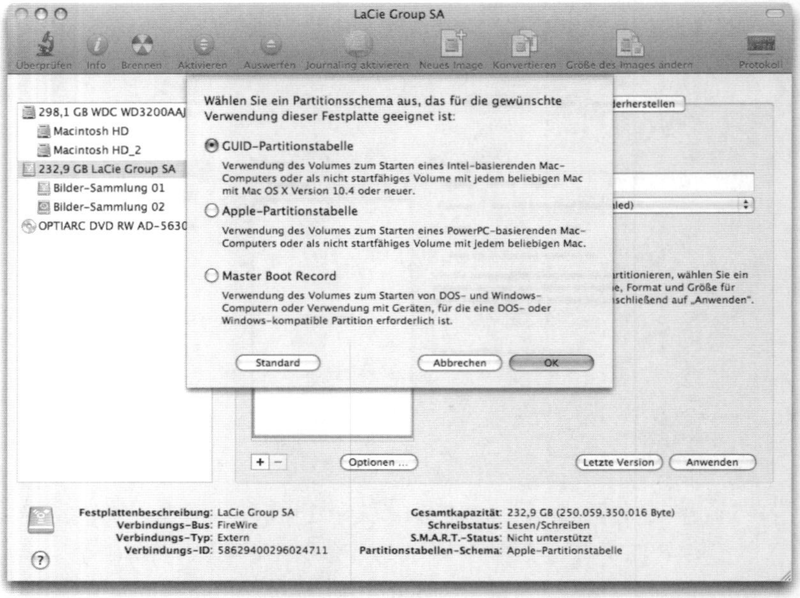

Und bitte denken Sie noch an zwei weitere Dinge: Beim Formatieren werden alle auf der Festplatte liegenden Daten gelöscht. Bei neuen Platten können Sie dies unbedenklich vornehmen, bei schon Verwendung findenden Festplattten müssen Sie zuvor Ihre Daten in Sicherheit bringen. Und die zweite Überlegung: Wenn Sie vorhaben, mit dem Programm *Boot Camp* eine Windows-Partition einzurichten, so dürfen Sie Ihre Mac-Festplatte nicht in mehrere Partitionen aufteilen, da *Boot Camp* ansonsten seine Mitarbeit verweigert.

Mac OS X Leopard im Anmarsch – die Installation

Nach dem Einlegen der Install-DVD in das Laufwerk öffnet sich ein paar Sekunden später ein Fenster, in dem Sie das für uns wichtige Icon *Mac OS X Installation* finden. Dieses Symbol müssen Sie nur doppelklicken (zwei Mal mit der Maus darauf klicken), um die Installations-Routine anzuwerfen.

Das Icon »Mac OS X Installation« dient als Startknopf zum Loslegen.

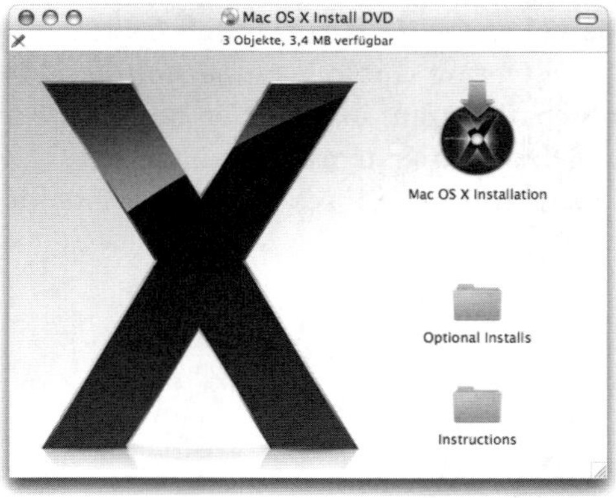

Falls Sie nicht genug bekommen können an OS X-Informationen, so sollten Sie ruhig einen Blick in den Ordner *Instructions* werfen. Zum einen finden Sie dort den Text *Einführung zu Leopard* (entspricht dem gleichnamigen kleinen Heftchen, das jedem neuen Mac-Rechner bzw. dem zugekauften Leopard-Paket beiliegt) und *Vor der Installation lesen* werfen. Letzteres gibt Ihnen auf sechs Seiten ausführliche Hinweise zur Vorgehensweise bei der Installation, erklärt einzelne Details zur Hardware-Kompatibilität bei älteren Macintosh-Modellen bzw. eingebauten Dritthersteller-Produkten wie Grafikkarten etc. sowie erteilt Hilfestellung beim Anlegen der Internet-Verbindung. Dieses Dokument erscheint Ihnen später auch bei der Installation, wobei die Muße zum Lesen dort weniger vorhanden ist.

Sofern Sie vorhaben, Ihr aktuelles System (wahrscheinlich Mac OS X Tiger) auf eine externe Festplatte als Backup zu transferieren, so finden Sie auch im Apple-Text *Vor der Installation lesen* eine gute Anleitung dazu (Überschrift: »Installation auf einem UFS-formatierten Volume«). Im Gegensatz zu weiter oben stehender Erwähnung des *Carbon Copy Cloner* fertigen Sie ein Backup mit Hilfe des *Festplatten-Dienstprogrammes* an, das sich auch auf der Installations-DVD zu *Leopard* befindet. Nach dem Neustart über die Installations-DVD wählen Sie aus der Menüleiste den Eintrag *Dienstprogramme* und dort das *Festplatten-Dienstprogramm* aus.

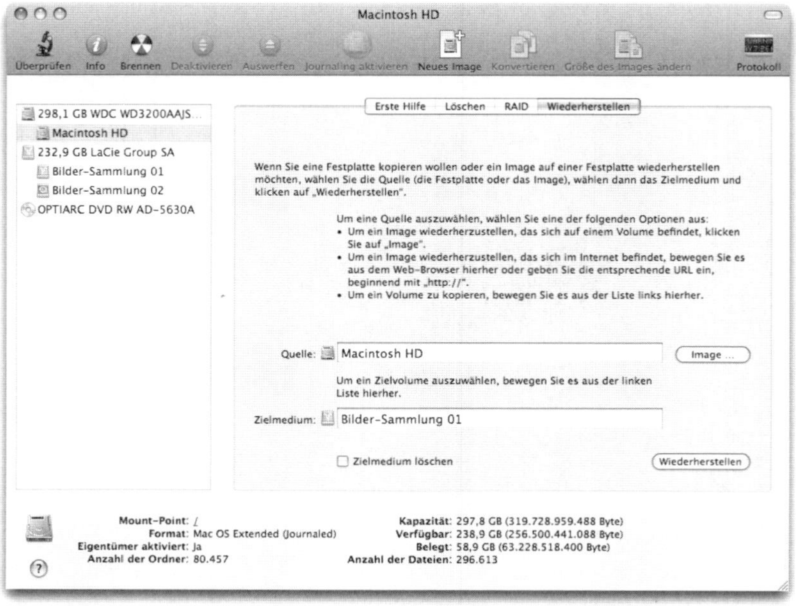

Über das »Festplatten-Dienstprogramm« legen Sie die »Quelle« (Macintosh HD/Ihr Startvolume) sowie das »Zielmedium« (also die externe Festplatte) fest. Über »Wiederherstellen« wird eine genaues Abbild davon geschrieben.

Last but not least gibt es auch noch ein PDF namens *Installations & Konfigurationshandbuch* (17 Seiten), in dem Sie ebenfalls viel über das Installations-Prozedere samt einer gehörigen Portion Hintergrundwissen von *Mac OS X Leopard* erfahren. Die Lektüre lohnt also, auch wenn Sie in diesem Grundlagen-Buch ebenso über die vielen Funktionen und Einstellungen auf dem Laufenden gehalten werden.

Als nächster Schritt steht der unausweichliche *Neustart* ins Haus, indem Sie auf den gleichnamigen Knopf im geöffneten Dialog klicken. Dieser lässt den Rechner über das auf der DVD enthaltene Betriebssystem hochfahren – danach geht's los mit den vielfältigen Optionen des Installationsprogramms.

Daran führt kein Weg vorbei – der Neustart als erste Amtshandlung zum neuen Mac OS X.

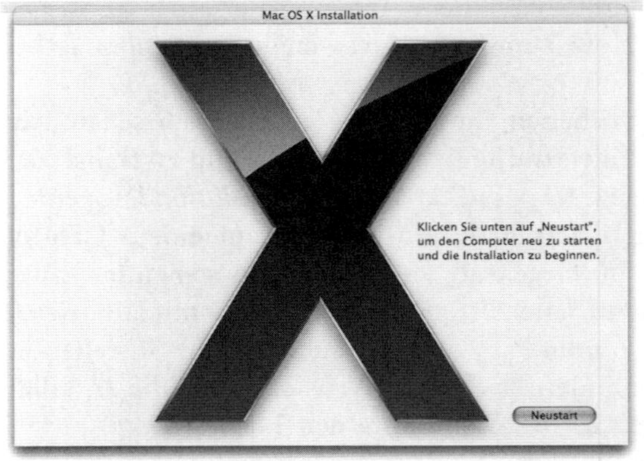

Der erste Dialog fordert Sie zur Auswahl der gewünschten Sprache auf. Die Option *Deutsch als Standardsprache verwenden* wird wohl daher die geeignete Wahl sein. Über den kleinen *Fortfahren*-Button ( ) geht es weiter.

Die Wahl der Sprache ist Ihre erste Tat zum neuen Betriebssystem.

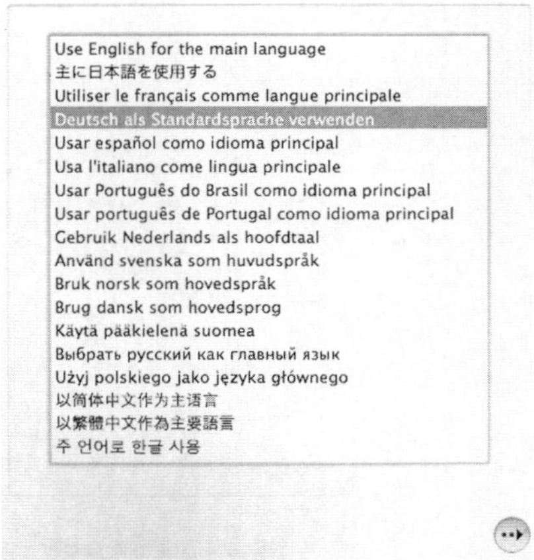

Danach werden Sie herzlich Willkommen geheißen und können über *Weitere Informationen* noch einmal einen Blick auf die Systemvorausetzungen werfen und allerlei Hinweise sowie Tipps und Tricks zur Installation nachlesen. Letztere Einführung entspricht im Großen und Ganzen dem Dokument *Vor der Installation lesen* auf der Installations-DVD. Über den Button *Fortfahren* gelangen Sie zum *Softwarelizenzvertrag*, der Ihnen seitenlang juristische Informationen auftischt, dass Ihnen beim Lesen ganz anders wird. Beim oberflächlichen Durchsehen findet man jedoch auch den ein oder anderen Schmunzler (Zitat: »... Apple ist in keinem Fall haftbar für Personenschäden ...» oder «... Die Apple-Software darf nicht im Zusammenhang mit dem Betrieb von Kernkraftanlagen, Flugzeugen ... verwendet werden«). Nach dem Motto »Was haben die mit uns vor?« müssen Sie die Zähne zusammenbeißen und den *Akzeptieren*-Button betätigen, denn ansonsten bleibt Ihnen der Zutritt zur Mac OS X-Welt verwehrt. Danach wird's wieder interessant :-)

Apple heißt Sie Willkommen.

Zielvolume wählen

Je nachdem, ob Ihre Festplatte bereits in mehrere Volumes aufgeteilt ist oder aus einer einzigen Partition besteht, bestimmen Sie dort den Installations-Ort.

Über das ausgewählte Volume bestimmen Sie jenen Ort, auf dem das Betriebssystem installiert werden soll.

Falls Sie vorhaben, Ihre Festplatte in mehrere Volumes zu separieren, dann sollten Sie dies jetzt angehen. Über die Menüleiste (das ist die oben liegende Befehlsliste) wählen Sie den Punkt *Dienstprogramme* und dort das *Festplatten-Dienstprogramm.* In der linken Liste bestimmen Sie nun per Mausklick die Festplatte und danach die Rubrik *Partitionieren.* Über *Schema* definieren Sie dann die Anzahl der Partitionen. Über einen Klick in die verschiedenen Volumes können Sie nun *Name* und *Format* festlegen sowie eine letzte Größenanpassung vornehmen. Als *Format* sollten Sie die von Apple vorgegebene *Einstellung Mac OS Extended (Journaled)* belassen. Durch das *Journaling* werden intern sämtliche Veränderungen Ihres Datenflusses protokolliert, so dass im Falle eines Computer-Ausfalls die Dateien wiederhergestellt werden können. *Mac OS Extended* muss zum gleichzeitigen Installieren von *Mac OS X* und dem älteren *Mac OS 9* verwendet werden, das *UNIX File System* (UFS) ist nur für diejenigen gedacht, die unter einem UNIX-System arbeiten wollen (was eher was für Profis ist, da es doch viel Erahrung und Know-how erfordert).

Das Aufteilen der Festplatte ist über das »Festplatten-Dienstprogramm« eine schnelle Angelegenheit.

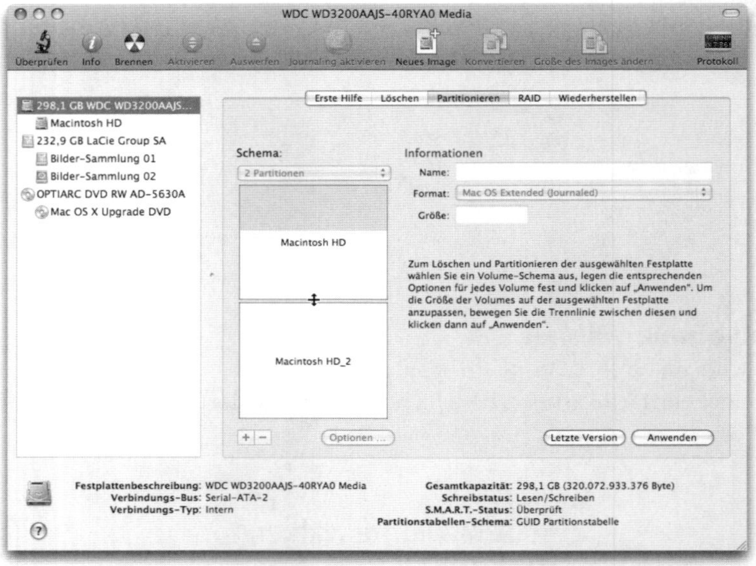

Durch eine Neu-Aufteilung der Festplatte gehen alle darauf befindlichen Daten verloren! Möchten Sie Ihren Rechner nur von einer Vorgänger-Version von Mac OS X auf die Leopard-Version aktualisieren und Ihre sonstige Festplatten-Hierarchie beibehalten, so sollten Sie die Finger von einer Partitionierung lassen.

Partitionieren bedeutet das Aufteilen der Festplatte in mehrere Abschnitte, die wiederum wie eigene Festplatten zu betrachten sind. Bei normalem Gebrauch Ihres Rechners ist es eigentlich nicht vonnöten, die Festplatte zu partitionieren. Als Relikt aus früheren Mac OS-Jah-

ren, als ein Absturz des Betriebssystems den gesamten Rechner und somit alle auf dem Volume befindlichen Daten in Mitleidenschaft ziehen konnte, war das Aufteilen angebracht. Auf diese Weise wurden die auf anderen Partitionen verweilenden Daten aus der Risiko-Zone geschafft. Nach Erscheinen des ersten Mac OS X im März 2001 arbeiteten die meisten Anwender dann mit zwei Systemen (Mac OS X und Mac OS 9), wobei es auch in dieser Zeit üblich war, mit mindestens zwei Partitionen zu hantieren (so konnte man etwa sein Mac OS 9-Volume auswählen und darüber starten). Nichtsdestotrotz: Auch heutzutage wird noch fleißig partitioniert, da es der eigenen Übersichtlichkeit dient: So liegen auch unsere Arbeits-Daten auf einem separaten Volume, ein weiteres wird zum Archivieren und für allerlei Krimskrams genutzt. Nichtsdestotrotz werden auch diese Daten fast täglich auf eine externe Festplatte transferiert (neuerdings per *Time Machine* – dazu kommen wir noch) oder auf eine DVD gebrannt, denn so gehen wir auf Nummer Sicher und schützen uns vor Verlust bei einem Rechner-/Festplatten-Defekt.

Achten Sie auch darauf, dass Ihre Festplatte mindestens 80 Gigabyte (besser noch umfangreicher) groß ist, wenn Sie eine Aufteilung erwägen, da das Start-Laufwerk (auf dem sich auch der Ordner *Programme* befindet) doch im Laufe der Zeit viele neue Applikationen hinzubekommt und dadurch mächtig wächst. Rechnen Sie mit mindestens 30 GB (besser noch mehr), da beispielsweise auch die Apple-eigene Software *iTunes* und der Bildverwalter *iPhoto* bzw. auch *iMovie* ihre Daten standardmäßig im Benutzer-Ordner ablegen. Seien Sie lieber im Voraus großzügig, da ein nachträgliches Umändern zwar möglich ist, dieses jedoch immer die Gefahr eines Daten-Verlustes beinhaltet.

Ist alles erledigt und eingestellt, so klicken Sie auf *Partitionieren*. Ein letzter Hinweis warnt Sie noch einmal davor, dass auch wirklich alle Daten auf den vorhandenen Volumes durch die Aufteilung gelöscht werden – danach gibt es kein Zurück mehr. Nach ein paar Sekunden ist der Spuk vorbei und die Festplatte steht bereit für neue Taten.

Als letzten Check vor den weiteren Installations-Schritten sollten Sie noch einmal in die Abteilung *Erste Hilfe* switchen und Ihr Volume/Ihre Volumes überprüfen. Ist dabei alles in Ordnung, so kehren Sie über die Menüleiste *Festplatten-Dienstprogramm* und dem Befehl *Festplatten-Dienstprogramm beenden* (⌘-Q) zum Installations-Assistenten zurück.

Wenn Sie danach das Zielvolume bestimmt haben, klicken Sie bitte auf jeden Fall in den unten liegenden Button *Optionen*. Hinter diesem unscheinbaren Knopf verbergen sich wichtige Einstellungen, die wohl schon des Öfteren übersehen wurden und die Ihnen viel Zusatzarbeit – je nach

Ausgangslage – ersparen. Hierbei werden Ihnen drei Installations-Möglichkeiten offeriert, die es vorher abzuklären gilt:

Dreierlei Alternativen zur korrekten Installation stehen zur Verfügung.

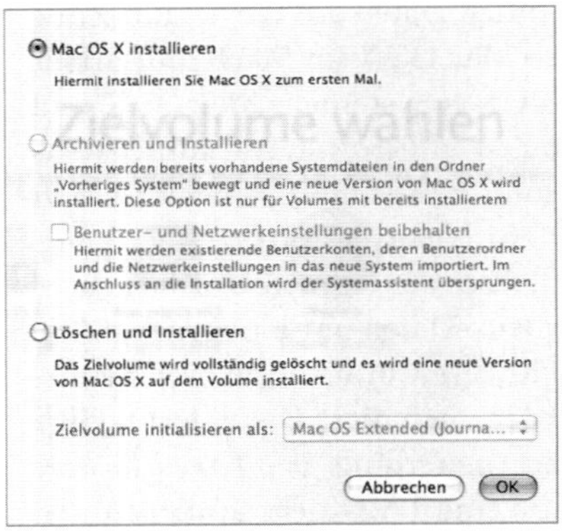

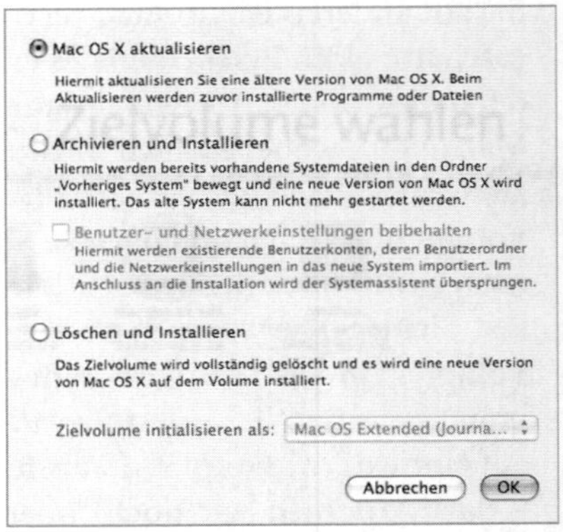

- *Mac OS X installieren bzw. Mac OS X aktualisieren*
  Die erste Option ist die Standardvorgabe und richtet das System neu ein, wobei hier unterschieden wird, ob ein schon bestehendes Mac OS X-System aktualisiert oder Mac OS X zum ersten Mal (nach Partitionierung oder Erstinstallation) installiert werden soll. Im Falle einer Aktualisierung werden die bestehenden Vorgänger-Dateien sowie die eingerichteten Internet- und Netzwerk-Einstellungen beibehalten. Der Vorteil hierbei ist sicherlich, dass Sie sich eine Menge Zeit zum Neueinrichten sparen. Jedoch der Nachteil: Lief Ihr System bereits in der Vorgänger-Version nicht stabil, so laufen Sie Gefahr, dass dies unter Mac OS X 10.5 genauso weitergeht, da eben die Fehler als solches mit übernommen werden.

- *Archivieren und Installieren*
  Die aus unserer Sicht beste Lösung der Installation, wenn bereits ein Vorgänger-System besteht. Hierbei wird das System neu installiert, die ältere Version aber gleichzeitig in einem Ordner namens *Previous System* abgespeichert. Im Falle fehlender Daten können Sie somit auf diesen Ordner zugreifen (u. a. über den *Migrations-Assistenten*) und ehemalige Eintragungen weiterverwenden. Klicken Sie zusätzlich die Option *Benutzer und Netzwerkeinstellungen beibehalten* an (was wir hier ausdrücklich empfehlen möchten), so retten Sie im selben Zuge all Ihre Netzwerk- und Internet-Einstellungen sowie Ihre bereits angelegten *Benutzer-Accounts* – das Neu-Einrichten der vielen persönlichen Daten entfällt somit.

- *Löschen und Installieren*
  Die »Kurz und schmerzlos«-Variante: Alle bisherigen Daten werden gelöscht, das Zielvolume wird in das von Ihnen gewünschte Format initialisiert und das System Mac OS X 10.5 wird komplett neu aufgespielt. Hierbei gehen Sie zwar auf Nummer Sicher, dass das Betriebssystem mit

großer Wahrscheinlichkeit fehlerfrei funktioniert, auf der anderen Seite müssen Sie aber viel Zeit darauf verwenden, all Ihre Programme und die persönliche Arbeitsumgebung wieder herzurichten. Es sei denn – Sie haben oben stehende Backup-Maßnahmen beherzigt und können so über den Migrations-Assistenten Ihre wichtigen Daten übertragen.

Beim Umstieg von einem PowerPC-System auf die Intel-Plattform sollten Sie die Programme von der Übertragung ausschließen, da es ansonsten zu Problemen kommen kann (Programme weigern sich zu starten bzw. stören den gesamten Arbeits-Workflow). Auch Plug-Ins von Drittherstellern sollten außen vor bleiben, da auch diese oftmals mit Mac OS X Leopard nicht kompatibel sind.

Die Wahl der geeigneten Installationsform richtet sich infolgedessen nach der Ausgangssituation und sollte wohl überlegt sein. Wir wünschen Ihnen dabei ein gutes Händchen …

Standard oder angepasste Installation

Schon wieder heißt es Aufgepasst, denn auch im nächsten Schritt gibt es zwei Alternativen. Das Dialogfenster führt noch einmal in einer Zusammenfassung Ihre Einstellungen auf. Klicken Sie nun auf *Installieren*, geht es auch gleich los. Hierbei werden automatisch die von Apple angedachten System-Komponenten – die System-Software, diverse Druckertreiber, weitere Schriften sowie Sprachpakete – auf den Rechner aufspielt. Da die meisten Computer-Betreiber wohl niemals diese vielen Komponenten in Anspruch nehmen werden, befinden sich Tausende nutzloser Dateien auf dem Rechner, die gerade bei Kapazitätsengpässen der Festplatte belasten. Wenn Sie also schon ein wenig Erfahrung mit Mac OS X haben oder zu den ganz Mutigen gehören, dann sollten Sie lieber auf den links unten stehenden Button *Anpassen* klicken.

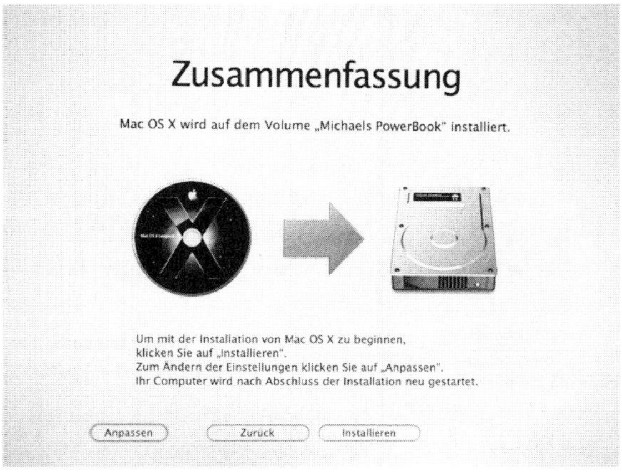

Die Zusammenfassung: Wer mag, kann gleich loslegen. Klicken Sie aber dennoch einmal auf »Anpassen« und werfen Sie zumindest einen kurzen Blick darauf.

Die angepasste Installation erspart Ihnen Hunderte Megabyte an zusätzlichem, meist nie verwendetem Daten-Material.

Einzig die grundlegende System-Software können Sie nicht verändern – und das ist auch gut so. Werfen Sie jedoch einen Blick auf die vielen Druckertreiber, so lassen sich allein bei diesem Paket 3,4 Gigabyte an Festplatten-Platz sparen. Klicken Sie auf das kleine, links liegende Dreieck, so klappt eine Liste mit den darin vorhandenen Treibern auf. Da wir mal annehmen, dass Sie keine Drucker-Sammlung zu Hause horten oder Ihr Wohnzimmer in eine Kopier-Station umgebaut haben, sollten Sie diejenigen Firmen deaktivieren, von denen Sie noch niemals gehört haben oder deren Drucker Sie nicht besitzen.

Wir persönlich bevorzugen folgende Vorgehensweise: Grundsätzlich werden alle Druckertreiber deaktiviert. Nach der Installation des Betriebssystems laden wir den für uns interessanten Treiber von der Hersteller-Webseite und installieren dann nur diesen. Auf diese Weise können wir unseren Drucker ohne Probleme betreiben, erhalten gleichzeitig die aktuellste Treiber-Version und sparen uns besagte 3,4 Gigabyte.

Nichtsdestotrotz gibt es noch viele ältere oder exotische Drucker, die eventuell unter Mac OS X nicht laufen oder für die keine Druckertreiber zur Verfügung stehen. In diesem Fall raten wir Ihnen zur Auswahl der *Gutenprint-Druckertreiber*. Dieses Paket enthält *Open-Source-Treiber*, also in weitestem Sinne Software mit freiem Quell-Code, die von Programmierern und Nutzern für die Gemeinschaft geschrieben wurde. Hierbei werden zwar oftmals nicht alle Funktionen wie bei professionellen Druckertreibern unterstützt, doch die Tinte/der Toner kommt so zumindest schon einmal auf's Papier.

Ein weiteres dickes Paket (1,9 GB) an Daten beinhalten die *Sprachpakete*. Auch dieses lässt sich über das kleine Dreieck öffnen. Haben Sie folglich mit Japanisch, Chinesisch oder Koreanisch etc. nichts am Hut, so entfernen Sie die daneben liegenden Häkchen per Mausklick. Einzig das englische Paket sowie jenes, das Sie ganz am Anfang als Sprache bestimmt haben (Deutsch), wird automatisch berücksichtigt.

Und wenn Sie schon dabei sind, so deaktivieren Sie auch gleich die Option *Zusätzliche Schriften*, denn Arabisch (ist zwar im Kommen), Thailändisch, Kyrillisch & Co. gehören in die Sparte »exotische Hobbys« und werden wohl nur in den seltensten Fällen gebraucht.

Übrig bleibt das kryptische *X11*, wobei es sich hier nicht um eine Marssonde oder ein U-Boot handelt, sondern als Standard für UNIX-Systeme läuft. Diese Komponente sollten Sie dann installieren, wenn Sie später unter anderem auf Open-Source-Software zurückgreifen möchten. Das Programm selbst wird im *Programme*-Ordner, Unterordner *Dienstprogramme* abgelegt. Interessiert Sie das Thema, so finden Sie weitere ausführliche Informationen darüber auf folgenden Webseiten:

`http://developer.apple.com/opensource/tools/X11.html`
`http://developer.apple.com/opensource/tools/runningX11.html`
`www.xfree86.org`
`www.x.org/wiki/`

Ob *Druckertreiber*, *Sprachpakete*, *X11* oder *Zusätzliche Schriften* – können oder möchten Sie sich jetzt noch nicht festlegen, was oder wie viel Sie installieren, so lassen sich eben genannte Komponenten auch nachträglich noch von der Install-DVD aufspielen. Wie das geht, verraten wir Ihnen weiter hinten im Buch.

Nachdem nun alle Eintragungen vorgenommen oder aus (Un-)Sicherheitsgründen nur die *Einfache Installation* gewählt wurde, kann die Installation beginnen. Wie soll es auch anders sein, so lautet der zugehörige Button *Installieren*, auf den Sie nun reinen Gewissens klicken sollten.

Nach Überprüfung der Installations-DVD (und das dauert ...) laufen die vorgesehenen Schritte (Festplatte vorbereiten, Zielvolume überprüfen, Installation der Komponenten etc.) selbstständig ab, ein Eingreifen Ihrerseits ist somit weder möglich noch nötig. Nach einigen Minuten ist der Spuk vorbei und der Rechner startet neu (bzw. Sie klicken auf den *Neustart*-Button).

Je nach Ausgangslage müssen Sie nun den Rechner mit Ihren persönlichen Daten füttern (Neu-Installation) bzw. fährt der Computer mit den vom

Vorgänger-System übernommenen Einstellungen (Aktualisierung einer bestehenden System-Version) hoch.

Mac OS X Leopard heißt Sie Willkommen

Jene Anwender, die Ihren Mac-Rechner neu angeschafft haben, mögen sich nun wieder in den Studiersaal begeben, denn die nachfolgenden Seiten sind wieder für alle von Belang. Das gilt auch für die so genannten »Clean-Installer«, die die Festplatte von allen bestehenden Daten befreit, sie initialisiert und/oder partitioniert haben. Nachfolgend nun die einzelnen Stationen zum Personalisieren und Konfigurieren.

Die freudige Begrüßung mit fetziger Musik deutet es an: Die Installation ist beendet und der Mac empfängt Sie mit multikultureller Willkommensgeste. Danach heißt es schlicht *Willkommen* und Sie werden aufgefordert, Ihr Heimatland (also jenes, in dem Sie sich momentan aufhalten) zu bestimmen. Diese Entscheidung wiederum bestimmt die Möglichkeiten im nächsten Dialog: *Wählen Sie Ihre Tastatur.*

Nach der Bestimmung des Heimatlandes ...

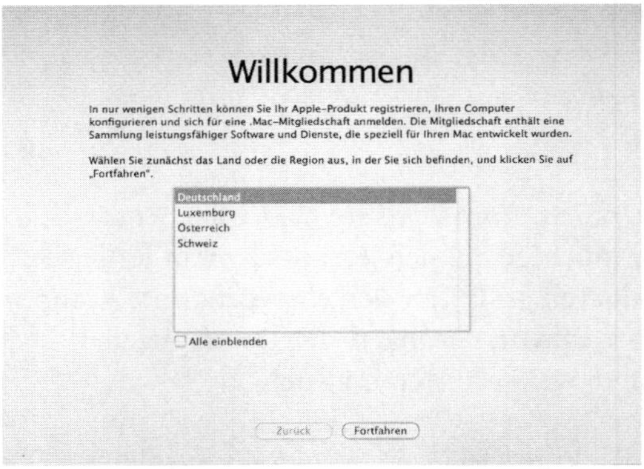

... wählen Sie die passende Tastatur aus.

Da bei anderen Tastaturbelegungen – etwa in Dänemark oder Amerika – die Buchstaben und Sonderzeichen unterschiedlich angeordnet sind, lassen Sie bei diesem Schritt bitte der Genauigkeit den Vorzug. Vergeben Sie später nämlich ein Passwort, so kann es passieren, dass Sie sich nicht mehr einloggen können, da der gedrückte Buchstabe auf der deutschen Tastatur bei Auswahl einer fremdländischen ein anderes Zeichen bedeutet. Sie geben also aus Ihrer Sicht das richtige Passwort ein, der Rechner schreibt aber ein anderes, da er die Tastatur missversteht.

Als Nächstes erscheint der *System-Assistent*, der Ihnen die Möglichkeit bietet, Informationen von einem anderen Mac-Rechner oder einer weiteren Partition (Volume) zu übertragen. Die Vorgehensweise richtet sich dabei wieder nach den Voraussetzungen.

Was es zu tun gilt, entscheidet die persönliche Ausgangslage.

Informationen von einem anderen Mac übertragen

Diese Option sollten Sie wählen, wenn Sie ein Neugerät erworben haben, das Ihren alten Mac-Rechner ersetzen oder ergänzen soll. Hierbei werden beide Rechner über ein *FireWire*-Kabel miteinander verbunden und die Daten werden vom alten auf den neuen Computer übertragen. Der *System-Assistent* führt Sie dabei Schritt für Schritt zum Ziel und zeigt Ihnen sämtliche Stationen auf, die es zu erfüllen gibt. Genauso gut können Sie jedoch auch Daten von einer externen Festplatte übertragen, wenn Sie zum Beispiel dort ein Backup Ihres alten Rechners getätigt haben. Die Vorgehensweise ist im Großen und Ganzen die gleiche, nur dass Sie keine Taste »T« drücken müssen – die FireWire-Verbindung wird auch so hergestellt.

Das FireWire-Kabel verbindet die entsprechenden Macs bzw.eine externe Festplatte.

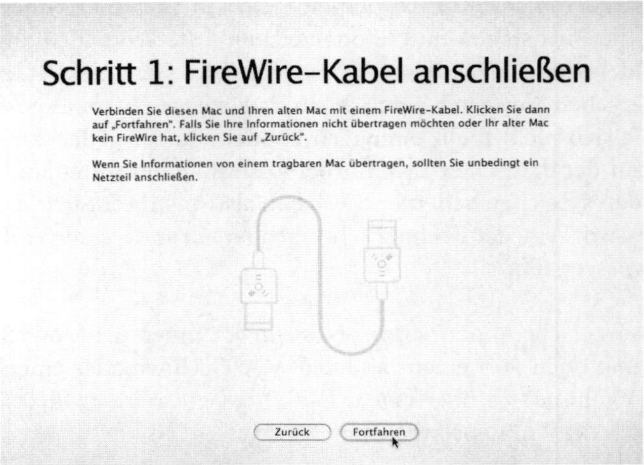

Danach wird das alte Gerät gestartet. Halten Sie gleich nach dem Start-Ton an diesem Gerät die Taste »T« gedrückt, bis Sie das FireWire-Symbol auf dem Bildschirm des alten Mac sehen.

Der neue Computer erkennt den Inhalt der Festplatte und listet ihn auf. Markieren Sie folglich jene Daten, die Sie transferieren möchten. Über den Button »Übertragen« beginnt der Kopier-Prozess.

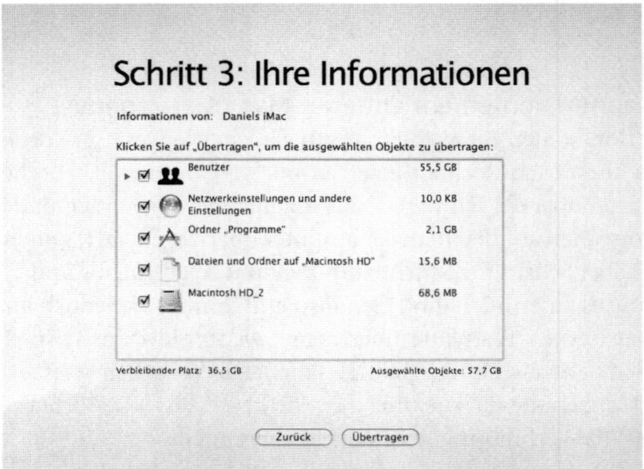

Wie Sie sehen, sind die Zeiten stundenlanger Hin- und Herkopiererei vorbei. Der *System-Assistent* übernimmt die Regie und überträgt brav die ihm angezeigten Daten. Nach einem Neustart stehen diese dann zur weiteren Verwendung zur Verfügung. Beim »alten« Rechner brauchen Sie nur die Ein-/Ausschalttaste zu drücken, um diesen wieder auszuschalten.

Im Zuge der Umstellung von PowerPC- auf Intel-Prozessoren mussten auch die Programmierer ran und den Software-Code umschreiben. Somit gibt es Anwendungen auf dem Mac, die entweder nur auf PowerPC, nur auf Intel oder auch auf beiden Systemen arbeiten. Möchten Sie nun Programme vom alten Mac auf den neuen übertragen, sollten Sie sich vorher schlau machen, welche Programme mit welcher Prozessor-Generation kompatibel sind oder – noch besser – die Programme grundsätzlich außen vor lassen. Installieren Sie diese lieber im Nachhinein und erkundigen Sie sich auf den Hersteller-Internetseiten, ob es bereits an die Intel-Plattform angepasste Software Ihrer Wunsch-Programme gibt. Manchmal heißt es auch einen Neukauf zu tätigen, da die Software-Hersteller oftmals die älteren Programm-Versionen schlicht ignorieren bzw. keinen Support mehr anbieten. Das heißt also auch, dass der Neukauf eines Rechners meist auch Nachfolgekosten nach sich zieht.

Informationen von einem anderen Volume auf diesen Mac

Ebenso wie der Übertrag über *FireWire* listet der *System-Assistent* jene Volumes (Partitionen) auf, die auf der Festplatte liegen. Bestimmen Sie also diejenige Partition, auf der sich ein älteres, schon eingerichtetes System befindet – die Daten sowie Internet- und Benutzer-Einstellungen werden übertragen.

Informationen von einem Time Machine-Backup übertragen

Wenn Sie schon mit Mac OS X 10.5 Leopard gearbeitet haben, wird Ihnen sicherlich *Time Machine* als interne Backup-Lösung ein Begriff sein. In diesem Fall wird beim ersten Sichern eine komplette Spiegelung Ihres vorherigen Rechners vorgenommen, danach werden stündlich alle Änderungen gespeichert. Möchten Sie nun diese Daten wieder abrufen und auf einen Rechner übertragen, so geht das auch über den Assistenten. Wählen Sie daher die Option *Von einem Time Machine-Backup*. Dazu verbinden Sie die Festplatte mit den entsprechenden Backups per FireWire oder USB 2 an den neuen Mac und schalten diese ein. Danach klicken Sie im Dialog auf *Fortfahren* – die Backups werden nun eingeblendet. Über *Fortfahren* stoßen Sie auf den Inhalt samt Benutzer- und Netzwerk-Informationen sowie Programme und Dateien.

Der Mac ist schlau und findet sogleich ein Time Machine-Backup zum Auslesen und Übertragen der Daten.

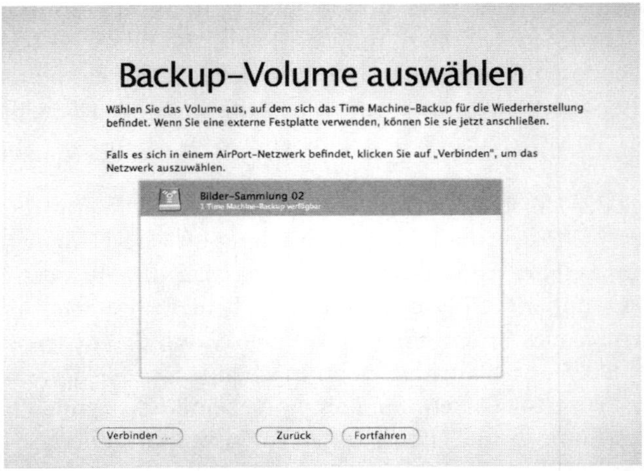

Werden die *Time Machine*-Backups über ein Airport-Netzwerk erledigt, so sollten Sie auf den Button *Verbinden* klicken, um mit diesen in Kontakt zu treten. Nach Angabe des Netzwerknamens sowie der eventuellen Verschlüsselungs-Methode sollte eine Verbindung hergestellt werden.

Es ist an alles gedacht, denn selbst drahtlose Netzwerke werden erkannt.

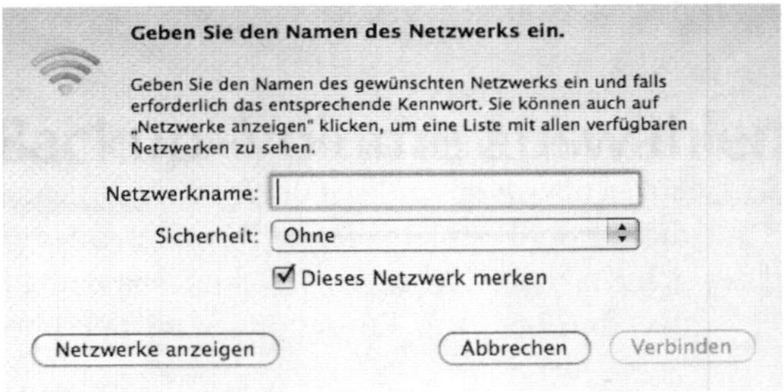

Meine Informationen nicht übertragen

Sind weder noch vorhanden, so müssen Sie das System neu einrichten. Das geht recht flott, denn Sie werden auch in diesem Fall an die Hand genommen und zum Ziel geführt.

Der erste Schritt besteht aus der Festlegung der *Internet-Verbindung*. Der eingeblendete Dialog *Drahtlosen Zugang auswählen* ist dann für Sie interessant, wenn Sie über ein AirPort-Netzwerk in das Internet möchten. Ist dieses bereits eingerichtet, so sollte die entsprechende Konfiguration eingeblendet werden. Bevorzugen Sie einen anderen Zugang zum Internet, so klicken Sie bitte links unten auf *Andere Netzwerkkonfiguration*.

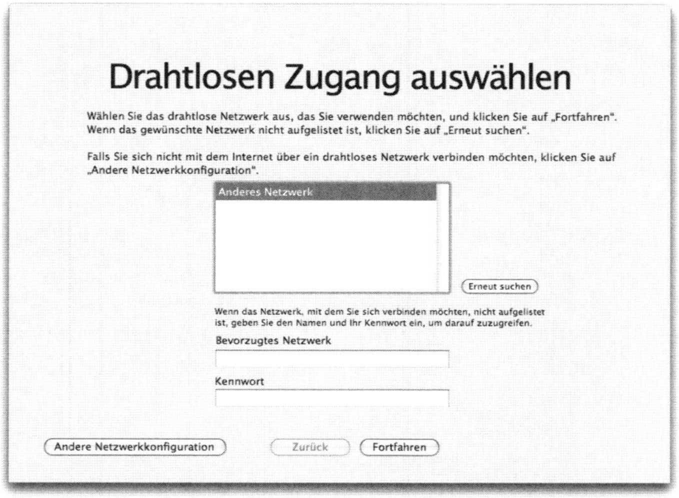

Apple geht wohl davon aus, dass bereits die Mehrheit der Anwender einen drahtlosen Zugang zum Internet besitzt. Ist dem nicht so, so benutzen Sie den Knopf »Andere Netzwerkkonfiguration«.

Je nachdem, ob Sie über ein Modem, DSL oder ein Netzwerk Kontakt zum Internet aufnehmen möchten, wählen Sie bitte die gewünschte Option.

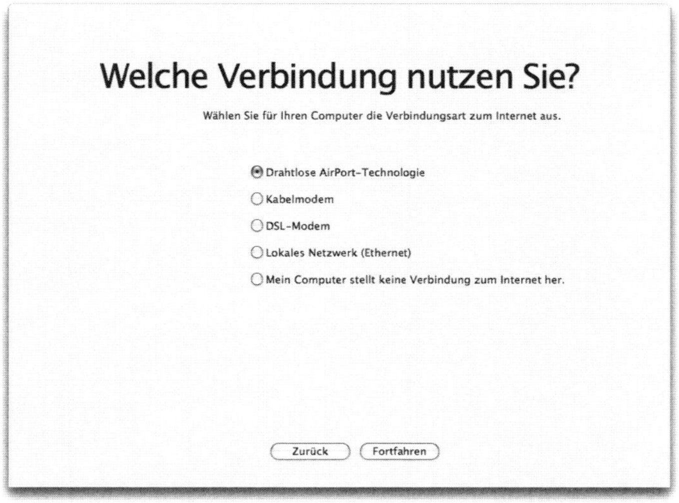

Klicken Sie jene Option an, über die Sie bevorzugt ins Internet gehen möchten.

Bei der Verbindung über das *Kabel-Modem* müssen Sie Ihren *Benutzer-Namen*, das *Kennwort* sowie jene *Einwahl-Nummer* eingeben, die Ihnen Ihr Provider ausgehändigt hat. Danach wählen Sie die Modem-Verbindung: *Internes Modem* (in den meisten Macs mittlerweile nur mehr optional) oder *IrDA* (Infrarot-Verbindung – *Infrared Data Association*). Wählen Sie bei Auswahl von *Internes Modem* dann noch den Modem-Typ aus (meist nennt sich dieser *Apple Internal 56K Modem*).

Bei *DSL-Modem* können Sie den ersten Dialog überspringen, wenn bei *TCP/IP-Verbindungstyp* die Option *DHCP* eingetragen ist. Danach geht's dann – wie auch bei der Modem-Verbindung – weiter zur Bestimmung der *Apple-ID*. Jene *ID* benötigen Sie, um etwa im *iTunes Music Store* oder dem *Apple-Store* weitere tolle Apple-Produkte kaufen zu können. Besitzen Sie eine solche, so tragen Sie diese nun ein, ansonsten klicken Sie auf *Fortfahren*.

Über *Mein Computer stellt keine Verbindung zum Internet her* und dem Klick auf *Fortfahren* geht's gleich weiter zur *Registrierung*. Hier tragen Sie Ihre persönlichen Daten ein, die dann auch im Apple-eigenen Adressbuch stehen werden. Möchten Sie sich nicht registrieren, so können Sie über *Befehlstaste-Q* (⌘-Q) den Dialog abbrechen und gleich zum Anlegen des *Benutzer-Accounts* voranschreiten.

Wenn Sie nichts zu verbergen haben, können Sie ruhigen Gewissens Ihre Daten eingeben – bei der Telefon-Nummer kann man ja dennoch ein wenig mogeln ;-)

Der letzte Schritt zum gelungenen Einstieg nennt sich *Lokalen Benutzer anlegen*. Sie als Erst-Benutzer sind der so genannte *Administrator*, der über die Hoheits-Rechte verfügt und der auf dem Rechner schalten und walten kann, wie es ihm gefällt. Da Mac OS X ohne Weiteres auch von mehreren Benutzern verwendet werden kann, können Sie später weitere *Accounts* vergeben. Als Erstes sollten Sie jedoch *Name* und *Kurzname* überprüfen (und gegebenenfalls umschreiben, denn im Gegensatz zum Namen ist der Kurzname später nicht veränderbar) und sich ein wirklich sicheres Kennwort ausdenken. Die Namen der Kinder oder der Verwandtschaft sollten hierbei tabu sein, können Sie doch leicht nachvollzogen werden. Gut machen sich auf jeden Fall Wörter, die nicht auf Anhieb in einem Wörterbuch gefunden werden können, etwa »W8el« (Wachtel) oder »=heit?« (Gleichheit). Nach der Bestätigung des Kennworts und einer eventuellen Merkhilfe (wir werden ja alle nicht jünger …) kommen wir dem Ziel immer näher.

Der Benutzer-Account ist Pflicht – ohne einen solchen gibt's auch kein Weiterkommen.

Über *Fortfahren* lässt sich dann noch ein Benutzer-Bild anfertigen bzw. festlegen. Entweder Sie knipsen von sich ein aktuelles Bild, indem Sie auf *Videoschnappschuss erstellen* (◉) klicken und dann nett in die *iSight*-Kamera lächeln (Sie haben drei Sekunden Zeit, sich zurechtzumachen), oder Sie wählen ein Symbol aus der Apple-eigenen Bilder-Werkstatt aus (Option: *Aus dem Bildarchiv auswählen*). Ist das erledigt, geht es weiter mit dem Fenster *Zeitzone auswählen.* Zielen Sie gut und klicken Sie dann mit der Maus oder über die Trackpad-Taste auf jene Stelle, an der Sie die nächst liegende Stadt in der Nähe Ihres Wohnortes vermuten (sollten Sie sich partout mit der Weltkarte auf Kriegsfuß befinden, so haben Sie aber mehrere Versuche frei). Sind Sie dem Ziel schon recht nahe, so können Sie auch mit der Maus auf das kleine farbige Dreieck bei *Nächste Stadt* klicken und aus dem aufspringenden Popup-Menü den gewünschten Eintrag herauspicken.

Die »Zeitzone auswählen« betrifft nicht nur Jedi-Ritter & Co. – auch wir Normalsterblichen leben darin.

Ein letztes Flehen nach *Registrierung* beendet die Konfigurations-Orgie. Nun dürfen Sie sich mit Fug und Recht als Bändiger und Dompteur des Leopards feiern lassen – Herzlichen Glückwunsch von uns allen …

Pakete nachinstallieren

Wie schon weiter oben erwähnt, haben Sie jederzeit die Möglichkeit, einzelne Komponenten der Installations-DVD nachzureichen. Dazu schieben Sie die DVD in das Laufwerk ein und warten, bis sich das Fenster automatisch öffnet. In diesem Fenster doppelklicken Sie den Ordner *Optional Installs* und darin die gleichnamige Datei mit der Ende ».mpkg«. Durch Doppelklick darauf starten Sie den dazugehörigen Assistenten.

Optionale Installationspakete – der Name ist hier Programm.

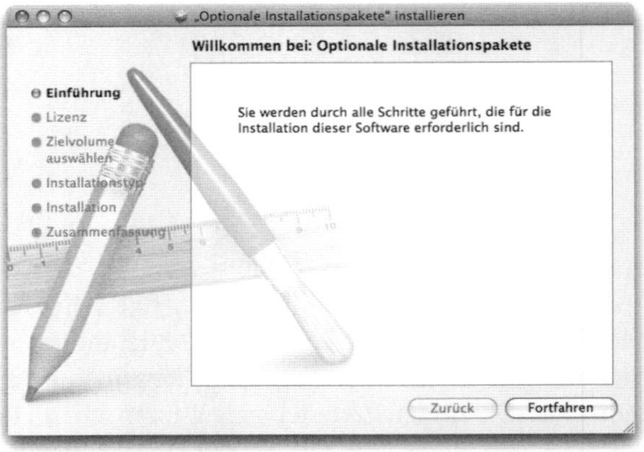

Auch darin durchlaufen Sie die Apple-typischen Schritte wie den *Softwarelizenzvertrag* sowie das *Wählen des Zielvolumes*, bis Sie zur gewünschten *Angepassten Installation* kommen. Und ebenso wie bei der Erst-Installation können Sie nun dort diejenigen Punkte markieren, die Ihnen zum Glück noch fehlen. Alle anderen, bereits installierten Programme, Pakete und Treiber werden übersprungen.

Nehmen Sie Ihre Auswahl vor und klicken Sie dann auf »Installieren«.

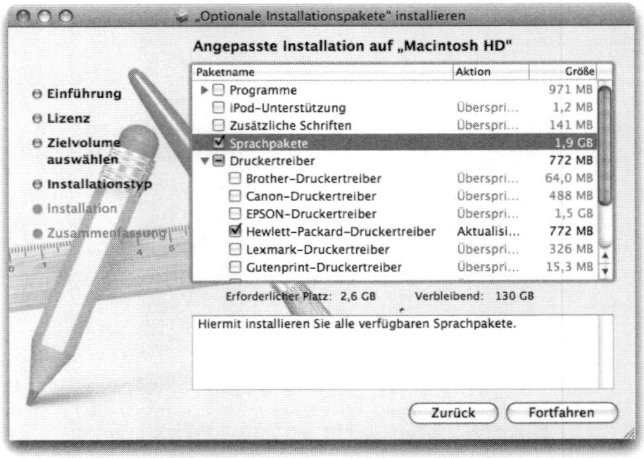

Die erste Hürde wäre geschafft. Das Betriebssystem liegt auf der Festplatte und wartet nur darauf, von Ihnen ausgekundschaftet zu werden. Und diesen Gefallen wollen wir ihm doch tun …

Der Rundgang – die Arbeitsumgebung im Detail

Frisch installiert, konfiguriert und neu gestartet liegt Mac OS X 10.5 vor Ihnen. Neben der Tatsache, dass allein das Design der Benutzer-Oberfläche toll aussieht und man sich so fühlt, als werfe man einen Blick in eine ferne Galaxie, stecken eine Fülle an Funktionen und Optionen darin. Diese möchten wir Ihnen nun vorstellen. Um nun auch jene Anwender zu berücksichtigen, die vielleicht das erste Mal mit dem Mac in Berührung kommen, fangen wir sozusagen bei »A« wie Angucken an und kämpfen uns bis zum »Z« wie »Zum Verrückt werden« vor.

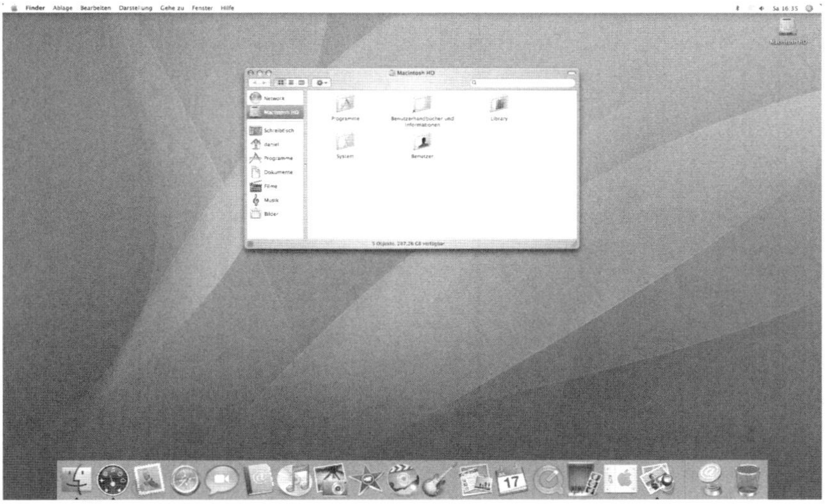

Vom Mac OS X 10.4 Tiger-Schreibtisch wandern wir nun …

… zu Mac OS X 10.5. Auf den ersten Blick sind die Unterschiede nicht ganz so groß, aber dahinter hat es der »Leopard« faustdick hinter den Ohren.

Der Finder – Kommunikator zwischen Mensch und Maschine

Nach jedem Neustart befinden Sie sich erst einmal im *Finder*, der als Benutzerschnittstelle dient. In dieser grafisch aufgepeppten Zentrale schalten und walten Sie als Anwender, klicken auf Ordner, starten von dort aus Programme oder kopieren Daten hin und her. Von den anderen Dateien, die zu Tausenden auf der Festplatte liegen und tief im System verankert sowie größtenteils geschützt sind (damit Sie auch ja nichts löschen), merken Sie erst einmal nichts. Gott sei Dank dürfen Sie da sagen, denn hier hätte selbst Albert Einstein den Überblick verloren.

Das, was Sie am Bildschirm sehen, nennt sich *Schreibtisch.* Und wie auf einem richtigen Schreibtisch ist alles wohl geordnet. Die Dateien (Ihre Briefe, Bilder, Notizen etc.) liegen in Ordnern (vergleichbar den Schubladen), die Programme (Ihre Werkzeuge zum Verarbeiten wie Hefter, Locher oder Füllfederhalter) ebenso, und fertigen Sie ein Dokument an, so liegt es oben auf, zuvorderst auf dem Bildschirm. Zum Ausführen Ihrer Tätigkeiten stehen Ihnen die Maus zum Navigieren sowie eine Menge an Befehlen zur Verfügung, die über Menüs ausgewählt und bestätigt werden. Und mit dieser kleinen Einleitung legen wir los und durchforsten die Arbeitsumgebung.

Menüs und Befehle

Ganz oben finden Sie die Menüleiste, die in verschiedene Rubriken (*Ablage, Bearbeiten* usw.) unterteilt ist. Per Mausklick auf einen Menüpunkt fährt eine Liste mit den dazugehörigen Befehlen heraus, die nun mit der Maus ausgeführt werden können. Von Programm zu Programm können diese Menü-Punkte variieren. Und dennoch legt Apple viel Wert darauf, dass sich die Programmierer anderer Programme an strenge Richtlinien halten, so dass Sie die wichtigsten Befehle stets an derselben Stelle wiederfinden.

Jene Befehle, die schwarz und deutlich zu erkennen sind, sind aktiv und können sogleich angewendet werden. Die grau unterlegten dagegen sind momentan deaktiviert und können nicht angewählt werden. Dies ist abhängig von der Aufgabe, die Sie gerade ausführen. Neben den meisten Befehlen stehen darüberhinaus die entsprechenden Tastenkombinationen. Hierbei betätigen Sie die Befehle nicht mit der Maus, sondern tippen die Kurzversion über die Tastatur ein. Der Vorteil besteht darin, dass Sie beide Hände auf der Tastatur lassen und somit schneller navigieren.

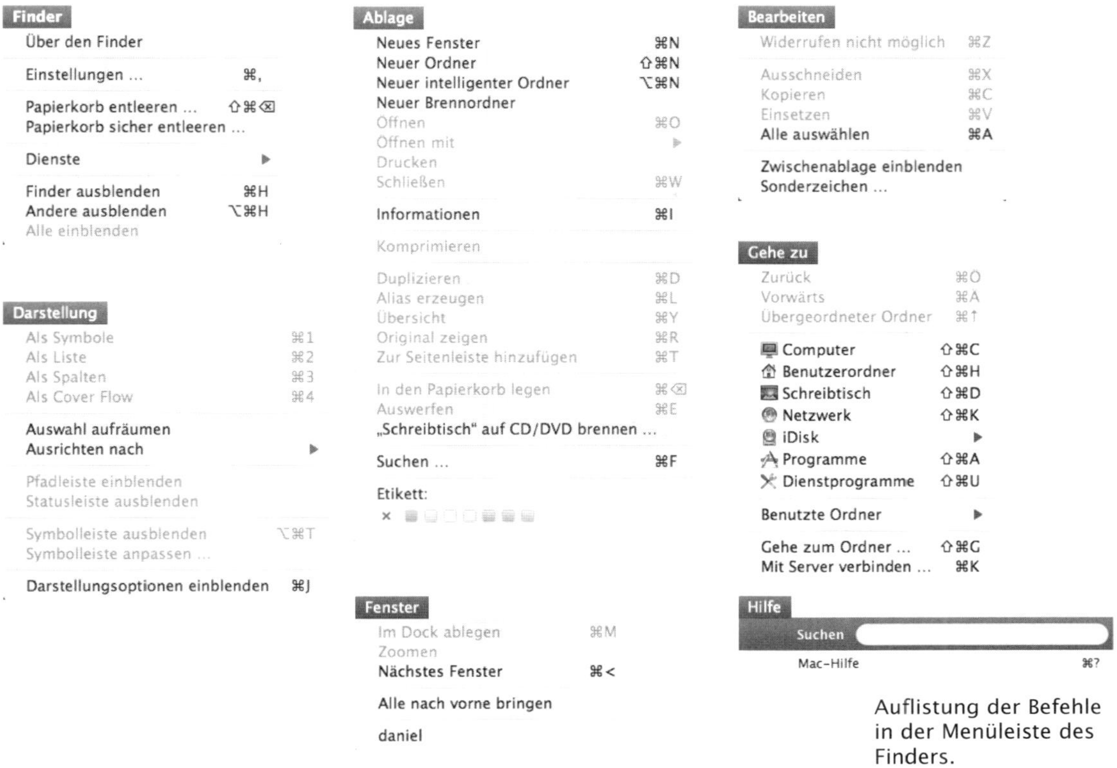

Auflistung der Befehle in der Menüleiste des Finders.

Folgende Tasten – die noch dazu unterschiedliche Bezeichnungen tragen, aber alle das Gleiche meinen –, stehen Ihnen bei der Eingabe zur Verfügung:

⌘/ /*cmd* *Befehlstaste*, *Apfeltaste*, *Commandtaste* oder auch *Blumenkohltaste* (weniger gebräuchlich); trotz eines weltweiten Aufschreis durch Apple-Anwender gibt es den Apfel () auf den aktuellen Tastaturen leider nicht mehr.

alt-/⌥ *Optionstaste*, *Weiche-Taste* oder *Wahltaste;*

⇧ *Umschalttaste* oder *Shifttaste;*

ctrl *Controltaste* – Bei gedrückt gehaltener *Controltaste* und Mausklick öffnet sich das *Kontext*-Menü, das eine Liste der zur Tätigkeit passenden Befehle enthält. Das *Kontext*-Menü können Sie jedoch auch alternativ über einen Rechtsklick (rechte bzw. sekundäre Maustaste bei Mehrtasten-Mäusen) aufrufen.

Im Buch werden wir ausschließlich die Bezeichnungen *Befehlstaste* (⌘), *Optionstaste* (⌥) sowie *Umschalttaste* (⇧) verwenden, die auch in Kombination und zusammen mit bestimmten Buchstaben angewendet werden.

Mit der Zeit werden Sie herausfinden, welche Arbeitsschritte Sie besonders häufig angehen und welche Befehle Sie hierzu brauchen. Prägen Sie sich nun nach und nach die dazugehörigen Tastatur-Kombinationen ein, so steht einem effektiven Arbeiten nichts mehr im Wege.

Um nun nicht jeden Befehl einzeln aufführen zu müssen, werden Sie diese zu gegebenem Anlass und bei passender Gelegenheit kennen lernen.

Lassen Sie uns dennoch noch einen kurzen Blick auf das *Programm*-Menü werfen. Sie finden es zwischen dem Apfel (– ganz links) und dem Menüpunkt *Ablage*. Nach dem Hochstarten des Rechners sollte dort *Finder* stehen, und genau dort hin wollen wir jetzt. Mit einem Klick darauf öffnet sich wieder die Menüleiste, in der wir nun einen kleinen Schwenk zu den *Einstellungen* einlegen möchten. Dort regeln Sie, wie sich der *Finder* im Alltag verhält und was er Ihnen zeigen soll. Sind daher in der Rubrik *Allgemein* die Optionen *Festplatten, Externe Festplatten, CDs, DVDs und iPods* sowie *Verbundene Server* mit einem Haken (☑) bestätigt, so erscheinen die Symbole der entsprechenden Medien automatisch auf dem Schreibtisch, sobald Sie in das Laufwerk eingelegt bzw. an den Mac angeschlossen werden. Selbstverständlich erklären wie auch noch die weiteren Optionen, doch haben Sie noch ein wenig Geduld.

In den »Einstellungen« werden die Basisdaten für den Finder (und auch für die anderen Programme) eingetragen. Über das Menü mit dem jeweiligen Programm-Namen erreichen Sie sie jederzeit.

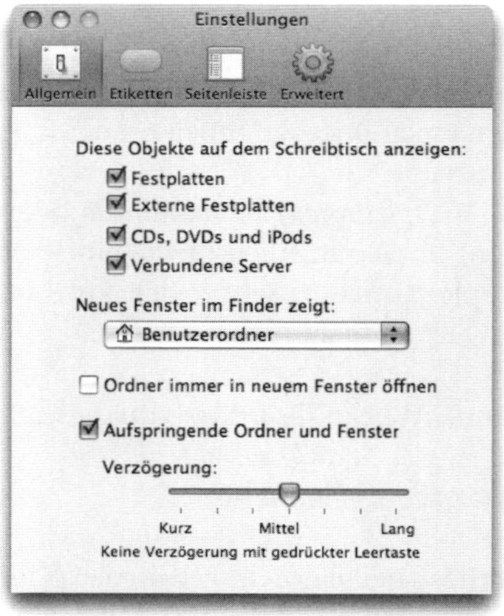

Im *Programm*-Menü finden Sie in 90 Prozent aller Fälle die Grundeinstellungen der Programme. Wenn Sie sich daher mit gewissen Programmen näher befassen, sollten Sie auch immer einen Blick dort hineinwerfen. Aber vor allem schonen Sie Ihre Zeigefinger, indem Sie sich die dazugehörige Tastenkombination gut merken: *Befehlstaste-Komma* (⌘-,).

Das Apple-Menü

Ganz links außen finden Sie das Apple-Menü, erkennbar am Apfel-Symbol ( ). Darüber schalten Sie beispielsweise Ihren Mac aus oder führen einen Neustart durch. Sie können aber auch auf das unten liegende *Dock* Einfluss nehmen oder in die *Systemeinstellungen* wechseln. Weiterhin finden Sie dort auch den Befehl *Über diesen Mac*, der Ihnen schnell und unkompliziert einen Blick auf die momentan installierte Betriebssystem-Version ermöglicht.

Das Apple-Menü sowie der daraus gewählte Befehl »Über diesen Mac«. Mit Klick auf »Version 10.5« (oder höher) erfahren Sie auch den Entwicklungsstand (etwa Build 9A581), mit einem weiteren Klick können Sie die Seriennummer Ihres Mac einsehen.

Über die *Softwareaktualisierung* können Sie bei einer aktiven Internet-Verbindung mit Apple in Kontakt treten. Dabei werden die System-Version Ihres Rechners sowie die installierten Apple-Komponenten überprüft. Liegt nun ein Update (eine Aktualisierung oder Fehlerbereinigung) einzelner Programme oder System-Bestandteile vor, so lässt sich dieses unkompliziert herunterladen und auch gleich installieren (mehr dazu erfahren Sie auch noch im Kapitel über die *Systemeinstellungen*).

Mac OS X Software… (wir sind wieder im *Apple-Menü*) funktioniert ebenso nur, wenn Sie online sind, sich also aktiv ins Internet eingeloggt haben. Hierbei startet nach Wahl des Befehls Ihr Internet-Browser *Safari* und sucht die Webseite `www.apple.com/de/downloads` auf. Dort werden Ihnen dann die aktuellen Apple-Downloads sowie diverse Free- und Shareware-Programme zum direkten Herunterladen angeboten. Sie sollten jedoch immer genau wissen, was Sie installieren, damit Sie sich keine Probleme einfangen.

Apples Link zum schnellen Aufsuchen zusätzlicher Software.

Die Punkte *Systemeinstellungen* und *Dock* möchten wir gerne ein wenig später anpacken, da es darüber doch eine Menge zu erzählen gibt. Die Option *Benutzte Objekte* ist hingegen schnell erklärt: Jedes gestartete Programm und jedes geöffnete Dokument (egal ob Bild- oder Text-Datei) wird darin vermerkt. Auf diese Weise lässt sich schnell auf die zuletzt bearbeiteten Dokumente oder benutzten Programme zurückgreifen. Die Anzahl der protokollierten Objekte können Sie über die *Systemeinstellungen* und dort über die Rubrik *Erscheinungsbild* bestimmen. Bei *Benutzte Objekte merken* stellen Sie die von Ihnen gewünschte Anzahl ein (zwischen 0 und 50) – ab diesem Zeitpunkt wird die Eintragung berücksichtigt.

Das Menü für die ganz Schnellen – zuletzt verwendete Programme und Dokumente ohne langes Suchen.

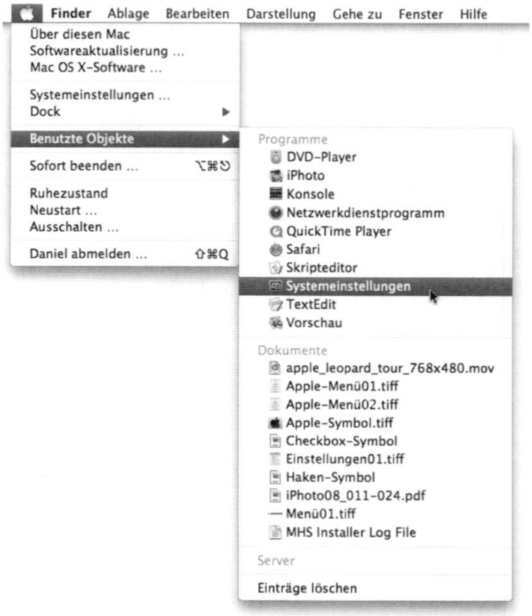

Ab und an wird es Ihnen auch passieren, dass ein Programm muckt. Entweder es stürzt freiwillig ab und reißt Ihre ungesicherte Arbeit mit in den Abgrund, oder es rührt sich einfach nicht mehr. Egal, ob Sie klicken oder das Programm beenden möchten, das bunte Rädchen (Ihr Mauszeiger) dreht sich weiter und pariert auch nicht auf Befehl. In letzterem Fall springt *Sofort beenden…* in die Bresche und erlöst Sie von Ihrem Ärger. Auf dem Schreibtisch erscheint ein Dialog, der Ihnen sämtliche, gerade laufenden Programme auflistet. Im Fenster wählen Sie nun denjenigen Quälgeist, der absolut nicht so will, wie Sie es wünschen, und drücken dann den Button *Sofort beenden*. Ein weiterer Dialog warnt Sie noch einmal davor, dass alles, was Sie nicht zuvor gespeichert haben, im Nirvana verschwindet. Der zweite Klick auf *Sofort beenden* lässt das Programm aus der Liste verschwinden. Dieses rohe Vorgehen passiert relativ selten, ist aber bei etwaigem Zicken-Alarm (gemeint ist da natürlich das betroffene Programm) angebracht.

In Sekundenbruchteilen wird das störende Programm beendet.

Keine Angst: Das Programm wird wirklich nur beendet und kann danach sofort wieder gestartet werden. Die anderen aktiven Programmen werden dabei nicht in Mitleidenschaft gezogen. In ganz heiklen Fällen, wenn die Software fortdauernd Schwierigkeiten macht (was sie vielleicht vorher nicht tat), ist oftmals auch ein *Neustart* des Rechners ratsam.

Und weil wir gerade schon bei den Tastenkombinationen waren: Drücken Sie nacheinander die Kombination aus *Befehlstaste*, *Optionstaste* und *esc-Taste* (⌘-⌥-esc), so rufen Sie ebenfalls das Dialog-Fenster *Programme sofort beenden* auf. Möchten Sie den Dialog ganz umgehen und das Programm augenblicklich aus dem Sinn verbannen, so rufen Sie bei gedrückter Umschalttaste (⇧) das Apple-Menü auf und wählen daraus dann den Befehl *»Programm XY« sofort beenden* (die Bezeichnung »Programm XY« steht hier stellvertretend für den Namen der jeweiligen Applikation).

Aufgrund der Tatsache, dass etwaige Änderungen in Dokumenten beim *Sofort beenden* verloren gehen, sollten Sie sich bei der Arbeit angewöhnen, stets und immer den aktuellen Status zu sichern. Je häufiger Sie daran denken, desto geringer sind die Verluste, da eben nur jene Teile seit der letzten Sicherung betroffen sind. Der *Sichern*-Befehl ist bei Programmen immer im Menü *Ablage* oder *Datei* zu finden und heißt dort *Sichern* oder *Speichern*. Auch die Tastenkombination dazu sollten Sie sich gut merken: *Befehlstaste-S* (⌘-S). Mehr dazu erfahren Sie ebenfalls weiter hinten im Buch bei der Vorstellung der in Mac OS X vorhandenen Programme.

Die drei Menü-Punkte *Ruhezustand*, *Neustart* und *Ausschalten* betreffen allesamt Ihr Arbeitspferd, nämlich den Rechner als solches. Der *Ruhezustand* ist gerade für MacBook (Pro/Air) und PowerBook-Besitzer eine tolle Sache, wird er doch einfach beim Runterklappen des Bildschirms aktiviert. Desktop-Rechner wie iMac, Mac mini, Mac Pro, G5 etc. lassen sich über den eben genannten Weg über das *Apple-Menü* dazu bringen. Der Vorteil: Die Lüfter schweigen, der Bildschirm ist schwarz und es herrscht eine himmlische Ruhe (ganz nebenbei sparen Sie auch noch eine nicht unbeträchtliche Menge an Strom). Der Rechner ist zwar aus, er befindet sich aber dennoch in Lauer-Stellung – sichtbar am wechselnden Lichtkegel des Einschaltknopfes oder der Diode am Gehäuse. Beim aktuellen iMac (Late 2007) fiel dieses Licht-Symbol leider dem neuen Design zum Opfer, so dass da nur ein beherzter Klick auf die Tastatur Kontrolle verspricht. Sobald Sie nur einen Buchstaben auf der Tastatur drücken oder den Bildschirm Ihres Laptops öffnen, springt der Computer an und stellt sich so vor, wie Sie ihn verlassen haben: mit den noch aktiven Programmen sowie den etwaig geöffneten Dokumenten. Sie können also sofort wieder loslegen und müssen nicht auf das Hochstarten des Rechners und die Anmeldung warten. In diesem Sinne eignet sich der Ruhezustand für die schnelle Pause zwischendurch oder einen Gang ins nächste Café. Bei längerer Unterbrechungsphase (mehrere Tage) sollten Sie nichtsdestotrotz Ihren Rechner richtig ausschalten, zumal das normale Starten des Rechners Ihre Hardware (Arbeitsspeicher, Anschlüsse, Board etc.) einer Funktionsprüfung unterzieht sowie das Betriebssystem neu ordnet.

Für alle Tastaturfreunde wollen wir natürlich die dazugehörige Tastenkombination verraten: Zum einen brauchen Sie beim aktuellen iMac nur den Einschaltknopf kurz zu drücken und der Rechner geht in den Ruhezustand. Alternativ hilft auch das Gedrückthalten des *Wiedergabe/Pause*-Knopfes auf der *Apple Remote*-Fernbedienung. Oder Sie betätigen auf einer Apple-Tastatur die *Befehlstaste-Optionstaste-Auswurftaste* (⌘-⌥-⏏) und halten diese gedrückt, bis der Bildschirm schwarz wird. Die *Auswurftaste* (⏏) entspricht auf Drittherteller-Tastaturen oftmals der Sondertaste *F12*.

Der *Neustart* hilft – wie schon weiter oben erwähnt – bei kleineren Unstimmigkeiten, etwa wenn das Arbeiten im Finder ungewöhnlich zäh vonstatten geht, die Grafik in Form von Darstellungsfehlern Probleme bereitet oder das ein oder andere Programm nicht startet bzw. sich nicht beenden lässt. Meist sind die Schwierigkeiten danach behoben und Sie haben wieder Ruhe an Ihrem Arbeitsplatz. Auch bei der Neuinstallation mancher Programme ist ein Neustart erforderlich, damit das Betriebssystem beim Hochfahren auch ja alle Komponenten erkennt.

Wenn alle Stricke reißen, hilft oftmals ein Neustart des Rechners. Aber auch zum Erkennen neu installlierter Software oder Treiber ist dieser unerlässlich.

Das *Ausschalten*, wie sollte es anders sein, beendet das Stelldichein zwischen Mensch und Mac. Auch wenn der Rechner hierbei sämtliche Programme automatisch beendet und Sie sogar zuvor darauf hinweist, dass noch dieses oder jenes Dokument gespeichert werden muss, sollten Sie sich angewöhnen, dieses Vorgehen selbstständig vor dem Ausschalten durchzuführen. Sichern Sie also alle erarbeiteten Dinge ab, beenden Sie Ihre Programme über *Befehlstaste-Q* (⌘-Q – das »Q« steht für *Quit* und heißt *beenden*) bzw. über das *Programm*-Menü und dem dort auftauchenden Befehl *Beenden* und machen Sie bei wichtigen Dokumenten ein Backup. Wählen Sie dann *Ausschalten*, so erscheint sogleich die Bestätigung dazu. Entweder Sie warten nun auf das automatische Runterfahren (nach einer Minuten) oder Sie klicken auf den Button *Ausschalten*.

Der Countdown läuft – Sie haben eine Minute Zeit, um den Ausschalt-Vorgang über »Abbrechen« rückgängig zu machen.

Ein Backup – also das Sichern Ihrer Arbeit auf ein weiteres Speicher-Medium – können Sie über das Brennen einer CD/DVD oder über ein externes Medium (Festplatte, ZIP, magneto-optisches Laufwerk etc.) vornehmen. Noch eleganter klappt das mit Sicherheit über *Time Machine*, der automatischen Backup-Funktion in Leopard – hierauf kommen wir auch noch ausführlich zu sprechen.

Als baldiger Tastatur-Freak verraten wir Ihnen natürlich wieder das ultimative Geheimrezept zum Bedienen eben genannter Befehle über die Tastatur: Drücken Sie den Ein-/Ausschaltknopf Ihres Rechners (klappt leider nicht beim aktuellen iMac) oder auf der Tastatur eines Drittherstellers, so erscheint ebenso ein Dialog, der Ihnen die Optionen *Neu starten*, *Ruhezustand*, *Abbrechen* oder *Ausschalten* anbietet. Mit dem Buchstaben *R* (für »restart«) starten Sie den Rechner neu, mit *S* (für »sleep«) aktivieren Sie den Ruhezustand, über die *esc-Taste* bewirken Sie das Abbrechen des Vorgangs und über die *Enter-Taste* (↩) betätigen Sie den *Ausschalten*-Button. Das Ganze funktioniert natürlich auch mit der Maus, aber das kann ja jeder.

Per Knopfdruck (Ein-/Ausschalttaste) wird das gesamte Repertoire eingeblendet.

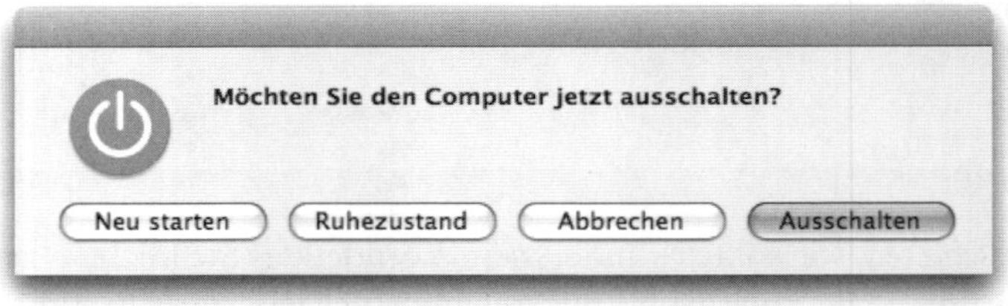

Die letzte Station nennt sich *Benutzer abmelden* (das Wort »Benutzer« steht in diesem Zusammenhang als abstraktes Kürzel für Ihren Namen, denn leider kennen wir Sie ja nicht). Hierbei werden ebenfalls sämtliche laufenden Vorgänge beendet und der Rechner sozusagen »bettfertig« gemacht. Danach blendet der Mac das Anmeldefenster ein, in dem alle Benutzer aufgelistet werden, die für diesen Rechner einen Zugang besitzen. Sie können dann also ganz beruhigt den »Staffel-Stab« übergeben und beruhigt nach Hause gehen. Der neue Benutzer klickt nun wiederum auf seinen Namen und gibt sein Passwort ein, der Mac startet nun in der auf diesen Nutzer eingerichteten Umgebung (das erklären wir selbstverständlich auch noch im Detail).

Sagen Sie »Auf Wiedersehen« und machen Sie sich einen schönen Abend. Mehr zum Thema »Benutzer« finden Sie weiter hinten im Buch.

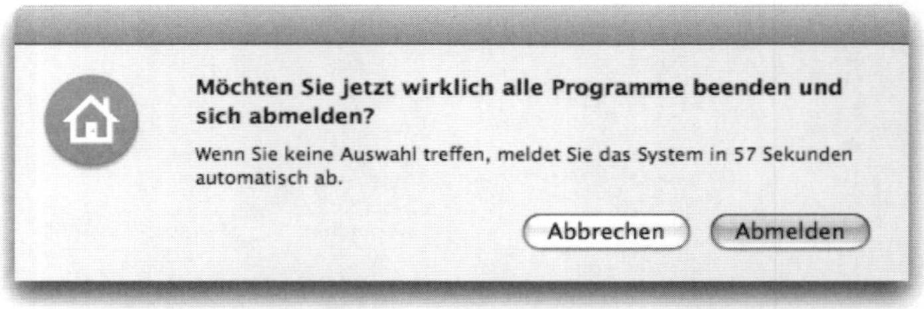

Von Fenstern, Ordnern und Knöpfen

Üblicherweise bearbeiten und verwalten Sie Ihre Daten unter Mac OS X in Fenstern. Dort werden die verschiedenen Ordner und Dateien eingeblendet, die Sie mit einem Doppelklick öffnen bzw. starten können. In den Ordnern können weitere Unterordner angelegt werden, die wiederum Ordner enthalten usw. Hierbei können Sie Ihre ganz eigene Hierarchie und Ordner-

Struktur anwenden. In Ordnern liegen meist Dateien in Form von Texten, Filmen, Sounds oder Bildern, aber auch die Systembestandteile wie Erweiterungen und Programme.

Fenster geben einen schnellen Überblick über den Inhalt von Ordnern oder Volumes.

Linker Hand finden Sie in der Spalte unter dem Stichwort *Geräte* die Auflistung Ihrer Festplatte (inklusive Partitionen) und sämtlicher als Volumes erkannten externen Medien: dies können externe Festplatten (angeschlossen über USB 2 oder FireWire 400/800), CDs, DVDs, ZIP- oder MO-Disketten etc. sein. Aber auch die *iDisk* (wenn Sie einen .Mac-Account besitzen) wird angezeigt. ».Mac« nennt sich der von Apple angebotene Dienst, über den Sie einen Mail-Account sowie online Festplattenplatz zur Verfügung gestellt bekommen.

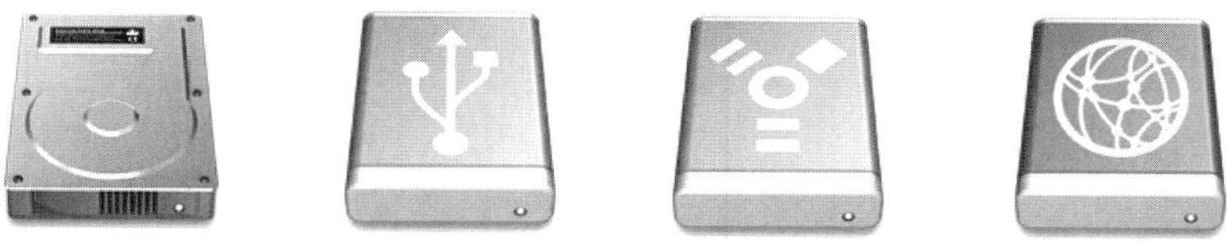

Festplatten-Symbole und was sie bedeuten (von links nach rechts): Das Hauptvolume bzw. einzelne Partitionen, externe USB-Festplatte, externe FireWire-Festplatte, Festplatten-Icon eines Rechners im Netzwerk.

Unter *Freigaben* werden die in einem Netzwerk befindlichen Volumes angezeigt. Bei *Orte* liegen dann der Schreibtisch, Ihr Benutzer-Verzeichnis, der Ordner *Programme* sowie Ihre ganz privaten Benutzer-Ordner wie *Dokumente, Bilder, Musik & Co.* Dank der flexiblen Handhabung können Sie nun jederzeit weitere, häufig verwendete Ordner in diesen Bereich ziehen, so dass diese schnell auf Mausklick hin zur Verfügung stehen. Mit Klick auf eines der Objekte wird dann im rechten Vorschau-Bereich der Inhalt wiedergegeben.

Ziehen Sie einfach den Ordner oder das Dokument in die Liste hinein. Aber Achtung: Zeigt sich eine blaue Linie zwischen den Objekten, so wird der Ordner an dieser Stelle in die Liste eingefügt (linke Abbildung). Geraten Sie dagegen mit Ihrer Datei auf einen anderen Ordner und ist dieser markiert, so kopieren Sie Ihr transferiertes Paket dort hinein – erkennbar auch am Plus-Symbol unterhalb des Mauszeigers (rechte Abbildung).

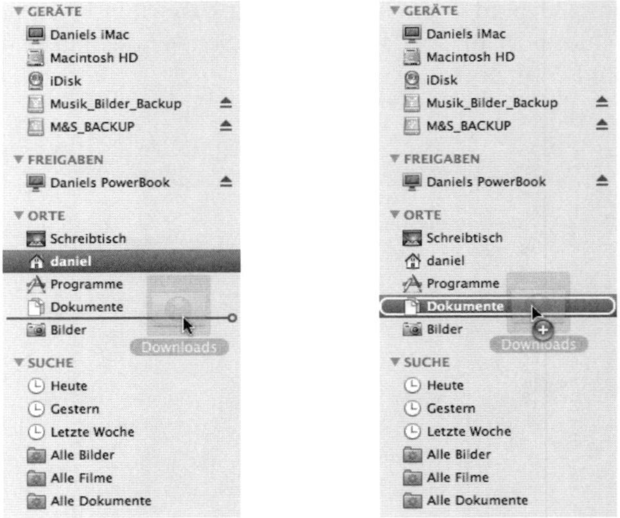

Bei *Suche* (◷) finden Sie in Mac OS X bereits vordefinierte Such-Möglichkeiten. So können Sie unter anderem per Klick auf *Heute* all jene Dateien, Ordner und Programme anzeigen lassen, mit denen Sie zuletzt hantierten. Über *Gestern* und *Letzte Woche* werden ebenso die in Gebrauch gewesenen Medien eingeblendet, nur dieses Mal eben mit einem anderen Zeithorizont. Auch die so genannten *intelligenten Ordner* ( ) erfüllen diesen Zweck, indem sie nach festgelegten Kriterien auf die Suche gehen. Anpassen lassen sich diese selbstverständlich ebenso – dazu kommen wir noch.

Das Löschen von Objekten aus dieser seitlichen Leiste geht schnell vonstatten: Packen Sie ein Symbol mit der Maus und ziehen Sie es einfach aus dem Fenster heraus. Das Objekt verpufft. Sie brauchen dennoch keine Angst zu haben, da die Datei/der Ordner als solches auf der Festplatte erhalten bleibt. Da Sie beim Hinzufügen nur Verlinkungen (ein so genanntes *Alias*) zum Original bauen, wird auch nur dieser Verweis entfernt. Die Original-Datei befindet sich weiterhin an ihrem angestammten Platz.

Die Datei-Verlinkung kann auch aus der Liste herausgezogen und dann losgelassen werden – der Verweis auf das Original verpufft.

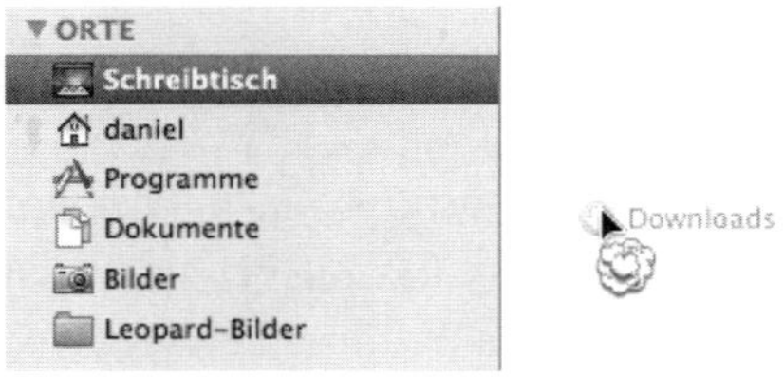

Die links liegende Liste lässt sich auch anpassen, wenn Sie aus der Menüleiste *Finder* die *Einstellungen* (⌘-Komma) wählen. Klicken Sie auf die Rubrik *Seitenleiste*, so legen Sie diejenigen Volumes und Ordner fest, die als Standard auf Ihrem Mac präsent sein sollen.

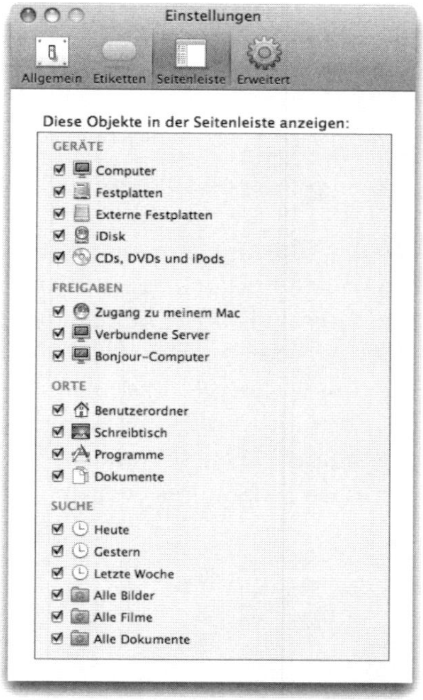

Wie hätten Sie es denn gerne? Haken Sie jene Icons an, deren Objekte Sie stets im Blick haben möchten.

Fenster sind extrem flexible »Informations-Tafeln«, denn Sie können sie nicht nur hin und herschieben (den Mauszeiger an den oberen oder unteren Rand bewegen und dann mit gedrückt gehaltener Taste bewegen), sondern auch das Aussehen bewusst ändern und Ihren Bedürfnissen anpassen. Die leichteste Übung ist sicherlich das Vergrößern und Verkleinern des Fenster-Umfangs, indem Sie – wieder mit Ihrer Maus – rechts unten das kleine geriffelte Dreieck ( ) packen und durch Ziehen die neue Größe bestimmen. Und dass man mit den vertikalen wie horizontalen blauen Balken bzw. den kleinen Links-/Rechts-Pfeilen den Fenster-Inhalt scrollen kann, hat sich wohl schon herumgesprochen. Auf diese Weise erreichen Sie auch die momentan nicht sichtbaren Dateien, wenn mehr Ordner-Inhalt als Fenster-Platz zur Verfügung steht.

Oben liegt die *Symbolleiste*, die ebenso einige Funktionen bietet. Da sind zum einen die drei bunten Knöpfe ( ), die sich verändern, kommt ihnen der Mauszeiger zu nahe ( ):

- Der rote Knopf mit dem »x« darauf schließt das Fenster. Das Gleiche klappt allerdings auch über die Tastatur, wenn Sie *Befehlstaste-W* (⌘-W) drücken, was dem Menü-Befehl *Ablage* | *Schließen* entspricht. Haben Sie dagegen ein bislang ungesichertes Dokument in Arbeit und möchten es schließen, so zeigt der rote Knopf anstatt eines x-Symbols einen schwarzen Punkt ( ) darin. Klicken Sie darauf, so werden Sie zum Sichern des Dokumentes aufgefordert.

Gut, dass der Mac mitdenkt. Durch das Sichern gehen bereits getätigte Arbeitsschritte nicht verloren – es sei denn, Sie bestehen darauf (»Nicht sichern«).

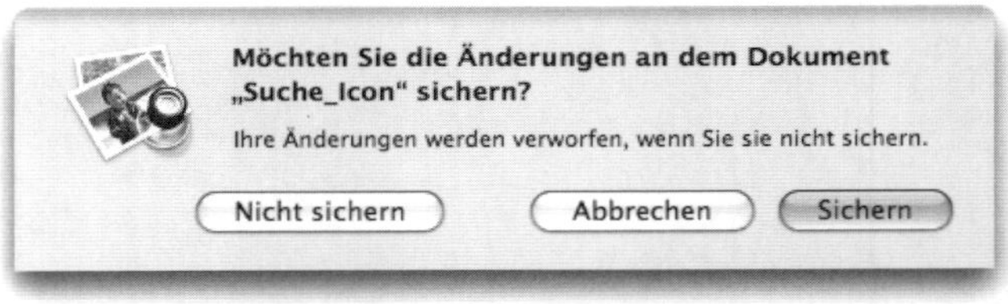

Der gelbe Knopf in der Mitte mit dem »-«-Zeichen lässt das Fenster ins Dock wandern. Mit einem Klick in das miniaturisierte Fenster fährt es wieder zur Original-Größe aus. Diese Aktion können Sie ebenfalls über die Menüleiste oder die Tastatur steuern: *Fenster | Im Dock ablegen* (nennt sich in Programmen auch *Fenster minimieren*) bzw. *Befehlstaste-M* (⌘-M). Wenn Sie beim Klicken in den gelben Button noch dazu die *Optionstaste* (⌥) gedrückt halten, so wandern gleichzeitig alle offenen Fenster (des zugehörigen Programms oder des Finders) ins Dock.

Das Fenster verschwindet wie in einem Trichter über eben genannte Schritte effektvoll im Dock. Dort angelangt zeigen die Miniaturen das jeweilige Programm-Icon, so dass Sie die Fenster auf einen Blick zuordnen können.

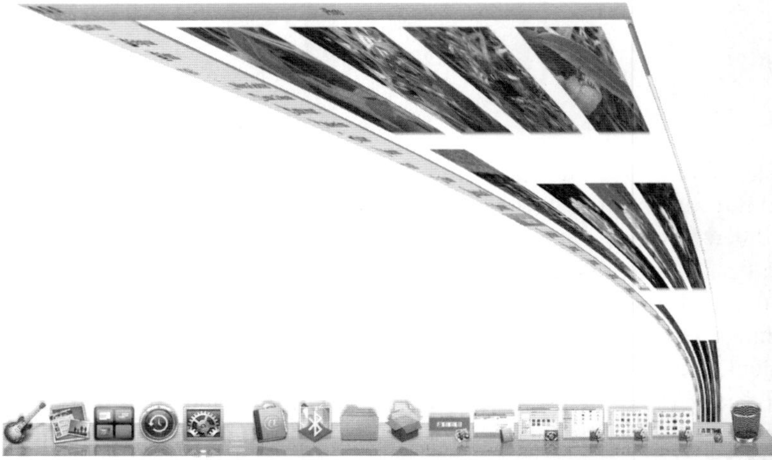

Übrig bleibt die Farbe Grün bzw. das »+«-Zeichen darin. Die ausgelöste Aktion nennt sich *Zoomen* und kann auch über die Menüleiste *Fenster | Zoomen* gestartet werden. Das Ergebnis hierbei: Die Fenster-Größe passt sich automatisch dem Inhalt an, so dass dieser bestmöglich überblickt werden kann. Bei wenigen Dateien verkleinert sich das Fenster, bei viel Inhalt wird es dementsprechend umfangreich, so dass ab und an sogar die gesamte Bildschirm-Fläche in Anspruch genommen wird. Klicken Sie nochmals auf den *Zoomen*-Button, so kehrt das Fenster wieder in die zuvor eingestellte Größe zurück.

Die unterhalb der bunten Knöpfe angebrachten Buttons bringen weitere Vorteile mit sich. Markieren Sie in der Seitenleiste einen Ordner, so zeigt sich dessen Inhalt. Ordner, die wiederum darin liegen und doppelt angeklickt werden, öffnen sich ebenso, so dass Sie von Mal zu Mal tiefer in den Hierarchien vorstoßen. Über die beiden Pfeile ( ) können Sie sich nun wieder rückwärts oder vorwärts bewegen (alternativ klappt das auch über die Tastatur – ⌘-Ö für *Zurück*, ⌘-Ä für *Vorwärts* – bzw. über die Menüleiste *Gehe zu*). Die Symbole daneben ( ) bestimmen die Darstellung des Fenster-Inhaltes, wobei Sie hier zwischen *Symbol-*, *Listen-*, *Spalten-* und *Cover Flow*-Ansicht wählen können. Welche Ausführung für Sie am besten ist, werden Sie ziemlich schnell im normalen Arbeitstag herausfinden, was bedeutet, dass Sie sich alle vier Möglichkeiten einmal ausführlich ansehen sollten. Je nach Situation können Sie ja auch jederzeit wechseln – entweder über die Menüleiste *Darstellung* oder schneller über die Tasten-Kombinationen ⌘-1 für die *Symbol*-Ansicht, ⌘-2 für die *Listen*-Ansicht, ⌘-3 für die *Spalten*-Ansicht oder ⌘-4 für die elegante *Cover Flow*-Ansicht.

⌘-1 für die Symbol-Ansicht

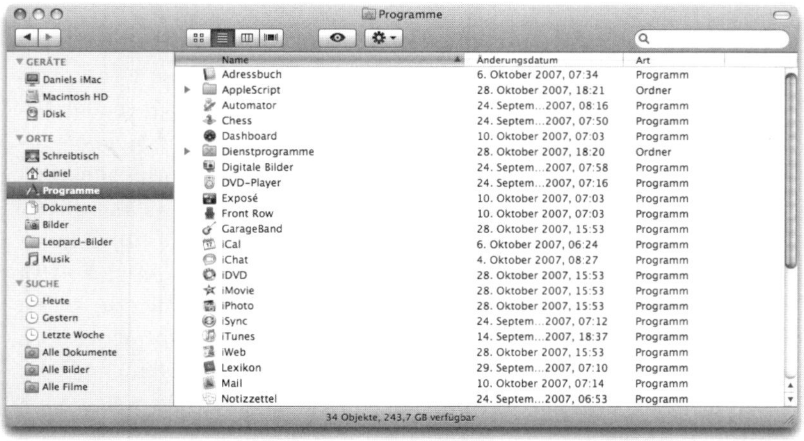

⌘-2 für die Listen-Ansicht

⌘-3 für die Spalten-Ansicht

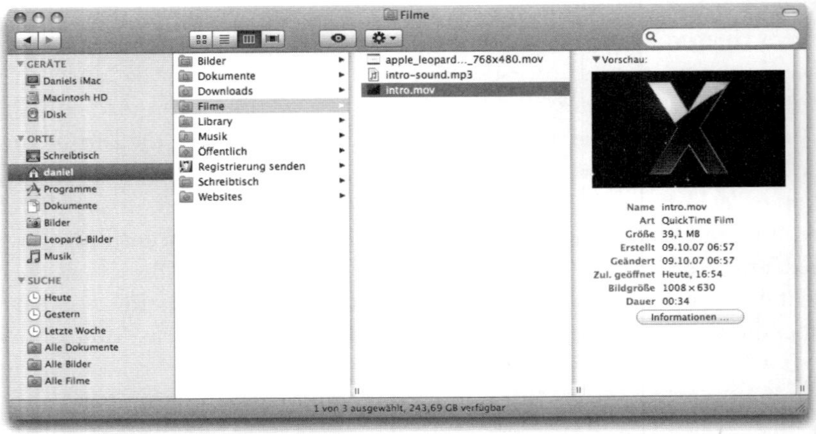

⌘-4 für die Cover Flow-Ansicht

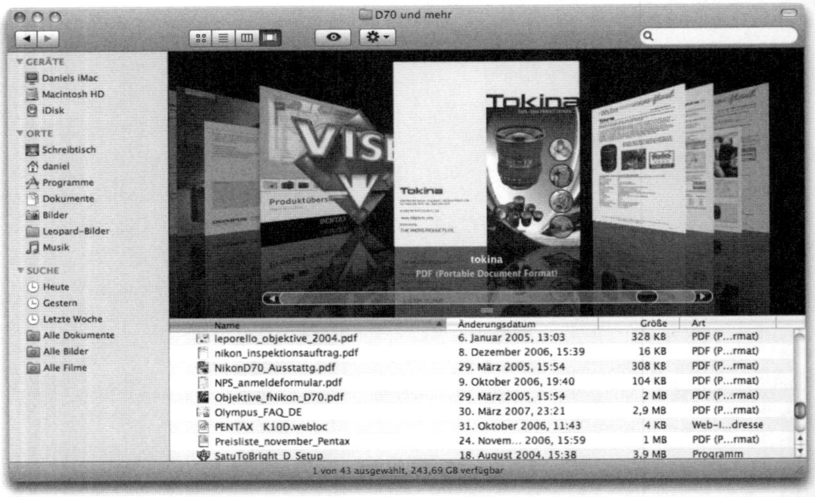

Egal, welche Ansicht Sie bevorzugen – Sie können diese weiter aufpeppen. Den Befehl hierzu finden Sie in der Menüleiste über *Darstellung* | *Darstellungsoptionen einblenden* (⌘-J). Ob in der *Symbol*-Ansicht die Icons (die kleinen Objekt-Bilder, auch *Thumbnails* genannt) in einer bestimmten Größe gewünscht werden, die *Titel* dazu unterhalb oder rechts vom Icon stehen sollen, ob weitere *Infos* im Objekt-Namen gewünscht oder ob der *Fenster-Hintergrund* eine andere Farbe oder gar ein Bild tragen soll: Die Einstellungen hierzu treffen Sie in den erscheinenden Dialogen. In der *Listen*-Ansicht lassen sich somit weitere Rubriken wie das *Erstellungsdatum* der jeweiligen Datei oder auch die Größen einblenden. In allen Varianten lässt sich auch festlegen, wie groß die Text-Darstellung sein soll – was gerade dann von Vorteil ist, wenn Sie weitsichtig sind und das ein oder andere Mal die Brille verlegen. Jedem Fenster lässt sich zudem eine bestimmte

Ansicht zuteilen, mit dem es immer geöffnet werden soll. Dazu müssen Sie nur in der jeweiligen Darstellung die ganz oben stehende Option mit einem Haken versehen – zum Beispiel *Immer in Symboldarstellung öffnen.*

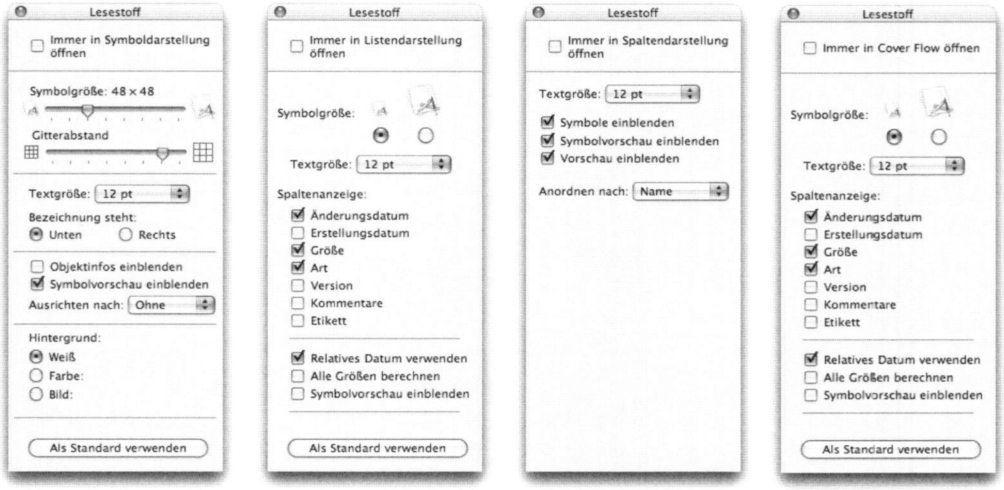

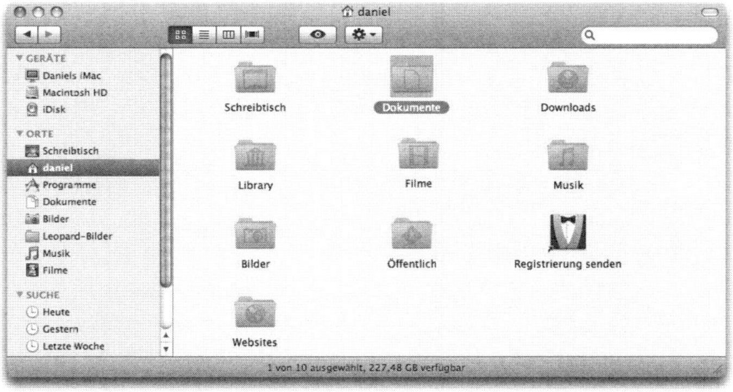

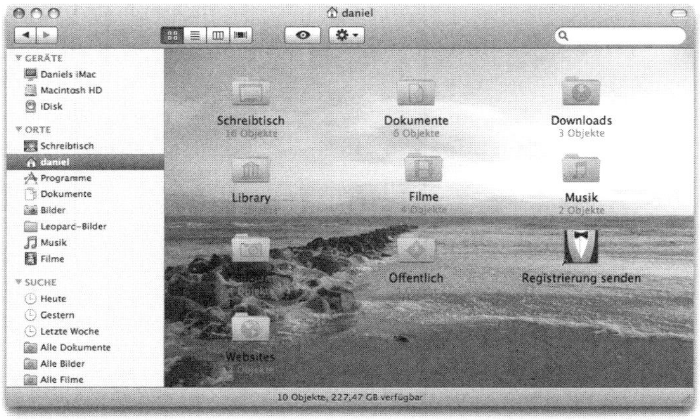

Oben: Die Anpassungs-Möglichkeiten für die Symbol-, Listen- und Spalten- und Cover Flow-Ansicht in den Darstellungsoptionen.

Mitte und unten: Zwei Beispiele – Hintergrund mit Bild oder in Farbe mit zusätzlichen Infos für die darin liegenden Objekte.

Bis auf die *Spalten*-Ansichten lassen sich bei allen anderen Darstellungen nach einer Veränderung der Standard-Einstellungen diese als neuer Standard festlegen (ganz unten anklicken: *Als Standard verwenden*).

In der *Listen-*, *Spalten-* und *Cover Flow*-Ansicht können Sie weiterhin die Breite der einzelnen Verzeichnisse bestimmen. In der *Spalten*-Ansicht ziehen Sie dabei mit gedrückter Maustaste die kleinen Anfasser (‖) nach links oder rechts, in der *Listen-* und *Cover Flow*-Ansicht gehen Sie mit der Maus in die *Spalten*-Anzeige zwischen die einzelnen Rubriken. Der Mauszeiger zeigt nun das ✛-Symbol, mit dem Sie die Größe durch Ziehen (ebenfalls nach links oder rechts) ändern können. Und nicht vergessen: Welche Spalten (*Änderungsdatum*, *Größe*, *Art* etc.) angezeigt werden, bestimmen Sie über die *Darstellungsoptionen* (*Darstellungsoptionen einblenden* oder ⌘-J).

Eine weitere Spezialität der *Listen-* (⌘-2) und *Cover Flow*-Ansicht (⌘-4) ist das schnelle Ordnen nach gewünschten Kategorien, sobald Sie eine bestimmte Spalten-Rubrik anklicken. Markieren Sie beispielsweise die Spalte *Größe*, so werden alle im Fenster befindlichen Daten der *Größe* nach geordnet. Über das kleine Dreieck (▲) können Sie dabei die Sortierreihenfolge umdrehen, also von groß nach klein oder umgekehrt. Das Gleiche funktioniert natürlich auch bei *Name* (alphabetisch angeordnet von A nach Z oder umgekehrt) oder über das *Änderungsdatum* (die aktuellsten Einträge zuerst oder andersherum). Über *Art* werden die einzelnen Dateien ihrer Beschaffenheit nach zusammengefasst: alle TIFF-Dateien (Bilder), PDF-Dateien, Ordner etc. liegen nun zusammen. Aber auch die Reihenfolge der Spalten lässt sich ändern. Dazu parken Sie den Mauszeiger über dem Rubrik-Namen (z. B. *Änderungsdatum*) und ziehen dann die Spalte mit gedrückter Maustaste (diese zeigt dabei eine zupackende Hand:) an die gewünschte Stelle.

Das Fenster-Highlight in Mac OS X Leopard stellt aber mit Sicherheit die von *iTunes* abgeschaute *Cover Flow*-Ansicht dar sowie die Möglichkeit der augenblicklichen Einsicht auch in mehrseitige Dokumente. Hier vermengen sich sozusagen alle Vorteile und Sie haben Zugriff auf alle Medien-Arten. Egal, ob Bilder, PDF-Dateien, Text-Dateien, Filme oder was auch immer – Sie können in alle Dateien einen Blick werfen oder einen Film in der Vorschau sehen, ohne erst langwierig das dazugehörige Programm starten zu müssen. Zum Bearbeiten oder Verändern der Dateien müssen Sie dann jedoch die passende Software starten.

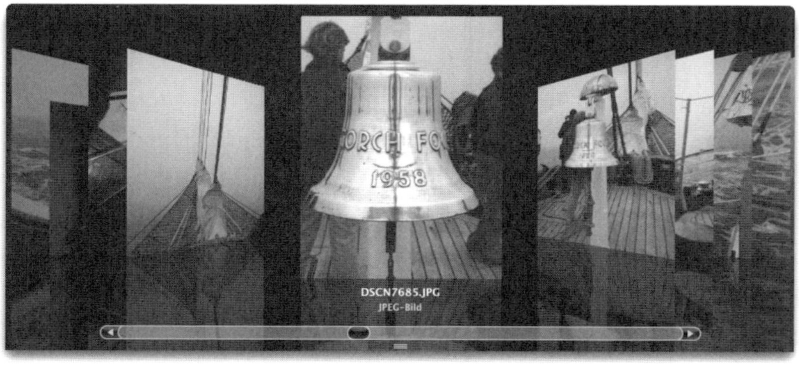

Ansichten erster Streich: Rufen Sie in der Cover Flow-Ansicht ein mehrseitiges Dokument (im Beispiel oben ein PDF) auf, so erscheinen nach dem Bewegen des Mauszeigers auf diese Datei zwei Pfeile zum Durchblättern. Das Gleiche funktioniert auch bei Filmen (Mitte), die Sie per Mausklick in den Pfeil schon einmal abspielen können. Ganz hervorragend eignet sich diese Ansicht auch zum Überfliegen eines Bilder-Ordners – etwa auf der Suche nach einem bestimmten Foto.

Geradezu staunen werden Sie, wenn Sie weiterhin das so genannte *Quick Look* – eingedeutscht als *Übersicht* bzw. *Diashow* laufend – benutzen. Wird in der *Cover Flow*-Ansicht ein Dokument aufgerufen, so haben Sie folgende Möglichkeiten, auf diese Funktion zuzugreifen: Entweder Sie drücken den Knopf für *Übersicht/Diashow* oder Sie wählen aus der Menüleiste *Ablage | Übersicht* (⌘-Y). Inoffiziell, das heißt nirgendwo dokumentiert, funktioniert allerdings auch der einfache Druck auf die *Leertaste* Ihrer Tastatur.

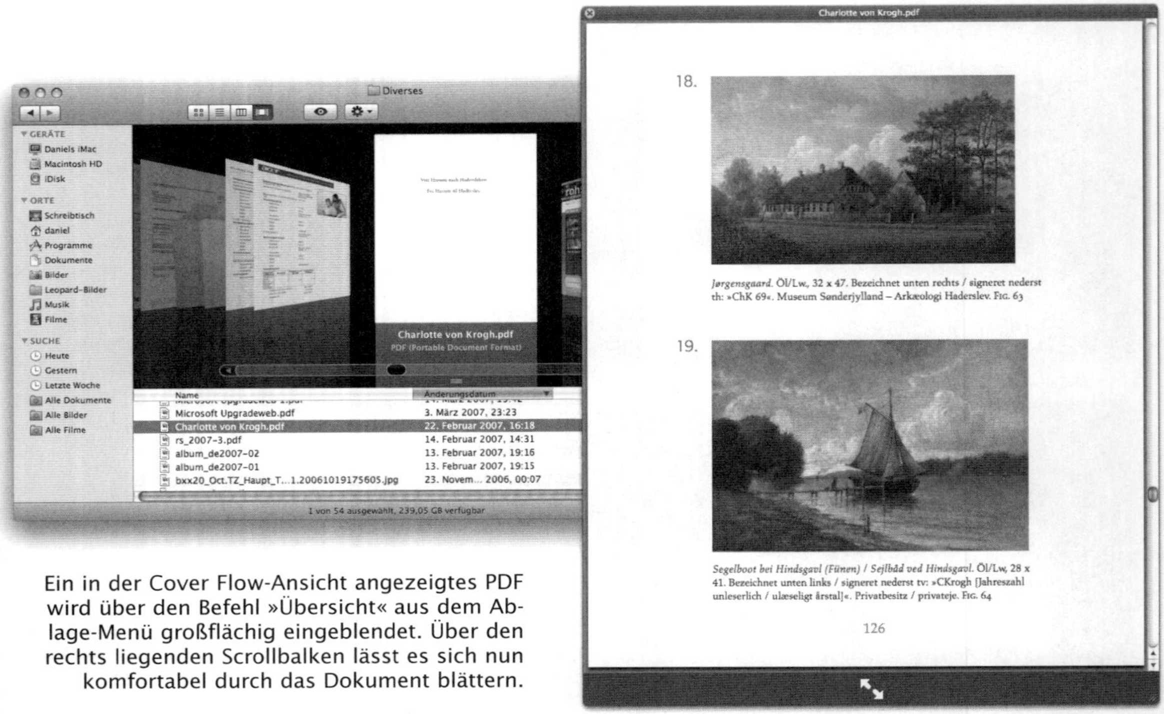

Ein in der Cover Flow-Ansicht angezeigtes PDF wird über den Befehl »Übersicht« aus dem Ablage-Menü großflächig eingeblendet. Über den rechts liegenden Scrollbalken lässt es sich nun komfortabel durch das Dokument blättern.

Die Darstellung lässt sich auch bildschirmfüllend einstellen.

Um die Möglichkeit der *Übersicht* zu benutzen, brauchen Sie noch nicht einmal ein Finder-Fenster geöffnet zu haben. Klicken Sie irgendeine Datei auf dem Schreibtisch an und drücken dann die *Leertaste* (bzw. ⌘-Y), so wird eine große Voransicht eingeblendet, die Ihnen mit Sicherheit ein detaillierteres Bild als das kleine Icon auf dem Schreibtisch anbietet.

Benutzen Sie statt der Scrollbalken die Links- (←) und Rechtspfeile (→) Ihrer Tastatur, so können Sie auch die weiteren Medien in Ihrem Ordner zum Überprüfen durchblättern. Noch schneller geht's, wenn Sie einfach den Anfangsbuchstaben einer bestimmten Datei auf der Tastatur drücken – ratzfatz finden Sie die entsprechende Datei vor sich.

Werden hingegen mehrere Dokumente auf einmal markiert, so lassen sich diese Dateien wie in einer Diashow betrachten. Letzteres eignet sich natürlich wieder hervorragend für Bilder-Ordner, die schnell einmal vor Publikum gezeigt werden sollen.

Werden mehrere Dateien gleichzeitig markiert und sollen diese als »Übersicht« gezeigt werden, so klappt das über die »Diashow«-Funktion (linke Abbildung). Möchten Sie ganz gezielt ein bestimmtes Bild aufrufen, so brauchen Sie nur auf das Index-Symbol und daraufhin auf das Foto zu klicken (rechts).

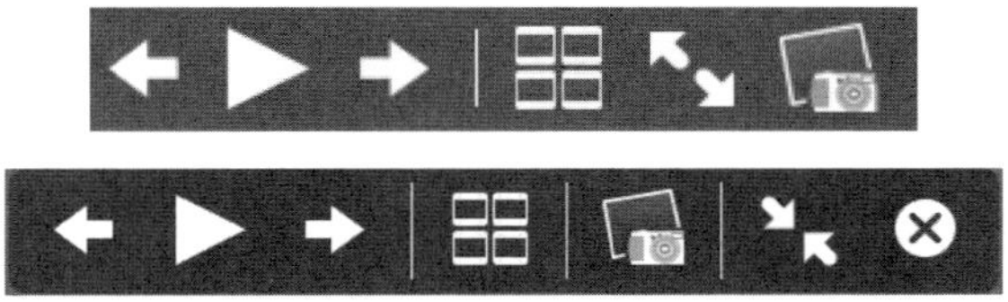

Die Knöpfe im Detail (von links nach rechts): Vorherige Datei, Wiedergabe bzw. Pause, nächste Datei, Index-Ansicht, bildschirmfüllende Darstellung, Bild/Datei zu iPhoto hinzufügen. In der bildschirmfüllenden Diashow (untere Navigationsleiste) finden Sie zudem noch den Beenden-Knopf.

Zum Auswählen von Dateien stehen Ihnen mehrere Möglichkeiten zur Verfügung:

- Wählen Sie in einem geöffneten Ordner über die Menüleiste *Bearbeiten* den Befehl *Alles auswählen* (⌘-A), so wird der gesamte Inhalt markiert.
- Mit gedrückter *Befehlstaste* (⌘) können Sie auch auf einzelne Dateien klicken und so eine Auswahl kunterbunt durcheinander zusammenstellen. Bei umfangreichen Auswahlen ist es oftmals besser, zuerst alle Daten auszuwählen (über ⌘-A) und dann per gedrückter *Befehlstaste* (⌘) einzelne auszuschließen.
- Klicken Sie bei gedrückter *Umschalttaste* (⇧) die erste und die letzte der gewünschten Dateien an, so werden alle dazwischen liegenden Daten (inklusive der angeklickten) markiert.
- Die vierte Art des Auswählens geschieht über die Maus. Klicken Sie mit der Maus neben eine Datei und halten Sie dabei die Maustaste gedrückt. Ziehen Sie dann nach unten, oben, rechts oder links, so werden alle Dateien/Ordner, die Sie überfahren, markiert.

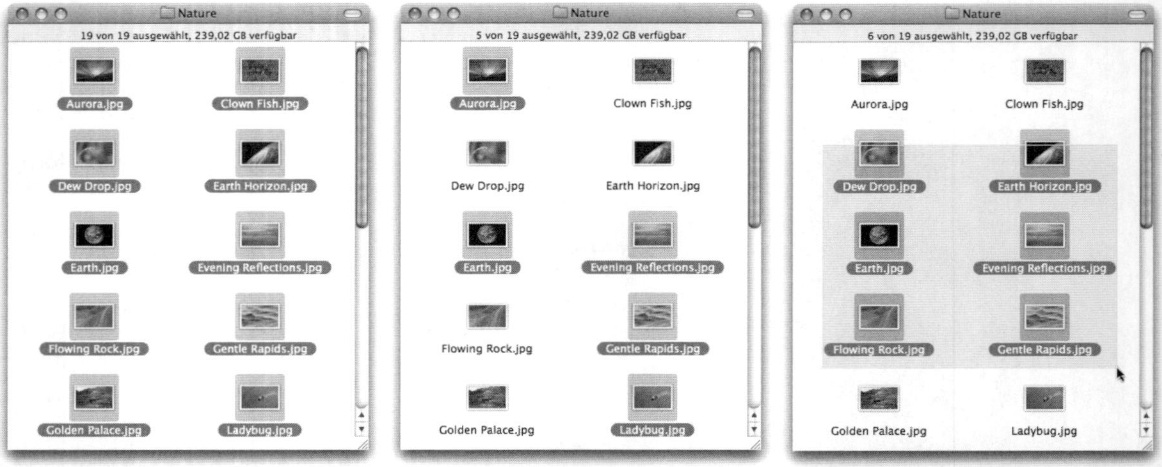

Ob alle Dateien/Ordner, einzelne oder eine zusammenhängende Teil-Auswahl – mit dem entsprechenden Know-how ist das zielgerichtete Markieren ein leichtes Unterfangen.

Halten Sie in einer Diashow die *Optionstaste* (⌥) gedrückt, so erscheint anstatt des Mauszeigers das Symbol einer Lupe mit einem Plus-Zeichen darin (⊕). Klicken Sie nun auf ein Bild, so wird dieses vergrößert. Ist das Bild dabei umfangreicher als der Übersicht-Rahmen, so lässt es sich nun bei gedrückter Maustaste (✥) bewegen. Mit gedrückter *Options-* (⌥) sowie *Umschalttaste* (⇧) wird wieder eine Lupe eingeblendet, dieses Mal jedoch mit einem Minus-Zeichen (⊖). Klicken Sie nun wieder, wird das Bild bis zur Originalgröße zurückgezoomt.

Und wie bei vielen hilfreichen Funktionen schlafen auch die Hobby- und semiprofesionellen Programmierer nicht und erweitern das eh schon umfangreiche Angebot von Mac OS X. Die Rede ist von Plug-Ins, die den Funktionsumfang der *Übersicht* um weitere Datenformate ausbauen. Fehlen Ihnen also mit dem *QuickLook*-Feature einige wichtige Formate, die die hauseigene *Übersicht* nicht anzeigen kann, so dürfen Sie durchaus hoffen, dass es da schon Abhilfe gibt – unter anderem zum schnellen Einsehen von Ordnern, komprimierten Zip-Dateien, aber auch für exotische Varianten wie etwa Bilder vom Commodore 64.

Die Krux beginnt jedoch mit der Suche nach diesen Plug-Ins. Über das Internet spürten wir eine einzige – allerdings englischsprachige – Webseite (`www.quicklookplugins.com`) auf, die einen umfassenden Überblick bietet. Viele andere Seiten wie beispielsweise `www.apfeltalk.de`, `www.macnotes.de` oder `www.apfelquak.de` stellen hingegen nur einzelne Neuheiten vor. Mit anderen Worten: Eine Suche über Google mit dem Stichwort »QuickLook Plug-Ins« zaubert mehr und mehr Ergebnisse und man muss ein wenig forschen.

Ist dann eines gefunden und geladen, so heißt es dieses zu installieren – und zwar in den Ordner *QuickLook*, den Sie über Ihre *Festplatte | Library* finden (einfach die entsprechende Datei mit der Endung ».qlgenerator« dort hineinziehen). Danach folgt noch ein Neustart des Rechners und Mac OS X ist wieder um eine Erfahrung reicher.

Die Erweiterung von »QuickLook« (entsprechend der Übersicht) anhand des Plug-Ins »Folder.qlgenerator«. Von nun an zeigt die Übersicht nicht nur ein wenig aussagekräftiges Ordner-Icon (oben), sondern auch den Inhalt.

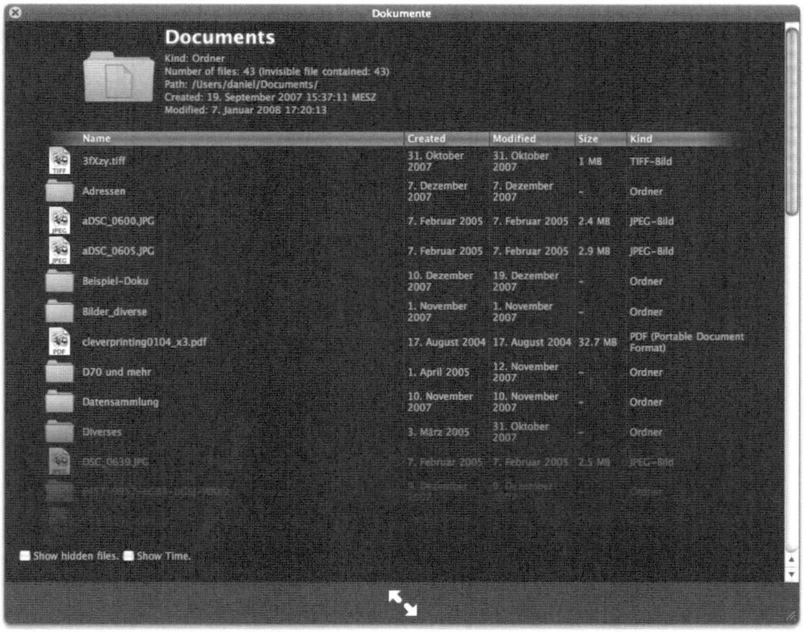

Kehren wir wieder zurück zur *Symbolleiste* eines Finder-Fensters und rutschen eine Stelle weiter. Dort finden Sie den Button *Aktion* ( ). Das kleine Dreieck zeigt dabei an, dass sich dahinter weitere Optionen verstecken. Per Mausklick fährt dann ein Menü aus, das häufig verwendete und somit meist brauchbare Befehle des *Ablage*-Menüs beinhaltet.

Das geöffnete Popup-Menü ohne und mit markiertem Objekt (linke Seite) im Vergleich zum »Ablage«-Menü der Menüleiste.

Auf diese Weise lassen sich schnell neue Ordner anlegen, Dateien öffnen, ebensolche in den Papierkorb legen oder etwaige Informationen abrufen. Letzterer Befehl verrät Ihnen im Übrigen eine Menge über die Beschaffenheit des Objekts. Markieren Sie einfach eine Datei oder einen Ordner per Mausklick und wählen Sie aus dem Popup-Menü den Befehl *Informationen* (Tastaturkürzel: *Befehlstaste-I* / ⌘-I), so öffnet sich der zugehörige Dialog *Infos zu*. Darin können Sie nun neben der *Größe* allgemeine Auskünfte wie den *Ablage-Ort*, das *Erstellungs-* wie *Änderungs-Datum* sowie die *Eigentümer-* und *Zugriffsrechte* einsehen.

Informationen satt: links über einen Ordner, rechts über eine Datei.

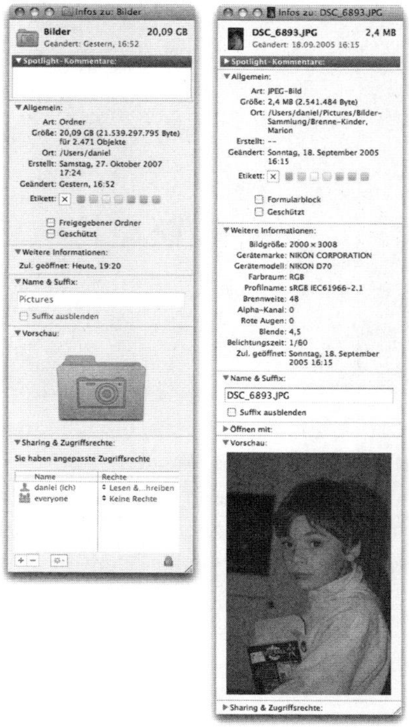

Auch zu den Fenstern bzw. dem Reaktionsverhalten derselben lassen sich Grundeinstellungen tätigen, die wieder über die *Finder-Einstellungen* zu definieren sind. Über *Finder | Einstellungen* (bzw. *Befehlstaste-Komma* / ⌘-,) rufen Sie dieselben auf und legen über *Allgemein* fest, dass etwa beim Anlegen neuer Fenster diese grundsätzlich den Inhalt eines bestimmten Volumes oder beispielsweise den privaten Benutzer-Ordner zeigen sollen. Diese Vorgabe stellen Sie im Popup-Menü bei *Neues Fenster im Finder zeigt* ein. Gefällt Ihnen die angebotene Vielfalt nicht, so wählen Sie über *Andere…* eine ganz individuelle Entscheidung. Dabei öffnet sich ein Dialog-Fenster, in dem Sie sich nun zum Wunsch-Objekt klicken können.

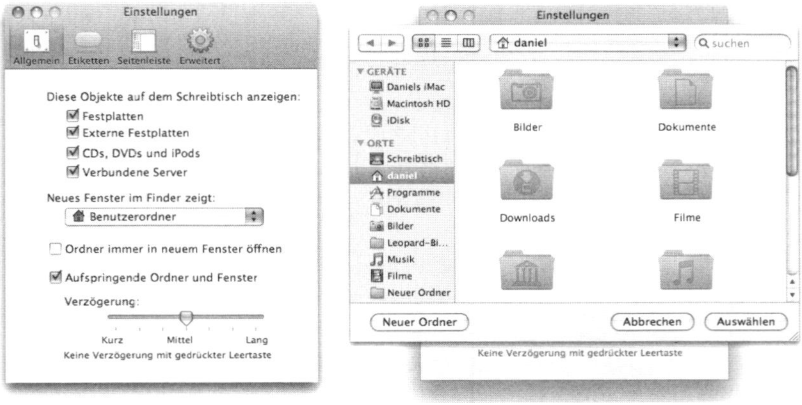

Über die Finder-Einstellungen lassen sich individuelle Anpassungen vornehmen, so zum Beispiel jenen Pfad, den Sie beim Öffnen eines neuen Fensters bevorzugen.

Die Option *Ordner immer in neuem Fenster* sollten Sie aktivieren, wenn Sie das aus Mac OS 9-Zeiten (lang, lang, ist's her …) übliche Handling weiterführen möchten. Klicken Sie also einen Ordner doppelt an, so öffnet sich ein weiteres Fenster mit dessen Inhalt. Ist darin ebenso ein Ordner, den Sie wiederum einsehen möchten, so wird auch dieser in einem separaten Fenster dargestellt. Das geht wohl ewig so weiter, denn eine Beschränkung auf geöffnete Fenster ist uns nicht bekannt bzw. wurde aus Zeitgründen auch nicht ausgetestet. Mit anderen Worten: Irgendwann werden Sie wohl den Überblick verlieren, wenn der Schreibtisch mit zahlreichen Fenstern übersät ist. Hilfreich ist hierbei zwar das *Fenster*-Menü in der Menüleiste, das alle geöffneten Fenster auflistet, doch ist ein flüssiges Arbeiten mit mehr als sechs oder sieben Fenstern auf dem Bildschirm fast nicht mehr möglich.

Für derlei Probleme gibt es die netten Funktionen *Exposé* sowie *Spaces*, die über die Tasten *F8* bis *F11* bedient werden. Hierbei werden entweder sämliche Fenster kurzfristig aus dem Blickfeld geräumt (*F11*), alle Fenster in einer Miniatur-Darstellung gezeigt (*F9*) bzw. nur die Bearbeitungs-Fenster des aktiven Programms (*F10*) eingeblendet. Über Spaces (*F8*) lassen sich hingegen virtuelle Schreibtische anlegen, mit denen Sie sich separate Arbeitsumgebungen einrichten. Doch wir wollen noch nicht zu viel verraten, denn auch dazu kommen wir noch …

Fenster über Fenster, und kein Ende in Sicht – da kennt sich kein Mensch mehr aus. Aber es ist eben möglich, wenn Sie es denn explizit in den Finder-Einstellungen verlangen.

Auch für das Wechseln zwischen Fenstern existiert eine Tastenkombination: *Befehlstaste-<* (⌘-<). Hierbei können Sie jedoch nur innerhalb des gerade aktiven Programms bzw. im Finder zwischen den Fenstern oder Dokumenten wechseln.

MacBook (Pro/Air)-, PowerBook- und iBook-Anwender müssen für Funktionen, die über *F*-Tasten (diese Sondertasten liegen ganz oben) aufgerufen werden, zusätzlich die *fn*-Taste (links unten) drücken, da diese Sondertasten bereits Aufgaben zur Hardware-Steuerung übernehmen (etwa Bildschirm-Helligkeit, Lautstärke, Tastatur-Beleuchtung). Dies gilt im Übrigen auch für alle stolzen Mac-Besitzer, welche die aktuellen Aluminium-Tastaturen (ab Mitte 2007) verwenden. Dort sitzt die *fn*-Taste direkt unter der *F13*-Taste. Nach dem Motto »Nichts ist unmöglich« kann die Ausführung der Sondertasten jedoch über die *Systemeinstellungen | Tastatur & Maus* geändert werden (siehe Kapitel über die Systemeinstellungen).

Last but not least kommen wir zur Funktion *Aufspringende Ordner und Fenster* (Gott sei Dank keine Türen oder Anwender), die für Maus-Akrobaten wie geschaffen ist. Dabei packen Sie ein Objekt (beispielsweise um es zu kopieren oder einfach nur zu verschieben) mit der Maus und bewegen es auf einen Ordner. Die Maustaste halten Sie weiterhin gedrückt, denn ansonsten wäre das Objekt ja schon an seinem Ziel angekommen. Warten Sie nun eine winzige Sekunde, so öffnet sich der Inhalt des Ordners im selben Fenster. Navigieren Sie nun das Objekt auf einen weiteren Ordner (der etwas tiefer in der Hierarchie liegt), so öffnet sich auch dieser. Das Objekt wird auf diese Weise von Ordner zu Ordner getragen und erst dann losgelassen, wenn Sie das Ziel erreicht haben.

Den Zeitraum, bis sich die Ordner und Fenster öffnen, legen Sie über den Regler bei *Verzögerung* fest. Als Maßstab sollte dabei gelten: Als Maus-Erprobter können Sie die Verzögerung auf *Kurz* stellen, bei anfänglichen Schwierigkeiten beim Auffinden des Mauszeigers reicht *Mittel*, und bei noch starrem Blick auf die Maus (vergleichbar den Tanz-Anfängern, die anstatt des Partners lieber ihre Füße bewundern) auf jeden Fall *Lang* (ansonsten haben Sie überall Ihre Kopien liegen, weil Sie vor Schreck jedes Mal, wenn sich ein Ordner öffnet, die Maustaste loslassen). Und dann gibt's da auch noch die Profis, die beim Bewegen durch die aufspringenden Ordner die Leertaste gedrückt halten sollten, da nach dieser Methode (fast) keine Verzögerung zu spüren ist.

Um den Unterschied noch einmal aufzuzeigen: Transferieren Sie eine Datei oder einen Ordner auf dem gleichen Volume von seinem ursprünglich angestammten Platz zu einem anderen, so wird dieses Objekt nur verschoben. Bewegen Sie es stattdessen von seinem Original-Ort auf ein anderes Volume (eine andere Partition oder eine externe Festplatte), so wird es dorthin kopiert. Dasselbe Objekt befindet sich nun also zwei Mal auf Ihrem Rechner: am Original-Schauplatz sowie am Ort der Ablage. Das sollten Sie immer im Hinterkopf haben, nicht dass Sie die Datei löschen, weil Sie dachten, Sie hätten Sie ja schließlich kopiert.

Um eine Datei auf ein und demselben Volume (von einem Ordner in einen anderen) zu kopieren, müssen Sie beim Transferieren die *Optionstaste* (⌥) gedrückt halten. Sie erkennen den Vorgang am *Pluszeichen* (das neben dem Mauszeiger auftaucht:) und am *Kopieren*-Dialog, der den aktuellen Status aufzeigt. Letzterer ist jedoch nur zu bewundern, wenn es sich um größere Datenmengen handelt, denn alles unter 10 Megabyte geht so schnell, dass Sie gar nicht mit dem Schauen nachkommen. Eine weitere Alternative zum Kopieren von Daten läuft über die Tastatur bzw. über das *Bearbeiten*-Menü: Markieren Sie das gewünschte Objekt oder eine Auswahl und wählen Sie über das Menü *Bearbeiten* den Befehl *Kopieren* (Tastenkombi: ⌘-C). Bewegen Sie sich dann zum Ziel-Ordner und wählen Sie wiederum aus dem *Bearbeiten*-Menü den Befehl *Objekt(e) einsetzen* (⌘-V). Die Daten werden nun am gewünschten Ort eingefügt.

Auf Wunsch können Sie selbstverständlich auch mehrere Kopiervorgänge gleichzeitig anwenden. Ein Dialog klärt Sie über den Status auf.

Ganz wichtig: Egal, was Sie kopieren oder aus Versehen in den Sand setzen – merken Sie sich die Tastenkombination *Befehlstaste-Z* (⌘-Z) für den Befehl *Widerrufen* aus dem *Bearbeiten*-Menü. Letzterer Befehl heißt je nach Programm auch *Rückgängig* oder nennt den Arbeitsschritt beim Namen, den Sie gerade ausgeführt haben. Wichtig hierbei ist, dass der zuletzt getätigte Vorgang immer damit zurückgenommen wird und der Ausgangszustand wiederhergestellt wird. Einzige Ausnahme: Haben Sie im Papierkorb befindliche Objekte trotz Sicherheitswarnung (Zitat: *Möchten Sie die Objekte im Papierkorb wirklich dauerhaft entfernen?*) gelöscht, so ist der Zug abgefahren und die Daten sind erst einmal weg. Wir wissen, dass der Schmerz dabei groß ist, aber es gibt doch noch so viele andere schöne Dinge auf der Welt …

Beherzigen Sie unbedingt die Warnung, denn was weg ist, ist vorerst auch wirklich weg. Es sei denn, Sie arbeiten mit der Apple-eigenen Backup-Lösung »Time Machine«, die Ihre Daten regelmäßig auf eine externe Festpatte kopiert. Auf diese Weise lassen sich versehentlich gelöschte Daten wieder zurückholen.

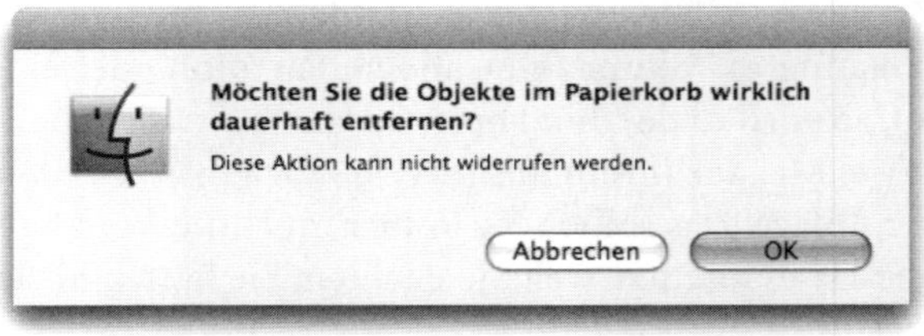

Sie sehen schon, Apple hat eine ganze Fülle an Funktionen und Raffinessen eingebaut. Aber wenn Sie jetzt denken, dass wir nun endlich mal mit den Fenstern aufhören könnten, dann haben Sie sich geschnitten, denn da wäre auch noch die Geschichte mit der Erweiterung der Symbolleiste bzw. der Anzeige einer *Pfadleiste*. Wie schon erwähnt, stehen über dem Inhalts-Bereich die Symbole für *vorwärts*, *rückwärts*, die *Fenster-Ansichten*, *Übersicht/Diashow* (*Quick Look*) sowie das Auswahl-Menü *Aktion*. Über die Menüleiste *Darstellung* haben Sie nun noch die Möglichkeit, die Symbolleiste anzupassen bzw. bei Nicht-Gefallen ganz auszublenden (*Darstellung | Symbolleiste ausblenden* bzw. ⌘-⌥-T oder über den kleinen, ganz rechts stehenden Knopf). Beim *Anpassen* (*Darstellung | Symbolleiste anpassen*) fährt aus dem Fenster eine Tafel mit allerhand Symbolen heraus, die nun in die Symbolleiste gezogen werden können.

Sind Sie eher ein Maus-Typ, so wird Ihnen dieses Sammelsurium viel Freude bereiten. Die Tastatur-Freaks hingegen hauen lieber ihre Kurzbefehle in die Tasten.

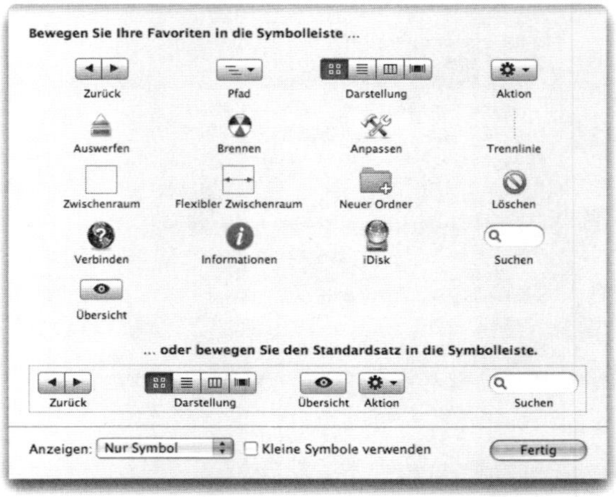

Was Sie letztlich davon brauchen können, wird sich sicher im Arbeitsalltag nach und nach einspielen, den Rest können Sie ja dann wieder löschen (*Darstellung | Symbolleiste anpassen* wählen und dann die nicht benötigten Symbole einfach aus der Leiste ziehen). Mit der unten liegenden Standardleiste (gut zu wissen, dass es eine solche gibt) ersetzen Sie missglückte Anpassungsversuche, ansonsten sollten Sie sich fleißig bedienen. *Auswerfen* (– entfernt externe Medien wie CDs/DVDs, ZIPs, MOs oder Festplatten-Volumes nach Auswahl vom Schreibtisch bzw. aus den entsprechenden Laufwerken) und *Brennen* ( ) ist interessant für die Vielbrenner, das *Informationen*-Symbol ( ) ersetzt den Gang über die Menüleiste *Ablage | Informationen*, der *Anpassen*-Knopf ( ) hilft den Experimentierfreudigen, öffnet er doch die *Symbolleiste anpassen*-Tafel. Das *Verbinden*-Symbol ( ) ist für jene interessant, die ein Netzwerk betreiben und die sich mit einem bestimmten Server verbinden möchten, was dem Befehl *Mit Server verbinden* aus dem *Gehe zu*-Menü des *Finders* entspricht. Die *Löschen*-Funktion ( ) sollte klar sein, ebenso wie die *iDisk* (– die virtuelle Festplatte auf einem Apple-Server, die man über einen .Mac-Account erhält), auf die man im Online-Betrieb jederzeit zurückgreifen kann. Das Symbol *Pfad* ( ) können wir ruhigen Gewissens empfehlen, überblicken Sie so doch immer die Ordner-Hierarchie und können nachvollziehen, wie tief Sie sich im verschachtelten Ordner-Gefüge befinden. Übrig bleiben der starre wie flexible *Zwischenraum* (passt sich automatisch der Fenstergröße an) sowie eine *Trennlinie*, mit denen Sie Ihre Symbolleiste sinnvoll unterteilen können.

Die Symbolleiste à la Hardcore: Man weiß gar nicht, wohin man zuerst klicken soll ...

Wenn Sie ein Fenster mit neuen Symbolen anpassen, bedenken Sie bitte, dass sich diese Änderungen auch auf alle anderen Fenster beziehen. Zum Entfernen einzelner Symbole rufen Sie wieder *Darstellung | Symbolleiste anpassen* auf und ziehen diese mit gedrückter Maustaste einfach aus der Leiste heraus. Lassen Sie die Maustaste los, so verschwinden die Symbole in einer Verpuffen-Animation. Um die Standard-Einstellungen wiederherzustellen, ziehen Sie den Standardsatz in die Symbolleiste – dieser erstetzt dann die vorherigen Anpassungen.

Das entsprechende Symbol einfach rausziehen und die Sache ist erledigt.

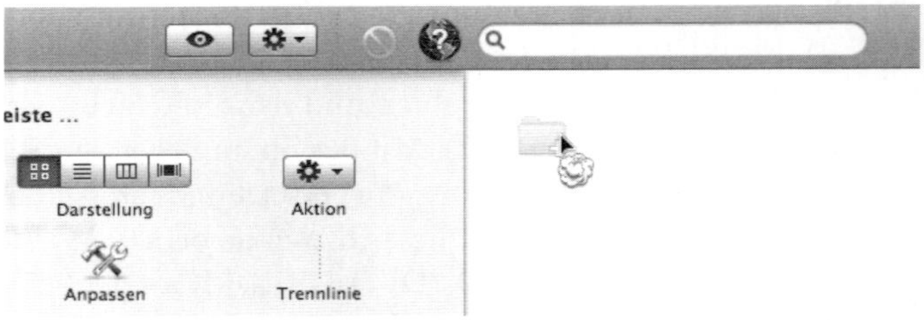

Anstatt die Hierarchie einer Datei über den *Pfad*-Button zu bestimmen, können Sie denselben Effekt auch über die Menüleiste *Darstellung | Pfadleiste einblenden* erreichen. Dabei wird im unteren Teil des Fensters eine zusätzliche Leiste eingeblendet, mit deren Hilfe Sie auf einen Blick erkennen können, auf welcher Hierarchie-Ebene Sie sich gerade befinden. Noch schneller funktioniert allerdings folgender Trick: Klicken Sie bei gedrückter *Befehlstaste* (⌘) auf den oben stehenden Titel des Fensters, so zeigt sich ebenso die Pfad-Anordnung.

Über »Pfadleiste einblenden« wird auf einen Blick ersichtlich, wo Sie sich gerade befinden.

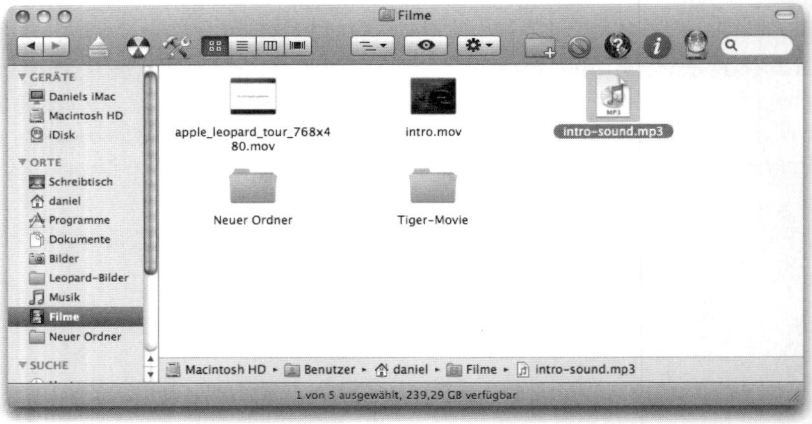

Das Gleiche funktioniert zum einen über den Pfad-Knopf (links) bzw. über den Klick bei gedrückter Befehlstaste (⌘) auf den Fenster-Titel (rechts).

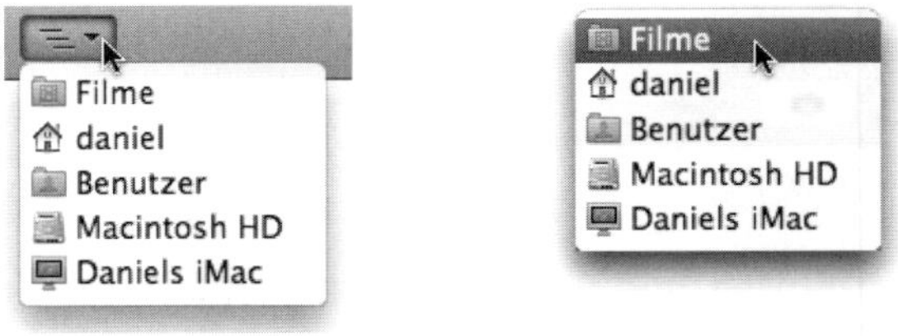

Halten Sie dagegen die vielen bunten Symbole für Spielerei und präferieren eher sachliche Information, so kann Ihnen auch in diesem Fall geholfen werden. Bei *Anzeigen* wählen Sie aus dem Popup-Menü die Option *Nur Text* (oder gar *Symbol & Text*) und schon wird es klassisch grau.

Die Symbolleiste in der »Nur Text«-Ansicht: Statt Symbolen werden die zugehörigen Begriffe eingeblendet.

Anlegen eines neuen Ordners

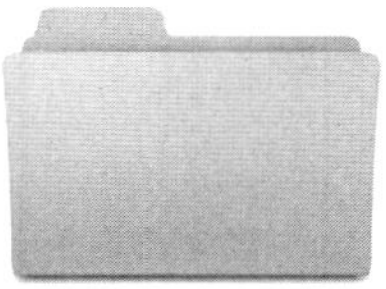

Nach so viel Theorie nun wieder eine leichtere Übung für den Alltag. Wie schon erwähnt, befinden sich Dateien (Ihre Arbeitsmaterialien wie Briefe, Bilder, Informations-PDFs usw.) in Ordnern. Je nach Anlass und Situation werden Sie sich nach und nach eine Ordner-Hierarchie zulegen, damit Sie Ihre Sachen auch wiederfinden. Apple hat Ihnen hierbei schon eine Benutzer-Struktur vorgegeben, die natürlich nicht eingehalten werden muss, für Anfänger jedoch einen leichten Einstieg bedeuten. So finden Sie in Ihrem Benutzer-Verzeichnis bzw. in der Seitenleiste eines Finder-Fensters unter anderem die Ordner *Bilder*, *Dokumente*, *Filme* und *Musik* vor.

Ordner können Sie immer und überall anlegen, einzig die *System-* oder *Library*-Ordner sollten Sie außen vor lassen. Über *Ablage* | *Neuer Ordner* (⌘-⇧-N) bekommen Sie einen Ordner und können ihn nun mit weiteren Dateien/Ordnern füllen. Das Gleiche klappt auch über das Kontext-Menü, indem Sie bei gedrückter *ctrl-Taste* mit der Maus klicken oder einen Rechtsklick ausführen. Dabei öffnet sich ein Menü, aus dem Sie den Befehl *Neuer Ordner* wählen.

Da das Mac OS X natürlich nicht weiß, was Sie damit vorhaben, heißen sämtliche neuen Ordner erst einmal *Neuer Ordner* (bei mehreren werden diesen dann die fortlaufenden Zahlen 1, 2, 3 usw. angehängt). Die Schrift bei *Neuer Ordner* ist dabei blau unterlegt, was nichts anderes heißt, als dass Sie diesen wenig aussagekräftigen Namen sofort überschreiben können. Tippen Sie einfach darauf los und vergeben Sie einen eigenen Titel. Sind Sie fertig mit Schreiben, klicken Sie außerhalb des Ordners oder drücken die *Enter-Taste* (↵). Aber auch später können Sie Ihre Ordner jederzeit umbenennen, indem Sie in den Namen klicken und einen winzigen Augenblick warten. Auch in diesem Fall wird der Name blau unterlegt und kann korrigiert werden. Alternativ brauchen Sie auch nur einen Ordner zu markieren (per Mausklick) und dann die *Enter-Taste* (↩) zu drücken – der Effekt ist derselbe.

Ein neuer Ordner wurde angelegt und in »Datensammlung« umgetauft.

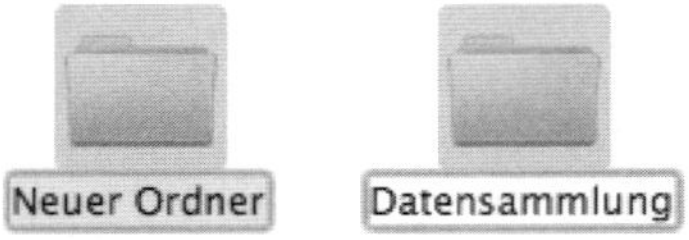

Das Umbenennen von Dateien geht im Übrigen genauso: in den Namen klicken bzw. die Datei markieren und die *Enter-Taste* drücken – der Name kann nun überschrieben oder korrigiert werden.

Klicken Sie einen neu angelegten Ordner nun doppelt an, so öffnet er sich und zeigt ein leeres Vorschau-Fenster, das Sie nun wie gewünscht füllen können.

Am unteren Ende des Fensters erhalten Sie stets einen Überblick über die Anzahl der im Ordner befindlichen Objekte sowie über den noch freien Speicherplatz auf der Festplatte.

Aha, da ist also noch eine Menge Platz für weitere Daten.

Neben der hierarchischen Ordnung, in der Sie mehrere Ordner ineinander verschachteln können, gibt es noch eine weitere Methode, diese zu kennzeichnen – und zwar mit *Etiketten.* Hierbei verteilen Sie unterschiedliche Farben, so dass zusammengehörende Ordner-Pakete auf einen Blick erkannt werden können – vorausgesetzt, sie befinden sich auf der gleichen Ebene.

Das Vergeben von *Etiketten* ist denkbar einfach. Markieren Sie einen Ordner und klicken Sie in das *Aktions*-Menü. Ganz unten, bei *Etikett,* wählen Sie nun die gewünschte Farbe und der Fall ist für Sie erledigt. Alternativ können Sie jedoch auch bei gedrückter *ctrl-Taste* bzw. Rechtsklick auf einen Ordner klicken und aus dem auftauchenden *Kontext*-Menü die gewünschte Markierung zuordnen.

Höherer Wiedererkennungswert: Etiketten-Vergabe über das Aktions- bzw. Kontext-Menü.

Die Namen der Etiketten können Sie im Übrigen über die *Finder-Einstellungen* (*Finder* | *Einstellungen*) und dort in der Abteilung *Etiketten* abändern. Nach einigen Tagen Bedenkzeit sind wir dann auch darauf gekommen, wozu das gut sein soll: Rufen Sie in der *Listen-Ansicht* die *Darstellungsoptionen* (⌘-J) auf, so lässt sich dort als zusätzliche Information unter *Spaltenanzeige* die Rubrik *Etikett* einblenden. Die für die Etiketten vergebenen Titel werden so aufgeführt und dienen als weitere Kennzeichnung für beispielsweise Projekte oder Dringlichkeit der Aufgaben.

Nach Vergabe von ansprechenden Titeln lassen sich gekennzeichnete Ordner oder Dokumente leichter zuordnen.

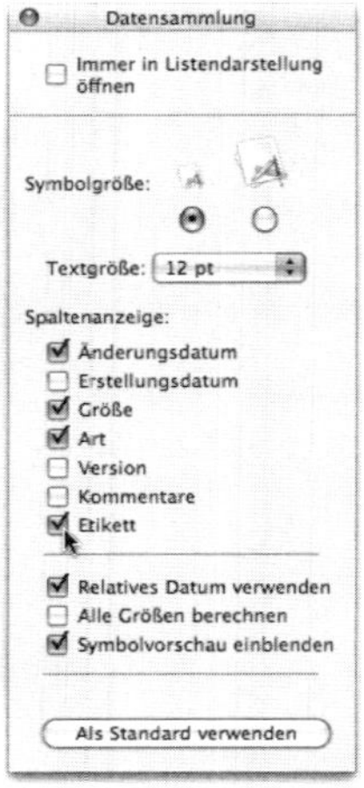

Etiketten eignen sich hervorragend für Such-Vorgänge über beispielsweise intelligente Ordner (siehe nächsten Abschnitt) oder über den *Suchen*-Befehl des *Finders* (⌘-F bzw. *Ablage* | *Suchen*), was letztlich aber dasselbe ist. So lassen sich etwa alle Ordner eines bestimmten Projekts, was mit roten Etiketten belegt wurde, schnell heraussuchen.

Intelligenter Ordner – Ordner mit Durchblick

Gehören Sie zu jenen Anwendern, die ihr Leben gerne geordnet haben und dabei auch auf Sicherheit bedacht sind, so sind die so genannten *intelligenten Ordner* genau Ihr Fall. Über festgelegte Kriterien wie *Art* der Datei, *letztes Änderungs-* oder *Öffnungsdatum*, *Erstellungsdatum*, *Name* oder *Inhalt* veranlassen Sie den Ordner, sich mit den gewünschten Dateien zu füllen. Egal, ob als Backup, zum Archivieren oder zum Zusammenhalten von verstreuten Projekt-Daten – die Daten liegen nunmehr gesammelt vor und stehen zur schnellen Verfügung.

Ein *intelligenter Ordner* ist schnell angelegt: über *Ablage* | *Neuer intelligenter Ordner* oder über die Tastenkombination ⌘-⌥-N.

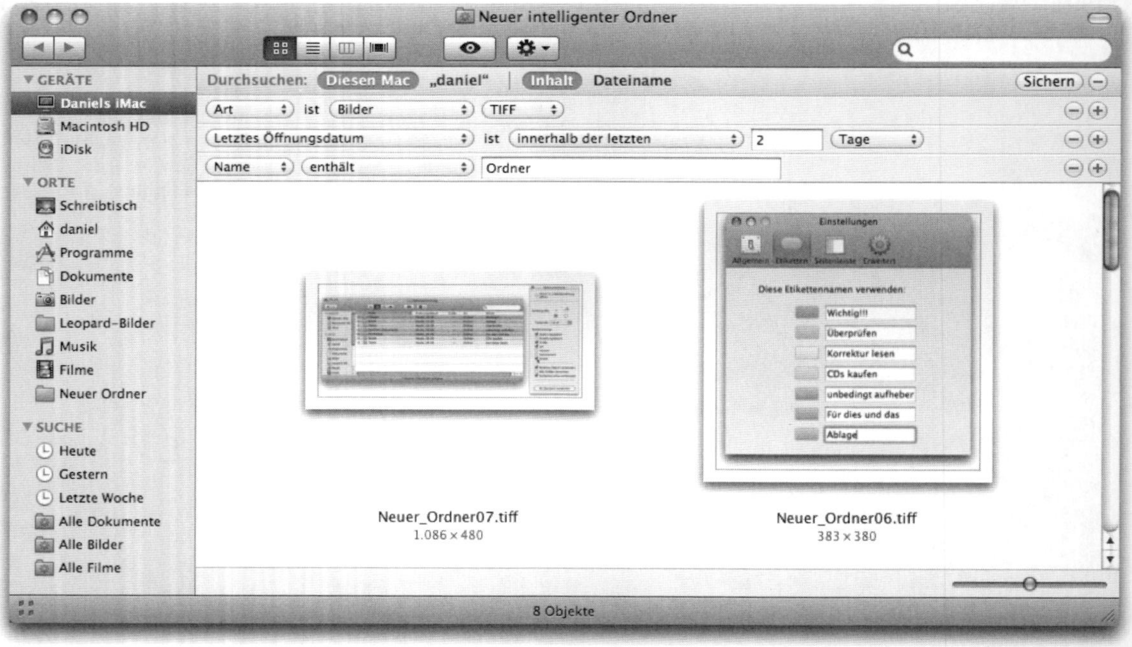

Ordner mit hilfreicher Such- und Archivier-Funktion.

Sind Sie zum Beispiel auf der Suche nach bestimmten Fotos, so geben Sie als *Art* das Stichwort *Bilder* ein. Über den rechts stehenden *Plus*-Button (⊖ ⊕) lassen sich nun weitere Kriterien hinzufügen – etwa das ungefähre *Erstellungsdatum* oder der *Name*.

Die Suche gestaltet sich noch effektiver, wenn Sie schon im Vorfeld den Rechner anweisen, wo er denn suchen soll. Dazu können Sie einen bestimmten Ordner, ein externes Volume oder eine andere Partition auswählen und dann im rechts oben liegenden Suchfeld einen Begriff eingeben. Das Fenster wechselt dann automatisch zur intelligenten Suche. Die Rubrik *Diesen Mac* lässt hingegen die gesamte Festplatte (inklusive externer Festplatten) absuchen, so dass Sie schnell als Ergebnis auf Tausende von Dateien kommen können. Weiterhin lässt sich die Suche auf den *Dateinamen* oder auf den *Inhalt* eingrenzen. Letztere Einstellung ist ein Verdienst der Such-Maschine *Spotlight* (siehe auch nächstes Kapitel), die frühestmöglich sämtliche Daten durchscannt und auch innerhalb von Dateien (Texten, E-Mails etc.) nach Begriffen forschen kann.

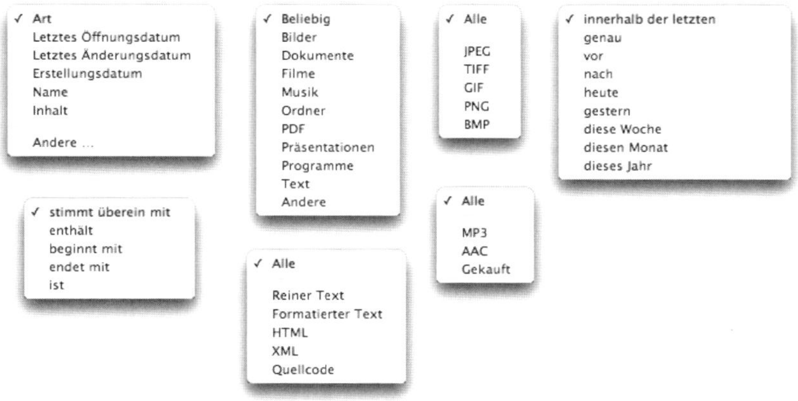

Die Auswahl an Suchkriterien sowie die daraus resultierenden, weiteren Eingrenzungen zeigen die Effektivität dieser Art des nachhaltigen Forschens auf.

Alle Ihre Such-Anfragen – sei es über die intelligenten Ordner oder eine einfache Eingabe in das Such-Feld – lassen sich auch so abspeichern, dass diese im Hintergrund auf dem Laufenden bleiben und Sie somit immer auf den aktuellen Daten-Bestand zugreifen können. Über den *Sichern*-Knopf vergeben Sie einen Namen und bestimmen den Speicher-Ort. Übernehmen Sie den vorgeschlagenen Ort *Gesicherte Suchabfragen*, so werden im Verzeichnis *Benutzer/<Ihr Benutzer-Name>/Library/Gesicherte Suchabfragen* die entsprechenden Ordner abgelegt. Interessant ist auch die Option *Zur Seitenleiste hinzufügen*, da hierbei ein Alias des gespeicherten Ordners in der Seitenleiste angelegt wird und Sie auf Mausklick hin Ihre Daten abrufen können.

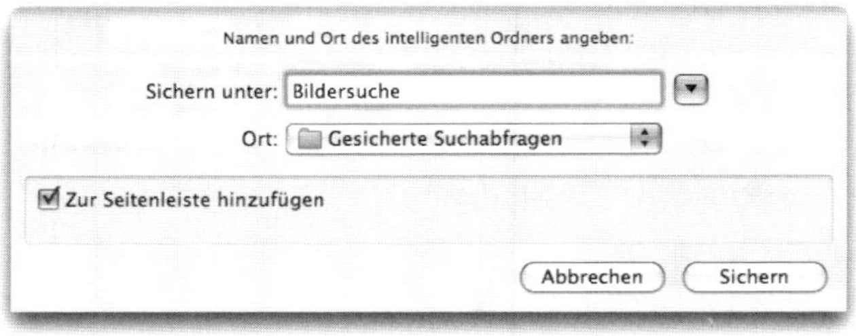

Das Speichern von intelligenten Ordnern lohnt sich ganz besonders bei häufig aufzurufenden Daten, die verstreut auf der Festplatte liegen.

Die in der Seitenleiste untergebrachten *intelligenten Ordner* lassen sich nachträglich anpassen, indem Sie über das *Aktion*-Menü ( ) die Option *Suchkriterien einblenden* aufrufen. Dort können Sie nun weitere Kriterien eingeben oder bestehende ändern.

Die Anzeige der Ergebnisse läuft wie eh und je: Die Dateien lassen sich in der *Listen-*, *Symbol-* oder *Cover Flow*-Ansicht bzw. wieder als *Übersicht/Diashow* ( ) zeigen, Musik-Dateien wie *MP3* oder *MP4* (AAC) können zur Überprüfung gleich angehört bzw. Filme gleich in einem Vorschau-Bereich angesehen werden.

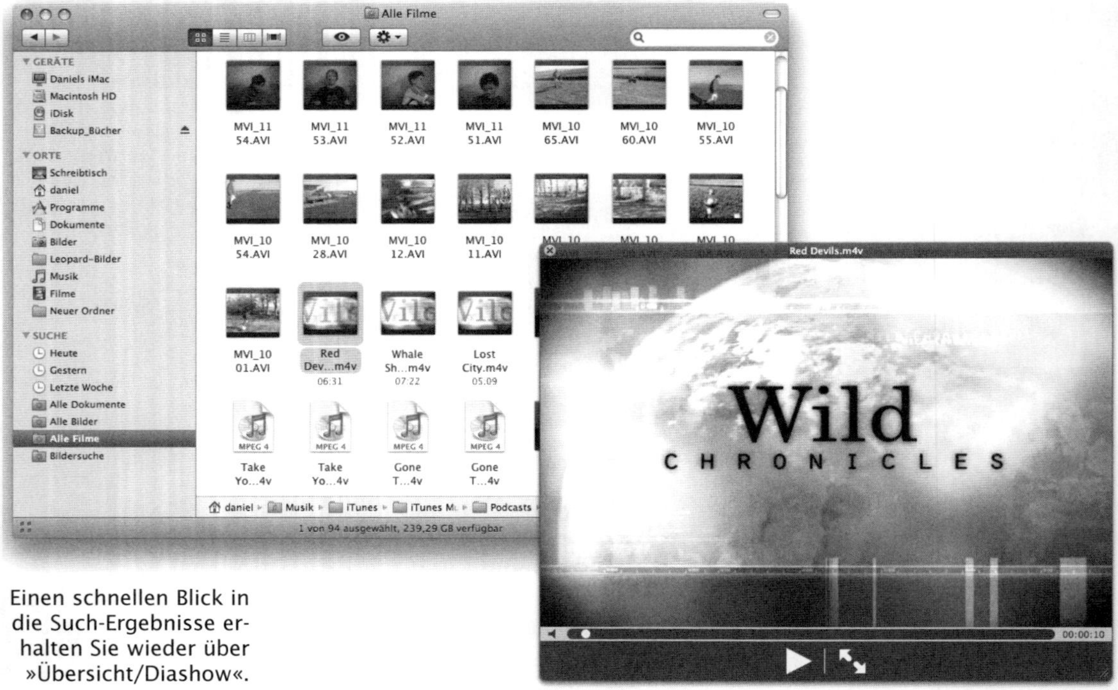

Einen schnellen Blick in die Such-Ergebnisse erhalten Sie wieder über »Übersicht/Diashow«.

Der *intelligente Ordner* hat aber noch ein weiteres Highlight an Bord: Kommen Sie mit den bislang gebotenen Kriterien nicht aus oder gestaltet sich Ihre Suche sehr speziell, dann sollten Sie einmal das Such-Kriterium *Andere...* anwählen. Von A bis Z wartet Mac OS X mit Dutzenden weiterer Such-Algorithmen auf. Da man aufgrund der Vielfalt dort leicht den Überlick verlieren kann, können Sie im *Suchen*-Feld schon einmal ein Stichwort eingeben, das sozusagen die Spreu vom Weizen trennt: ob Audio, Bild, Auflösung oder Größe – zu jedem Such-Begriff finden sich verwandte Themen, die dann sofort eingeblendet werden.

Weitere Such-Kriterien en masse, die über die Eingabe von Begriffen im Suchen-Feld vorsortiert werden können.

So lassen sich etwa Bilder nach Quer- oder Hochformat oder nach den *EXIF*-Daten wie ISO-Einstellung, Blende oder Verschlusszeit aufspüren, Songs aus *iTunes* mit Hilfe der Musikrichtung oder Spieldauer finden usw. Werfen Sie auf jeden Fall einmal einen Blick dort hinein, denn allein die Beschäftigung mit den Such-Kriterien bzw. dem Bewusstsein, was alles möglich ist, lässt Sie ganz gewaltig staunen.

Setzen Sie einen Haken (☑) in das kleine Kästchen der Spalte *Im Menü*, so erscheint das Kriterium automatisch bei den Such-Kriterien und muss nicht immer erst umständlich über *Andere …* aufgerufen werden.

Da manche Kriteriums-Beschreibungen die Breite der Spalte überschreiten, werden diese nicht vollständig wiedergegeben. Der Trick zum Lesen besteht darin, dass Sie einfach den Mauszeiger ein oder zwei Sekunden über dem Eintrag verharren lassen, woraufhin der gesamte Text angezeigt wird.

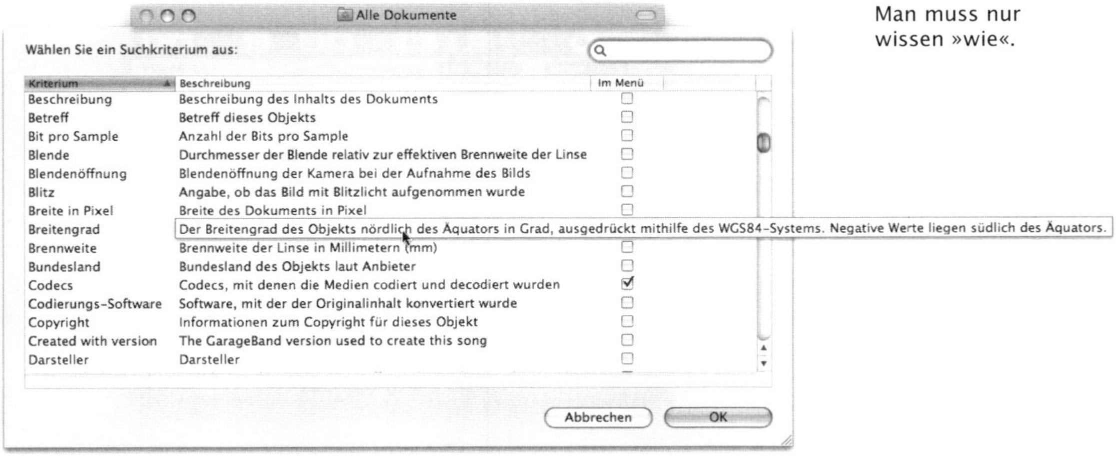

Man muss nur wissen »wie«.

Bei Projekten mit umfangreichem Datei-Volumen sollten Sie sich angewöhnen, die Ordner und Dateien entweder mit einem einheitlichen Etikett oder beispielsweise einem einprägsamen Namen zu belegen. Auf diese Weise lassen sich Ihre Daten schnell und sicher wiederfinden. Die Suche nach Etiketten finden Sie im Übrigen über die Kriterien *Andere … | Dateietikett.* Ist diese Option markiert, so lässt sich künftig nach der Farbe des Etiketts suchen – was ungemein schnell geht, sofern Sie einer Arbeit ein einheitliches Projekt-Etikett verpassen.

Neuer Brenn-Ordner – gegen die Vergesslichkeit

Und noch eine weitere Art an Ordnern lässt Mac OS X vom Stapel, die Sie ebenso über das *Ablage*-Menü erreichen: *Neuer Brennordner*. Und wie der Name verrät, lässt sich dort alles hineinpacken, was Sie in nächster Zeit als CD oder DVD brennen möchten. Beim Anlegen ist wie üblich erst einmal der Name blau unterlegt, so dass Sie diesen sogleich überschreiben können. Die Vorgehensweise zum Sammeln der Daten ist dabei sehr simpel: Ziehen Sie all jene Dateien und Ordner auf das *Brennordner*-Icon oder in den geöffneten *Brennordner*, die demnächst auf einer silbernen Scheibe verewigt werden sollen.

Am Anfang steht das Sammeln wichtiger Daten.

Die Besonderheit hierbei ist, dass nicht etwa alle Daten in den Brenn-Ordner hineinkopiert werden, sondern dass nur eine Verlinkung (Alias) auf die Original-Daten angelegt wird. Das heißt für Sie, dass Sie sich im Falle des Transferierens eines Arbeits-Ordners in den *Brenn-Ordner* die nächste Zeit erst einmal keine Sorgen über den aktuellen Stand machen müssen. Denn selbst dann, wenn Sie nachträglich noch Daten in Ihren Arbeits-Ordner einfügen, werden auch diese zum Zeitpunkt des Brennens berücksichtigt, da ja eine Verbindung zum Original besteht. Aliase erkennen Sie am kleinen Pfeil-Icon (↗) links unten auf dem Objekt, das damit eine Verbindung zum Original symbolisiert.

Nach dem Einfügen etwaiger Daten in den *Brenn-Ordner* dürfen Sie diese nicht vom ursprünglichen Platz verschieben oder gar löschen, da ansonsten die Verbindung aufgehoben wird. Der *Brenn-Ordner* verliert somit den Kontakt zur Ursprungs-Datei und berücksichtigt diese nicht mehr.

Zum Brennen der Daten klicken Sie einfach auf den *Brennen*-Knopf. Der Rechner fordert Sie daraufhin auf, ein Speichermedium einzulegen.

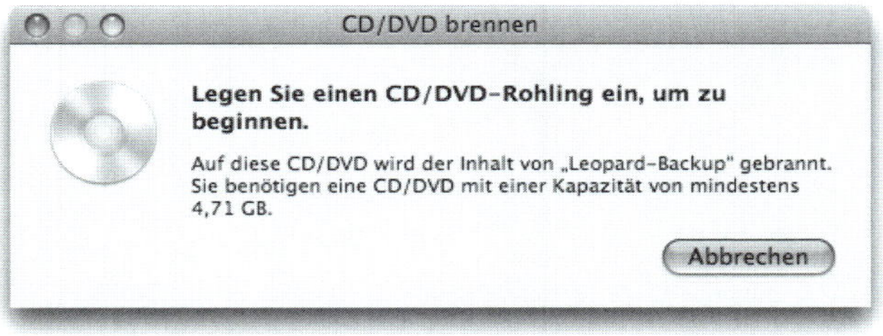

Der Dialog »CD/DVD brennen«. Je nach Größe sollten Sie nun eine CD (CD-R/CD-RW) oder eine DVD (DVD±R, DVD±RW, DVD±R DL) einlegen, wobei die Formate vom integrierten oder externen Laufwerk des Rechners abhängig sind.

Wenn Sie sich unsicher sind, welche Medien Ihr CD/DVD-Laufwerk brennen kann, so rufen Sie über das Apple-Menü (links oben –) den Befehl *Über diesen Mac* auf. Im auftauchenden Dialog klicken Sie wiederum auf *Weitere Informationen …*, womit Sie den *System-Profiler* starten. In der Inhalt-Liste (links) klicken Sie dann unter *Hardware* auf die Rubrik *Medium brennen*. Auf diese Weise werden alle Medien angezeigt, die Ihr Mac verarbeiten (lesen und beschreiben) kann.

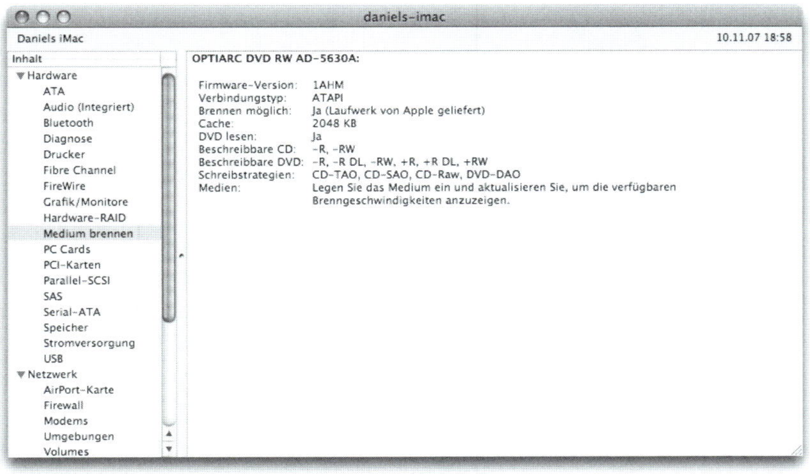

Der Aluminium-iMac mit SuperDrive kommt mit allen derzeit verfügbaren Medien zurecht.

Unten: Das Programm-Icon vom System-Profiler.

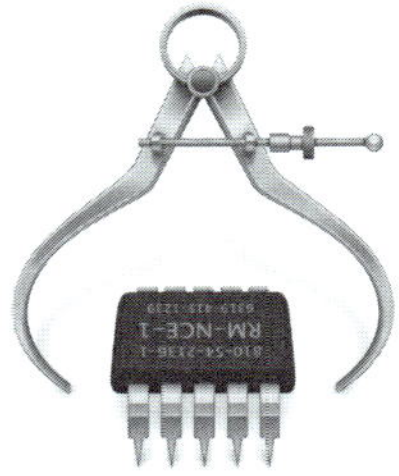

Im nächsten Schritt können Sie noch einmal den Titel anpassen sowie die *Brenngeschwindigkeit* bestimmen, der Klick auf *Brennen* wirft dann den eigentlichen Brenn-Vorgang an. Stellt der Rechner jedoch fest, dass die Ordner-Größe die Kapazität des Brenn-Mediums überschreitet, zieht er die Notbremse und bricht ab.

So kann's gehen. Da gibt man sich so viel Mühe und dann so etwas ...

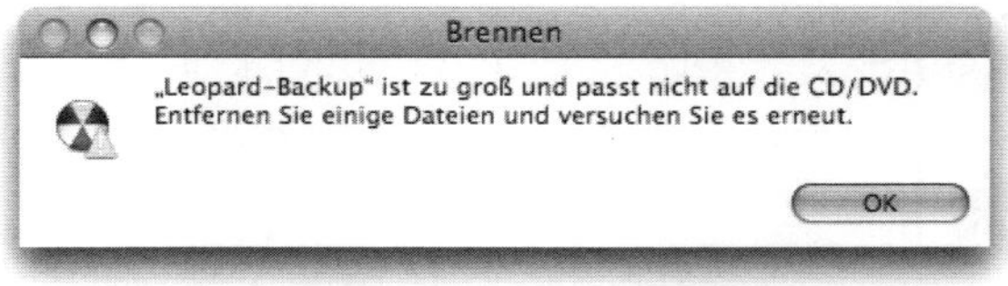

Der Dialog zum Brennen: Sie können noch den Namen abändern und die Brenngeschwindigkeit einstellen.

Es führt also kein Weg daran vorbei: Entweder Sie legen ein größeres Speicher-Medium ein oder Sie müssen Ihren *Brenn-Ordner* ausmisten. Um einen Überblick zu bekommen, wie groß der Gesamt-Speicherplatz des Ordners ist, klicken Sie bei geöffnetem *Brenn-Ordner* auf das kleine Symbol ( ) rechts unten zum Berechnen des verbrauchten Speicher-Platzes. Noch schneller geht's, wenn Sie einfach auf den *Brennen*-Button klicken und die Gesamt-Größe im Dialogfeld ablesen. Zum Schließen des Dialogs klicken Sie einfach in *Abbrechen.*

Alternativ können Sie auch den *Brenn-Ordner* über einen Mausklick markieren und dann *Ablage | Information* (⌘-I) aufrufen. Betrachten Sie nun die Größe unter *Allgemein*, so werden Sie feststellen, dass diese sehr gering ist. Aber lassen Sie sich nicht täuschen: Die Angabe ist korrekt, wobei hier nur die Größe der Aliase und nicht der eigentlichen Ordner, die gebrannt werden sollen, aufgezeigt werden. Rutschen Sie also ein Stückchen weiter nach unten zum Bereich *Brennen* (eventuell müssen Sie auf das kleine Dreieck klicken, um diesen Teil des Informations-Fensters aufzuklappen) – dort finden Sie die exakten Daten zu Ihrer CD/DVD. Klicken Sie am besten noch auf den Button *Berechnen*, damit Ihnen auch ja die aktuelle Kapazität mitgeteilt wird.

Der Vergleich bringt es an den Tag: Die Größe der Alias- (unter »Allgemein«) und Original-Daten (Größe des Inhalts) unterscheiden sich enorm.

Zum Brennen wichtiger Daten ist das vorherige Anlegen eines *Brenn-Ordners* selbstverständlich kein Muss. Im Grunde brauchen Sie nur ein leeres Medium ins Laufwerk schieben, welches dann im *Finder* (auf dem Schreibtisch) erscheint. Ziehen Sie nun Ihre Daten dort drauf, so erreichen Sie die vom *Brenn-Ordner* bekannte Benutzer-Oberfläche und durchlaufen im Endeffekt dieselben Arbeitsschritte. Werfen Sie vor dem Brennen der CD/DVD das Medium wieder aus, so bleiben die angelegten Brenn-Verzeichnisse (*Neue CD, Neue DVD*) als Brenn-Ordner bestehen und müssen bei Nicht-Verwendung händisch, also von Ihnen direkt, gelöscht werden.

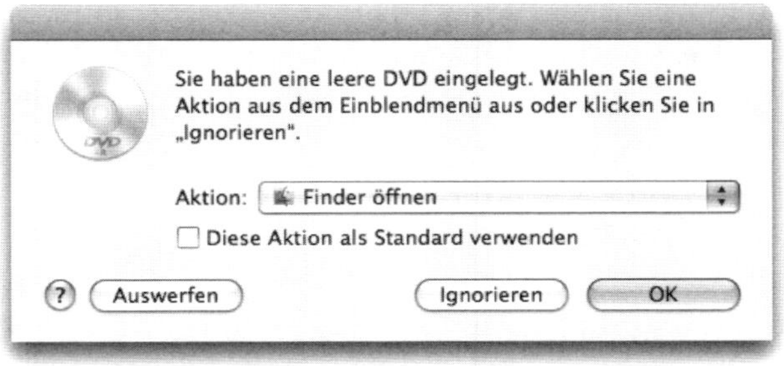

Auch ohne Brenn-Ordner klappt's hervorragend: Legen Sie ein leeres Medium ein, so erscheint ein Dialog, der Sie danach fragt, was mit der CD/DVD geschehen soll. Lassen Sie die Standard-Einstellung »Finder öffnen«, so wird das Medium in der Seitenleiste des Finder-Fensters angezeigt.

Nun müssen Sie nur noch die Daten raufziehen, auf »Brennen« klicken und einen Namen vergeben. Auf Wunsch lässt sich Ihre Zusammenstellung dann ebenfalls als Brenn-Ordner speichern.

Denken Sie immer daran, von Ihren wichigen Daten ab und an Sicherheitskopien anzufertigen. Benutzen Sie Ihren Rechner auch im Beruf und somit zum Geldverdienen, sollte ein tägliches Backup fast schon Grundgesetz sein. Die Apple-eigene Lösung *Time Machine* stellen wir Ihnen ein wenig später noch detailliert vor.

Das Dock – mit der Lizenz zum Starten ...

Nach der Installation des Betriebssystems sehen Sie unten stehend eine Leiste mit einer Reihe von Symbolen. Diese – *Dock* genannte – Schaltzentrale ist meist der Ausgangspunkt zum Starten Ihrer Programme. Die Symbole spiegeln dabei die jeweiligen Programme wieder, und fahren Sie mit der Maus über ein Icon, so erscheint der dazugehörige Name. Natürlich müssen Sie sich nicht mit der Standard-Belegung zufrieden geben, sondern können jedes x-beliebige Programm in das *Dock* ziehen oder umgekehrt auch entfernen.

Das Original Mac OS X 10.5-Dock – frisch nach der Installation.

Und weil das Dock im Alltag so wichtig ist, lässt es sich natürlich ebenso an die eigenen Bedürfnisse anpassen. Über das *Apple-Menü* ( ) und dort über den Befehl *Dock* ereichen Sie schon einmal ein paar Optionen, die Sie direkt ansteuern können. So lässt sich damit das Dock anstatt unten auch vertikal

(*Links positionieren* oder *Rechts positionieren*) darstellen oder gar ganz ausblenden (*Dock ausblenden*). Das Dock verschwindet bei letzterer Einstellung aus dem Blickfeld und erscheint nur, wenn Sie den Mauszeiger an den vorgesehenen Dock-Platz bewegen. Das Ganze lässt sich auch über die Tastatur-Kombination *Befehlstaste-Optionstaste-D* (⌘-⌥-D) bewerkstelligen, die das Dock auf Befehl sofort aus der Unscheinbarkeit hervorholt.

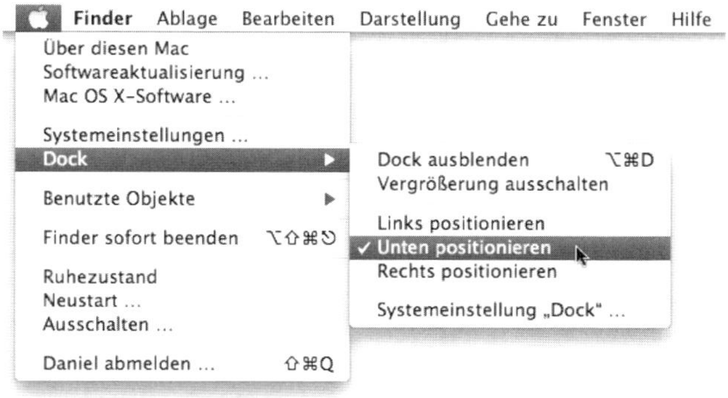

Der schnellste Weg, um an die Dock-Einstellungen zu gelangen, gelingt über das Apple-Menü.

Ein weiteres visuelles Gimmick ist die *Vergrößerung*. Hierbei werden jene Symbole, die Sie mit der Maus überfahren, hervorgehoben, damit Sie auch ja nicht daneben klicken. Mit diesem Effekt können Sie im Übrigen mächtig Eindruck schinden, wenn Sie unbedarften Windows-Anwendern einmal kurz vorführen wollen, was der Mac OS X-Finder so alles drauf hat.

Programm-Icon unter der Lupe – für Kurzsichtige kein Thema, für Weitsichtige jedoch von unschätzbarem Wert.

Da Sie über den Weg *Apple-Menü | Dock* einzig erreichen, die *Vergrößerung* zu deaktivieren (*Vergrößerung ausschalten*), müssen Sie in diesem Fall einen kleinen Umweg gehen. In den *Systemeinstellungen*, in denen sich ebenso wie in den *Finder-Einstellungen* (*Finder | Einstellungen*) sozusagen die Basis-Daten und Standard-Verhaltensweisen für verschiedene Bereiche festlegen lassen, finden Sie auch eine gesonderte Rubrik für das *Dock*.

Für Mac-Ein- und Windows-Umsteiger gilt hier: Eine ausführliches Auseinandersetzen mit den entsprechenden Rubriken ist unbedingt vonnöten. Selbstverständlich werden wir auch im Buch noch ausgiebig darüber sprechen, und zwar im nächsten Kapitel.

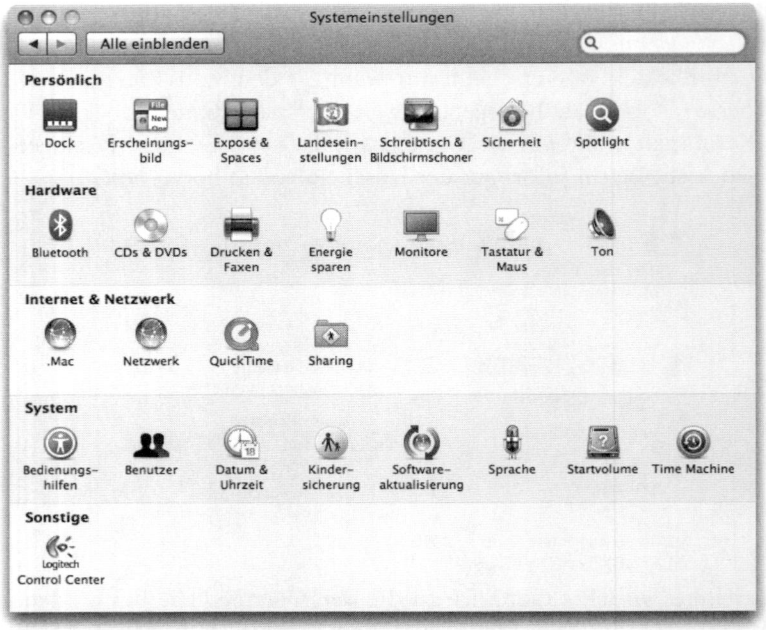

Das Pendant zur »Systemsteuerung« unter Windows – die Mac OS X-Systemeinstellungen im Überblick.

Über das *Apple-Menü | Dock | Systemeinstellung „Dock“* springen Sie direkt in die entsprechende Abteilung. Und wie Sie sehen, gibt es dort einiges zu schieben und zu klicken. Zum einen lässt sich die *Größe des Docks* sowie die *Vergrößerung* der Icons beim Darüberfahren justieren. Dies probieren Sie am besten selbst aus, denn hier spielen auch die Bildschirm-Größe sowie die Anzahl der im Dock abgelegten Programme und Ordner eine Rolle. Weiterhin können Sie die Position (links, unten oder rechts) bestimmen sowie den Effekt festlegen, der beim Ablegen eines Objekts (Fenster, geöffnetes Dokument etc.) ins Dock abgespielt werden soll: *Trichter* (sehr eindrucksvoll) oder *Linear* (eher langweilig, dafür aber schneller).

Viele Anwender von Mac OS X-Vorversionen stoßen sich ein wenig am 3D-Look des aktuellen Docks, der im Übrigen nur für die untere Variante zur Verfügung steht (die linke und rechte Position weist nur einen 2D-Effekt auf). Aber wie nicht anders gewohnt, springen sofort findige Programmierer in die Bresche und unterstützen die leidgeprüften 3D-Look-Verachter. Wer also sein früheres Dock wiederhaben möchte, der soll einmal einen Blick auf die Internet-Adresse `www.eternalstorms.at/utilities/2dornot2d` werfen. Das Programm nennt sich *2DOrNot2D* und ermöglicht eine schnelle Änderung des Docks. Das Gleiche funktioniert auch über die beiden Programme *TinkerTool* (`www.bresink.com/osx/TinkerTool-de.html`) oder *OnyX* (`www.titanium.free.fr/pgs/english.html`), wobei diese zwei noch weitere versteckte Funktionsmerkmale des Betriebssystems ändern können. Und wenn wir schon dabei sind: Einige Nutzer finden auch

die neuerdings transparente Menüleiste nicht besonders ansprechend. Wenn Sie es gar nicht mehr aushalten: In der Systemeinstellung *Schreibtisch & Bildschirmschoner* | Reiter *Schreibtisch* finden Sie seit Mac OS X 10.5.2 ganz unten die Option *Transparente Menüleiste.* Wird diese Funktion deaktiviert (Häkchen entfernen), so fällt die Transparenz weg und die Menüleiste ist wieder kontraststark wie eh und je.

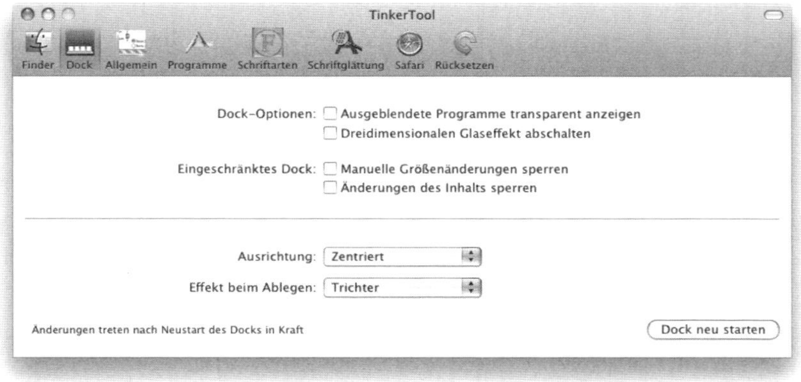

Zusätzliche Optionen für das Dock dank TinkerTool.

Wenn Sie in einem Fenster bei gedrückter *Umschalttaste* (⇧) in den mittleren, orange-farbenen Button (⊖) der Fensterleiste zum Minimieren klicken, so fliegt das Fenster in Zeitlupe ins Dock. Sehr beeindruckend!

Die Option *Öffnen von Programmen animieren* ist nicht unbedingt lebensnotwendig, ist aber ein nettes Schauspiel, denn schließlich hüpfen die Programm-Symbole – startet man die Applikation – ganz aufgeregt auf und ab, als ob es irgendwo ein Sonderangebot gäbe. Bereits laufende Programme erkennen Sie im Übrigen am kleinen blauen Punkt unterhalb der Icons.

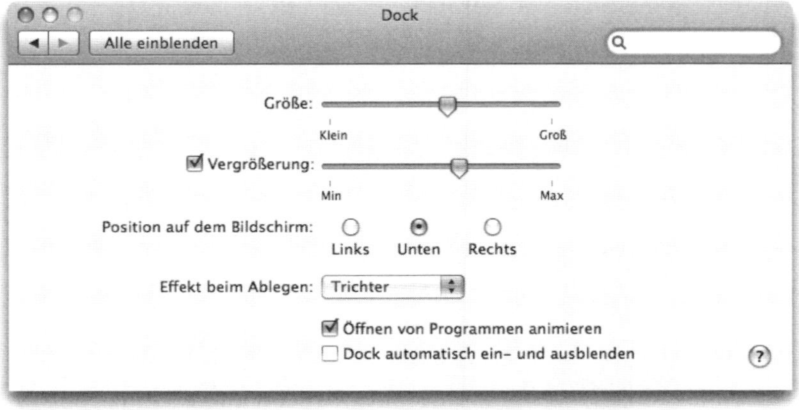

Da gibt es viel zu regeln – die Dock-Einstellungen für einen guten Start in den Arbeitsalltag.

Die Größe des Docks lässt sich auch schnell ändern, indem Sie Ihre Maus auf die Trennlinie zwischen den Programm- und Ordner-Icons ziehen – der Mauszeiger verändert sich. Dort bewegen Sie nun bei gedrückter Maustaste das Symbol (‡ / ·|·) nach oben (zum Vergrößern des Docks) oder nach unten (zum Verkleinern des Docks) bzw. nach links oder rechts in der seitlichen Positionierung.

Die vielen kleinen, grafischen Nettigkeiten, die Apple ins Betriebssystem packt, sind in erster Linie etwas fürs Auge. Ob sie nun Sinn machen oder einfach nur Spielerei sind, müssen Sie selbst entscheiden. Einen Punkt sollten Sie dennoch berücksichtigen: Gehört Ihr Mac eher zur älteren Garde, so sollten Sie im Zweifel all diese visuellen Gimmicks deaktivieren, denn letztlich wird Ihr Computer dadurch nur ausgebremst.

Aber neben den optischen Leckerbissen hat das *Dock* noch mehr zu bieten. So können Sie es erweitern, indem Sie weitere Programm- oder Ordner-Icons hinzufügen. Öffnen Sie beispielsweise Ihren *Programme*-Ordner (klicken Sie in einem Fenster Ihrer Wahl in der linken Häfte der Seitenleiste auf das Icon *Programme*), so lässt sich darin jedes Programm-Symbol mit der Maus packen und auf das *Dock* ziehen. Das Programm wird hierbei nicht kopiert, sondern es wird nur eine Verlinkung (ein *Alias*) gelegt. Befindet sich das Programm-Icon im Dock, so können Sie es auch innerhalb des Docks noch verschieben (mit der Maus packen und bei gedrückter Maustaste nach links oder rechts ziehen, dann die Maustaste loslassen). Das Gleiche klappt auch mit Ordnern, Dokumenten, Bildern oder URLs (Uniform Resource Locator = Internet-Adressen), die Sie häufig benutzen und auf die Sie ständig und per Knopfdruck Zugriff haben wollen. Im Falle von URLs können Sie diese aus dem Browser *Safari* (aus der oben liegenden Adress-Zeile) herausziehen und ins Dock befördern, indem Sie sie am so genannten *FavIcon* (das sind die kleinen Piktogramme bzw. Bitmap-Grafiken, welche die Internet-Adressen visuell aufpeppen) packen und ans Ziel bewegen. Im Dock selbst werden diese dann als Sprungfeder dargestellt, die per Mausklick den Browser starten und die entsprechende Adresse aufrufen.

Die kleine, 16 x 16 Pixel große Bild-Datei wird mit der Maus ins Dock gezogen. Dort erscheint Sie dann als symbolisierte Spirale. Auf Mausklick hin startet automatisch der Browser »Safari« und lädt die Web-Seite.

Achten Sie darauf, dass Sie Programme links neben die Dock-Trennlinie, die Ordner, URLs, Dokumente etc. rechts davon ablegen. Anders geht's zwar erst gar nicht, aber wir wollen ja nicht, dass Sie sich wundern, weil es nicht funktioniert.

Dass der Name des Programms oder des Ordners eingeblendet wird, wenn Sie mit der Maus darüber fahren, haben Sie ja schon kennen gelernt. Als zusätzliches Feature lassen sich aber weitere Optionen hervorlocken: Befinden Sie sich mit der Maus über einem Icon und klicken mit gehaltener Maustaste (bzw. auch per Rechtsklick) darauf, so fährt ein *Kontext*-Menü aus, das weitere Optionen anbietet. Im Falle von Programmen können Sie damit das Programm-Icon aus dem Dock entfernen lassen (*Aus dem Dock entfernen*), Mac OS X veranlassen, das Programm nach dem Hochfahren des Rechners automatisch zu starten (*Bei der Anmeldung öffnen*), den Programme-Ordner öffnen und somit das Original anzeigen lassen (*Im Finder zeigen*) und natürlich das Programm selbst starten (*Öffnen*). Das Finder-Icon ( ) bietet zudem die Möglichkeit, gezielt zwischen geöffneten Fenstern hin und her zu springen, ein neues Fenster oder einen intelligenten Ordner anzulegen und weiteres mehr.

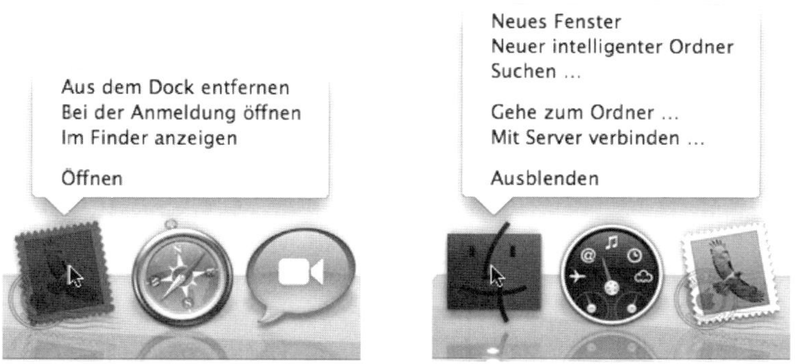

Die Dock-Optionen beim Klick mit gehaltener Maustaste auf das Programm »Mail« sowie den »Finder«.

Ist das Programm dagegen schon gestartet und sind vielleicht sogar verschiedene Dokumente geöffnet, so kommen ein paar Features hinzu: Neben den bereits genannten können Sie weiterhin das Programm ausblenden, so dass alle dazugehörigen Fenster kurzfristig von der Bildfläche verschwinden (ein Klick auf das Programm-Icon blendet alles dann wieder ein) oder auf die vielen Dokumente zugreifen und diese einzeln in den Vordergrund bringen. Letzteres ist gerade bei mehreren Dokumenten und vielleicht kleinem Bildschirm hilfreich, da sich doch meist gerade das verkehrte Dokument im Vordergrund tummelt.

Dokumenten-Navigation über das Dock – per Mausklick rücken Sie die gewünschte Datei ins Blickfeld.

Was bei Programmen funktioniert, klappt natürlich auch bei den Ordner-Symbolen. Dazu hat Apple so genannte »Stapel« (»stacks«) eingeführt, die auf Mausklick hin eine perfekte Übersicht über den Inhalt von Ordnern gewähren. Zwei Ordner sind bereits vorhanden – *Dokumente* und *Downloads* –, die Sie auch in Ihrem Benutzer-Ordner (mit Ihrem Benutzer-Namen) vorfinden. Ersterer bietet sich beispielsweise für Briefe, PDF-Dokumente, Arbeits-Materialien etc. an, während Letzterer der Hort für alle geladenen Anhänge aus den Programmen *Safari*, *Mail* und *iChat* ist. Befinden sich nun Dateien in den Ordnern und klicken Sie mit der Maustaste darauf, so werden – abhängig von der Anzahl der Dokumente bzw. Ihrer gewünschten Einstellung – diese als *Fächer* (unter 12 Dateien) oder als *Gitter* (ab 13 Dateien) angezeigt. Seit dem Update auf Mac OS X 10.5.2 lassen sich Ordner-Inhalte im Dock auch wieder als *Liste* darstellen – letztere Ansicht stammt noch aus Mac OS X Tiger-Zeiten und wurde auf Wunsch vieler Anwender wieder integriert.

Links der »Fächer«, rechts das »Gitter« – alles im Blick per Klick (das reimt sich sogar ...)

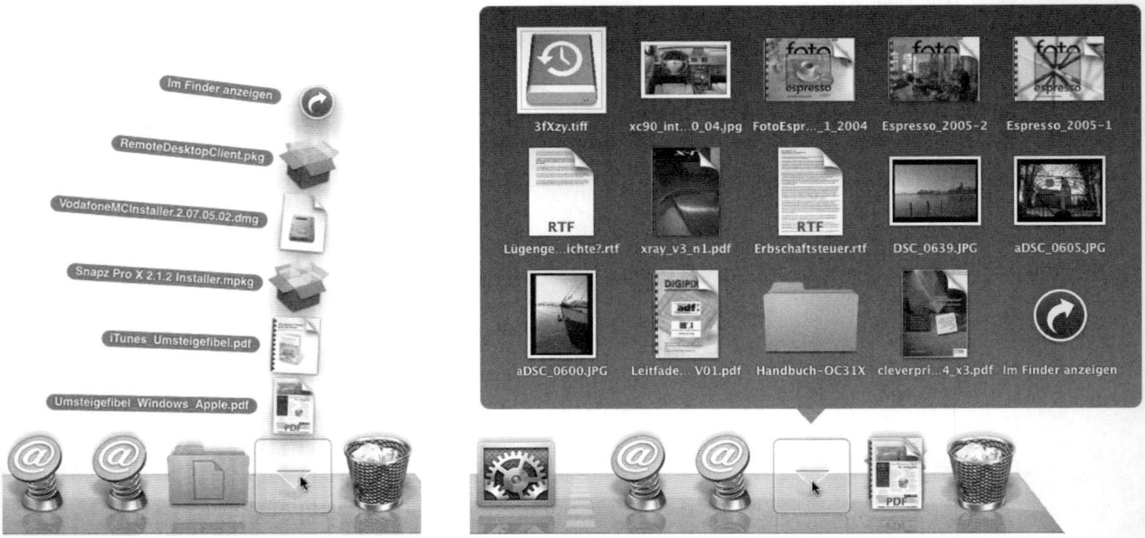

Selbstverständlich können Sie jeden gewünschten Ordner ins Dock ziehen. Ideal sind dazu häufig benutzte Ordner mit Ihren Arbeitsprojekten oder auch der *Programme*-Ordner, über den sich nun auch weniger oft gebrauchte Applikationen starten lassen, ohne den Umweg über die Fenster gehen zu müssen. Klicken Sie mit gehaltener Maustaste auf einen Ordner im Dock, so erreichen Sie unkompliziert die verschiedenen Möglichkeiten zum Anpassen. So lässt sich etwa der Inhalt nach dem *Namen*, nach dem Datum (*Hinzugefügt am*, *Änderungsdatum*, *Erstellungsdatum*) oder der *Art* ordnen. Auch die Methode der Darstellung können Sie festlegen – und zwar getrennt nach Inhalt (*Inhalt anzeigen als Fächer*, *Gitter*, *Liste* oder *Automatisch*) bzw. dem Symbol im Dock (*Ordner* oder *Stapel*). Letztere Einstellung blendet anstatt der »einfachen« Ordner-Symbole immer das zuoberst liegende Objekt (je nach Sortierung) ein.

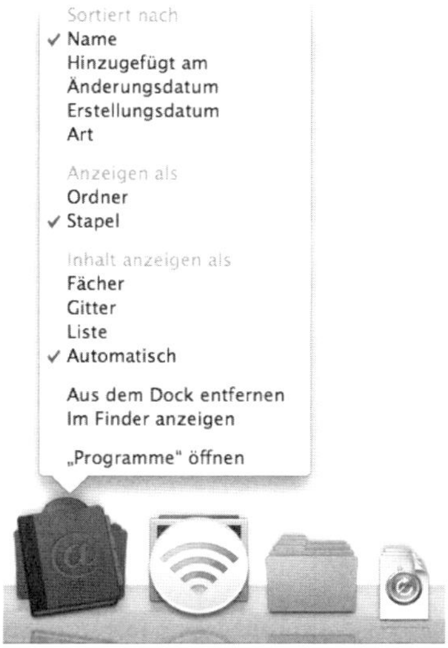

Mac OS X richtet sich ganz nach Ihren Wünschen und Vorlieben.

Zum Auswählen einer Datei oder eines Programms müssen Sie bei geöffnetem Fächer, Gitter oder der Liste diese nur mit der Maus ansteuern und darauf klicken. Das war's. Möchten Sie dennoch die Datei in einem Fenster sehen – etwa weil Sie sie löschen oder verschieben möchten, so brauchen Sie nur auf den Eintrag *Im Finder öffnen* (◉) zu klicken. Es startet das zum Ordner dazugehörige Fenster und Sie haben Zugriff auf all Ihre Inhalte.

Der Papierkorb

Ganz klar: All das, was Sie nicht mehr benötigen oder einfach loswerden möchten, stecken Sie in den *Papierkorb*, dessen Konterfei Sie im Dock ganz rechts außen finden. Entweder Sie packen die Dateien mit der Maus und ziehen diese auf das *Papierkorb*-Icon oder Sie markieren die jeweiligen

Daten und wählen dann *Befehlstaste-Löschtaste* (⌘-←). Befindet sich Abfall im Papierkorb, so zeigt es das Icon an:

Wie im richtigen Leben (allerdings ohne Essensreste oder Zigarettenkippen): Ein leerer sowie gefüllter Papierkorb.

Ab und an sollten Sie sich dann auch daran machen, diesen zu entleeren. Vorher ist allerdings noch einmal ein ausführlicher Blick hinein in die Tiefen des Papierkorbs angesagt, damit Sie auch sicher gehen, dass Sie nichts Verkehrtes oder gar Wichtiges löschen. Klicken Sie auf das *Papierkorb*-Icon, so öffnet sich ein Fenster mit dessen Inhalt. Finden Sie nun darin Daten, die Sie doch lieber aufheben möchten, so packen Sie sie mit der Maus und ziehen sie in einen Ordner oder anfangs einfach auf den Schreibtisch.

Das Löschen selbst ist schnell erledigt. Entweder Sie wählen aus der Menüleiste *Finder | Papierkorb entleeren* bzw. ⌘-⇧-← und bestätigen den Sicherheits-Dialog, oder Sie verharren kurze Zeit mit gedrückter Maustaste auf dem *Papierkorb*-Icon im *Dock* und wählen aus dem auftauchenden Dialog den Befehl *Papierkorb entleeren* (nachfolgend wieder mit Sicherheits-Dialog).

Entweder Sie führen den Löschen-Befehl über den Finder aus (linke Abbildung) oder Sie wählen die Schnell-Methode (rechts).

Den Sicherheits-Dialog können Sie umgehen, wenn Sie beim Wählen des Befehls *Papierkorb entleeren* die Optionstaste (⌥) gedrückt halten. Oder Sie schalten die Warnung gleich ganz aus, wenn Sie in den *Finder-Einstellungen* (⌘-,) unter dem Reiter *Erweitert* (⚙) die Option *Vor dem Leeren des Papierkorbs nachfragen* das Häkchen entfernen. Doch Vorsicht: So ein Dialog erfüllt schon seinen Zweck, denn schließlich möchte er zum Überdenken Ihres Tuns anregen (was beim Leeren des Abfall-Eimers im realen Leben wohl eher zu häuslichen Auseinandersetzungen führt).

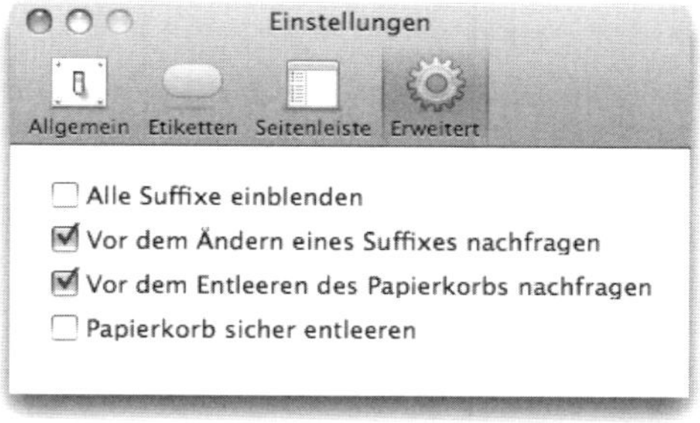

Manchmal können diese Dialoge schon nerven, doch im Falle des Löschens halten wir sie für angebracht. Nichtsdestotrotz: Zum Deaktivieren einfach in den Finder-Einstellungen den Haken aus der Checkbox entfernen.

Handelt es sich um sensible Daten, die zum Löschen vorgesehen sind (etwa Bilder von der heimlichen Freundin bzw. dem Freund oder von einer Überwachungskamera, wie Sie gerade den Tresor hinaustragen), so sollten Sie zum Leeren des Papierkorbs den Befehl *Finder | Papierkorb sicher entleeren* wählen. Der Unterschied: Während bei ersterer Methode die bislang besetzten Speicherblöcke auf der Festplatte vom System kurzerhand als frei gekennzeichnet werden, werden bei letzterem Vorgehen diese Blöcke mit Nullen überschrieben. Über Spezial-Programme zum Wiederherstellen gelöschter Daten lassen sich nun einfach gelöschte Daten im Zweifel rekonstruieren, während bei überschriebenen Daten nichts mehr zu holen ist. Die Funktion des sicheren Löschens lässt sich übrigens in den *Finder-Einstellungen | Erweitert* bei *Papierkorb sicher entleeren* als Standard festlegen.

Gut gemacht. Wenn Sie bis hierher durchgehalten haben, dann haben Sie das Zeug zum Profi :-) Denn nach diesem ersten Ausflug in die Benutzer-Oberfläche tauchen wir nun ein wenig tiefer ins Geschehen ein, indem wir uns die *Systemeinstellungen* ausführlich betrachten. Die *Systemeinstellungen* stellen die Basis für das Verhalten Ihres Mac in den verschiedensten Situationen dar – etwa wie schnell sich die Maus bewegt, wie sich die Tastatur verhält, wer oder was als Benutzer auftritt und was er tun darf und so weiter. Ganz nebenbei gibt es viel Wissen und Arbeitsweisen, die Ihnen den Alltag erleichtern.

3

»Alles klar zum Start?« – die Systemeinstellungen

Weil diese nun schon so oft zur Sprache kamen und sie wirklich wichtig sind, möchten wir auf den folgenden Seiten einige der für uns im Augenblick wichtigen *Systemeinstellungen* erklären. Wir werfen daher einen ausgiebigen Blick in die Rubriken *Persönlich*, *Hardware* und *System*. Dass da auch noch was von *Internet & Netzwerk* steht, ist uns völlig klar, und wir wollen es auch gar nicht unterschlagen – nur in späteren Kapiteln, denn das Internet sowie das Netzwerken ist uns doch einen Extra-Ausflug wert.

Aufrufen können Sie die *Systemeinstellungen* über das *Dock* und das entsprechende Icon bzw. über das *Apple-Menü* und den Menü-Punkt *Systemeinstellungen*. Ähnlich einem Fenster werden dort nun sämtliche Möglichkeiten als Symbole dargeboten, die per Knopfdruck eigene Dialog-Darstellungen zeigen. Über den Button *Alle einblenden* kommen Sie wieder zum Ausgangspunkt zurück, alternativ klappt das auch über die Tastenkombination *Befehlstaste-L* (⌘-L für *Alle Systemeinstellungen einblenden* aus dem *Einstellungen*-Menü). Sind Sie noch Anfänger und suchen eine bestimmte Funktion, so können Sie über das rechts oben liegende Suchfeld (🔍) einen Begriff eingeben, der in etwa das Gewünschte beschreibt (zum Beispiel Auflösung, Netzwerk, Sharing, Audio etc.). Und indem Sie eine Umschreibung eintippen, werden Ihnen bereits Vorschläge unterbreitet, auf die Sie klicken können. Bei passenden Suchergebnissen werden sogar die zugehörigen Systembeispiele mit einer Art Taschenlampen-Strahl hervorgehoben. Die Intensität des Lichtspots deutet dabei – bei mehreren Möglichkeiten – auf die Wahrscheinlichkeit des besten Treffers hin.

Beim Eingeben eines Such-Begriffes wird sogleich ein Vorschlag unterbreitet, die entsprechende Systemeinstellung wird angestrahlt.

Nichtsdestotrotz sollten Sie gerade zum ersten Kennenlernen diesen Einstellungen einen ausführlichen Besuch einräumen, da Sie dort nicht nur eine Menge an versteckten Funktionen entdecken, sondern sich zugleich mit dem ungeheuren Potential von Mac OS X vertraut machen können.

Dock

Das Dock haben wir ja bereits im vorangegangenen Kapitel angesprochen und die mannigfachen Veränderungsmöglichkeiten erklärt. In diesem Sinne wollen wir nicht noch einmal die gleiche Geschichte aufwärmen und verweisen daher auf den Abschnitt »Das Dock – mit der Lizenz zum Starten …« im vorherigen Kapitel.

Erscheinungsbild

Wir alle legen wohl mehr oder weniger Wert auf ein ansprechendes bzw. individuelles Äußeres. Der eine trägt gerne Hut, der andere Sandalen, sie trägt gerne weite Hosen oder lila Kopftücher. Unser Mac möchte da natürlich nicht zurückstecken und bietet daher über die Systemeinstellung *Erscheinungsbild* eine ganze Reihe an Veränderungsmöglichkeiten an, so dass jeder seinen ganz perönlichen Rechner auf dem Schreibtisch stehen hat.

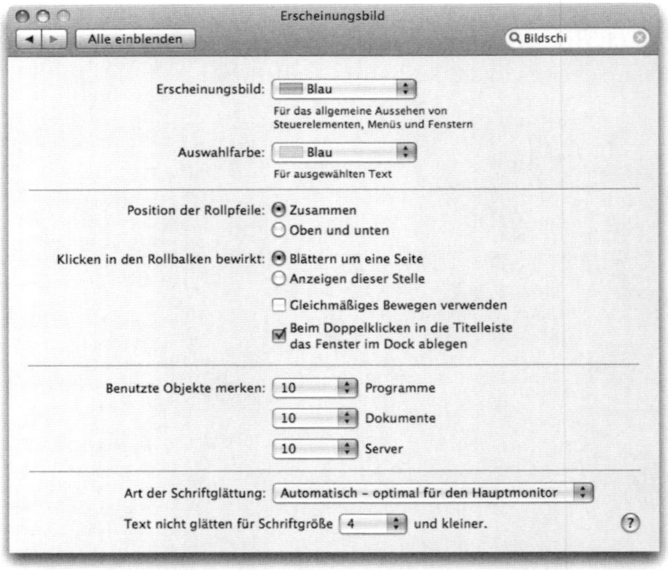

Ob Farben oder geänderte Rollpfeile, Anzahl der zu merkenden Objekte oder die Feinjustierung der Schriftglättung – Sie finden es hier.

Während das *Erscheinungsbild* nur die Farbwahl zwischen *Blau* und *Graphit* lässt, können Sie sich bei der *Auswahlfarbe* für ausgewählten Text richtig austoben. Letzteres zielt auf jene Markierung, wenn Sie beispielsweise in einen Ordner-Namen klicken, um diesen zu ändern, oder einen Abschnitt in der Textverarbeitung auswählen, um diesen zu kopieren oder zu verschieben. Und in der Tat kann es hilfreich sein, hier eine andere Farbe zu wählen, wenn Sie etwa mit Ihrem MacBook im Garten sitzen und das helle Blau nicht erkennen können. In diesem Fall tut es auch ein kräftiges Rot oder ein keckes Violett. Sind Sie sehr wählerisch und wollen es besonders einzigartig, so lässt sich über *Eigene…* und dem auftauchenden *Farbwähler* eine ganz persönliche Komposition erstellen.

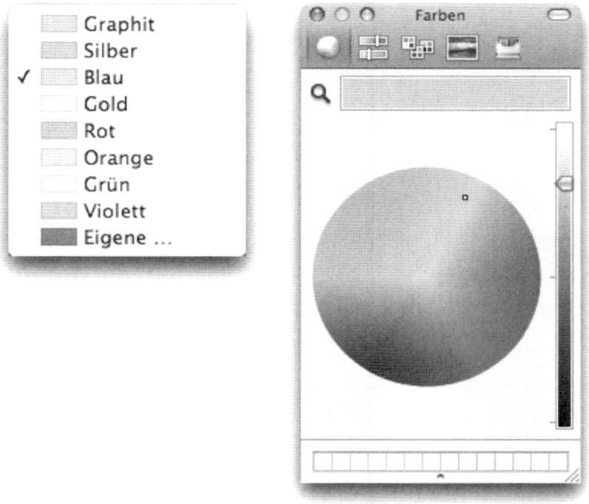

Der eine mags gern bunt, der andere eher konservativ. Damit nun niemand beleidigt herumlaufen muss, gibt's den Farbwähler für den individuellen Farbenrausch.

Unten: Der Farbwähler bietet neben dem Farbrad auch Farb-Regler, Farb-Paletten, die Bild-Palette sowie die guten alten Farbstifte für die Junggebliebenen unter uns.

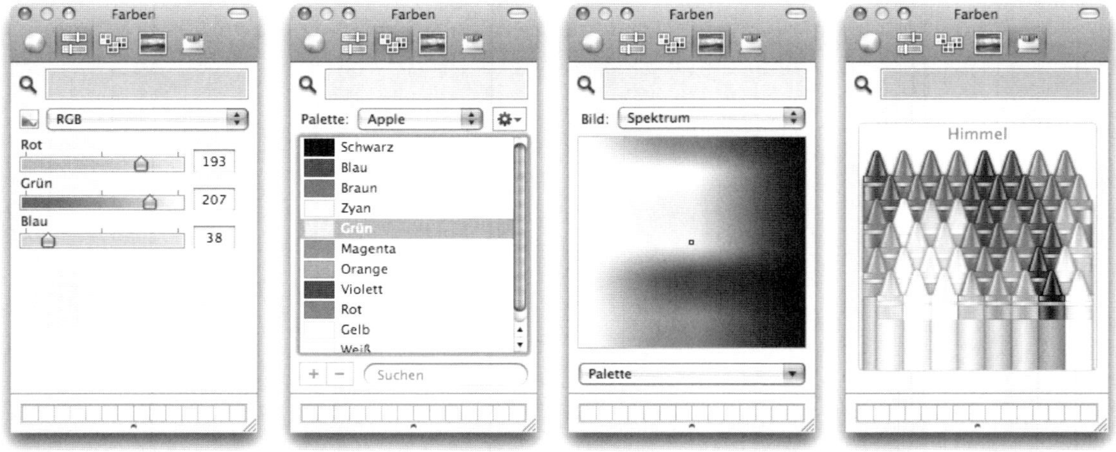

Je nach Vorliebe und Zeitbudget dürfen Sie sich nun dort farblich orientieren und sollten auch fleißig herumexperimentieren, denn schließlich will die Einstellung Bestand haben. Über die verschiedenen Paletten und Regler sowie die je nach Einstellung auftauchenden Popup-Menüs mit den darin gebotenen Farbsystemen wie *RGB* (steht für Rot, Grün und Blau und stimmt mit den Farben auf dem Bildschirm überein), *CMYK* (Cyan, Magenta, Yellow und Schwarz entspricht dabei den Druck-Farben) und *HSV* (Hue, Saturation und Value steht für Farbton, Sättigung und Farbwert/Helligkeit – die Eingabe erfolgt über numerische Werte) steht Ihnen die ganze Welt der Farben offen. Dies nur als ein Auszug dessen, was alles möglich ist.

Die Rollpfeile sind jene Werkzeuge, mit denen Sie Fenster-Inhalte auf Mausklick hin vertikal wie horizontal bewegen können. Die Wahl besteht aus oben und unten bzw. rechts und links jeweils ein Rollpfeil oder beide zusammen am Fuße bzw. rechts des Fensters. Wir persönlich schwören auf die Doppelpfeile, liegen diese doch näher zusammen, wenn man mal an einem Ausschnitt vorbeirutscht. Alternativ können Sie jedoch auch die Scroll-Balken mit der Maus packen und vertikal wie horizontal verschieben.

Wenn Sie sich eher der Textverarbeitung widmen oder häufig im Internet surfen möchten, so empfehlen wir Ihnen nachdrücklich eine Maus mit Scroll-Rad bzw. die Mighty Maus mit der kleinen Scroll-Kugel. Auf diese Weise entgehen Sie dem leidigen Geklicke und Geziehe mit gedrückter Maustaste und müssen nurmehr am Rad nach oben oder unten drehen. Und tun Sie sich den Gefallen und probieren Sie am besten die Maus vorher aus, denn nicht jede liegt gleich gut in der Hand und vor allem: manche rattern so billig, dass es einem schon fast peinlich ist, sich mit dieser in der Öffentlichkeit zu zeigen. Auch das Gewicht spielt eine Rolle, denn schnurlose Mäuse sind meist bedeutend schwerer wegen der eingelegten Batterien. Wir sind im Übrigen nach mehreren Ausflügen ins Schnurlosland wieder bei einer schnurgebundenen Maus gelandet, da diese unserer Meinung nach sowohl exakter als auch zuverlässiger arbeiten.

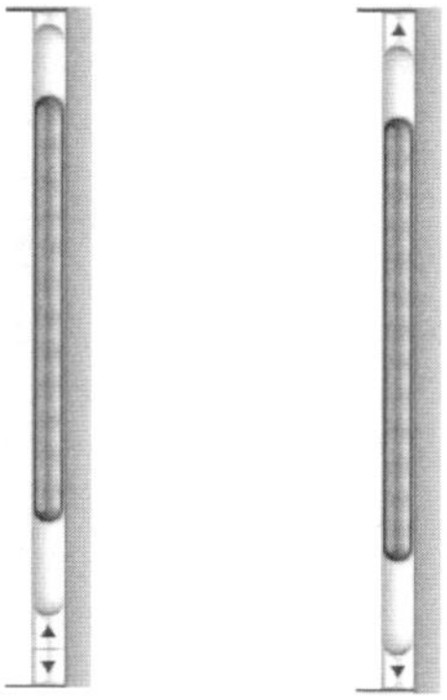

Rollpfeile für das vertikale Scrollen: doppelt oder auseinander, dafür aber oben und unten.

Wenn in Fenstern der Inhalt den sichtbaren Bereich übersteigt und Sie folglich auf das Scrollen angewiesen sind, so gibt es einen Trick, Scrollbalken und -Pfeile zu umgehen: Klicken Sie bei gedrückter *Options-* (⌥) und *Befehlstaste* (⌘) mit der Maus und halten dabei die Maustaste gedrückt, so lässt sich ebenso der Inhalt hin- und herbewegen. Der Mauszeiger symbolisiert dabei eine Hand (✋). Sie müssen

nur aufpassen, dass Sie einen Leerraum zwischen den Dateien erwischen, denn klicken Sie aus Versehen auf ein Datei-Icon und ziehen dieses bei gedrückter *Options-* (⌥) und *Befehlstaste* (⌘), so erzeugen Sie ein *Alias* (eine Verlinkung – ↗) davon.

Die nächste Option – *Klicken in den Rollbalken bewirkt* – regelt das Verhalten, wenn Sie mit der Maus oberhalb oder unterhalb des Scroll-Balkens klicken. Zum einen können Sie seitenweise (beispielsweise in Text-Dokumenten) vor und zurück springen (Option *Blättern um eine Seite*) oder an jene Stelle gelangen, die Sie angeklickt haben (Option *Anzeigen dieser Stelle*).

Wenn Sie beim Klicken in den Scroll-Raum die *Optionstaste* gedrückt halten, ändern Sie kurzfristig die in den *Systemeinstellungen* getroffenen Einstellungen zum *Erscheinungsbild*.

Gleichmäßiges Bewegen verwenden bremst zwar den Scroll-Verlauf ein wenig aus, läuft aber auch softer, so dass Sie dennoch den Inhalt schnell überblicken können. Ist diese Option deaktiviert, so hüpft schon mal der Fenster-Inhalt ruckweise vor sich hin. Alles kein Beinbruch, zumal die Option mehr Grafik-Power verlangt.

Beim Doppelklicken in die Titelleiste das Fenster im Dock ablegen tut genau das, was es beschreibt. Probieren Sie es einfach aus. Ein erneuter Klick in das miniaturisierte Objekt im Dock lässt es dann wieder im Original auf dem Schreibtisch anzeigen. Im Grunde dasselbe, als wenn Sie den orange-farbenen Knopf in der Fensterleiste anklicken.

Die Option *Benutzte Objekte merken* hatten wir ebenso schon kurz angesprochen. Die Anzahl der Objekte (*Programme, Dokumente, Server*) stellen Sie über die Popup-Menüs ein, die Objekte selbst können Sie dann über das *Apple-Menü | Benutzte Objekte* abrufen. Hierbei merkt sich das System die zuletzt gestarteten Programme, die geöffneten Dokumente sowie die aufgesuchten Server in einer Liste. Arbeiten Sie also häufig mit denselben Objekten, so lassen sich diese dort schnell und ohne langes Gesuche aufrufen. Der Punkt *Einträge löschen* im geöffneten *Benutzte Objekte*-Menü entfernt sämtliche Einträge und beginnt dann von Neuem die Objekte zu speichern. Ist diese Funktion nichts für Sie, weil Sie beispielsweise beim Geheimdienst oder FBI arbeiten und Sie deswegen für andere Besucher des Rechners lieber keine Spuren hinterlassen möchten, so stellen Sie einfach alle Popup-Menüs auf *Keine* – die Rubrik *Benutzte Objekte* verschwindet dann ganz aus dem Apple-Menü.

Wenn Sie schnell Ihre zuletzt benutzten Arbeits-Dokumente aufrufen möchten – das Apple-Menü sowie »Benutzte Objekte« helfen Ihnen dabei.

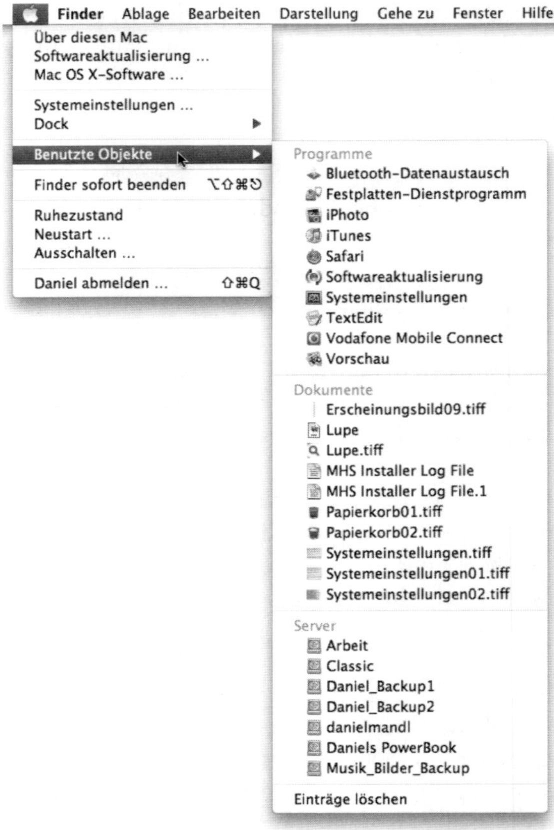

Der letzte Eintrag in der *Erscheinungsbild*-Systemeinstellung betrifft die Darstellung von Schriften. Durch die *Schriftglättung* wirken Buchstaben weicher und somit gefälliger, laufen aber Gefahr, als ein wenig unscharf wahrgenommen zu werden. Im Gegenzug würden Schriften bei Weglassung der künstlichen Glättung eine Art Treppenstufen-Effekt (gezackte Buchstaben) aufweisen. Am besten verwenden Sie also erstmal die vorgeschlagene Einstellung für Ihren Bildschirm, wobei *CRT* (**C**athode **R**ay **T**ube) für einen Bildröhren-Monitor und *LCD* (**L**iquid **C**rystal **D**isplay) für einen Flüssigkristallbildschirm oder einfach Flachbildschirm steht. Wenn Sie dennoch das Gefühl haben, dass die Schrift ein wenig verwaschen daherkommt, so wählen Sie im Popup-Menü die Einstellung *Schwach* bzw. setzen bei der Option *Text nicht glätten für Schriftgröße XX und kleiner* den Punktwert nach oben (maximale Punkt-Größe ist 12).

Die angebotenen Möglichkeiten zur Schriftglättung. Die Option »Automatisch – optimal für den Hauptmonitor« ist meist völlig in Ordnung.

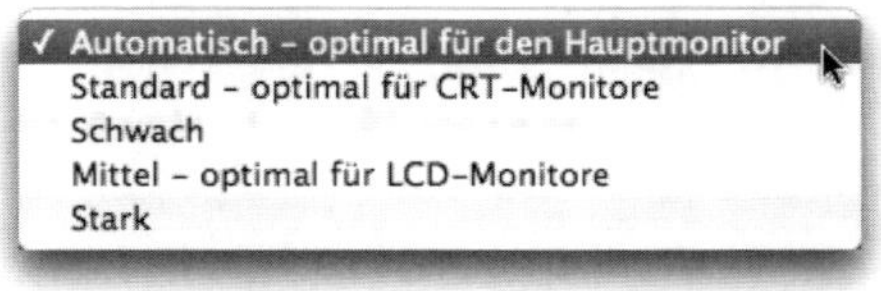

Exposé & Spaces

Dashboard – zu deutsch das Armaturenbrett – war eine der Funktionen, die in Mac OS X 10.4 neu hinzukam. Auf Knopfdruck (Taste *F12*) werden dabei so genannte *Widgets* (kleine Programme) auf den Schreibtisch gezaubert, die den alltäglichen Wahnsinn ein wenig leichter werden lassen. Dazu gehören unter anderem schwierige Rechen-Aufgaben, weiterhin – wie könnte es anders sein – das leidige Wetter und natürlich Kalender- und Uhrzeit-Daten (auch im Ausland) und vieles weitere mehr. Da es hier reichlich zu sehen und viel zu tun gibt, möchten wir diese Funktionen im nächsten Kapitel gesondert behandeln.

Als Vorgeschmack auf Dashboard schon einmal ein Bild zum Warmwerden.

Was gibt es also hier zu tun? Zum einen können Sie hier Mac OS X anweisen, wie es sich verhalten soll, wenn Sie mit dem Mauszeiger in eine Bildschirmecke wandern. Da Ihr Bildschirm aller Wahrscheinlichkeit nach vier Ecken aufweist (wir haben hier genau geprüft und nachgezählt), lassen sich folglich vier unterschiedliche Aufgaben vergeben – die jedoch allesamt die Programme *Exposé*, *Dashboard* und den *Bildschirmschoner* betreffen. Die Einstellungen hierzu nehmen Sie im Bereich *Aktive Ecken* vor, indem Sie auf das Popup-Menü klicken und eine der auftauchenden Optionen auswählen.

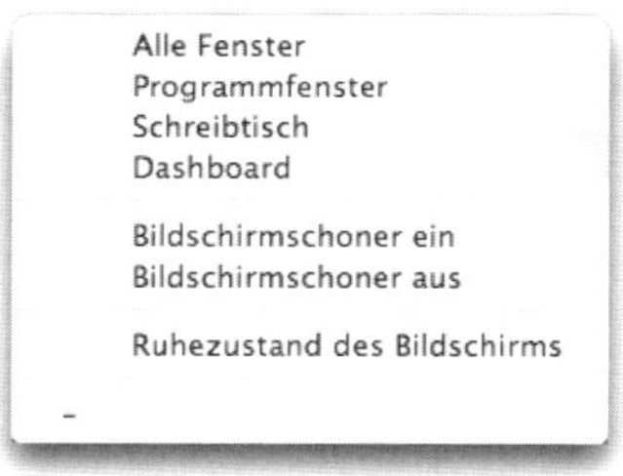

Die so genannten »Aktiven Ecken« können mit verschiedenen Funktionen belegt werden und beziehen sich auf die Bedienung mit der Maus – siehe auch nächste Abbildung oben.

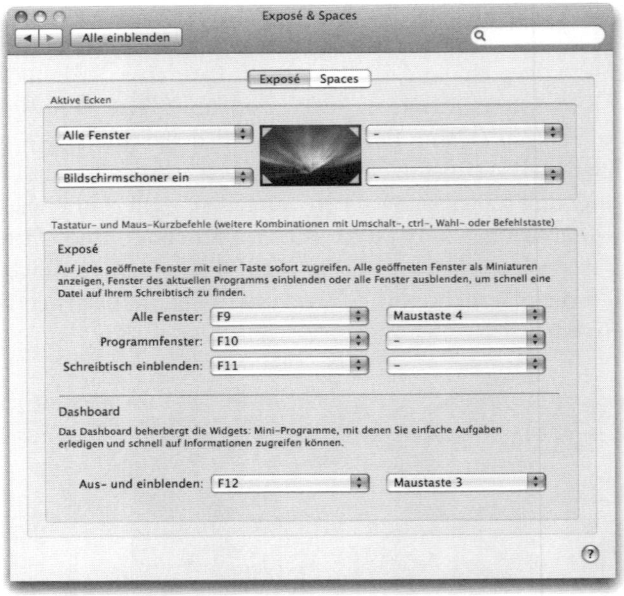

Alle Fenster, *Programmfenster* sowie *Schreibtisch* gehören dabei zu *Exposé*. Wie schon erwähnt, können Sie über *Exposé* kurzfristig alle Fenster im Miniatur-Format einblenden (Funktion *Alle Fenster*), so dass Sie schnell einen Überblick über die gesamte geöffnete Fenster-Flut erhalten. Mit der Option *Programmfenster* blenden Sie dagegen nur diejenigen Fenster im Klein-Format ein, mit denen das gerade benutzte Programm aufwartet. *Schreibtisch* hingegen ist weniger wählerisch und blendet rigoros alle Fenster aus. Je nachdem, welche Ecke Sie nun für welche *Exposé*-Funktion reservieren, wird Ihnen genau diese Option angeboten. Zum Wiederherstellen des Ursprungszustandes müssen Sie dann den Mauszeiger wieder in die besagte Ecke ziehen bzw. in das gesuchte (Programm-)Fenster klicken.

Exposés Funktion »Alle Fenster«: Der Schreibtisch wird abgedunkelt, während die geöffneten Fenster miniaturisiert dargestellt werden.

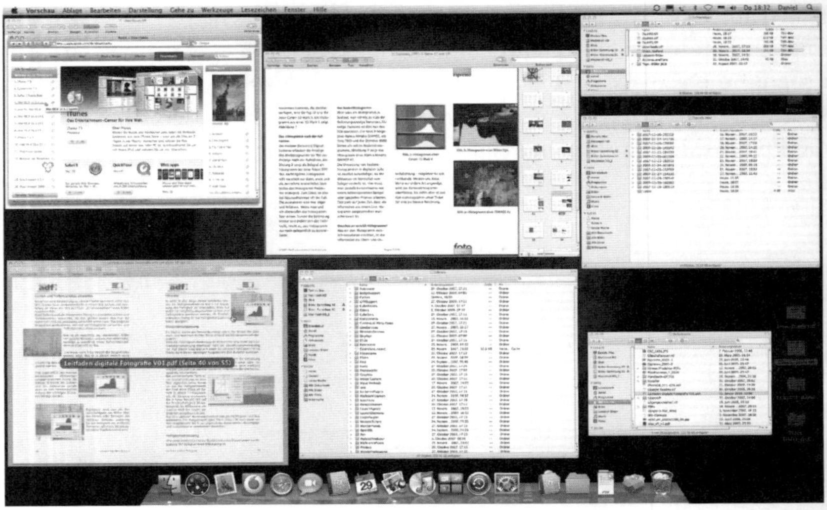

Aber auch *Dashboard*, unser Armaturenbrett mit den hilfreichen Extras á la *Widgets* lässt sich in einer aktiven Ecke unterbringen. Ziehen Sie folglich die Maus in die dafür vorgesehene Ecke, so werden die Hilfs-Programme eingeblendet. Ist das auch nichts für Sie, so gibt es auch noch den *Bildschirmschoner*, der für die kurze Pause zwischendurch ideal ist und verschiedene Darstellungen für den Monitor bietet (welche das genau sind, werden Sie in der Systemeinstellung *Schreibtisch & Bildschirmschoner* kennen lernen). Übrig bleibt die Funktion *Ruhezustand des Bildschirms*, über die Sie mir nichts dir nichts den Monitor in Sekundenbruchteilen auf »Schwarz« umstellen können. Ob nun aktiviert oder deaktiviert – diese Entscheidung überlassen wir selbstverständlich Ihnen.

Selbst uns passiert es das ein odere andere Mal, dass man aus Versehen mit der Maus in eine aktive Ecke gerät und auf einmal alle Fenster verschwunden sind. Der Schreck sitzt einem noch in den Gliedern, bis man sich daran erinnert, dass dies durchaus so gewollt war. Aus dieser Sicht haben wir nur die Bildschirmschoner-Funktionalitäten in die linke (*Bildschirmschoner ein*) und rechte (*Bildschirmschoner aus*) untere Ecke gelegt – oben bleiben die Ecken ohne Funktion (Einstellung «-»).

In der *Tastatur- und Maus-Kurzbefehle*-Ecke regeln Sie die Funktionalität anstatt über die Bildschirmecken nunmehr über die Tastatur oder über Maus-Tasten (so denn Ihre Maus solche aufweist). Die Standardbelegung ist aus unserer Sicht vollkommen in Ordnung, so dass wir diese auch beließen. *Exposé* bekommt dabei die Tasten *F9*, *F10* und *F11* zugeordnet, für Dashboard ist die *F12*-Taste reserviert.

Zum Teil müssen MacBook (Pro/Air)-, PowerBook- und iBook-Anwender zusätzlich noch die *fn*-Taste drücken (ganz links unten), da die eben genannten Tasten Laptop-spezifische Funktionen wie beispielsweise die *Tastaturbeleuchtung* oder die Lautstärkeregelung besitzen. Auch jene, die mit den aktuellen Aluminium-Tastaturen arbeiten, brauchen eventuell die *fn*-Taste, um diese Funktionen umzusetzen.

Ist Ihnen das zu umständlich mit dem ständigen zusätzlichen Drücken der *fn*-Taste, so können Sie dies in der Systemeinstellung *Tastatur & Maus* im Reiter *Tastatur* ändern. Dabei wird die Funktionalität einfach getauscht, sprich die Software-Ausführungen funktionieren ohne *fn*-Taste, während die Hardware-Steuerung nur mehr mit *fn*-Taste klappt.

An die Standardvorgaben muss sich wie üblich keiner halten, so dass Sie wieder über die Popup-Menüs eine andere Wahl treffen können. Halten Sie beim Definieren neuer Kombinationen die *Control*-Taste (*ctrl*), *Befehlstaste*

(⌘), *Optionstaste* (⌥) oder *Umschalttaste* (⇧) gedrückt, so werden diese Tasten ebenso eingeblendet und können zusätzlich eingebaut werden.

Über die Sondertasten lassen sich zusätzliche Variationen verwenden.

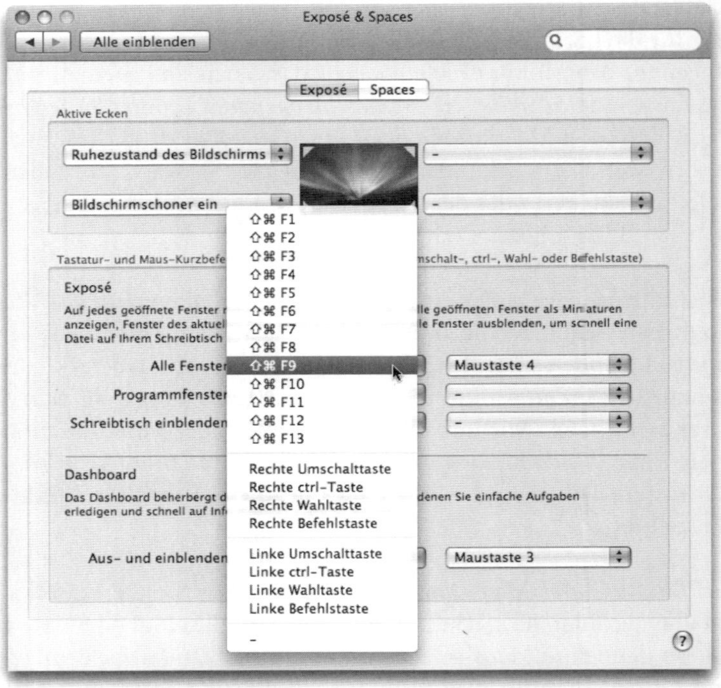

Neben den *Tastatur*-Einstellungen finden Sie die Popup-Menüs für Mehrtasten-Mäuse, so dass Sie dort einzelnen Tasten oben genannte Funktionen zuschreiben können. Uns ist es zwar immer noch völlig schleierhaft (und das war vor zwei Jahren auch schon so), welche Maus bis zu 32 Tasten aufweist, aber vielleicht arbeitet ja die Firma Apple still und heimlich an einem solchen Wunder-Nager. Weiterhin ist es uns auch nicht gelungen, beispielsweise eine Taste unserer Logitech-Maus zu belegen, da die Zuordnungen über eine eigene Systemeinstellung seitens des Herstellers erfolgt. Wie dem auch sei, wir geben uns hier mit den aktiven Ecken sowie den vorgegebenen Tastaturkürzeln zufrieden, zumal die Bedienung der Funktionen auf diese Weise eindeutig und fehlerfrei arbeitet.

Zu *Exposé* noch ein toller Tipp: Über diese Funktion lassen sich hervorragend Dateien oder Text-Abschnitte von einem Fenster in ein anderes kopieren, ohne sich dabei über Menüs oder vielerlei Dokumente klicken zu müssen. So wählen Sie beispielsweise einen Abschnitt aus einem Text-Dokument und kopieren ihn über *Befehlstaste-C* (den Text zuerst mit der Maus markieren, indem Sie mit gedrückter Maustaste darüber fahren, dann ⌘-C wählen), drücken dann *F9* oder *F10*, suchen sich das entsprechende andere Dokument, kli-

cken dort hinein, drücken dann wieder *F9* oder *F10* und fügen den Text-Abschnitt über *Befehlstaste-V* (⌘-V steht für *Einfügen*) ein. Das Gleiche geht natürlich auch mit mehreren Dokumenten oder Ordnern, indem Sie diese markieren und mit der gedrückter Maustaste bewegen. Drücken Sie dann die Tasten *F9* oder *F10*, so können Sie sich in ein anderes Fenster begeben. Über einen erneuten Tastendruck von *F9* oder *F10* haben Sie Ihr gesuchtes Fenster im Vordergrund und können die Maustaste loslassen.

Eine weitere wichtige Neuerung in Mac OS X Leopard nennt sich *Spaces* und ermöglicht dem Anwender die Einrichtung mehrerer virtueller Schreibtische. Angedacht ist diese Funktion für all jene, die ständig mit Platzmangel zu kämpfen haben, da sie ständig mit einer Vielzahl an Programmen hantieren. Die Folge ist somit ein unübersichtliches Chaos mit vielen Programmen und geöffneten Fenstern.

Damit Sie nun nicht nur wie unter *Exposé* alles über einen Schreibtisch erledigen, können Sie für alle Bereiche eine extra Arbeitsumgebung anlegen. So wäre es beispielsweise überlegenswert, ob man nicht für Internet & Co. eine Umgebung einrichtet, eine andere vielleicht nur mit multimedialen Inhalten wie *iTunes* und *iPhoto* belegt. Eine Dritte wird zur Arbeitsplattform, in der zum Beispiel die Profiprogramme *Photoshop* und *InDesign/QuarkXPress* laufen, die so und so schon eine Menge an Werkzeug-Paletten mitbringen. Zusammenstellen lässt sich das letztendlich unter dem Reiter *Spaces*.

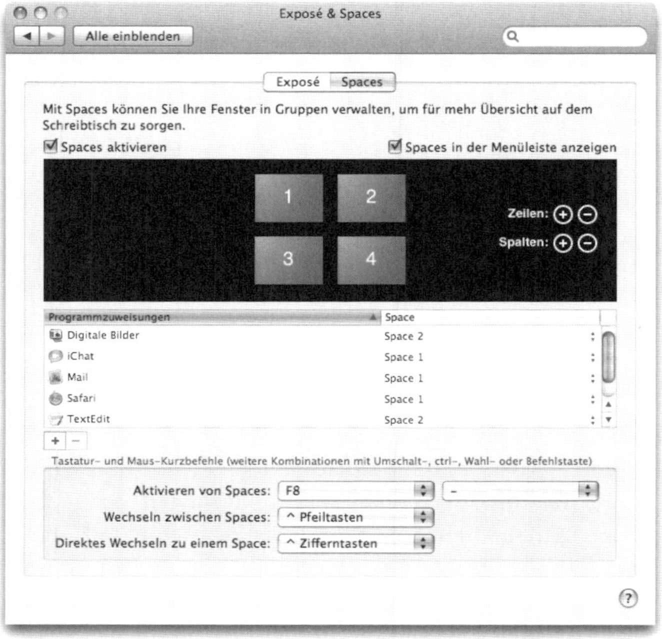

Der Eintritt in den wohl geordneten Arbeitsalltag – die Systemeinstellung »Exposé & Spaces«.

Zuallererst müssen Sie die Funktion einschalten, indem Sie einen Haken bei *Spaces aktivieren* setzen. In der Voransicht zeigen sich schon einmal vier »Schreibtische«, die nun ganz individuell belegt werden können. Klicken Sie auf den *Plus*-Knopf (+), so öffnet sich der Ordner *Programme*, der alle verfügbaren Applikationen anbietet. Suchen Sie sich also eines aus und klicken Sie dann auf *Hinzufügen* – das Programm befindet sich nun in der *Programmzuweisungen*-Liste unterhalb der Schreibtisch-Vorschau. Als Standard wird *Space 1* vergeben, also der erste virtuelle Schreibtisch. Wählen Sie nun weitere Programme, so lässt sich per Klick auf die kleinen Pfeile (⇕) ein Popup-Menü öffnen, über das Sie auch andere Schreibtische zuordnen können. Die Anzahl der Schreibtische ist wiederum abhängig von der in der Vorschau getroffenen Menge, die Sie über die Plus- und Minus-Symbole (⊕⊖) bei *Zeilen* und *Spalten* vergeben haben. Ingesamt lassen sich auf diese Weise bis zu 16 neue Umgebungen einrichten – falls Sie denn bei dieser Ansammlung an Schreibtischen überhaupt noch durchblicken (und denken Sie auch an den vielen Staub, der sich dort sammelt …).

Nach der Anzahl der »Spaces« weisen Sie jedem Programm die entsprechende Nummer zu. Die Menge an Schreibtischen kann selbstverständlich auch im Nachhinein noch vergrößert werden.

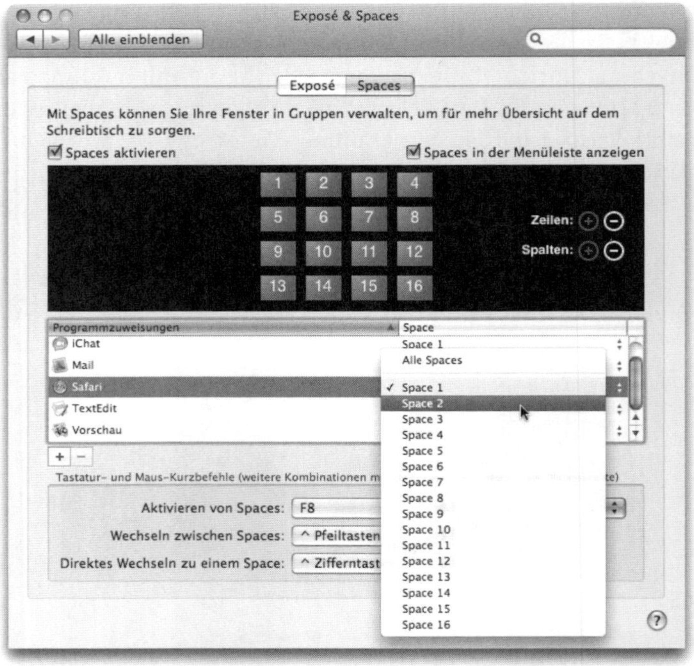

Während das Vergrößern der Anzahl an *Spaces* keine Probleme bereitet und jederzeit vorgenommen werden kann, sollte Ihnen das Verringern bei bereits zugeteilten Spaces-Nummern doch ein wenig Kopfzerbrechen bereiten. Sie bekommen sogar eine Warnmeldung – und das will bei Apple schon was heißen. In diesem Fall werden nämlich die Verbindungen neu vergeben, will heißen, die den gelöschten Spaces zugedachten Programme werden den übrig bleibenden und somit nächst liegenden Spaces zugeteilt. Das muss kein Beinbruch sein, doch kommt Ihre Ordnung somit ein wenig ins Schlingern.

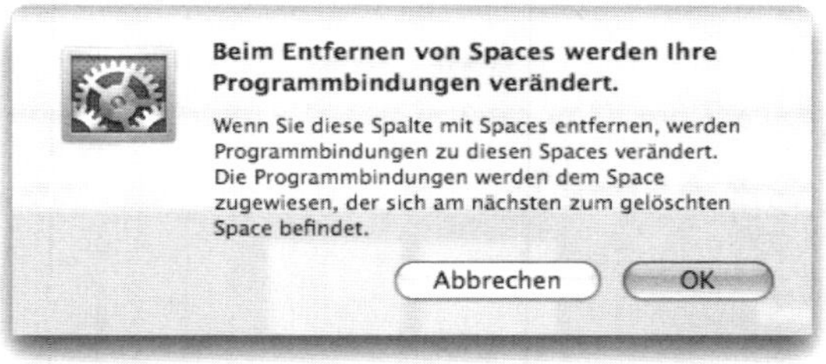

Beim Verringern der Spaces werden die Programmverbindungen neu gemischt. Bitte daran denken.

Ist alles konfiguriert, so fallen die Änderungen erst ins Auge, wenn Sie beispielsweise ein Bild doppelklicken und der Schreibtisch auf einmal wechselt. Möchten Sie dann wieder in ein anderes Space zurück – etwa ins Internet –, so können Sie aus verschiedenen Möglichkeiten wählen. Zum einen lassen sich in der Systemeinstellung *Exposé & Spaces* selbst Tasten-Kurzbefehle vergeben. Über die *Control-Taste* (*ctrl* bzw. »^« – letzteres ist das Symbol, das Apple für die *ctrl*-Taste verwendet) und die Eingabe der *Space*-Nummer wandern Sie direkt zum jeweiligen Schreibtisch, über die *Control-Taste* und die Pfeiltasten klappt der Wechsel ebenso. Bei diesen beiden Methoden wird im unteren Bildschirm-Bereich der Wechsel auch visuell dargestellt.

Das Wechseln bzw. das direkte Anspringen von Spaces wird auch visuell verdeutlicht.

Eine weitere Möglichkeit ergibt sich, wenn Sie in der Systemeinstellung auch die Option *Spaces in der Menüleiste anzeigen* aktiviert haben. Auf diese Weise finden Sie wieder in der Menüleiste oben rechts einen weiteren Punkt (■), über den Sie ebenso direkt die Umgebungen wechseln können. Oder Sie klicken schlicht und ergreifend auf das Programm Ihrer Wahl im Dock – auch so wechseln Sie schnell in Ihre gewünschte Umgebung.

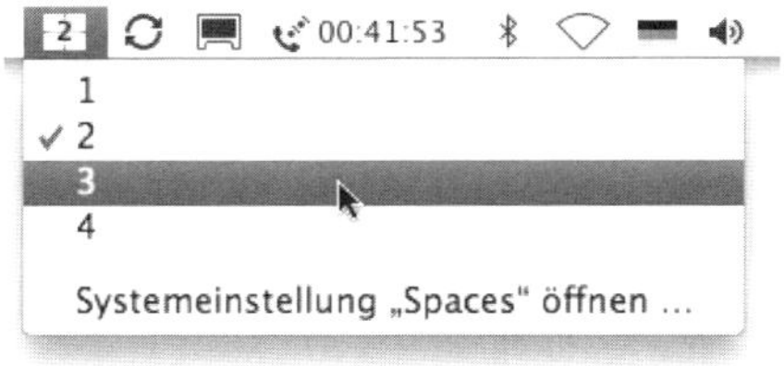

Schnell mal den Arbeitsbereich wechseln, wenn der Chef sich nähert – dies ist auch über die Menüleiste möglich.

Um eine Übersicht über alle Schreibtische zu erhalten, hat Apple standardmäßig die Sondertaste »F8« vergeben (Laptop-Benutzer müssen natürlich wieder die *fn*-Taste zusätzlich drücken). In Sekundenbruchteilen ändert sich die Bildschirm-Ansicht und alle Spaces werden im Miniatur-Format dargestellt. Bewegen Sie die Maus, so wird derjenige Schreibtisch hervorgehoben, über dem sich der Pfeil befindet. Per Klick darauf wechseln Sie in diese Umgebung.

Wenn Sie mal den Überblick verloren haben, wo sich was befindet, hilft die Sondertaste »F8«.

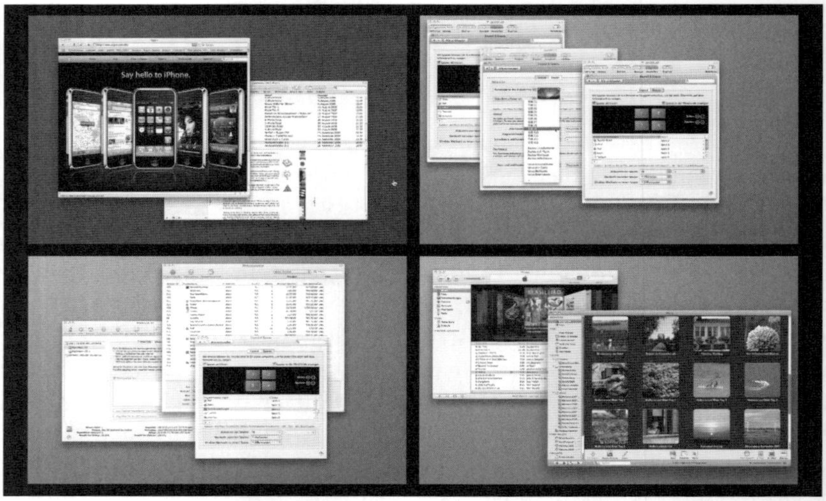

Wenn Sie eher zum Typus »Mausbenutzer« gehören, so reicht natürlich auch ein Klick auf's Dock – und zwar auf das *Spaces*-Icon.

Wie schon unter *Exposé* geschildert, lassen sich auch über *Spaces* hinweg offene Fenster oder Dokumente verschieben. Die Vorgehensweise ist ebenso dieselbe: Drücken Sie »F8« oder klicken Sie auf das Spaces-Icon im Dock, um die Übersicht zu erhalten. Danach wählen Sie mit der Maus ein Objekt aus und ziehen es bei gedrückter Maustaste in einen anderen Bereich hinein. Lassen Sie die Maustaste wieder los, so verbleibt es in der neuen *Spaces*-Abteilung. Klicken Sie dort wieder hinein, so zeigt sich der Schreibtisch samt dem neuen Objekt. Als Alternative dazu können Sie auch auf dem Schreibtisch ein Objekt mit gedrückter Maustaste festhalten und dann über die *Control-Taste* und gewünschter *Spaces*-Nummer die andere Umgebung aufrufen. Das Dokument »klebt« dabei so lange an der Maus, bis Sie die Taste wieder loslassen (das passiert wohl spätestens dann, wenn's Abendessen gibt).

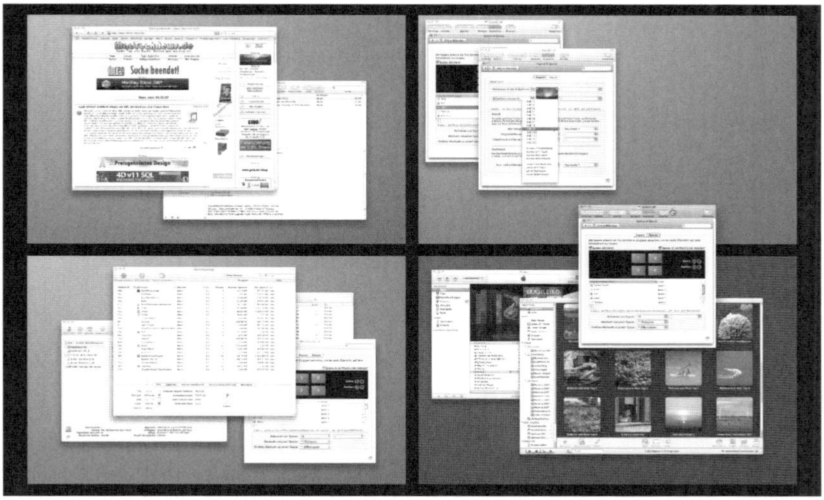

Ein Dokument wird von Space 2 nach Space 4 verschoben.

Die Schlussfrage lautet nun wie folgt: Wer braucht das? Der Einsteiger wohl weniger, der Computer-Freak mit zig geöffneten Programmen und Fenstern eher. Besitzen Sie einen kleinen Bildschirm, so ist das auch ein Grund, sich einmal mit den *Spaces* auseinanderzusetzen. Überhaupt gilt dies für alle Funktionen: Bitte ruhig einmal probieren, denn oftmals kommt man erst über die Praxis so richtig auf den Geschmack.

Landeseinstellungen

Da Mac OS X ein Betriebssystem ist, das weltweit verkauft wird, steht es auch in (fast) allen Sprachen zur Verfügung (ausgenommen Bayerisch, Sächsisch, Platt, Friesisch etc.). Das Gleiche gilt natürlich auch für andere Anwendungen wie Bildbearbeitung, Textverarbeitung usw. Das ein oder andere Mal mag es vorkommen, dass Sie vielleicht international zusammenarbeiten oder ein Programm erworben haben, das die deutsche Sprache nicht unterstützt. In diesem Fall greift die Software auf die in der Systemeinstellung *Landeseinstellungen* definierten Vorgaben zurück und zeigt die Menüs in der entsprechenden Sprache.

Die *Landeseinstellungen* setzen sich aus drei Reitern zusammen, wobei der erste (*Sprachen*) in der linken Spalte diejenigen Sprachen aufführt, die im Falle einer negativen Verfügbarkeit der Standardsprache zum Zuge kommen sollen. Dabei klopft das Programm die aufgeführten Sprachen der Reihe nach ab, bis es diejenige verwendet, die als Nächstes in Betracht kommt. Die Liste können Sie jederzeit über den Button *Liste bearbeiten* vervollständigen, der ein Dialogfeld mit zig weiteren Sprachen einblendet. Haken Sie dort alle in Frage kommenden an und bringen Sie sie in die gewünschte Reihenfolge – nach einem Neustart stehen diese dann zur Verfügung.

Im Reiter »Sprachen« tätigen Sie die Alternativ-Einstellungen, wenn das Programm Ihre Standardeinstellung nicht beherrscht.

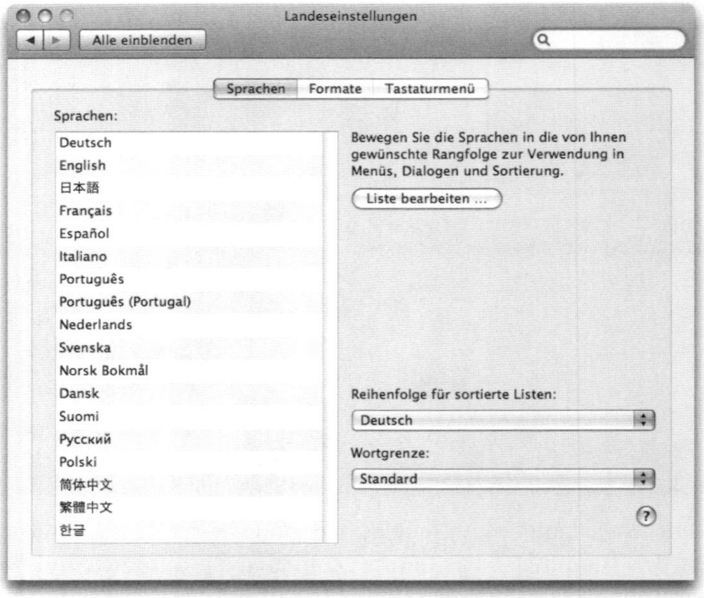

Im zweiten Reiter – *Formate* – geht es dann um die landestypischen Ein- bzw. Darstellungen wie Datum, Uhrzeit, Zahlen und Währung. Je nach Heimatland (in Ihrem Falle wohl Deutschland, Österreich oder Schweiz) wählen Sie aus dem Popup-Menü bei *Region* die entsprechende Eintragung, wobei sich die anderen Felder danach richten. So heißt die Währung in Deutschland und Österreich Euro, während in der Schweiz mit Schweizer Franken gehandelt wird.

Alles im Blick: Wie sollen Datum, Uhrzeit und Zahlen geschrieben werden?

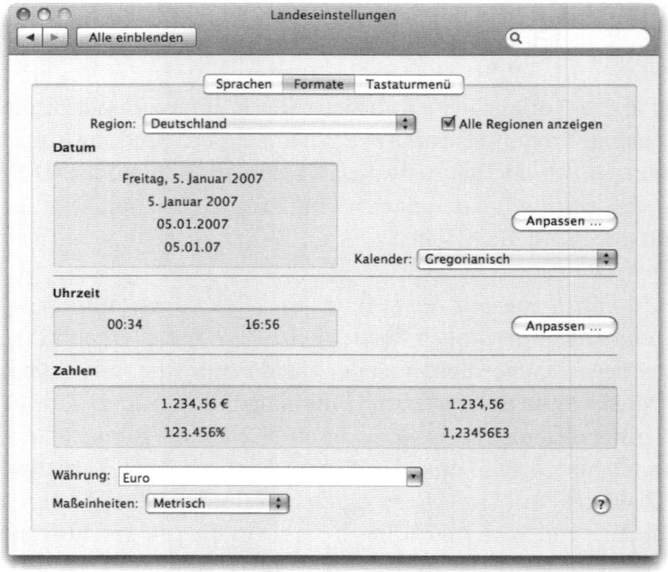

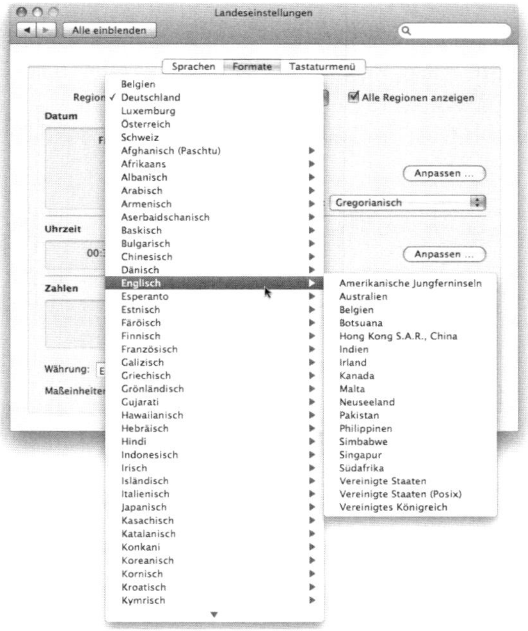

Über »Alle Regionen anzeigen« gelangen Sie zu einer ellenlangen Liste weiterer Möglichkeiten.

Als Standard werden bei *Region* nur diejenigen (gleichsprachigen) Länder aufgeführt, die Sie unter dem Reiter *Sprachen* als Erste aufgeführt haben. Über die Option *Alle Regionen anzeigen* wird's jedoch international und Sie können aus Dutzenden weiterer Länder wählen, die dann ebenfalls jeweils ihre eigenen Zahlenkolonnen, Kalender und Währungen mitbringen. Unser Rat heißt wie üblich, sich einmal durch die vielen Einstellungen zu klicken und herumzusuchen, was so alles möglich ist. Schlussendlich werden Sie Ihre Einstellung in kürzester Zeit treffen und diese wohl auf ewig behalten (oder bis das nächste Mac OS X vor der Tür steht).

Steht die Region, lassen sich dennoch weitere Veränderungen vornehmen. Über die beiden Buttons *Anpassen* bei *Datum* und *Uhrzeit* sind weitere Alternativen möglich, damit Sie auch ja zufrieden gestellt werden.

Für jeden Anwender die geeignete Form: Vom Standard abweichende Darstellung für Datum und Uhrzeit.

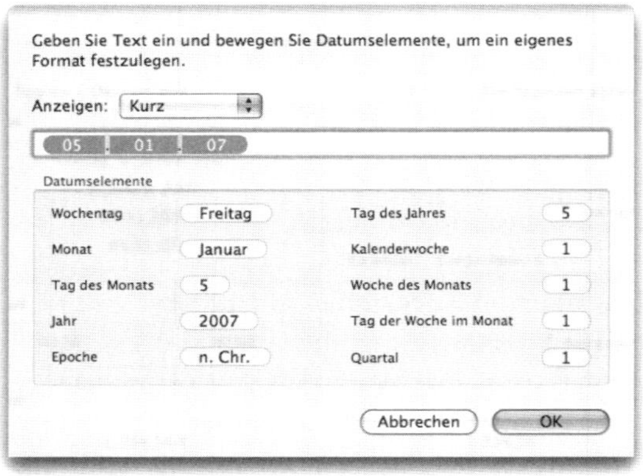

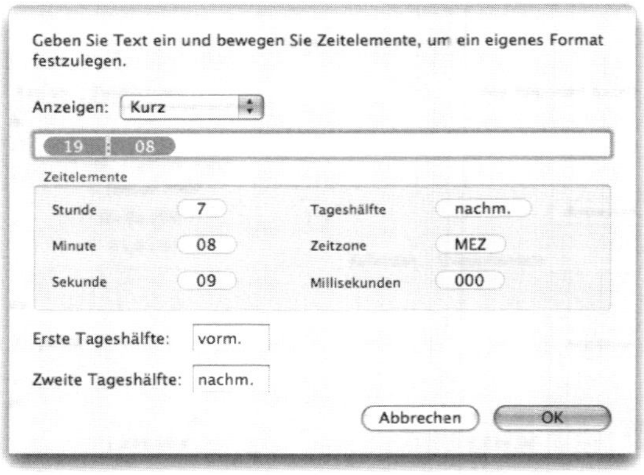

Kommen wir zum dritten Reiter namens *Tastaturmenü*. Dort treffen Sie Ihre Entscheidungen hinsichtlich der Eingabemöglichkeiten über die Tastatur. Da die Tastatur-Belegung von Land zu Land variieren kann, erhalten Sie hiermit die Möglichgkeit, diese anzupassen. In der Auflistung können Sie dabei jene Länder mit einem Haken versehen, die für Sie in Frage kommen.

Feinanpassungen für die Tastaturbelegung werden im Reiter »Tastaturmenü« vorgenommen.

Zur Orientierung bietet es sich bei Verwendung mehrerer Tastatur-Layouts an, die unten stehende Option *Tastaturmenü in der Menüleiste anzeigen* zu aktivieren. Hierbei wird in der Menüleiste ein zusätzlicher Menü-Titel (oben rechts) eingebaut, über den Sie schnell die aktuell benutzte Tastatur-Belegung umstellen können. Die beiden angezeigten Tastatur-Kurzbefehle zum Umschalten über *Befehlstaste-Leertaste* (⌘-⎵) für *Vorherige Eingabequelle* bzw. *Befehlstaste-Optionstaste-Leertaste* (⌘-⌥-⎵) für *Nächste Eingabequelle im Menü* sind allerdings standardmäßig für andere Aufgaben vergeben, nämlich für die Spotlight-Suche (*Spotlight Sucheingabefeld einblenden* bzw. *Spotlight Fenster einblenden*). Möchten Sie dies ändern, so klicken Sie in *Tastaturkurzbefehle...* Sie landen dann in der Systemeinstellung *Tastatur & Maus* und dort im Reiter *Tastaturkurzbefehle*, in dessen Übersicht sich nun die Kurzbefehle anpassen lassen (das erklären wir aber noch genau, wie das funktioniert).

Aufgrund der Tatsache, dass manche Buchstaben auf unterschiedlichen, internationalen Tastaturen vertauscht sind, sollten Sie vorsichtig im Umgang mit Kennwörtern sein. Das Wort »Lazarus« (geschrieben mit der deutschen Tastaturbelegung) heißt bei amerikanischer

Belegung »Layarus« und bei französicher »Lqyqrus«. Da kann man ganz schön ins Schwitzen kommen, wenn beispielsweise ein Passwort aufgrund falscher Tastaturbelegung abgelehnt wird, obwohl man es doch ständig richtig eingibt.

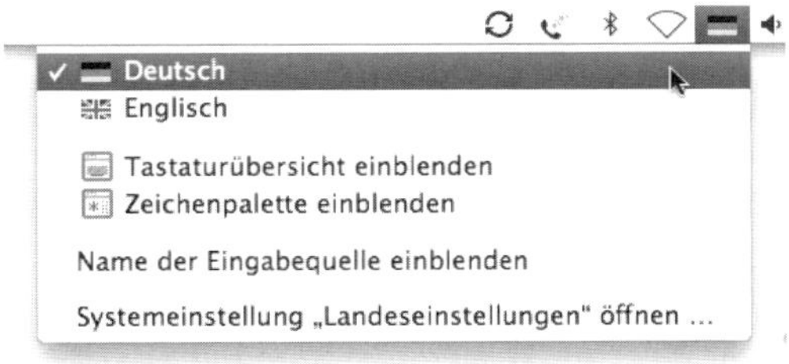

Über die Menüleiste können Sie schnell auf eine andere Tastaurbelegung umschalten.

Interessant sind weiterhin die beiden Hilfsprogramme *Tastaturübersicht* ( ) sowie die *Zeichenpalette* ( ), die Sie ebenso schnell über die Menüleiste aufrufen können. Damit diese zur Verfügung gestellt werden, müssen Sie in der Systemeinstellung *Landeseinstellungen* mit einem Häkchen versehen sein. Ersteres blendet dabei eine Tastatur ein, die die augenblickliche Tastatur-Belegung widerspiegelt. Drücken Sie nun beispielsweise eine Sondertaste wie die *Befehlstaste*, *Umschalttaste* oder *Optionstaste*, so werden alle die zur Schrift gehörenden Sonderzeichen aufgezeigt. Mit anderen Worten: Suchen Sie ein besonderes Schriftzeichen und können es nicht finden, so ist das ein Fall für die *Tastaturübersicht*. Rufen Sie sie auf und stellen Sie die gewünschte Schrift ein. Über das Drücken der Sondertasten (auch in Kombination) werden Sie garantiert fündig.

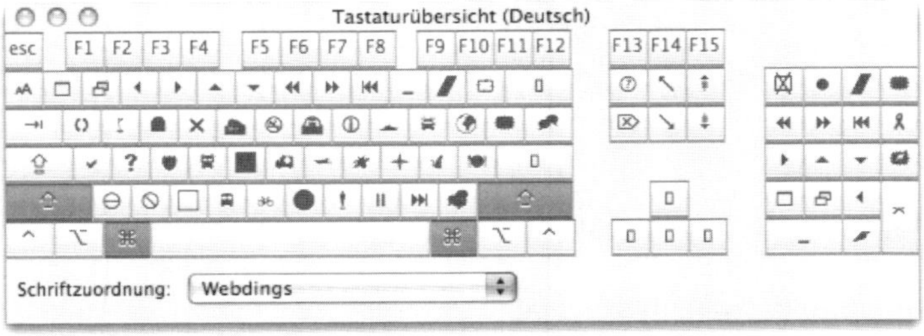

Die Tastaturübersicht unterstützt Sie bei der Suche nach zunächst unauffindbaren Sonderzeichen.

Die *Zeichenpalette* haut in diesem Sinne in die gleiche Kerbe, auch wenn der umgekehrte Weg eingeschlagen wird. Schreiben Sie etwa einen Text, in dem Sie Symbole oder etwa mathematische Zeichen wie ‰, [ ], • oder ± verwenden möchten, so können Sie über die *Zeichenpalette* nachprüfen, ob diese Zeichen vom gerade verwendeten Zeichensatz unterstützt werden. Im Falle der Nicht-Unterstützung werden alle verfügbaren Schriften aufgeführt, die dennoch diese Zeichen anbieten. Hilfreich ist weiterhin die Kategorisierung der Zeichen in *Mathematische Zeichen*, *Pfeile*, *Klammern*, *Währungen* usw., so dass ein schnelles Auffinden von brauchbaren Alternativen gewährleistet ist. Über einen Doppelklick auf das entsprechende Sonderzeichen bzw. den

Button *Einsetzen* wird es bei geöffnetem Text auch gleich eingefügt, so dass Sie sich selbst das Eintippen sparen können. Häufig benutzte Zeichen lassen sich zudem über das Aktions-Menü links unten als *Favoriten* speichern.

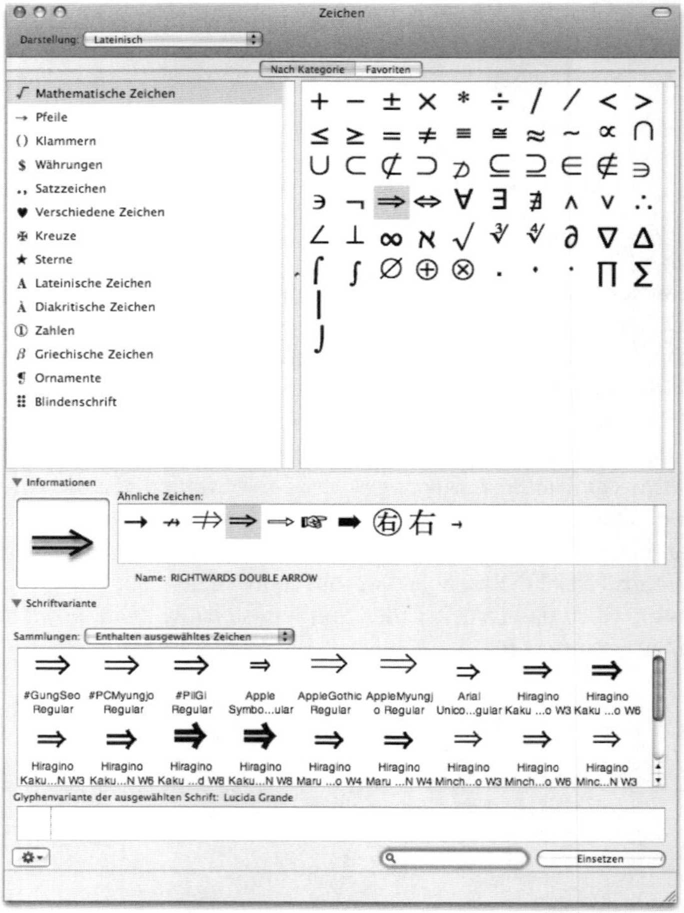

Einen Überblick über die verfügbaren Sonderzeichen gibt die Zeichenpalette. Durch die Kategorisierung können Sie eine Suche automatisch eingrenzen und oft benutzte Zeichen als Favoriten zum schnellen Einsetzen abspeichern.

Wenn Sie nur eine einzige Tastaturbelegung benutzen, brauchen Sie das *Tastatur*-Menü oben rechts nicht einblenden, da es ja eigentlich zum Umschalten der Layouts bzw. zur Kontrolle gedacht ist. Im Falle der Suche nach Sonderzeichen können Sie auch im *Finder* bzw. in Programmen wie *TextEdit* oder *Vorschau* über das *Bearbeiten*-Menü den Befehl *Sonderzeichen* (alternativ ⌘-⌥-T) aufrufen, der ebenso die *Zeichenpalette* startet.

Schreibtisch & Bildschirmschoner

Neben dem *Erscheinungsbild* läuft auch die Systemeinstellung *Schreibtisch & Bildschirmschoner* eher unter der Kategorie Verschönerung. Während als Schreibtisch-Hintergrund eigentlich ein monotones Grau die bestmögliche Wahl etwa zum Beurteilen von Farben oder zum augenschonenden Arbeiten wäre, kann die verspielte Gattung Mensch natürlich nicht davon ablassen und möchte es möglichst bunt. Damit der Anwender also nicht verschreckt wird, hat Apple schon einmal eine Menge an kunterbunten und aufregenden Bildern für den Hintergrund bereitgestellt. Neben Natur-, Pflanzen- oder Apple-Impressionen stehen auch abstrakte oder einfarbige Hintergründe zur Verfügung. Fakt ist jedoch, dass ein dunkler Hintergrund für die Augen angenehmer ist, zumal die aktuelle Rechner-Generation wie beispielsweise der Aluminium-iMac eh schon ein unserer Meinung nach viel zu helles Bild bietet. Andererseits – wieder auf den neuen iMac mit seinem Glossy-Display bezogen – spiegelt man sich bedeutend weniger darin, wenn man einen hellen Hintergrund wählt.

Lauter schöne Bilder – die Frage ist nur, ob ein poppiges Bild nicht zu sehr von der eigentlichen Arbeit ablenkt bzw. die Suche auf dem Schreibtisch erschwert.

Sind Apples optische Reize nichts für Sie, dann können Sie auch auf den Ordner *Bilder* ausweichen (vorausgesetzt, Sie horten darin auch wirklich Fotos) oder auf jeden anderen Bild-Ordner zugreifen, wenn Sie auf den unterhalb der Liste liegenden *Plus*-Knopf (+) klicken. Über den typischen *Öffnen*-Dialog klicken Sie sich auf Ihrer Festplatte durch die Verzeichnisse und weisen eine neue Auswahl zu. Alternativ können Sie auch Bilder im JPG-, TIFF- oder PNG-Format im Verzeichnis *Ihre Festplatte/Library/Desktop Pictures* ablegen, die dann unter *Apple-Bilder* erscheinen.

Jeder Anwender hat so seine Ordnung auf der Festplatte – schön daher, dass Apple auch andere Speicher-Orte zulässt.

Benutzen Sie zum Verwalten, Präsentieren und Bearbeiten Ihrer Bilder das Programm *iPhoto*, so steht Ihnen zudem Ihre gesamte Bilder-Sammlung samt Ereignissen, Alben, *Letzter Import* und so weiter zur Verfügung. In diesem Sinne dürfte es wohl an passenden Abbildungen für den Bildschirm-Hintergrund nicht mangeln.

Möchten Sie ein Bild verwenden, dessen Format als Schreibtisch-Hintergrund nicht erkannt wird, so öffnen Sie es über das Programm *Vorschau* (Sie finden es im *Programme*-Ordner). Wählen Sie dort aus dem *Ablage*-Menü den Befehl *Sichern unter…*, vergeben Sie einen aussagekräftigen Namen und bei *Format* die Einstellung *TIFF* oder *JPEG*. Nun dürfte einer Anzeige des Bildes nichts mehr im Wege stehen.

Für die ganz Flippigen steht auch die Option *Bild ändern* zur Debatte: Hierbei können Sie einen Zeitraum festlegen, in dem ein Wechsel des Hintergrund-Bildes stattfindet. Von der ganz persönlichen Schreibtisch-Diashow im 5 Sekunden-Rhythmus über den täglichen Wechsel, nach der Anmeldung oder nach einem Ruhezustand, stehen Ihnen alle Türen offen. Klicken Sie zusätzlich noch *Zufällige Reihenfolge* an, so stehen spannende Zeiten ins Haus. Bedenken Sie jedoch, dass erstens die Grafikleistung damit ausgebremst wird (zumindest bei schnellen und häufigen Änderungen) und Sie zweitens auch noch was anderes tun sollten außer nur Bilder schauen ;-)

Der zweite Reiter im Bunde nennt sich *Bildschirmschoner*. Während vor langer, langer Zeit diese Funktion einen wirklichen Sinn hatte, nämlich dass sich bei betagten Röhren-Bildschirmen kein Bild einbrennen konnte, ist dank der Technik und unserer schnelllebigen Zeit dies heute kein Thema mehr. Fazit: Bildschirmschoner sind optische Gimmicks, die ein wenig Abwechslung ins Arbeitsleben zaubern und zum Beeindrucken taugen. Und bei Letzterem sind Apples Vorgaben wirklich sehenswert. Während Sie mit dem Schoner *Computer-Name* höchstens Ihren Hund aus der Reserve locken können, lassen sich über *Wirbel, Arabesque, Shell* oder *Spectrum* wahre Farben-Spektakel auf den Bildschirm zaubern. Die *iTunes Cover* zeigen die Cover-Abbildungen Ihrer im *iTunes Store* gekauften bzw. selbst importierten Musik, während *Word of the Day* ein zufällig generiertes Wort aus den in Mac OS X integrierten Lexika einblendet und erklärt (daran merkt man auch, dass Apple interessiert an unserer Weiterbildung ist).

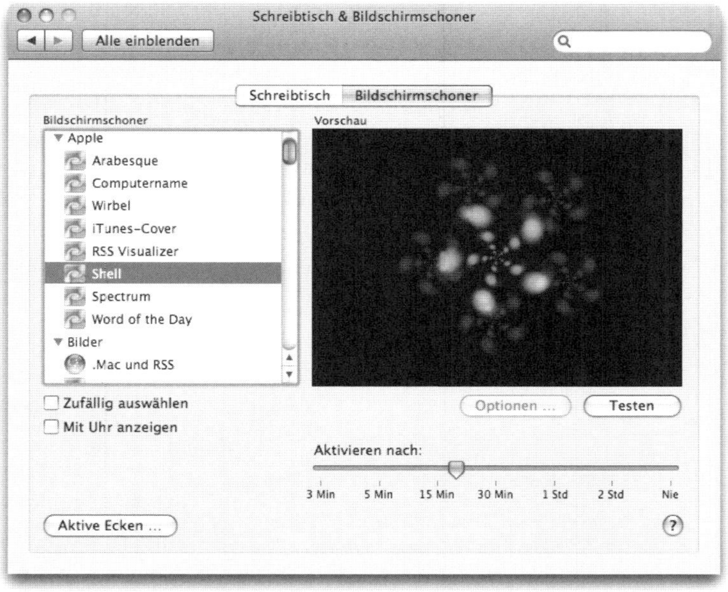

Damit auch die Pause Spaß macht – Bildschirmschoner in Hülle und Fülle, von esoterischer Atmosphäre bis hin zum ganz persönlichen Fotoberg.

Der *RSS Visualizer* hat es ebenso faustdick hinter den Ohren, blendet dieser doch so genannte *RSS Feeds* ein. *RSS* steht für *Rich Site Summary* bzw. *Really Simple Syndication* und bedeutet so viel wie die Zusammenfassung eines Inhalts. Es werden somit nurmehr Schlagzeilen und eine kurze Erläuterung angezeigt, den Haupttext kann man dann über eine Verlinkung auf die entsprechende Webseite (durch Drücken einer angegebenen Nummern-Taste) erreichen. Bei diesem Feature ist jedoch eine aktive Online-Verbindung Voraussetzung, da ansonsten der Rechner keinen Kontakt zu den Informations-Quellen besitzt.

Auch die Abteilung *Bilder* ist reichlich gefüllt. In den Ordnern *Abstract, Beach, Cosmos, Forest, Nature Patterns* und *Paper Shadow* liegen dagegen Bilder, die mit dem Ken Burns-Effekt besetzt sind. Das heißt, die Bilder bewegen sich mit langsamer Geschwindigkeit über den Monitor und verlieren so ihre ansonsten statische Haltung. Und wie soll es auch anders sein, *iPhoto* lässt ebenso grüßen und schickt seinen Bild-Bestand als Bildschirmschoner-Zulieferer ins Rennen. *.Mac* ist dagegen die Domäne von Apples eigenem, kostenpflichtigen Online-Service, zu dem Sie einen *Account* benötigen (dazu kommen wir auch noch). Sobald Sie hier Mitglied sind, können Sie eigene Foto-Ordner freigeben bzw. auf Bilder-Quellen anderer Nutzer zugreifen, die diese für Sie freigeschaltet haben. Einzige Voraussetzung hierbei: Sie benötigen natürlich eine Kreditkarte und eine Online-Verbindung.

Egal, welchen Bildschirmschoner Sie nun bevorzugen, klicken Sie unbedingt einmal auf den Button *Optionen*, der Ihnen weitere Anpassungsmöglichkeiten zur Verfügung stellt. Bei *Wirbel*, dem Farbenkleckser, können Sie zum Beispiel auf die Farben, die Strahlen-Anzahl, die Dicke und Geschwindigkeit Einfluss nehmen, während Sie bei Bild-Ordnern die Art der Überblendung von einem Bild ins nächste, das Zoomen, ob bildschirmfüllend oder zentriert bestimmen können. Weiterhin lässt sich bei Wahl einer Bilder-Kategorie der *Anzeigestil* beeinflussen: Die Knöpfe stehen dabei für *Diashow*, *Collage* oder *Mosaik*. Beim *RSS Visualizer* bestimmen Sie hingegen aus einer vorgegebenen Liste, welche Form und aus welcher Quelle Sie Ihre Nachrichten erhalten möchten. Und – ganz wichtig – denken Sie auch an den Button *Test*, der auf Mausklick Ihre Einstellungen abspielt. Ein weiterer Klick bzw. das Bewegen der Maus beendet den Test und Sie können weiter ausprobieren.

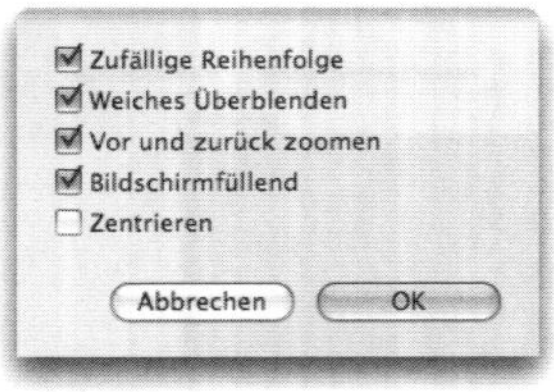

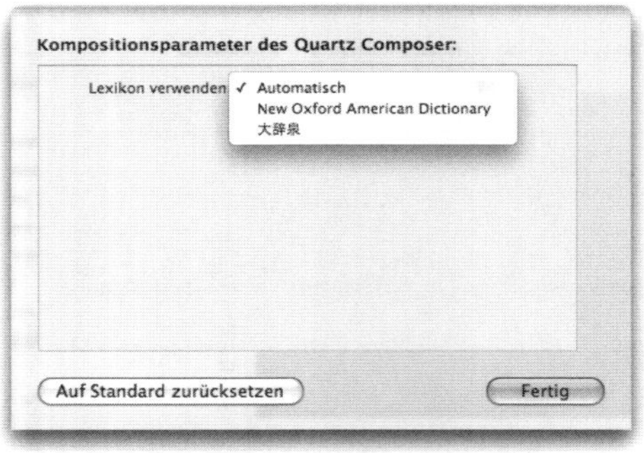

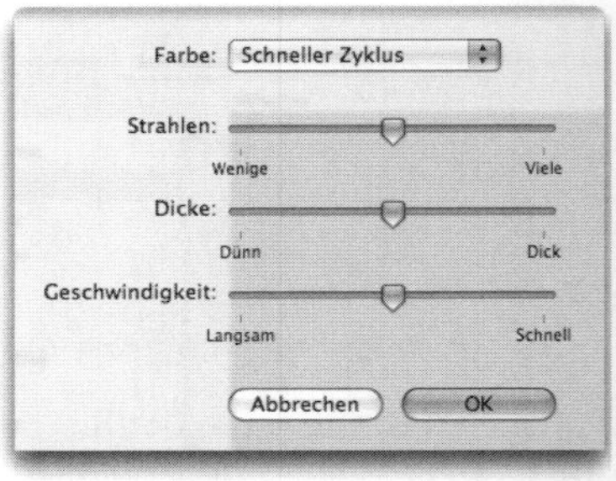

Ob Bilder-Ordner (links), Word of the Day (Mitte) oder Wirbel (rechts) – der Bildschirmschoner dient ganz nebenbei als entspannendes Moment oder als poppiger Informant.

Die Anzeigestile von Bildern: Als Diashow, als Collage bzw. als Mosaik.

Übrig bleiben der Regler *Aktivieren nach*, über den Sie die Zeit bestimmen, nach der der Bildschirmschoner einsetzen soll, sowie der Button *Aktive Ecken*, der dem Dialog-Fenster der Systemeinstellung *Exposé & Spaces* (siehe weiter oben) auf's Haar gleicht.

Sicherheit

Die Sicherheit wird bei Apple groß geschrieben (in der deutschen Rechtschreibung allerdings auch ;-)), so dass dieses Thema eine eigene *Systemeinstellung* verdient. Unterteilt in drei Reiter geht es zu allererst (*Allgemein*) um die Absicherung Ihres Rechners. Verlassen Sie beispielsweise nur kurze Zeit Ihren Arbeitsplatz, könnte der Kollege schnell einmal ausspionieren, wo Sie denn zuletzt im Internet waren oder – ganz gewagt – er könnte auch eine freche Mail an den Chef unter Ihrem Namen verschicken. Damit das eben nicht möglich ist, kann über *Kennwortabfrage beim Beenden des Ruhezustandes oder des Bildschirmschoners* die Eingabe eines Passworts angefordert werden. Fahren Sie also beim Verlassen des Raumes Ihren Mac in den Ruhezustand oder werfen Sie über beispielsweise eine *aktive Ecke* Ihren *Bildschirmschoner* an, so muss der »Täter« erst das hoffentlich nur Ihnen bekannte Kennwort eingeben, um an die Daten zu kommen.

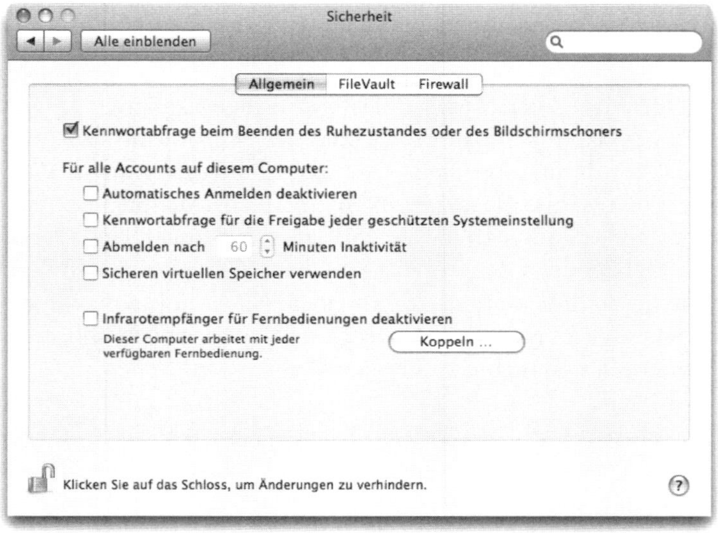

Die vielfältigen Optionen zum Schützen Ihres Rechners. Je nach Arbeitsumgebung sollten Sie sich also gut überlegen, was Sie gegen unbefugten Zutritt tun möchten.

Sind Sie Einzelnutzer Ihres Rechners und haben in der Systemeinstellung *Benutzer* (dazu gleich mehr) in den *Anmelde-Optionen* bestimmt, dass Ihr Mac automatisch ohne Anmeldeprozedur hochstarten soll, so ist dies in der Tat ein leichter Geschwindigkeits- und Zeitgewinn. Sind jedoch mehrere Anwender an Ihrem Rechner zu Gange, so lässt sich über *Automatisches Anmelden deaktivieren* diese Funktion übergreifend abschalten. Es wird also auf jeden Fall das Anmelde-Fenster eingeblendet und jeder Benutzer muss sich ganz brav unter Nennung seines Passworts, Blutgruppe, Personalausweis-Nummer und Haarfarbe identifizieren (kleiner Scherz – natürlich muss nur das Kennwort eingegeben werden).

Die Option *Kennwortabfrage für die Freigabe jeder geschützten Systemeinstellung* ist eigentlich müßig, denn sobald das *Schloss*-Symbol auf entsprechenden *Systemeinstellungen* (wie etwa *Netzwerk, Sharing, Drucken & Faxen, Energie sparen* etc.) geschlossen ist (🔒), können keine Änderungen mehr vorgenommen werden. Klickt man nun auf das Schloss, um es zu öffnen (🔓), so wird automatisch das *Administrator-Kennwort* verlangt.

Der Punkt *Abmelden nach xx Minuten Inaktivität* ist eigentlich selbsterklärend. Ist die Option aktiviert, so stellen Sie die gewünschte Zeit ein. Rührt sich nun über diese Zeitspanne nichts auf Ihrem Rechner, so fährt der Mac automatisch herunter und stellt den *Anmelde*-Dialog dar. Möchte nun jemand an den Rechner (inklusive Ihrer Person), so muss er sich erneut mit Passwort identifizieren, ehe das Betriebssystem wieder bereit ist.

Die Option *Sicheren virtueller Speicher verwenden* eignet sich nur, wenn mehrere Benutzer auf Ihrem Mac arbeiten. Programme (und auch das Betriebssystem) lagern üblicherweise die zum Arbeiten notwendigen Daten in den Arbeitsspeicher (*RAM* – **R**andom **A**ccess **M**emory – übersetzt Speicher mit wahlfreiem Zugriff) des Rechners. Ist von diesem zu wenig RAM vorhanden, so lagern diese Programme (etwa *Photoshop* bei der Bearbeitung großer Bilder) ihre überschüssigen Daten auf die Festplatte aus. Der Speicherplatz, der dabei in Anspruch genommen wird, nennt sich virtueller Speicher. Ganz davon angesehen, dass das echte RAM um ein Vielfaches schneller ist, ist es im Gegensatz zum virtuellen Speicher flüchtig, das heißt, die abgelegten Daten werden bei einem Neustart gelöscht. Und hier besteht genau die Gefahr, denn der virtuelle Speicher behält seine Daten und kann daher von bösen Buben mit entsprechendem Know-how ausspioniert werden. Damit das nicht geschieht, gibt es die eben genannte Option, die Sie bei wichtigen Daten und mehreren Benutzern anschalten sollten.

Der letzte Punkt bezieht sich auf die bei allen aktuellen Macs mitgelieferte Fernbedienung (und nicht nur diese), die bei Vergnügungen wie *Front Row* oder auch zum Ansehen bzw. Navigieren innerhalb einer Spielfilm-DVD durchaus ihre Berechtigung hat. Stehen nun MacBook Pro und iMac nebeneinander und Sie drücken auf der *Apple Remote Fernbedienung* auf die Tasten, so kann es tatsächlich passieren, dass beide Geräte darauf ansprechen.

Mit der Option *Infrarotempfänger für die Fernbedienungen deaktivieren* lässt es sich nun beispielsweise einrichten, dass das entsprechende Gerät nicht mehr auf eine Fernbedienung reagiert. Oder Sie wählen die Option *Koppeln*, mit der Sie eine Fernbedienung explizit an ein bestimmtes Gerät binden – der Computer reagiert dann nurmehr auf die Befehle dieser »gekoppelten« Fernbedienung. Dazu müssen Sie die Fernbedienung circa 10 cm vom Computer entfernt halten und die Tasten *Menu* sowie *Nächster* gedrückt halten, bis die Meldung der geglückten Verbindung (ein Symbol wird eingeblendet) erscheint. Der Button *Koppeln* ändert sich danach in *Trennen.* Klicken Sie darauf, so ist die Verbindung wieder aufgehoben.

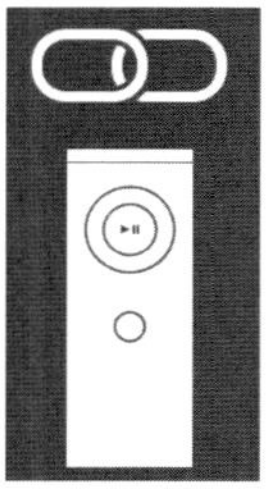

Drücken Sie wie angegeben die Fernbedienung ein paar Sekunden, so erscheint auf dem Bildschirm das Symbol für die Verbindung (oben).

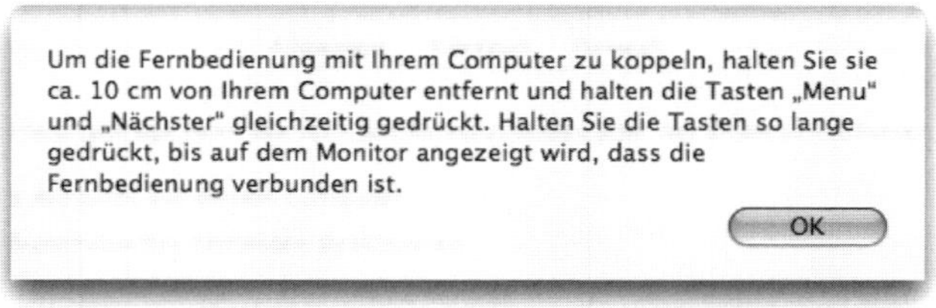

Rutschen wir einen Reiter weiter zu *FileVault.* Mit dieser Funktion bietet Mac OS X einen Schutz der Privatsphäre, indem sämtliche Daten Ihres *Privat*-Ordners verschlüsselt werden, so dass ein Dritter da einfach nicht rankommen kann. Benutzen Sie selbst die Daten, werden Sie bei Gebrauch automatisch entschlüsselt.

»FileVault« ist ein englischer Kunstbegriff und bedeutet übersetzt Datei-Tresorraum.

Da Ihre Daten im persönlichen *Benutzer*-Ordner mit dem *Administrator*-Kennwort verschlüsselt werden, sollten Sie peinlichst darauf achten, dieses im Kopf zu behalten. Sie können es sich natürlich auch auf den Oberarm tätowieren lassen, doch ist das nicht nur schmerzhaft, sondern im Falle einer neuen Rechnergeneration mit neuen Techniken ziemlich ärgerlich. Zum Schutz gegen das Vergessen sollten Sie daher zuerst ein so genanntes

Hauptkennwort festlegen, mit dessen Hilfe Sie im Falle des Gedächtnisverlustes dennoch Ihre Daten wieder freischalten können. Über *Hauptkennwort festlegen* vergeben Sie zunächst dieses und bestätigen es mit einer erneuten Eingabe. Als *Merkhilfe* können Sie sich dann einen passenden Text einfallen lassen.

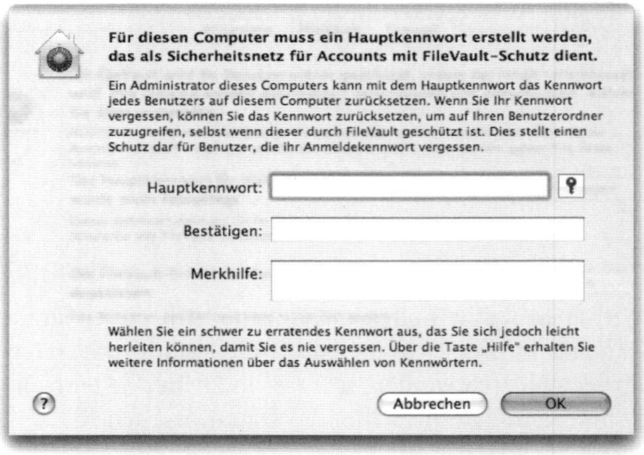

Es wird ernst, denn das Hauptkennwort ist in der Tat wichtig zum Wiederfreigeben Ihrer verschlüsselten Daten.

Brauchen Sie Hilfe beim Suchen nach einem ausgeklügelten Kennwort, so klicken Sie in das kleine *Schlüssel*-Symbol (🔑) neben *Hauptkennwort.* Im auftauchenden *Kennwortassistenten* können Sie nun ein eigenes Passwort (bei *Vorschlag*) eingeben und dessen Qualität bewerten lassen. Über das Popup-Menü bei *Art* werden sogar Alternativen angeboten, bei *Tipps* finden Sie kleinere Hilfestellungen zum Erfinden eines unschlagbaren Passwortes.

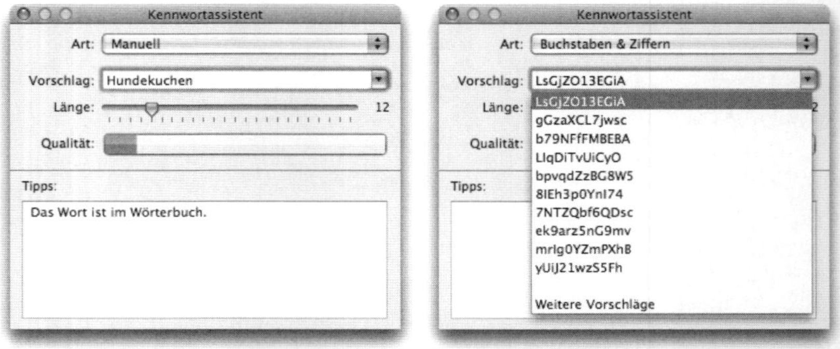

Bei unserem Versuch, das Wort »Hundekuchen« als Passwort zu verwenden, wurden wir gnadenlos ausgebuht. Apples Vorschläge sind uns dagegen zu gewagt, so dass wir nun dennoch eine eigene Schöpfung verwenden.

Ist die Sache mit dem *Hauptkennwort* geklärt, klicken Sie auf *OK* und danach in *FileVault aktivieren.* Geben Sie nun Ihr Benutzer-Kennwort ein und bestätigen Sie mit *OK.* Und dann kommt der große Moment, in dem Sie *FileVault aktivieren* dürfen. Mit großen, plakativen Buchstaben wird der Ernst der Situation noch einmal klar und nachdrücklich mitgeteilt, so dass man am liebsten Reißaus nehmen möchte. Aber da müssen Sie durch – Bestätigen Sie Ihr Streben nach Sicherheit.

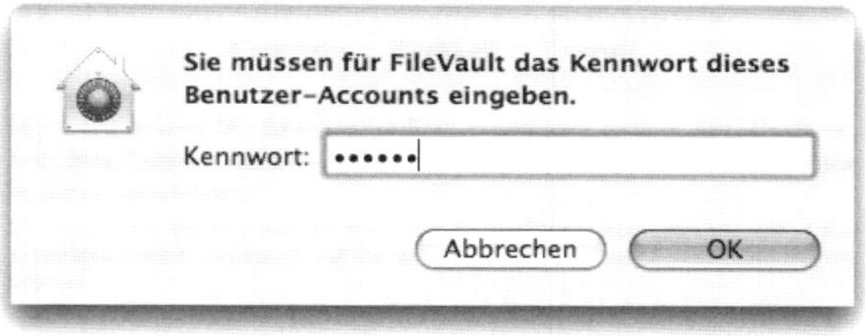

Nach einer erneuten Passworteingabe des Administrator-Kennwortes wird es ernst.

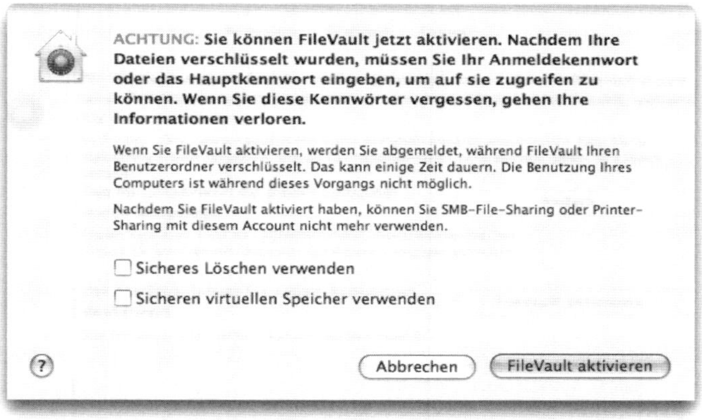

Der Rechner blendet nun den *Finder* aus und beginnt mit der Verschlüsselung, die eine ganze Weile dauern kann. Danach finden Sie sich im *Anmelde*-Fenster wieder. Ab diesem Moment trägt nun Ihr *Benutzer*-Ordner das *File-Vault*-Icon, was verdeutlicht, dass alle Daten in Ihrem Benutzer-Verzeichnis von nun an unangreifbar sind.

Der umgekehrte Weg ist natürlich ebenso möglich: In der Systemeinstellung *Sicherheit* nennt sich nun der Button *FileVault deaktivieren.* Mit Klick darauf geben Sie Ihr Benutzer-Kennwort ein und können dann im nächsten Dialog-Fenster die Verschlüsselung rückgängig machen. Auch in diesem Fall wird Ihr *Benutzer-Account* heruntergefahren und Sie müssen sich neu anmelden, der *Benutzer*-Ordner trägt nun wieder sein gemütliches Häuschen.

Der dritte Reiter im Bunde nennt sich *Firewall* (übersetzt etwa »Brandmauer«) und dient als eine Art Schutzschild für unerwünschte Zugriffe in einem Netzwerk oder über das Internet. Auch Ihr Mac lässt sich so einrichten, dass er etwa in einem Netzwerk oder über das Internet auch von Dritten angesprochen werden kann. Welche Dienste Sie genau zur Verfügung stellen, erledigen Sie in der Systemeinstellung *Sharing* (dazu kommen wir noch im Netzwerk-Kapitel). Die dort aktivierten Dienste werden dann auch im *Firewall*-Fenster (siehe folgende Abbildung) angezeigt.

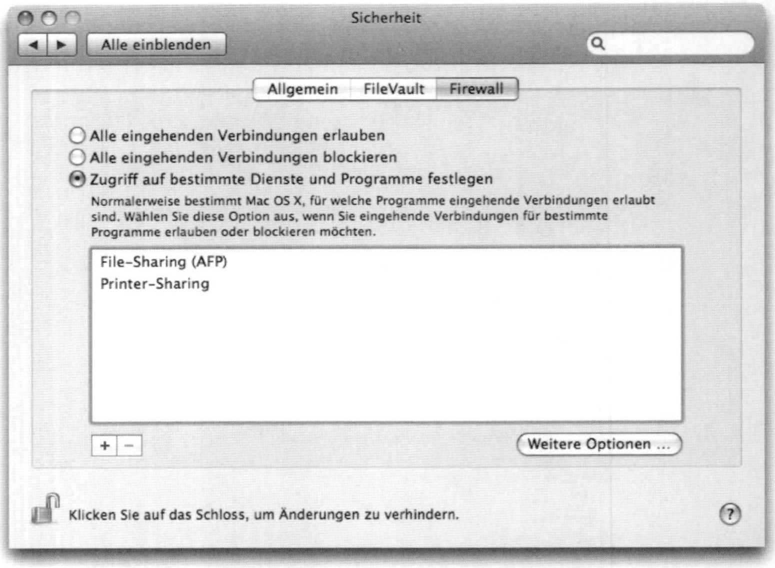

In diesem Dialog legen Sie die Prioritäten (uneingeschränkter Zugriff, kein Zugriff, Zugriff auf bestimmte Dienste und Programme) Ihrer Firewall fest.

Die ersten beiden Optionen *Alle eingehenden Verbindungen erlauben* bzw. *Alle eingehenden Verbindungen blockieren* verfahren nach dem »Alles oder Nichts«-Prinzip. Entweder haben Dritte einen ungehinderten Zugriff ohne Einschränkungen oder kein Mensch darf sich auf Ihrem Rechner breit machen (immer vorausgesetzt, Sie haben in der Systemeinstellung *Sharing* einen Dienst freigeschaltet – ansonsten läuft sowieso nichts). Über *Zugriff auf bestimmte Dienste und Programme festlegen* lassen sich hingegen Einschränkungen vergeben. Klicken Sie in die unten stehende *Plus*-Taste (+), so öffnet sich der *Programme*-Ordner, aus dem sich einzelne Applikationen wählen lassen. Diese ausgesuchten Programme lassen sich nun wiederum für Verbindungen blockieren, wenn Sie auf die kleinen Pfeile (⬍) klicken und daraus den entsprechenden Befehl wählen (*Eingehende Verbindungen blockieren*).

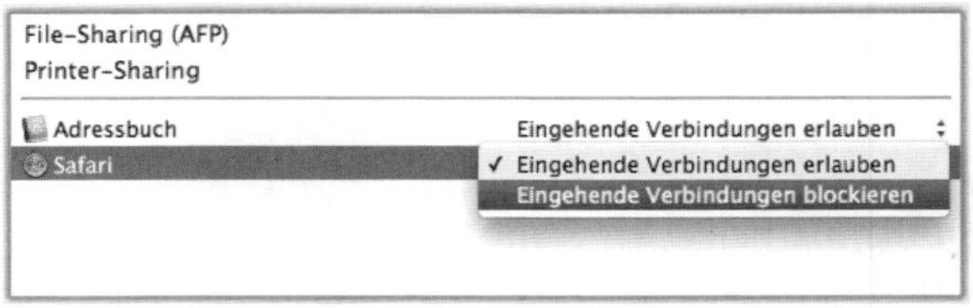

Die Möglichkeit zum weiteren Steuern von Zugriffen.

Spotlight

Gerade für Anwender, deren Festplatten vor lauter Dateien überquellen und sie längst den Überblick verloren haben, ist die intelligente Suche über *Spotlight* Gold wert. Der Clou hierbei ist, dass sich die Suchfunktion nicht nur Datei-Titel einprägt, sondern sowohl Datei-Inhalte (also beispielsweise Text) als auch Informationen auf Metadaten-Ebene miteinbezieht. Letzteres bezieht sich auf Einträge, die beispielsweise bei Bildern, Musik oder Texten in Form von Schlüsselwörtern oder Datei-Informationen vergeben werden, wie Sie sie in den Programmen *iPhoto*, *Vorschau*, *iTunes* oder *TextEdit* eintragen können. Aber auch Programme von Drittherstellern wie *Photoshop*, die ebenso die Vergabe von Informationen zulassen, werden miteinbezogen.

Spotlight indiziert nach der Installation des Betriebssystems die gesamte Festplatte, sprich der gesamte Daten-Bestand wird in eine Datenbank eingelesen, so dass Sie im Falle einer Such-Anfrage möglichst schnell Ihre Ergebnisse erhalten. Aber auch externe Festplatten werden – sobald sie das erste Mal an Ihren Mac angeschlossen werden – sogleich einer ebenso durchdringenden Indizierung unterworfen.

Bis der Rechner die oftmals Tausende von Daten einliest, können schon einmal ein paar Minuten vergehen – danach geht's dann aber umso schneller.

Vielleicht ist es Ihnen auch aufgefallen, dass kurz nach der Installation von Mac OS X 10.5 der Mac-Rechner langsamer arbeitend als gewohnt erscheint. Dies liegt an dem Umstand, dass eben *Spotlight* gerade die Festplatte einliest. Dies kann je nach Daten-Umfang doch eine geraume Zeit dauern.

Die Systemeinstellung *Spotlight* hilft Ihnen dabei, die Suchergebnisse in der gewünschten Reihenfolge aufzulisten. Unter dem Reiter *Suchergebnisse* finden Sie die Kategorien, die *Spotlight* abarbeitet. Sind Ihnen nun beispielsweise die E-Mails besonders wichtig, so schieben Sie sie einfach mit gedrückter Maustaste nach ganz oben. Möchten Sie einzelne Kategorien gar nicht in die Suche miteinbeziehen, so entfernen Sie den links stehenden Haken. Unten liegend finden Sie die von Apple vergebenen *Tastatur-Kurzbefehle* für das *Spotlight-Menü* (*⌘-Leertaste*) sowie das *Spotlight-Fenster* (*⌘-⌥-Leertaste*), welche sich jedoch jederzeit nach eigenen Wünschen ändern lassen.

Sie können eine neue Kombination für die Tastatur-Kurzbefehle schreiben oder aus dem Popup-Menü eine geeignete wählen. Ist diese bereits anderseitig vergeben, so werden Sie darauf aufmerksam gemacht: Ein Warn-Dreieck ( ) erscheint und deutet Ihnen damit an, dass Ihre Wahl eigentlich nicht in Ordnung ist, da der vergebene Befehl schon anderseitig Verwendung findet. Klicken Sie nun auf das Dreieck, gelangen Sie zur Systemeinstellung *Tastatur & Maus*, Rubrik

Tastaturkurzbefehle, wo alle bereits bestehenden Tasten-Kombinationen aufgeführt sind. Sie müssen sich also entscheiden, ob Sie Ihre aktuelle Wahl behalten möchten und dafür die vorhergehende deaktivieren oder sich eine neue überlegen. Mehr zur Systemeinstellung *Tastatur & Maus* gibt es weiter unten …

Da die Sondertaste »F12« bereits für »Dashboard« reserviert ist, wird diese Auswahl bemängelt. Mit Mausklick auf das Warndreieck landen Sie automatisch in der Systemeinstellung »Tastatur & Maus | Tastaturkurzbefehle«, in der die beiden »Übeltäter« ebenso hervorgehoben werden.

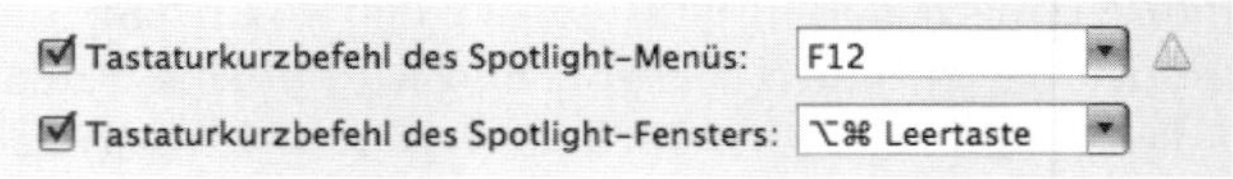

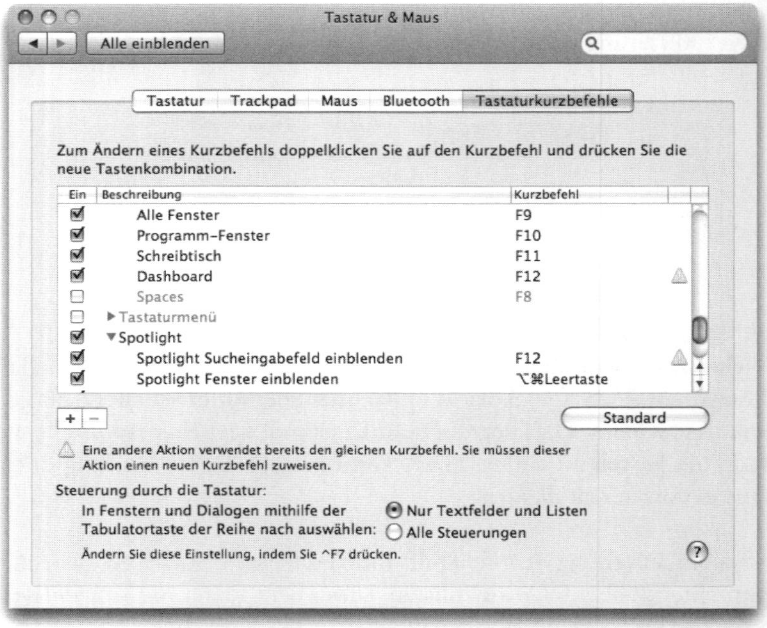

Spotlight unterscheidet zwischen dem *Eingabe-Menü* rechts oben in der Menüleiste und dem *Spotlight-Fenster*, wobei es letztlich egal ist, welche Such-Eingabeform Sie bevorzugen. Denn im Falle der Begriffs-Eingabe über das *Menü* wird eine Auswahl angezeigt, die – falls nicht erfolgreich – über die Option *Alle anzeigen* automatisch auf das *Spotlight-Fenster* umschaltet.

Die zwei Möglichkeiten der Such-Abfrage: das Spotlight-Menü sowie …

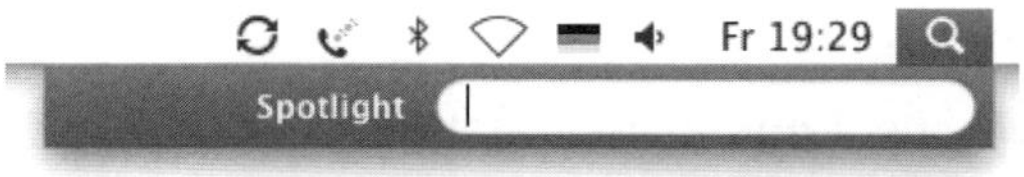

… das Spotlight-Fenster.

Der zweite Reite – *Privatsphäre* – ist ebenfalls eine gelungene Einrichtung, lassen sich doch dort Ordner oder gar ganze Partitionen unterbringen, die von der Suche ausgeschlossen werden sollen. Dies können beispielsweise Ordner sein, die mit Ihrer Arbeit nichts zu tun haben und nur die Ergebnislisten verlängern würden. Ein weiterer Vorteil ist, dass sowohl die Suche als auch die Indizierung schneller vonstatten geht, muss sich der Rechner doch nicht sämtliche Daten, sondern nur einen Teil einprägen.

Unsere Systemeinstellung »Spotlight«: Ordnen Sie die Reihenfolge Ihrer Suchergebnisse oder schließen Sie Teile der Festplatte aus.

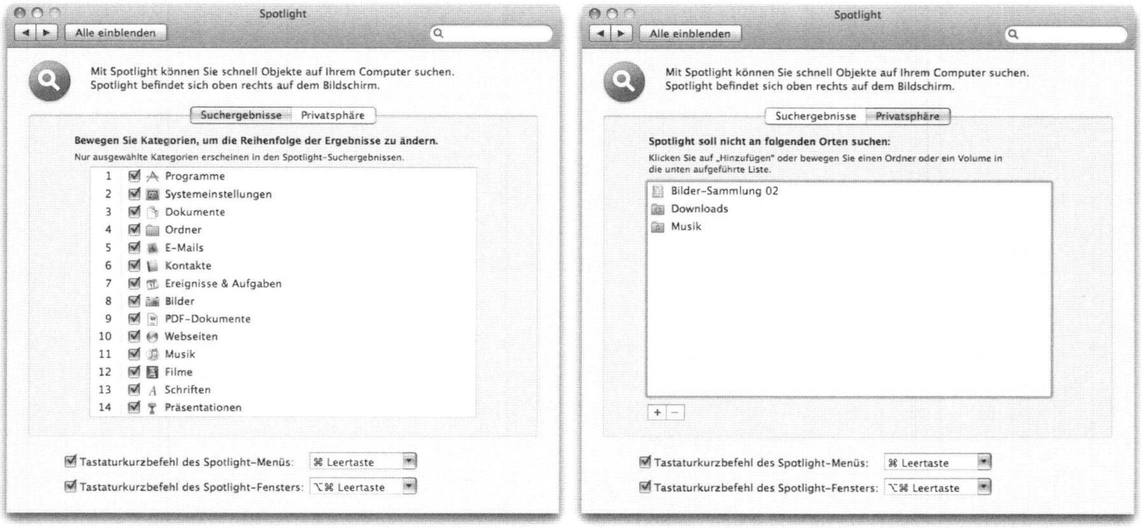

Das Prozedere für das Ausschließen von Daten-Beständen ist recht simpel: Entweder Sie klicken auf den *Plus*-Button (+) und wählen den entsprechenden Speicherpfad aus, oder Sie ziehen einfach mit gedrückter Maustaste den oder diejenigen Ordner/Volumes in die Liste hinein.

Sollte Sie das Gefühl beschleichen, dass *Spotlight* mit der Zeit unzuverlässig wird, so fügen Sie Ihre Festplatte/Partition/Ordner erst der Rubrik *Privatsphäre* hinzu, um Sie gleich anschließend wieder zu entfernen. Danach indiziert *Spotlight* neu, was zwar wieder ein wenig Zeit in Anspruch nimmt, aber dafür sind die Daten wieder auf dem neuesten Stand.

Nun aber zur eigentlichen Suche: Geben Sie beispielsweise über das *Spotlight-Menü* rechts oben einen Such-Begriff ein, so beginnt *Spotlight* bereits mit den ersten Ergebnissen aufzuwarten, während Sie noch schreiben. Danach steht die Liste und Sie können nach einem ersten Blick die gesuchte Datei anklicken, die sich daraufhin gleich öffnet.

Nach dem Suchbegriff wird auf allen Ebenen, in allen Medien und innerhalb aller Dokumente gefahndet.

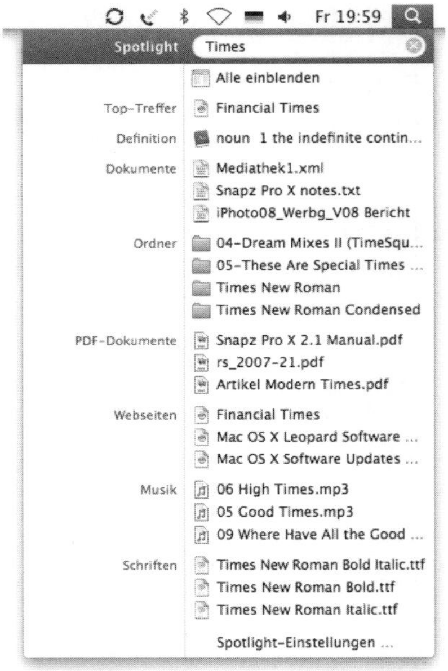

Zur Erinnerung: Egal, in welchem Fenster Sie sich gerade befinden oder welches Apple-Programm (Mail, Adressbuch, iCal etc.) Sie gerade geöffnet haben – Sie finden immer oben rechts ein Suchfeld mit einer kleinen stilisierten Lupe (🔍). Auch dort können Sie Ihre Such-Begriffe eingeben. Die Suche bezieht sich dann auf den Inhalt des geöffneten Fensters (bzw. des dazugehörigen Ordners/Programms).

Sollte Ihr Wunschkandidat noch nicht dabei sein, so klicken Sie auf *Alle einblenden*, um das *Spotlight-Fenster* zu öffnen. Dieses ist im Grunde das gleiche wie dasjenige einer Suche über ⌘-F (im Finder: *Ablage | Suchen*) bzw. jenes zum Anlegen eines intelligenten Ordners.

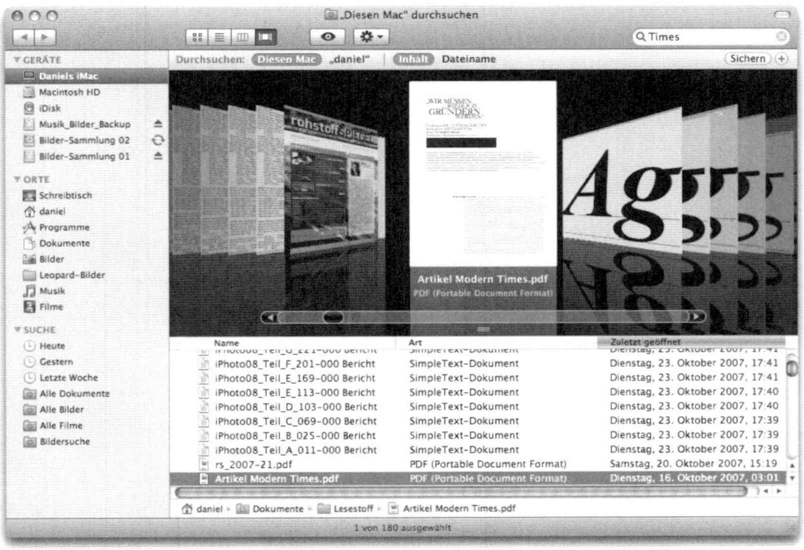

Die Ergebnis-Anzeige: Je nach Lust, Laune oder Vorliebe sollten Sie nun die gewünschte Darstellung (Objekte als Symbole, in einer Liste oder als Cover Flow) des Fensters wählen.

In der *Listen-* bzw. *Cover Flow*-Ansicht lässt sich nun eine weitere Sortierung über einen Klick in die Spalten (beispielsweise nach *Name*, nach *Art*, *Zuletzt geöffnet*) vornehmen. Oben im Fenster können Sie zudem die Suche einschränken, indem der Suchbegriff nur im *Dateinamen* oder auch im Kontext (*Inhalt*), also innerhalb des Dokumentes oder der Datei vorkommen darf. Auch der Ort der Suche lässt sich festlegen, also ob auf dem gesamten Computer oder nur innerhalb Ihres Benutzer-Ordners. Zum Sichergehen, ob die gesuchte Datei auch wirklich die Richtige ist, eignet sich die *Quick Look*-Funktion, indem Sie auf den Button *Übersicht/Diashow* ( ) klicken oder *Ablage | Übersicht* (⌘-Y) wählen. Auf diese Weise erhalten Sie wieder eine vergrößerte (Vor-)Ansicht Ihrer Dateien bzw. können in PDF-Dokumenten blättern, in Musik- oder Video-Dateien reinhören bzw. reinsehen oder beispielsweise bei *Safari*-Lesezeichen gleich einen Ausflug ins Internet unternehmen. Wählen Sie zudem bei markierter Datei den Befehl *Ablage | Informationen* (⌘-I), so können Sie weitere Informationen (Metadaten) wie beispielsweise Seitenzahlen, Bitrate, Brennweite und so weiter abrufen.

Werden als Suchergebnisse MP3-Audiodateien z. B. aus iTunes mit aufgeführt, so können Sie gleich eine Hörprobe durchführen.

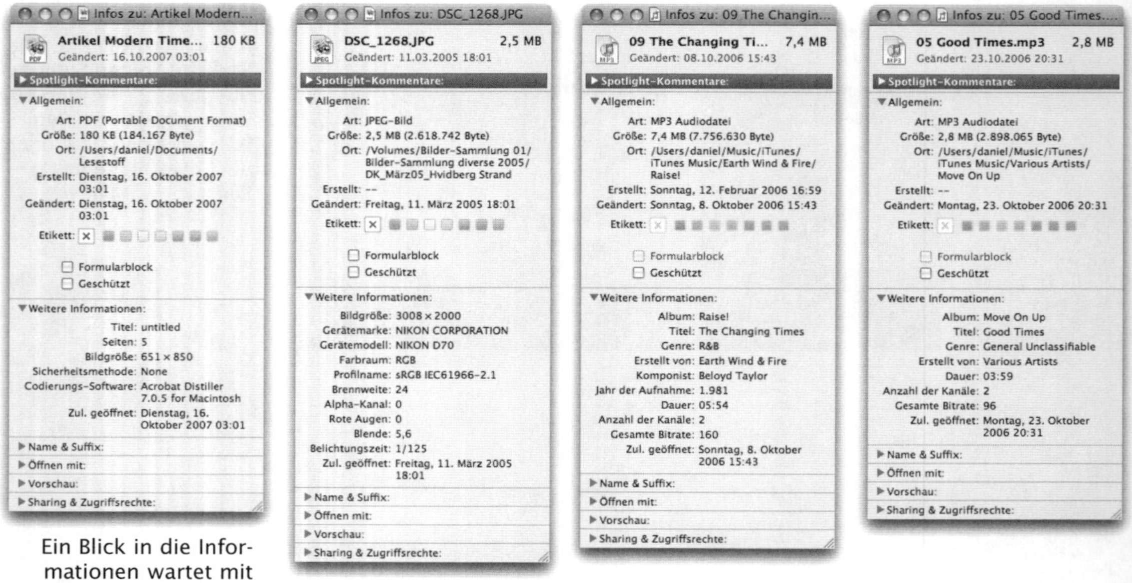

Ein Blick in die Informationen wartet mit weiteren Auskünften wie den Metadaten auf.

Im Zusammenhang mit *Spotlight* möchten wir auch noch einmal auf die intelligenten Ordner verweisen, die Sie im *Finder* unter *Ablage* | *Neuer intelligenter Ordner* (⌘-⌥-N) anlegen können. Auch eine *Spotlight*-Suche lässt sich jederzeit als *intelligenter Ordner* festlegen, indem Sie im *Spotlight-Fenster* oben rechts auf *Sichern* klicken. Mehr dazu erfahren sie im vorangegangenen Kapitel unter der Überschrift »Intelligenter Ordner – Ordner mit Durchblick«.

Um nun nicht alles doppelt wiedergeben zu müssen, empfehlen wir auch einmal den Besuch der Mac-Hilfe (⌘-?), die Sie über die *Finder*-Menüleiste und dort über den Menü-Punkt *Hilfe* | *Mac-Hilfe* starten können. Geben Sie dort als Suchbegriff »Angeben von Kriterien im Spotlight-Suchfeld« ein, so erhalten Sie weitere Hilfestellung bzw. tiefer gehende Möglichkeiten zu einer erfolgreichen Suche. So können Sie neben Begriffen auch nach Attributen (enthalten in den Metadaten) fahnden oder eine Boolsche Abfrage (die Suche wird mit Hilfe so genannter Boolscher Operatoren wie AND, OR und NOT verfeinert) starten.

Auch die Mac-Hilfe wartet mit allerlei Tipps und Tricks auf. Eine Besuch dieser mittlerweile gut recherchierten und ausgebauten Unterstützung sei jedem Leser ans Herz gelegt.

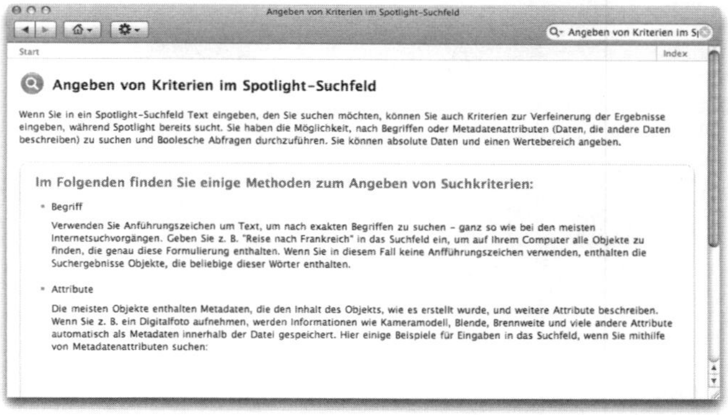

Bluetooth

Diese Systemeinstellung besitzen Sie nur, wenn Ihr Mac mit einem Bluetooth-Modul (bei allen aktuellen Mac-Rechnern vorhanden) oder einem entsprechenden D-Link Bluetooth USB-Adapter ausgestattet ist. *Bluetooth* ist ein Standard für Kurzstreckenfunk und funktioniert nur in geringen Entfernungen bis 10 Meter, das heißt, die Kabel zwischen den Geräten bleiben weg, was eine komfortable Datenübertragung – sofern sie sich denn in Grenzen hält – verspricht. Geräte für diesen Standard sind beispielsweise Handys, Drucker, aber auch Headsets, Tastatur und Maus (unter anderem auch jene von Apple).

Die Systemeinstellung zeigt beim ersten Aufruf folgerichtig an, dass der Rechner mit noch keinem Gerät konfiguriert ist. Das wird sich aber ganz schnell ändern ...

Vor einer Konfiguration mit einem weiteren Gerät sollten Sie zuerst sicherstellen, dass bei Ihrem Mac die Funktion *Bluetooth* aktiviert ist. Dazu müssen sich in den beiden Optionen *Bluetooth-Signal* und *Sichtbar* jeweils Haken (☑) befinden. *Sichtbar* bedeutet in diesem Fall, dass der Rechner automatisch von anderen Geräten gefunden wird, das *Bluetooth-Signal* zeigt dann, dass der Rechner folgerichtig »funkt«. Weiterhin müssen Sie dafür sorgen, dass auch jene Geräte, mit denen Ihr Mac Kontakt aufnehmen soll, diese Funktionen erfüllen. Dies kann – wie schon angedeutet – ein anderer Mac oder auch Ihr Handy sein. Auch in diesen Fällen müssen Sie Bluetooth aktivieren und die Sichtbarkeit (bei Handys meist im Menü und dort in den Optionen zu finden) einschalten. Klicken Sie dann in der Systemeinstellung auf *Neues Gerät konfigurieren*, startet automatisch der *Bluetooth-Assistent*, den Sie im Übrigen auch über den Pfad *Ihre Festplatte/System/Library/CoreServices* direkt aufrufen können.

Der Bluetooth-Assistent nimmt seine Arbeit auf. Die Konfiguration erfolgt nun Schritt für Schritt und bereitet gerade unbedarften Anwendern einen leichten Einstieg.

Nach dem Willkommensgeheiß erfolgt die Angabe des *Gerätetyps*, also ob nach einer Maus, einer Tastatur, einem Mobiltelefon und so weiter gesucht werden soll. In unserem Beispiel möchten wir ein Handy (Sony Ericsson K750i) mit unserem Mac verbinden.

Zuerst wählen Sie aus den angebotenen Optionen den Gerätetyp aus. Möchten Sie beispielsweise einen anderen Mac verbinden, so klicken Sie in »Alle Geräte«.

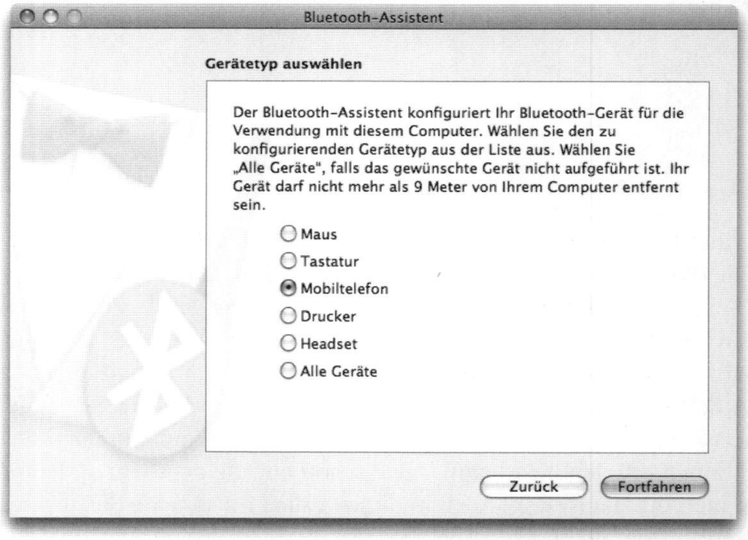

Im nächsten Dialog wird die Suche nach entsprechenden Geräten gestartet. Achten Sie unbedingt darauf, dass die Geräte als *sichtbar* eingestellt sind, damit sie auch gefunden werden. Nach Auswahl des Handys in der Liste und dem Klick auf *Fortfahren* werden zuerst weitere Informationen gesammelt, ehe Sie eine Zahlenkombination (welche als Kennwort dient) erhalten, die Sie nach Kontaktaufnahme mit Ihrem Handy auf diesem eingeben.

Das klappt ja wie am Schnürchen. Tragen Sie die Nummer (siehe untere Abbildung) in Ihrem Handy ein und bestätigen Sie nach Wunsch die Frage, ob Ihr Mac auch über das Mobiltelefon eine Datenverbindung zum Internet aufnehmen darf.

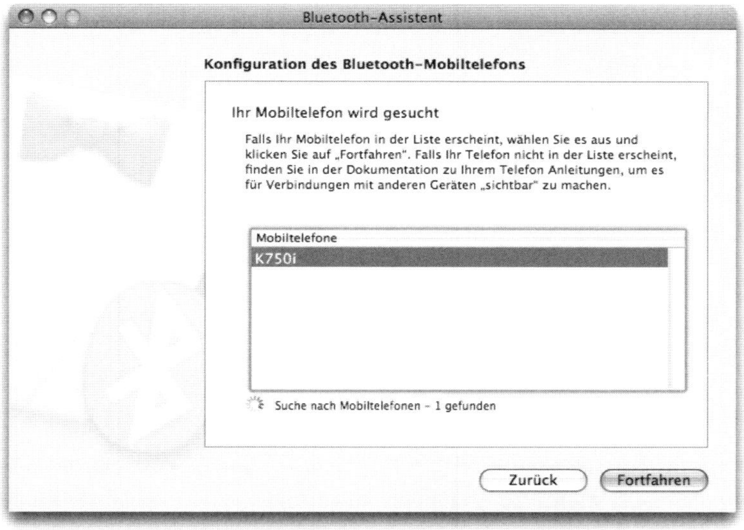

Danach ist die eigentliche Verbindungsaufnahme abgeschlossen. Wieder einen Schritt weiter definieren Sie, welche Dienste ausgeführt werden sollen. Zur Verfügung stehen *Zugang zum Internet über die Datenverbindung Ihres Mobiltelefons* sowie *Computer per Gerät entfernt steuern.*

Bevor Sie diese Dienste in Anspruch nehmen, sollten Sie sich auf jeden Fall zuvor über Ihren Mobilfunk-Dienstleister erkundigen,welche Kosten hier auf Sie zukommen.

Wenn Sie Ihre *Kontakte* aus dem *Adressbuch* bzw. Ihre *Ereignisse* und *Aufgaben* aus *iCal* über das Programm *iSync* synchroniseren möchten, sollten Sie zuerst abklären, ob Ihr Handy mit *iSync* kompatibel ist. Besuchen Sie daher die URL `www.apple.com/macosx/features/isync/devices.html`). Wie *iSync* funktioniert und welchen Komfort Sie damit genießen, erfahren Sie im nächsten großen Kapitel über die Programme von Mac OS X Leopard.

Ein letztes Dialog-Fenster zeigt noch einmal die Zusammenfassung Ihrer getätigten Einstellungen und Sie können den Assistenten beenden. Möchten Sie ein weiteres Gerät konfigurieren, so klicken Sie einfach in den gleichnamigen Button.

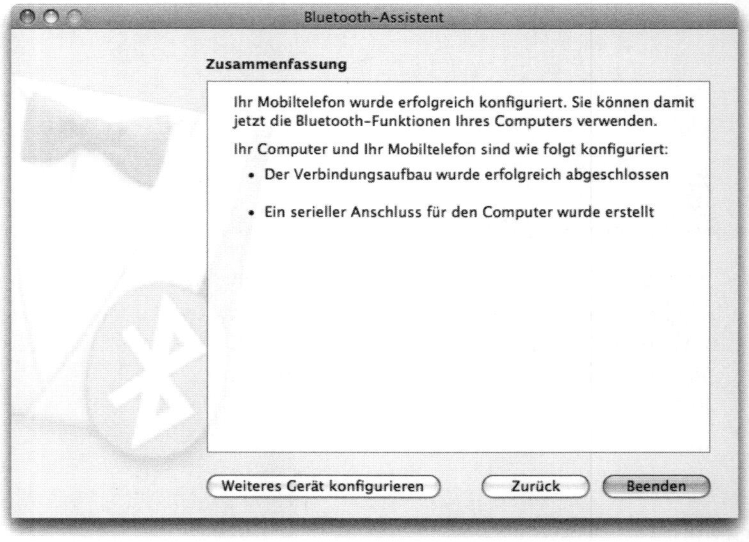

Die Zusammenfassung: Damit Sie auch wissen, was Sie da »unterschrieben« haben.

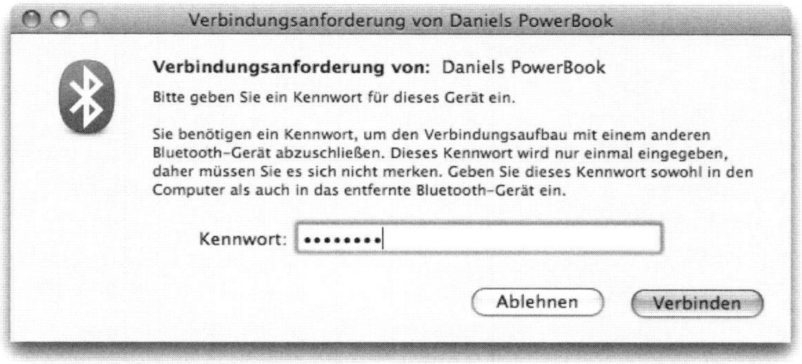

Der umgekehrte Weg: Nimmt ein externes, Bluetooth-fähiges Gerät mit Ihrem Mac Kontakt auf, so müssen Sie über den Dialog »Verbindungsanforderung« die auf dem anderen Gerät angezeigte Nummer eingeben.

Ist nun alles erledigt, so zeigt die Systemeinstellung *Bluetooth* die erkannten Geräte an – einem Datenaustausch steht folglich nichts mehr im Wege. Sehr komfortabel läuft dies ab, wenn Sie die Option *Bluetooth-Status in der Menüleiste anzeigen* aktiviert haben. Somit können Sie alle Schritte bequem über das rechts oben angezeigte Bluetooth-Symbol (✱) vornehmen. Da die bereits konfigurierten Geräte mit aufgelistet werden, lässt sich schnell darauf zugreifen und entscheiden, ob Sie *Dateien senden* oder das angesprochene *Gerät durchsuchen* (sprich Dateien laden) wollen.

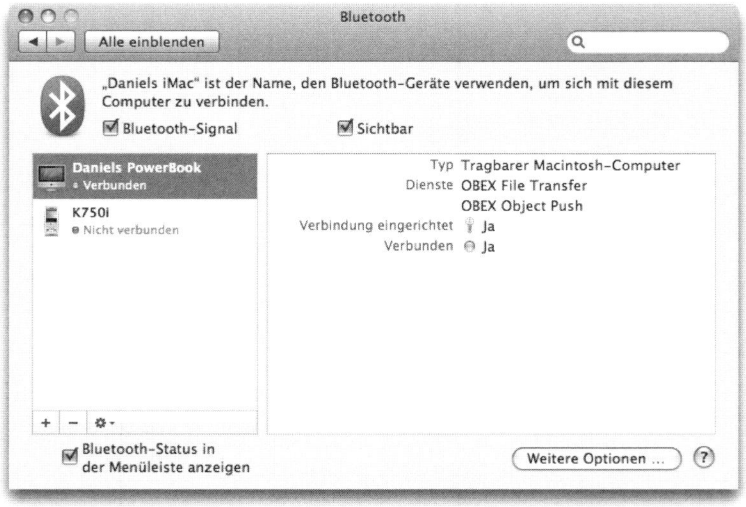

Geräte, mit denen Ihr Mac gerade in Kontakt steht, werden als »Verbunden« bezeichnet. Der Rest der Geräte läuft unter der Kategorie »Nicht verbunden« (jedoch konfiguriert).

Über die Menüleiste können Sie schnell Ihre per Bluetooth zu erledigenden Arbeiten erledigen. Ist eine Verbindung hergestellt, so wechselt das Bluetooth-Symbol (✱) in den »Verbunden-Status« (⁘).

Möchten Sie nun eine *Datei senden*, so wählen Sie aus dem Menü Ihr Wunschgerät aus und verwenden den gleichnamigen Befehl. Dabei öffnet sich ein Finder-Fenster, mit dessen Hilfe Sie nun eine oder mehrere Dateien auswählen. Zur Erinnerung: Bei mehreren Dateien halten Sie die *Befehlstaste* (⌘) gedrückt und klicken die jeweiligen Objekte an. Danach klicken Sie auf *Senden* und Ihr Mac wartet auf eine Empfangs-Bestätigung. Drehen Sie nun ganz leicht Ihren Kopf nach links oder rechts zu Ihrem angesprochenen Gerät (in unserem Fall ein PowerBook), so taucht dort eine Nachricht auf dem Bildschirm auf, die eine eingehende Dateiübertragung ankündigt. Sie müssen nun nur noch auf *Empfangen* klicken und die Datei landet sicher im angesteuerten Hafen. Bei mehreren Dateien sollten Sie im Übrigen die Option *Alle akzeptieren* aktivieren, da Sie ansonsten jedes einzelne Objekt bestätigen müssen.

Der erste Schritt zum erfolgreichen Versand von Dateien ist die Auswahl derselben.

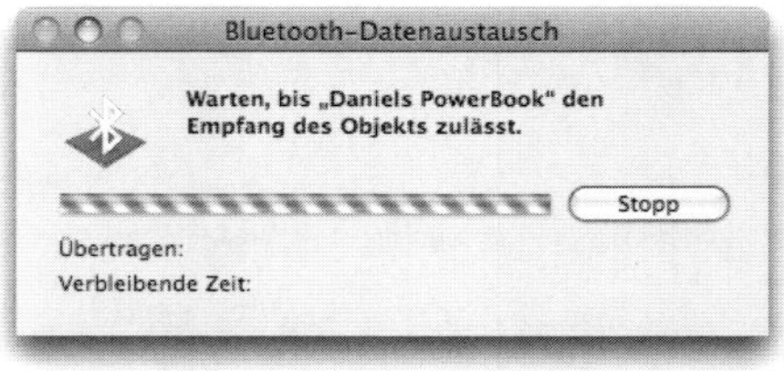

Danach wird der Kontakt aufgenommen und das sendende Gerät wartet auf die Empfangsbestätigung (Mitte). Das empfangende Gerät erhält nun seinerseits eine Nachricht, dass Daten geschickt werden sollen. Erst über den Knopf »Empfangen« werden diese geladen (unten).

Möchten Sie stattdessen den umgekehrten Weg gehen und Dateien von einem anderen Gerät laden, so wählen Sie das Handy, den Computer oder was auch immer an und verwenden den Befehl *Gerät durchsuchen*. Es öffnet sich das *Durchsuchen*-Fenster und Sie können – je nach Gerät – auf die Daten zugreifen. Während Sie beispielsweise bei einem Handy auf alle Inhalte zugreifen können, lässt sich ein Mac dies nicht so ohne Weiteres gefallen. In diesem Fall können Sie nur auf den Ordner *Öffentlich* samt seinem *Briefkasten* zugreifen, der über den Pfad Ihr *Benutzer-Ordner/Öffentlich* zu finden ist. Es müssen also vorab die zu holenden Objekte dort abgelegt werden.

Oben der Zugriff auf das Handy, unten auf unser PowerBook. »Drop Box« ist hierbei die englische Variante für den guten alten Briefkasten.

Bislang sind wir von dem Fall ausgegangen, dass Sie von Ihrem Rechner aus auf diverse andere Bluetooth-Geräte zugreifen. Möchten Sie hingegen den Zugriff auf Ihren Mac zulassen, so müssen Sie zuerst das so genannte *Bluetooth-Sharing* aktivieren. Hierzu gehen Sie in die Systemeinstellung *Sharing* und setzen dort beim Dienst *Bluetooth-*

Sharing einen Haken in die Checkbox (☑). Dort legen Sie auch den Zugriffs- und Empfangs-Ordner fest bzw. teilen dem Rechner mit, ob er beim Empfang/Zugriff mit einer Meldung aufwarten (*Aktion erfragen*) oder alles einfach akzeptieren (*Akzeptieren und sichern*/*Akzeptieren und öffnen*) soll.

Wichtig: Ist Ihr Bluetooth-Sharing nicht aktiviert, so ist kein Zugriff auf Ihren Mac möglich. Gerade dann, wenn Sie mit einem Zweit-Rechner arbeiten und somit ein kleines Bluetooth-Netzwerk betreiben, ist diese Aktivierung unabdingbar.

Werfen wir zum Abschluss noch einen Blick in die *weiteren Optionen* der Systemeinstellung *Bluetooth*, die die folgenden Offerten beinhalten: Die erste Option wendet sich an Benutzer von einer Bluetooth-Maus oder -Tastatur, die nicht von einem Mac erkannt wird. Über *Bluetooth-Assistent beim Starten öffnen, falls kein Eingabegerät vorhanden ist* können Sie somit der Misere entgehen, dass Sie keine Befehlsgewalt über Ihren Mac mehr haben. Der *Bluetooth-Assistent* sollte daher die oder das Eingabegerät erkennen und konfigurieren.

Befindet sich Ihr Rechner im Ruhezustand, so wird dieser normalerweise über Druck auf eine Taste wieder geweckt. Ist das beim Verwenden Ihrer Bluetooth-Tastatur oder Maus nicht möglich, so sollten Sie die Option *Bluetooth-Geräten ermöglichen, den Ruhezustand des Computer zu beenden* aktivieren. Über *Alle eingehenden Audio-Anfragen melden* wird eine Warnung eingeblendet, sollte ein Audio-Gerät sich am Rechner zu schaffen machen, und *Meine Internetverbindung für andere Bluetooth-Geräte freigeben* tut genau das, was es verspricht.

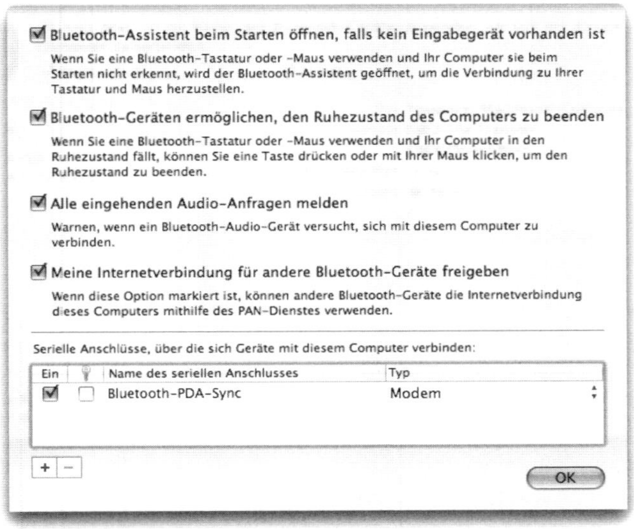

Die »Weiteren Optionen« zum Anpassen des Rechners an unterschiedliche Vorgaben.

Wenn Sie mit *Bluetooth* nichts am Hut haben oder eher zu den ängstlichen Menschen gehören, so sollten Sie nach einer Datenübertragung oder einem Zugriff dieses wieder deaktivieren, so dass kein Missbrauch mehr möglich ist. Man schläft halt danach einfach besser.

CDs & DVDs

Je nach Ausstattung besitzt Ihr Mac ein *ComboDrive*, das das Brennen von CD-Rs und CD-RWs ermöglicht. Das »R« bei CD-R steht hier für *recordable* und bedeutet »beschreibbar«, sprich der Rohling kann nur ein Mal gebrannt werden. »RW« bedeutet hingegen *rewritable*, was übersetzt »wiederbeschreibbar« heißt und Ihnen das mehrmalige Beschreiben und Löschen gestattet. Weiterhin können Sie auch DVDs abspielen, um beispielsweise die neuesten Filme zu genießen.

Die teureren Ausstattungs-Varianten besitzen das *SuperDrive*, also eine Art Alleskönner. Hierbei sind neben den CD-Rs/CD-RWs auch DVDs (DVD-R, DVD+R, DVD-RW, DVD+RW sowie DVD+R DL) bespielbar. DVD bedeutet *Digital Versatile Disc*, wobei *versatile* übersetzt so viel wie »vielseitig« heißt. Das »DL« leitet sich von *Double Layer* (also doppelseitig bespielbar) ab. Diese Version weist eine Datenkapazität von 8,5 Gigabyte auf, wobei sie im Vergleich zur »Standard-Ware« immer noch recht teuer ist.

Bei immer größer werdenden Daten-Beständen macht die Technik jedoch nicht Halt und bietet in naher Zukunft das *Blu-ray-Disc*-Format an. Apple sitzt bereits im Boot und ist der »Board of Directors der Blu-ray Disc Association« beigetreten. Die *Blu-ray-Disc* bietet dabei eine enorme Speicherkapazität, indem mit einem blauen Laser mit 405 nm Wellenlänge auf einen einlagigen Rohling bis zu 27 Gigabyte an Daten gebrannt werden können. Daneben sind auch zweilagige Rohlinge mit bis zu 54 Gigabyte im Anmarsch, und auch von drei- bis vierlagigen Scheiben ist die Rede. Im Kampf um Markt-Anteile entwickelt die Konkurrenz jedoch eine *HD-DVD* (*High Density DVD*), die ebenso die enorme Speicher-Kapazität bis 30 Gigabyte (und bald auch höher) anbietet. Erste Gespräche um eine Einigung bzw. Vereinfachung zukünftiger Standards scheiterten wie üblich, so dass der Anwender aller Wahrscheinlichkeit wieder ein Laufwerk erhält, das mit beiden Medien zurecht kommt. Die Geschichte von den konkurrierenden Medien läuft nun schon seit etlichen Jahren, so dass durchaus die Möglichkeit besteht, dass vielleicht im Geheimen eine dritte Variante (ein Art Hybrid-DVD) geboren wird, die dann wieder alles über den Haufen schmeißt.

Nach diesem kleinen Ausflug in Sachen CDs/DVDs & Co. nun aber zu unserer Systemeinstellung. Hier weisen Sie Ihren Mac an, wie er im Falle des Einlegens einer leeren, also bespielbaren CD oder DVD, einer Musik-CD, einer Bilder-CD oder einer Video-DVD reagieren soll.

Einmal eingerichtet werden Sie diese Systemeinstellung wohl nicht mehr besuchen.

Die Option *Aktion erfragen* öffnet ein Dialog-Fenster, in dem Sie die jeweilige Aktion von Fall zu Fall entscheiden können. So lässt sich aus dem Popup-Menü entweder der *Finder öffnen*, der nun beispielsweise das Symbol einer beschreibbaren CD/DVD einblendet und in dessen Fenster – entsprechend einem *Brennordner* – Sie nun Daten zum Brennen ziehen können. Andererseits werden jedoch auch jene Programme aufgeführt, mit dessen Hilfe sich ebenso Musik (in *iTunes*), Video (*iDVD*) oder Daten (*Festplatten-Dienstprogramm*) brennen lassen. Wird Ihr Wunsch-Programm nicht aufgelistet, so suchen Sie über *Anderes Programm öffnen…* Ihren Lieblings-Kandidaten. Möchten Sie die getroffene Entscheidung grundsätzlich ablaufen lassen, so sollten Sie *Diese Aktion als Standard verwenden* anhaken. Über *Ignorieren* umgehen Sie die Anfrage und nehmen die weitere Bearbeitung in Eigen-Regie vor (Sie starten also Ihr Programm und brennen dann darüber), der Button *OK* startet die definierte Aktion.

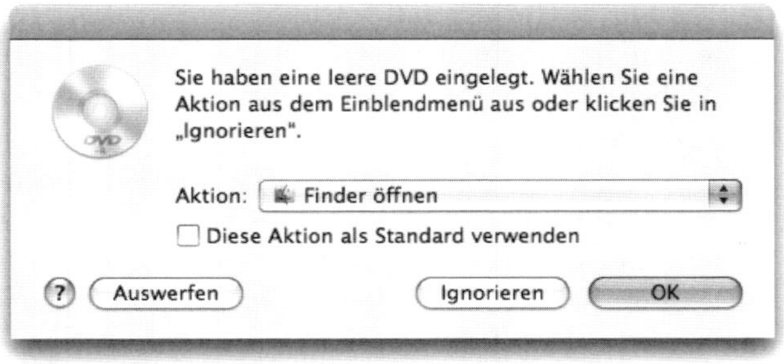

Der Dialog dient zur Nachfrage sowie zur Auswahl der angebotenen Aktionen.

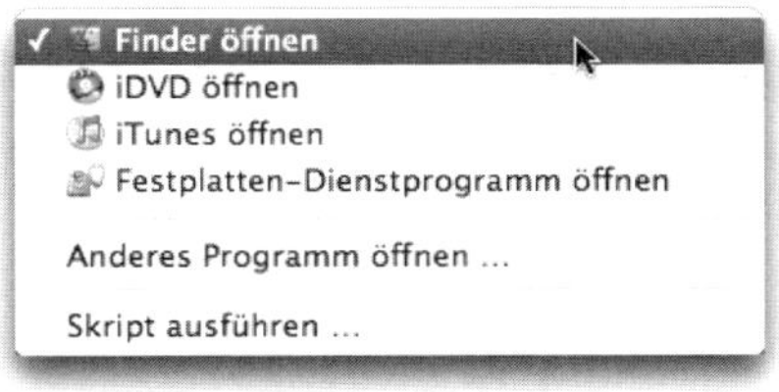

Die Aktion »Finder öffnen« zeigt das Volume-Symbol der CD/DVD und bietet in einem geöffneten Finder-Fenster direkt einen Brennordner an.

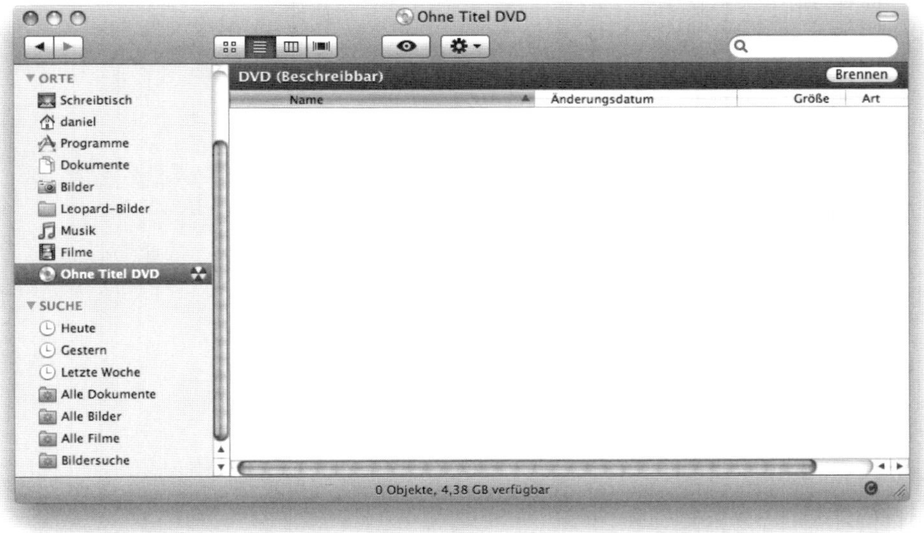

Sowohl bei Musik-CD, Bilder-CD und Video-DVD ist die Vorgehensweise fast genauso, einzig die Option *Aktion erfragen* fehlt. Sie legen also das Programm Ihrer Wahl fest oder erwirken keine Aktion, so dass das Medium automatisch auf dem Schreibtisch angezeigt wird. Über Doppelklick auf das CD-/DVD-Icon greifen Sie dann auf den Inhalt zu bzw. starten Ihre Wunsch-Applikation, um das Medium über den *Öffnen*-Dialog abzuspielen.

Legen Sie eine Musik-CD ein und startet daraufhin das Programm *iTunes*, so werden die einzelnen Musikstücke als Titel 01, Titel 02 usw. aufgeführt. Haben Sie also die CD-Hülle mit dem Cover nicht parat und erkennen auch durch das Reinhören nicht die Musik, so haben Sie erst einmal schlechte Karten. Verfügen Sie hingegen über einen Online-Zugang und ist dieser aktiviert, so wird beim Einlegen einer *Audio-CD* automatisch die Internet-Datenbank *Gracenote CDDB® Music Recognition Service* (`www.gracenote.com`) kontaktiert. Diese wird nun durchsucht, indem nach den zur Audio-CD passenden Titeln bzw. nach den so genannten *ID3-Tags* Ausschau gehalten wird. Der Service ermöglicht es Ihnen somit, Daten wie Album- und Künstlername, Musik-Titel und andere Musik-relevanten Informationen über das Internet abzurufen. Funktioniert das bei Ihnen nicht, so rufen Sie die *iTunes-Einstellungen* (⌘-Komma) auf. Dort finden Sie in der Rubrik *Erweitert | Importieren* die Option *Namen der CD-Titel automatisch vom Internet abrufen*, die Sie aktivieren sollten.

Die Audio-CD wird bei laufender Internet-Verbindung perfekt erkannt – aus zuvor nichts sagenden Titel 01, Titel 02 ff. wird eine vollständige Inhaltsangabe.

Drucken & Faxen

Der Name ist Programm: Dort verwalten Sie Ihren Drucker, stellen die Standard-Papiergröße bei Druckaufträgen ein und weisen die verwendete Software an, welchen Drucker Sie benutzen soll. Ist die Druckerliste noch leer, so klicken Sie auf den *Plus*-Button (+). Damit rufen Sie das Dialog-Fenster *Druckerübersicht* auf, das alle am Rechner angeschlossenen Drucker aufführt.

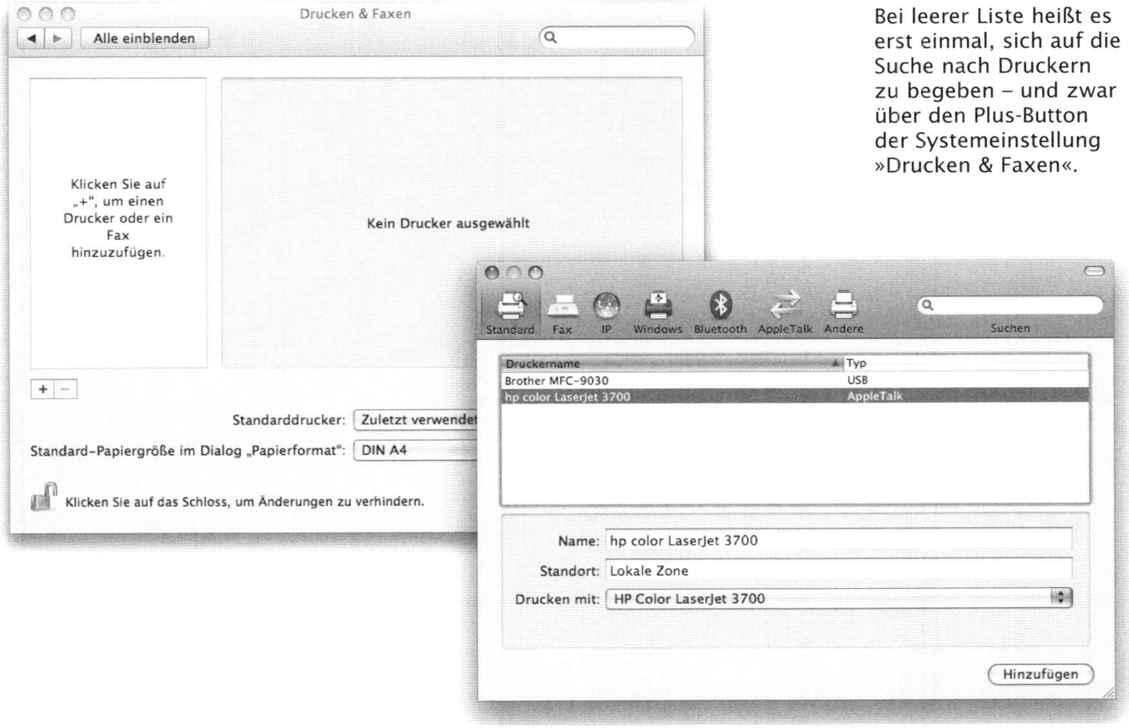

Bei leerer Liste heißt es erst einmal, sich auf die Suche nach Druckern zu begeben – und zwar über den Plus-Button der Systemeinstellung »Drucken & Faxen«.

Möchten Sie einen Drucker am Mac anschließen, sollten Sie zuerst den zugehörigen Treiber installieren. Es sei denn, Sie haben bereits bei der Installation von Mac OS X 10.5 die vielen Druckertreiber mit auf die Festplatte kopiert, so dass die Chance groß ist, dass er automatisch erkannt wird. Wird der Drucker zwar erkannt (was bei den meisten USB-Geräten problemlos passiert), jedoch keine dazu passenden Treiber gefunden, so wird auch dies angezeigt. Starten Sie anschließend gleich die Software-Aktualisierung, so wird nach den aktuellen Software-Bestandteilen geforscht – meist mit Erfolg. Ist auch das nicht möglich, so sollten Sie vielleicht einmal im Keller oder auf dem Dachboden nach der Treiber-Software suchen, die meist dem Drucker beiliegt. Oder Sie gehen gleich ins Internet, rufen die Herstellerseite auf und wählen dort in der Download-Rubrik (etwa »Support & Driver«) Ihr Drucker-Modell aus. Letztere Methode gewährt Ihnen, dass Sie auf dem neuesten Stand sind.

Werden Sie auf der Suche nach Treibern nirgendwo fündig (Dachboden, unter'm Bett, beim Nachbarn, Bundesregierung etc.), so besuchen Sie doch einmal die Webseite `http://gutenprint.sourceforge.net`. Dort wird so genannte *Open Source*-Druckersoftware angeboten, die Ihnen helfen könnte. »Gutenprint« hieß im Übrigen früher »Gimp-Print«, was Ihnen vielleicht eher ein Begriff ist.

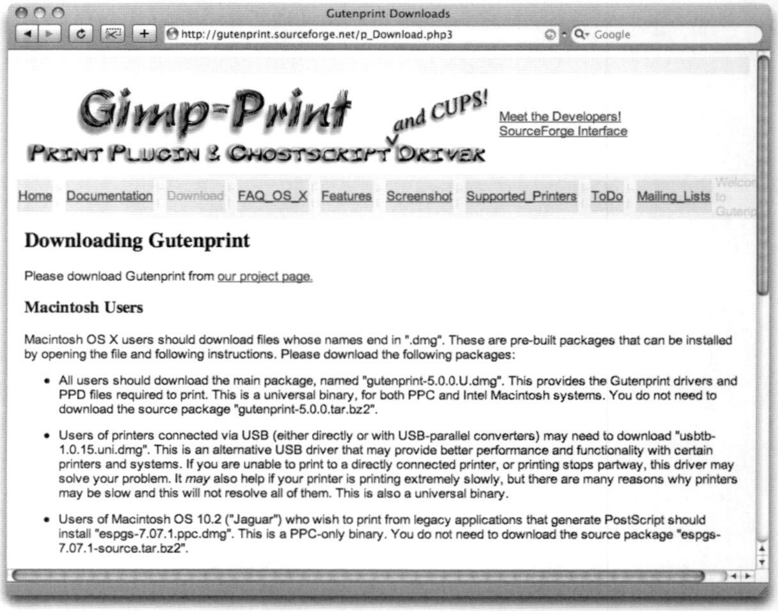

Die Webseite für alle verzweifelten Treiber-Suchenden. Nichtsdestotrotz sollten Sie immer zuvor den jeweiligen Drucker-Hersteller nach Treibern befragen.

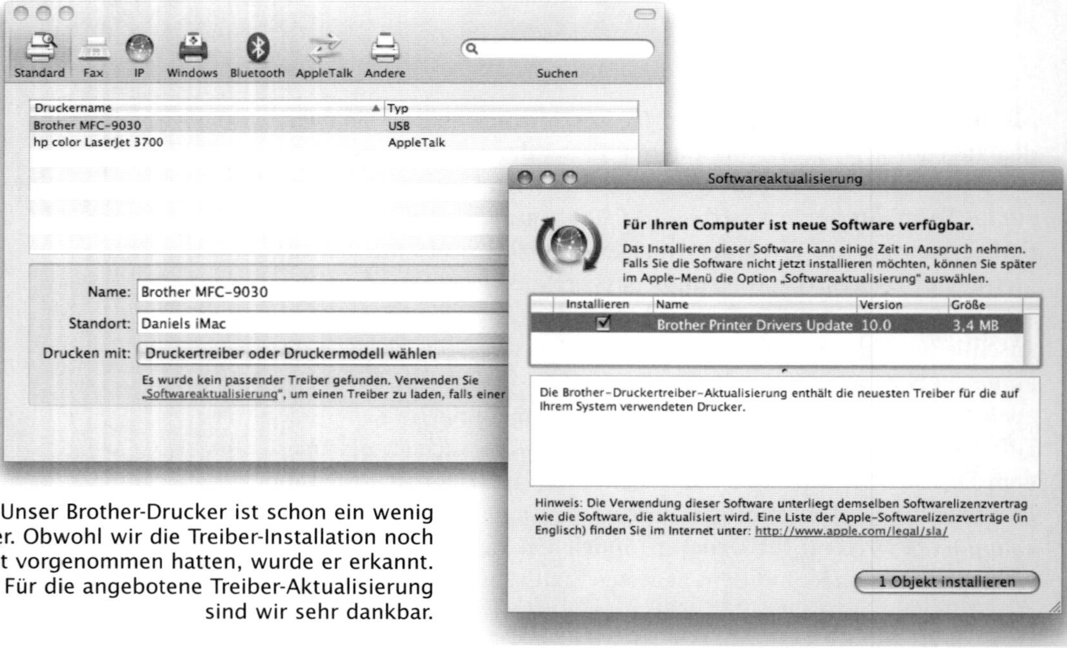

Unser Brother-Drucker ist schon ein wenig älter. Obwohl wir die Treiber-Installation noch nicht vorgenommen hatten, wurde er erkannt. Für die angebotene Treiber-Aktualisierung sind wir sehr dankbar.

Drucker, die nun in der Geräteliste auftauchen, müssen Sie nur anklicken und dann mit dem Button *Hinzufügen* bestätigen. USB-Drucker (*USB* steht für *Universal Serial Bus*) bereiten dabei die wenigsten Probleme. Der Drucker erscheint nun in der Liste, rechts daneben die Informationen darüber. Bei mehreren Geräten müssen Sie einfach die Prozedur wiederholen – also auf den *Plus*-Button (+) klicken, Drucker auswählen und dann mit *Hinzufügen* bestätigen.

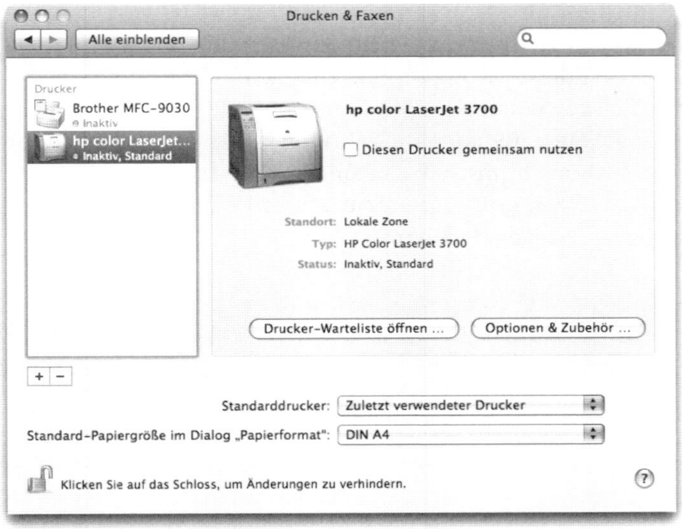

Unsere Drucker sind nun startklar für den harten Büro-Alltag.

Der Button *Drucker-Warteliste öffnen* ruft ebenso ein Dialogfeld auf, das die zum markierten Drucker gehörigen Druckaufträge auflistet. Halten Sie gerne alle Fäden in der Hand, so lassen sich auch die bereits getätigten und nunmehr abgeschlossenen Aufträge mit anzeigen. Wählen Sie hierzu einfach in der Menüleiste den Punkt *Druckaufträge* und dort den Befehl *Abgeschlossene Druckaufträge anzeigen.*

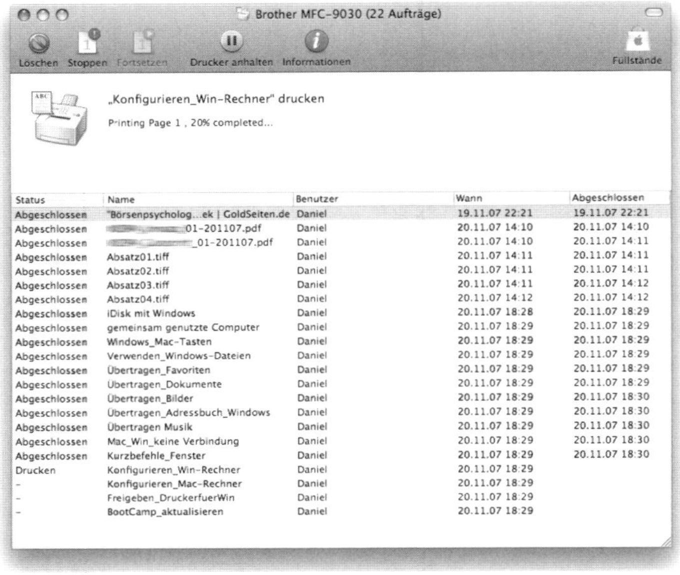

Die Drucker-Warteliste führt alle laufenden Druck-Aufträge auf – auf Wunsch auch die bereits abgeschlossenen.

Aber die *Drucker-Warteliste* kann noch mehr, wie Sie selbstverständlich an den vielen Symbolen erkennen. So lassen sich gezielt einzelne Druckaufträge auswählen und löschen, diese stoppen oder wieder fortsetzen (damit lässt sich auch die Druck-Reihenfolge bestimmen). Über *Drucker anhalten* lassen sich alle Druckaufträge zugleich stoppen und der *Informationen*-Button zeigt Ihnen die wichtigsten Einstellungen auf (*Name & Standort*, das *Druckermodell* sowie etwaige *Installationsoptionen*). Je nach Drucker-Modell lassen sich auch die *Füllstände* abrufen, so dass Sie auf einen Blick den bisherigen Verbrauch abschätzen können. Die beiden zuletzt genannten Knöpfe entsprechen im Übrigen dem Knopf *Optionen & Zubehör* der Systemeinstellung *Drucken & Faxen.*

Zurück zu *Drucken & Faxen* stellen Sie nun noch den Standarddrucker ein (entweder ein bestimmtes Drucker-Modell oder eben den zuletzt verwendeten Drucker, und bei *Standard-Papiergröße* im Dialog *Papierformat* – wie soll es anders sein – das Format (was wohl DIN A4 sein wird).

Sofern Sie zur schnellen Sorte gehören und Geduld für Sie eher ein negativ besetztes Wort ist, dann haben wir da einen Tipp für Sie. Wenn Sie die in der linken Liste zur Verfügung stehenden Drucker-Symbole mit der Maus auf den Schreibtisch ziehen, dann verhalten sich diese, als ob Sie einen Druck-Befehl rausgeschickt hätten. Sie müssen also nur die zu druckenden Dokumente auf das Drucker-Icon ziehen und die Sache ist für Sie erledigt.

Ziehen Sie einfach ein Dokument auf das Drucker-Icon und das Gerät geht seiner Arbeit nach.

Je nach Drucker-Schnittstelle – also ob Bluetooth, AppleTalk, ein gemeinsam genutzter Windows-Drucker etc. – drücken Sie nun wieder den Plus-Knopf (+) und wählen das auftauchende Gerät über *Hinzufügen* aus. Und – dies sei noch gesagt – haben Sie ein wenig Geduld, denn manchmal vergehen schon einmal zwei Minuten, bis der ersehnte Drucker in der Liste erscheint. Wie Sie einen Netzwerk-Drucker einbinden, erfahren Sie im Übrigen im Kapitel über das Netzwerken weiter hinten im Buch.

Druck-Voreinstellungen managen

Wir wollen Sie ja nicht nerven, doch gibt es leider in Sachen Computer & Co. eine Menge zu bedenken. Wenn Sie die Schnell-Methode zum Drucken wählen, sollten Sie immer im Hinterkopf behalten, dass dabei jene konfigurierten Einstellungen verwendet werden, die in den *Voreinstellungen* eingetragen sind. Üblicherweise nennt sich diese *Standard* und druckt im Falle eines Farbdruckers grundsätzlich farbig. Bei vielen Dokumenten muss das aber nicht sein, wenn eben nur der Text interessant ist (bei Farbdruckern wird oftmals selbst dem Schwarz ein Magenta, Yello und Cyan beigemischt). Hier können Sie sich die Farbe sparen – teuer genug ist diese ja. Was also tun?

Haben Sie ein Dokument aufgerufen – sei es ein Bild oder eine Text-Datei – und wählen den Befehl *Drucken*, so finden Sie bei den *Voreinstellungen* die Auswahl *Standard* vor.

Darunter – bei *Kopien* – legen Sie die Anzahl der Exemplare sowie bei *Seiten* die gewünschten Seitenzahlen (ob *Alle* oder nur bestimmte) fest. Weiterhin bestimmen Sie dort das *Papierformat* sowie die Ausrichtung (hochkant oder quer) des Papiers. Darunter wiederum finden Sie ein weiteres Popup-Menü, das viele weitere Optionen zur Verfügung stellt, die sich jedoch von Drucker zu Drucker unterscheiden und teilweise auch andere Bezeichnungen tragen. Klicken Sie sich folglich vor dem Druck durch die Menüs und legen Sie Ihre Einstellungen fest.

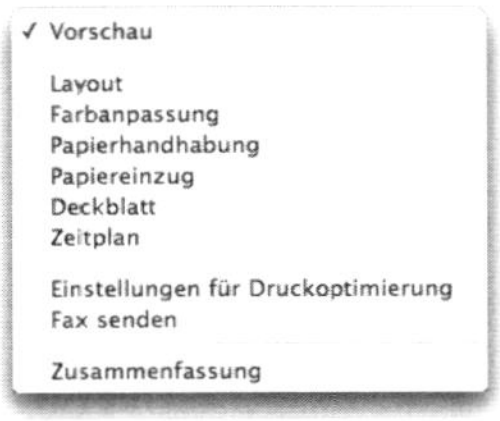

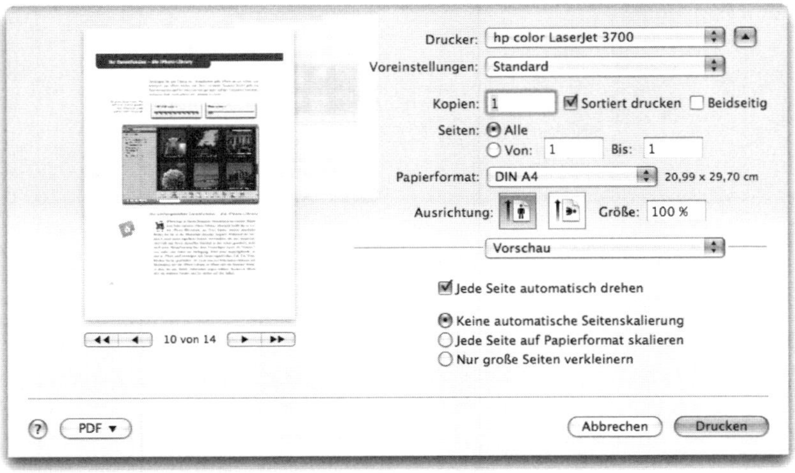

Drucken wird zur komplizierten Wissenschaft, wenn man sich nicht ein wenig damit beschäftigt.

Layout

Der Punkt *Layout* gibt Ihnen weiterhin die Möglichkeit, mehrere Seiten auf einem Blatt Papier unterzubringen und in welcher Reihenfolge dies zu passieren hat. Auch ein *Rahmen* ist möglich sowie die Umkehrung der Seitenausrichtung (Abbildung hierzu siehe nächste Seite, oben).

Farbanpassung

Arbeiten Sie mit Farb-Profilen, die Sie entweder selbst erstellt oder von Ihrem Auftraggeber erhalten haben, so wählen Sie sie in dieser Abteilung aus.

Papierhandhabung

Die *Papierhandhabung* legt die *Seitenfolge* (normale oder umgekehrte Reihenfolge) fest und bestimmt, ob nur *gerade* oder *ungerade Seiten* in den Druck kommen sollen.

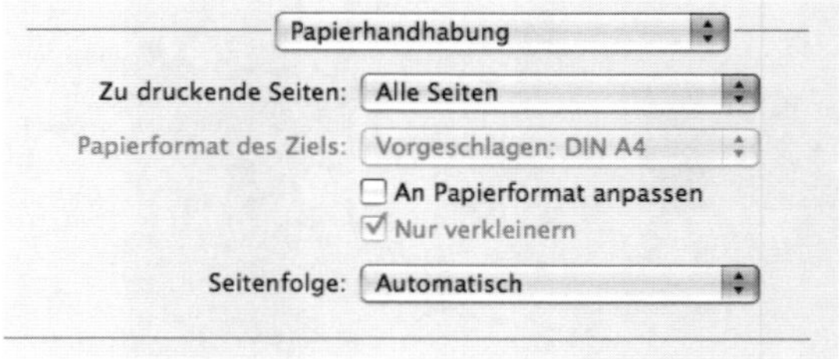

Papiereinzug

Manche Drucker stellen mehrere Papiereinzugs-Schächte zur Verfügung, unter anderem beispielsweise für dickes Papier oder besondere Formate. Wie welches Zufuhrfach heißt (Vor- und Nachname ;-)), erfahren Sie am besten im Handbuch zum Drucker-Modell. Welches Papierfach nun bei welchem Druck verwendet werden soll, regeln Sie in diesem Dialogfeld.

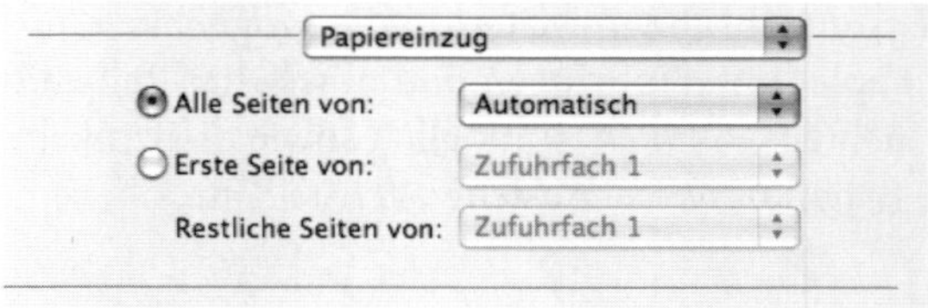

Deckblatt

Das *Deckblatt* wird vor oder nach dem Dokument ausgegeben, wobei Ihnen hier verschiedene Designs zur Verfügung stehen.

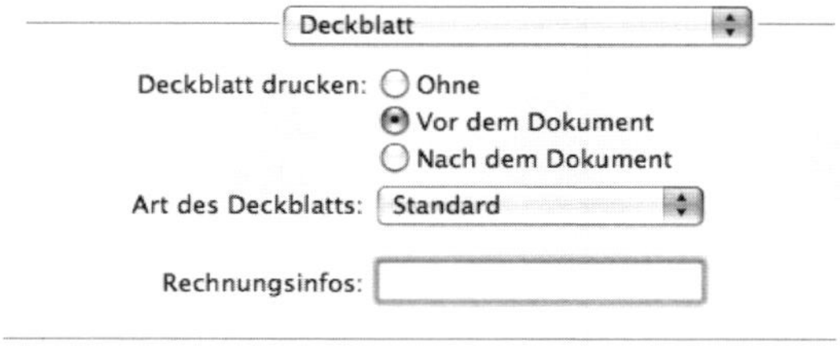

Zeitplan

Unter *Zeitplan* bestimmen Sie, ob das Dokument sofort oder zu einer bestimmten Zeit ausgegeben werden soll. Das Dokument würde im Falle eines späteren Termins in der *Warteliste* untergebracht. Die Priorität wirkt sich ebenso auf den Druck-Zeitpunkt aus, etwa wenn bereits dringlichere Prioritäten für andere Daten vergeben wurden.

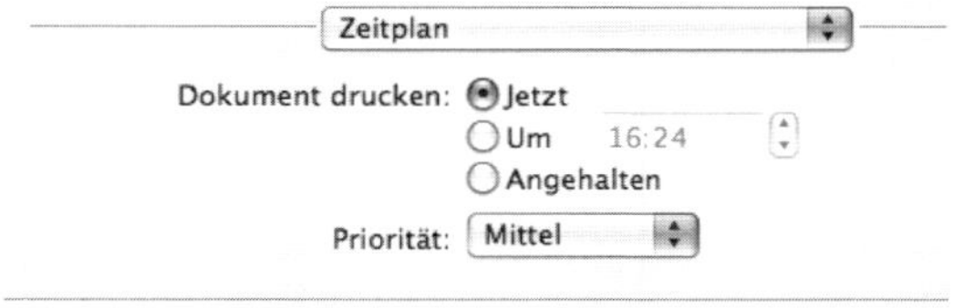

Farbqualität/Einstellungen für Druckoptimierung

Dort bestimmen Sie die *Qualitätsstufe* sowie ob in *Farbe* oder *Schwarzweiß* (auch *in Graustufen drucken* genannt) gedruckt werden soll. Bei unserem Farblaser-Modell könne wir zudem erweiterte Optionen abrufen, die getrennt für Text, Grafik oder Fotos genaue Anpassungen erlauben. Je nach Drucker-Modell unterscheiden sich folglich die Dialoge, so dass Sie dort ruhig einmal ausführlich stöbern sollten.

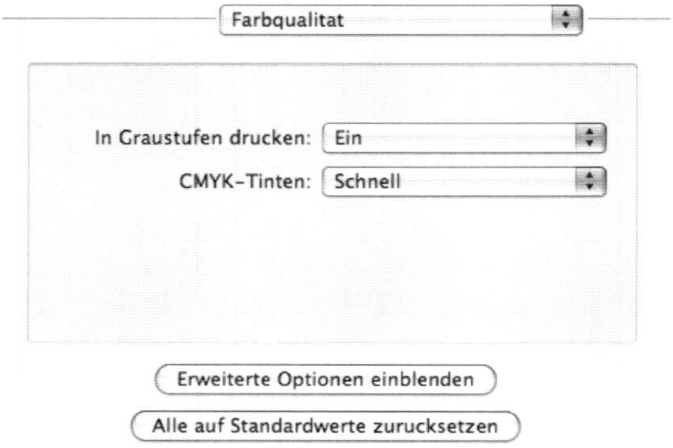

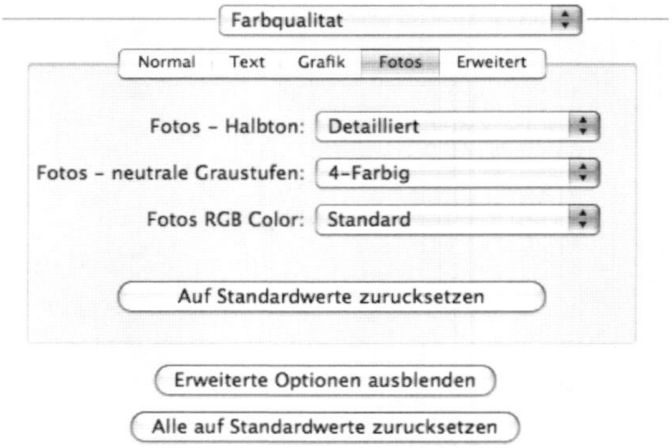

Fertigstellung

Dort legen Sie den *Druckmedientyp* (*Papiertyp* und *Papierstärke)* fest, wobei andere Drucker dies in einer gesonderten Option namens *Druckeroptionen* erledigen. Auch ein beidseitiger Druck bietet sich an.

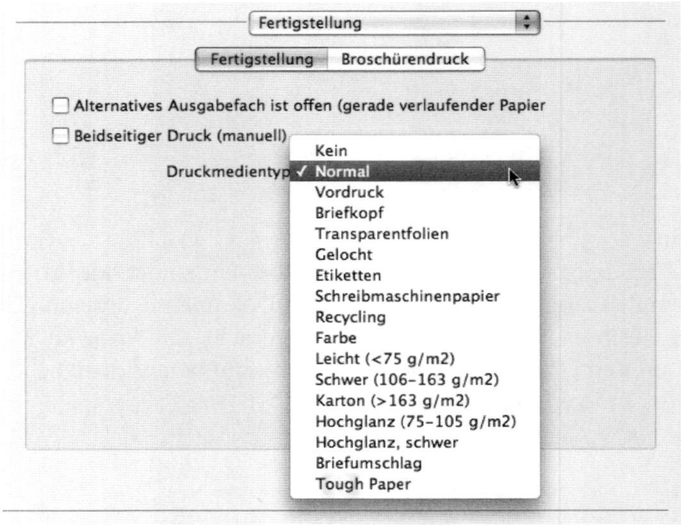

Zusammenfassung

All Ihre getätigten Einstellungen werden noch einmal zusammenfassend aufgeführt.

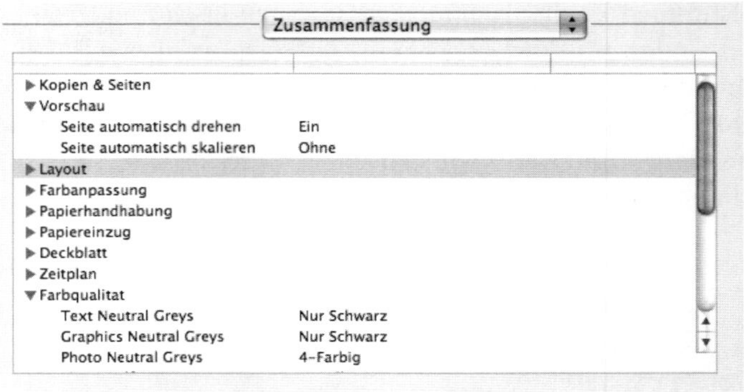

Fax senden

Im Falle eines Fax-tauglichen Gerätes lässt sich zudem das Dokument per Fax versenden. Tragen Sie die Fax-Nummer bzw. über das Adressbuch auch mehrere Empfänger-Faxnummern ein und ab geht die Post. Mehr über das Einrichten als Fax gibt's gleich im Anschluss.

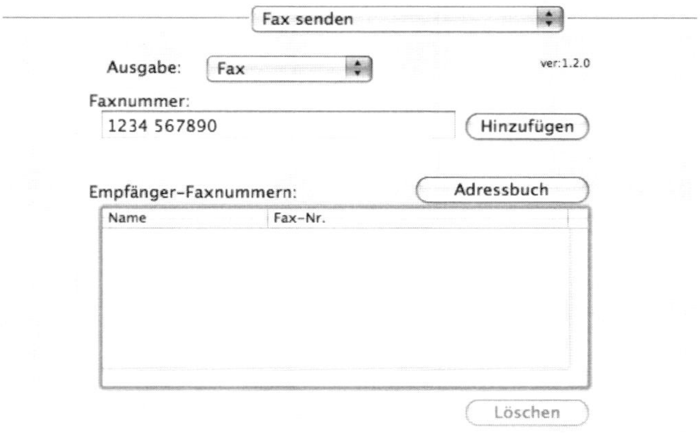

Wie anfangs schon erwähnt, erfordert jedes Dokument oftmals unterschiedliche Einstellungen. Damit Sie nun nicht jedes Mal alles von Neuem eintragen müssen, können Sie Ihre Druck-Anpassungen abspeichern und diese beim nächsten Druck bei *Voreinstellungen* direkt aufrufen. Haben Sie zum Beispiel einen Text zum Ausdruck vorliegen, so richten Sie einmalig die vielen Einstellungen ein. Vergessen Sie dabei nicht, unter *Farbqualität/Einstellungen für Druckoptimierung* oder ähnlich die Option *Schwarzweiß* oder *In Graustufen drucken* zu aktivieren. Damit wird gewährleistet, dass auch wirklich nur mit schwarzer Tinte oder Toner gedruckt wird. Werfen Sie bei *Zusammenfassung* noch einmal einen letzten Blick auf Ihr Tun und wählen Sie dann bei *Voreinstellungen* den Befehl *Sichern unter.* Vergeben Sie dort einen aussagekräftigen Namen (etwa *Text_Graustufen*) und klicken Sie auf *OK.* Die Voreinstellung ist nun für die Ewigkeit gesichert und muss beim nächsten Text-Dokument nur anstatt von *Standard* aufgerufen werden. Möchten Sie dennoch nachträglich Änderungen an einer schon abgespeicherten *Voreinstellung* vornehmen, so rufen Sie diese auf, nehmen Ihre Anpassungen vor und wählen dann *Sichern.*

Im Laufe der Zeit werden noch viele weitere, fest eingerichtete Voreinstellungen hinzukommen, so dass das Ausdrucken unterschiedlicher Dokumente schnell von der Hand geht.

Aber nicht nur Drucken, sondern auch das *Faxen* beherrscht der Mac – und zwar sowohl das Versenden als auch das Empfangen. Dazu muss der Mac jedoch mit einer **analogen** Telefonleitung (kein ISDN!) verbunden sein und er muss auf ein Modem (intern oder extern) zugreifen können. Also ein Ende des Kabels in den Mac (beispielsweise für die Buchse in den internen Modem-Anschluss), das andere in die *TAE*-Dose an der Wand (*TAE* steht für *Telekommunikationsanschlusseinheit*). Die Leitung darf natürlich nicht durch eingehende oder ausgehende Gespräche oder einem Besuch im Internet über das Modem besetzt sein und der Mac muss ebenso angeschaltet sein (und achten Sie auch auf Beißspuren von Hamster oder Katze, die diese Kabel ebenso lieben). Wählen Sie dann aus der Fax-Abteilung das entsprechende Gerät und fügen Sie es der Liste hinzu.

Die Fax-Abteilung sowie die Empfangsoptionen (siehe geleichnamigen Button).

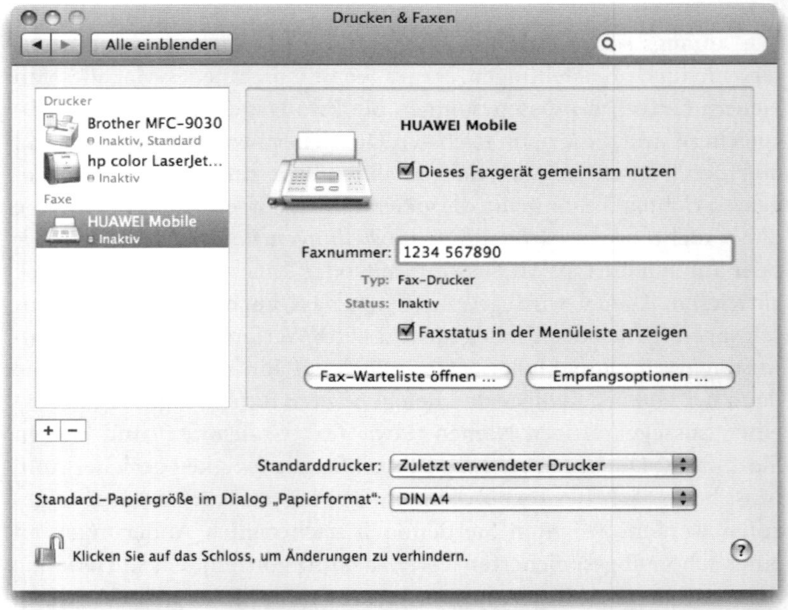

Über die Empfangsoptionen aktivieren Sie dann noch *Faxe auf diesem Computer empfangen* und es steht dieser Technologie nichts mehr im Wege. Tragen Sie Ihre *Fax-Nummer* ein, unter der Sie zu erreichen sind und bestimmen Sie die Anzahl der *Klingeltöne*, nach der der Mac aktiv werden soll. Läuft das Fax dann ein, lässt sich weiterhin bestimmen, was damit geschehen soll: Unter *Sichern in* legen Sie einen Speicher-Ort fest, in dem das Dokument (als Bild-Datei) abgelegt werden soll. Oder Sie bevorzugen eine E-Mail an eine bestimmte Adresse, die Sie bei *E-Mail an* festlegen. Lust but not least können Sie das Fax natürlich auch ausdrucken – den Drucker bestimmen Sie unter *Drucken auf*.

Zum Versenden einer Fax-Nachricht müssen Sie Folgendermaßen vorgehen: Rufen Sie ein Dokument auf (egal ob Bild oder Text), wählen Sie den Befehl zum Drucken (*Befehlstaste-P/⌘-P* bzw. Menüleiste *Ablage | Drucken*) im jeweiligen Programm. Im auftauchenden Dialog wählen Sie nun bei *Drucker* aus dem Popup-Menü das Fax und tragen dann *Fax-Nummer*, *Betreff* und eventuell eine kurze *Nachricht* ein. Unter *Wahl-Präfix* brauchen Sie nur eine Eintragung vornehmen, wenn Ihre Telefonanlage dies benötigt. Mit Klick auf *Fax* wird die angegebene Nummer gewählt und das Fax kann gesendet werden.

Sie können auch eine bestimmte Uhrzeit festlegen, indem Sie nach Wahl des *Drucken*-Befehls auf das Popup-Menü *Fax-Informationen* klicken und daraus die Option *Zeitplan* verwenden. Tragen Sie dort dann die gewünschte Zeit ein und klicken Sie auf *Fax*.

Manche Schritte können Sie sich vielleicht sparen. Wenn Sie ein Dokument aufrufen und den *Drucken*-Befehl anwenden, dann können Sie auch über das links unten liegende Menü (PDF ▾) die Option *PDF faxen* verwenden.

Es ist an alles gedacht – man muss nur wissen »wo«.

Wenn Sie im Feld für die Fax-Nummer auf den Button mit dem Porträt ( ) klicken, rufen Sie automatisch Ihr *Adressbuch* (siehe auch nächstes Kapitel) auf. Dort lässt sich ohne große Mühe nach Personen und Fax-Nummer fahnden und diese auch gleich eintragen. Achten Sie allerdings darauf, dass sich zwischen den Fax-Nummern keine Sonderzeichen wie »/« oder »-« befinden, da ansonsten die Nummer nicht als Fax-Nummer übernommen wird.

Energie sparen

Nach ständigen Preisanhebungen der großen Strom-Konzerne ist selbstverständlich Energie sparen angesagt – und das gilt nicht nur für Waschmaschine, Deckenfluter, Heizung & Co., sondern auch für den Computer. Insbesondere die vielen PowerBook- und MacBook (Pro)-Benutzer sollten sich hier angesprochen fühlen, denn je weniger Stromfresser am und im mobilen Rechner laufen, desto länger hält auch der Akku im Batterie-betriebenen Modus. Damit Sie nun nicht alles und ständig manuell justieren müssen, gibt es die Systemeinstellung *Energie sparen*, die den Rechner im Hintergrund auf Sparflamme hält.

Die Abbildung zeigt die »Energie sparen«-Systemeinstellung eines iMac. Für Laptops lassen sich hingegen unterschiedliche Einstellungen für Batterie- und Netzteil-Betrieb tätigen.

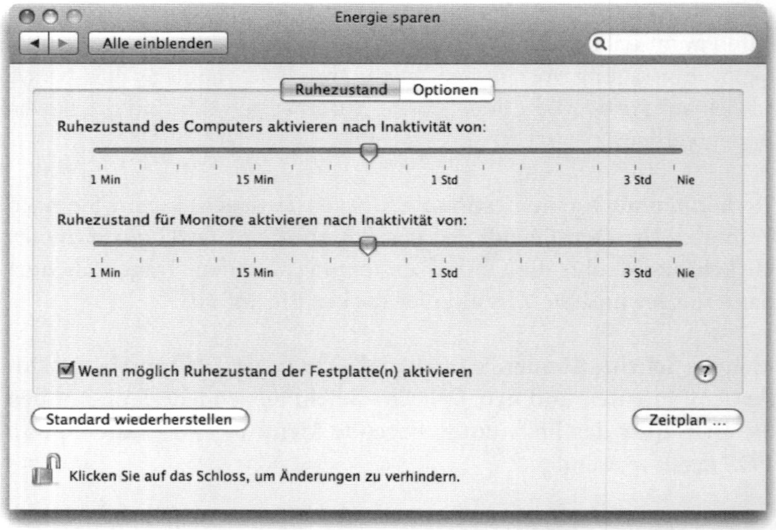

Im Akku-Betrieb sollten Sie darauf achten, dass der Ruhezustand des Monitors nach möglichst kurzer Zeit einsetzt, da die Hintergrund-Beleuchtung eine der größten Stromfresser ist. Vor dem Einsetzen des Ruhezustands wird der Bildschirm abgesoftet, wobei der Inhalt am Monitor noch sichtbar ist, danach wird er völlig ausgeschaltet. Sobald Sie eine Taste drücken, wird wieder auf die normale Helligkeit umgeschaltet. Sie können daher auch schon im Vorfeld unterstützend mitwirken, indem Sie die Helligkeit des Monitors manuell herunterfahren. Wird der Rechner eine geraume Zeit nicht verwendet, sollte das PowerBook/iBook/MacBook (Pro/Air) in den Ruhezustand versetzt werden, womit der Stromverbrauch auf fast Null gedrückt wird. Auch die Festplatte lässt sich in den Ruhezustand schicken, indem der Schreib-/Lese-Kopf in seine Park-Position fährt und erst einmal Pause macht. Dies bietet sich an bei Tätigkeiten, bei denen der Rechner nicht auf die Festplatte zugreifen muss (etwa reines Lesen oder Schreiben ohne Speicher-Aufforderung – erst beim Sichern von Veränderungen fährt die Festplatte wieder an).

Wann nun welche Funktion greifen soll, stellen Sie über die Regler ein. Je kürzer die Zeitspanne bis zum Einsetzen des Ruhezustandes, desto effektiver ist die Strom-Ersparnis.

Auf der anderen Seite sollten Sie aber auch beachten, dass ein ständiges Wecken des Computers ebenso wie ein fortwährendes Anfahren der Festplatte aus dem Ruhezustand mehr Strom verbraucht.

Als »Vorinstanz« des *Monitor-Ruhezustands* fungiert eigentlich der *Bildschirmschoner*, der ebenso den Bildschirm entlasten soll. Setzt der Ruhezustand vor dem Bildschirmschoner ein, so weist ein Signal-Dreieck ( ) daraufhin. Über den eingeblendeten Button *Bildschirmschoner...* können Sie über die Systemeinstellung *Schreibtisch & Bildschirmschoner* die Zeiteinteilung nachregeln. Letztlich ist das alles halb so wild, doch suggeriert das knallgelbe Dreieck irgendwie Gefahr und – das halten wir einfach nicht aus ...

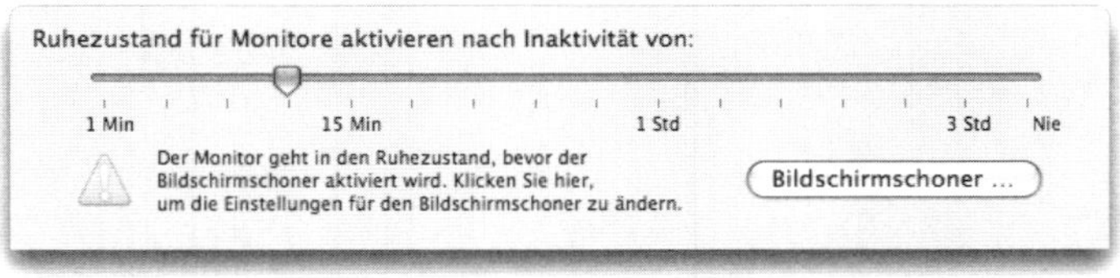

Wenn die Reihenfolge zwischen Bildschirmschoner und Ruhezustand des Monitors nicht stimmen, schlägt Mac OS X Alarm.

Wenn Sie sich nicht an die Regler herantrauen bzw. über wenig Erfahrung verfügen, können Sie gut und gerne auch die schon vorgegebenen Einstellungen bei *Optimierung* zurückgreifen (nur bei Laptop-Modellen verfügbar). Sie können dort zwischen *Höhere Leistung* (mehr Stromverbrauch, dafür aber mehr zur Verfügung stehende Leistung und weniger Unterbrechnung durch Ruhezustand), *Normal* (alles ist im Lot :-)) und *Längere Batterielaufzeit* bzw. *Höhere Energieersparnis* (je nach Einstellung *Batterie* oder *Netzteil* – der Rechner läuft auf Sparflamme, der Ruhezustand setzt schneller ein) umschalten. Da Sie hierzu auch die Regler nicht benötigen, lassen sich diese über den Button *Details ausblenden* entfernen.

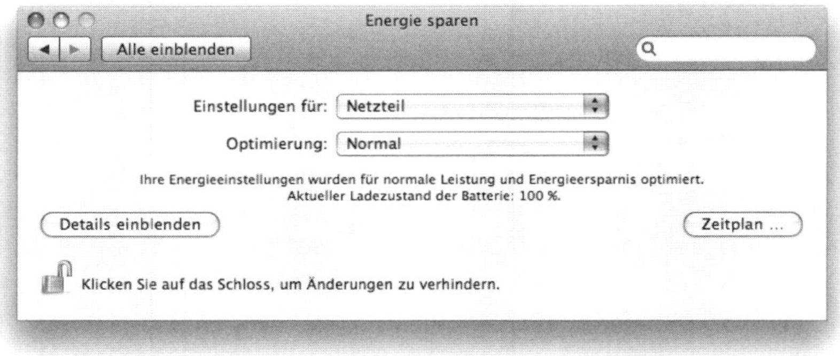

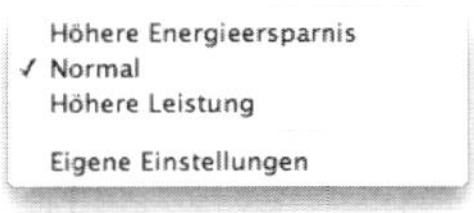

Optimierungsvorgaben (oben) sowie die »Energie sparen-light«-Version ohne Details (rechts).

Sind die Details (Regler) eingeblendet, so steht Ihnen weiterhin der Reiter *Optionen* zur Verfügung, der ebenso zwischen *Batterie* (nur für Laptop-Modelle) und *Netzteil* unterscheidet.

Die Optionen-Liste stellt Ihnen weitere Eingriffsmöglichkeiten zur Verfügung.

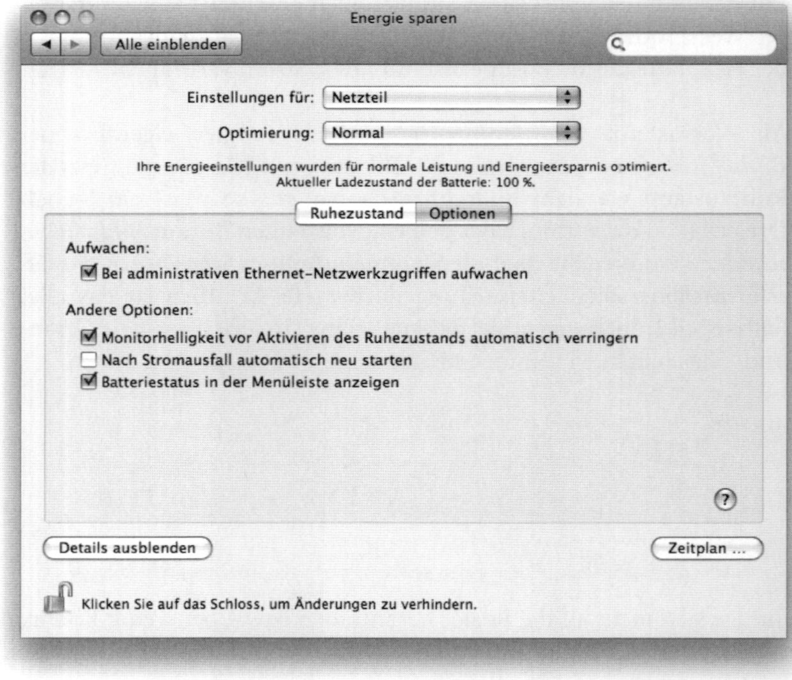

Aufwachen heißt in unserem Kontext, dass der Rechner bei Kontaktaufnahme von außen automatisch aus dem *Ruhezustand* erwacht. Die Option *Bei administrativen Ethernet-Netzwerk-Zugriffen aufwachen* bezieht sich hierbei auf einen Zugriff, wenn Ihr Mac in ein Netzwerk eingebunden ist. Letztere Funktion steht bei Mac-Rechnern im Batterie-Betrieb nicht zur Verfügung, da eine Einbindung nicht möglich ist, sollten Sie beispielsweise im Flugzeug nach Tahiti sitzen.

Die weiteren Optionen beziehen sich auf den Ein-/Ausschalter (⏻) – *Aktivieren des Ruhezustands über Ein-/Ausschalter ermöglichen* –, was nichts anderes bedeutet, als dass Sie kurz den betreffenden Knopf am Rechner drücken müssen, um Ihren Mac in den Ruhezustand zu versetzen. Weiterhin betreffen die Optionen den Bildschirm (*Monitor-Helligkeit vor Aktivieren des Ruhezustands automatisch verringern*), das Verhalten bei Stromausfall (*Nach Stromausfall automatisch neu starten*) sowie die Möglichkeit, den *Batterie-Status in der Menüleiste anzeigen* zu lassen (PowerBook/iBook/MacBook/MacBook Pro/Air). Im Batterie-Betrieb kommt weiterhin die Option *Bei dieser Stromquelle den Monitor leicht abdunkeln* hinzu, was nichts anderes heißt, als dass die Helligkeit automatisch heruntergesetzt wird, um den Akku zu schonen.

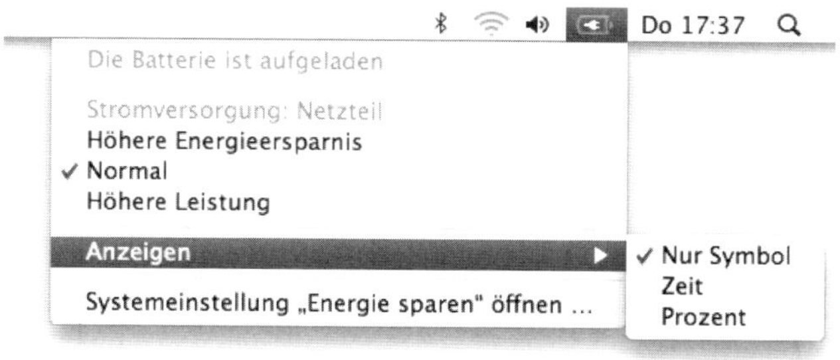

Der pflichtbewusste Laptopper hat alles im Griff und Blickfeld: der Batterie-Status mit seinen Einstellungen zum Umschalten des Stromverbrauchs sowie den Anzeige-Optionen.

Die Krönung dieser Systemeinstellung ist sicherlich der rechts unten liegende Button *Zeitplan…*, womit sich Start- und Ausschalt-Zeiten Ihres Mac bestimmen lassen. Mit *Starten oder Ruhezustand beenden* und der Festlegung von Tagen sowie der Uhrzeit setzen Sie dabei die Einschalt-Zeiten, mit *Ruhezustand aktivieren, Neustart* bzw. *Ausschalten* (je nach Wahl aus dem Popup-Menü) bestimmen Sie das entsprechende Ende der Laufzeit. Wichtig ist hierbei zu wissen, dass Sie beim Ausschalten als derjenige Benutzer angemeldet sein müssen, der die Eintragungen vornahm, da sich ansonsten der Rechner verweigert. Das Gleiche gilt auch für das Einschalten: Benutzen mehrere Anwender den Mac, so bleibt der Rechner natürlich am *Anmelde-Dialog* hängen und wartet auf das Einloggen. Als alleiniger Benutzer sollten Sie in den *Benutzer*-Systemeinstellungen und dort in den *Anmelde-Optionen* festlegen, dass der Mac Sie als Administrator automatisch anmeldet. Auf diese Weise finden Sie einen Arbeitsrechner vor, mit dem Sie sofort loslegen können.

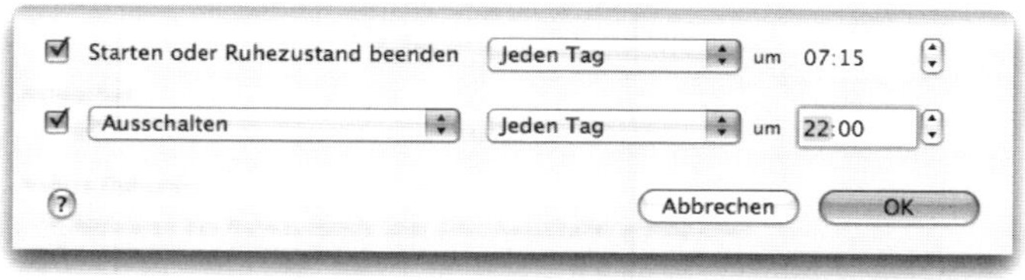

Der vollautomatische Arbeitsalltag hält dank »Energie sparen« und dem »Zeitplan« Einzug.

Monitore

Ohne dem geht's einfach nicht: Der Bildschirm ist mit die wichtigste Komponente im Arbeitsalltag, so dass Sie hier auf keinen Fall sparen sollten (verzichten Sie lieber auf Urlaub, Yacht und Porsche, als dass Sie Ihre Augen ruinieren). Je nach Bildschirm-Diagonale (gemessen in Zoll) stehen Ihnen hier unterschiedliche Auflösungen (also die Anzahl sowie Verteilung der Bild-Punkte/Pixel) zur Verfügung. Während Sie bei *CRT*-Monitoren (Bildröhre) ohne Weiteres die Auflösung wechseln können, ohne mit großen Qualitätseinbußen zu kämpfen, sieht das Ganze bei den TFT-Displays (den Flachbildschirmen) schon ein wenig anders aus. Bereits im Vorfeld sollten Sie abklären, wie viel Platz bzw. welche Auflösung Sie bevorzugen. Während ein 15-Zoll-Monitor eine Auflösung von 1024 x 768 Pixel besitzt, sind es beim 17- und 19-Zöller schon 1280 x 1024 Pixel, noch größere Monitore zeigen

1600 x 1200 Pixel (20 Zoll) oder 1920 x 1600 (23 Zoll-Display von Apple). Bei den Displays des MacBook bzw. des MacBook Pro/Air werden auf einer kleineren Bildschirm-Diagonale die Pixel ein wenig anders verteilt – beim 17-Zoll-MacBook Pro bis zu 1920 x 1600 Pixel. Aus unserer Sicht kann es nie groß genug sein, denn die vielen Paletten und Fenster der Programme wollen schließlich irgendwo untergebracht werden.

Hoffentlich haben wir Ihnen nun kein schlechtes Gewissen gemacht, denn wie wir uns denken können, sitzen Sie bereits an einem Monitor und bewundern die scharfe Text-Darstellung, die knackigen Farben der Bilder sowie das klasse Design. Damit das alles wirklich so stimmt, sollten Sie in die Systemeinstellung *Monitore* einen Blick werfen, denn dort finden Sie die möglichen Auflösungen, die Anzahl der Farben sowie weitere Features, arbeiten Sie beispielsweise mit einem zweiten Monitor.

Die Systemeinstellung »Monitore« besteht aus den Reitern »Monitor« (oben) und »Farben« (unten), über die Sie die Auflösung bestimmen sowie eine Kalibrierung vornehmen können. Je nach Bildschirm unterscheiden sich die angebotenen Optionen ein wenig.

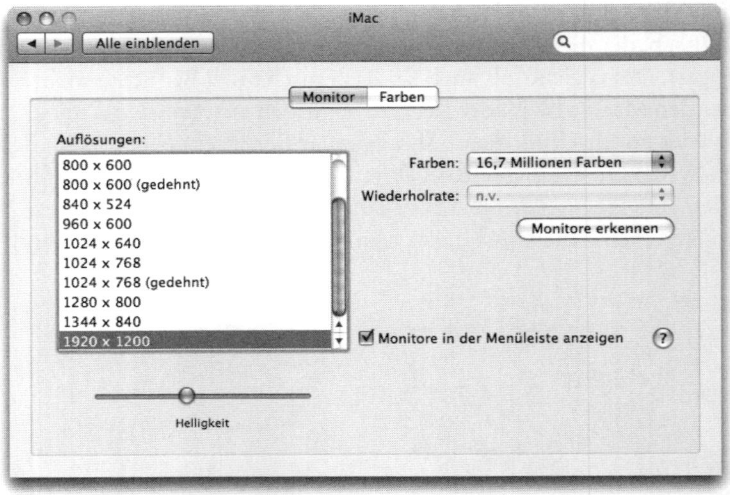

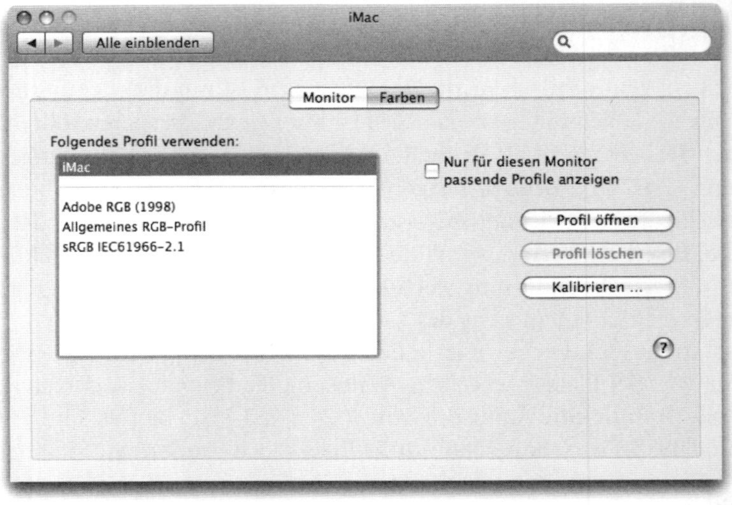

Unter *Auflösungen* finden Sie jene Werte, die Ihr Monitor unterstützt, wobei nicht jeder Wert ein gutes Bild erzeugt. Die für TFT-Bildschirme bestimmte, so genannte native Auflösung ist mithin die beste Wahl, ist doch der Monitor dafür gefertigt (schauen Sie gegebenenfalls im Handbuch des Herstellers nach). Alle anderen beeinträchtigen die Bildqualität und erzeugen eine unscharfe, verwaschene Bild-Darstellung. CRT-Bildschirme kommen da ein wenig besser weg, ist die Qualität nicht ganz so schlecht und es lässt sich auch mit niedrigeren Auflösungen (und damit vergrößerter Darstellung) gut arbeiten.

Das mit der Auflösung ist ja so eine Sache: Zum einen gibt es die Auflösung des Monitors, also wie viele Pixel er pro Inch (2,54 cm) darstellen kann. Während CRT-Monitore üblicherweise mit 72 dpi (Dots per Inch) laufen, ist die dpi-Zahl bei Flachbildschirmen je nach Fabrikat unterschiedlich (60 dpi, 100 dpi und höher). Je größer also der Umfang des Monitors und je höher die dpi-Auflösung, desto mehr Bildpunkte (Pixel) können dargestellt werden. Als Beispiel können Sie etwa ein MacBook Pro nehmen, das mit seinen 15,4 Zoll-Display eine Auflösung von 1440 x 900 Pixel schafft, während die 15-Zoll-Vorgängerversion (PowerBook) es nur auf 1280 x 864 Pixel bzw. sogar noch weniger brachte. Ersterer besitzt daher eine höhere Auflösung, so dass pro Inch (Zoll) mehr Bildpunkte dargestellt werden können.

Sollten Sie eine nicht unterstützte Auflösung bei Ihrem Monitor eingestellt haben und dieser nun schwarz sein, so brauchen Sie keine Panik-Attacken zu bekommen. Entweder er springt von selbst in den Ausgangszustand zurück (was ungemein beruhigt) oder Sie müssen einen kleinen Umweg machen. Starten Sie Ihren Mac neu: Bei Laptop-Modellen bzw. bei Geräten mit Dritthersteller-Tastaturen mit Ein-/Ausschalttaste wählen Sie nacheinander *Befehlstaste*, *Controltaste* und Ein-/Ausschalttaste und halten Sie die Tasten dabei kurzzeitig gedrückt, bei den aktuellen iMacs drücken Sie so lange die Ein-/Ausschalttaste, bis er aus geht (danach schalten Sie ihn wieder ganz regulär ein). Nach dem Neustart-Gong drücken Sie wiederum sofort die *Umschalttaste* (⇧), bis der Anmelde-Dialog erscheint. Damit starten Sie Ihren Mac im so genannten *sicheren Systemstart*, was nichts anderes heißt, als dass das Betriebssystem nur mit den Apple-eigenen Standard-Einstellungen und System-Komponenten hochfährt. Wählen Sie dann wieder die Systemeinstellungen *Monitore* und berichtigen Sie Ihre Eingabe. Nach einem erneuten Neustart (ohne *Umschalttaste*) sollte nun alles wieder in Ordnung sein.

Die Anzahl der Farben können Sie ruhig auf *16,7 Millionen Farben* lassen, da die aktuellen Grafikkarten damit keine Probleme haben und die Darstellung so farbecht ist. Außer bei schwächeren Grafikkarten bzw. etwaigen Spielen, die weniger Farben verlangen, sollten Sie hier nicht die Vorgaben ändern. Möchten Sie wie eh und je schnell Änderungen vornehmen, so können Sie sich die Optionen auch über die Menüleiste ( ) anzeigen lassen, indem Sie einen Haken bei *Monitore in der Menüleiste anzeigen* setzen. Bei neueren MacBooks (Pro/Air)/PowerBooks lässt sich weiterhin über einen Umgebungssensor die Helligkeit des Bildschirms regeln – wenn Sie es also gerne wie von Geisterhand gesteuert haben und Laptop-Besitzer sind, so sollten Sie die Option *Helligkeit automatisch anpassen, wenn sich die Lichtverhältnisse ändern* aktivieren.

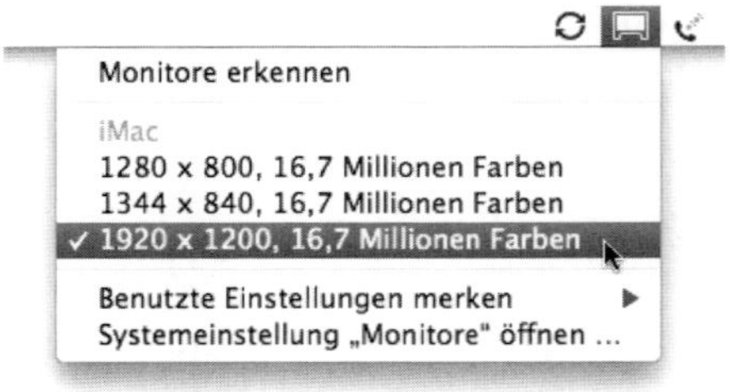

Aus der Menüleiste heraus lassen sich schnell Änderungen erledigen bzw. auf die Systemeinstellung »Monitore« zurückgreifen.

Im Reiter *Farben* nehmen Sie Einfluss auf die Farbdarstellung. Ist *Nur für diesen Monitor passende Profile* angehakt, so werden nur die für diesen bestimmten Monitor einzusetzenden Profile aufgelistet, mit denen Sie standardisierte Werte für Rot, Grün, Blau, die Lichttemperatur etc. einsetzen. Ist diese Option dagegen ausgeschaltet, so werden eine ganze Reihe weiterer Profile zur Verfügung gestellt, die je nach Zweck die Bildschirm-Farben verändern.

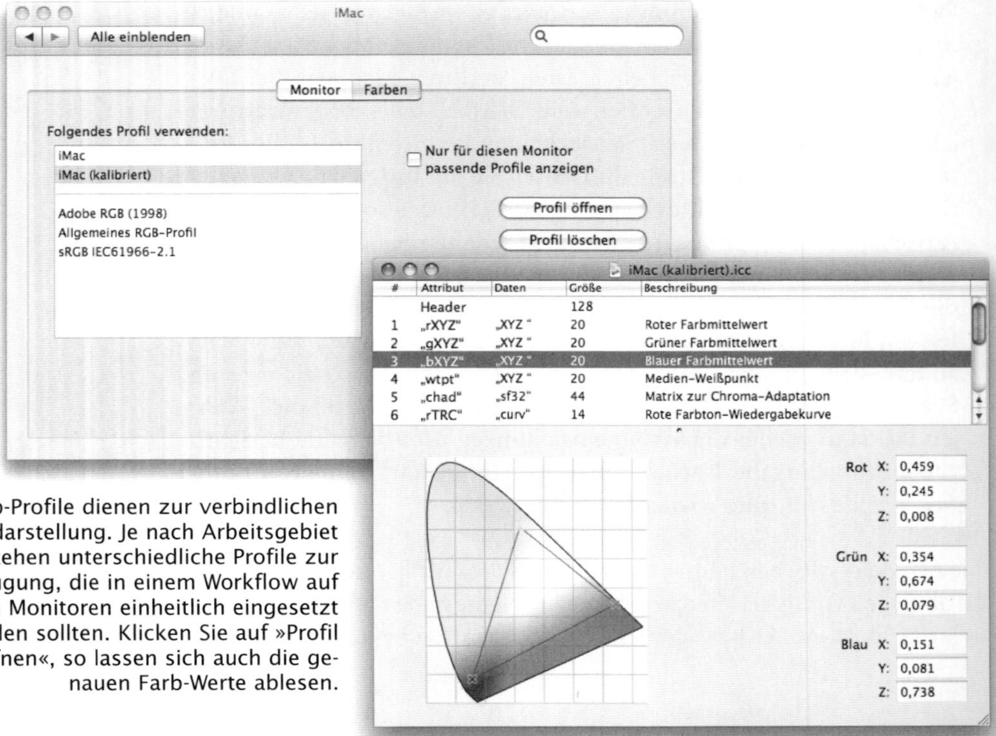

Farb-Profile dienen zur verbindlichen Farbdarstellung. Je nach Arbeitsgebiet stehen unterschiedliche Profile zur Verfügung, die in einem Workflow auf allen Monitoren einheitlich eingesetzt werden sollten. Klicken Sie auf »Profil öffnen«, so lassen sich auch die genauen Farb-Werte ablesen.

Lieben Sie es gerne professionell, so können Sie ein anderes Profil (etwa von Ihrem Arbeitgeber oder Ihrer Agentur) einladen, so dass beispielsweise die Farben auf Ihrem MacBook annähernd so erscheinen wie auf Ihrem Monitor im Büro. Oder Sie erstellen Ihr eigenes Profil, indem Sie auf *Kalibrieren* klicken und Ihren Monitor über einen Assistenten neu justieren. Hierzu werden *Helligkeit* und *Kontrast*, die *Gamma-Werte* und die *Farbtemperatur* eingestellt sowie über einen *Experten-Modus* weitere Anpassungs-Möglichkeiten zugeschaltet.

Die Stationen zum eigenen Profil – dank Assistent und erklärender Worte verliert die Thematik ihren Schrecken.

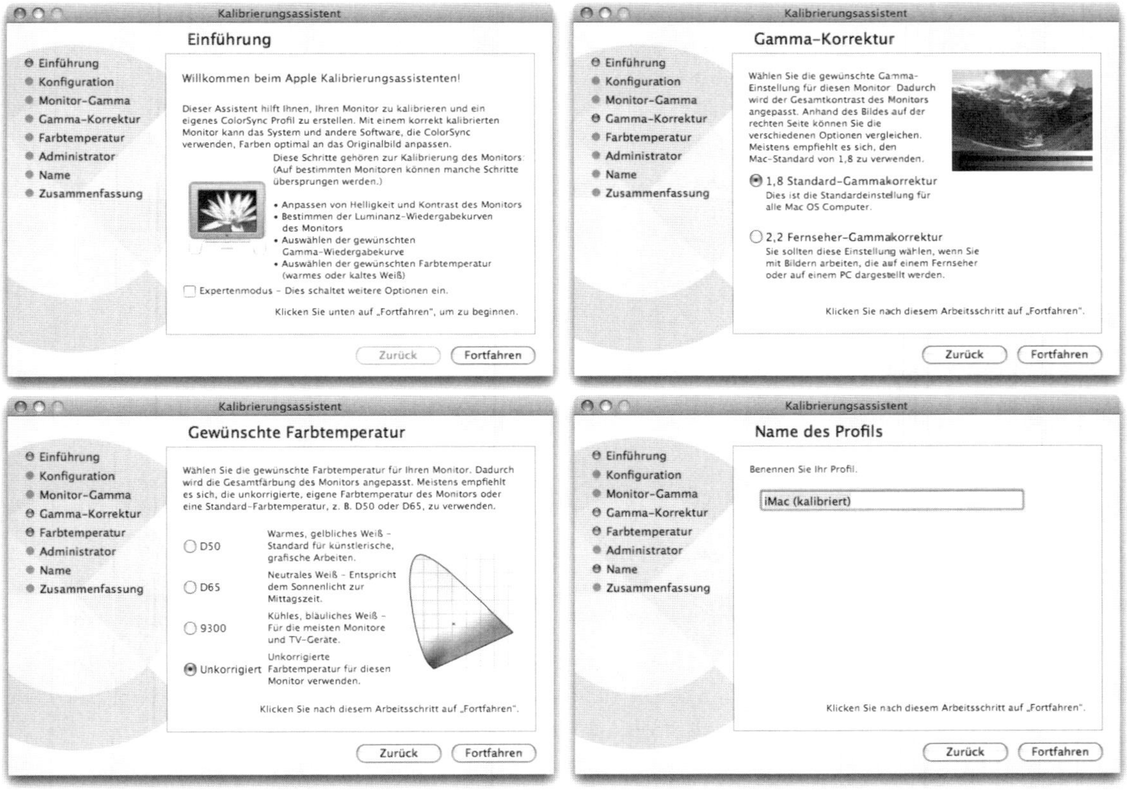

Die Profilierung über den *Kalibrierungs-Assistenten* dient in erster Linie für Bildröhren-Monitore. Sollten Sie einen Flachbildschirm besitzen, so sollten Sie beim Hersteller nachfragen, ob für diesen Typ spezielle Farb-Profile angeboten werden. Diesen legen Sie dann in den *Profiles*-Ordner in Ihrem Benutzer-Ordner (*Library/ColorSync/Profiles*). Nach einem Neustart sollte dieser nun gewählt werden können.

Aber die Systemeinstellung *Monitore* kann nicht nur einen Bildschirm steuern, sondern auch einen zweiten bzw. ein Fernsehgerät oder einen Projektor miteinbeziehen. Hierbei wird zwischen *Synchronisation* und der *Erweiterung des Schreibtisches* unterschieden. *Bildschirm synchronisieren* zeigt sowohl auf dem Hauptbildschirm als auch auf dem zusätzlich angeschlossenen Monitor dasselbe Bild, während bei der *Erweiterung des Schreibtisches* der zweite Bildschirm als zusätzliche Arbeitsfläche dient. So können Sie einen Hauptbildschirm bestimmen, indem Sie die *Menüleiste* (symbolisiert durch einen weißen Balken) auf diesen Monitor ziehen, der zweite kann nun links oder rechts davon angeordnet werden. Im Betrieb lassen sich so Paletten, weitere Ordner oder Fenster usw. auf diesen auslagern.

Während alle aktuellen Macs diese Erweiterung des Schreibtisches anbieten, lassen sich oftmals ältere Mac-Modelle selbst mit gutem Zureden nicht dazu bewegen. In diesen Fällen können Sie nur den Bildschirm synchronisieren.

Wird ein zweiter Bildschirm angeschlossen, taucht in der Systemeinstellung der dritte Reiter »Anordnen« auf. Dieser erscheint jedoch nur, wenn Ihr Mac die Erweiterung des Schreibtisches unterstützt.

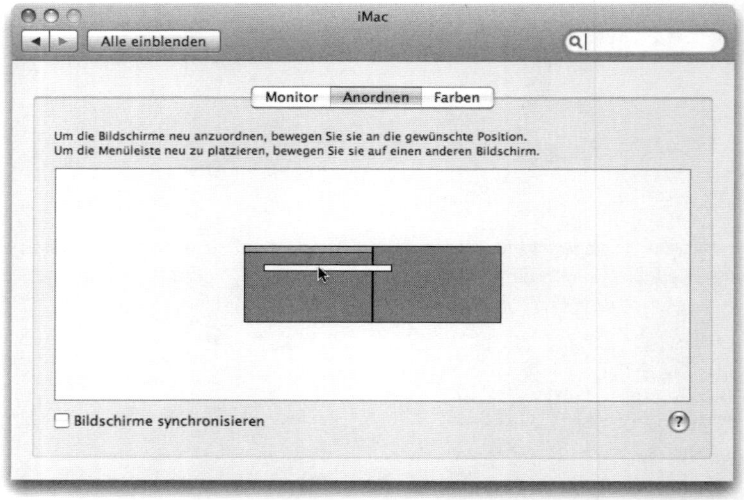

Auf manchen Tasturen (etwa den MacBook (Pro)-/PowerBook-Modellen) lässt sich über die Taste *F7* schnell zwischen *Bildschirmsynchronisation* und *zweiter Bildschirm* hin und her wechseln.

Ist die Option »Monitore in der Menüleiste anzeigen« aktiviert, lässt sich dort die Auflösung für beide Monitore getrennt einrichten, ansonsten wird für jeden Monitor die zugehörige Systemeinstellung eingeblendet.

Tastatur & Maus

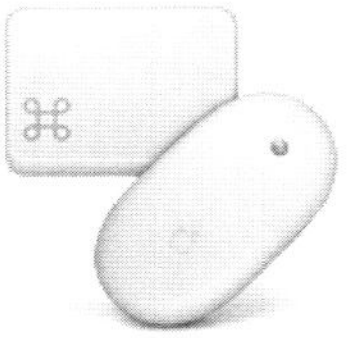

Jeder Tastatur-Benutzer hat wohl so seine ganz eigene Technik, die Buchstaben auf den Monitor zu zaubern. Vom 10-Finger-System über flinke 2-Finger-Tipper bis hin zum langsamen Suche-die-Taste-Anfänger eignet man sich mit der Zeit die Fähigkeit an, die Tasten schnell und sicher zu bedienen. Nichtsdestotrotz bleiben Unterschiede wie die Härte des Tastatur-Anschlags sowie der Zeitraum, den die Finger auf den Tasten verharren (gemessen in Millisekunden). Wer nun mit der Apple-Tastatur nicht zurecht kommt, findet selbstverständlich eine stattliche Auswahl an Alternativ-Eingabegeräten, unter anderem von Logitech, Microsoft oder Macally.

Aber auch in unserer Systemeinstellung *Tastatur & Maus* können Sie Anpassungen vornehmen, wenn Sie beispielsweise des Öfteren Buchstaben im Doppel- oder gar Dreifach-Pack eintippen. Dies könnte unter anderem daran liegen, dass sowohl die *Wiederholrate* als auch die *Ansprechverzögerung* zu schnell sind, was bedeutet, dass Ihr Tipp-Stil eine »relativ« lange Verweil-Dauer auf einer Taste aufweist. Die Tastatur nimmt dies daher zum Anlass, öfter einmal mehrere gleiche Buchstaben einzugeben. Stellen Sie die Regler daher in Richtung *Lang* bzw. *Langsam*, so dürfte das Problem gelöst sein.

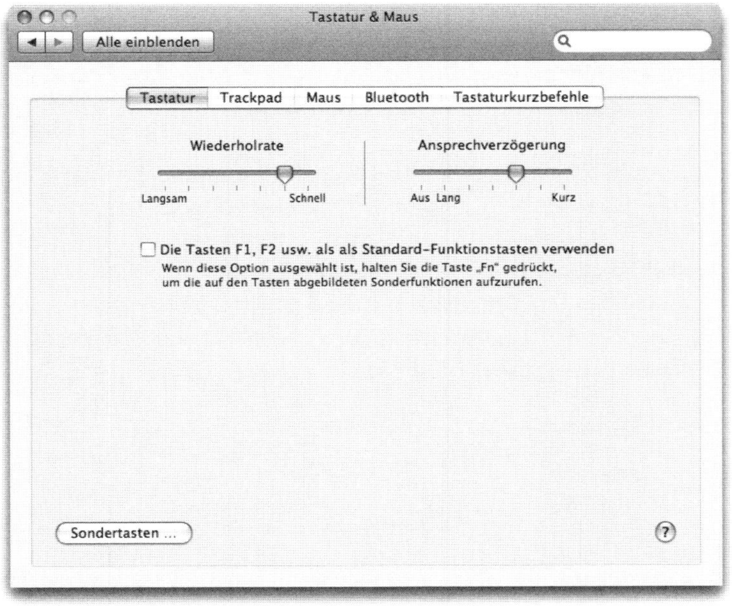

Wenn's mal wieder nicht klappt mit dem fehlerfreien Tippen – Wiederholrate als auch Ansprechverzögerung sind eindeutig Kandidaten zum Experimentieren.

Für jene, die einen Laptop ihr eigen nennen bzw. neuere Apple Keyboards benutzen, ist die Option *Die Tasten F1, F2 usw. als Standard-Funktionstasten verwenden* gedacht. Da die Standardvorgabe über diese Tasten *Hardware-Funktionen* wie Bildschirmhelligkeit und Lautstärke auslösen, muss zum Anwenden von beispielsweise *Spaces* oder anderen, Software-eigenen Funktionen zusätzlich die *fn*-Taste gedrückt werden. Ist nun eben genannte Option aktiviert, so verhält es sich genau andersherum: Die Software wird über die *F-Tasten* gesteuert, bei Gebrauch der Hardware-Funktionen muss die *fn*-Taste hinzugezogen werden.

Für PowerBook-/MacBook Pro-Benutzer, die eine hintergrundbeleuchtete Tastatur besitzen, ist die Option *Tastatur bei schlechten Lichtverhältnissen beleuchten* gedacht. Diese geniale Erfindung funktioniert vorzüglich und erhellt bei Einsetzen der Dämmerung die Laptop-Tastatur, das Auschalten bei Inaktivität des Rechners geschieht über einen einzurichtenden Zeitraum über den Regler darunter.

Bei Fremd-Tastaturen (etwa aus der Windows-Welt) ist es manchmal angebracht, unter Berücksichtigung einer geänderten Anordnung die Sondertasten (*Befehlstaste, Optionstaste, ctrl-Taste* sowie *Umschalttaste*) neu zu definieren. Aber auch für ganz persönliche Zwecke lässt sich diese Funktion über den Button *Sondertasten…* einrichten. Vom Vertauschen bis hin zum Deaktivieren ist dort alles machbar, auch die Wiederherstellung des Standards wird angeboten.

Passiert es Ihnen auch manchmal, dass Sie aus Versehen die *Feststelltaste* (⇪) bestätigen und erst wenig später bemerken, dass Sie alles in Großbuchstaben geschrieben haben? Diesem Dilemma können Sie beispielsweise entgehen, wenn Sie über den Button *Sondertasten* der *Feststelltaste* die Funktion *Keine Aktion* verpassen.

Tastaturen aus Übersee, vom Taiwan-Höker (= Kleinhändler) oder ohne spezielle Treiber des Herstellers, sind manchmal ebenso nicht ganz ohne, so dass der Computer diese nicht zuordnen kann oder die Tasten vertauscht sind. Hierbei ist Ihnen der *Tastatur-Assistent* behilflich, der meist sofort nach dem ersten Anschließen oder über den Button *Tastaturtyp ändern…* seinen Auftritt hat. Über die Abfrage der neben der *Umschalttaste* (⇧) liegenden Taste wird die Tastatur identifiziert und nach einer Verifizierung freigegeben.

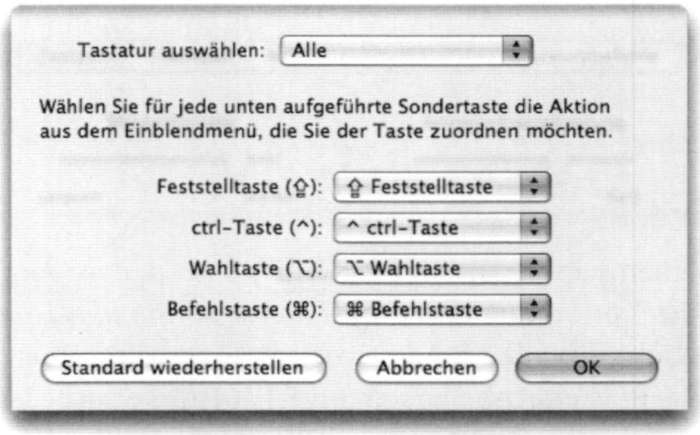

Die Sondertasten-Zuordnung.

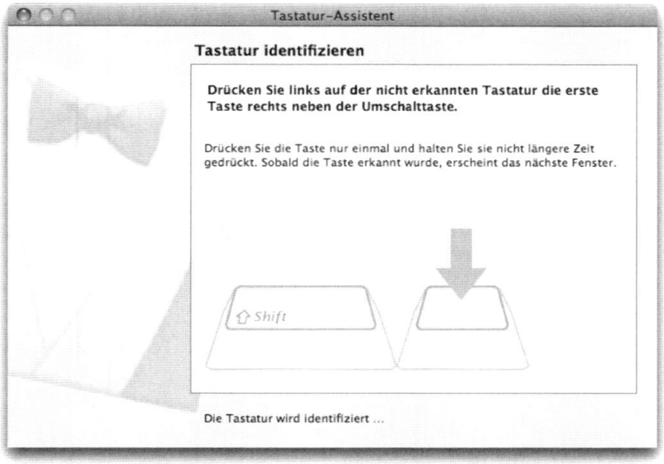

Der Tastatur-Assistent in Aktion.

In der Abteilung *Trackpad* dürfen sich nun die Besitzer von Desktop-Rechnern zurücklehnen (und sich ärgern?), denn diese Funktion ist nur für PowerBook-/iBook-/MacBook (Pro/Air)-Anwender von Belang. Das *Trackpad* dient als Maus-Ersatz und wird über einen Finger bedient, indem Sie das unter der Tastatur liegende Feld damit überfahren. Sobald Kontakt besteht, wird die Bewegung des Fingers über die berührungsempfindliche Fläche übernommen – der Mauszeiger wandert in die vorgegebene Richtung. Weiterhin ist auch das »Mausklicken« möglich, indem Sie die *Trackpad*-Taste drücken bzw. mit dem Finger auf das Trackpad klopfen (dazu muss jedoch die Option *Klicken* in der Systemeinstellung *Tastatur & Maus* aktiviert sein). Neben dem Doppelklick zum Öffnen einer Datei oder eines Ordners (zwei Mal auf das Trackpad tippen bzw. die Trackpad-Taste drücken) ist auch das Bewegen von Objekten möglich (Optionen *Bewegen* und *Bewegen durch Antippen beenden*). Hierbei tippen Sie ebenso zwei Mal auf das Objekt, wobei Sie beim zweiten Tipper den Finger auf dem *Trackpad* ruhen lassen. Nach dem

Bewegen des Objekts wird der Festhalte-Zustand automatisch oder über einen weiteren Tipper aufgehoben (je nach Einstellung). Die Schnelligkeit der *Zeigerbewegung* sowie des *Doppelklick-Intervalls* werden über die beiden oben liegenden Regler bestimmt.

Um es gleich zu sagen: Das Trackpad ist nicht jedermanns Sache. Geübte Trackpad'ler schwören jedoch auf dieses Stück Technik, während die anderen lieber eine externe Maus verwenden.

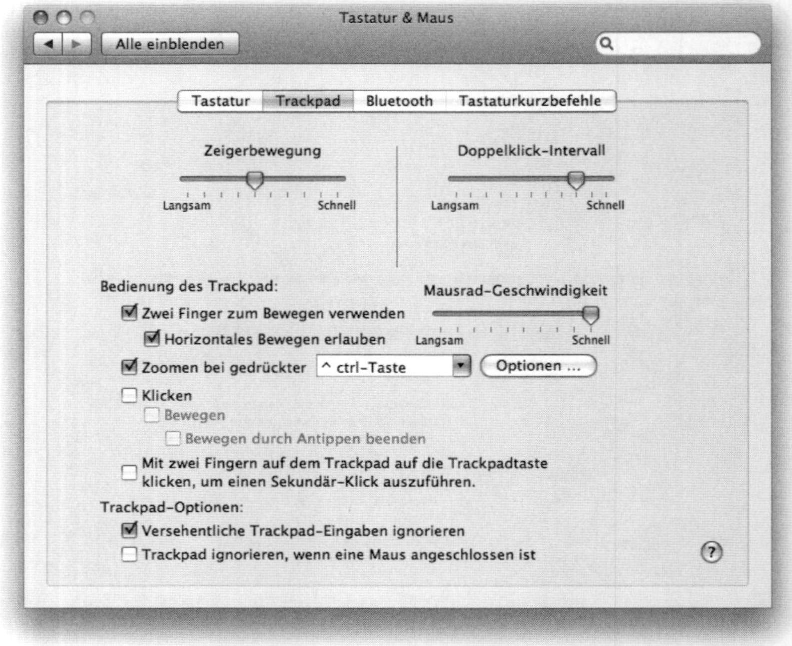

Wenn Sie mit dem Trackpad arbeiten, sollten Sie darauf achten, dass Ihre Finger trocken und sauber sind. Nasse Finger nach dem Rasieren oder dem Haare waschen lassen den Mauszeiger nur springen, als wolle er vor Ihnen fliehen …

Eine weitere technische Innovation ist das horizontale wie vertikale Scrollen in Fenstern und Ordnern, wenn zwei Finger auf der Trackpad-Fläche bewegt werden. Diese Funktion erleichtert das Arbeiten ungemein, ist jedoch nur auf den neueren PowerBook- und MacBook (Pro/Air)-Modellen möglich. Wie schnell gescrollt werden soll, stellen Sie über den dazugehörigen Regler *Mausrad-Geschwindigkeit* ein. Ebenso faszinierend ist die Möglichkeit, über den »Tipper« mit zwei Fingern auf das Trackpad den so genannten sekundären Klick auszuführen. Hiermit rufen Sie das Kontext-Menüs auf.

Die beiden unten stehenden *Trackpad-Optionen* dienen letztlich dem beschwerdefreien Arbeiten, auch wenn das nicht immer gelingt (ab und an Kopfschmerzen, Dienstags Rückenschmerzen, Mittwochs Atemnot usw.). Da Sie durch das Tippen auf der Tastatur das ein oder andere Mal das Trackpad berühren, wird der Mauszeiger ausgelöst. Da kann es schon einmal vorkommen, dass sich die Text-Einfügemarke auf einmal an einer ganz anderen Stelle befindet und Sie dennoch munter weiterschreiben. Damit das nicht passiert, sollte Sie *Versehentliche Trackpad-Eingaben ignorieren* anklicken. Arbeiten Sie mit einer externen Maus, lässt sich das Trackpad ganz deaktivieren, so dass das unbeabsichtigte Verirren dank *Trackpad* als Fehlerquelle ganz ausscheidet.

Erwähnt sei auch noch das Multitouch-Trackpad des MacBook Air, dessen Oberfläche Sie wie ein *iPhone* oder einen *iPod Touch* bedienen können. So zoomen Sie in Bilder, indem Sie Daumen und Zeigefinger auseinander ziehen oder blättern beispielsweise in Dokumenten oder in der *Cover Flow*-Ansicht mit einem eleganten Fingerstreich über das Trackpad.

Nächster Punkt: die *Maus.* Ob Geschwindigkeit der *Zeigerbewegung,* das *Scrollen* oder des *Doppelklick-Intervalls* – hier sind Sie richtig. Über die Regler stellen Sie die gewünschten Werte ein, bei den Scroll-Optionen bestimmen Sie, ob die kleine Kugel der *Mighty Mouse* deaktiviert, *nur vertikal, vertikal und horizontal* oder gleich die vollen *360 Grad* scrollen soll. Jene Funktion, die auf Klick auf die Maus-Kugel ausgelöst werden soll, bestimmen Sie über das Popup-Menü, das umfangreiche Optionen anbietet.

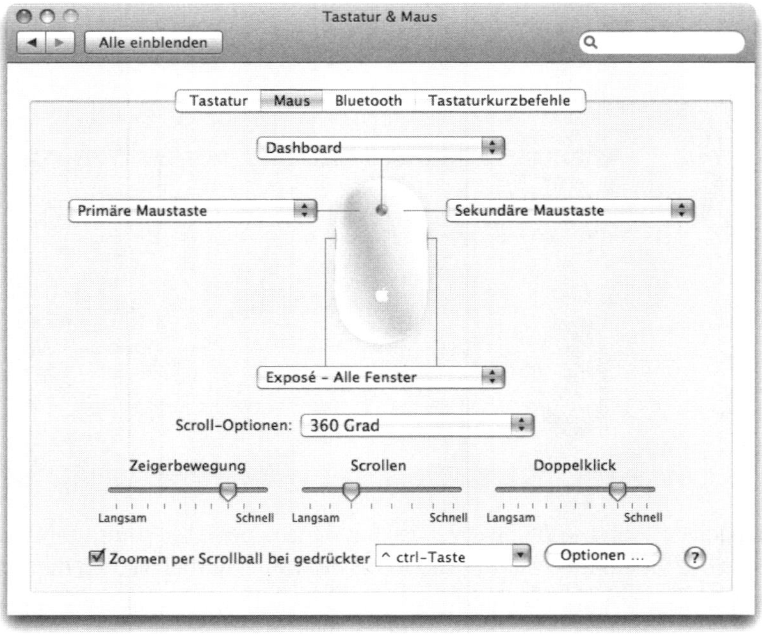

Die vielfältigen Einstellungen für die »Apple Mighty Mouse«. Für jede Taste lässt sich gesondert eine Funktion festlegen, wobei die linke Taste üblicherweise für den normalen Mausklick (Primäre Maustaste) reserviert ist, die rechte hingegen das Kontext-Menü (Sekundäre Maustaste) aufruft.

Die unten stehende Option *Zoomen per Scrollball bei gedrückter ctrl-Taste* (bzw. *Befehls-* oder *Optionstaste* – je nach Wunsch) lässt den aktuellen Bildschirm-Ausschnitt vergrößern, wenn Sie den Scrollball (oder auch das Mausrad eines anderen Herstellers) bewegen. Über die nebenstehenden Optionen lässt sich weiterhin das Verhalten des Ausschnitts bestimmen, ob sich dieser ständig mit dem Mauszeiger mitbewegen soll, oder ob er sich nur navigieren lässt, wenn der Mauszeiger den Bildrand erreicht. Diese Funktion sollten Sie einfach einmal ausprobieren – denn wer einen großen Bildschirm besitzt, wird wohl weniger in Versuchung kommen, damit zu arbeiten. Für alle anderen lässt sich damit etwa eine DVD-Ansicht ohne schwarze Ränder erreichen, auch wenn hinzugefügt werden muss, dass die Bildqualität auf jeden Fall ein wenig vermindert wird.

Selbstverständlich lassen sich auch Mäuse von Drittherstellern an den Mac anschließen. Sie sollten sich jedoch vorher genau erkundigen, ob die Treiber-Software Mac OS X-kompatibel ist und auch unter *Leopard* funktioniert. Meist finden Sie nach der Installation der Treiber eine neue Systemeinstellung vor, die in der Abteilung *Sonstige* liegt. Wird eine »fremde« Maus angeschlossen, so wird dies kurz am Bildschirm angezeigt. In der dazugehörigen Systemeinstellung lassen sich nun ebenso Tasten und Mausrad konfigurieren.

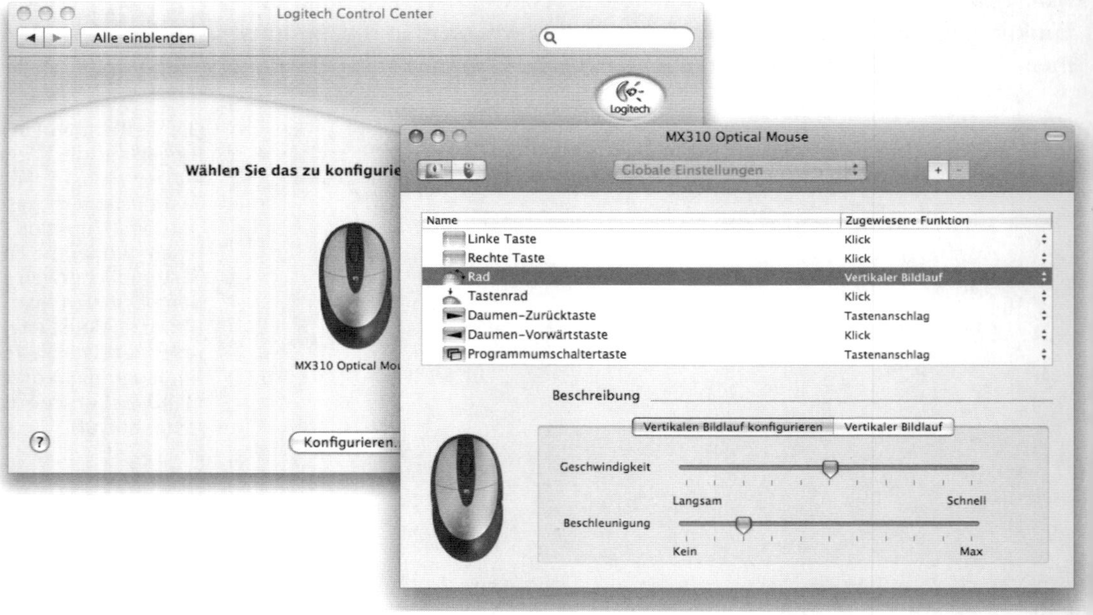

Benutzen Sie eine (Mehr-Tasten-)Maus eines Fremdherstellers, so wird diese über eine eigene Systemeinstellung (z. B. Logitech Control Center) konfiguriert. Beim Anschließen erkennt der Mac die Hardware und blendet kurz das passende Symbol (oben) ein.

Der nächste Reiter – *Bluetooth* – ist für diejenigen interessant, die Apples schnurlose Bluetooth-Tastatur und Maus besitzen. Hierbei werden der *Name* sowie der *Batterie-Status* eingeblendet und Sie können bestimmen, dass der *Bluetooth-Status* als eigenes Symbol in der Menüleiste seinen Platz bekommt. Schicken Sie Ihren Rechner des Öfteren in den Ruhezustand, so sollten Sie die letzte Option *Bluetooth-Geräte dürfen den Ruhezustand auf diesem Computer beenden* anhaken, da der Mac ansonsten nicht auf Tastatur-Eingabe oder Mausklick reagiert und weiterschläft.

Die Schaltzentrale für jene, die in den Genuss einer Bluetooth-Tastatur oder Maus kommen.

Beenden wir den Rundgang mit den *Tastatur-Kurzbefehlen*. In dieser Liste finden Sie eine Aufstellung aller möglichen Befehls-Kombinationen über die Tastatur, die jedoch über Doppelklick in die Spalte *Kurzbefehl* geändert werden können. Gibt es Überschneidungen, sprich haben Sie eine Tasten-Kombination vergeben, die schon für eine andere Funktion angedacht ist, so wird dies durch ein gelbes Dreieck ( ) gekennzeichnet. Entweder ändern Sie dann Ihre Vorgabe oder deaktivieren jene Funktion mit demselben Kurzbefehl, indem Sie den Haken in der *Ein*-Spalte per Mausklick entfernen.

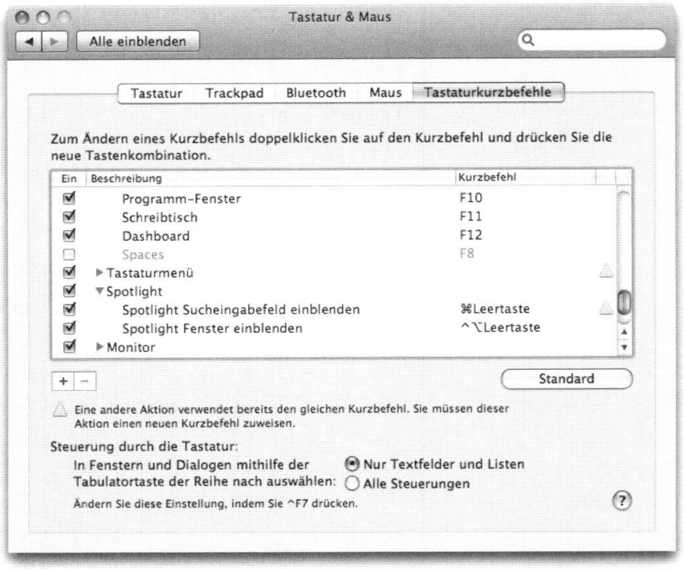

»Tastaturmenü« und »Spotlight« verwenden denselben Kurzbefehl, was Mac OS X gar nicht in den Kragen passt. Um dem gegenzusteuern, haben wir die Funktion »Tastaturmenü« deaktiviert.

Über die *Plus*-Taste lassen sich weitere Kurzbefehle hinzufügen, indem Sie beispielsweise ein Programm oder etwas anderes (über *Andere...*) auswählen, der Funktion einen Namen verpassen und dann den *Tastatur-Kurzbefehl* eingeben. Auf diese Weise wird die Bedienung Ihres Computers noch effektiver – vorausgesetzt, Sie kommen ob der Flut an Tasten-Kombinationen nicht durcheinander.

Ganz unten stellen Sie dann noch die Vorgehensweise beim Drücken der *Tabulator-Taste* (⇥) ein. In Fenstern springen Sie so von einem Objekt der Reihe nach zum Nächsten, während Sie in Dialogen jene Felder auswählen, die eine Text-Eingabe erfordern. Mit *Alle Steuerungen* werden bei Dialogen sämtliche Buttons miteinbezogen, die eine Funktion innehaben. Ist ein Button ausgewählt, brauchen Sie nur die *Enter-Taste* (↵) zu drücken, um diesen auszulösen.

Ton

Der gute Ton sollte sich nicht nur auf die zwischenmenschlichen Beziehungen beschränken, denn auch Ihr Computer will hier mitmischen. Dass dieser ab und an auch Geräusche von sich gibt, haben Sie sicherlich schon mitbekommen. Während sich der Gong beim Neustart nicht beeinflussen lässt, können Sie zumindest die Warntöne nach Wunsch bestimmen sowie allerlei andere Tonefffekte aktivieren (das Löschen von Objekten, das Entleeren des Papierkorbs usw.).

In der Systemeinstellung *Ton* finden Sie daher drei Reiter, die eben genannte Funktionen und weiteres mehr steuern. In der Abteilung *Toneffekte* legen Sie hierbei fest, welcher Warnton der Ihrige sein soll. Über das Anklicken der Sounds hören Sie den Ton und können dann entscheiden, ob er eher nervt oder seinen Zweck erfüllt. Je nachdem, ob Sie die internen Lautsprecher Ihres Rechners oder externe verwenden, ändert sich die Anzeige bei *Warnton & Toneffekte abspielen*: *Kopfhörer* (gilt auch für externe Lautsprecher) oder *Interne Lautsprecher.*

Die *Warnton-Lautstärke* sowie die *Gesamtlautstärke* lassen sich getrennt voneinander regeln, wobei der Warnton die eingestellte *Gesamtlautstärke* nicht übertreffen kann. Möchten Sie die vielen *Toneffekte* hören, die manche Funktionen auslösen, so aktivieren Sie die Option *Toneffekte der Benutzeroberfläche verwenden.* Die Option darunter spielt Ihnen jeweils beim Ändern der Regler den Ton in der gewählten Lautstärke vor, so dass Sie diese genau überprüfen können. Die dritte Option – *Front Row-Toneffekte verwenden* – erleben Sie nur, wenn Sie besagtes Programm zur Multimedia-Präsentation starten. Beim Bewegen durch die Medien-Auswahl bzw. Bestätigen einzelner Punkte werden Geräusche abgespielt, die natürlich nicht jedermanns Geschmack sind. Wen es nervt, der deaktiviert sie einfach (mehr zu *Front Row* im Programme-Kapitel). Ganz unten können Sie dann wieder einen weiteren Menü-Punkt hinzufügen, der sich in Form eines Lautsprecher-Symbols (je nach Lautstärke: 🔈 bis 🔊) als *Lautstärke-Regler* zu erkennen gibt.

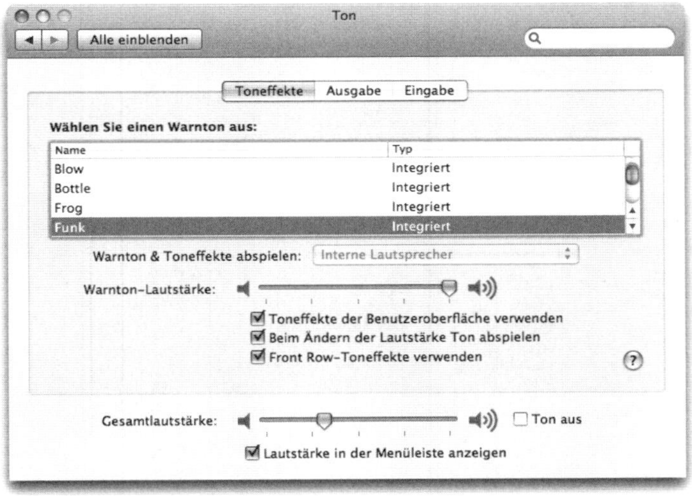

Hier spielt die Musik – Warntöne en masse sowie die Steuerung der Lautstärke.

Über die (Ton-)*Ausgabe* (zweiter Reiter) lassen sich ebenso externe Quellen einrichten und auswählen. Lautsprecher oder Kopfhörer, die Sie in den integrierten *Kopfhörer-Anschluss* bzw. den *optischen Audioausgang* einstecken, werden meist sofort erkannt, indem diese die internen Lautsprecher deaktivieren. USB-Geräte müssen Sie hingegen nach dem Anschluss in diesem Dialog auswählen. Weiterhin bestimmen Sie dort die *Balance* sowie die *Gesamtlautstärke* bzw. können den Ton ganz ausschalten.

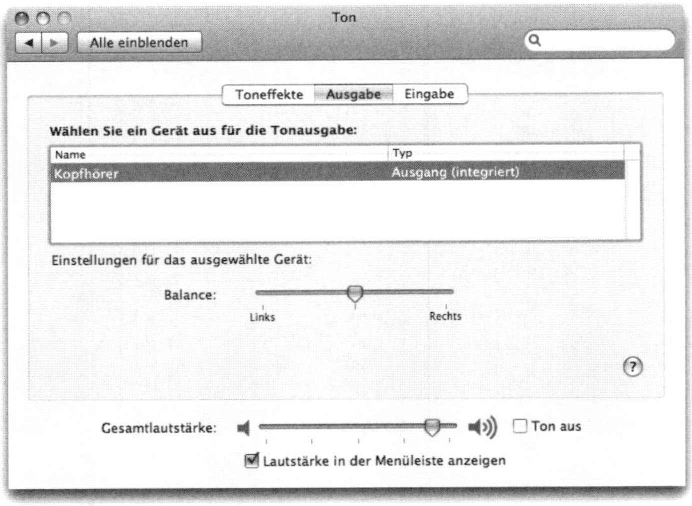

Hier spielt auch die Musik – allerdings eher für externe Geräte.

Der dritte Reiter im Bunde nennt sich *Eingabe*. Dort steuern Sie das interne Mikrofon bzw. ein Line-level-Mikrofon (*Line Level* steht für »Signalstärke«) über den *Eingangspegel*. Dieser Regler ist dafür zuständig, dass aufgenommene Sprache oder Musik nicht zu laut oder gar verzerrt in den Computer gelangt. Im Zweifel senken Sie also den *Eingangspegel* ein wenig ab und probieren es erneut.

Die Schaltzentrale zur gelungenen Aufnahme.

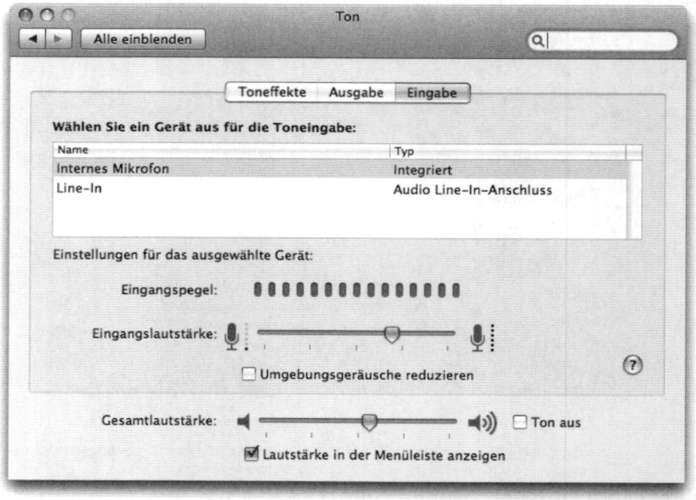

Möchten Sie ein Mehrkanal-Lautsprecher-System einrichten, so benutzen Sie dafür das Programm *Audio-MIDI-Setup*. Sie finden es in Ihrem *Programme*-Ordner und dort im Ordner *Dienstprogramme*. Über diese Applikation können Sie für jeden Kanal einen gewünschten Lautsprecher auswählen.

Auch an die Kino- und Hifi-Enthusiasten wurde dank Audio-MIDI-Konfiguration gedacht.

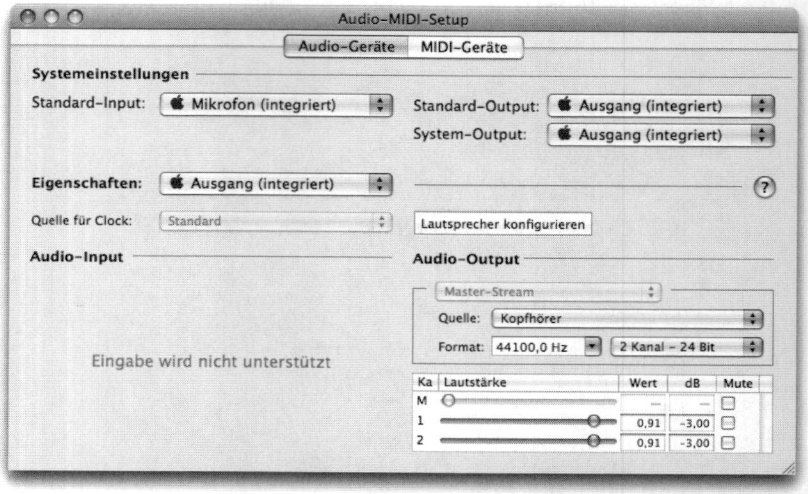

Zuordnung der einzelnen Lautsprecher auf die Kanäle.

.Mac

Der *.Mac*-Service von Apple ist zugegeben nicht ganz billig (im Vergleich zu Free-Mailern oder sonstigen Diensten), wartet aber im Gegenzug mit allerlei – zuverlässig funktionierenden – Goodies auf. Neben der Möglichkeit, sich weltweit und auf jedem zur Verfügung stehenden Computer einzuloggen und auf seine E-Mails, Adressen und Lesezeichen zurückgreifen und weiterhin auf der virtuellen Festplatte *iDisk* Daten ablegen zu können, erhalten Sie eine E-Mail-Adresse à la `mustermann@mac.com` und können in Zusammenarbeit mit *iPhoto, iMovie & Co.* schön designte Web-Galerien ins Web stellen. Unerwähnt bleiben sollen natürlich ebenso wenig die verschiedenen Geschenke in Form von Software (Backup-Software, GarageBand JamPacks), *iCards* und vielem mehr.

Um in den Genuss dieses Services zu kommen, müssen Sie sich zuerst anmelden und Ihre Adress-Daten hinterlegen. Für diejenigen, die dem vorschnellen Konsum kritisch gegenüber stehen, lässt sich auch ein Probe-Account einrichten, der Ihnen 60 Tage zum ausgiebigen Testen einräumt. Ausfüllen müssen Sie auf jeden Fall die Formulare, in denen Adresse und Zahlungsmodalitäten (Angabe der Kreditkarten-Nummer) abgefragt werden. Kurze Zeit später erhalten Sie dann eine E-Mail von Apple, die Ihnen die Einwahl-Daten – *Mitgliedsname* (entsprechend *Apple ID*) und *Kennwort* – übermittelt.

Die Webseite von Apple zu iLife und .Mac – wer da ein wenig herumstöbert, der möchte mit Sicherheit mitmischen.

Ein wenig Bürokratie muss sein – dafür bekommen Sie aber einen ausgleichenden Gegenwert in Form von 10 Gigabyte Speicherplatz für E-Mail und die virtuelle iDisk.

Sind Ihre Daten uptodate und Sie mal wieder auf einer Ihrer großen Reisen, so brauchen Sie nur auf einem Internet-fähigen Computer die URL `www.apple.com/dotmac` einzugeben und sich über *Log In* unter Ihrem *Benutzer-Namen* und *Passwort* einzuloggen. In wenigen Sekunden können Sie E-Mails versenden und Ihren Post-Eingang überblicken, auf Ihr *Adressbuch* zurückgreifen, die Lesezeichen einsehen sowie anwenden oder die weiteren Dienste in Anspruch nehmen.

Öffnen Sie danach die Systemeinstellung *.Mac* und klicken auf die Rubrik *Account*, so finden Sie dort Ihre bereits eingetragenen Daten. Über den Reiter *Sync* legen Sie letztendlich fest, welche Daten zwischen Computer und dem *.Mac*-Account abgeglichen werden sollen. Zur Verfügung stehen die Applikationen *Kalender* (*iCal*), *Kontakte* (*Adressbuch*), *Dashboard-Widgets*, Ihre *Lesezeichen* in *Safari*, Ihre Mail-Accounts sowie die im Programm *Mail* eingetragenen Regeln, Signaturen, intelligenten Postfächer, Ihre *Notizen* sowie der *Schlüsselbund*, welcher die Verwaltung Ihrer Kennwörter übernimmt. Je nach Wunsch können Sie aus den genannten Rubriken wählen und jene aktivieren.

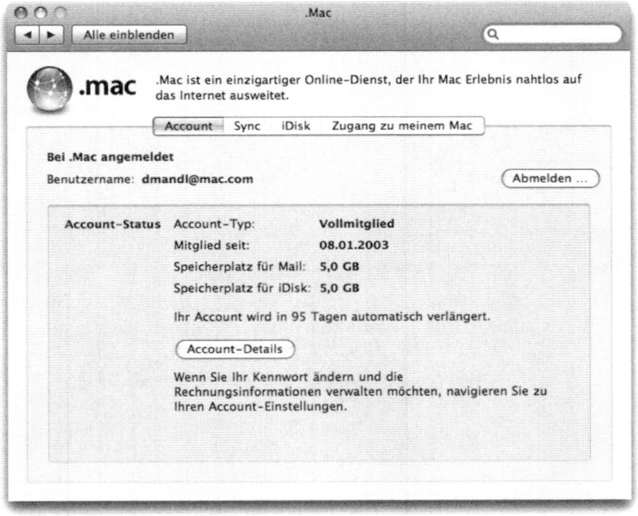

Der Reiter »Account« sowie die »Sync«-Rubrik (unten) zum Definieren der abzugleichenden Daten.

Ob die Synchronisierung *automatisch*, *manuell* oder in zeitlichen Abständen wie *stündlich*, *täglich* oder *wöchentlich* erfolgen soll, legen Sie über das Popup-Menü bei *Synchronisieren mit .Mac* fest. Sie können jedoch jederzeit auch auf den Button *Jetzt synchronisieren* klicken, um einen sofortigen Abgleich zu erhalten. Beim Abgleich Ihrer Daten werden Sie beim ersten Mal gefragt, wie dieser vonstatten gehen soll, also welche Daten wohin und welche ersetzt werden sollen (sprich vom Computer zu *.Mac* oder umgekehrt).

Haben Sie bereits mit anderen zur Verfügung stehenden Computern eine Synchronisation über .Mac erledigt, so erhalten Sie über den Button »Weitere Optionen« der »Sync«-Rubrik einen Überblick darüber.

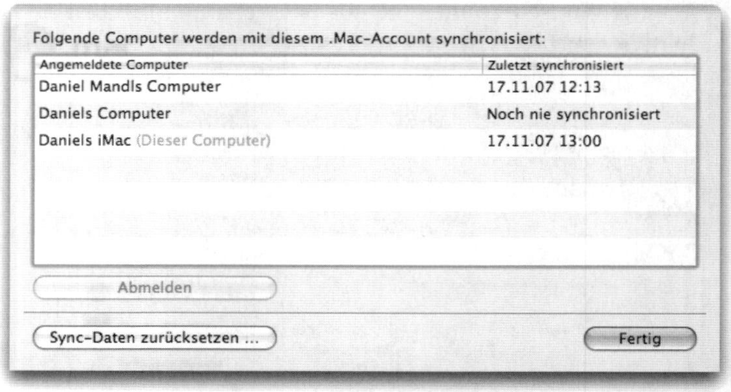

In welche Richtung soll's denn gehen?

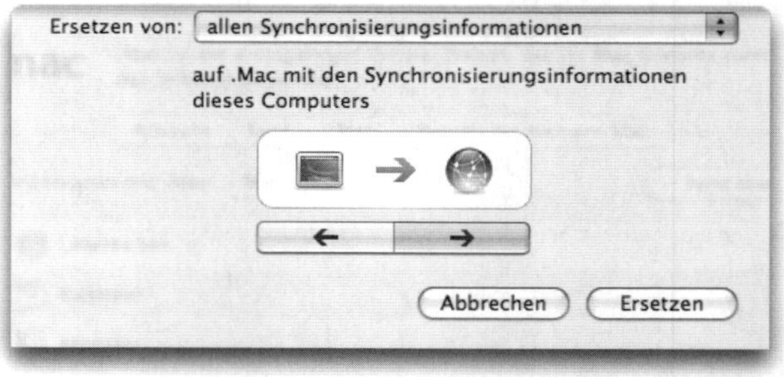

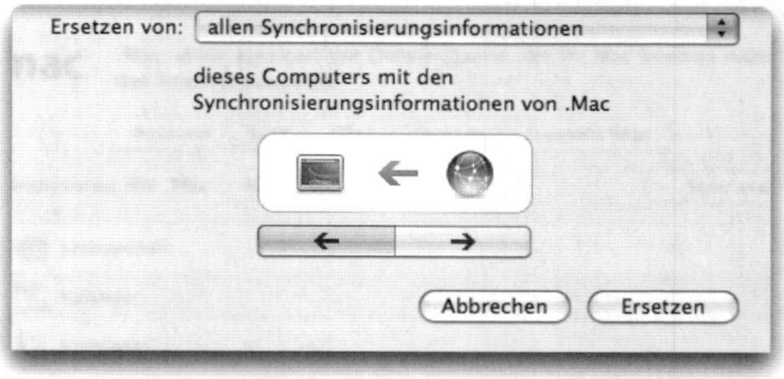

Befinden sich bereits Daten auf .Mac (von Vorgänger-Rechnern) und synchronisieren Sie das erste Mal mit einem neuen Mac-Rechner, so sollten Sie alle »Synchronisierungsinformationen dieses Computers mit den Synchronisierungsinformationen von .Mac« ersetzen lassen.

So erhalten Sie sämtliche Daten in Windeseile auf Ihren neuen Rechner übertragen. Nach diesem ersten Transfer werden zukünftig alle gesammelten Daten miteinander abgeglichen – sprich neu angelegte Lesezeichen auf dem Mac werden nach *.Mac* transferiert, während beispielsweise bei einer Reise in *.Mac* eingetragene Adressen auf den Computer wandern.

Bitte lesen Sie sich beim Synchronisieren immer alle Dialoge genau durch, nicht dass Sie aus Versehen Ihre gesammelten Daten überschreiben.

Sowohl Ihr E-Mail-Account als auch Ihr virtueller Speicherplatz teilen sich 10 Gigabyte – jeder bekommt also 5 Gigabyte zugewiesen. Über den Reiter *iDisk* erhalten Sie einen schnellen Überblick, wie viel Platz bereits beansprucht wurde. Nach einer kurzen Rückfrage und dem Sammeln von Infos werden die Daten aktualisiert, so dass Sie immer auf dem Laufenden sind.

Die iDisk eignet sich hervorragend, um Freunden oder Kollegen Daten zum Austausch zu überlassen.

Bitte bedenken Sie, dass Sie für alle Transaktionen bzw. zur Abfrage von Informationen zum *.Mac-Account* bzw. zur *iDisk* online sein müssen, da Ihr Rechner nur so auf Apples Server zugreifen kann. Einzige Ausnahme ist die Option *Synchronisation der iDisk*: Klicken Sie auf den Button *Start*, wird eine genaue Kopie der *iDisk* auf Ihrer Festplatte angelegt, so dass Sie jederzeit – also auch offline – auf die Ordner zugreifen können. Erst in dem Augenblick, indem Sie wieder ins Internet gehen, werden die Daten auf den Apple-Server übertragen

bzw. solche heruntergeladen. Auch hier sei erwähnt, dass eine schnelle Datenleitung via DSL anzuraten ist, da Download/Upload je nach Daten-Menge doch reichlich Zeit und Kapazität in Anspruch nehmen.

Den Zugriff auf die *iDisk* erreichen Sie über die Menüleiste *Gehe zu...* | *iDisk* | Untermenü *Meine iDisk* (⌘-⇧-I) bzw. per Klick auf das *iDisk*-Icon in einem Finder-Fenster. Das Fenster, das sich öffnet, kommt Ihnen sicherlich bekannt vor, da es – bis auf die englische Schreibweise der Ordner-Namen – haargenau Ihren regulären Ordnern unter Mac OS X entspricht. Und auch die Benutzung derselben lässt keinen Unterschied erkennen. Per Doppelklick lässt sich in die Ordner schauen oder Sie ziehen ganz einfach Daten auf die *Ordner*-Symbole, so dass diese hineinkopiert werden.

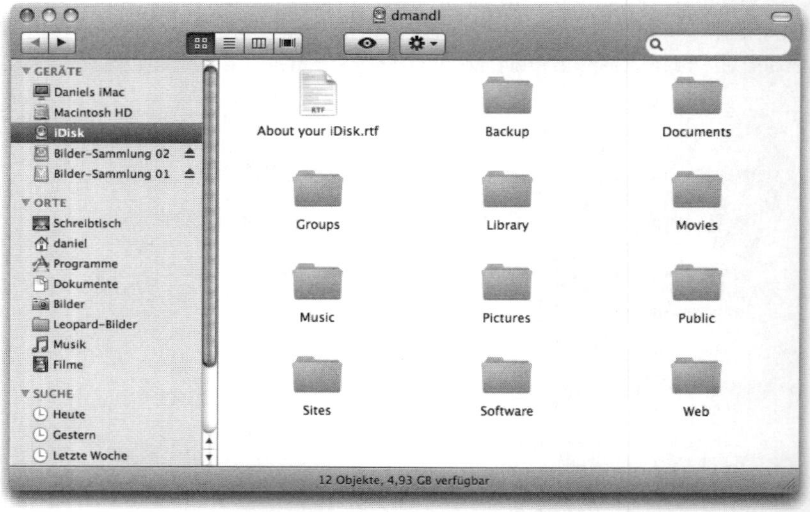

Die Ordner unterscheiden sich nicht vom normalen Mac OS X, so dass Sie sich wie Zuhause fühlen können.

Der Ordner *Public* (*Öffentlich*) ist übrigens jener, zu dem auch andere Mac-User über *Gehe zu...* | *iDisk* | Untermenü *Öffentlicher Ordner eines anderen Benutzers* nach Eingabe des Benutzernamens Zugang erhalten. Sie können also dort Daten hinterlegen, auf die ein Kollege jederzeit zurückgreifen kann, oder eben im umgekehrten Fall Dokumente abrufen, die beispielsweise ein Bekannter dort deponiert hat. Möchten Sie dennoch eine Sicherheitsbarriere einbauen, so tun Sie das ebenso in der Systemeinstellung *.Mac* unter dem Reiter *iDisk*. In der Abteilung *Ihr öffentlicher Ordner auf der iDisk* können Sie somit entscheiden, ob der Besucher nur *lesen* oder *lesen und schreiben* darf bzw. ob der Zugang durch ein Kennwort gesichert werden soll. Setzen Sie dazu im vorgesehenen Kästchen bei *Öffentlicher Ordner mit einem Kennwort schützen* einen Haken (☑) und vergeben Sie ein Passwort (welches übrigens genau zwischen 6 bis 8 Zeichen lang sein muss). Bitte vergessen Sie jedoch nicht, dieses denjenigen mitzuteilen, die darauf zugreifen sollen.

Die Vergabe eines Kennwortes schützt vor unbefugtem Zutritt.

Unten: Nach der Wahl von »Gehe zu | iDisk | Öffentlicher Ordner eines anderen Benutzers« sowie der Eingabe des Mitglied-Namens können Sie Daten in dessen »Öffentlichen Ordner« transferieren oder im Gegenzug herunterladen.

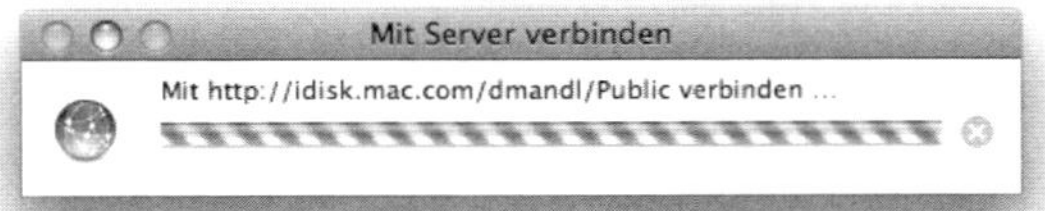

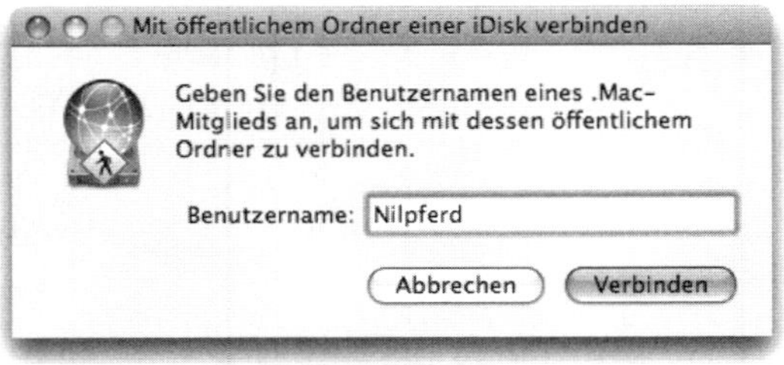

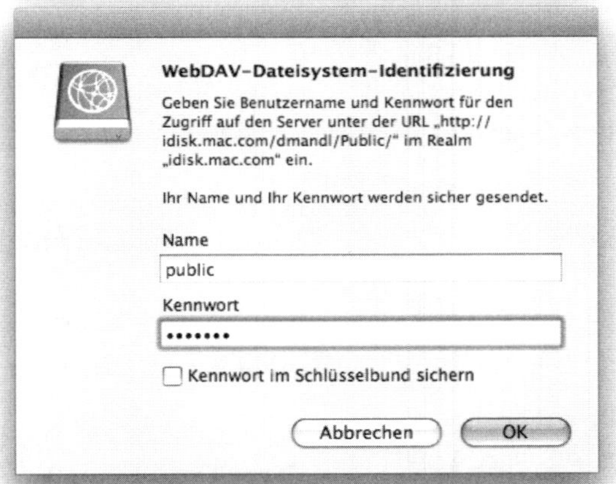

Im Ordner *Pictures* der *iDisk* liegen beispielsweise Ihre Bildbestände, die in Ihrer *HomePage* verbaut sind, in *Sites* liegen die HTML-Seiten Ihrer beispielsweise in *iPhoto* erstellten Galerien. Ein besonderes Augenmerk sollten Sie immer auch auf den Ordner *Software* richten, der ab und an doch einige Schmankerl anbietet – etwa das Programm *iDisc Utility for Windows XP*, mit dem Sie auch über einen Windows-PC hervorragend auf Ihre *iDisk* zugreifen können.

Über *Gehe zu* lässt sich auch auf die gesamte *iDisk* anderer Benutzer zugreifen, wenn Sie die Kenntnis über Benutzername und das entsprechende Passwort besitzen.

Der letzte Reiter der Systemeinstellung *.Mac – Zugang zu meinem Mac* – ermöglicht die Einrichtung von Diensten wie *Screen-Sharing* bzw. *File-Sharing*, mit deren Hilfe Sie über *.Mac* auch von externen Computern auf Ihren Rechner zugreifen können. Hierbei müssen Sie zuerst über den Button *Start* den Zugang öffnen. Danach klicken Sie auf den unten liegenden Knopf *Systemeinstellung „Sharing" öffnen* und aktivieren dort jene Dienste, die Sie erlauben möchten. Ist der jeweilige Dienst markiert, so erfahren Sie auch die Daten, die andere eintragen müssen, um auf Ihren Rechner zugreifen zu können.

Im Verbund der Systemeinstellungen ».Mac« und »Sharing« ermöglicht Mac OS X eine Vielzahl von Diensten.

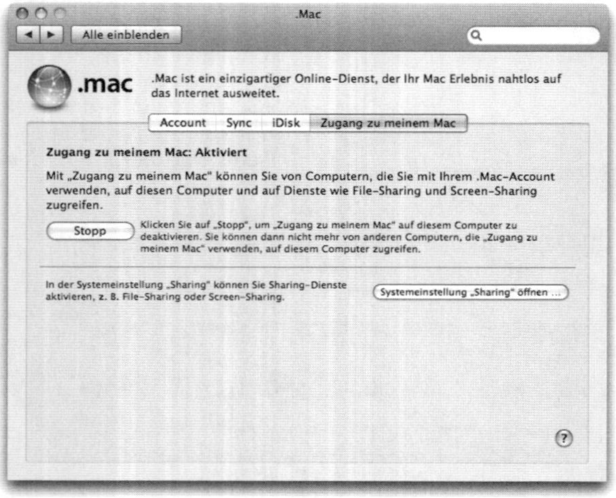

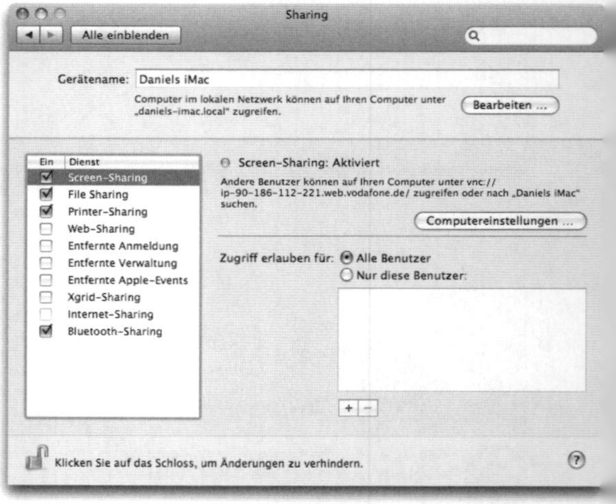

Weitere Informationen zu den *Sharing-Diensten* erfahren Sie in unserem Netzwerk-Kapitel weiter hinten im Buch.

Bedienungshilfen

Auch an Menschen, die in irgendeiner Weise gehandicapt sind, hat Apple gedacht. Dazu gehören Beeinträchtigungen des Sehens, des Hörens oder der Motorik. Unterstützung im Umgang mit der Bedienung des Computers finden Sie daher in der Systemeinstellung *Bedienungshilfe*.

Wer Probleme mit dem Sehen hat, sollte unbedingt in der Bedienungshilfe nach Erleichterungen suchen.

Wer unter Sehstörungen leidet und daher Menübefehle oder überhaupt die Anzeige auf dem Bildschirm schlecht erkennt, dem stehen neben einer vergößerten Darstellung (Funktion *Zoom*) auch Unterstützung durch einen Sprecher (*VoiceOver*) zur Verfügung, der alle Schritte durch Fenster, Menüs und Dialoge kommentiert. Die Funktion wird über die Tasten-Kombination ⌘-F5 gestartet und auch wieder beendet. Der Wermutstropfen schlechthin ist jedoch, dass die Funktion nur in Englisch verfügbar ist. Der Sprecher liest zwar auch die deutschen Begriffe vor, jedoch in einem eher unverständlichen Dialekt (aus »Speichern« wird da «Speechern» ...). Über *VoiceOver Dienstprogramm öffnen* starten Sie das zugehörige Dialogfeld zum Einrichten, was und worüber gesprochen werden soll. Über *Sprachausgabe* richten Sie die Art der Stimme ein (wobei man sich wirklich wundert, wer da so alles ans Mikro darf), über *Visuelle Effekte* können Sie die einzelnen Befehle oder Anweisungen und selbst Buttons vergrößert in einem extra Feld anzeigen lassen, wobei zusätzlich die Funktion vorgelesen wird.

Im Großen und Ganzen ist das zwar alles recht nett, doch wird bei zügigem Arbeiten und einem recht mitteilsamen Redner die Geschichte zunehmend nervig, so dass man letztlich froh sein kann, wenn der Herr oder die Frau (oder was da sonst noch so alles seinen Senf abgibt) wieder schweigen.

Das VoiceOver-Dienstprogramm stellt ein umfangreiches Repertoire an Anpassungsmöglichkeiten zum Vorlesen zur Verfügung ...

... Nichtsdestotrotz ist uns keine wirklich verständliche Version geglückt.

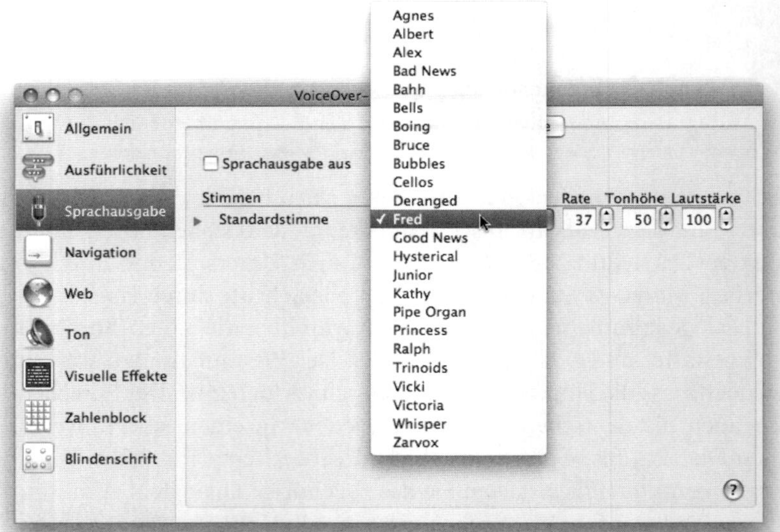

Die *Zoom*-Funktion starten und beenden Sie über die Tasten-Kombination ⌘-⌥-8, die Bildschirm-Anzeige vergrößern Sie über ⌘-⌥-= bzw. verkleinern Sie über ⌘-⌥-0 (funktioniert nicht auf dem Zahlenblock). Bei aktivierter Vergrößerung wird ein Bild-Ausschnitt stark aufgezoomt, so dass Text und Dialog-Felder besser zu erkennen sind. Über den Button *Optionen* gelangen Sie zu weiteren Anpassungs-Möglichkeiten, mit denen Sie die maximale wie minimale Zoom-Stufe regeln. Dort lässt sich auch ein schwarzer Vorschau-Rahmen anzeigen, der jenen Ausschnitt einfasst, der letztlich vergrößert wird. Über die Navigation mit der Maus bewegen Sie dann den Bildschirm-Inhalt an die gewünschte Stelle, wobei Sie hier bestimmen können, ob dies ständig beim Bewegen der Maus oder nur in jenem Falle passieren soll, wenn der Mauszeiger den Bildschirm-Rand erreicht.

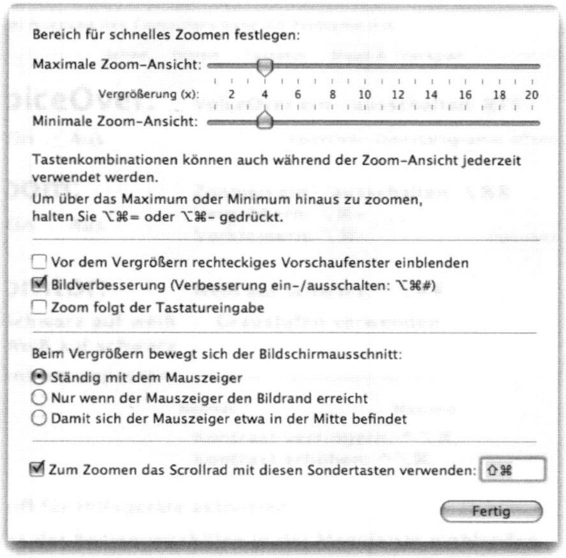

Die möglichen Optionen für die Zoom-Funktion. Die Abbildung zeigt die Option »Damit sich der Mauszeiger immer in der Mitte des Ausschnitts befindet«.

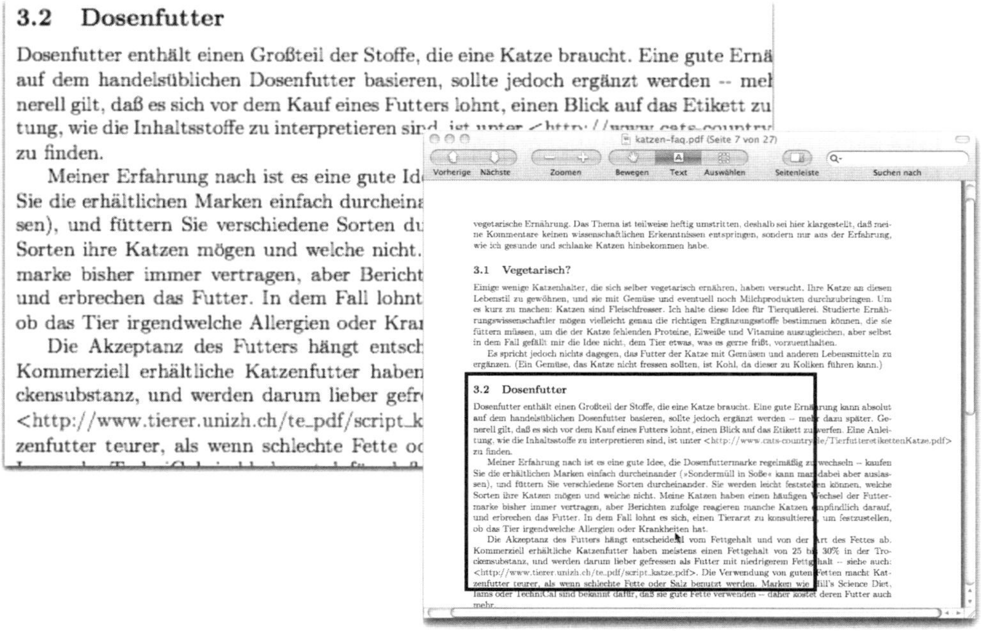

Mitte: Der schwarze Rahmen umfasst jenen Teil des Bildschirms, der im Falle einer Vergrößerung aufgezoomt wird. Auf einem iMac 24-Zoll-Bildschirm ist dann fast nichts mehr zu übersehen.

Wenn Sie es als angenehmer empfinden, anstatt der bunten Mac OS X-Oberfläche lieber eine Weiß auf Schwarz-Darstellung (also weißer Text auf schwarzem Hintergrund) zu sehen, um durch die Invertierung (das Umkehren von Hell und Dunkel) den Inhalt besser erkennen zu können, so lässt sich über ⌘-⌥-*ctrl*-8 auch dieses einrichten. Daneben steht auch eine reine *Graustufen*-Ansicht auf dem Programm bzw. als weitere Maßnahme eine Kontrast-Anhebung oder Verringerung.

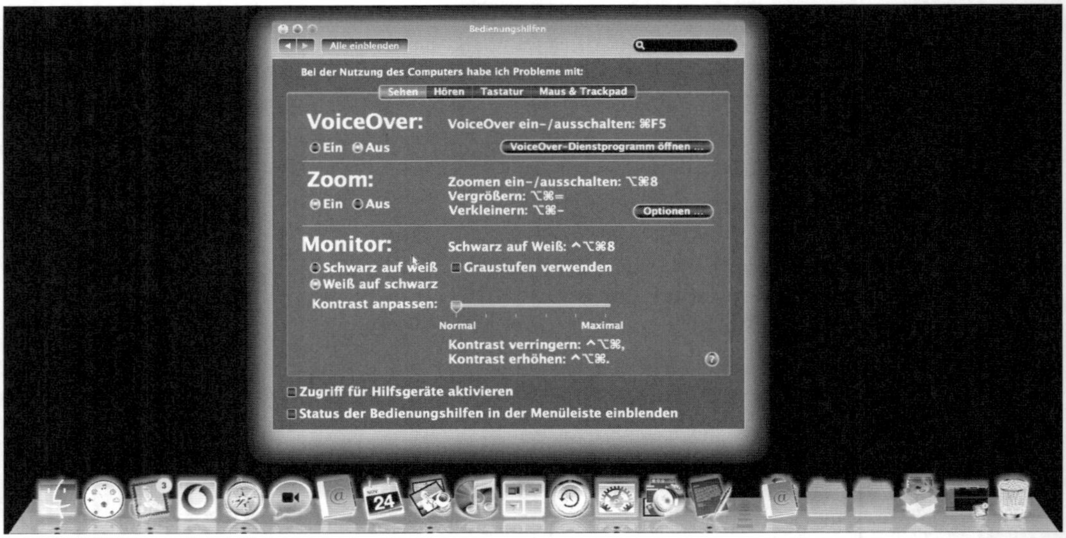

Die Systemeinstellung »Bedienungshilfen« in umgekehrter Hell-Dunkel-Ansicht (Option »Weiß auf schwarz«).

In der Rubrik *Hören* kann als Alternative zum Warnton das *Bildschirm-Blinken* aktiviert bzw. einmal ausprobiert werden. Gerade für jene, die schlecht hören, ist diese Funktion von großem Nutzen, weist doch ein Warnton meist auf Unstimmigkeiten hin, die über das Blinken nunmehr verstanden werden.

Auch für die Bedienung der Tastatur bei Motorik-Schwierigkeiten bietet Apple eine große Zahl an Hilfestellungen. Unter anderem lässt sich auf eine Einfingerbedienung umschalten, so dass Sondertasten hintereinander anstatt zugleich gedrückt werden. Diese Funktion kann auf Wunsch durch fünfmaliges Drücken der *Umschalttaste* (⇧) gestartet und auch beendet werden, auch lassen sich die Sondertasten sowohl visuell einblenden als auch akustisch ausgeben.

Auch die Tastatur lässt sich bei gesundheitlichen Problemen (etwa im motorischen Bereich) auf Wunsch anpassen.

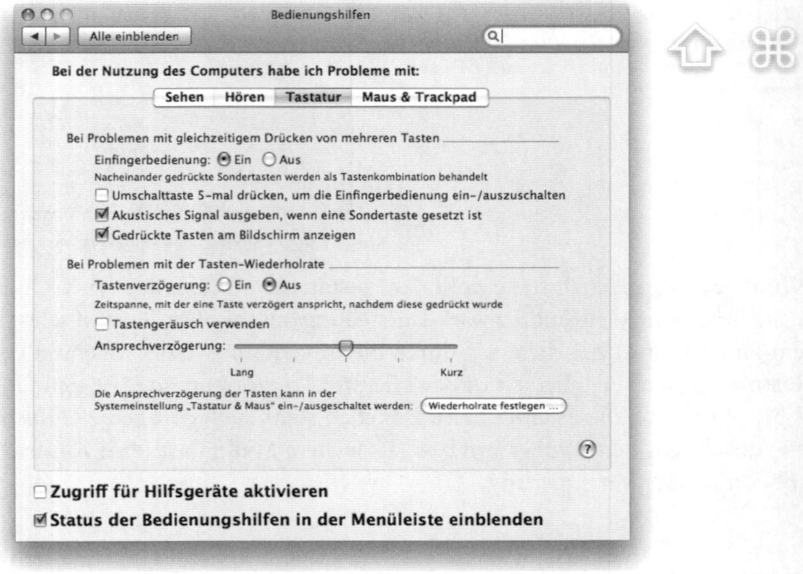

Weiterhin lassen sich die *Tasten-Wiederholrate* sowie das *Tastengeräusch* definieren, das Sie wohl in alte Zeiten zurückversetzt, denn bei Klick auf die Tasten ertönt der Klang einer Schreibmaschine.

Zum Schluss kümmern wir uns noch um die Maus: Hierbei drücken Sie fünf Mal die *Optionstaste* (⌥), um den *Cursor* (Mauszeiger) anstatt mit der Maus über die Tastatur zu steuern. Über die numerische Tastatur bzw. mit zusätzlich gedrückter *fn*-Taste und den zugehörigen Ziffern (bei den Laptop-Modellen) oder natürlich über das *Trackpad* lenken Sie so den Mauszeiger über den Bildschirm, wobei Sie mit 1, 2, 3, 4, 6, 7, 8 und 9 die Richtung bestimmen. Über die »5« lässt sich der Mausklick und über »0« das Gedrückthalten der Maustaste simulieren. All das erfordert ein wenig Übung, was aber bei stetem Verwenden schnell in Routine übergehen sollte.

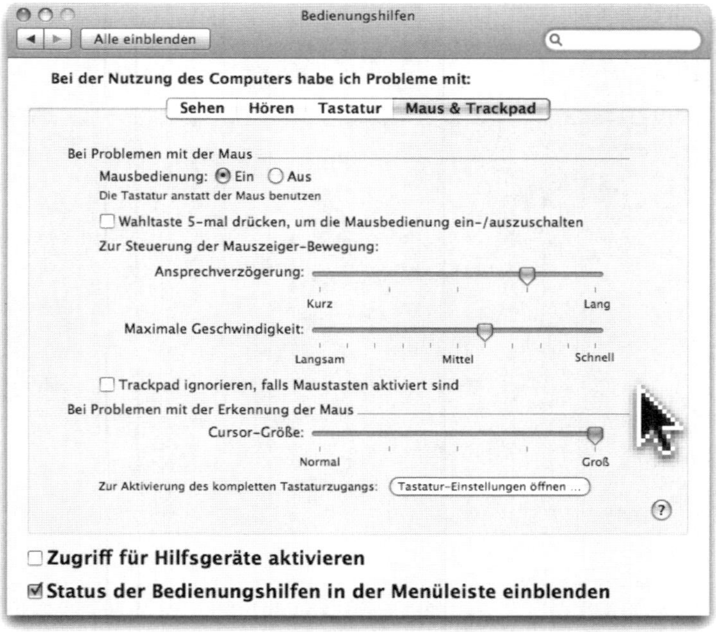

Das entsprechende Dialogfeld zum Simulieren der Maus über die Tasten. Zu erwähnen ist auch noch die Möglichkeit, die Cursor-Größe (sprich den Mauspfeil) zu verändern.

Zusammenfassend sollen noch einmal die vielen Tasten-Kombinationen zum Bedienen des Computer über die Tastatur aufgeführt werden (einsehbar auch in der Systemeinstellung *Tastatur & Maus | Rubrik Tastatur-Kurzbefehle*):

▼Bedienungshilfen	
Zoomen ein-/ausschalten	⌥⌘8
Bildglättung ein-/ausschalten	⌥⌘#
▼Zoomen	
Verkleinern	⌥⌘-
Vergrößern	⌥⌘=
▼Kontrast	
Kontrast erhöhen	^⌥⌘.
Kontrast verringern	^⌥⌘,
Weiß auf Schwarz	^⌥⌘8
VoiceOver ein-/ausschalten	⌘F5

Das kleine »^«-Zeichen ist dabei der Control-Taste gleichzusetzen. Über Auswahl der Kurz-Befehle sowie über Zahlen- und Pfeil-Tasten beherrschen Sie somit in allen Belangen Ihren Mac.

Benutzer

Mac OS X 10.5 Leopard ist nicht nur als Einzelplatz-Version der Hit, sondern geradezu prädestiniert für mehrere Anwender, die sich einen Rechner teilen wollen oder müssen. Sie selbst bzw. derjenige, der den Rechner wartet, das Betriebssystem oder weitere Programme installiert, sind der so genannte *Administrator*. Nur er kann vorrangig neue Software auf den Rechner installieren, da er das *Administrator-Kennwort* weiß und eingibt (es sei denn, ein weiterer Anwender bekommt es mitgeteilt).

Steht schon im Voraus fest, dass weitere Mac-Nutzer hinzukommen, so sollten Sie sich die Systemeinstellung *Benutzer* genauer anschauen, denn dort werden die Fäden zum Anlegen neuer Benutzer gezogen. Am Anfang ist nur der *Administrator* in der Account-Liste vertreten, wobei weitere jederzeit hinzugefügt werden können.

Noch steht der Administrator einsam in der Liste.

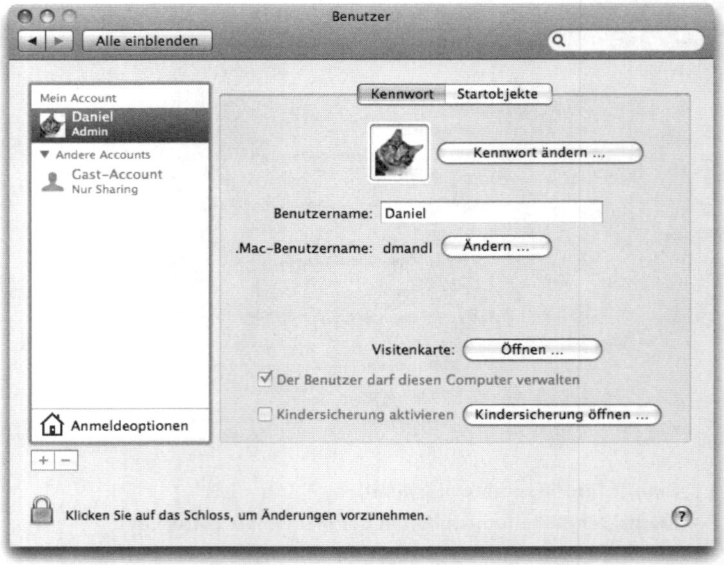

Da Passwörter eine heikle Sache sind, sollten Sie diese bei wirklich sensiblen Daten von Zeit zu Zeit wechseln. Das geht über den Button *Kennwort ändern...*, indem Sie erst das bestehende Kennwort eingeben und dann das neue bestimmen. Von nun an gilt nur mehr das gerade Eingegebene – verwechseln Sie es also nicht.

Wenn Sie Ihr *Benutzer-Bild* ändern möchten, so fahren Sie mit der Maus auf die kleine Abbildung, die daraufhin einen kleinen Pfeil einblendet. Klicken Sie darauf, so fährt ein Fenster mit den bereits eingebauten Bildern aus. Entweder Sie suchen sich nun eines aus der Apple-Sammlung aus oder klicken auf *Bild bearbeiten...* In diesem Dialog haben Sie die Möglichkeit, ein Foto in den Arbeitsbereich zu ziehen. Über das Verschieben mit der Maus bzw. dem Anpassen über den Regler lässt sich dabei ein geeigneter Ausschnitt zaubern, der dann als neues Symbol übernommen wird. Dabei können Sie ruhig des Öfteren einmal abwechseln, denn im oben liegenden Popup-Menü *Benutzte Bilder* werden alle bislang verwendeten Bild-Symbole abgespeichert.

Entweder Sie benutzen eine Apple-Vorlage oder ziehen ein geeignetes Bild aus einem Ordner in das weiße Feld hinein. Alternativ lässt sich auch über den »Wählen«-Button ein Foto suchen. Ein ansprechendes Porträt ist aus unserer Sicht viel persönlicher – oder möchten Sie als Papagei oder Billard-Kugel dargestellt werden?

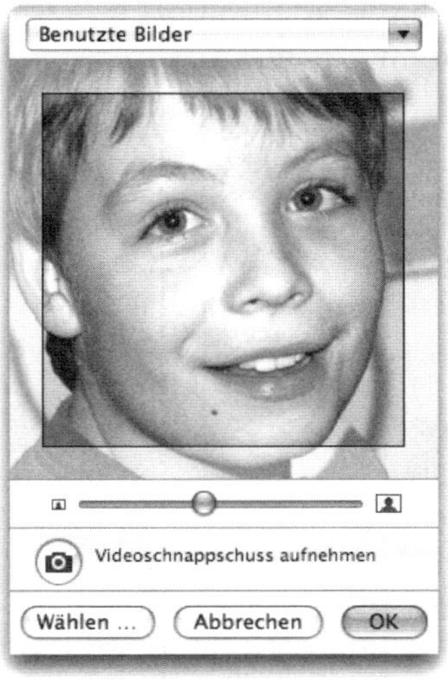

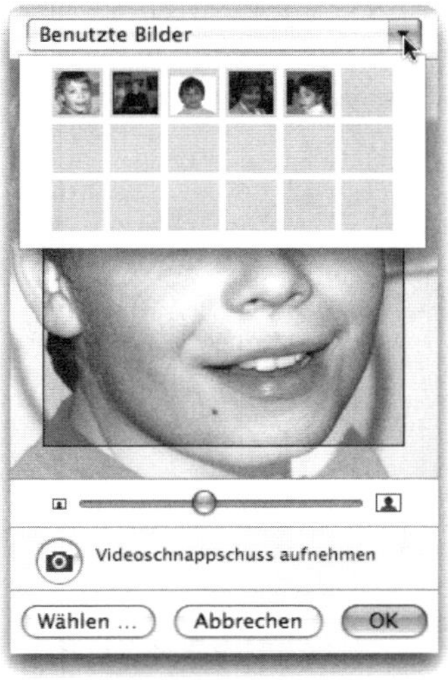

Wenn Sie wenig eitel sind und immer gerne ein aktuelles Bild von sich verwenden möchten, dann ist auch die *Videoschnappschuss*-Variante nicht zu vernachlässigen. Besitzen Sie einen Mac mit eingebauter bzw. externer *iSight*-Kamera, so rücken Sie bitte nun die Krawatte zurecht, malen noch einmal den Lippenstift nach (bitte nur die Damen ...) und lächeln ganz doll in die Kamera. Klicken Sie dann mit der Maus auf das Kamera-Symbol ( ) und nach drei Sekunden sind Sie im »Kasten«. Sie können nun so lange knippsen, bis Sie mit Ihrem Foto zufrieden sind, und über *OK* bestätigen Sie Ihr amtliches Administratoren-Porträt.

Bitte lächeln und in die Kamera schauen.

Ansonsten lassen sich in diesem Dialog noch der *.Mac*-Benutzername wechseln oder auf die eigene Visitenkarte zugreifen. Bei letzterer Möglichkeit landen Sie per Klick auf *Öffnen* im *Adressbuch* und können dort Ihre persönlichen Daten vervollständigen, indem Sie im unteren Bereich den Knopf *Bearbeiten* wählen.

Damit Ihr Adressbuch immer aktuell ist, sollten Sie die darin liegenden Daten gut pflegen. Auf das Programm als solches kommen wir noch ausführlich im nächsten Kapitel zu sprechen.

Die *Kindersicherung* können Sie als *Administrator* für sich selbst nicht vergeben, dafür aber für weitere Benutzer. Damit können Sie sich dann rächen und beispielsweise alle brandheißen Internetseiten sperren, so dass das Surfen im Internet so richtig langweilig wird. Dazu später mehr.

Über den Reiter *Startobjekte* lassen sich jene Programme anzeigen, die sofort nach dem Mounten des Betriebssystems und der Anmelde-Prozedur gestartet werden sollen. Aber auch Sie selbst können selbstverständlich weitere hinzufügen. So ist es durchaus sinnvoll, beispielsweise *Safari* (den Internet-Browser) und *Mail* (das E-Mail-Programm) automatisch starten zu lassen, wenn Sie diese Applikationen auf jeden Fall benutzen. Über das *Plus*-Symbol (+) unterhalb der Auflistung öffnet sich Ihr *Programme*-Ordner, aus dem Sie sich nun bedienen können, das *Minus*-Symbol (–) entfernt hingegen Anwendungen.

Manche Anwendungen, die sich in der Objekt-Liste befinden, haben derart kryptische Namen, dass man deren Sinngehalt wahrlich erraten muss (oder auch nie darauf kommt). Löschen Sie aber dennoch keinerlei Programme, von denen Sie nicht 100-prozentig wissen, wozu diese gut sind. Denn im negativen Fall entfernen Sie vielleicht eine wichtige Datei, die Ihr Mac zum Arbeiten benötigt.

Wenn Sie mit der Maus ein klein wenig über einem Objekt verharren, so wird der Pfad angezeigt, wo sich die Datei befindet. Manchmal lässt sich darüber Weiteres erfahren.

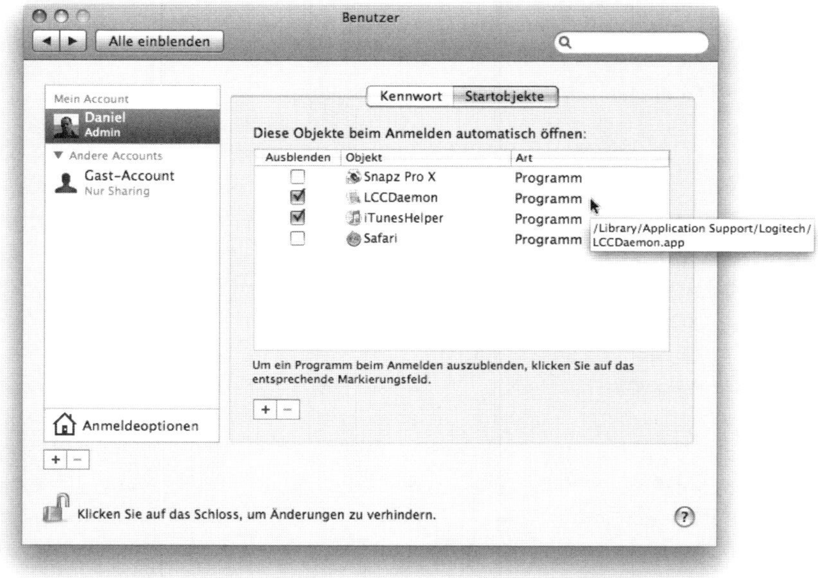

Die Startobjekte haben es manchmal in sich. Wer ist der LCCDaemon? Ist das gefährlich oder was zum Essen? Über die so genannte Quick-Info werden Zusatz-Details eingeblendet, die uns zeigen, dass dieses Objekt von der Firma Logitech kommt und zum Maustreiber gehört. Aha …

Übrig bleiben vorerst noch die *Anmeldeoptionen*, die unterhalb der Accounts stehen. Ist dieses Feld grau, sprich nicht aktiv, so müssen Sie zuerst in das Schloss (🔒) ganz unten klicken und es über die Eingabe des *Administrator-Kennworts* öffnen. Diese Sicherheitsvorkehrung wird standardmäßig nach jedem Schließen der Systemeinstellung wieder aktiv.

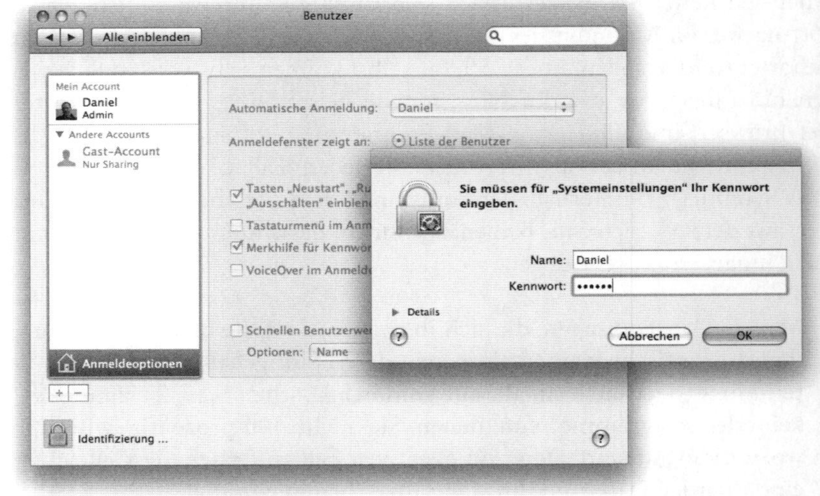

Ohne Eingabe des Administratoren-Kennworts lassen sich keine Veränderungen der Anmeldeoptionen vornehmen.

Für Alleinherrscher bietet es sich an, das System automatisch, also ohne Anmelde-Dialog hochstarten zu lassen. Denn wenn kein Zweiter an den Rechner kommt, kann auch niemand Schaden anrichten (schließen wir mal bei dieser gewagten These den Diebstahl des Rechners sowie das Einschleusen von Viren etc. über das Internet & Co. aus). Sind mehrere Benutzer zugange, so sollten Sie in der Tat die Option *Automatische Anmeldung* auf *Deaktiviert* stellen und stattdessen das Anmelde-Fenster mit der *Liste der Benutzer* (und Eingabe des Passworts) oder mit *Name und Kennwort* (Eingabe des Benutzer-Names sowie Kennwort) einblenden lassen.

Das mit den *Tasten Neustart, Ruhezustand und Ausschalten einblenden* ist auch so eine zweischneidige Angelegenheit. Im Grunde soll es bei deaktivierter Option verhindern, dass ein Nutzer etwa den *Neustart* wählt. Somit könnte er dann mit einer Mac OS X-Installations-DVD hochstarten, das Kennwort zurücksetzen oder gar das System vollständig neu installieren, um die Macht über den Rechner zu ergreifen. Hierzu muss er nur die Installations-DVD einlegen und nach dem Startgong die Taste *C* drücken. Der Rechner startet nun von der System-DVD, und nach Auswahl der Sprache lässt sich entweder das System neu aufspielen oder über die Menüleiste *Dienstprogramme* die Applikation *Kennwörter zurücksetzen* wählen. Dazu wählt der Bösewicht dann das entsprechende Mac OS X-Volume (das Start-Volume), wählt aus dem darunter stehenden Popup-Menü den Benutzer (auch der *Administrator* kann bestimmt werden) und vergibt ein neues Kennwort. Das war es dann auch schon. Kommt nun der eigentliche Administrator geschafft zu seinem Rechner und möchte sich anmelden, so überkommt ihn das blanke Entsetzen, denn über sein selbst vergebenes Passwort kann er sich nicht mehr einloggen. Nun könnte er natürlich dasselbe machen und über *Kennwörter zurücksetzen* sich wieder ein Neues zulegen – aber wo soll das hinführen? Und selbst dann, wenn eben der Neustart-Button fehlt, kann man über die Tasten-Kombination *Befehlstaste-Controltaste-Ein-/Ausschalttaste* einen Neustart erzwingen. Man kann es drehen und wenden wie man will – Sie können das handhaben nach Gutdünken.

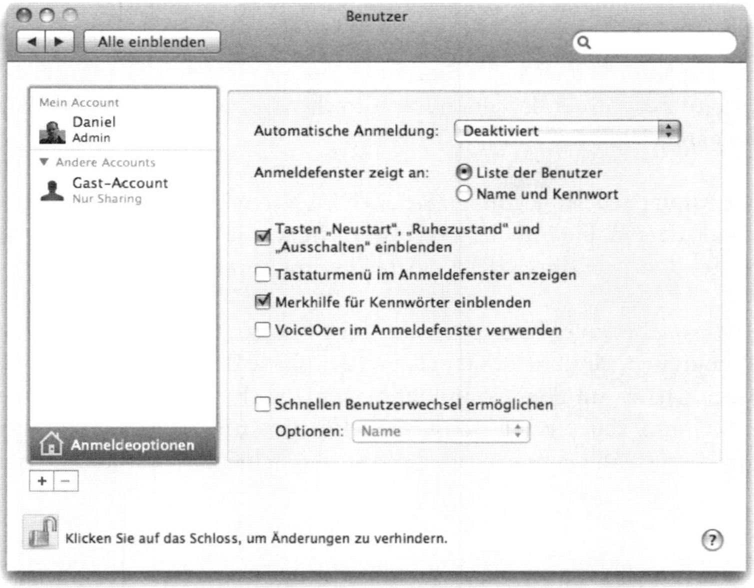

Nicht alle Optionen machen immer Sinn. Und dennoch: Schön, dass hier an alles gedacht wird.

Das *Tastaturmenü im Anmeldefenster* ist dagegen hilfreich, wenn Sie mehrere Tastatur-Layouts verwenden (siehe auch Systemeinstellung *Landeseinstellungen* und dort den Reiter *Tastaturmenü*). Hiermit können Sie schon im Vorfeld festlegen, mit welcher Tastaturbelegung gestartet werden soll. Die Funktion *VoiceOver im Anmeldefenster verwenden* liest wieder in formidablem Deutsch/Englisch-Kauderwelsch die Namen des Start-Volumes sowie der Eingabe-Felder vor, und die *Merkhilfe für Kennwörter* blendet genau diese ein (wenn Sie sich Ihr Passwort partout nicht merken können, können Sie es ja in die Merkhilfe schreiben ;-)).

Und nun kommen wir zu etwas ganz Tollem – zumindest was den Effekt angeht: der *schnelle Benutzer-Wechsel*. Damit Sie diesen jedoch in Anspruch nehmen können, wollen wir zuerst einen weiteren Benutzer anlegen. Dazu klicken Sie unterhalb der Account-Liste in den *Plus*-Button (+) und vergeben im auftauchenden Dialog Name, Kurzname, Kennwort sowie optional eine Merkhilfe. Zudem müssen Sie noch entscheiden, welche Art von *Account* Sie vergeben möchten. Dies erledigen Sie über das Popup-Menü bei *Neuer Account*: Als *Administrator* erhält der neue Benutzer die gleichen Rechte wie Sie, sprich er darf alles installieren, neue Benutzer anlegen usw. Der *Standard-Account* besitzt im Großen und Ganzen ebenso eine eigene Arbeitsoberfläche, in der man schalten und walten kann, wie man möchte. Einzig das Benutzer-Anlegen bleibt diesem verwehrt. Die Option *Verwaltet durch die Kindersicherung* wiederum hat deutliche Einschränkungen bzw. solche, die Sie in der Systemeinstellung *Kindersicherung* festgelegt haben. Dies können unter anderem anstößige Internet-Inhalte sein oder das Untersagen des Zugriffs auf bestimmte Programme wie *Mail* oder *iChat*. Letzteres ist in der Tat sinnvoll, wenn Tochter oder Sohn in einem Alter sind, das man Pubertät nennt und in dem diese gerne mal über die Strenge schlagen. Und seien Sie sich gewiss: Die Einschränkung der Internet-Kommunikation ist eine größere Strafe als Hausarrest – machen Sie sich also auf größere Diskussionen gefasst.

Die Kindersicherung können Sie auch im Nachhinein noch für Benutzer aktivieren. Sie müssen sich also nicht schon im Vorfeld festlegen, ob der Benutzer durch die Kindersicherung verwaltet werden soll.

Nur Sharing bedeutet hingegen, dass der Benutzer nur auf bestimmte Dateien zugreifen kann. Er besitzt also weder einen Eintrag im Anmeldefenster noch darf er auf dem Computer herumwerkeln. Die Gruppe als solches ist erst einmal kein eigener Account. Vielmehr können Sie damit sozusagen einen Oberbegriff benennen, über den sich verschiedene Benutzer-Accounts zusammenfassen lassen.

Der neue Benutzer wird in wenigen Sekunden angelegt.

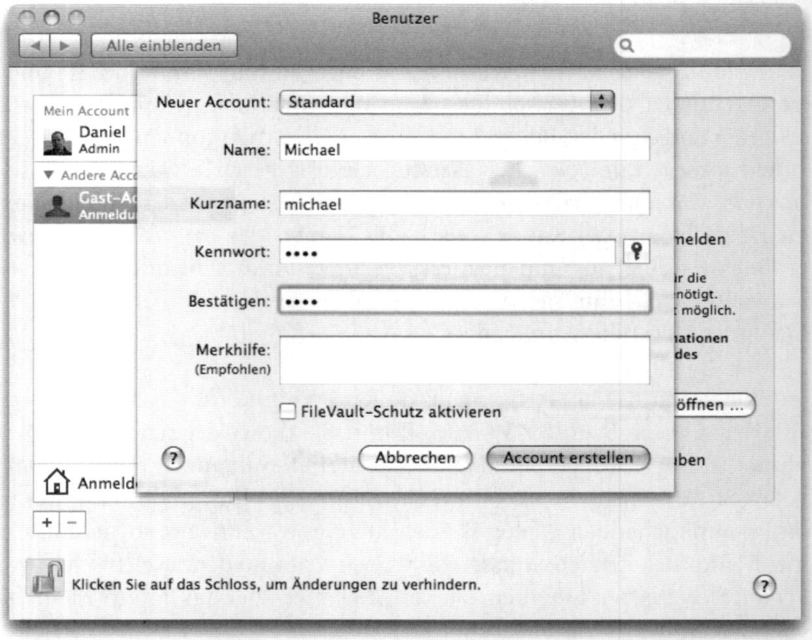

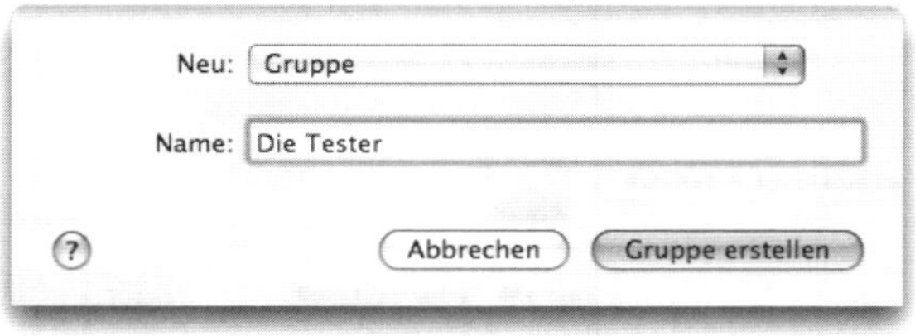

Das Anlegen einer Gruppe ist ebenso eine Sache von Sekunden. Danach können Sie bestimmen, wer zu welcher Gruppe gehören darf.

Beim Neuanlegen eines Accounts brauchen Sie nicht zwingend ein Passwort zu vergeben. Lassen Sie die entsprechenden Felder leer, so bekommen Sie zwar einen Warnhinweis, doch ist das nicht weiter schlimm. Beim Anmelden muss dann der Benutzer nur auf sein Konterfei klicken und die Sache ist geritzt. Letztere Vorgehensweise ist sicherlich von Vorteil, wenn kleinere Kinder im Haushalt sind, die sich komplizierte Passwörter nicht merken können, aber dennoch Online-Banking betreiben wollen.

Übrig bleibt noch der *Gast-Account*, der standardmäßig in der Account-Liste auftaucht, der aber dennoch manuell aktiviert werden muss. Wer sich also als Gast anmeldet, kann im Grunde wie ein ganz normaler Benutzer am Computer arbeiten. Das dicke Ende kommt jedoch erst ganz zum Schluss, nämlich dann, wenn er sich abmelden möchte:

Na wenn das keine gute Nachricht ist?

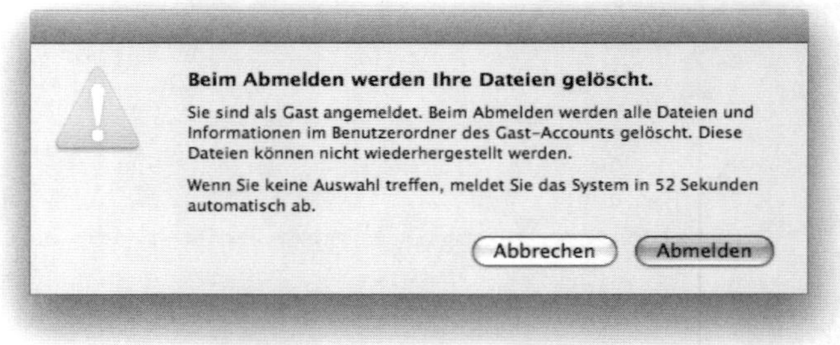

Was heißt das nun für den Gast? Möchte er seine Daten gerettet wissen, so muss er sie zuvor in Sicherheit bringen. Das kann das Brennen eines Mediums sein, das Kopieren auf eine externe Festplatte oder das Sichern der Daten, indem er diese in freigegebene Ordner legt. Das ist entweder der *Briefkasten* eines öffentlichen Ordners (eines bestimmten Benutzers) oder der Ordner *Für alle Benutzer*, der sich in der Festplatten-Hierarchie (Macintosh HD) ganz oben befindet.

Der Gast-Account muss erst aktiviert werden: »Gästen erlauben, sich an diesem Computer anzumelden«.

Dem Gast bleiben alle Benutzer-fremden Ordner verschlossen – einzig der Briefkasten im Ordner »Öffentlich« darf benutzt werden, um beispielsweise erstellte Dokumente weiterzureichen.

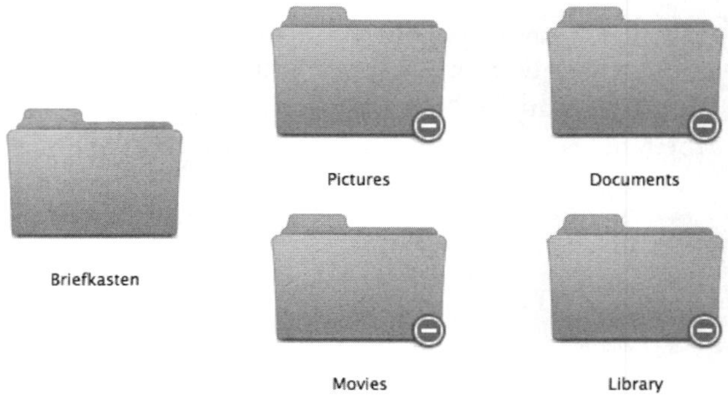

Sind alle Accounts erstellt, so werden nach einem Neustart bzw. nach dem Abmelden eines Benutzers sowohl der Standard-, der Administrator- als auch der Gast-Account im Anmeldefenster mit aufgeführt. Per Klick auf den Benutzer kann man sich nun über sein Passwort anmelden und die Sache ist erledigt. Keiner kommt dem anderen in die Quere oder verändert ungefragt Datenbestände.

Die Benutzer in Reih und Glied.

Wird nun bei den *Anmeldeoptionen* die Funktion *Schnellen Benutzerwechsel ermöglichen* aktiviert, so warnt Sie Mac OS X vor diesem Schritt. Mit der Bestätigung wird dieser dann freigeschaltet und Sie können unter den Optionen wählen, was als *Anmelde-Dialog* eingeblendet wird (das Passwort muss dagegen immer eingegeben werden). Weiterhin finden Sie in der Menüleiste einen neuen Punkt, der den aktuellen Benutzer einblendet. Klicken Sie darauf, so klappt eine Leiste mit den jeweiligen Benutzern herunter, die nun gewählt werden können. Nun muss nur noch das Passwort eingegeben werden und Schwupps dreht sich der Finder wie ein Würfel und der Benutzer befindet sich in seinem Territorium.

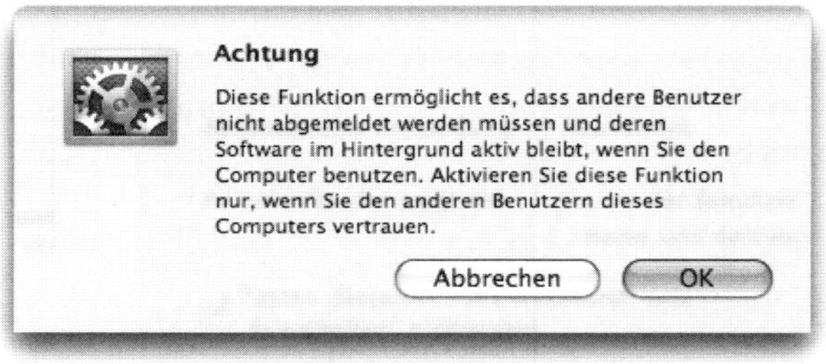

Die Warnung vor dem Benutzerwechsel ist gerechtfertigt, so dass ein ausführliches Nachdenken darüber wirklich angebracht ist ...

... Sind Sie dennoch einverstanden, lassen sich Art und Weise des Anmelde-Dialogs bestimmen. Über die Menüleiste haben Sie zudem sofortigen Zugriff auf die Accounts.

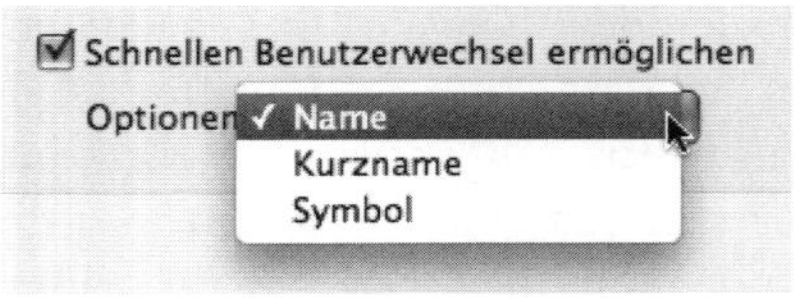

Das Anmelde-Fenster: Nach Eingabe des Passworts befinden Sie sich schon im neuen Account.

Wie Sie bereits kennen gelernt haben, besitzt jeder Benutzer seine eigene Ordner-Struktur mit Dokumenten-, Musik-, Bilder-Ordnern usw. Damit nun nicht jeder in den Ordnern des anderen herumwühlen kann, sind nur die eigenen Ordner zugänglich, diejenigen der anderen Benutzer sind gesperrt. Es gilt folglich das Gleiche wie für den Gast-Account: Um zwischen den angelegten Benutzern Daten austauschen zu können, gibt es die Ordner *Für alle Benutzer* und *Öffentlich.* Ersteren finden Sie über das *Startvolume* und dort im Ordner *Benutzer.* Daten, die dort hineingelegt werden, sind für alle zugänglich und können weiterbearbeitet werden. Der Ordner *Öffentlich* enthält hingegen noch einen weiteren Ordner namens *Briefkasten,* in den Dateien von anderen Benutzern abgelegt werden können, die jedoch nur der entsprechende Adressat einsehen kann. Der Ordner *Öffentlich* selbst dient zum Austausch von Daten über ein Netzwerk, wobei wir dieses Thema ein wenig später erklären möchten.

Datum & Uhrzeit

Wie der Name ganz klar intendiert, geht's hier um die korrekten Zeit- und Datums-Einstellungen. Normalerweise müssen Sie hier nicht viel an den Zeigern herumdrehen, haben Sie doch gerade erst Ihr Betriebssystem installiert und im Konfigurations-Modus diese Daten (zum Beispiel die *Zeitzone*) auf Vordermann gebracht. Nichtsdestotrotz: Vielleicht sind Sie ja in ein anderes Land gezogen oder die Puffer-Batterie (dort werden nämlich Datum und Uhrzeit gespeichert, wenn Ihr Rechner mal längere Zeit ausgeschaltet war) Ihres älteren Macs war leer.

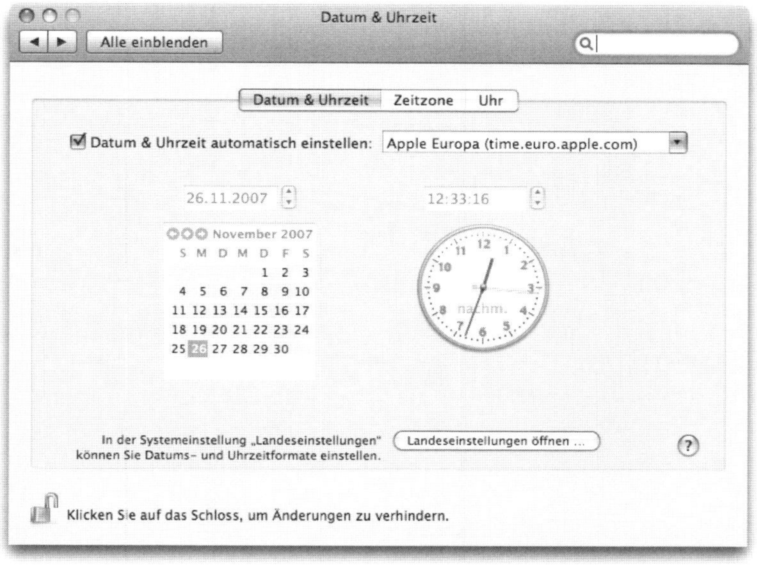

Hier treffen Sie die aktuellen Zeit- und Datums-Einstellungen.

Neben der manuellen Eingabe des korrekten Datums und der genauen Uhrzeit – die allerdings nur möglich ist, wenn das Häkchen bei *Datum & Uhrzeit automatisch einstellen* entfernt wird – können Sie bei einer bestehenden Online-Verbindung diese Daten auch über einen Server (also einen Netzwerk-Rechner, der für genau diese Aufgabe gedacht ist) aktualisieren lassen. Das dauert nur eine Sekunde und ist topaktuell. Wie die Daten angezeigt werden sollen, können Sie über die *Landeseinstellungen* definieren, die wir weiter oben schon erklärt haben und zu denen Sie über den unten liegenden Button *Landeseinstellungen öffnen* gelangen.

Auch die *Zeitzone* dürfte Ihnen bekannt vorkommen, denn auch sie tauchte bei der erstmaligen Zusammenstellung Ihrer persönlichen Eingaben auf. Gibt es also Änderungen, so tun Sie das hier.

Die Zeitzone mit Auswahl jener (Groß)Stadt, die sich in der Nähe Ihres Heimatortes befindet.

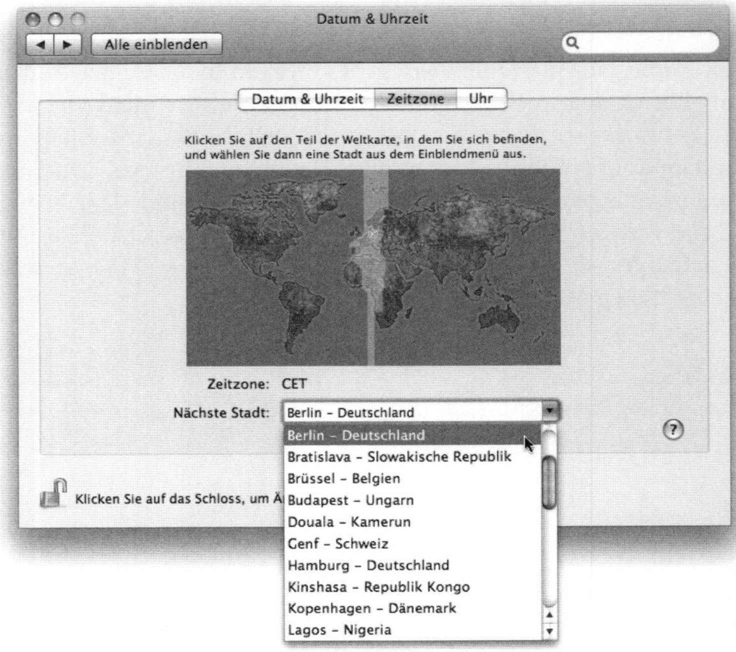

Im letzten Reiter – *Uhr* – geht es um die Darstellung. Normalerweise lässt sich rechter Hand in der Menüleiste die Uhrzeit ablesen. Klicken Sie auf das Menü, wird neben dem Datum auch noch die Möglichkeit geboten, eine analoge Uhr zu verwenden. Diese ist allerdings dann so winzig, dass der Gang zum nächsten Kirchturm angeraten ist.

Mo 12:38 oder – das ist hier die Frage …

Während unter Mac OS X Tiger (dem Vorgänger-Betriebssystem) es noch möglich war, die Anzeige entweder in der Menüleiste oder separat auf dem Schreibtisch anzuzeigen, ist dies unter Leopard nicht mehr möglich. Das Kuriose an der Geschichte ist jedoch, dass Apple in der Mac-Hilfe diese Möglichkeit dennoch erwähnt. Zitat:

»Soll in der Menüleiste oder auf dem Schreibtisch eine Uhr angezeigt werden, wählen Sie „Datum & Uhrzeit anzeigen“ aus.«

Wir denken nun mal ganz großzügig und gehen davon aus, dass diese Funktion in späteren Updates nachgereicht wird, denn die Anzeige auf dem Schreibtisch war gar nicht mal so schlecht. Damit Sie sich das besser vorstellen können, nachfolgend die beiden Darstellungen (digital oder analog) aus Tiger:

oder

Neben einer angenehmen Größe waren diese auch frei verschiebbar, indem Sie sie einfach mit der Maus packen und woanders hinziehen konnten. Ein weiterer Vorteil: Die Uhren waren immer im Vordergrund, auch wenn Sie das Programm wechselten oder mehrere Fenster oder Dokumente geöffnet hatten. Die Intensität der Darstellung wurde dabei über einen *Transparenz*-Regler eingestellt. Auch gab es weitere Optionen wie *Wochentag anzeigen, blinkende Trennzeichen, Uhrzeit mit Sekunden anzeigen* usw.

Als Gag betrachten wir hingegen wieder das Vorlesen der Zeit, das alle 15, 30 oder 60 Minuten gestartet werden kann. Ob Sie sich das nun flüsternd, hysterisch, á la Mickey Mouse oder lieber mit kunstvoller Glocken-Untermalung reinziehen möchten, probieren Sie am besten selber einmal aus, so kommen Sie am schnellsten zu Ihrer Wunsch-Einstellung.

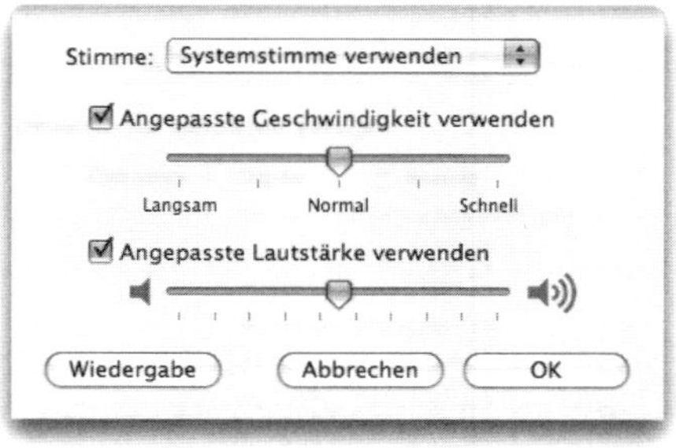

Viel Spaß beim Klicken. Hören Sie sich alle Stimmen durch, so haben Sie sich ja einiges vorgenommen.

Kindersicherung

Was für Kinder gilt, kann man gut und gerne auch auf Erwachsene anwenden. Mit der Kindersicherung haben Sie somit ein wunderbares Instrument an der Hand, um Computer-Funktionen einzuschränken. Der erste Gang sollte nichtsdestotrotz in die Systemeinstellung *Benutzer* stattfinden, in der Sie – wie bereits weiter oben beschrieben – neue Benutzer anlegen. Sind diese konfiguriert, so können Sie bereits dort die Kindersicherung aktivieren – die Einstellungen als solches, also wer was wann darf, erledigen Sie dennoch in der Systemeinstellung *Kindersicherung*.

Der Dialog ist eingeteilt in die Rubriken *System, Inhalt, Mail & iChat, Zugriffszeiten* und *Protokolle*. Im ersten Reiter – *System* – lässt sich schon einmal der Mac gut an das Alter eines Anwenders anpassen. Wie Apple richtig schreibt, richtet sich die erste Option – *Einfachen Finder verwenden* – eher an jüngere Benutzer, welche die volle Funktionsvielfalt eigentlich nicht benötigen. So werden alle *Finder* spezifischen Funktionen sowie das Dock gesperrt, auch können keine Dokumente oder Programme verschoben werden. Einzig von Ihnen zugeordnete Programme werden zugelassen, indem der Benutzer einen eigenen Ordner namens *Meine Programme* erhält. Möchte der neue Benutzer irgendetwas am Finder oder sonstwo ändern, was nicht explizit erlaubt ist, so braucht er überall den Administrator-Namen sowie dessen Passwort.

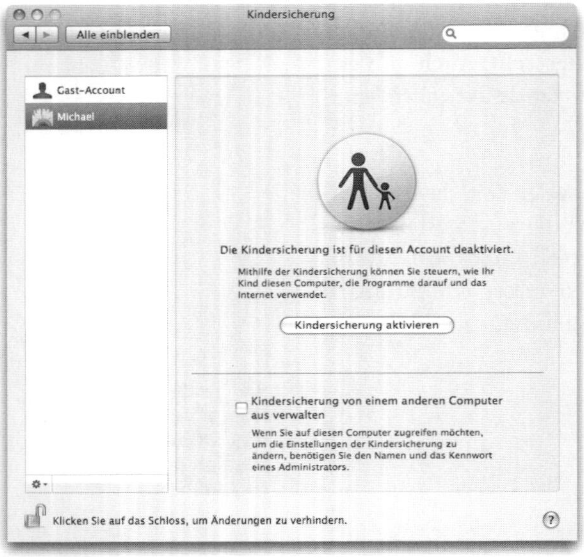

Oben: Die Kindersicherung muss zuerst aktiviert werden – danach geht es ans Eingemachte. Entweder Sie verwenden den einfachen Finder und lassen nur ausgewählte Programme zu, oder Sie beschränken die Programm-Auswahl, erlauben aber ansonsten ein freies Agieren.

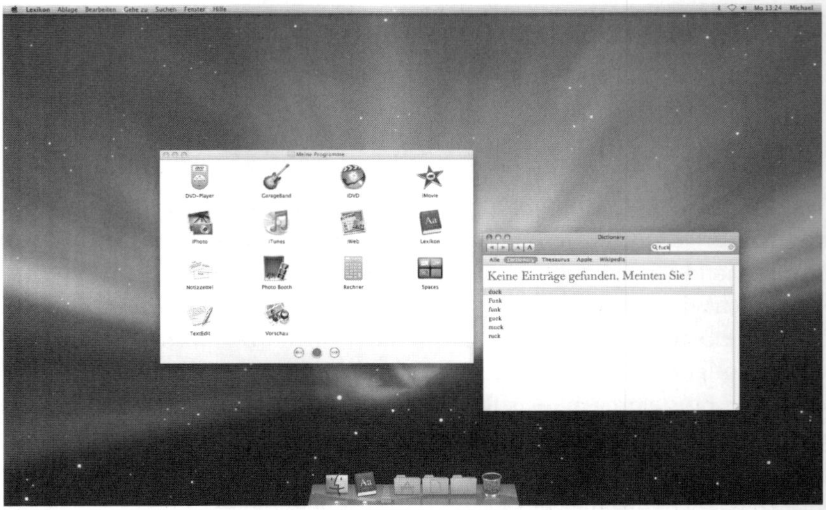

Rechts: Der einfache Finder macht Tabula rasa – einzig freigegebene Programme sind erlaubt.

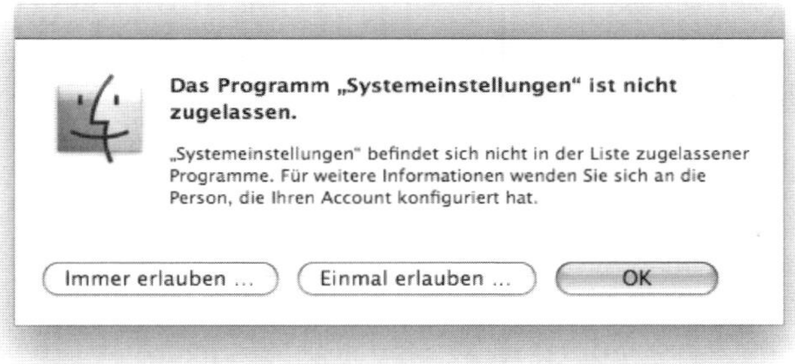

Und dennoch – wer versucht es nicht, die Einschränkungen zu umgehen? Der Mac weigert sich aber beharrlich und verwehrt den Zugriff auf nicht freigegebene Funktionen.

Im Reiter *Inhalt* können Sie zum einen unterbinden, dass der oder die Person anstößige Ausdrücke im OS X-eigenen Lexikon aufsucht, welches jedoch eh nur in Englisch vorliegt. Ist dennoch die Suche nach obszönen Wörtern gesperrt, werden meist auch entsprechende Körperteile mit herausgefiltert, was wiederum schlecht für den Biologie-Unterricht ist. Denn Sie wissen ja – die Amerikaner sind hier besonders streng.

Da das Lexikon auf verschiedene Referenzbibliotheken (Dictionary, Thesaurus, Apple-Lexikon und Wikipedia) zurückgreift, bestünde nur die Gefahr, das bei bestehender Online-Verbindung in der Wikipedia-Bibliothek »böse« Sachen zu finden wären. Apple selbst bietet nur ein deutschsprachiges technisches Lexikon an, das aber mit Sicherheit nichts Anstößiges enthält (oder finden Sie »USB« ordinär?).

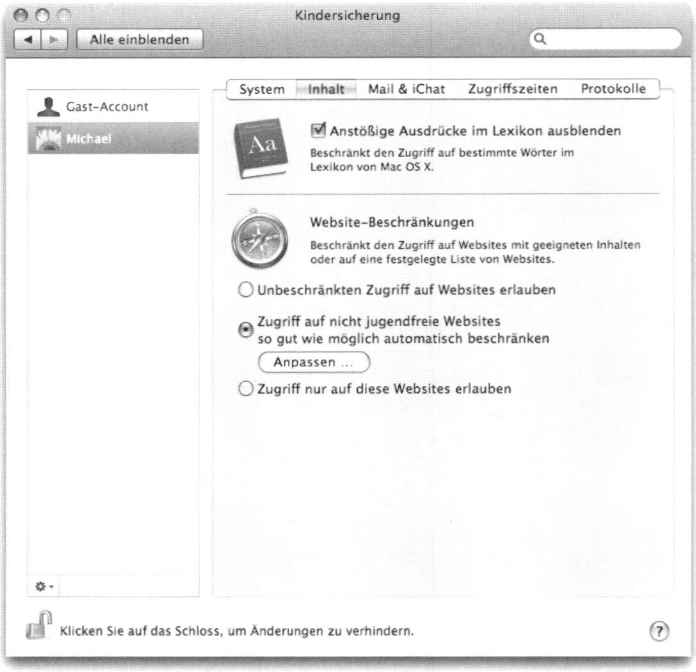

Die Rubrik »Inhalt«: Neben anstößigen Lexika-Eintragungen lassen sich auch Webseiten-Zugänge beschränken.

Ganz anders sieht die Sache jedoch hinsichtlich des Internets aus. Das Problem hierbei: Es gibt Millionen von Seiten, die man nun mal nicht alle händisch ausschließen kann. Was also tun? Zum einen heißt es hier dem Nachwuchs Vertrauen schenken oder noch besser: Groß und klein sitzen zusammen vor dem Rechner und amüsieren sich auf kindgerechten Seiten. Ist das nicht möglich und Sie können Tokio Hotel, die vielen Rapper und Hip-Hopper nicht mehr sehen, so heißt es nun Hand anlegen.

Zugriff auf nicht jugendfreie Websites so gut wie möglich ausschließen deutet es schon an: Eine hundertprozentige Kontrolle ist nicht möglich. Auch wenn der Apple-eigene Filter schon gut arbeitet und einen Großteil an Websites ausschließt, können Sie weitere Internet-Inhalte hinzufügen oder ausklammern. Klicken Sie auf *Anpassen*, so können Sie im eingeblendeten Dialog diese Arbeiten verrichten. Wie immer heißt es hier auf den *Plus*-Knopf (+) zu drücken und die jeweilige Web-Adresse einzugeben.

Über »Anpassen« lässt sich der automatische Filter zum Blocken von Websites fein justieren.

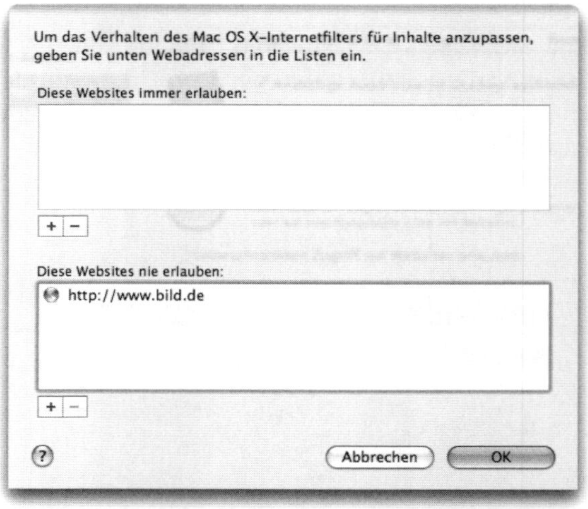

Safari bei aktivierter Kindersicherung: Das wird wohl so nix.

Noch restriktiver verhält sich die Option *Zugriff nur auf diese Websites erlauben*, denn Sie filtert eigentlich alles – bis eben auf jene Seiten, die Sie zulassen und in der Liste ergänzen. Für kleine Kinder ist dies sicherlich nicht verkehrt, für Heranwachsende aber eher ein Grund zum Ausziehen.

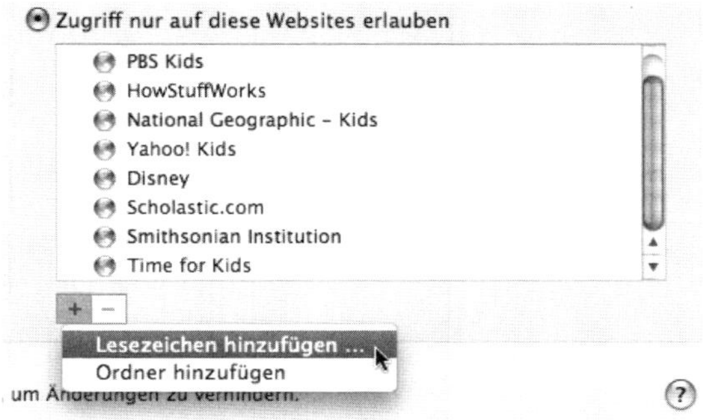

Leider noch an den amerikanischen Nutzer angepasst. Hier heißt es also viel Handarbeit zu investieren.

Über den Reiter *Mail & iChat* geht es weiter mit den Einschränkungen. Dort können Sie nämlich ganz gewaltig im »Freundeskreis« des Benutzers herumwerkeln. Beschränken Sie folglich *Mail* und *iChat*, so tragen Sie jene Mail-Adressen und Chat-Kontakte in die Liste ein, mit denen Sie eine Kontaktaufnahme gestatten.

Fürchten Sie um den sozialen Umgang Ihrer angelegten Benutzer, so können Sie E-Mail- und Chat-Partner bestimmen.

Eine gute Sache ist unserer Meinung nach die Regelung der Zugriffszeiten. Dort lassen sich sowohl an Werktagen wie auch an Wochenenden die Nutzungsdauer beschränken sowie ein Nachtsurf-Verbot einrichten. Die Zeiten sind flexibel handhabbar und an jedes Alter anzupassen.

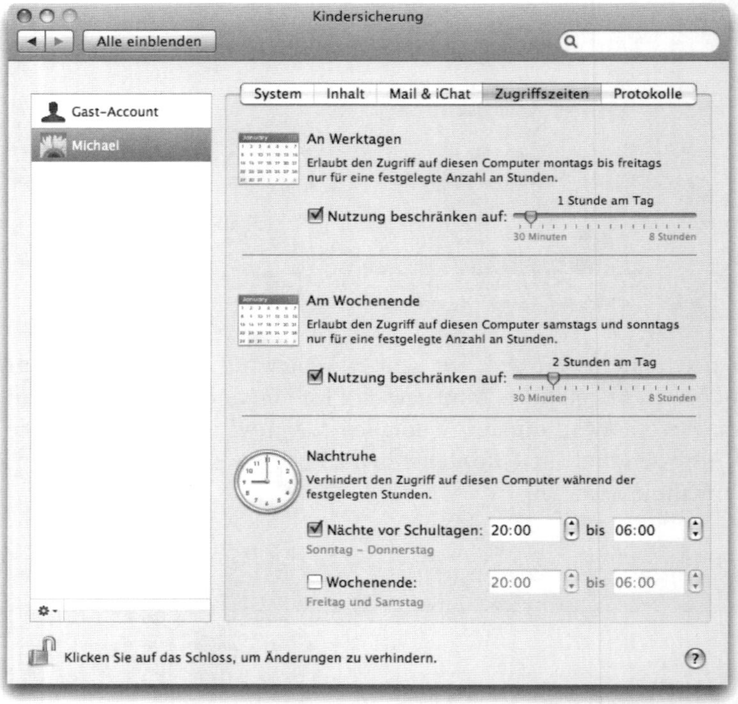

Sie können beruhigt schlafen, ist doch eine Computer-eigene Kontrolle Tag und Nacht zugange.

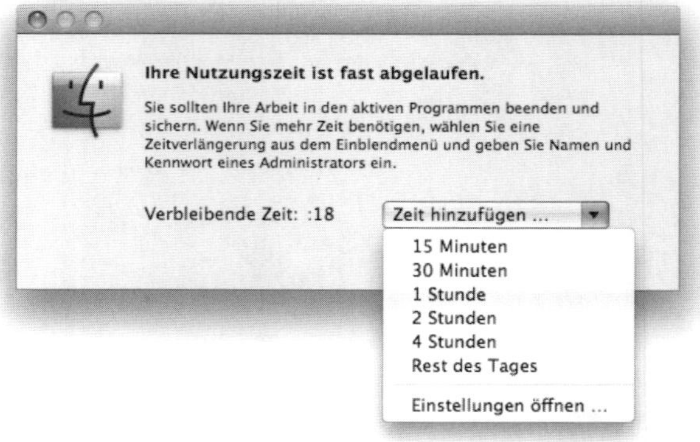

Die Zeit läuft ab: Der Benutzer muss sich nun sputen, wenn seine Verweildauer am Computer festgelegt ist. Einzig mit Administrator-Name und Passwort lässt sich noch ein zusätzliches Zeitfenster öffnen.

Und für alle, die wissen möchten, was der neue Benutzer so alles an seinem Rechner treibt, sind die Protokolle eine nicht zu unterschätzende Wissensquelle. Ob besuchte oder geblockte Websites, welche Programme gestartet wurden oder welche Chats stattfanden – in den Protokollen sind Sie immer im Bilde und können die Betreffenden eiskalt mit ihren Taten konfrontieren.

Da kann aber jemand ganz schön ins Schwitzen kommen ...

So, jetzt wissen Sie also, was es alles zu verhindern gibt. Einzig eine Frage bleibt offen: Wie können Sie die *Kindersicherung* wieder aufheben? Links unten, völlig unverdächtig und klein finden Sie ein Popup-Menü, das genau diesen Befehl aufführt. Oder Sie gehen in die Systemeinstellung *Benutzer* und deaktivieren dort die *Kindersicherung*.

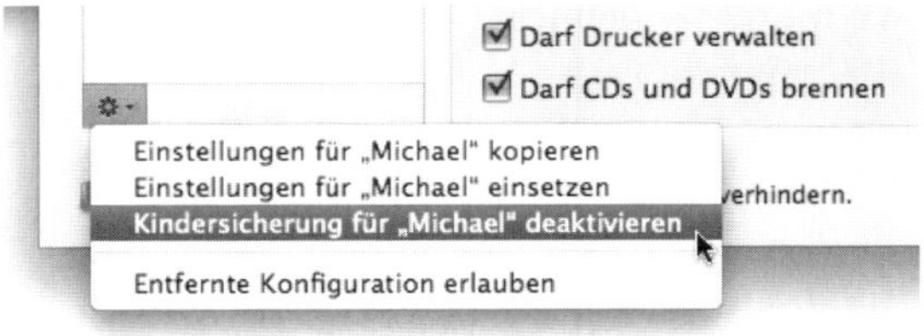

Der kleine unscheinbare Button befreit den Benutzer von allen Einschränkungen.

Softwareaktualisierung

Gerade dann, wenn ein Betriebssystem oder auch andere Software-Programme neu herauskommen, wird mit Sicherheit in den darauf folgenden Wochen und Monaten das ein oder andere Update erscheinen. Während an der Programmierung sowie der Kontrolle vielleicht einige Tausend fleißige Menschen beteiligt sind, wird nach der Verkaufs-Freigabe das Fußvolk darauf losgelassen. So arbeiten auf einen Schlag einige Hunderttausend oder gar Millionen von Anwendern mit der Software-Version und es ist abzusehen, dass doch der ein oder andere Fehler (Bug) auftaucht oder manche der vielen weiteren Hardware- und Software-Komponenten von Drittherstellern auf einmal inkompatibel sind. Nun heißt es also schnell sein, damit der Anwender nicht verärgert ist und die monatelange Arbeit verteufelt.

Dass es immer Updates geben wird, ist so sicher wie das Amen in der Kirche. Und darum gibt Apple seinen Nutzern die *Softwareaktualisierung* mit. Nun ist es also vorbei mit der langwierigen Suche nach möglichen Aktualisierungen und dem zuständigen Server, auf dem sich das Software-Paket befindet. Sie starten einzig die Systemeinstellung *Softwareaktualisierung* und los geht's.

Das Dialogfenster zum komfortablen Herunterladen von Software-Komponenten.

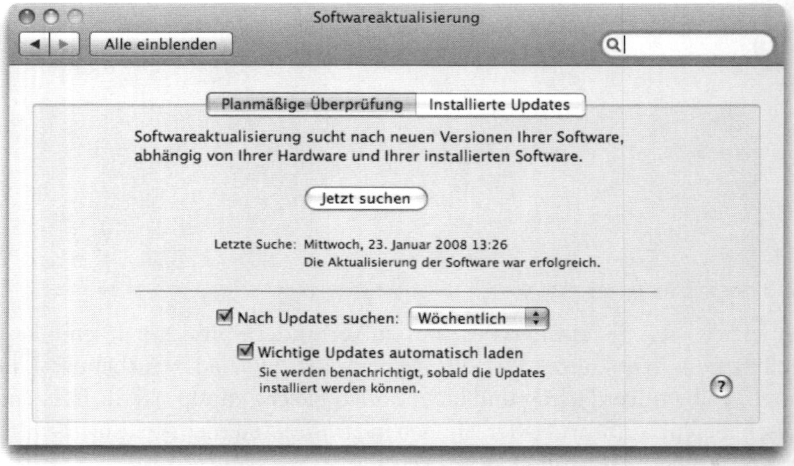

Einzige Voraussetzung für ein störungsfreies Gelingen ist eine funktionierende Online-Verbindung, denn bei der Suche nach Updates nimmt Ihr Rechner Kontakt zu einem Apple-Server auf, der wiederum Ihren Mac auf Herz und Nieren prüft. Wie oft das passieren soll, legen Sie im Popup-Menü bei *Nach Updates suchen* fest: *Täglich*, *Wöchentlich* oder *Monatlich*? Als Alternative steht Ihnen auch die Möglichkeit offen, diese Suche nach Gutdünken durchzuführen. In diesem Fall müssen Sie nur den Haken bei *Nach Updates suchen* entfernen und auf den Button *Jetzt suchen* klicken. Diese Vorgehensweise funktioniert genauso und gibt Ihnen irgendwie das Gefühl, doch noch ein wenig eigene Kontrolle über den Mac zu besitzen. Gerade die interessierten Mac-User verfolgen auf einschlägigen Macintosh-News-Seiten und in Foren im Internet die Szene und bekommen früh genug in Erfahrung, wann wieder ein Update ins Haus steht.

Ist nun eine Aktualisierung fällig und Sie klicken auf *Jetzt suchen*, so wird der Mac aktiv und meldet sich beim Server an. Hierbei tauschen sich Mac und Server aus und legen fest, welches Update notwendig ist. Nach wenigen Sekunden stehen die fälligen Kandidaten auch fest und werden angezeigt.

Nach erfolgreicher Suche kommt die positive Nachricht, dass neue Software gefunden wurde.

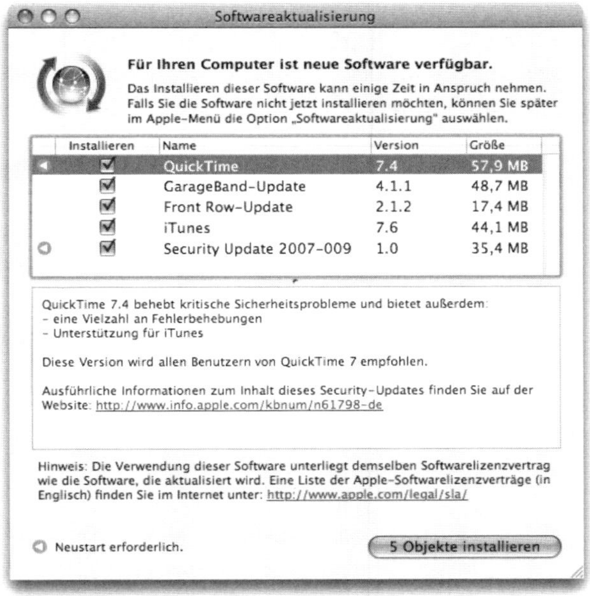

Es hängt wahrscheinlich vom Grad der Erfahrung ab, ob Sie alles automatisiert über sich ergehen lassen oder lieber händisch eingreifen. Wenn Sie die ein oder andere Software-Komponente nicht brauchen, entfernen Sie einfach den Haken in der *Installieren*-Spalte und das betreffende Update bleibt außen vor. Zum Installieren stehen Ihnen ebenso mehrere Möglichkeiten offen. Die Leichteste darunter: Sie klicken auf *Objekte installieren* und der Fall ist für Sie erledigt. Der Mac lädt brav die Updates herunter, die dann anschließend installiert werden. Das kleine Dreieck ( ) neben einigen Komponenten zeigt im Übrigen an, dass nach der Installation ein Neustart erforderlich ist.

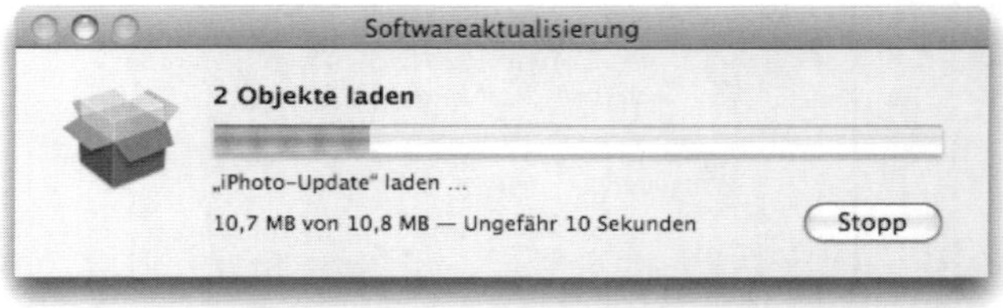

Hurra, die Lösung mancher Probleme kommt.

Leider hat Apple vor einigen Jahren beschlossen, dass Updates und sonstige Software-Komponenten nicht mehr über Zeitschriften bzw. den beiliegenden Software-CDs vertrieben werden dürfen. Warum auch immer das so ist, weiß wahrscheinlich nur der Chef persönlich, doch der Dumme ist in diesem Fall der Kunde. Besitzen Sie nur eine Modem- oder ISDN-Verbindung und sollen vielleicht über 100 Megabyte an Daten downloaden, so können Sie schon einmal Ihren Urlaub antreten. Vielleicht kennen Sie aber andere Mac-Anwender, die über DSL verfügen, so können Ihnen diese eventuell die Komponenten auf CD-ROM brennen oder auf einen USB-Stick ziehen – selbstverständlich gegen einen überschaubaren Obulus (ein kleines Bierchen, dreimal Aufpassen auf die Kinder ...). Wie das funktioniert (nein, nicht das Aufpassen auf die Kinder), erfahren Sie gleich im Anschluss.

Neben der sofortigen Installation stehen Ihnen über die Menüleiste *Aktualisieren* weitere Optionen zur Verfügung: *Nur Laden* transferiert die Updates auf die Festplatte, installiert diese aber noch nicht. *Installieren* entspricht dem Button *x Objekte installieren* der *Softwareaktualisierung*, und *Paket installieren und behalten* lädt die Komponenten und installiert sie, die Aktualisierer bleiben jedoch als »Backup« erhalten. Bis auf die reine Installation werden die Pakete in den Ordner *Downloads* (zu finden im Dock sowie in Ihrem *Benutzer-Verzeichnis*) gelegt, woraufhin sie auf Doppelklick gestartet werden können.

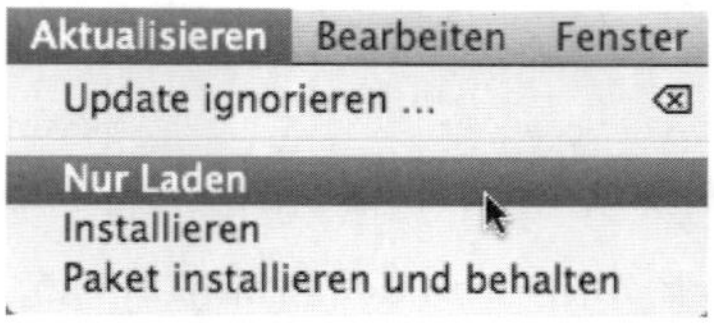

Das Menü »Aktualisieren«: Drei Möglichkeiten zum Updaten stehen zur Verfügung.

Diese Komponenten (mit dem Suffix *.pgk*) lassen sich nun beispielsweise auf CD/DVD brennen und weitergeben, eben für jene, die über Modem wahrscheinlich Stunden auf die Updates warten müssten. Aber auch Sie selbst haben etwas davon, müssen Sie schließlich nach einem Rechner-Wechsel nicht wieder und wieder die einzelnen Komponenten laden, sondern haben sie fix zum Updaten zur Hand.

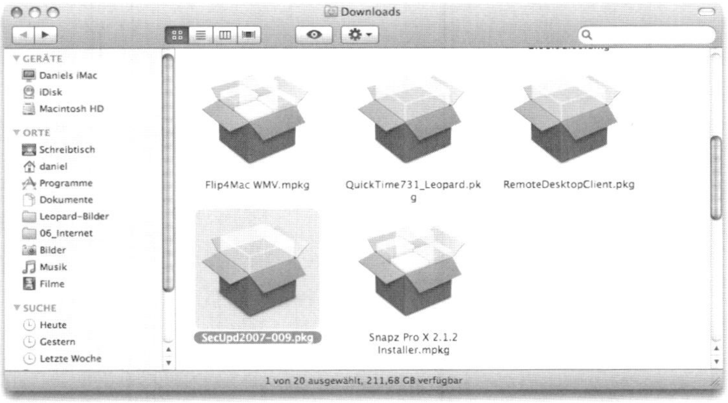

Nach dem erfolgreichen Herunterladen öffnet sich selbstständig der Downloads-Ordner und zeigt die geladenen Pakete.

Die geladenen Pakete müssen nun nur noch über einen Doppelklick gestartet werden, damit sie ihr Werk ausführen. Um Zeit zu sparen, können Sie auch alle neu hinzugekommenen Komponenten zusammen markieren und dann per Doppelklick starten – so wird alles brav hintereinander installiert und Sie müssen nicht jedes einzeln für sich betreuen.

Software, die Sie nicht gebrauchen, können Sie über das Entfernen des Hakens von der Installation ausschließen. Dies kann zum Beispiel der Fall sein, wenn Ihnen ein *iMovie-Update* angeboten wird, obwohl Sie gar nicht mit diesem Programm arbeiten. Tauchen diese bei der *Softwareaktualisierung* dennoch immer wieder auf, so markieren Sie das entsprechende Paket und betätigen die *Lösch-Taste* (alternativ geht das auch über *Aktualisieren | Update ignorieren*). Die *Softwareaktualisierung* sichert sich dann ein weiteres Mal ab, ob Sie denn diese und jene Software wirklich aus der Liste entfernen möchten. Bestätigen Sie mit *OK*, ist der Fall für Sie erledigt. Und um beim Beispiel zu bleiben: Kaufen Sie sich ein wenig später einen Camcorder und sind nun dennoch an diesem Programm (inklusive der Updates) interessiert, so lässt sich der Ausschluss auch wieder rückgängig machen. Wählen Sie dazu aus der Menüleiste den Punkt *Softwareaktualisierung* und dann den Befehl *Ignorierte Updates zurücksetzen*. Die *Softwareaktualisierung* begibt sich erneut auf die Suche und berücksichtigt nun auch wieder die zuletzt Verstoßenen.

Sprache

Ihr Mac kann nicht nur über Tastatur oder Maus gesteuert werden, sondern auch über Spracheingaben. Ebenso können Sie sich auch Texte vorlesen lassen, wobei wieder erwähnt werden sollte, dass der englische Akzent bei deutschen Texten ziemlich eigenartig klingt. Wie das alles einzurichten ist, erfahren Sie auf den folgenden Seiten.

1, 2, 3, bitte kommen: Systemeinstellung »Sprache« und Ihr Mikrofon für ein gelungenes Miteinander. Beim ersten Einschalten werden auch schon einmal »Tipps für das erfolgreiche Verwenden von gesprochenen Befehlen« gegeben.

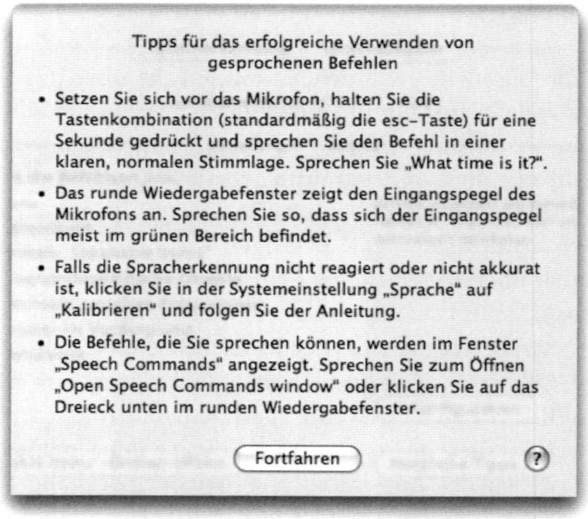

Zuerst einmal sollten Sie die *Speakable Items* auf *Ein* stellen, denn ansonsten passiert rein gar nichts. Danach wird ein Mikrofon eingeblendet, das über die Taste *esc* (oben links) an und ausgeschaltet wird (Sie können jedoch auch eine andere Taste über *Tasten ändern* bestimmen). Wichtig ist auch die Quelle *Mikrofon*, also ob Sie das interne Mikrofon Ihres Mac oder ein externes Gerät verwenden. Über *Kalibrieren* wird dabei ein Fenster eingeblendet, das einige aussagekräftige Sätze zum Ansagen bereitstellt, um die Empfindlichkeit zu kontrollieren bzw. zu justieren. Der Pegel sollte am besten immer im grünen Bereich sein.

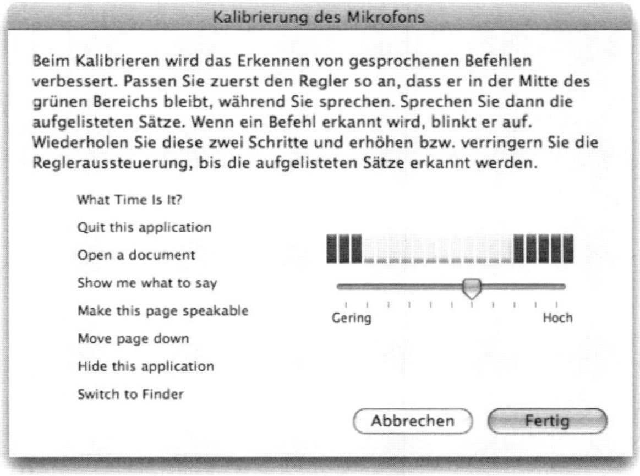

Der einleitendeText beschreibt die Vorgehensweise: Bitte sprechen Sie jetzt …

Ihnen stehen zwei Methoden zur Verfügung, damit der Computer merkt, dass er gemeint ist: Entweder Sie drücken die Taste *esc* (*Sprache nur erkennen, so lange Tasten gedrückt sind*) und sprechen dann Ihren Befehl, oder Sie wählen *Kontinuierliche Spracherkennung mit Schlagwort*, indem Sie Letzteres sagen und der Rechner weiß, dass er gemeint ist. Auch eine Bestätigung können Sie aktivieren, so dass der Computer Ihren Befehl wiederholt bzw. das wiedergibt, was er verstanden hat.

Welche Befehle nun verwendet werden, können Sie einsehen, wenn Sie in den Reiter *Befehle* klicken. Dort wählen Sie die gewünschten Bereiche aus bzw. konfigurieren das *Adressbuch* (indem Sie jene Adressen aktivieren, die erkannt werden sollen) und die *globalen Speakable Items* (diese Option ermöglicht es, einzelne Befehle in Abänderung des Originals zu sprechen).

Welche Befehle nun zur Verfügung stehen, sehen Sie, wenn Sie den Button *Speakable Items-Ordner öffnen* drücken.

Auswahl der Befehlsarten sowie ein Auszug derjenigen Anweisungen, die der Computer versteht.

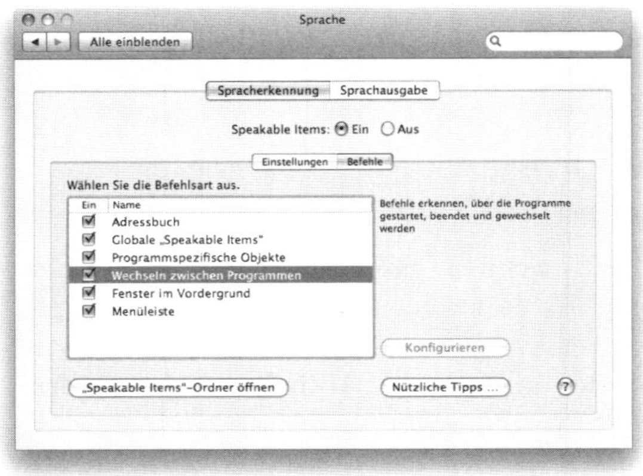

Und nun geht's also los: Drücken Sie Ihre Taste oder sprechen Sie Ihr Schlüsselwort und geben Sie dann die gesprochene Anweisung ein (leider nur auf Englisch, aber der Mac ist nun mal eher angloamerikanischer Abstammung). Das klappt manchmal ganz gut, manchmal aber auch gar nicht, teilweise werden auch Befehle missverstanden oder schlicht ignoriert. Und dennoch bringt die ganze Geschichte bestimmt 30 Minuten lang Spaß, von der Bewunderung einmal abgesehen, die Ihnen ziemlich sicher ist, führen Sie diese Technik der Verwandschaft vor (aber bitte vorher üben, sonst wird's ein Fiasko).

Die Sprachausgabe liest Ihnen im Gegenzug auf Wunsch hin den Inhalt von Warnungen und Hinweisen vor bzw. nimmt Kontakt zu Ihnen auf, wenn ein Programm etwas von Ihnen will. Oder Sie markieren in einer Textverarbeitung einen Abschnitt und lassen sich diesen Text auf Tasteneingabe hin vorlesen. Alles schön und gut, verständlicher wird es allerdings damit auch nicht. Wie üblich ist das amerikanische Kauderwelsch daran schuld – der Sprecher/die Sprecherin können nunmal kein Deutsch und das hört man ihnen auch an. Wie dem auch sei: Ausprobieren können Sie es gerne, wobei wir Ihnen Brief und Siegel geben, dass Sie nicht unbedingt viel Freude daran haben werden.

Sprachausgabe im Detail: Nach der Wahl der Stimme erfolgt das Feintuning.

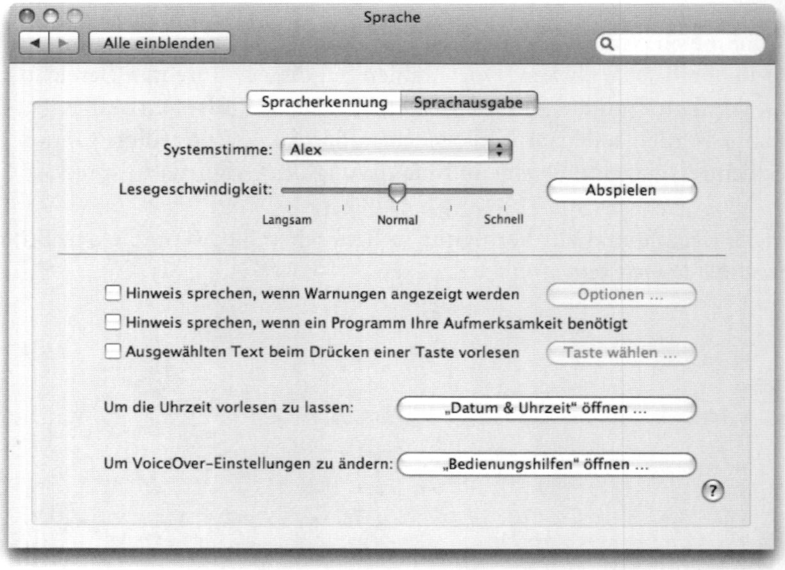

In den meisten Programm – wenn sie sich denn korrekt im Ordner *Programme* befinden – werden verschiedene Dienste (Services) angeboten. Diese können sich leicht von Programm zu Programm ändern, bieten aber immer passende Funktionen an. Auch dort finden Sie den Menüpunkt *Sprache* sowie *Sprachausgabe für Text starten.*

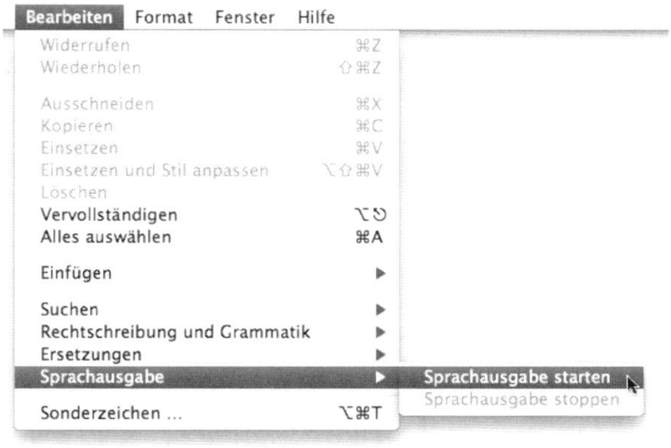

Haben Sie beispielsweise mit dem Programm »Vorschau« ein PDF geöffnet oder mit »TextEdit« einen einfachen Text aufgerufen, so können Sie über die Menüleiste »Bearbeiten | Sprachausgabe | Sprachausgabe starten» sich jedes Dokument vorlesen lassen. Verständigungsschwierigkeiten inklusive ...

Startvolume

Hier geht es darum, von welchem Medium oder von welcher Partition aus Sie Ihren Rechner hochfahren möchten. Wichtigste Voraussetzung (ohne die geht nämlich nichts) ist natürlich, dass sich darauf ein startfähiges Betriebssystem befindet. Dies muss nicht zwingend Mac OS X 10.5 sein, denn auch die Vorversionen (10.0 bis 10.4) sind möglich. Auch können Sie bei einer partitionierten Festplatte unterschiedliche Betriebssystem-Versionen auf den jeweiligen Volumes installieren, wobei jedoch nur ein einziges pro Partition vorherrschen darf. Legen Sie die Leopard-Installations-DVD ein, so erscheint auch diese als Symbol. Markieren Sie sie mit einem Mausklick, so wird darüber der Computer hochgefahren. Letzteres ist immer dann angebracht, wenn Sie Ihr üblicherweise gebrauchtes Startsystem über das *Festplatten-Dienstprogramm* reparieren möchten (dazu später noch weitere Informationen).

Die Systemeinstellung führt alle in Frage kommenden Volumes auf, und nach Auswahl desselben und Klick auf den Button »Neustart« fährt der Rechner von dort hoch.

Eine weitere Methode finden Sie ebenfalls hier: den *FireWire-Festplattenmodus.* Hierbei wird Ihr Rechner als externe Festplatte ausgegeben, die Sie via FireWire-Kabel an einen anderen Mac anschließen können. Die Festplatte Ihres Mac erscheint nach Erkanntwerden als externes Volume auf dem Schreibtisch des anderen Rechners, so dass Sie nun einfach Daten austauschen können.

Die schnelle Art, Daten von einem Mac auf einen anderen zu kopieren.

Sie werden als *Benutzer* abgemeldet und der Computer fährt das System herunter. Danach wandert nurmehr das FireWire-Symbol über den Bildschirm und Sie können Ihren Mac anschließen.

Im Ordner *Dienstprogramme* finden Sie das Programm *Migrationsassistent,* mit dem Sie ebenso Daten (Benutzer-Ordner, Programme, Netzwerk- und Computereinstellungen, Dateien sowie auch ganze Volumes) von und auf Ihren Mac übertragen können. Der Vorteil hierbei: Einsteiger werden Schritt für Schritt zum erfolgreichen Daten-Transfer begleitet.

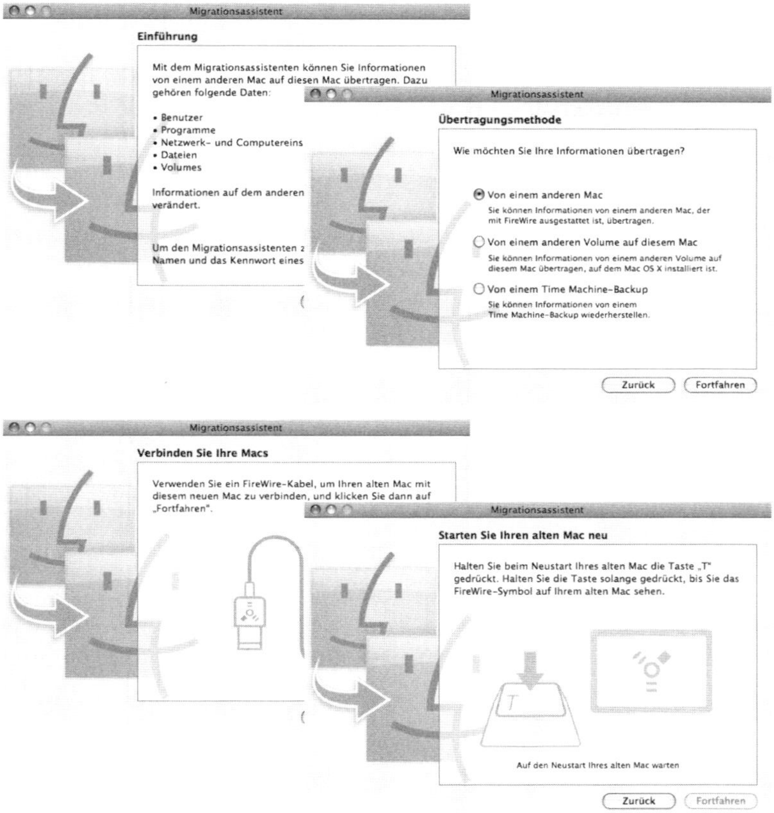

Der Migrationsassistent hilft Ihnen dabei, unkompliziert Daten auszutauschen.

Time Machine

Mit Mac OS X Leopard hält nun auch endlich ein anständiges Backup-Programm Einzug ins Betriebssystem. Und *Time Machine* glänzt nicht nur durch seine Einfachheit, sondern auch durch sein ansprechendes Äußeres, wenn Sie sich denn einmal auf die Zeitreise in die Vergangenheit begeben müssen. Die Technik als solches ist dabei schnell erklärt: Sie wählen eine externe Festplatte als Speichermedium aus, auf das *Time Machine* regelmäßig Sicherungskopien Ihrer Arbeitsvolumes anlegt. Beim ersten Mal wird eine Komplett-Kopie mit allem Drum und Dran angefertigt, was je nach Datenumfang doch einige Zeit in Anspruch nehmen kann. Danach werden stündlich alle Veränderungen Ihrerseits (also das Löschen von Dateien, das Verschieben von Ordnern, das Umbenennen von Dokumenten usw.) fein säuberlich festgehalten und ebenso als Backup gesichert. Durch diese Funktionsweise wird Ihre Arbeit also automatisch und regelmäßig gesichert, um Sie vor einem Datenverlust zu schützen. Sie können somit jederzeit auf die alten Daten-Bestände zurückgreifen und so im Falle des versehentlichen Löschens diese Dokumente wieder hervorzaubern.

Um von vorneherein etwaige Probleme beim Backup auszuschließen, sei noch einmal darauf hingewiesen, dass Sie Ihre externe Festplatte zuvor richtig partitionieren bzw. formatieren sollten. Da die meisten Festplatten von Herstellerseite aus mit dem so genannten *Master Boot Record-Partitionsschema* ausgeliefert werden, kann das zu Problemen führen. Über das *Festplatten-Dienstprogramm* (im Order *Dienstprogramme* liegend) wählen Sie bitte Ihre externe Festplatte aus und klicken dann auf den Reiter *Partitionieren.* Nach Auswahl des *Volume-Schemas* (also die Anzahl der Partitionen) klicken Sie bitte auf den unten stehenden Button *Optionen.* Im sich öffnenden Dialog wählen Sie nun *GUID-Partitionstabelle* für einen Mac mit Intel-Prozessor und *Apple Partitionstabelle* für PowerPC-Rechner (G4 oder G5). Bestätigen Sie mit *OK* und dann mit *Anwenden.*

Selbst dann, wenn Sie noch nie etwas von *Time Machine* gehört haben, ruft sich das Programm beim ersten Start einer externen Festplatte ins Gedächtnis, indem es einen Dialog öffnet. Dort finden Sie neben einem ersten erläuternden Text auch den Button *Als Backup-Volume verwenden,* der auf Klick hin dieses Medium als zukünftige Sicherungsfestplatte einrichtet. Und kaum geklickt, geht es auch schon los mit dem Kopieren Tausender von privaten wie systembedingten Dateien (Programme, Accounts, Ihre Fotos und Filme usw.).

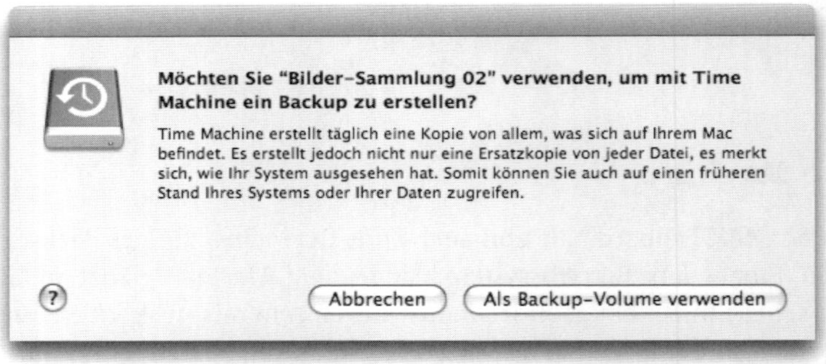

Mac OS X fragt, ob die gerade eingeschaltete externe Festplatte als Backup-Volume verwendet werden darf. Passt es Ihnen nicht, so klicken Sie einfach auf »Abbrechen« und die Sache ist für Sie erledigt. Auch später lassen sich noch Medien zuordnen.

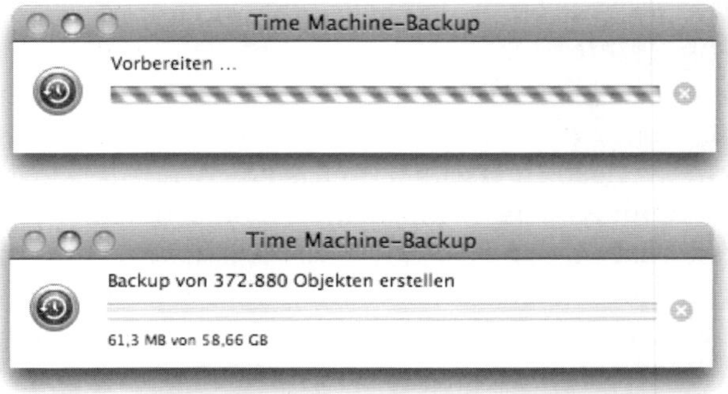

Nach einer kurzen Vorbereitung bekommen Sie das ganze Ausmaß der Kopier-Orgie zu Gesicht. Nur fürs Protokoll: Die meisten Daten stammen vom Betriebssystem und werden auch nur beim ersten Mal vollständig gespiegelt. Danach wandern nur noch Veränderungen auf die Backup-Festplatte.

Öffnen Sie die Systemeinstellung *TimeMachine*, so lassen sich auf einen Blick die aktuellen Daten der Sicherung ablesen. Dazu gehören die verfügbare Kapazität des Backup-Mediums, die älteste, letzte sowie auch die nächste Backup-Zeit. Weiterhin finden Sie dort auch zwei Knöpfe namens *Volume wechseln* wie *Optionen*.

Die Systemeinstellung »Time Machine«: Wie in der Abbildung zu sehen, ist gerade ein Backup im Gange.

Über *Volume wechseln* lässt sich nun ganz schnell eine andere Festplatte auswählen, sollte es beispielsweise zu Kapazitätsengpässen kommen. Im Dialog werden alle verfügbaren wie möglichen Festplatten aufgeführt, die auf Mausklick hin ausgewählt werden können. Das können in einem Netzwerk freigegebene Volumes sein, interne Festplatten oder Partitionen bzw. Festplatten, die über eine *AirPort Extreme Basisstation* angeschlossen sind.

Das Wechseln des Backup-Mediums ist eine Sache von Sekunden.

Über die *Optionen* wiederum lassen sich alle Daten, Ordner, Festplatten und so weiter festlegen, die von einem Backup ausgeschlossen werden soll. Entweder Sie erledigen das über den *Plus*-Button und die anschließende Auswahl, mit deren Hilfe sich sogar die unsichtbaren Objekte vom Betriebssystem mit einblenden lassen, oder Sie ziehen einfach die entsprechenden Medien per *Drag & Drop* (ziehen & loslassen) in das Fenster hinein.

Alles, was nicht mit gesichert werden soll, landet in dieser Abteilung (oben). Mit Hilfe des Auswahl-Dialoges (unten) lassen sich schnell und unkompliziert Objekte vom Backup ausschließen.

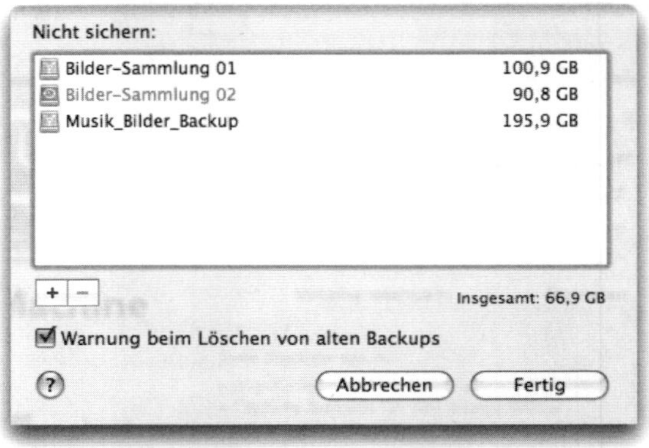

Wie Erfahrungsberichte zeigen, schlagen besonders Virtualisierer wie *Parallels* oder *VMware* in Sachen Speicherplatz zu, die das parallele Arbeiten von Windows und Mac OS X ermöglichen. Da Windows auf einer separaten Partition installiert wird, die meist mehrere Gigabyte an Datenschwere aufweist, ist es schlicht ein Unding, dass *Time Machine* jedes Mal die gesamte Partition als Backup kopiert, auch wenn Sie als einzige Veränderung nur eine kleine Datei verschoben oder bearbeitet haben. Die Folge ist, dass selbst große Festplatten zur Sicherung in Nullkommanichts voll sind. In diesen Fällen lohnt es sich also, wenn Sie beispielsweise die Windows-Partition von der Sicherung ausschließen.

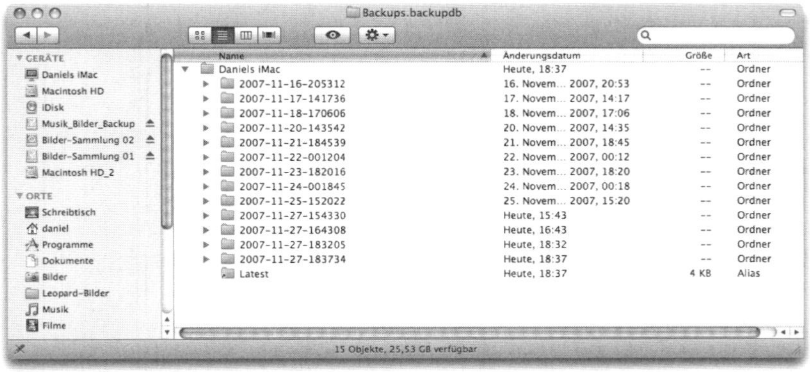

Die Struktur der Backups auf der Festplatte – fein säuberlich nach Datum werden die einzelnen Sicherungskopien archiviert.

Irgendwann ist wohl immer der Zustand erreicht, an dem Ihre Festplatte überläuft, sprich für den Inhalt des Backups kein Platz mehr auf dem Volume zur Verfügung steht. *Time Machine* greift sich daher den Platz der ältesten Backups, um überhaupt noch seine Daten unterbringen zu können. Gleichzeitig macht das Programm Sie aber darauf aufmerksam und bietet an, weitere ältere Backups zu löschen, um wieder Speicherplatz zu erhalten. Bestätigen Sie die Meldung, wird ein wenig klar Schiff gemacht, indem bei älteren Backups (die ja im Stunden-Takt angelegt werden) die Abstände zwischen den einzelnen Sessions vergrößert werden – es werden also nicht alle älteren Sicherungskopien gelöscht. Als Alternative steht es Ihnen natürlich volkommen frei, eine weitere externe Festplatte zu bestimmen und diese für *Time Machine* zu konfigurieren.

»Die Wanne ist voll« – Time Machine bereitet Sie auf weitere Lösch-Vorgänge vor. Über »Einstellungen« können Sie jedoch jederzeit eine andere Festplatte als Speicher zuordnen.

Sie müssen sich im Übrigen nicht mit den von *Time Machine* festgelegten, stündlichen Zeit-Intervallen zufrieden geben. Zum einen gelingt dies über die Menüleiste, indem Sie das zugehörige *Time Machine*-Symbol wählen (⏲) und aus dem aufspringenden Menü den Befehl *Backup jetzt erstellen* ausführen. Oder Sie gehen über das Dock, indem Sie per Rechtsklick (bzw. gedrückter *ctrl-Taste* und Mausklick) auf das *Time Machine*-Icon klicken und den gleich lautenden Menü-Befehl *Backup jetzt erstellen* verwenden.

Backups außer der Reihe sind schnell erledigt. Die entsprechenden Befehle können sowohl über die Menüleiste als auch über das Dock erreicht werden.

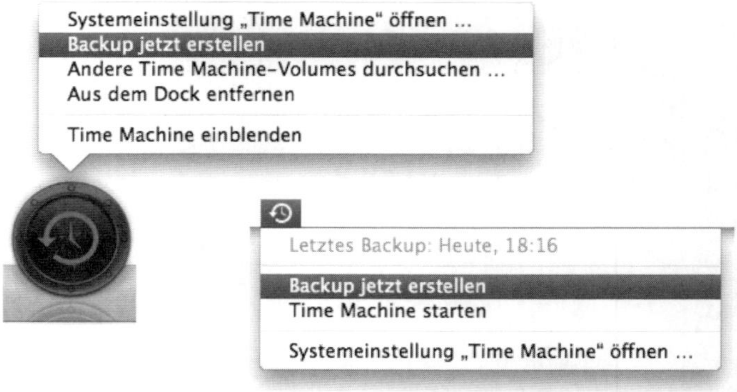

Ist alles geregelt und eingestellt, so können Sie sich erst einmal beruhigt zurücklehnen und darauf vertrauen, dass Ihr Mac OS X die sensible Datensicherung (die doch meist arg vernachlässigt wird) für Sie übernimmt. Interessant wird es erst dann wieder, wenn denn wirklich einmal Not am Mann ist. Wo sind also die wichtigen Bilder letzter Woche für den Kunden? Wurden diese aus Versehen gelöscht, weil wieder einmal in der Hektik nicht richtig aufgepasst wurde? Und wo ist der mehrseitige Brief an das Geburtstagskind? Auch weg? Na dann ist das ganz klar ein Fall für *Time Machine.* Und Sie müssen sich wirklich nicht mit einem Raumanzug kleiden, wenn es im nächsten Kapitel zu den Programmen unter anderem in den Weltraum zur bewegenden Zeitreise in die Vergangenheit geht. Das Programm *Time Machine* (nicht die *Systemeinstellung*) kann Ihnen von einem einzelnen Dokument über Ordner bis hin zur Wiederherstellung eines bestimmten System-Zustandes alles herzaubern. Sie müssen nur noch einen kleinen Augenblick Geduld aufbringen.

Es ist geschafft: Nach diesem ausführlichen Ausflug in die Welt der *Systemeinstellungen* und viel viel Hintergrundwissen wollen wir uns im nächsten Kapitel weiteren Highlights von Mac OS X 10.5 widmen: *Vorschau, TextEdit, iCal & Co.*, also alles Programme, die es in sich haben. Mac OS X bringt von Haus aus eine Menge davon mit, so dass wir Ihnen zeigen möchten, was Sie so alles damit anstellen können. Ob Spiel, Spaß oder Information, ob Textverarbeitung oder Organisation – mehr darüber auf den nächsten Seiten …

Arbeit, Spaß und Spiel – die Welt der Programme

4

Wenn Sie einen Blick in den Ordner *Programme* werfen, so sehen Sie bereits, dass es eine stattliche Anzahl davon gibt. Nicht alle wollen wir in diesem Kapitel aufführen, aber zumindest einen Großteil davon. Die *iLife*-Programme *iPhoto*, *iMovie*, *iDVD* und *GarageBand* werden dabei außen vor gelassen, gehören Sie nicht explizit zu Mac OS X Leopard, sondern zum separat zu erwerbenden *iLife*-Paket. *iTunes* werden wir Ihnen dagegen in einem gesonderten Kapitel vorstellen, das Sie von unserer Webseite `www.mandl-schwarz.de` herunterladen können. Wir haben uns zu diesem Schritt entschlossen, da doch der Funktionsumfang riesig ist und der Umfang dieses Buches ansonsten ausufern würde. Wir hoffen in dieser Angelegenheit auf Ihr Verständnis.

Auch der weltweite Austausch in Form von E-Mail, dem Internet oder per Chat ist mittlerweile so umfangreich, dass wir ein extra Kapitel dafür reserviert haben. Eine weitere Spezialität weisen die *Dienstprogramme* auf, die weder zum Spielen noch zum Bearbeiten Ihrer Dokumente, sondern eher zum Warten, Protokollieren und Überprüfen Ihres Mac samt Peripherie gedacht sind. Nicht zu vergessen natürlich *Boot Camp* samt der Möglichkeit, nunmehr auch Windows auf Ihrem Mac laufen zu lassen. Auch das sehen wir uns noch genau an. Und dennoch: Auch nachfolgend finden Sie zahlreiche spannende Sachen zum Ausprobieren und Hineinschnuppern – und vielleicht ergibt sich sogar für manche Software eine Freundschaft fürs Leben (bitte Taschentücher zücken und Tränen abtupfen).

Da ist für jeden etwas dabei – versprochen.

Alle aufgeführten Programme liegen im Ordner *Programme* und können auf Doppelklick hin gestartet werden. Natürlich lassen sich Ihre häufig genutzten Anwendungen auch im *Dock* unterbringen, so

dass ein einzelner Klick darauf genügt. Achten Sie darauf, neu erstellte Dokumente am besten in extra dafür eingerichteten Ordnern unterzubringen, da Sie auf diese Weise verhindern, in einem nicht mehr zu überblickenden Datenwust unterzugehen. Richten Sie also für die privaten wie geschäftlichen Belange Extra-Ordner unter *Dokumente* ein, speichern Sie Ihre Fotos oder Scans im Ordner *Bilder* usw. Alle Programme lassen sich über den Befehl *Beenden* (⌘-Q – das »Q« steht für *Quit*) im *Programme*-Menüpunkt schließen.

Das Adressbuch

Der eine hat sie im Kopf, der andere auf losen Zetteln in der Wohnung verstreut, der Dritte ist wohl organisiert und trägt sie in sein Adressbuch ein – die Rede ist von den vielen Anschriften und Telefonnummern, die man im Laufe der Zeit sammelt und sie oft nicht findet, wenn man sie denn braucht. Damit das zukünftig nicht mehr passiert, legen wir Ihnen ans Herz, Adressen künftig im *Adressbuch* von Apple zusammenzutragen. So bekommen Sie nicht nur mehr Ordnung, wenn alles auf einen Platz hin konzentriert ist, sondern es kommt auch mehr Effizienz ins Spiel, schließlich greifen auch andere Apple-Anwendungen auf das *Adressbuch* zurück – mit nur einem Klick lassen sich so umfangreiche Adressen übertragen.

Beim ersten Öffnen beinhaltet das Adressbuch genau zwei Adressen: die von Apple und die des Administrators.

Neue Adressen werden über das *Plus*-Symbol (+) unterhalb der *Namen*-Spalte angelegt. Danach müssen Sie bloß noch drauflos schreiben. Über die *Tabulator*-Taste (⇥) bewegen Sie sich von Feld zu Feld und geben nach und nach die entsprechenden Informationen ein. Die vorgegebenen Info-Felder wie *Arbeit*, *Mobiltelefon*, *Kontakt* usw. können Sie per Klick auf die kleinen Pfeile (⬍) abändern bzw. eigene Zusätze einbauen, über die farbigen *Plus-/ Minus*-Symbole (⊖⊕) weitere Rubriken der gleichen Art (etwa Telefon) hinzufügen oder entfernen.

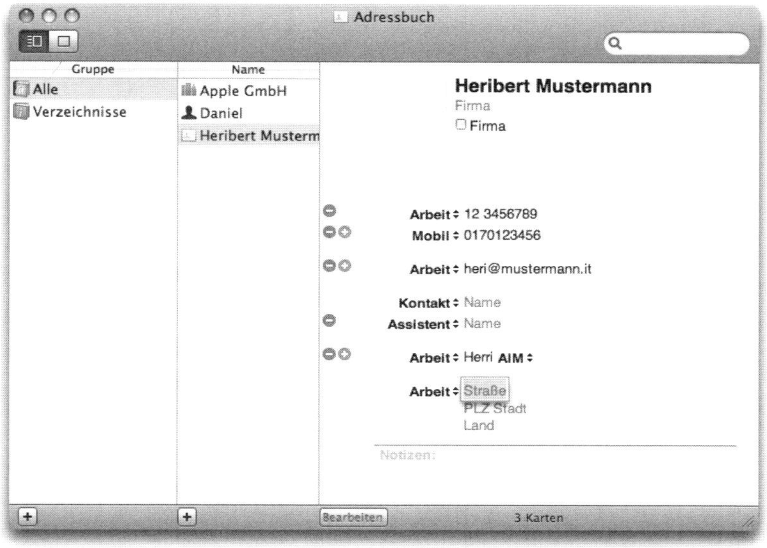

Eine neue Adresse wird angelegt. Wenn Sie auf die Platzhalter klicken bzw. sich per Tabulator-Taste vorwärts bewegen, lassen sich schnell die Eingaben tätigen.

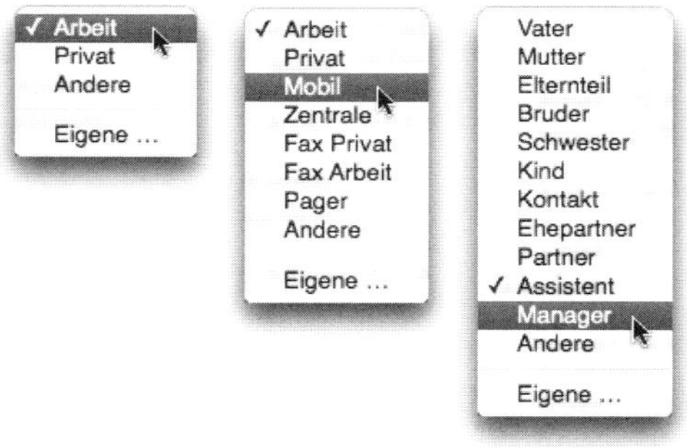

»Informationen satt« lassen sich über alle Personen festhalten. Über die kleinen Pfeile (⇕) bzw. die farbigen Plus-/Minus-Symbole (⊖⊕) können Sie die Felder noch erweitern oder anpassen.

Neben dem Namen sehen Sie das Symbol eines Porträts, das auf Doppelklick das Einfügen eines Bildes erlaubt. Hierbei können Sie entweder über *Wählen* ein Foto von der Festplatte einladen oder per Klick auf das Kamera-Symbol ( ) über die *iSight*-Kamera ein aktuelles Porträt erstellen. Über das daneben liegende *Effekte*-Symbol ( ) lassen sich nun die Bilder mit witzigen, poppigen oder abstrakten Manipulationen »verschönern« (Abbildung hierzu siehe bitte nächste Seite).

Benötigen Sie ein eigenes Layout, das sich immer wieder verwenden lässt, so passen Sie einfach die Vorgaben über die *Adressbuch-Einstellungen* (*Adressbuch | Einstellungen | Vorlage* bzw. *Befehlstaste-Komma*) und dort in der Rubrik *Vorlage* an. Möchten Sie stattdessen ganz individuell vorgehen und nur bei ausgewählten Adressen Felder verändern, so erledigen Sie das bei aufgerufener Adresse über die Menüleiste *Visitenkarte | Feld hinzufügen.*

Per Doppelklick auf das Porträt-Symbol lassen sich Bilder für eine bessere Wiedererkennung laden – entweder ganz klassisch oder mit zahlreichen Effekten versehen.

In den *Einstellungen* finden Sie weiterhin auch die grundlegenden Möglichkeiten zum Anpassen Ihres Adressbuches. Unter *Allgemein* geht es beispielsweise um die *Reihenfolge* der Namensauflistung (*Vorname/Nachname* oder umgekehrt), um die *Sortierreihenfolge* der eingegebenen Adressen (nach *Nachname* oder *Vorname*), das *Adressformat*, die Schriftgröße usw. Auch die Möglichkeit des *Synchronisierens* bei bestehendem *.Mac*-Account, über einen *Exchange-Server* oder über *Yahoo* besitzt einen nicht zu unterschätzenden Mehrwert, können Sie doch damit nicht nur mehrere Computer abgleichen, sondern von überall auf der Welt darauf zurückgreifen (indem Sie sich unter Ihrem Account einloggen und so alle Adressen im Blick haben).

Die Adressbuch-Einstellungen bieten jede Menge Anpassungen für den persönlichen Gebrauch.

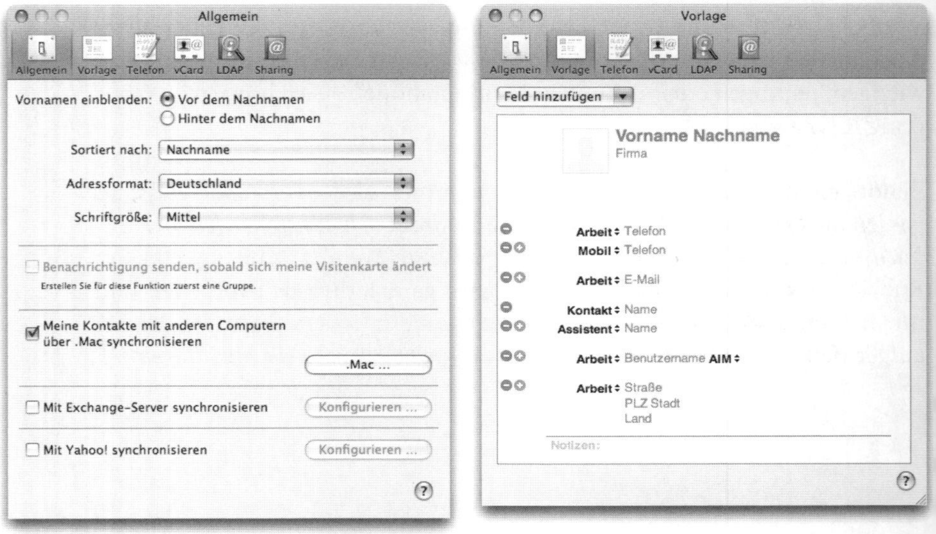

Fügen Sie in den *Einstellungen* unter der Rubrik *Vorlage* das Feld *Geburtstag* hinzu und pflegen Sie noch dazu diese Daten sorgfältig ein, so können Sie sich über das Programm *iCal* und dem dortigen Einblenden des *Geburtstags*-Kalenders (das zeigen wir noch) an alle Geburtstage erinnern lassen – das peinliche Vergessen von Glückwünschen wichtiger Freunde oder Geschäftspartner gehört somit der Vergangenheit an.

Bleiben wir noch kurz bei den *Einstellungen*: In der Rubrik *Telefon* legen Sie die Formate (vorgegebene oder individuelle Nummern-Reihenfolge) fest, und unter *vCard* definieren Sie, welches Format sowie welche Codierung (länderspezifisch) die *Visitenkarte* aufweisen soll. Der Vorteil der Visitenkarten ist immens: Über den *Export* (*Ablage* | *Exportieren* | *vCard*) können Sie eine oder mehrere Adressen (durch Drücken der *Befehlstaste* auswählen) an Dritte weitergeben (zum Beispiel per E-Mail), die diese dann durch Doppelklick oder durch Ziehen in Ihr eigenes *Adressbuch*-Programm integrieren können, ohne auch nur einen Buchstaben abtippen zu müssen.

Das *Exportieren* klappt noch schneller, wenn Sie einfach die Adressen aus der *Namen*-Liste per Drag & Drop (mit der Maus markieren, dann aus dem Programm ziehen und in einem Ordner oder auf dem Schreibtisch loslassen) auf den Schreibtisch oder beispielsweise in ein E-Mail-Fenster befördern. Das Gleiche klappt natürlich auch umgekehrt. Erhalten Sie eine E-Mail von einem neuen Absender, dessen *vCard* darin enthalten ist, so brauchen Sie diese nur doppelzuklicken. Daraufhin startet das *Adressbuch* und bietet Ihnen an, die neue Adresse zu importieren.

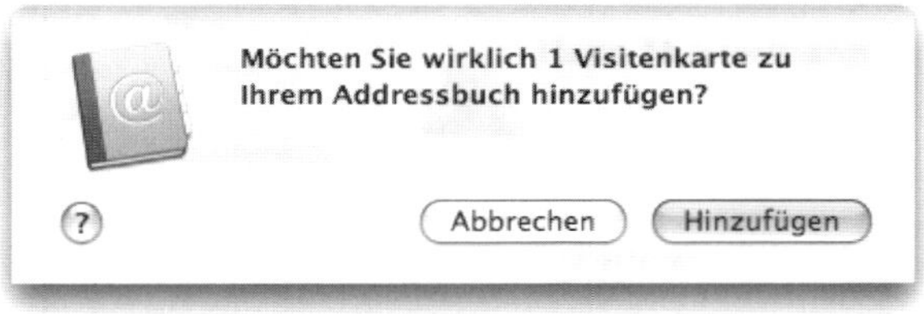

Das Symbol der vCard (oben): Enthält eine an Sie gerichtete E-Mail eine vCard des Absenders, so brauchen Sie diese nur doppelzuklicken. Das Adressbuch bietet sofort den Import derselben an.

Können Ihre Freunde oder Geschäftspartner mit Ihren *vCards* nichts anfangen, so sollten Sie bei *vCard-Format* die Version 2.1 versuchen, die noch mit vielen älteren Programmen kompatibel ist.

Möchten Sie nur bestimmte Informationen mit Ihrer *vCard* senden, so setzen Sie bei der Option *Private Daten auf meiner Visitenkarte ausblenden* einen Haken. Danach rufen Sie Ihre eigene Visitenkarte (Adresse) auf und klicken unterhalb des Bearbeitungsfeldes auf *Bearbeiten*. Nun lassen sich die Felder einzeln bestimmen, die Sie senden oder zurückhalten wollen, indem Sie die Häkchen (☑) bei den entsprechenden Feldern entfernen.

Die beiden Optionen *Notizen der vCards exportieren* sowie *Fotos in vCards exportieren* bieten auf Wunsch die Möglichkeit, eingetragene Notizen bzw. die angelegten Porträt-Bilder im gleichnamigen Feld mitzuschicken.

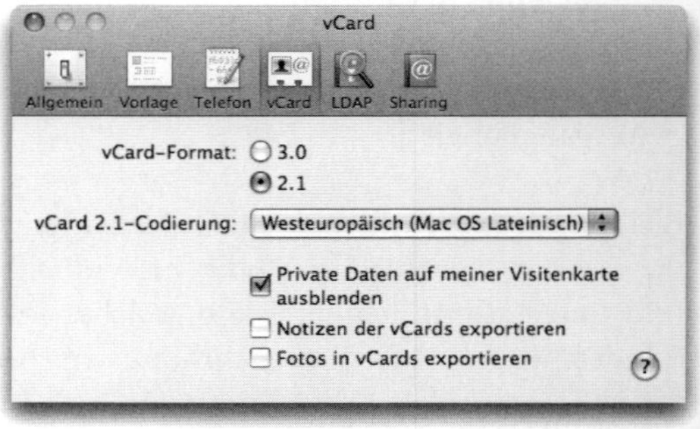

Die Adressbuch-Einstellungen bietet eine Fülle sinnvoller Optionen zum ganz persönlichen Anpassen.

Interessant ist auch die Möglichkeit, das *Adressbuch* eines anderen *.Mac*-Users zu abonnieren, also mitnutzen zu können. Dabei geben Sie über *Ablage | Adressbuch abonnieren* die *.Mac*-Adresse ein – oder Sie teilen selbst Ihr *Adressbuch* mit anderen, was Sie über die *Einstellungen* und dort in der Abteilung *Sharing* erledigen. Über den *Plus*-Button (+) weisen Sie so jene Empfänger zu, die auf Ihr Adressbuch zugreifen dürfen. Über *Einladung schicken* können Sie diese direkt kontaktieren. Bitte daran denken: Letztere Funktionen sind nur möglich, wenn Sie in der Systemeinstellung *Sharing* den Dienst *File Sharing* aktiviert haben.

Stehen Empfänger in der Sharing-Liste, können diese über »Einladung schicken« per Knopfdruck zur gemeinsamen Nutzung aufgerufen werden.

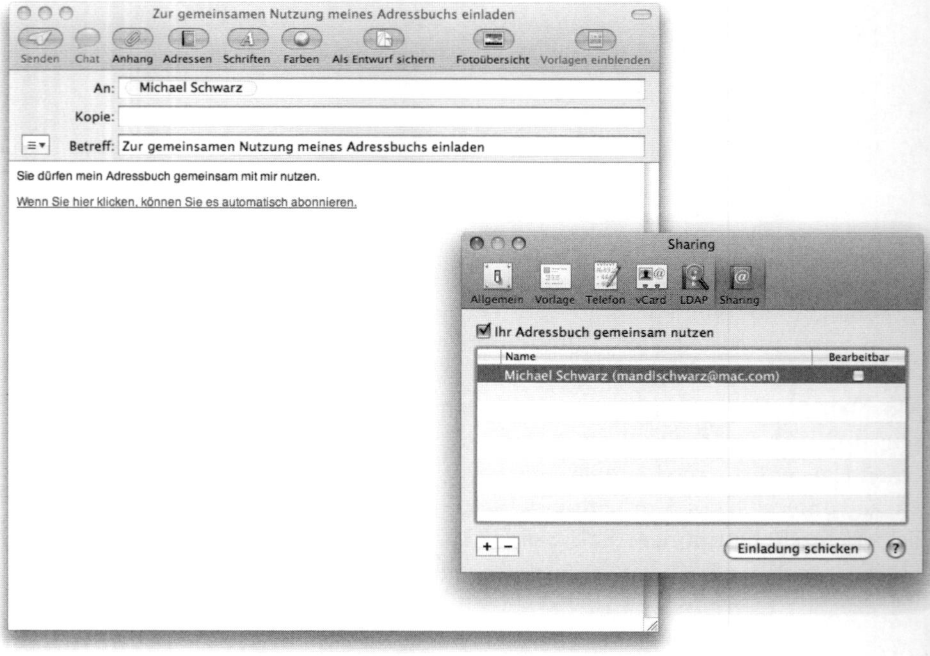

Zurück zum Hauptfenster: Links neben den Adress-Namen finden Sie eine weitere Spalte namens *Gruppe*. Dort können Sie – wie der Name schon andeutet – einzelne Adressen zu Paketen schnüren. Klicken Sie wieder auf den *Plus*-Button (+) und benennen Sie die *Gruppe* (beispielsweise einen Firmen-Namen, Geschäftspartner, Freunde usw.). Danach ziehen Sie die gewünschten Einzel-Adressen auf den Gruppen-Namen. Möchten Sie nun beispielsweise an Geschäftspartner eine E-Mail senden, so klicken Sie bei gedrückter *ctrl*-Taste bzw. per Rechtsklick auf die entsprechende Gruppe und wählen aus dem Kontext-Menü den Befehl *E-Mail an „Gruppe“ senden*. Ihr E-Mail-Programm öffnet sich und alle in der Gruppe vertretenen E-Mail-Adressen werden nun in einem neuen Mail-Fenster zusammengefasst als Adressaten eingearbeitet.

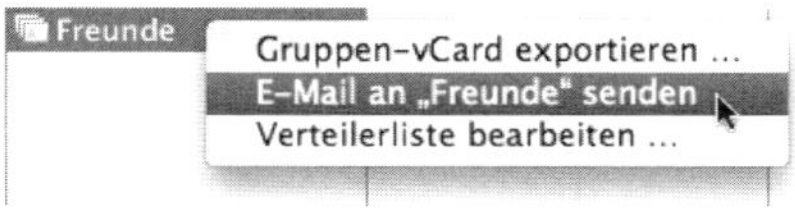

Effizientes Mailen dank des Adressbuches.

Aber auch andere Funktionen und Erleichterungen im Alltag verstecken sich in den Kontext-Menüs – je nachdem, worauf Sie klicken. So lassen sich Nummern vergrößern, die jeweiligen Einträge als *vCards* exportieren, im *Bearbeiten*-Modus die Informationen kopieren und woanders einsetzen oder etwa die Sprachausgabe starten, die die jeweilige Adresse vorliest.

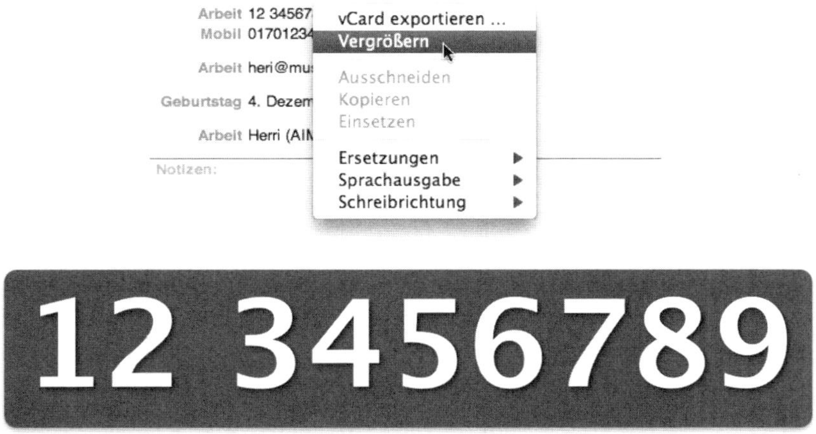

Optionen finden Sie zuhauf im Kontext-Menü – so etwa die Vergrößerung von Nummern, die dadurch wohl nicht mehr übersehen werden können.

Wie auch in vielen anderen Apple-Programmen finden Sie im Adressbuch eine Option mit dem Zusatz »intelligent«. Hier nennt sie sich *Neue intelligente Gruppe* und wird entweder über das *Ablage*-Menü oder über die Tastatur (⌘-⌥-N) bzw. bei gedrückter *Optionstaste* (⌥) auf den *Aktions*-Button (⚙) aufgerufen. Als nächster Schritt steht dann wie üblich die Vergabe von einem Namen sowie der Kriterien an. Auf diese Weise erzeugen Sie *Gruppen*, die sich ständig aktualisieren, sobald eine neue Adresse eingepflegt wird.

Intelligente Gruppen sind der einfachste Weg zu einer fortwährenden Aktualisierung, ohne dass Sie sich darum kümmern müssen.

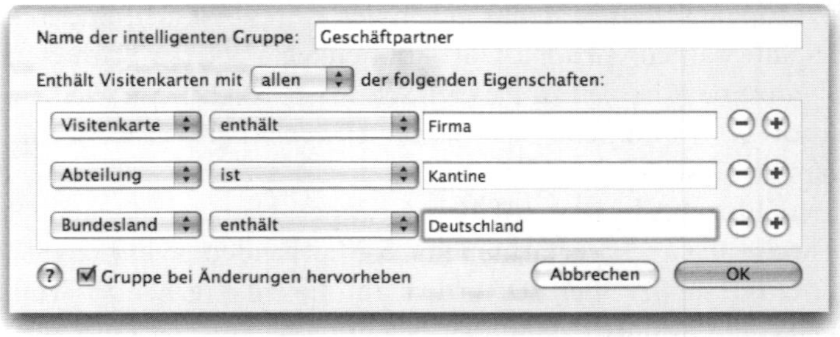

Der Hauptvorteil einer gut durchdachten sowie immer aktuell gehaltenen Adress-Datenbank ist, dass Sie – wie im Falle von Mac OS X – nur diese uptodate halten müssen. Dadurch, dass viele andere Programme wie *Mail, iCal, iChat* etc. darauf zurückgreifen, sparen Sie sich eine Menge Arbeit.

Der Automator

Jeder kennt das Spielchen: Immer gleiche Aufgaben zu erledigen macht mit der Zeit einfach keinen Spaß mehr. Stellen Sie sich nur vor, Sie würden des Öfteren Ordner mit zig Bildern erhalten und sollen diese nun alle auf eine einheitliche Größe skalieren. Dazu sollen Sie sie noch in ein bestimmtes Format konvertieren und dazu einen Kontaktbogen erstellen, damit beispielsweise Ihre Freunde besser eine Bestellung aufgeben können. Mit der Zeit kann da schon einmal ein wenig Frust aufkommen.

Doch ruhig Blut, für genau jene Tätigkeiten gibt es den *Automator*, der – wie der Name schon verspricht – etliche Routine-Arbeiten automatisch erledigen kann. Wollen wir doch mal sehen, ob das auch so stimmt.

Da im Kontext mit dem *Automator* eine Menge an Programmen ins Spiel kommen, sollten Sie – zumindest, wenn Sie noch wenig Erfahrung mit Mac OS X besitzen – vielleicht diesen Abschnitt vorerst nur »überfliegen«. Wenn Sie dann den Rest dieses Kapitels verinnerlicht haben und diesen Abschnitt nochmals lesen, werden Sie wesentlich mehr von dem verstehen, was der *Automator* eigentlich sein möchte bzw. welche Funktionen Ihnen am ehesten helfen.

Im Grunde werden Sie sogar zum Programmierer, da Sie mit Hilfe von einzelnen *Aktionen* einen *Arbeitsablauf* zusammenstellen, der auf Knopfdruck funktioniert. *Automator* stellt Ihnen dabei für die meisten Programme einzelne Funktionen wie etwa Bilder beschneiden, drehen, drucken oder Finder-Objekte bewegen, kopieren, duplizieren, umbenennen usw. zur Verfügung. Die Kunst besteht nun darin, diese Aktionen in einen sinnvollen Arbeitsablauf umzubauen.

Beim ersten Start können Sie schon einmal den Ausgangspunkt Ihres künftigen Workflows bestimmen. Zur Auswahl stehen die Rubriken *Eigenes*, *Dateien & Ordner*, *Musik & Ton*, *Fotos & Bilder* sowie *Text*. Klicken Sie auf eine Rubrik, so lassen sich bereits im darunter liegenden Feld erste Erklärungen entnehmen.

Der Start: Je nach gewünschtem Arbeitsablauf wählen Sie eine Rubrik.

Nehmen wir nun als Beispiel das Skalieren von Bildern: Wir möchten einen Ordner mit Bildern kopieren (damit die Originale nicht verändert werden), die Bilder auf 70 Prozent der ursprünglichen Größe skalieren und diese dann in das *TIFF*-Format konvertieren. Als krönenden Abschluss wollen wir gleich noch einen Kontaktbogen als PDF, der einen Überblick über die Bild-Daten gibt.

Ganz links, in der *Bibliothek*, finden Sie eine Übersicht an Programmen, mit denen sich Aktionen ausführen lassen. Klicken Sie nun eine Applikation an, so werden sämtliche dazugehörigen Aktionen bzw. deren spezielle Fähigkeiten eingeblendet. Unterhalb der Spalten für *Bibliothek* und *Aktionen* werden – falls eine Aktion markiert ist – kurze Erklärungen dazu abgegeben. Falls diese nicht erscheinen, klicken Sie bitte in den kleinen Knopf (▣) für die *Beschreibungsanzeige* links unten. Ganz rechts sehen Sie das noch leere Fenster für die Arbeitsabläufe, die der *Automator* erledigen soll (Abbildung hierzu siehe bitte nächste Seite, oben).

Wir klicken nun für unser Beispiel zuerst in der *Bibliothek* auf *Dateien & Ordner* und wählen dort die Aktion *Nach Finder-Objekten fragen* (damit erhalten wir einen Dialog, in dem sich Objekte auswählen lassen) und aktivieren darin die Option *Auswahl mehrerer Objekte zulassen* (ansonsten könnte man nämlich nur ein einzelnes Objekt abrufen). Ziehen Sie nun diese Aktion in das *Arbeitsabläufe*-Fenster rechts hinein.

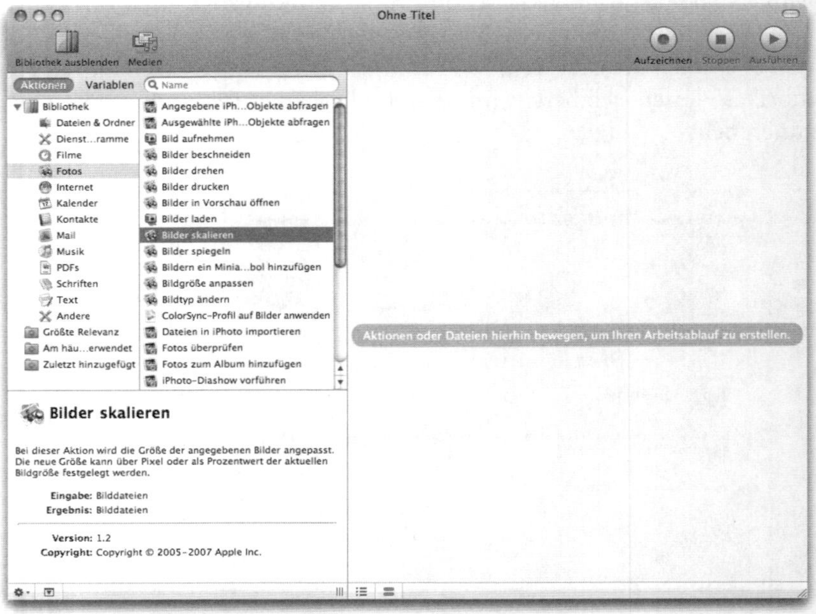

Die Arbeitsoberfläche des Automators: schlicht, aber wirkungsvoll.

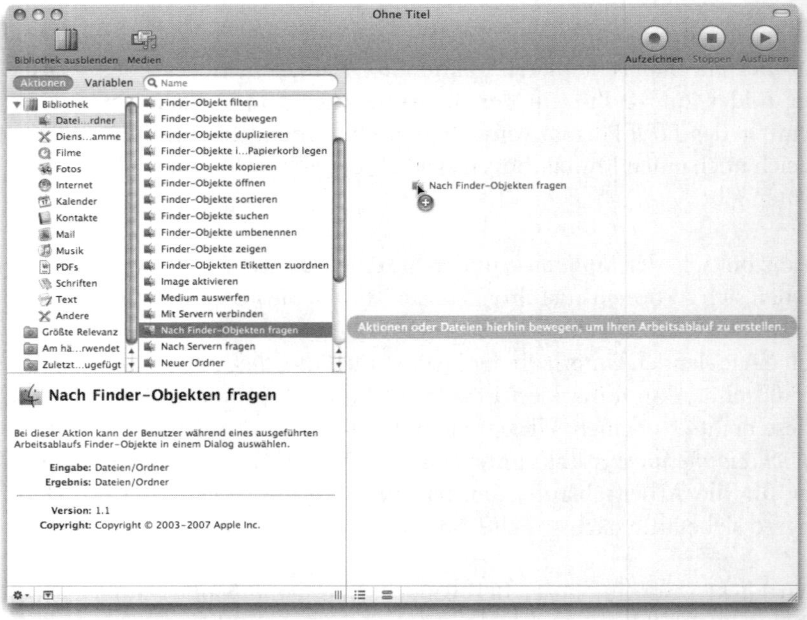

Die gewünschten Aktionen werden in das Fenster für die Arbeitsabläufe hineingezogen.

Damit nun die Bilder weiterhin als Originale erhalten bleiben, bauen wir direkt darunter die Aktion *Finder-Objekte kopieren* mit ein (zu finden ist diese ebenfalls in der *Bibliothek* unter *Dateien & Ordner*) und vergeben als Speicher-Ort einen zuvor angelegten Ordner namens *Optimierte Bilder*. Als nächster Schritt steht das Skalieren unserer Bilder an, wozu wir eine Applikation benötigen, die dieser Aufgabe Herr wird. Ganz klar, unser Favorit heißt hier *Vorschau*, dessen Aktionen in der *Bibliothek* | Rubrik *Fotos* angeboten werden. Damit können wir genau angeben, in welche Größe skaliert werden soll: entweder als genaue Angabe in Pixel oder in Prozent. Danach kommt die Aktion *Bildtyp ändern* dran, da unsere JPEG-Bilder in das TIFF-Format umkonvertiert werden sollen.

Beim Integrieren dieser Aktion in unseren Arbeitsablauf schaltet sich *Automator* kurz ein, da er folgerichtig erkennt, dass hier Daten verändert werden. Er bietet dabei selbstständig die Aktion *Finder-Dateien kopieren* an, damit nicht unbeabsichtigt die Originale überschrieben werden. Da wir aber bereits mitgedacht haben (das kommt auch bei uns mal vor) und anfangs schon *Finder-Objekte kopieren* (es wurde also bereits eine Kopie der Original-Daten erstellt) eingebaut haben, lehnen wir dankend ab.

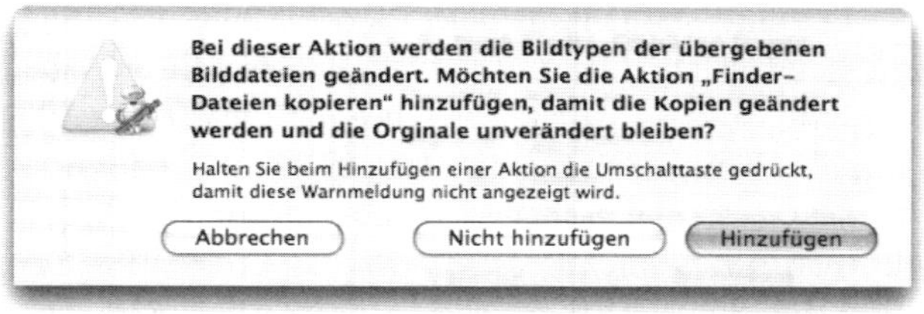

Prävention à la Automator: Das Programm denkt mit und verhindert im Vorfeld Fehler.

Zuletzt erfolgt die Aktion *Neuer PDF-Kontaktbogen*. In den angebotenen Optionen aktivieren wir die Funktion *Diese Aktion beim Ausführen des Arbeitsablaufs zeigen*, was bedeutet, dass während des Abarbeitens des Workflows ein Dialogfeld eingeblendet wird, indem wir beispielsweise einen Namen vergeben sowie den Speicher-Ort bestimmen können (wenn dieser zum Beispiel abweichend von den skalierten Bilder sein soll).

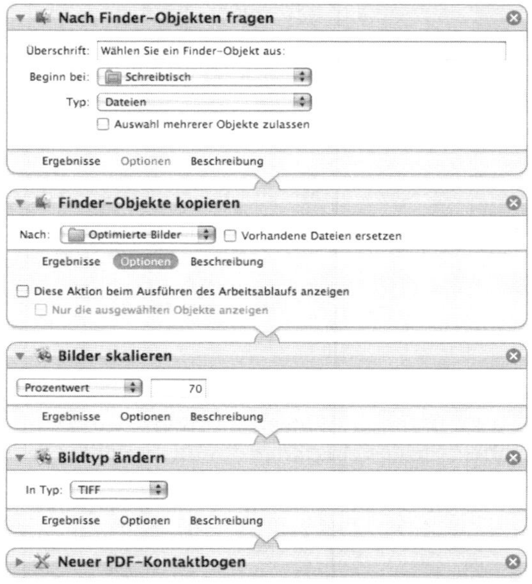

Die einzelnen Aktionen liegen nun fein säuberlich untereinander, können jedoch auch nachträglich noch verschoben, vertauscht oder mit weiteren Aktionen angereichert werden.

Nach der Zusammenstellung (bei längeren Arbeitsabläufen ruhig auch zwischendurch) sollten Sie Ihr Werk immer speichern, damit es auch ja nicht verloren geht. Über *Ablage | Sichern* bzw. *Sichern unter* vergeben Sie einen aussagekräftigen Namen (im Beispiel *70 Prozent-Skalierung*). Als Dateiformat stehen Ihnen zwei unterschiedliche Varianten zur Verfügung: Entweder als eigenständiges *Programm*, das Sie sich dann beispielsweise auf den Schreibtisch legen. Per Doppelklick bzw. indem Sie Daten auf das Icon ziehen, legt es dann los. Die zweite Wahl nennt sich *Arbeitsablauf*, so dass sich der *Automator* öffnet, wenn Sie Ihre angelegten Aktionen wählen. Beide Sicherungs-Arten können weitergegeben und auch weiterbearbeitet werden, wobei der *Arbeitsablauf* auf Doppelklick hin *Automator* startet, während Sie das *Programm* als solches auf das *Automator*-Icon ziehen müssen, um es zu öffnen.

Als dritte Möglichkeit steht Ihnen auch noch offen, Ihren *Arbeitsablauf* als *Plug-In* zu sichern (*Ablage | Als Plug-In sichern*). Hierbei vergeben Sie wieder einen Namen und wählen aus dem Popup-Menü, welche Aufgabe das *Plug-In* verrichten soll. Die Auswahl *Finder* integriert Ihren Arbeitsablauf in das Kontext-Menü, so dass Sie auf Klick hin darauf zurückgreifen können. Im Programm *iCal* verwandelt sich Ihr Arbeitsablauf wiederum zu einer Erinnerung, in der Sie genau festlegen können, wann die Arbeit verrichtet werden soll. Auch für *Ordneraktionen* oder das Programm *Digitale Bilder* steht die Möglichkeit zur Verfügung, Arbeitsabläufe zu integrieren, damit sich dort Zusatz-Aufgaben, die ursprünglich nicht vorhanden waren, ausführen lassen.

Wird Ihr Arbeitsablauf als Plug-In für den Finder gesichert, so steht er über das Kontext-Menü auf Mausklick hin zur Verfügung.

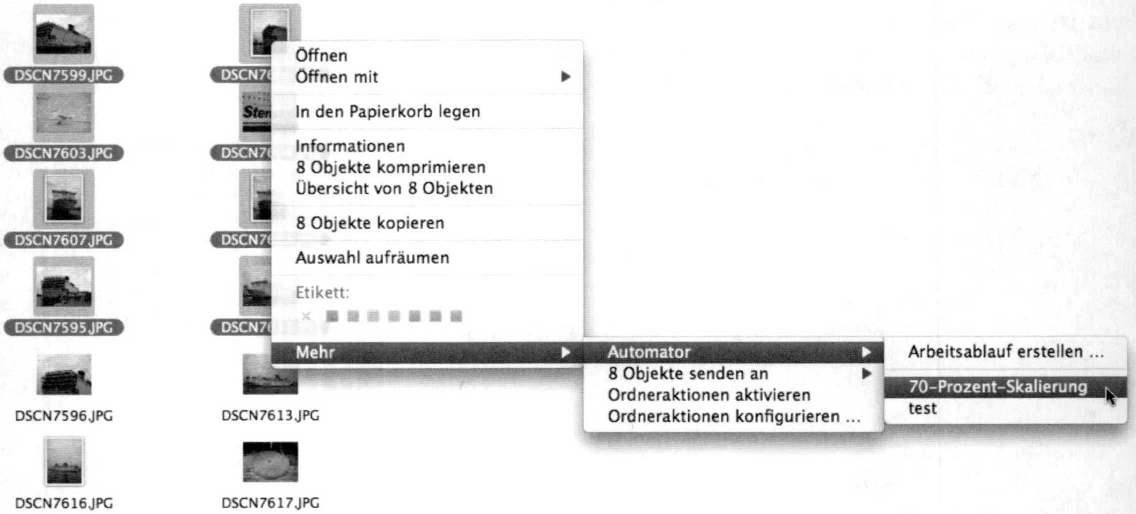

Nach so viel Theorie muss aber auch ein Erfolgserlebnis her, was ganz vorzüglich klappt, indem Sie den *Ausführen*-Button in der Symbolleiste drücken. Der *Automator* verarbeitet die Optionen und jede Aktion, die erfolgreich verlief, erhält einen grünen Haken. Sollten dennoch Probleme auftauchen, so können Sie über *Darstellung* | *Protokoll* (⌘-⌥-L) bzw. den dazugehörigen Button (☰) unterhalb der *Arbeitsabläufe*-Übersicht Hinweise finden, woran es liegt.

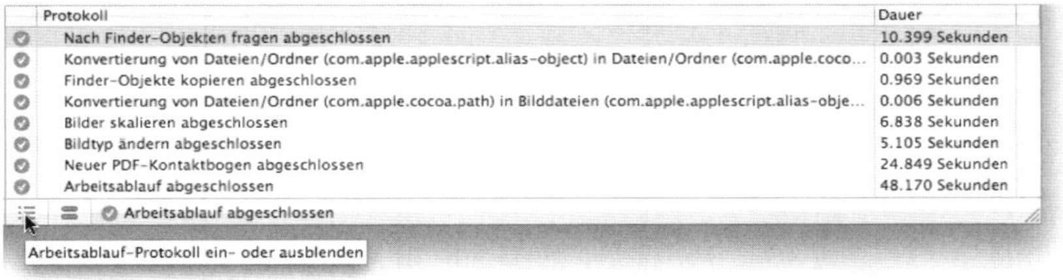

Unser Protokoll führt die einzelnen Bearbeitungsschritte auf und hat nichts zu beanstanden.

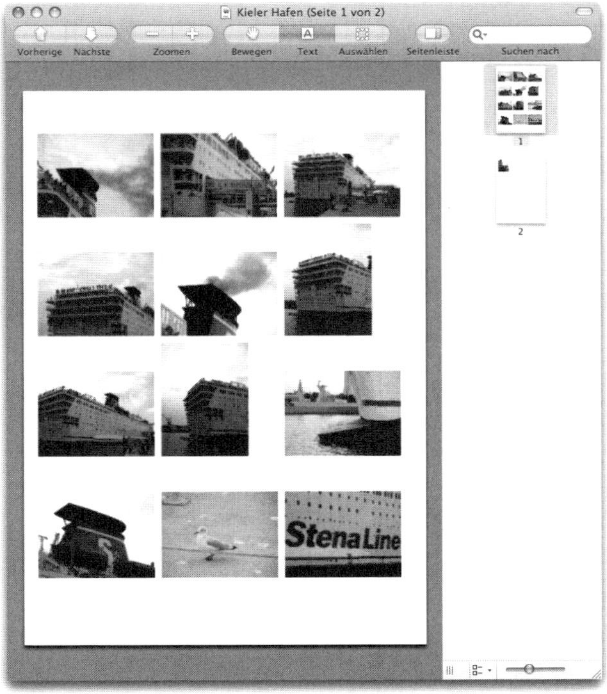

Der Beweis unseres Erfolges: Der Kontaktbogen als PDF. Aber auch die anderen Aktionen wie das Umkonvertieren vom JPEG- ins TIFF-Format verliefen reibungslos.

Über die Menüleiste *Hilfe* gelangen Sie unter *Automator* an einen Ordner mit bereits fertiggestellten Arbeitsabläufen. Klicken Sie eine Datei davon doppelt an, so erhalten Sie einen Einblick in die Struktur. Offen gesprochen werden Anfänger ihre liebe Mühe mit dem Programm haben, so dass wir Ihnen erst einmal das Verstehen der Grundlagen von Mac OS X ans Herz legen, ehe Sie in die Liga der engagierten Mac-Anwender aufsteigen. Und noch ein Tipp: Ist Ihnen das Thema zu schwierig, dann überlassen Sie doch das Zusammenstellen von Aktionen lieber anderen: Sehen Sie doch mal unter `http://automatorworld.com` nach – da gibt's eine Menge Arbeitsabläufe für fast alle Belange, und das kostenlos und zum sofortigen Download.

Lassen Sie sich nicht entmutigen, wenn mal irgendetwas nicht so klappt, wie es sollte – auch uns ergeht es so das ein oder andere Mal. Nur über das Experimentieren gelangen Sie zu einer gewissen Routine, die Ihnen auch dann nicht das Lächeln vergehen lässt, wenn der Computer absolut unverständlich reagiert (die sind halt so, die Dummchen ...).

Chess – Schach spielen auf Englisch

Während das Spiel *Schach* vor circa 2000 Jahren in Indien entstand und vor rund 1000 Jahren nach Europa importiert wurde, hat es dieses Spiel mittlerweile bis auf den Mac geschafft – allerdings nur in englischer Sprache. Über *Game | New Game* legen Sie zuerst einmal die Spieler fest: Mensch gegen Mensch (*Human vs. Human*) oder Mensch gegen Computer (*Human vs. Computer*). Danach wird die Variante gewählt, die neben *Regular* auch solche abenteuerlichen Titel wie *Crazyhouse*, *Suicide* oder *Losers* aufweist. Die genauen Erklärungen zu den einzelnen Varianten finden Sie über die Schach-Hilfe (*Chess Help*) über das Stichwort *Playing Chess* bzw. *Chess game variants*.

Nix für ungut, aber in diesem Fall verweisen wir ausnahmsweise auf die Hilfe. Wir können zwar Schach, doch laufen wir eher unter der Kategorie »Loser«.

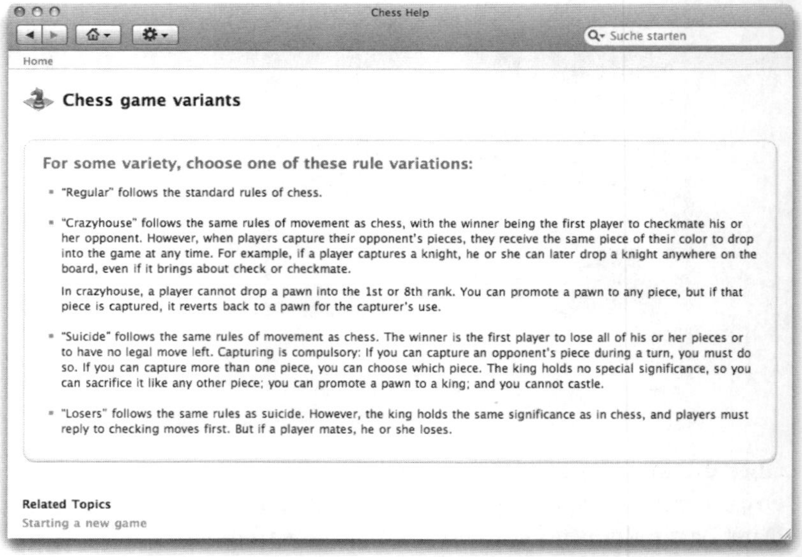

Na, schon aufgeregt? Das Spiel scheint spannend zu werden ...

Den Schwierigkeitsgrad beim Kampf gegen den Computer stellen Sie über die Schach-*Einstellungen* (*Chess | Preferences | Computer plays*) ein, wo Sie auch das Design des Schachbretts sowie der Figuren anpassen können. Möchten Sie weiterhin, dass die Züge des Computers kommentiert werden, so wählen Sie ebenso in den *Preferences* die Option *Speak Computer Moves*, eigene Anweisungen sprechen Sie dagegen über *Allow Player to Speak Moves*. Für Anfänger und Unentschlossene lassen sich über das *Moves*-Menü auch visuelle Hinweise mitgeben, und zwar über den Befehl *Show Hint*.

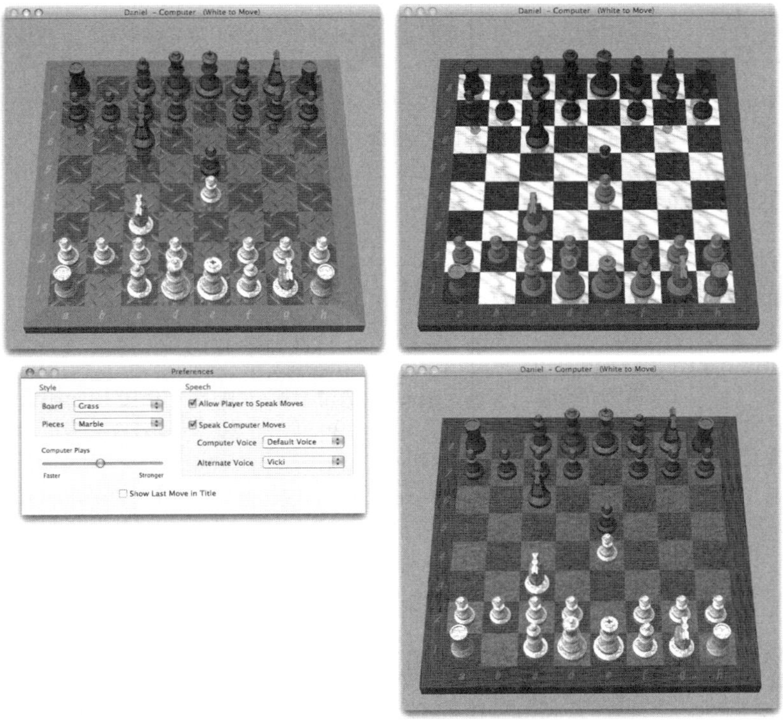

Je nach Wohnungseinrichtung gibt's über die »Chess-Preferences« das zugehörige Schachbrett.

Eröffnen Sie also freundlich, steigern Sie sich im Mittelspiel, um den Gegner schließlich im Endspiel in Grund und Boden zu hauen. Na dann viel Spaß …

Dashboard – Programme für den Alltag

Dashboard – übersetzt das Armaturenbrett – ist Apples *Widget*-Sammlung mit Nachahmer-Effekt. Diese Aussage ist selbstverständlich positiv zu verstehen, fühlen sich doch viele Programmierer herausgefordert, neue kleine *Widgets* (Hilfsprogramme) zu entwickeln. Das Programm *Dashboard* wird über die Taste *F12* aufgerufen und startet wie von Geisterhand aus dem Hintergrund. Der Schreibtisch wird abgedunkelt und es erscheinen verschiedene »Prögrammchen« für die unterschiedlichsten Aufgaben.

Ob Taschenrechner, Kalender, die aktuelle Uhrzeit oder das Wetter – per Knopfdruck lassen sich die gewünschten Informationen abrufen.

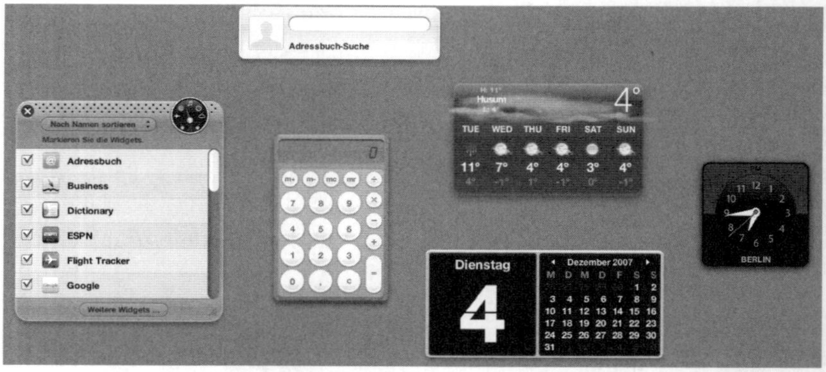

Wenn Ihnen die Sondertaste »F12« zum Aufrufen des Dashboards nicht zusagt, so können Sie dies über die Systemeinstellung *Exposé & Spaces* | Reiter *Exposé* ändern. Achten Sie aber darauf – falls das kleine Warndreieck ( ) auftaucht –, dass es zu keiner Überschneidung bei den Tasten-Kurzbefehlen kommt. Ansonsten gehen Sie schnurstracks zur Systemeinstellung *Tastatur & Maus* | Reiter *Tastaturkurzbefehle* und bringen diese auf Vordermann.

Damit Sie immer auf dem aktuellsten Stand sind, muss eine Verbindung ins Internet bestehen, da die *Widgets* je nach Aufgabenbereich ihre Informationen von verschiedenen Online-Diensten beziehen. So wird das Wetter beispielsweise von *AccuWeather.com* bezogen, einer internationalen Wetterstation. Die meisten *Widgets* können weiterhin angepasst werden: Bewegen Sie den Mauszeiger über ein Programm, so wird unten rechts ein kleines »i« ( ) eingeblendet. Klicken Sie darauf, so dreht sich das Programm um die eigene Achse und bietet je nach Aufgabenbereich weitere Optionen an.

Sind Sie international tätig, so bietet es sich an, mehrere Uhren einzublenden, so dass Sie immer die aktuellen Zeiten im Blick haben.

Ist *Dashboard* aufgerufen, so finden Sie links unten ein *Plus*-Symbol ( ), das auf Klick hin die Auswahl der bereits Apple-seitig mitgegebenen *Widgets* unten einblendet. Je nach Bildschirm-Größe werden nicht alle dargestellt, so dass Sie über die rechts und/oder links stehenden Pfeile weiterblättern können. Gleichzeitig erhalten die schon aufgeführten *Widgets* ein x-Symbol ( ), über das das ausgesuchte Programm wieder entfernt wird. *Widgets* können Sie auch verschwinden lassen, indem Sie bei gedrückter Optionstaste mit der Maus über das entsprechende Programm fahren – auch dabei wird das »x« eingeblendet.

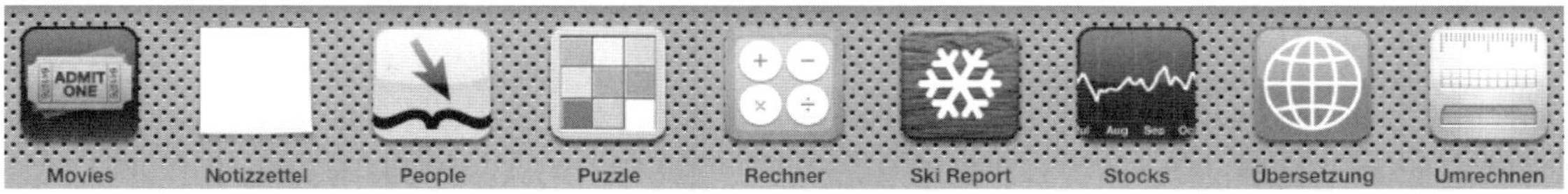

Klicken Sie nun aus der Auswahl ein *Widget* mit der Maus an, so wird es den anderen hinzugefügt, wobei allein der Effekt des Einblendens schon sehenswert ist. Sie können auch mehrere *Widgets* der gleichen Sorte einblenden, was sich insbesondere bei der *Weltuhr* oder den *Notizzetteln* anbietet.

Apple hat Ihnen schon einmal eine reichhaltige Auswahl spendiert, die jedoch gern erweitert werden kann.

Die Verwaltung dieser kleinen Programme klappt auch ganz hervorragend über den *Widget-Manager*, der alle vorhandenen Anwendungen auflistet. Möchten Sie nun ein Widget entfernen, so brauchen Sie nur den links liegenden Haken wegklicken. *Widgets* von Apple-fremden Programmierern lassen sich auch über das *Minus*-Symbol (⊖) direkt in den Papierkorb legen. Einzig das Einblenden von Widgets klappt darüber nicht – hier müssen Sie oben beschriebenen Weg gehen.

Der Widget-Manager gibt einen schnellen Überblick über die Widgets-Sammlung. Das Löschen geht ebenso leicht von der Hand – allerdings nur bei jenen von Dritt-Herstellern.

Wählen Sie bei gedrückter *Umschalttaste* (⇧) die Taste F12 zum Einblenden der *Widgets*, so läuft das ganze Prozedere in Zeitlupe ab. Das Ganze klappt im Übrigen auch bei den anderen animierten Funktionen und Optionen von *Dashboard*.

Um Ihnen das Ausprobieren zu erleichtern, erfahren Sie auf den nächsten Seiten in einer Kurz-Übersicht schon einmal die Raffinessen der bestehenden Widgets:

Adressbuch

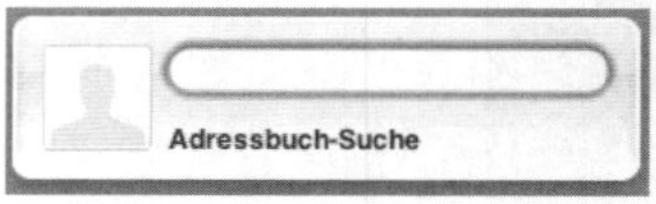

Neben Ihrem großen *Adressbuch* (siehe weiter oben) fungiert das Widget *Adressbuch* als schnelle Suchhilfe, wenn Sie mal rasch eine Adresse benötigen. In das kleine *Suchfeld* geben Sie einen Namen ein und das *Adressbuch* erledigt den Rest. Gibt es mehrere Namensvettern, so klicken Sie einfach auf den gewünschten Eintrag und die zugehörigen Daten werden eingeblendet. Der Clou: Klicken Sie auf Ziffern, so werden diese überdimensional vergrößert eingeblendet, mit einem Klick auf eine E-Mail-Adresse wird sofort des E-Mail-Programm gestartet und die Adresse in die E-Mail eingetragen – na wenn das kein Service ist.

Business

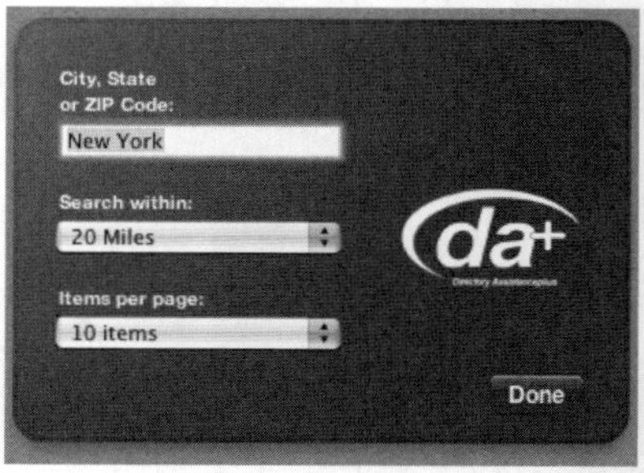

Leider ist das Widget *Business* für den deutschsprachigen Raum nicht zu verwenden. Ob Hotel, Bars, Friseur oder was auch immer – der Server von *Directory Assistance Plus* (`www.daplus.us`) findet alles. Die Infos sind vergleichbar mit den deutschen »Gelben Seiten«. Wenn Sie also eine Reise nach Amerika planen, so lassen sich damit schon einmal erste Adressen sammeln.

Dictionary

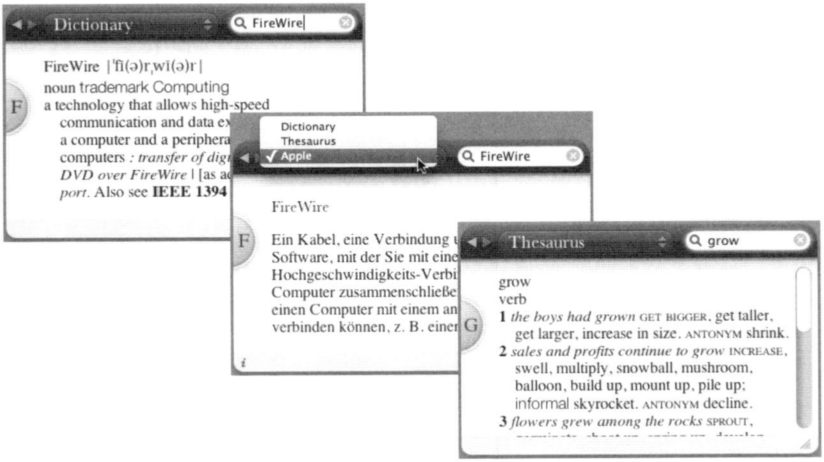

Ebenfalls die kleine Ausgabe des *Dictionary/Thesaurus* (siehe weiter hinten im Buch): In das Suchfeld geben Sie den gewünschten Begriff ein, der über das *Dictionary* erklärt wird. Per Klick auf das kleine Popup-Menü lassen sich über *Thesaurus* Synonyme (Alternativ-Worte) finden. Oder Sie wählen das Apple-Lexikon, das jedoch nur technische Begriffe erklärt – dafür aber auch auf Deutsch. Der gezeigte kleine gelbe Halbkreis (links stehend) bietet weiterhin einen Überblick über ähnliche Begriffe oder führt eine Kurz-Übersicht an Synonymen auf.

ESPN – The Worldwide Leader In Sports

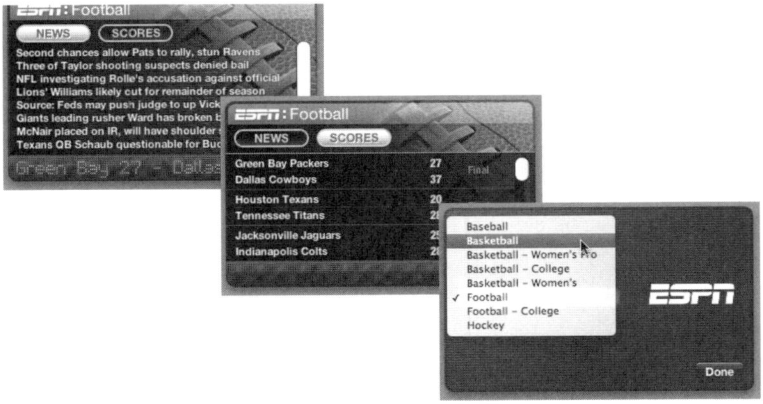

Wer sich für Sport interessiert – Basketball, Football oder Hockey – der ist hier am richtigen Platze. Das heißt nicht ganz, denn wieder einmal sollte man Amerikaner sein, um mit diesem Widget sein Glück zu finden. Aber keine Angst – in wenigen Momenten zeigen wir Ihnen auch, wie Sie die richtigen Programme für den eigenen Geschmack finden.

Flight Tracker

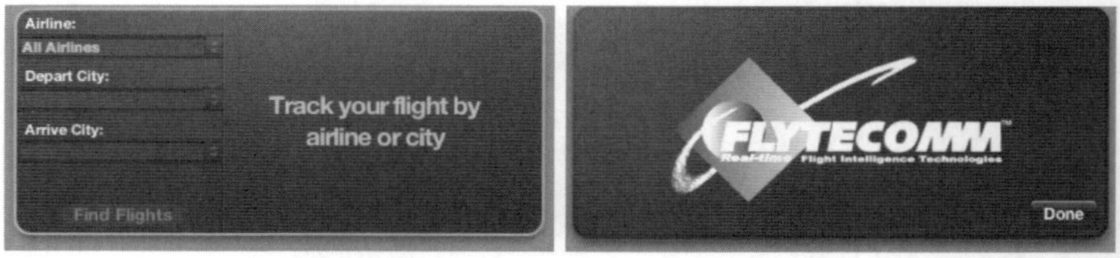

Für Vielflieger ein Segen, für Menschen mit Flugangst der Horror schlechthin ;-) Über den Service `www.flytecomm.com` werden Ihnen nach Auswahl der Fluglinie, des Start- und Zielflughafens die entsprechenden Flüge herausgesucht. Im Test-Zeitraum war der Server leider nicht erreichbar (geht ja schon gut los … wie sehen dann erst die Flugzeuge aus?). Auch dieser Service ist eher was für die Nordamerikaner – eine Online-Verbindung ist Voraussetzung zum Abrufen der Daten. Mit Klick auf das kleine Info-Feld (*i*) und einem weiteren Mausklick auf die Web-Adresse wird automatisch der Browser mit bereits eingetragener Webseite aufgerufen.

Google

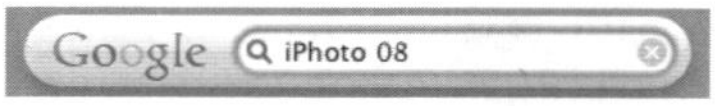

Wer kennt sie nicht, diese Suchmaschine mit den meisten Zugriffen im WWW? Google als Web-Gigant darf selbstverständlich nicht fehlen. Über die kleine Sucheingabe schreiben Sie einfach einen Begriff hinein – und schwupps öffnet sich der Browser *Safari* und Sie erhalten auch schon die ersten Ergebnisse. Das klappt natürlich nur mit einer bestehenden Online-Verbindung.

iCal

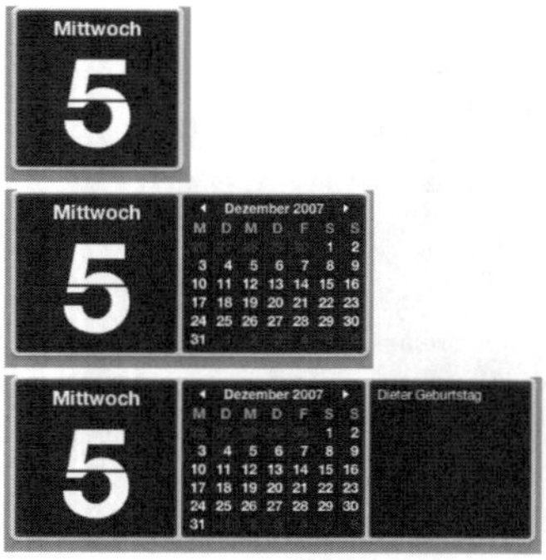

Wie soll es auch anders sein – über *iCal* wird schnell und unkompliziert das aktuelle Datum gezeigt. Durch Klick auf die aktuelle Datums-Zahl wird die Oberfläche verkleinert oder schrittweise wieder vergrößert, über die beiden

Dreiecke blättern Sie monatsweise voran oder zurück. Sind Aufgaben oder Ereignisse in *iCal* eingetragen, so werden diese selbstverständlich angezeigt – ein Vergessen gehört somit der Vergangenheit an.

iTunes

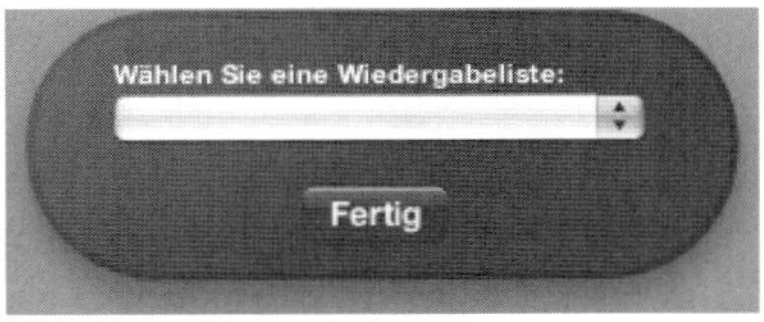

iTunes, die geniale Abspiel-Software, die in Kombination mit iPod & Co. fast alle Belange von Musik-Liebhabern erfüllt, besitzt natürlich ebenso ein *Widget*. Wie eine kleine Fernbedienung tritt sie auf und bedient das große *iTunes*. Ist *iTunes* selbst nicht geöffnet, so zeigt es das *Widget* lapidar an. Klicken Sie auf den *Play*-Button, so startet *iTunes* und Sie gelangen so über den *Info*-Button (*i*) zur Auswahl der *Wiedergabelisten*. Wieder zurück lässt sich die Musik starten, das nächste oder vorangegangene Lied anspringen bzw. die Zufalls- oder Wiederhol-Funktion einschalten. Über den *Navigations*-Regler unterhalb des Titels können Sie die Songs vor- und zurückspulen, über das Laufrad lässt sich die Lautstärke anpassen. Mehr zu *iTunes* erfahren Sie in unserem Sonderkapitel – zu finden auf der Verlags-Webseite.

Movies

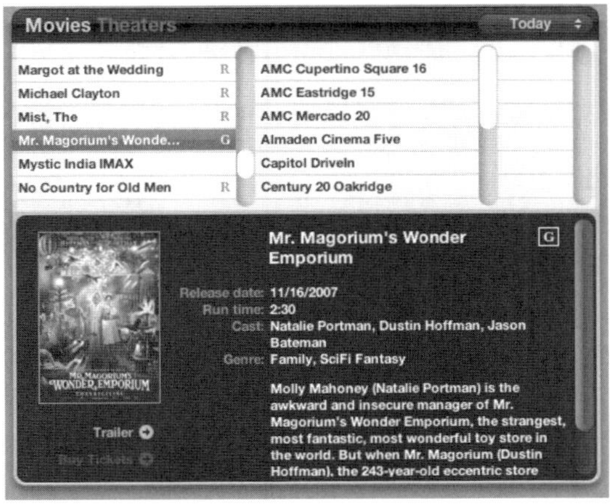

Tja, ein schöner Service, doch leider nichts für uns dabei. Fandango (`www.fandango.com`) ist ein etablierter Online-Ticket-Verkäufer in den U.S.A. Um sich schon einmal im Vorfeld schlau zu machen, können Sie das aktuelle Kino- wie Theater-Programm in einzelnen Städten abrufen, Informationen darüber lesen bzw. sogar die Trailer anschauen. Haben Sie sich entschlossen, ins Kino zu gehen, können Sie auch gleich die Eintrittskarten ordern. Nicht schlecht gemacht.

Notizzettel

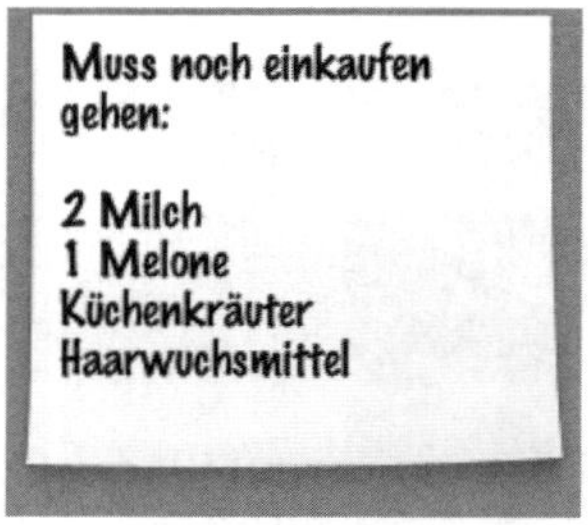

Der *Notizzettel* übernimmt dieselbe Funktion wie Ihr realer Schmierzettel auf dem Küchentisch: Kurze Infos und Erinnerungsschreiben werden darauf abgefasst. Dabei kann der geschriebene Text über *Befehlstaste-A* (⌘-A) markiert, über *Befehlstaste-C* (⌘-C) kopiert und über *Befehlstaste-V* (⌘-V) woanders eingefügt werden. Je mehr Text Sie schreiben, desto kleiner wird die Schriftgröße. Die Rückseite des *Widgets* versteckt dagegen die Anpassungen zur Benutzer-Oberfläche wie *Farbe*, *Schriftart* und *Schriftgröße*.

People

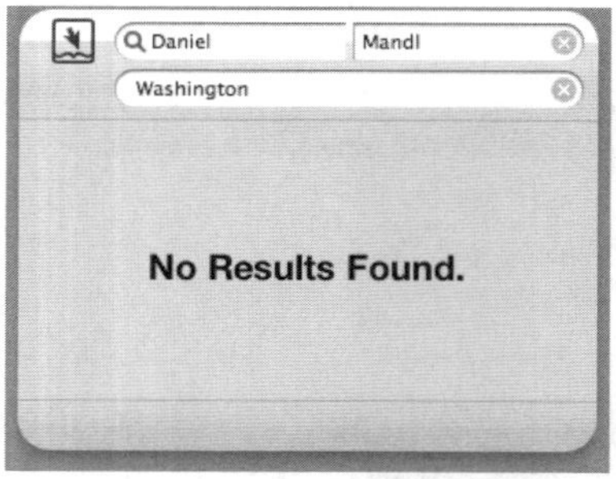

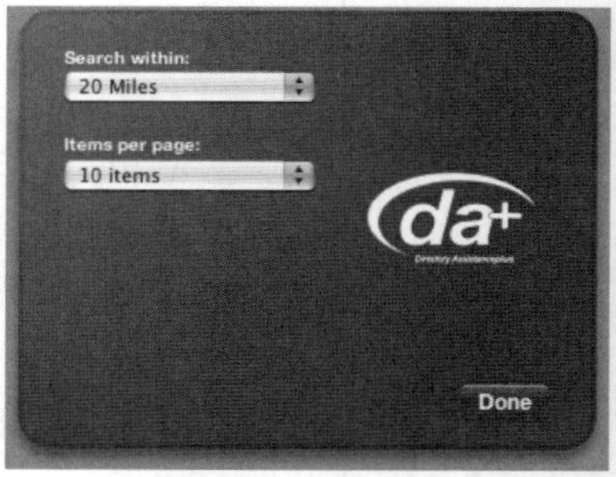

Mal wieder der Server von *Directory Assistance Plus* (`www.daplus.us`): *People* entspricht ebenso den Gelben Seiten in Deutschland und ermöglicht das schnelle Suchen nach Adressen in einer virtuellen Datenbank. Das Dumme ist wirklich nur, dass außer in den USA und in Kanada kein Mensch was damit anfangen kann. Oder suchen Sie vielleicht nach Ahnen? Wie gesagt, das Konzept ist klasse und die Umsetzung schnell und unkompliziert (eine Internet-Verbindung ist Voraussetzung), nur leider für unsere Breitengrade nicht geeignet.

Puzzle

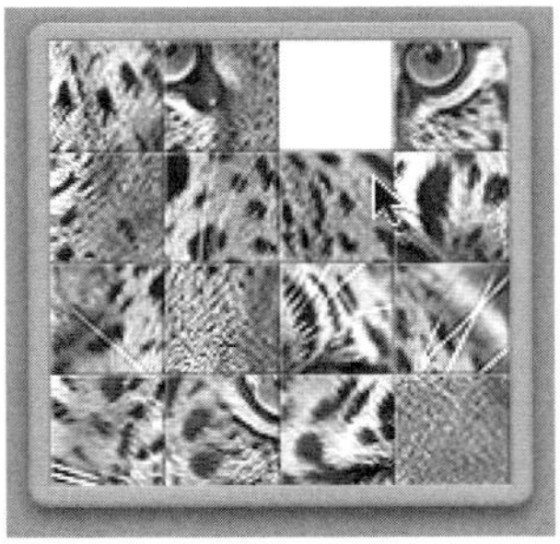

Im Herzen sind wir doch alle Kinder, und daher gibt's auch ein kleines Puzzle zum Spielen für zwischendurch. Die Ungeduldigen sollten jedoch lieber die Finger davon lassen – denken Sie an Ihr Herz ... Und wie soll es auch anders sein, passend zu Mac OS X ziert nach der Tiger-Variante des Vorgänger-Systems nunmehr eine Leopard das Puzzle, das auf Mausklick gut gemischt wird. Per Doppelklick auf die einzelnen Teile werden diese dann immer auf den freien Platz verschoben. Ob es auch noch andere Bilder gibt, konnten wir leider nicht eruieren, da wir bereits nach zwanzig Minuten genervt aufgaben – vielleicht geben Sie uns ja Bescheid, wenn Sie es geschafft haben ...

Rechner

Ähnlich dem Taschenrechner aus dem *Programme*-Ordner (siehe auch weiter unten) geht's hier um Zahlen und Brüche, Subtraktion und Division und wie die ganzen Rechenarten so heißen. Wie man einen Taschenrechner bedient, brauchen wir wohl nicht zu erklären. Auf eine Sache wollen wir jedoch hinweisen: Klicken Sie in das Anzeige-Feld, so lässt sich der Inhalt über *Befehlstaste-C* (⌘-C) kopieren und über *Befehlstaste-V* (⌘-V) in ein anderes Programm einfügen – beispielsweise in die *Dashboard-Notizzettel*.

Ski Report

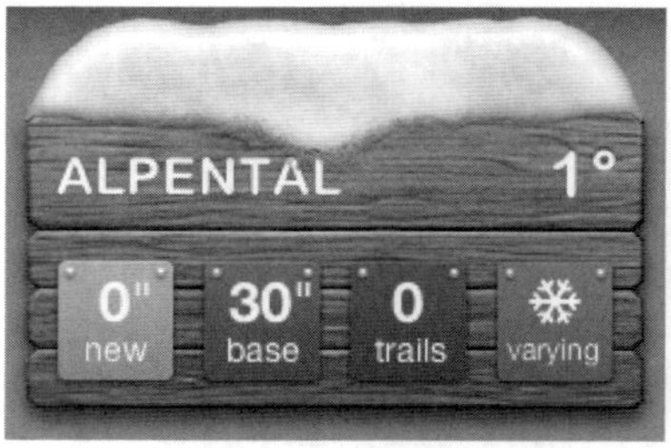

Schön wär's gewesen, doch der tolle Ski-Report weist ebenfalls Lücken in seiner Datenbank auf – dummerweise mal wieder für die deutschsprachige Gemeinde. Macht nichts, wir finden da schon Ersatz, wenn's denn wenigstens Schnee gäbe …

Stocks

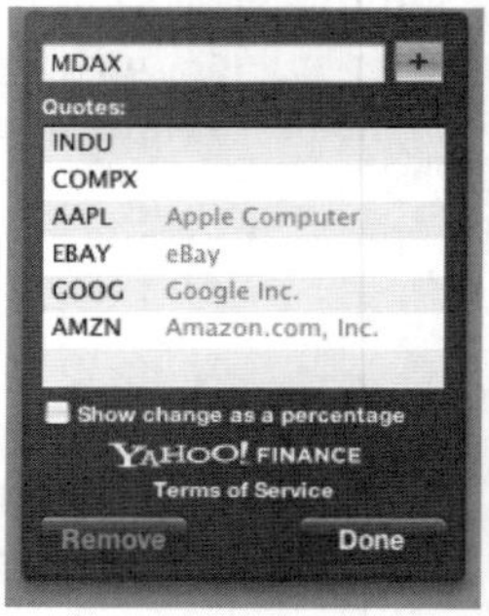

Day-Broker, Börsen-Interessierte und Spekulanten dürfen sich die Hände reiben: Per Knopfdruck tauchen die aktuellen Kurse von Dow Jones und der Nasdaq auf. Tragen Sie weitere Kürzel ein und bestätigen Sie mit der *Enter*-Taste (↩), so können auch diese hinzugefügt werden. Kommen mehrere Einträge in Frage, so wählen Sie den gewünschten per Mausklick aus. Die Eingabe von *Wertpapierkennnummer* (WKN) oder *International Securities Identification Number* (ISIN) bleibt leider unberücksichtigt. Die angezeigte

Währung ist üblicherweise der Dollar, werden jedoch deutsche Werte eingetragen, so erscheint der Kurs in Euro. Fatalerweise ist Letzteres jedoch nicht ersichtlich, da kein Währungs-Symbol gezeigt wird. Daher bitte mit äußerster Vorsicht genießen – Kaufen und Verkaufen nur nach vorheriger Kontrolle und mit Spielgeld!

Übersetzung

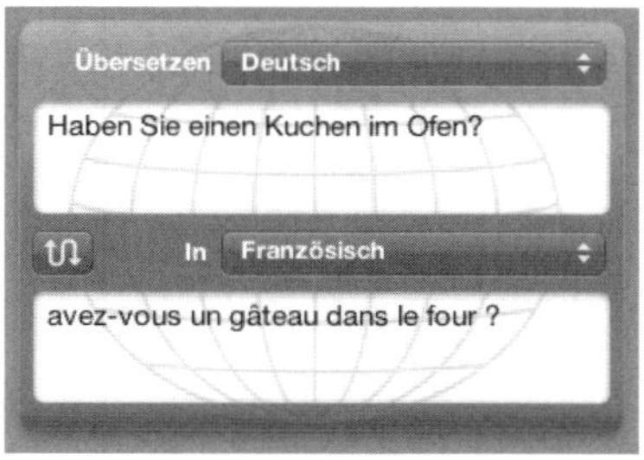

Lesen Sie des Öfteren ausländische Texte oder müssen Sie gar die Englisch-/Französisch-Hausaufgaben Ihrer Kinder erledigen, so kommt Ihnen das Widget *Übersetzung* mit Sicherheit zupass. Tippen Sie bei bestehender Online-Verbindung ein Wort oder einen Satz ein und wählen Sie eine der angebotenen Sprachen. Das Drücken der *Enter-Taste* (↩) erledigt den Rest für Sie. Aber bitte nehmen Sie die meist lustig-wortwörtliche Übersetzung nicht zu ernst und fragen Sie lieber den Fachmann (oder eben Ihre Kinder – vorausgesetzt, dass diese immer gut in der Schule aufgepasst haben).

Umrechnen

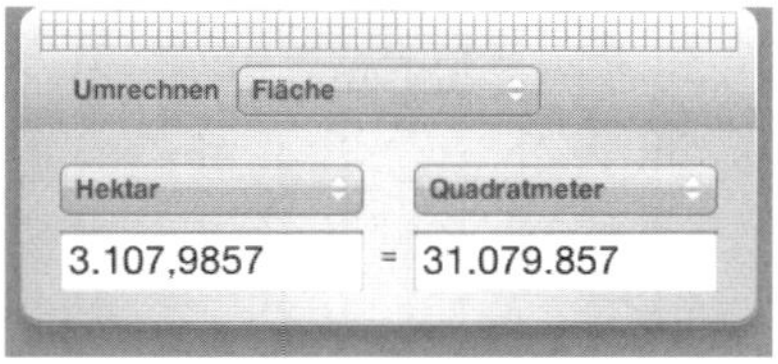

Egal, ob Flächen, Energie, Gewicht oder Währungen – mit dem Widget *Umrechnen* kommen Sie schnell zum gewünschten Ergebnis. Im Gegensatz zu Werten wie Kilowattstunden, Meter, Unze oder Fahrenheit, die geeicht sind, unterliegen Währungen beinahe minütlichen Schwankungen. Bevor Sie also in diesem Genre kalkulieren, sollten Sie eine Online-Verbindung aufbauen und dann erst das Widget *Umrechnen* aufrufen. Innerhalb von Sekunden wird ein Daten-Abgleich mit dem Server von *Quote.com* vorgenommen, der die aktuellen Währungs-Kurse einspeist. Mit Klick auf das Firmen-Emblem auf der Rückseite des *Widget* werden Sie automatisch auf die Seiten des Dienstleisters gelenkt.

Weather

Wie wird das Wetter in zwei Tagen? Ist die Temperatur schon so hoch, um baden zu gehen? Oder muss doch wieder das bereits zerfledderte Monopoly-Spiel aus dem Keller geholt werden, damit die Kinder nicht quengeln? Fragen über Fragen, die nicht nur Eltern beschäftigen und deren Antworten oftmals darüber entscheiden, ob die Woche friedlich verläuft …

Damit Ihnen die lange Suche erspart bleibt, gibt es das Widget *Weather*, das Ihnen die aktuellen Wetter-Daten sowie eine Vorausschau über die nächsten sechs Tage auf den Bildschirm zaubert. Auf der Rückseite des Widget tragen Sie Ihren Wohnort ein und bestätigen dann mit der *Enter-Taste* (↩). Das Bestätigen muss sein, da ansonsten nicht eruiert wird, ob die betreffende Eingabe überhaupt existiert. Gibt es mehrere Städte dieses Namens, so klicken Sie in der auftauchenden Liste auf den richtigen Eintrag. Möchten Sie auch noch die Tiefst-Temperaturen angezeigt haben, so aktivieren Sie die Option *Include lows in 6-day forecast.* Wie üblich sind Sie nicht auf ein *Weather*-Widget beschränkt, sondern können auch mehrere einblenden, damit Sie auch wissen, wie das Wetter in Ihrem Ferienhaus in Miami oder auf dem Zeltplatz in Hinterzarten ist.

Bedenken Sie wieder, dass für eine exakte Angabe der Temperatur-Werte eine Online-Verbindung vorhanden sein muss.

Web Clip

Zum Erstellen eines *Web Clips* müssen Sie zuerst den Browser *Safari* starten und eine bevorzugte Seite aufrufen. Danach klicken Sie in der Symbolleiste auf den Button *Diese Seite im Dashboard öffnen* ( ). Die Benutzer-Oberfläche von *Safari* ändert sich nun und am Mauszeiger »klebt« sozusagen ein Platzhalter, der nun über eine bestimmte Stelle auf der Webseite durch Klicken abgelegt wird. Der Rahmen zeigt dann kreisförmige Anfasser (Apple nennt sie Aktivpunkte), über die die Größe des Ausschnittes angepasst werden können. Wird dann der oben stehende Button *Hinzufügen* gewählt, so wandert dieser hervorgehobene Teil als *Web Clip* ins *Dashboard.*

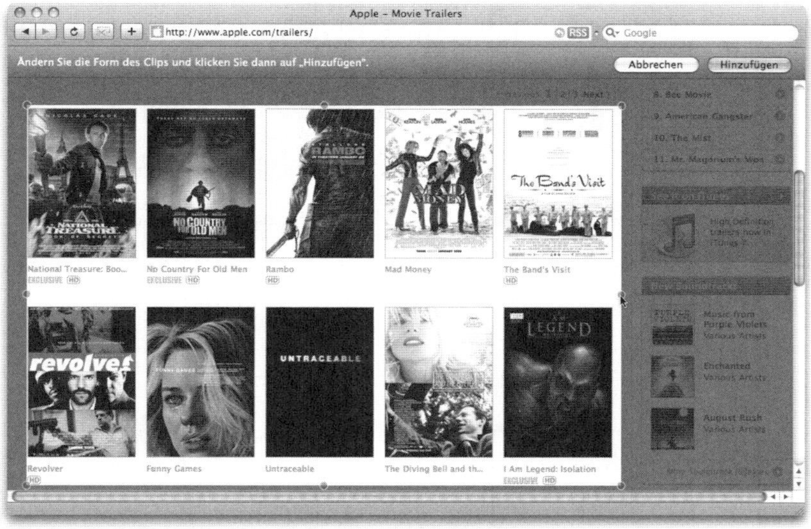

Zuerst suchen Sie sich einen geeigneten Ausschnitt auf der Webseite, um diesen dann über »Hinzufügen« als »Web Clip« auszuwählen.

Bewegen Sie nun den Mauszeiger über den Web Clip, so zeigt sich wieder in der rechten unteren Ecke ein Info-Symbol ( ), das auf Mausklick hin die Ansichtsfläche wendet und Ihnen mehrere Optionen zum Anpassen anbietet – darunter verschiedene Rahmen sowie die Möglichkeit, Clips mit Ton abspielen zu können.

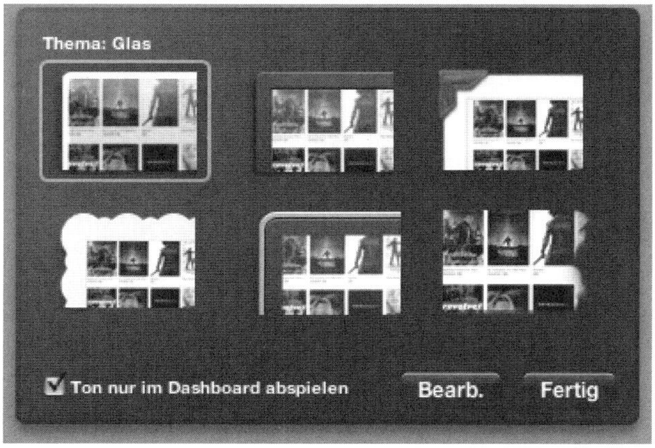

Nicht nur verschiedene Rahmen stehen zur Auswahl ...

... über »Bearbeiten« lässt sich zudem der Ausschnitt des Web Clips neu anpassen – und zwar sowohl über das Ändern des äußeren Rahmens sowie über das Verschieben des Inhalts mit gedrückter Maustaste.

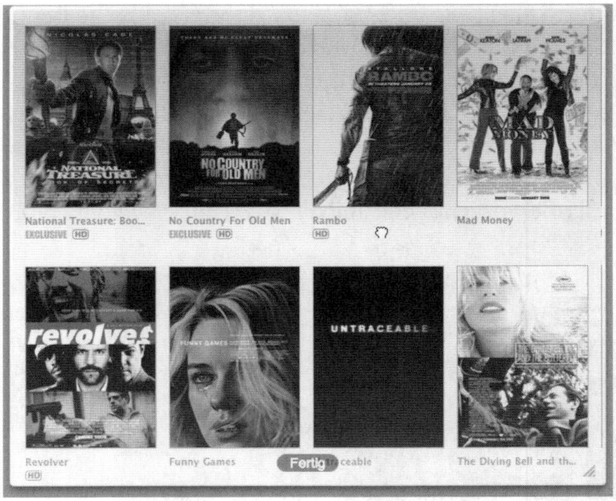

Wie üblich heißt es wieder zum Schluss: Sie müssen sich nicht mit einem *Web Clip* zufrieden geben – nur die Bildschirmgröße setzt Ihrem Tun ein Ende.

Weltuhr

Wie bereits zu Anfang dieses Abschnitts aufgeführt, ist die *Weltuhr* geradezu dafür prädestiniert, die Uhrzeit gleich mehrerer Metropolen anzuzeigen. Wählen Sie einfach die Weltuhr mehrmals im *Dashboard* an und richten Sie auf der Rückseite den *Kontinent* sowie die *Stadt* ein. Sind Sie online, werden die aktuellen Daten stets über einen Server eingebunden.

Weitere Widgets für Dashboard

Eben genannte Widgets sind sozusagen die Grundausrüstung, die Ihnen Apple mit auf den Weg gibt. Aber seien Sie unbesorgt – Hunderte von weiteren nützlichen Widgets warten nur darauf, ausprobiert und angewendet zu werden. Die Wege sind wie üblich unterschiedlich, aber zumindest ähnlich. Zum einen erscheint nach Einblenden der *Widgets* über *F12* der *Widget-Manager*, der auf der unteren Seite den Button *Weitere Widgets* aufweist. Per Mausklick darauf startet automatisch der Browser *Safari* und verlinkt auf die Webseite `www.apple.com/downloads/dashboard`, auf der Sie eine riesige Auswahl – sinnvoll unterteilt in Kategorien – vorfinden.

Verschweigen wollen wir allerdings nicht, dass sich dort eine Menge an Programmen befindet, die nicht für den deutschsprachigen Raum gedacht sind. Aber auch eine Suche über beispielsweise Google mit dem Stichwort »Widgets Mac OS X« bringt Ihnen neue Anregungen.

Sind Sie ins Internet eingeloggt, werden Sie binnen Sekunden mit Apples Webseite zum Herunterladen Hunderter von Widgets verbunden.

Das Einladen neuer *Widgets* ist relativ simpel. Haben Sie sich einen Favoriten ausgesucht, klicken Sie auf *Download* oder *Herunterladen* (das kann unterschiedlich heißen). Das *Widget* wandert nun auf Ihre Festplatte und zwar meist gleich in den dafür vorgesehenen Ordner: *Benutzer/»Ihr Benutzername«/Library/Widgets*. Dort können Sie auch jene *Widgets* wieder entfernen, die Ihnen doch nicht gefallen. Apples *Widgets* liegen im Übrigen im übergeordneten *Library*-Ordner und dort ebenfalls in einem Ordner namens *Widgets*. Nach einem Neustart stehen Ihnen dann alle neu hinzugekommenen Hilfsprogramme zur Verfügung.

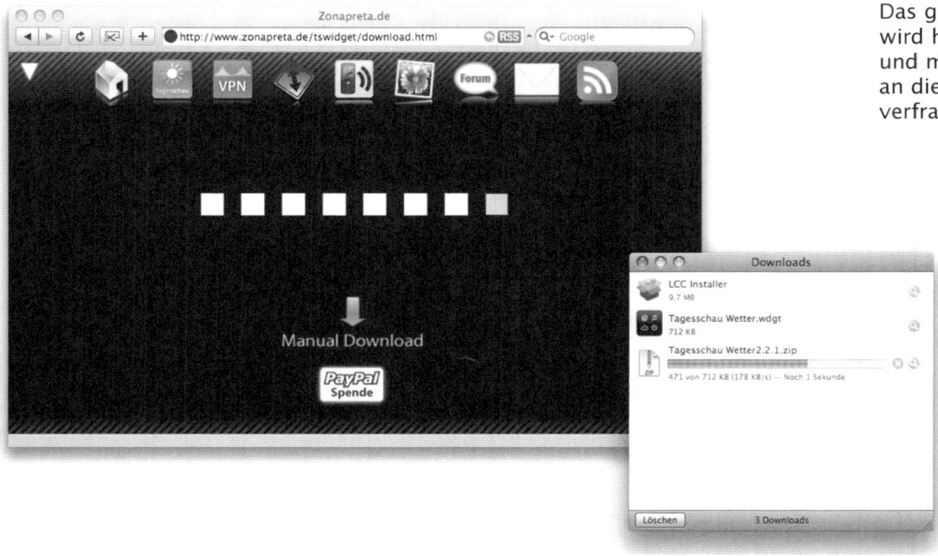

Das gewünschte Widget wird heruntergeladen und meist automatisch an die richtige Stelle verfrachtet.

Das Widget-Installationsprogramm startet dann automatisch und bittet um eine Bestätigung. Danach startet das Dashboard und prüft ein letzte Mal Ihre Wankelmütigkeit. Sind Sie sich also ganz sicher, so klicken Sie in »Behalten« und Sie dürfen sich über einen neuen Dashboard-Bewohner freuen.

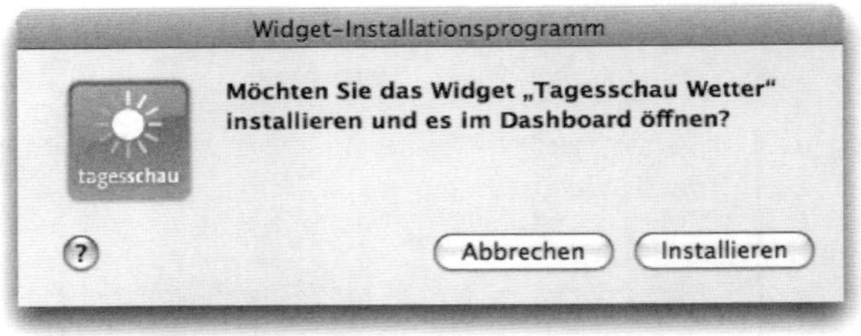

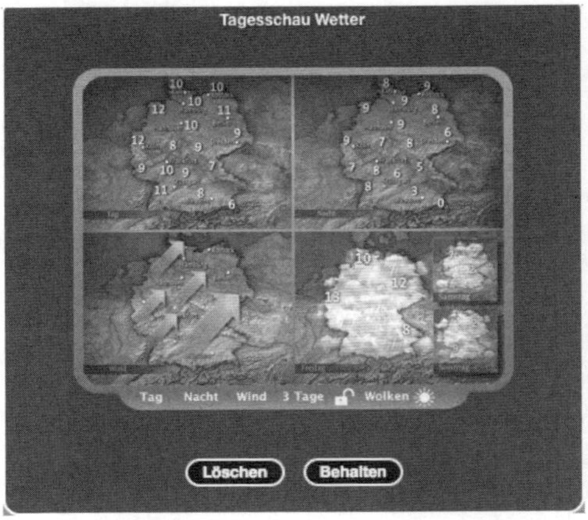

Digitale Bilder – Bild-Import über Digitalkamera und Scanner

Wir nehmen mal ganz stark an, dass Sie als Mac-Nutzer entweder schon zu den stolzen Besitzern einer Digitalkamera gehören oder aber zumindest mit dem Gedanken spielen, sich eine solche anzuschaffen. Gerade in Zeiten des schnell verfügbaren Bildes gehört *Digitale Kamera* zu jenen Programmen, die Sie beim Import von Bildern unterstützen. Das große Pendant dazu heißt im Übrigen *iPhoto* und gehört zu den *iLife*-Applikationen, doch nicht jeder hat es bzw. nicht jeder will es.

Starten Sie das Programm, ohne ein Gerät angeschlossen zu haben, so werden Sie genau dies noch einmal zu sehen bekommen.

Das hätten wir so niemals gemerkt ...

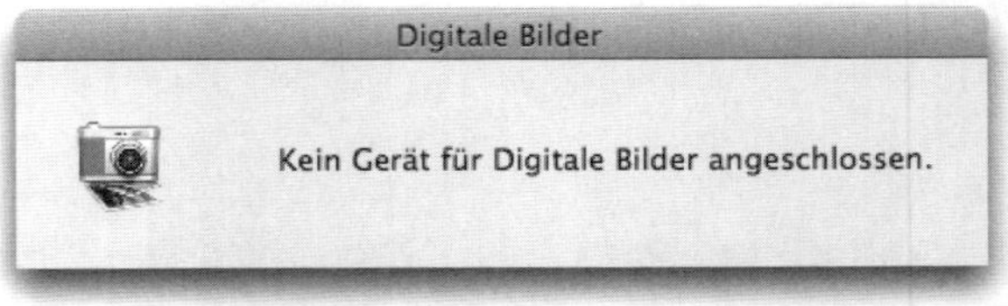

Nun heißt es also auf Foto-Tour zu gehen und das Ganze nochmal zu versuchen. Schließen Sie dann die Kamera an und es passiert wieder nichts, dann sollten Sie einen Blick in die *Einstellungen* werfen (*Digitale Bilder* | *Einstellungen* bzw. *Befehlstaste-Komma*). Bei *Kamera* wählen Sie nun jenes Programm, das standardmäßig geöffnet werden soll, wenn Sie Ihre Digitalkamera an den Mac stöpseln – in unserem Fall also *Digitale Bilder.*

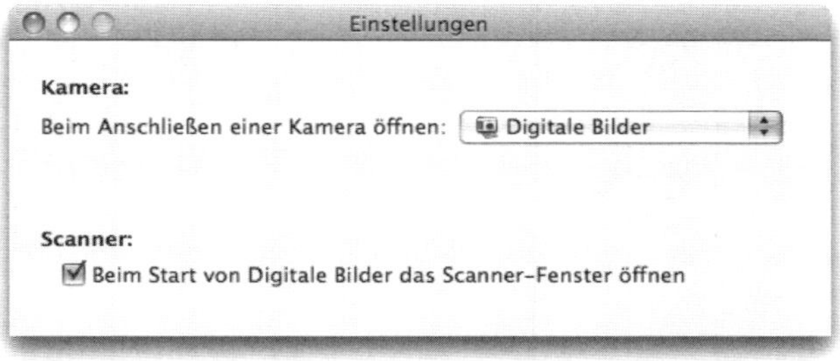

Der Einstellungen-Dialog bestimmt, welches Programm sich für Ihre digitalen Highlights verantwortlich zeichnen soll.

Sind die Einstellungen getätigt, so wagen Sie einen nächsten Versuch. Und siehe da: es klappt. *Digitale Bilder* bietet Ihnen eine Vielzahl an Optionen an. Neben der Angabe des Speicherortes (*Sichern nach*) können Sie festlegen, ob gleich nach dem Laden auf die Festplatte die Bilder bearbeitet werden sollen (Autom. Prozess):

- Die Bilder werden im Programm *Vorschau* (siehe auch weiter hinten in diesem Kapitel) geöffnet.

- Nach dem Laden werden Ihre Fotos zur sofortigen Begutachtung als *Diashow* gezeigt;

- Eine Webseite wird erstellt und in den vorgesehenen Ordner (*Bilder*) abgelegt. Hierbei werden die Bilder in zwei Größen aufbereitet: 200 x 132 Pixel (bzw. umgekehrt bei Hochformat) für die Vorschau-Bilder sowie 800 x 531 Pixel (oder umgekehrt) für volle Größe (die Bildergrößen können je nach Auflösung Ihrer Kamera ein wenig variieren). Daneben finden Sie die entsprechenden HTML-Seiten, die von jedem Browser (*Safari, Internet Explorer, Firefox* etc.) interpretiert werden können. Klicken Sie die Seite *index.html* doppelt an bzw. ziehen Sie sie auf ein Browser-Icon, so wird die Internet-Seite korrekt geladen. Um die Seite nun ins Internet zu stellen, benötigen Sie neben Speicherplatz (den Ihnen Ihr Provider zuteilt) auch ein FTP-Programm, um die Daten in Ihr Verzeichnis zu laden.

- Als weitere Option können Sie die Bilder *beschneiden* bzw. *anpassen* (in den Maßen 8 x 13 cm, 10 x 15 cm, 13 x 18 cm, 20 x 25 cm). Der Unterschied dabei: Beim *Beschneiden* werden je nach Auflösung eventuell Bildteile abgeschnitten, was jedoch am Bild-Format liegt. Während digitale Kameras meist im Verhältnis 4:3 ablichten (Ausnahmen bilden hier meist digitale Spiegelreflex-Kameras), betragen die vorgeschlagenen Größen die üblichen Analog-Maße von 3:2. Beim *Anpassen* werden diese Unregelmäßigkeiten berücksichtigt und Ihre Bilder werden als Ganzes dargestellt, können aber im Gegenzug eben weiße Ränder aufweisen. Egal, was Sie letztlich tun: Ihren Originalen geschieht dabei nichts, denn die angepassten oder beschnittenen Bilder werden zusätzlich als PDF-Dateien abgelegt, die über das Programm *Vorschau* geöffnet werden können.

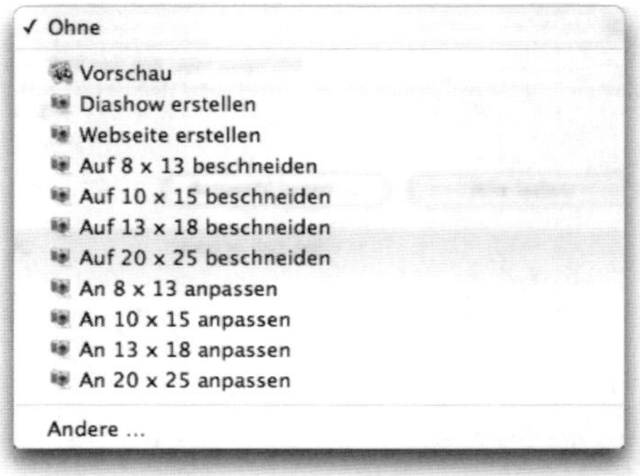

Die Möglichkeiten zum automatisierten Verarbeiten bzw. Anzeigen.

Eine weitere positive Eigenschaft von *Digitale Bilder* ist zudem, dass Sie nicht alle Bilder auf einmal laden müssen, sondern eine Auswahl treffen können – missglückte Bilder bleiben also gleich unberücksichtigt. Der Button dazu heißt *Auswahl laden*, woraufhin sich das Dialog-Fenster vergrößert und eine Vorschau Ihrer Fotos darstellt. Hier können Sie nun die Bilder über oben stehende Funktions-Symbole drehen oder auch gleich löschen. Ist Ihnen die Vorschau zu klein, so lassen sich die Bilder über den Regler bei *Größe der Miniaturen* beeinflussen.

Die Auswahl gibt einen hervorragenden Überblick über den Inhalt Ihrer Speicherkarte.

Achten Sie bitte darauf, Ihre Bilder schon im Vorfeld zu drehen, wenn Sie eine Diashow oder Webseite erstellen möchten. Manche Kameras haben hingegen schon eine eigene Funktion eingebaut, die automatisch erkennt, ob Bilder im Quer- oder Hochformat geschossen wurden. In diesem Falle werden die Bilder korrekt identifiziert und eingeladen. Im Zweifel schauen Sie ruhig einmal im Handbuch zu Ihrer Kamera nach.

Mit gedrückter *Umschalttaste* (⇧) treffen Sie nun Ihre Wunsch-Auswahl, indem Sie diejenigen Fotos anklicken, die Sie importieren möchten. Der Button *Laden* startet dann den eigentlichen Transfer von der Speicherkarte auf die Festplatte (und damit in den von Ihnen bestimmten Speicher-Ort).

Aber *Digitale Bilder* gibt Ihnen noch mehr Optionen an die Hand: So lässt sich über die Menüleiste *Darstellung* (bzw. über die zwei Buttons für *Symbol-* und *Listen*-Ansicht –) die Ansicht der Bilder als Liste anzeigen, in der Sie auf einen Blick weitere wichtige Informationen über Ihre Bilder erfahren. Welche Infos dabei berücksichtigt werden sollen, definieren Sie, indem Sie mit gedrückter *ctrl-Taste* auf die Spalten-Zeile klicken und aus dem Kontext-Menü die Angaben bestimmen.

Die Listen-Ansicht der Fotos mit ihren vielen Zusatz-Informationen bietet einen umfassenden Überblick über die Daten der Fotos.

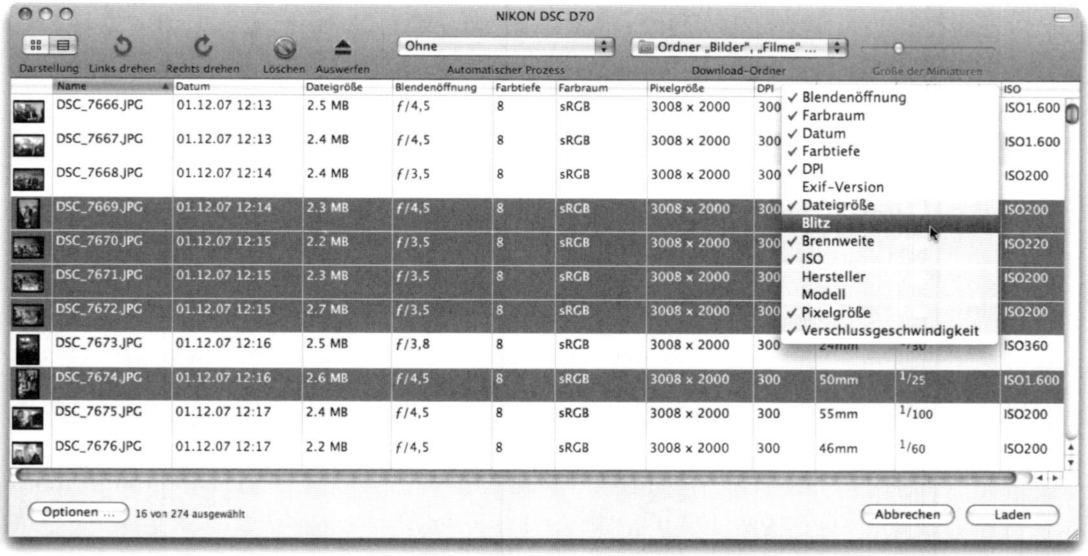

Die Bild-Informationen, die von der Kamera automatisch mitgespeichert und an das jeweilige Import-Programm übergeben werden, nennen sich *EXIF*-Daten. *EXIF* steht für *Exchangeable Image File Format.* Hier werden die Informationen wie Blende, Belichtungszeit, Filmempfindlichkeit, Kameratyp und vieles weitere mehr gespeichert. *Digitale Bilder* kann diese Informationen verarbeiten und Ihnen deshalb auch zur Verfügung stellen.

Auch die Symbolleiste können Sie über das *Darstellungs*-Menü aufpeppen, indem Sie den Befehl *Symbolleiste anpassen* wählen oder das Kontext-Menü über Klick in die Symbolleiste aufrufen.

Haben Sie Ihr Bearbeitungs-Fenster nicht groß genug aufgezogen, so verstecken sich viele Funktionen hinter den zwei kleinen Pfeilen (») oben rechts. Mit Klick darauf werden diese jedoch aufgeführt.

Nicht vergessen: Bei Apple geht nichts verloren – man muss es nur finden.

Und es gibt noch weitere Einstellungen, die über den Button *Optionen* aufgerufen werden: Der aus zwei Reitern bestehende Dialog teilt zum einen *Informationen* über Ihre Kamera mit und erlaubt zum anderen Aktionen wie *Objekte nach dem Laden von der Kamera löschen*, wobei die Bilder gleich nach dem Import auf die Festplatte von der Speicherkarte der Kamera entfernt werden. Wir empfehlen das nicht, denn geht irgendetwas schief, haben Sie die Bilder weder auf der Festplatte noch auf der Speicherkarte. *Eigene Symbole erstellen* baut nach dem Laden die kleinen Voransichten der Bilder (anstatt der eigentlichen *Bildformat*-Ansichten), und die *Objektinformationen* werden beim Markieren des Bildes und dem Befehl *Informationen* (⌘-I) eingeblendet. Haben Sie Ihren Bildschirm kalibriert und ein Profil abgespeichert oder legt Ihr Arbeitgeber darauf wert, ein solches zu benutzen, so lässt es sich über *Profil* dem Bild anhängen.

Als *Verbindungsoption* steht dem händischen Aussuchen der *automatische Import aller Bilder* ohne Rückfragen oder Anpassungsmöglichkeiten entgegen. Dies bietet sich beispielsweise an, wenn Sie eine eigene Bildbearbeitungs-Software wie *Photoshop* oder anderes benutzen und *Digitale Bilder* einzig zum Bilder-Laden verwenden.

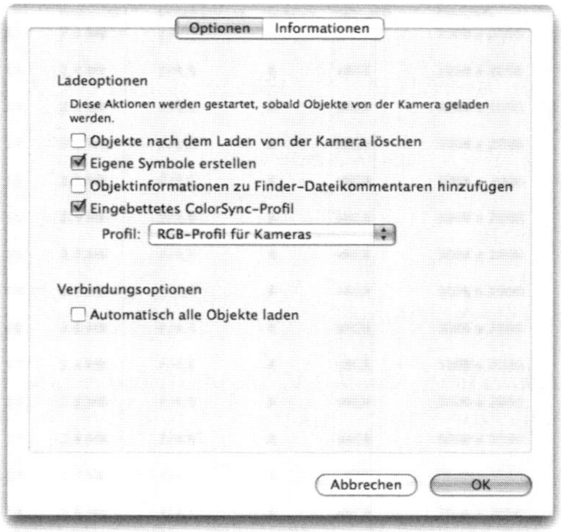

Die Objektinformationen setzen sich aus den EXIF-Daten zusammen, die den Bildern mitgegeben werden.

Befinden sich Ihre Bilder nach dem Import auf der Festplatte, so lassen sich diesen – nach dem Markieren per Mausklick – über den *Informationen*-Dialog (⌘-I) unter *Spotlight Kommentare* Schlüsselwörter zuweisen. Bei einer Suche nach entsprechenden Bildern finden Sie in Sekundenschnelle die gewünschten Objekte.

Aber *Digitale Bilder* ist auch in der Lage, Bilder einzuscannen. Zuvor müssen Sie jedoch die Mac OS X-Treiber der Scanner-Software installieren, damit dieser auch erkannt wird. Liegen Ihnen solche nicht vor, so besuchen Sie im Internet die Herstellerseite und suchen Sie sich dort die Rubrik *Support & Downloads* oder ähnlich klingend. Nun können Sie das Programm direkt zum Einlesen der Dokumente benutzen. Sie starten also *Digitale Bilder* und die Software übernimmt die Regie. Klappt es auf diese Weise nicht, so aktivieren Sie über *Geräte-Übersicht* und Klick auf *TWAIN UI* die Scan-Software.

Über TWAIN legen Sie den Speicher-Ort, Name, Format sowie einen eventuellen automatischen Prozess fest.

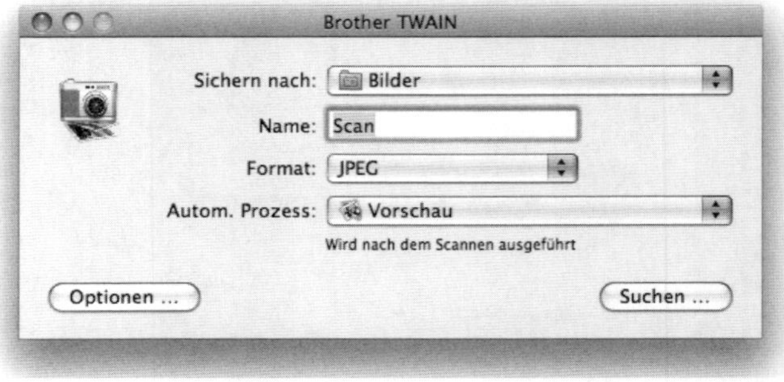

Der Begriff *Twain* heißt *Toolkit Without an Important Name* und ist eine Schnittstelle zur Kommunikation zwischen Software und Hardware.

Besitzen Sie eine speziell für Ihren Scanner angepasste Software, so sollten Sie selbstverständlich diese verwenden, da sie meist einen größeren Funktionsumfang besitzt. Bitte überprüfen Sie aber zuvor, ob die Software auch mit Mac OS X Leopard kompatibel ist.

Befindet sich nun ein Bild im Scanner und Sie starten *Digitale Bilder*, so wird als Erstes der Speicher-Ort, die Vergabe eines Namens sowie das Format bestimmt. Auch ein automatischer Prozess wie das Öffnen im Programm *Vorschau*, eine *Diashow*, eine *Webseite* usw. kann wieder optional eingerichtet werden. Über den Button *Optionen* erreichen Sie weitere Features wie beispielsweise *Eigene Symbole erstellen*, das *Hinzufügen von Dateikommentaren* oder das Abrufen von Informationen über die Scanner-Software.

Am Anfang steht die Organisation, dann das Vergnügen ...

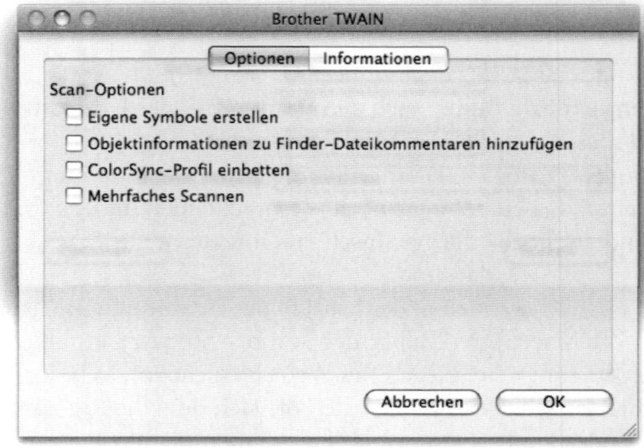

Über *Suchen* wird der Gerätestatus überprüft und danach die TWAIN-Software eingeblendet. Über einen *PreScan* (oder auch Vorschau-Scan) kann eine grobe Voransicht angefertigt werden, die einen ersten Überblick bietet. So lässt sich beispielsweise über das Ziehen mit der Maus im Vorschau-

Fenster ein bestimmter Ausschnitt markieren, der im endgültigen Scan übernommen werden soll. Über die Software (je nach Hersteller unterschiedlich) stehen Ihnen weitere Bearbeitungsmöglichkeiten wie Farb- oder Graustufen-Scan, die Profilierung, das Setzen eines Ausschnitts oder das Festlegen der Auflösung zur Verfügung. Danach erfolgt der richtige Scan, der das Bild in hoher Auflösung einliest und es auf die Festplatte transferiert.

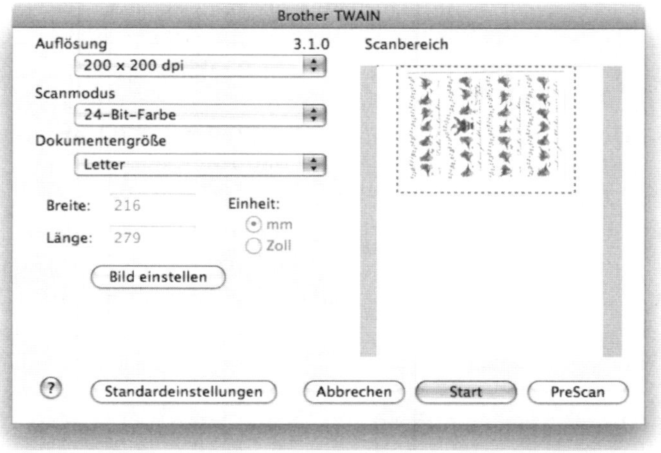

In der Software nehmen Sie die Feineinstellungen vor, bevor das Bild auf den Computer kommt.

Ist das Dokument eingescannt, wird es vom Programm »Vorschau« geöffnet und kann nun weiter konvertiert (in ein anderes Format) oder bearbeitet (Bildkorrektur – siehe weiter unten) werden.

DVD-Player – des Anwenders Liebling

Die Ablösung der Video-Kassette ist perfekt: Bildqualität, Kosten, praktikabler Nutzen, Verschleiß usw. – in keinem der Punkte kann die VHS-Kassette mehr mithalten, so dass es kaum überrascht, dass die DVD die Märkte und Verbraucher überflutet. Und damit Sie den Spaß auch am Mac genießen können, gibt's den *DVD-Player* – ja, so einfach ist das Leben.

Normalerweise sollte eine käuflich erworbene oder geliehene DVD automatisch zu spielen beginnen, sobald Sie sie in das Laufwerk schieben. Benutzen Sie das erste Mal Ihr Laufwerk zum Abspielen einer DVD, so werden Sie aufgefordert, einen *Länder-* bzw. *Regionalcode* einzustellen. Diese Kennung wird von der Industrie eingesetzt, damit Spielfilme nur in bestimmten Regionen abgespielt werden können. Insgesamt können Sie fünf Mal eine Umstellung vornehmen, dann ist der *DVD-Player* fest eingestellt, so dass DVDs aus anderen Regionen nicht mehr benutzt werden können. Verdanken dürfen Sie diese steten Sicherheits-Richtlinien und Kopierschutzverfahren im Übrigen unseren lieben Freunden von den Raubkopierer-Front, die nicht für sich selbst eine Sicherheitskopie anfertigen, sondern dies im großen Stil und fast schon gewerblich betreiben. Die Dummen sind mal wieder die Ehrlichen, die beispielsweise einen US-amerikanischen Film im Original, der bei uns in West-Europa nicht erscheint, nicht sehen können, weil er sich nicht abspielen lässt. Wie dem auch sei, der Code für West-Europa (also für unsere Region), Westasien, Nord- und Südafrika sowie Japan nennt sich *Ländercode 2*, der für USA und Kanada *1*. Die *3* ist für Südostasien, *4* für Mexico, Mittel- und Südamerika sowie den Südpazifik, *5* für Afrika, Nord- und Südasien, *6* für China.

Und dann kann's aber auch wirklich losgehen. Meist befinden Sie sich nach einem kurzen Einleitungsfilm im Haupt-Menü, das neben dem eigentlichen Filmstart das Anspringen einzelner Kapitel sowie allerlei Trailer oder Specials bietet. Über die Pfeil-Tasten (←→↑↓) können Sie sich nun durch das Menü bewegen, und mit der *Enter*-Taste (↵) bestätigen Sie Ihre Eingabe.

Das Haupt-Menü ist Ausgangspunkt für alle Eingaben.

Beginnt Ihr Film nicht wie gewohnt automatisch zu spielen, so starten Sie einfach händisch das Programm *DVD-Player* – nun sollte er auch die DVD erkennen. Funktioniert dies nicht, so müssen Sie über die Menüleiste *Ablage* den Befehl *DVD-Medien öffnen* (⌘-O) verwenden. Im Finder-Fenster wählen Sie dann bei *Geräte* Ihren Mac aus und dann die DVD. Wurde der Film von einer DVD extrahiert und liegt bereits auf der Festplatte, so müssen Sie den Ordner *Video_TS* auswählen.

Treten eben genannte Probleme des Öfteren auf, so werfen Sie einmal einen Blick in die Systemeinstellung *CDs & DVDs*, ob bei der Option *Beim Einlegen einer Video-DVD* auch der korrekte Eintrag *DVD-Player öffnen* eingestellt ist.

Als Standard bereits von Apple in den Player-Einstellungen vorgegeben ist die Wiedergabe im so genannten *Präsentations-Modus* (*Vollbild*), das heißt der gesamte Bildschirm wird benutzt, was selbstverständlich den meisten Spaß bringt. Wünschen Sie hingegen eine andere Ansichts-Größe, so erledigen Sie das über das Menü *Darstellung:* Sie können wählen zwischen *Halbe Größe* (⌘-0), *Originalgröße* (⌘-1), Doppelte Größe (⌘-2) sowie *An Bildschirm anpassen* (⌘-3). Das *Vollbild* (⌘-F) ist jedoch unser Favorit und sollte bevorzugt verwendet werden.

Der Präsentations-Modus im Breitbild-Format – zusammen mit guten Lautsprechern und einem großen Bildschirm kommen Kino-Gefühle auf.

Sowohl über die Tastatur als auch mit der virtuellen *Steuerung* über den Bildschirm per Maus können Sie sich nun durch den Film bewegen und Anpassungen vornehmen. Zur Verfügung stehen zwei verschiedene Steuerungen: diejenige im *Vollbild*-Modus, die erscheint, sobald Sie die Maus bewegen, sowie jene, die bei allen anderen DVD-Ansichten eingeblendet wird. Die *Steuerung* (*Fenster* | *Steuerung einblenden*) arbeitet wie die Fernbedienung bei Ihnen zu Hause und lässt Sie den Film starten, stoppen, vorwärts oder rückwärts laufen usw.

Für jeden Geschmack das richtige Instrument.

Am besten prägen Sie sich die Tastenkombinationen in den Menüs *Steuerung* und *Gehe zu* ein, da Sie auf diese Weise ihren Film effizient durchlaufen lassen können. Oder Sie verwenden das Kontext-Menü, das ebenso eine reiche Auswahl an Befehlen zum Navigieren im Film bereithält.

Die Kurzbefehle taugen nicht nur als Gehirn-Jogging, sondern auch zum schnellen Navigieren bzw. Anpassen der DVD.

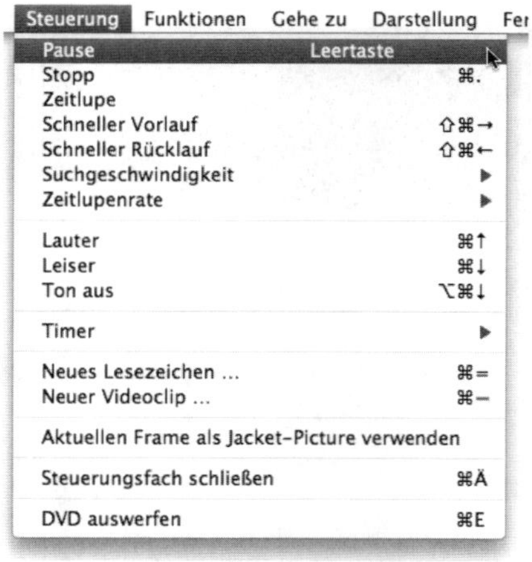

Der *DVD-Player* bietet jedoch auch weitreichende Möglichkeiten zum Anpassen von Bild und Ton, deren Dialoge (*Video-Zoom*, *Videofarbe* und *Audio-Equalizer*) Sie entweder über das *Fenster*-Menü finden oder durch das Aufrufen des *Einstellungen*-Symbols (☰) im Vollbildmodus erreichen. Über Regler ändern Sie somit *Breite* und *Höhe* des Video-Fensters, üben Einfluss auf *Helligkeit*, *Kontrast*, *Farbe* und *Färbung* und peppen den Ton über den *Audio-Equalizer* auf. Alle diese Dialog-Felder überlassen Ihnen das händische Anpassen oder geben Ihnen vorgegebene Optimierungs-Möglichkeiten an die Hand.

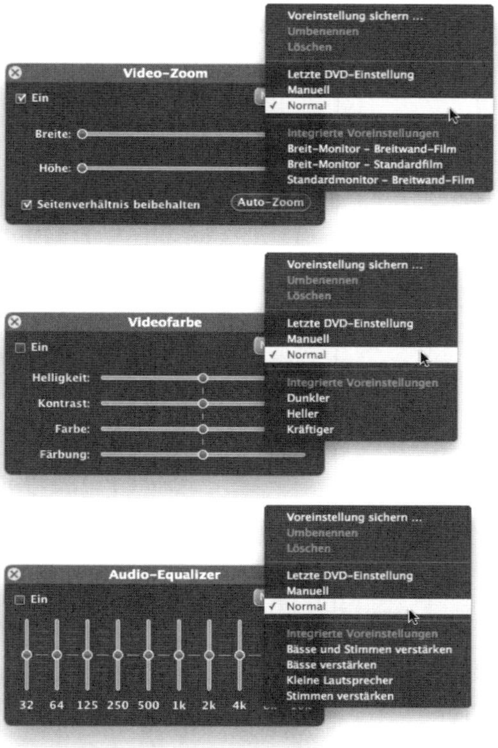

Damit es nichts zu meckern gibt: Ob Sound-Optimierungen, Farb- und Helligkeits-Anpassungen oder Video-Zoom – die im DVD-Player eingearbeiteten Menüs bieten allerlei Features für die perfekte Wiedergabe.

In fast allen Filmen lassen sich *Lesezeichen* zum direkten Anspringen bestimmter Szenen einbauen oder einzelne *Video-Clips* zum Immer-wieder-Anschauen speichern. Auch dies erledigen Sie über das *Fenster*-Menü (*Lesezeichen* oder *Video-Clips*). Dabei wird ein gesondertes Fenster eingeblendet, über dessen unten liegenden Plus-Knopf Sie das *Lesezeichen* vergeben bzw. die Möglichkeit zum Aufnehmen einer Video-Sequenz erhalten.

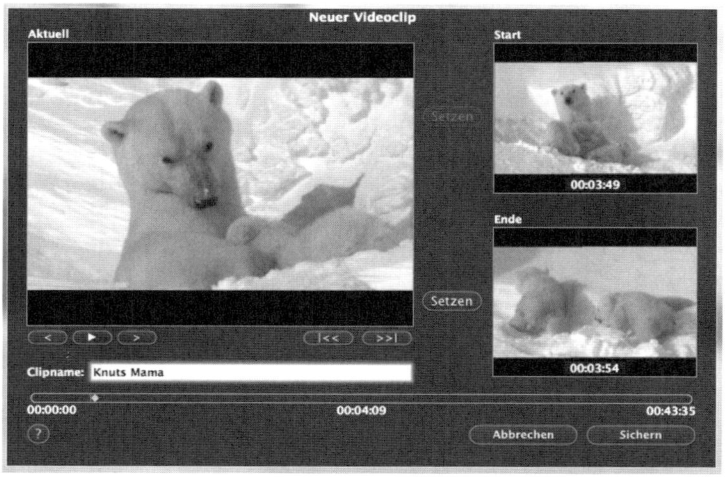

Das Aufzeichnen eines Video-Clips findet in einem separaten Fenster statt.

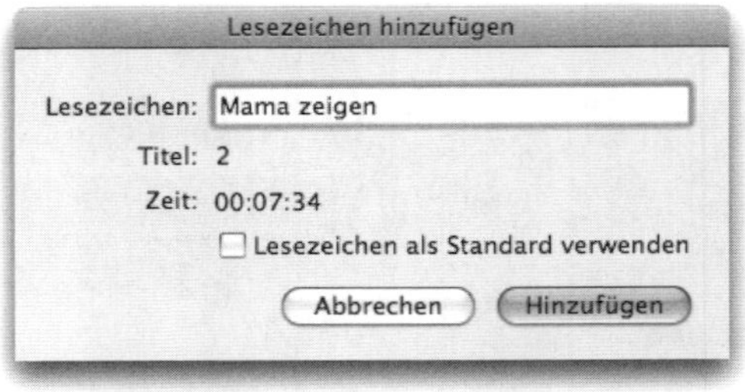

Der Dialog zum Benennen des Lesezeichens.

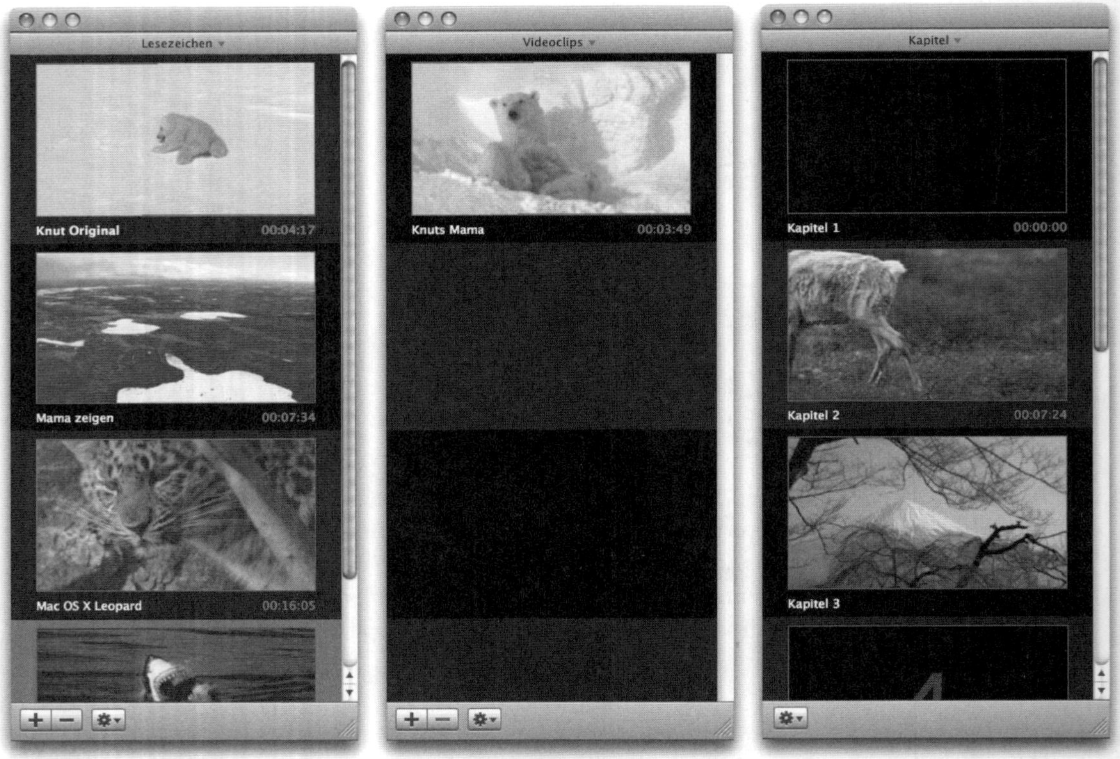

Unten: Komfort wird groß geschrieben – Lesezeichen, Video-Clips sowie die fest in der DVD verankerten Kapitel.

Als kleinen Extra-Service setzt der *DVD-Player* automatisch eine Markierung, falls Sie den Film während des Abspielens abbrechen. Legen Sie die DVD einen Tag später (oder wann auch immer) wieder ein, fängt der Film automatisch von dieser Position aus an zu spielen. Voraussetzung ist allerdings, dass Sie die entsprechende Option in den *Einstellungen* (*DVD-Player* | *Einstellungen*) in der Rubrik *Zuletzt angesehen* angeklickt haben (ist die Standard-Vorgabe). Sie können dabei wählen, ob Sie diese grundsätzlich von Anfang an, ab der zuletzt markierten Abspielposition oder vom Standard-Lesezeichen an weitersehen möchten. Oder Sie lassen sich ganz brav fragen, wobei Sie selbst Ihren Teil dazu beitragen müssen – nämlich die *Optionstaste* (⌥) beim Start der DVD drücken.

Die Einstellungen, Rubrik »Zuletzt angesehen« – wie üblich mit Dutzenden von Optionen.

Wie immer lohnt sich auch ein ausführlicher Blick in die *Einstellungen*, die das Grundverhalten des *DVD Players* (*automatischer Start*, *Vollbild-Modus*, *Hintergrundfarbe* des Film-Fensters usw.) sowie das Abspielverhalten (*Ton*, *Untertitel*, *DVD-Menü*) beeinflussen. Schauen Sie sich am besten die einzelnen Reiter einmal durch – es lohnt sich.

Die Einstellungen sind mit ein Garant für das reibungslose Abspielen nach persönlichen Wünschen.

Als Alternative zum *DVD-Player* von Apple können wir die Freeware (kostenlos!) *VLC Media Player* empfehlen, die mit einer beachtlichen Unterstützung verschiedenster Formate aufwartet (unter anderem AVI, DivX, DVD, MP3, MPEG 1, MPEG 2, MPEG 4, SVCD, VCD, und WAV). Die aktuelle Version ist auch unter Mac OS X 10.5 Leopard lauffähig und kann unter der URL `www.videolan.org/vlc` heruntergeladen werden. Diese Option sollten Sie sich auf jeden Fall offen halten, sofern sich Apples *DVD Player* mal weigern sollte, ein bestimmtes Format abzuspielen.

Front Row – Präsentieren mit Stil

Das Icon der Anwendung *Front Row* deutet es bereits: Sie können sich zurücklehnen und es sich im heimischen Sessel bequem machen. Mit diesem Programm begeben Sie sich in eine völlig andere Arbeits-Umgebung, die sich auf das Präsentieren spezialisiert hat. Ob Musik, Bilder, Filme oder Podcasts – mit einem schicken Mac auf dem Schreibtisch oder auf dem Schoß genießt man seine Inhalte in vollen Zügen.

Der Eintritt beginnt entweder über einen Doppelklick auf das *Front Row*-Icon oder – sehr viel besser – über die Tastenkombination *Befehls-* und *Escape-Taste* (⌘-esc). Der Bildschirm dunkelt ab (wie im Kino) und eine Übersicht über alle multimedialen Möglichkeiten auf dem Rechner wird eingeblendet. Was also wünschen Sie?

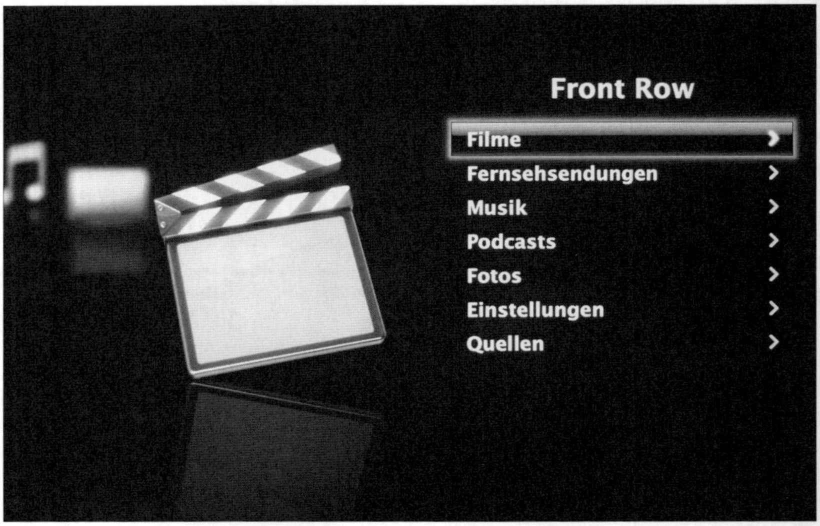

Sieht schick aus und hat es faustdick hinter den Ohren – die »Front Row«-Oberfläche.

Über die Auf- und Abpfeile (↑/↓) bewegen Sie sich nun zum gewünschten Eintrag und über die *Leer-* bzw. *Entertaste* (↵) bestätigen Sie Ihre Wahl. Sie gelangen auf diese Weise einen Schritt tiefer in die Hierarchie-Ebene – zurück geht's wieder über das Drücken der *esc-Taste.* Die Lautstärke beispielsweise in Musik- oder Filmstücken regeln Sie ebenfalls über die Auf- und Abpfeile (↑/↓), zum nächsten Musiktitel oder Foto wechseln Sie über die Links- und Rechtspfeile (←/→). Möchten Sie hingegen innerhalb eines Liedes oder einer DVD vorwärts- oder zurückspulen, so benutzen Sie zwar die Links- und Rechtspfeile (←/→), halten diese aber dabei gedrückt, bis Sie zu der gewünschten Stelle gelangen. Das kostet meist ein wenig Übung (und Nerven), klappt aber spätestens nach dem dritten Mal perfekt.

Was gibt es nun also zu bewundern? In der Abteilung *Filme* erwarten Sie zum einen die Filmtrailer, die jedoch nur erreichbar sind, befinden Sie sich gerade im Internet. Hierbei wird auf einen Apple-Server zugegriffen, der die aktuellsten Movies vorstellt. Ist Ihre Internet-Verbindung ausreichend schnell, so lässt es sich dort hervorragend verweilen. Weiterhin finden Sie alle Videos vor, die sich sowohl im Ordner *Filme* als auch in *iTunes* befinden.

Haben Sie Ihre Film-Sammlung zum Beispiel auf eine externe Festplatte transferiert, da der Speicherplatz ansonsten die interne Platte sprengen würde, so brauchen Sie nur ein Alias (eine Verlinkung) auf diese Ordner zu legen. Halten Sie dazu die *Befehls- und Optionstaste* (⌘-⌥) gedrückt und klicken Sie dann auf den gewünschten Ordner mit den Film-Inhalten. Halten Sie die Taste gedrückt und ziehen Sie dann mit der Maus ein Stück weiter. Wie Sie sehen, halten Sie nun das gleiche Objekt fest, nur dass es dieses Mal das typische *Alias*-Symbol (↗) trägt. Dieses Objekt befördern Sie jetzt in den *Filme*-Ordner. Das klappt natürlich auch über die Menüleiste: Markieren Sie das Objekt per Mausklick, wählen Sie dann *Ablage* | *Alias erzeugen* (⌘-L) und verschieben Sie die Alias-Datei in den *Filme*-Ordner. Starten Sie nun *Front Row*, so erkennt das Programm den neuen Kandidaten und folgt der Verlinkung – der Film kann nun gestartet werden.

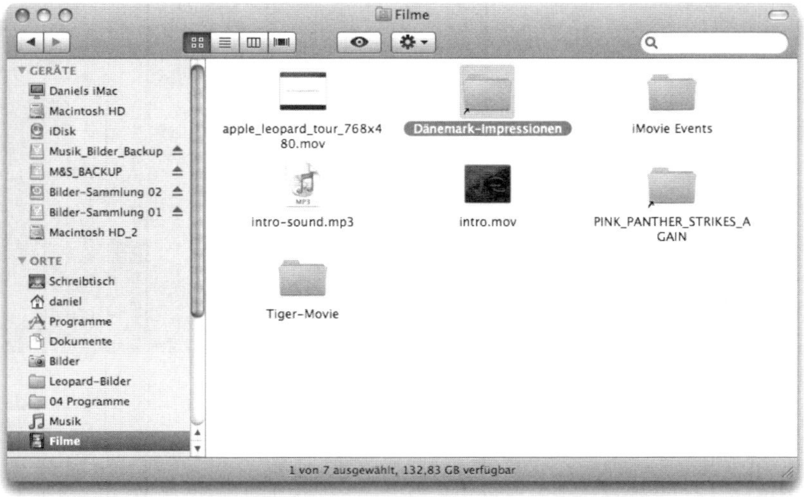

Liegen Alias-Dateien im Filme-Ordner, so kann auf Inhalte zugegriffen werden, deren Originale sich außerhalb dieses Ordners befinden.

Wenn Sie bei aktiviertem *Front Row* eine DVD einlegen, so wird auch diese erkannt und korrekt darüber abgespielt.

Wir würden es ja gerne zeigen, doch ist das *Fernsehen* im *iTunes Store* noch nicht angekommen. Bleiben Sie aber am Ball, denn lange dürfte es nicht mehr dauern. Voraussetzung dürfte ganz klar eine rasend schnelle Internet-Verbindung sein, dann ansonsten könnten diese Daten-Massen nicht verarbeitet werden.

Das große Steckenpferd seit iPod & Co. ist ganz klar die Musik. Und so kann *Front Row* natürlicherweise auf sämtliche Inhalte von *iTunes* zurückgreifen. Sie finden also im Menü *Musik* die Musikvideos, die Wiedergabelisten, die Interpreten, Alben, Titel, bis hin zu Hörbüchern – immer vorausgesetzt, diese Medien sind auch in *iTunes* vorliegend. Navigieren Sie also wieder über die Auf- und Abpfeile (↑/↓) auf die entsprechende Kategorie und bestätigen Sie mit der *Leer-* bzw. *Entertaste* (↩), bis Sie am Ziel sind. Danach brauchen Sie sich nur zurückzulehnen und zu hoffen, dass nicht just in diesem Moment das Telefon klingelt oder gar der Strom ausfällt.

Alle Inhalte von iTunes sind ohne Probleme abzurufen.

Auch *Podcasts* sind mitterweile ein Massenmarkt und werden zu Tausenden auf die Menschen losgelassen. Auf einmal hat jeder etwas mitzuteilen – vom interessanten Beitrag über Literatur, von der traurigen Geschichte über den verlorenen Geldbeutel bis hin zu Gegenmitteln bei Katzenallergie. Es gibt wohl nichts, über das heutzutage nicht geredet wird – spannend ist das allemal. Die Podcasts verwalten Sie üblicherweise in *iTunes* – und deshalb nun alle im Chor: »*Front Row* kann alle Inhalte von *iTunes* wiedergeben«. Toll.

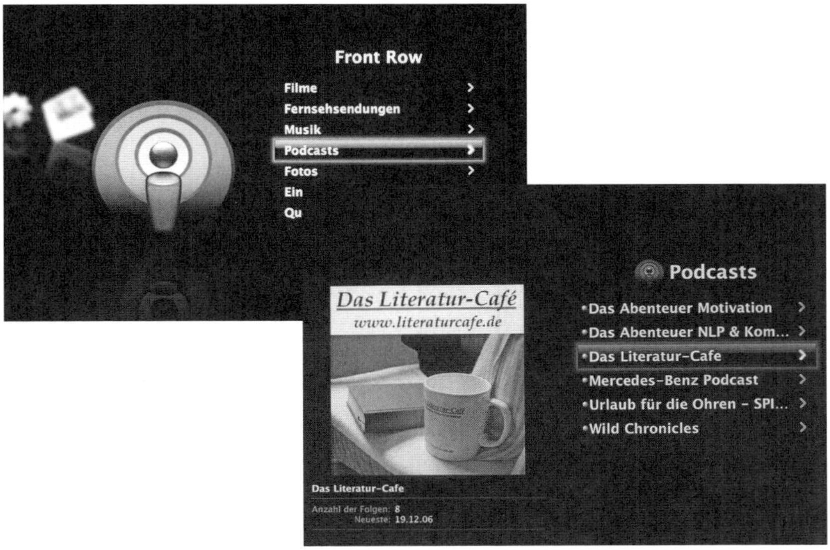

Die (meist kostenlosen) Podcasts besorgen Sie sich am besten über den iTunes Store, der eine riesige Auswahl davon bereithält. Aber auch von externen Seiten kann man diese in iTunes integrieren.

Nur keine Angst. Wenn Sie mit Podcasts und diesem ganzen Technik-Kram nichts anfangen können, dann schauen Sie doch bitte in unser Sonderkapitel zu*iTunes*. Dort bekommt die Software ihre verdiente Aufmerksamkeit von uns.

Arbeiten Sie mit *iPhoto*, so halten Sie den Trumpf in der Hand. Dieses geniale Verwaltungs-, Optimierungs- und Präsentationsprogramm aus Apples iLife-Paket kümmert sich ausschließlich um Ihre digitalen Bilder – und dies mit Bravour. Haben Sie also fleißig *Ereignisse* und *Alben* angelegt, so tauchen all diese Schätze auch unter *Front Row* auf. Über die bekannten Tasten bewegen Sie sich wieder vorwärts und bestätigen Ihre Auswahl. Danach beginnt die Diashow – bildschirmfüllend, mit dem bekannten *Ken Burns*-Effekt (sich bewegenden Bildern) und der zuletzt in *iPhoto* verwendeten Diashow-Musik.

Sowohl *Fotos* als auch *Musik* weisen die Besonderheit auf, dass sie – eine korrekte Verbindung im privaten Netzwerk vorausgesetzt – auch auf anderen Rechnern abgespielt werden können. Sowohl in *iTunes* wie auch in *iPhoto* müssen jedoch zuvor die Freigaben innerhalb der *Einstellungen* (⌘-*Komma*) erteilt werden, damit auch andere darauf zugreifen können.

Der Abend mit kopfstehenden, seitenverkehrten und vergilbten Dias war einmal – nun kommt Front Row mit knackiger Musik und bester Bildqualität.

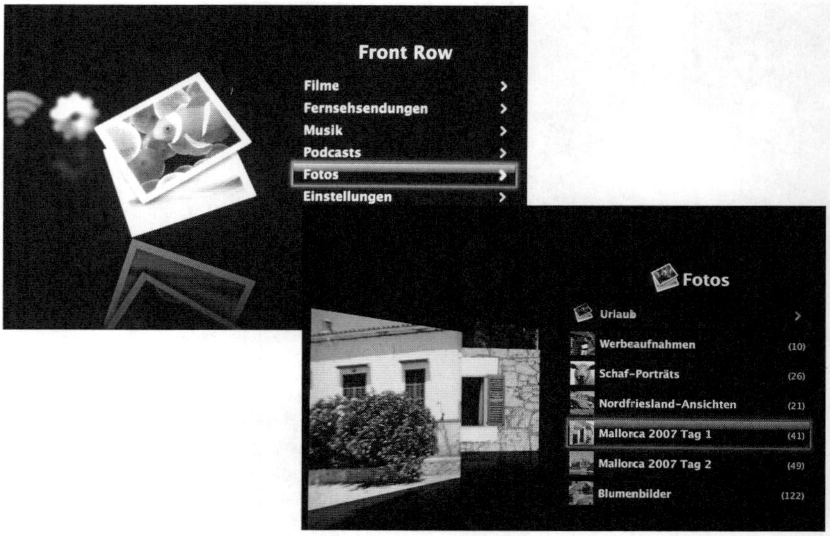

Wer schöne Bilder hat, sollte sie auch zeigen – auch wenn sie auf einem anderen Rechner liegen.

Übrig bleiben die *Front Row*-Einstellungen, die jedoch nur zwei weniger wichtige Punkte aufweisen: Sie können darüber den *Bildschirmschoner* sowie die *Sound-Effekte* ein- als auch ausschalten.

Und damit wir es nicht vergessen: *Front Row* lässt sich natürlich auch über die *Apple Remote*-Fernbedienung steuern, die Sie mit Ihrem Mac geliefert bekommen haben (zumindest die neueren Mac-Modelle). Damit wird das virtuelle Kino noch angenehmer, brauchen Sie sich doch gar nicht mehr vom Sofa zu erheben, sondern nur mehr die Knöpfe der Fernbedienung zu drücken. Über *Menu* rufen Sie *Front Row* auf, und über »+« und »-« (lauter und leiser für die Lautstärke) wechseln Sie die Rubriken. Bestätigt wird mit der Taste *Wiedergabe/Pause*, und über *Menu* geht's wieder einen Schritt zurück.

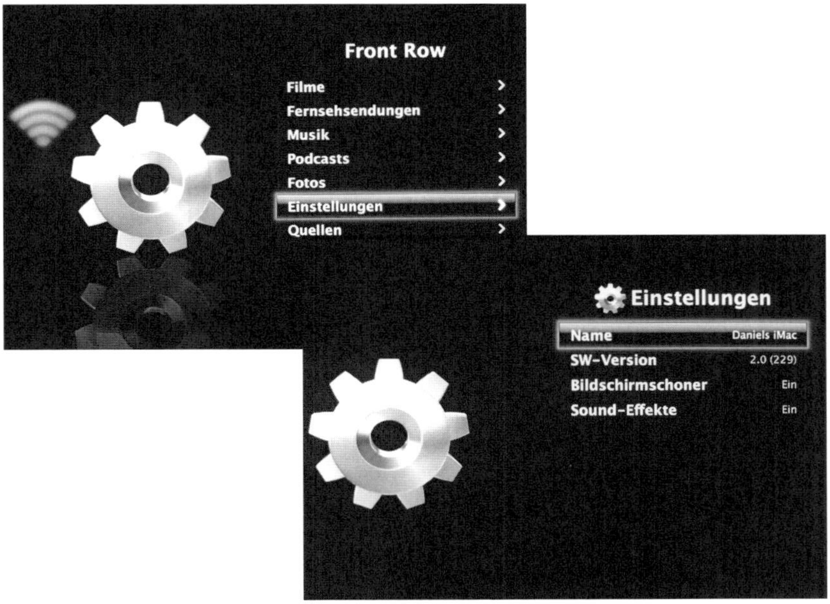

Die Front Row-Einstellungen: Eigentlich nichts besonderes, aber Apple wollte einfach den Platz sinnvoll nutzen ;-)

Über das Gedrückthalten der Taste Wiedergabe/Pause der *Apple Remote*-Fernbedienung lässt sich der Mac in den Ruhezustand schicken.

iCal – der intelligente Kalender

Termine gibt es im Leben eine Menge zu merken – und zwar sowohl im privaten als auch im geschäftlichen Bereich. Da wären Arbeitsessen mit Kollegen, Treffen mit Kooperationspartnern, aber auch die Geburtstage der Kinder, Freunde und Verwandte sowie der Friseurtermin der werten Gattin. Und wehe, wenn da was vergessen wird. Apple hat da selbstverständlich was für Sie: *iCal*, den cleveren Kalender mit Erinnerungsfunktion.

iCals Design ist klar und übersichtlich: Ganz links ist die *Kalender*-Übersicht. Die Bezeichnungen *Büro* und *Privat* sind bereits vorgegeben, was Sie jedoch jederzeit über einen Doppelklick auf den *Kalender*-Namen abändern können. Mit dem unten stehenden *Plus*-Button (+) können Sie weitere *Kalender* hinzufügen.

Über den kleinen Knopf rechts vom *Plus*-Button – ▦ – blenden Sie die Miniatur-Übersicht der Kalendermonate ein- und aus, und über die Querleiste oberhalb der Monats-Vorschau können Sie diese in der Größe anpassen (einfach mit der Maus darüber gehen und nach oben oder unten ziehen). Mit den Symbolen *Dreieck nach rechts* (▸) bzw. *Dreieck nach links* (◂) blättern Sie sowohl in der Kalender-Übersicht als auch in den Mini-

Kalendern vorwärts und rückwärts (oder mit ⌘-→ für *Darstellung* | *Weiter* bzw. mit ⌘-← für *Darstellung* | *Zurück*). Die Kalender-Ansicht, also das Hauptfeld, können Sie über die *Tag/Woche/Monat*-Leiste am oberen Ende des Fensters bedienen – alternativ wie üblich über die zugehörigen Tasten-Kombinationen: ⌘-1 für *Tages*-Ansicht, ⌘-2 für *Woche* und ⌘-3 für *Monat.*

Von oben nach unten: Tag,- Wochen- und Monats-Übersicht.

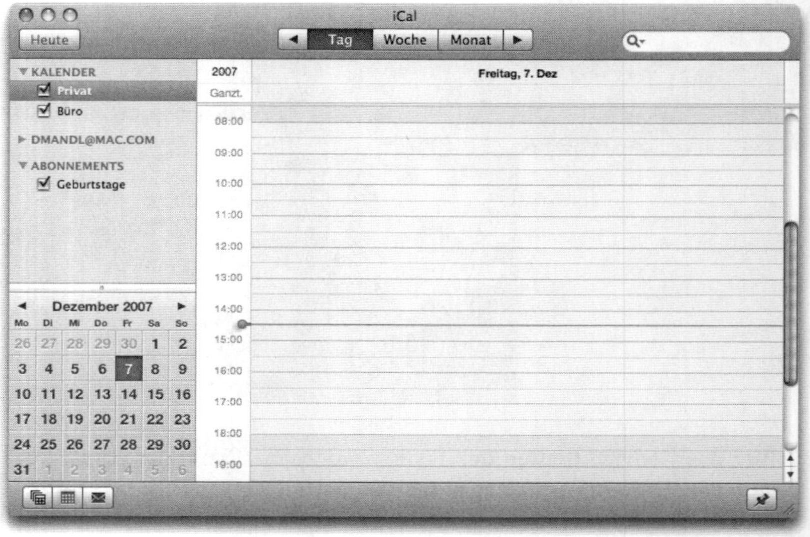

Rechts neben der *Tag/Woche/Monat*-Leiste befindet sich das *Suchen*-Feld, in dem Sie nach angelegten Ereignissen oder Terminen fahnden, die dann sogleich eingeblendet werden.

In den *Einstellungen* (*iCal | Einstellungen*) legen Sie wieder fest, wie sich Ihr *iCal* nach dem Öffnen zeigen soll. In der *Allgemein*-Rubrik geht es um Anzeige-Optionen, also wie viele Tage der Woche dargestellt werden bzw. an welchem Tag *iCal* die Woche beginnen lassen soll. Auch die Tages-Einteilung (*Tag beginnt um* oder *Tag endet um* etc.) lassen sich bestimmen. Interessant ist weiterhin die Option *Geburtstagskalender einblenden*, die auf das *Adressbuch* zurückgreift (Sie erinnern sich?). Hierbei werden alle Geburtstage – so sie denn bei den Namen im Adressbuch vermerkt sind – automatisch mit angezeigt.

Als hilfreich erachten wir die Option *Allen Ereignissen und Einladungen eine Standarderinnerung hinzufügen.* Damit gehen Sie sozusagen auf Nummer Sicher, dass Sie auch ja keinen Termin versäumen, denn Sie werden per Monitor-Einblendnung daran erinnnert. Stellen Sie aber für die angegebenen 15 Minuten einen höheren Wert ein, denn in dieser Zeit werden Sie es garantiert nicht schaffen, Ihrer Mitarbeiterin noch schnell einen Geburtstagsstrauß oder etwas wirklich Originelles zu organisieren.

Erscheint eine Erinnerungs-Meldung, so bleibt diese immer im Vordergrund – sie kann also nicht aus Versehen von einem anderen Fenster verdeckt werden.

Die iCal-Einstellungen – wie üblich mit einer gehörigen Portion nützlicher Optionen.

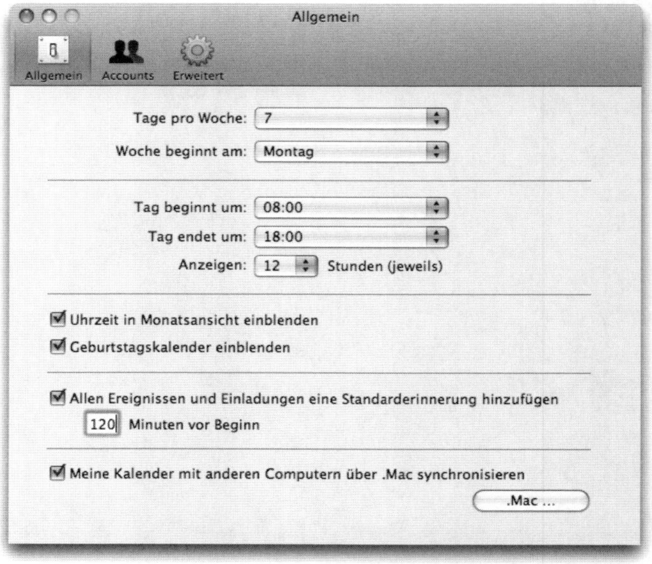

In der *Erweitert*-Abteilung sollten Sie *Unterstützung der Zeitzonen aktivieren* unbedingt anhaken. *iCal* blendet daraufhin rechts oben ein zusätzliches Feld ein, in dem Sie weitere Zeitzonen (über *Eigene…*) anlegen und dann schnell zwischen diesen hin- und herschalten können.

Werden weitere Zeitzonen ausgewählt …

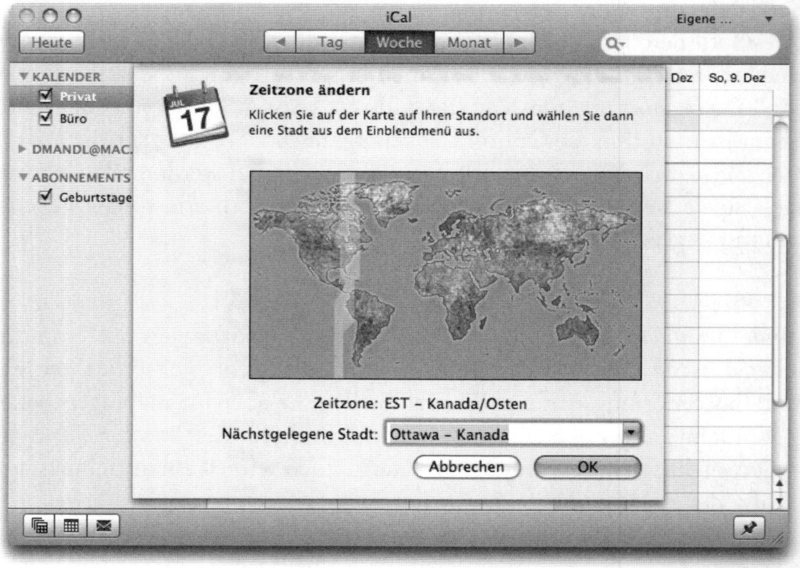

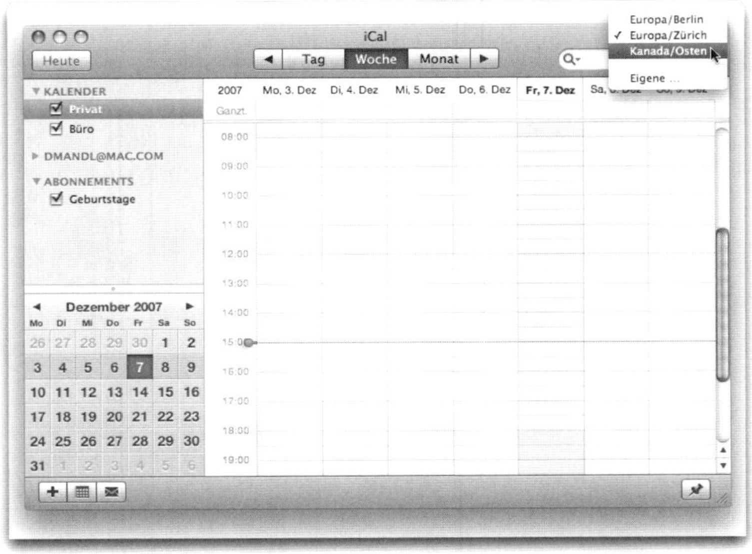

... so lässt sich bei internationalen Terminen die Zeitverschiebung berücksichtigen

Die anderen Optionen betreffen das Löschen bzw. Ausblenden von Aufgaben und Ereignissen, die bereits abgelaufen sind. *Erinnerungen nur deaktivieren, wenn iCal nicht geöffnet ist* bedeutet, dass im Falle von anstehenden Terminen die Erinnerungsfunktion nicht aktiv wird, wenn *iCal* nicht gestartet ist (was jedoch eher nachteilig ist).

Zurück zum Programm: *Kalender* kann man nie genug haben, so dass Sie hier eifrig loslegen sollten: Für die Termine der Kinder, für die eigenen Belange oder für die Arbeitswelt – über *Ablage | Neuer Kalender* gibt's genug davon. Nimmt die Kalender-Flut ein wenig überhand, so lassen sich zusammengehörige Kalender auch gruppieren. Über *Ablage | Kalendergruppe* (⌘-⇧-N) erstellen Sie sozusagen den Über-Kalender, auf den Sie nun schon bestehende ziehen können. Klicken Sie dann auf das kleine Dreieck, so klappt die Liste zu oder auf und Sie haben wieder mehr Platz.

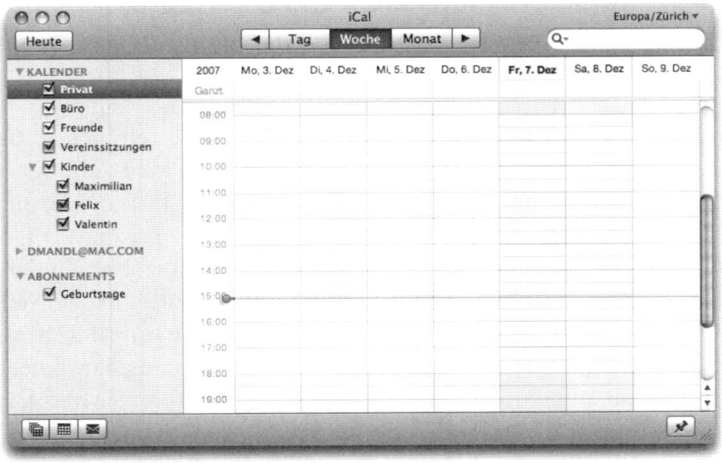

Bei sehr vielen Kalendern (oder Familienmitgliedern) lohnt sich die Gruppierung in iCal.

Ereignisse sind für *iCal* wichtige Termine (Geburtstage, Familienfeiern, Arzt-Termine usw.), die unbedingt festgehalten werden sollten. Nach Wahl des Kalenders wählen Sie über das Menü *Ablage* den Befehl *Neues Ereignis* (⌘-N), woraufhin ein Eintrag in der Farbe des gewählten Kalenders eingeblendet wird. Doppelklicken Sie nun diesen Eintrag, so fährt ein weiteres Fenster (das sich im Übrigen mit der Maus frei verschieben lässt) heraus, in das Sie nun Ihre Daten eingeben.

Das Bearbeiten von Ereignissen geht schnell von der Hand.

Durch das Hineinklicken in die Felder werden nun die Angaben gemacht, über die *Tabulator*-Taste (⇥) bewegen Sie sich weiter. Datums- und Zeitangaben lassen sich am besten über die Pfeiltasten einstellen (mit ↑/↓ verändern Sie die Werte innerhalb einer Zeile, mit ←/→ springen Sie von einem Feld zum nächsten).

Beginnen Sie bei *Teilnehmer hinzufügen* die ersten Buchstaben zu tippen, so werden all jene, die sich im *Adressbuch* befinden, sogleich vervollständigt.

Teilnehmer, die nicht im *Adressbuch* vorkommen, lassen sich natürlich ebenso eintragen. Schreiben Sie die entsprechenden E-Mail-Adressen – getrennt mit einem Komma – in den dafür vorgesehenen Platz. Wenn Sie *Mac OS X Mail* verwenden, werden an die Teilnehmer Ihres Ereignisses E-Mail-Einladungen gesendet. Ein Fragezeichen wird neben jenen Namen der Teilnehmer angezeigt, die nicht auf die Einladung geantwortet haben. Teilnehmer, die die Einladung angenommen haben, erhalten ein Häkchen, und solche, die sie abgelehnt haben, werden mit einem »x« gekennzeichnet (und werden auch nicht mehr eingeladen ...). Selbst dann, wenn Sie nachträglich noch Änderungen vornehmen oder einzelne Teilnehmer wieder aus der Liste streichen, erhalten Sie eine Aktualisierungs- oder Absage-E-Mail.

Erst eingeladen, dann aktualisiert und letztlich abgesagt – der angemailte Teilnehmer wird ganz schön sauer sein (aber Gustav will einfach nicht).

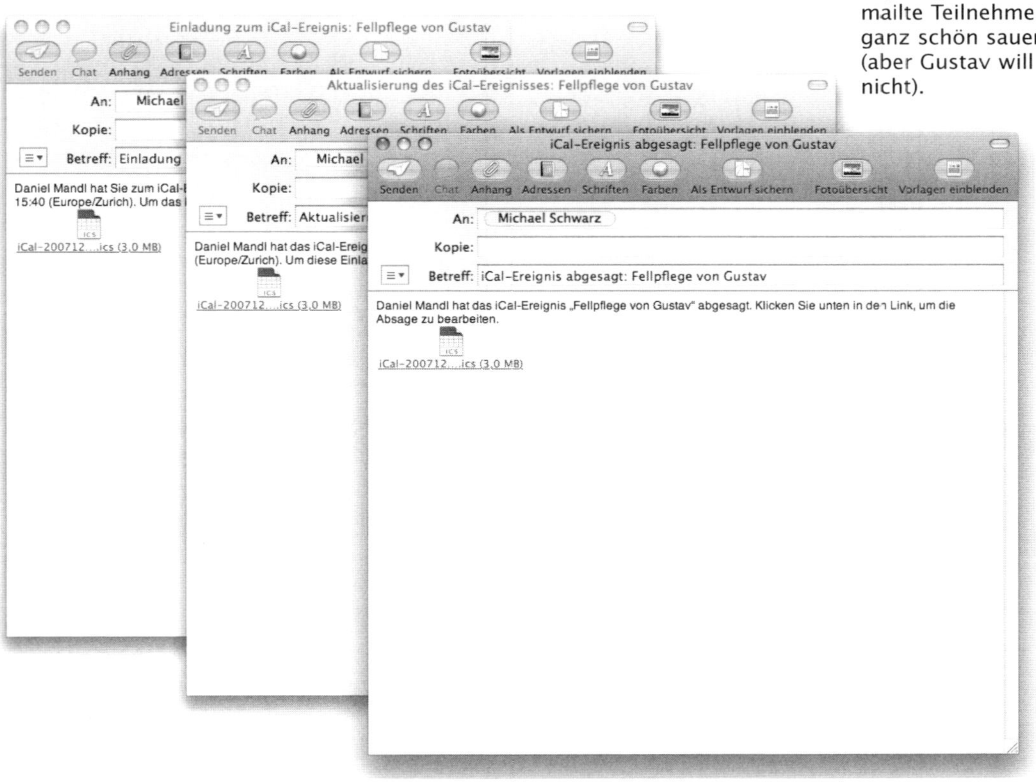

Benutzer von *iCal* können über den im Mail-Fenster stehenden Link bestimmen, ob Sie das Ereignis annehmen oder ablehnen möchten. Aber auch die anderen erhalten die Möglichkeit, zuzusagen, abzulehnen oder mit Vorbehalt zuzusagen.

Jedes Ereignis lässt sich wiederholen (täglich, wöchentlich, monatlich, jährlich) bzw. Sie daran erinnern. *Erinnerung* – dies ist wohl mit die wichtigste Einstellung, die Sie unbedingt aktivieren sollten. Je nach Eintrag aus dem Popup-Menü wechseln auch die Untermenüs, so dass Sie hier ganz flexibel vorgehen können.

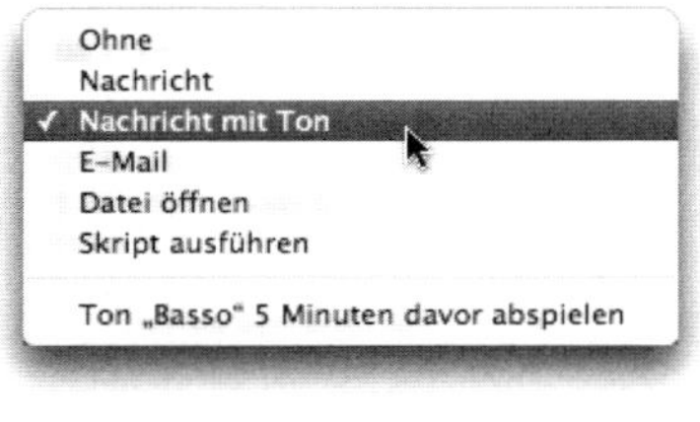

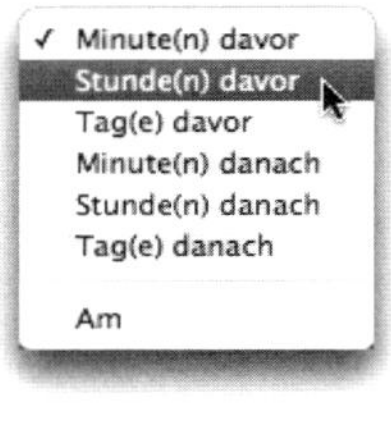

Meist ist es sinnvoll, sich ein paar Tage im Voraus erinnern zu lassen – gerade dann, wenn noch Geschenke gekauft werden müssen.

Eine Erinnerung weist ebenso verschiedene Optionen auf.

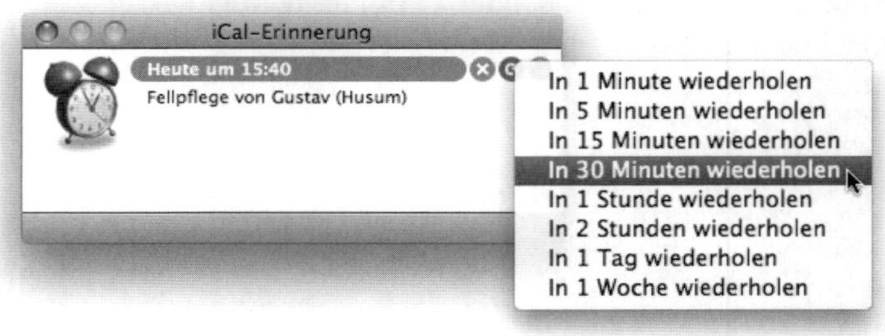

Mit dem Symbol ⊗ blenden Sie das *Erinnerungs*-Fenster aus, mit dem *Wiederholen*-Symbol (⊙) erreichen Sie, dass *iCal* eine neuerliche Erinnerung in einer von Ihnen festgelegten Zeit startet (auszuwählen über ein eingeblendetes Popup-Menü – siehe auch Abbildung), und mit dem *Lupen*-Symbol (⊙) springen Sie direkt in *iCal* zum betreffenden Ereignis.

Am besten nehmen Sie sich einmal vor, alle Geburtstage, die Sie in Ihrem Papier-Kalender auf dem Schreibtisch vorfinden, in *iCal* (oder gleich in das *Adressbuch*) einzutragen. So bekommen Sie schon Übung im Eingeben der Daten und können sich gleichzeitig sicher sein, keinen dieser Termine zu vergessen.

Als Alternative zur *Ereignis*-Eingabe über die Menüleiste können Sie auch so vorgehen: In der *Tages*- oder der *Wochen*-Darstellung klicken Sie sich zum gewünschten Datum. Fahren Sie dann mit der Maus zur Anfangszeit des Termins, ziehen Sie mit gedrückter Maustaste bis zur Endzeit und lassen Sie dann die Taste los. Die mit der Maus überfahrene Strecke wird markiert und Sie können nun direkt das Ereignis benennen. Alle dort angelegten Zeiten und Kommentare werden automatisch ins *Ereignis-Information*-Fenster eingetragen.

Neben den *Ereignissen* gibt es auch *Aufgaben* zu erledigen, seien es künftige Telefonate oder wichtige Post abzuschicken. Dies klappt hervorragend in *iCals Aufgaben*-Liste, in der Sie diese notieren und nach Priorität abarbeiten.

Die *Aufgaben*-Liste öffnen Sie, indem Sie rechts unten den *Aufgaben-Liste*-Button (✗) drücken. Es öffnet sich wieder ein leeres Feld, in dem Ihre Aufgaben aufgeführt sein werden. Um eine *Aufgabe* zu definieren, doppelklicken Sie entweder in dieses Feld oder wählen über die Menüleiste den Befehl *Ablage | Neue Aufgabe* (⌘-K).

In der *Aufgaben*-Liste erscheint ein neuer Eintrag namens *Neue Aufgabe*, den Sie umgehend sinnvoll benennen sollten. Per Doppelklick öffnet sich wieder ein Bearbeitungsfenster.

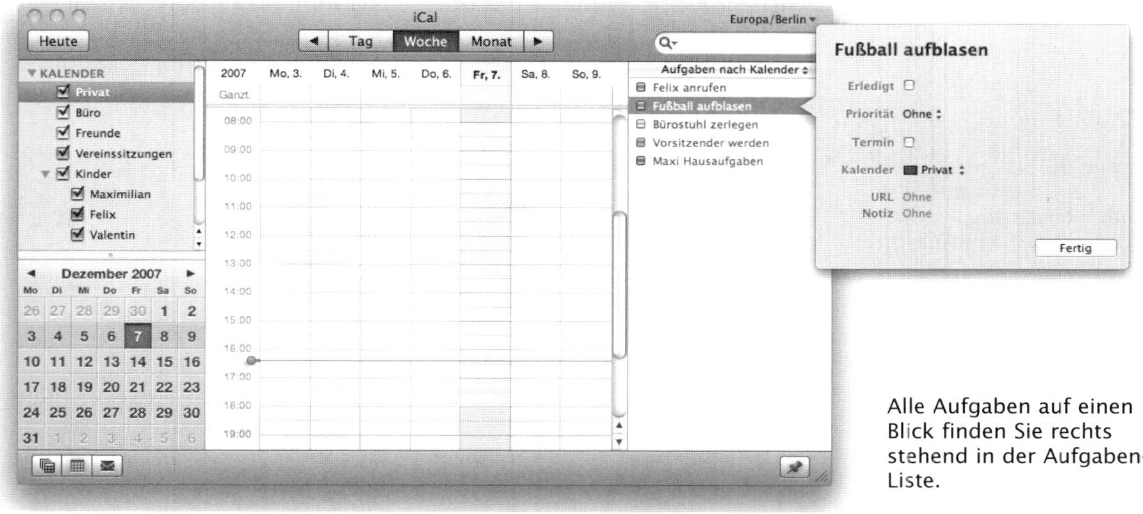

Alle Aufgaben auf einen Blick finden Sie rechts stehend in der Aufgaben-Liste.

Dort lässt sich nun der *Fälligkeitstermin* und auch die *Priorität* bestimmen: *Ohne*, *Gering*, *Mittel*, *Hoch*. Je nach Wahl werden rechter Hand der entsprechenden *Aufgaben* quer liegende Balken (≡) zugeordnet, wobei ein Balken die abzuarbeitenden Unternehmungen als nicht besonders wichtig, drei Balken diese als »sehr wichtig« einstuft.

Damit Sie erst gar nicht verdrängen, was Sie sich dort notiert haben, nutzen Sie unbedingt die Möglichkeit, sich erinnern zu lassen. Die Prozedur kennen Sie ja von den Ereignissen: *Nachricht*, *Nachricht mit Ton*, per *E-Mail* etc., Zeitraum der Erinnerung angeben, E-Mail-Adresse bestimmen usw. Rückt der Termin gefährlich nahe bzw. ist der Fälligkeitstag bereits angebrochen, so zeigt die entsprechende Aufgabe ein bedrohlich wirkendes Dreieck mit Ausrufezeichen. Ist dagegen die Aufgabe erledigt und alle sind glücklich, so können Sie wie in einem Terminplaner die Aufgabe abhaken.

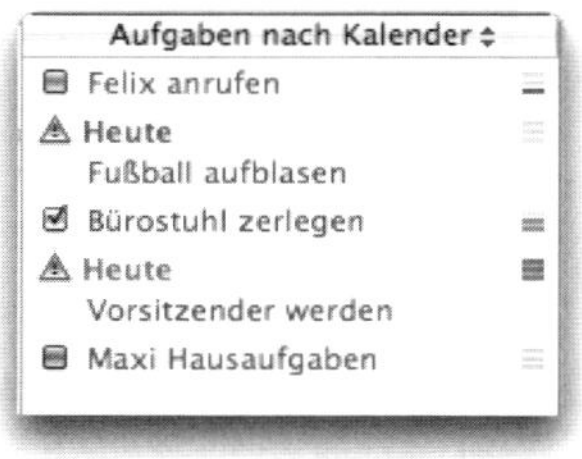

Zeitdruck und Durchatmen liegen nah beieinander.

Auch aus dem Programm *Mail* heraus lassen sich Aufgaben festlegen bzw. die in *iCal* schon bestehenden einsehen. Zum Anfertigen wählen Sie einfach das Aufgaben-Feld (✓) oben rechts und überschreiben dann den Eintrag *Neue Aufgabe*. Fahren Sie mit dem Mauszeiger über die nebenstehenden Spalten (Termin, Priorität, Kalender etc.), so er-

scheinen kleine Symbole, auf die Sie klicken können. Es erscheinen daraufhin Popup-Fenster, in denen sich die entsprechende Kriterien festlegen lassen. Alternativ klappt das auch über das Kontext-Menü, das Sie per *ctrl-Taste* und Mausklick bzw. per Rechtsklick aufrufen.

Alle in Mail angelegten Aufgaben erscheinen automatisch auch in iCal (und umgekehrt).

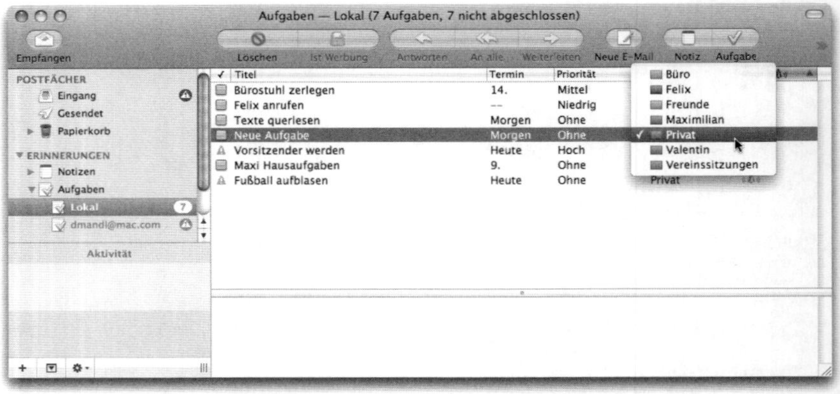

Oberhalb der *Kalender*-Ansicht finden Sie auch wieder das Suchfeld. Dort geben Sie nur Ihre Stichworte bzw. Namen ein und *iCal* zeigt Ihnen die entsprechenden Suchergebnisse an. Per Doppelklick auf einen Eintrag wird dieser sofort herbeigeblättert.

Mit *iCal* können Sie Ihre *Aufgaben-* wie *Ereignis*-Listen auch ausdrucken. Wählen Sie über die Menüleiste *Ablage* den Befehl *Drucken* (⌘-P). Im erscheinenden Dialog haben Sie nun vielfältige Möglichkeiten, das Kalender-Blatt auf Ihre Bedürfnisse hin anzupassen. Dazu gehören *Papiergröße*, der *Zeitraum*, die Auswahl der Kalender sowie weitere Optionen wie »Mini-Monate« etc.

Denken Sie an Ihre bereits auf dem Schreibtisch liegenden Papierberge und drucken Sie wirklich nur das, was Ihnen besonders wichtig erscheint.

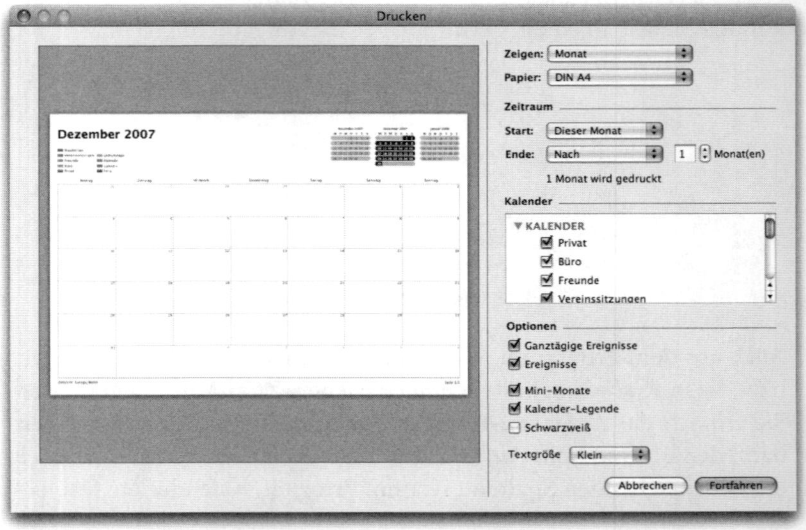

Nun klicken Sie auf *Fortfahren*. Nach Auswahl des Druckers und der Bestätigung über *Drucken* können Sie sich die Papier-Version an die Wand hängen bzw. in Ihrer Schreibtischunterlage deponieren.

Über *iCal* können Sie auch *Kalender abonnieren* oder selbst *veröffentlichen*, was durchaus Sinn macht, entwickeln doch viele fleißige Mac-Anwender ihre eigenen Vorlagen. Eine Vielzahl schon vorgefertigter Kalender finden Sie unter anderem bei *icals.de – das deutschsprachige iCal Kalenderverzeichnis* oder bei *Projekt 24*, bei dem allerdings eine vorherige Anmeldung gewünscht wird. Die URLs hierzu: `www.icals.de` und `www.project24.info`. Weitere Kalender finden Sie auch auf `www.icalshare.com` oder `www.apple.com/downloads/macosx/calendars/index.html` (riesige Auswahl).

Ob »Fußball International«, »Unterhaltung«, »Feiertage« oder »Apple Events der Mac-Szene« – hier wird fast »alles und jedes» fein säuberlich aufgelistet und erläutert. Zum Laden klicken Sie auf eine Kategorie und wählen einen Eintrag.

Mit einem Klick auf den entsprechenden Link (*Abonnieren*) öffnet sich in *iCal* der *Neue Ereignisse hinzufügen*-Dialog. Wählen Sie danach einen bestehenden Kalender, in den diese neuen Ereignisse integriert werden sollen, oder lassen Sie einen ganz neuen Kalender in *iCal* anlegen. Bestätigen Sie dann mit *OK* und Sie haben wieder Zusatznutzen gewonnen. Manchmal wird ein Kalender auch einfach nur als Datei auf die Festplatte geladen – in diesen Fällen ziehen Sie den Kalender-Download in *iCal* hinein.

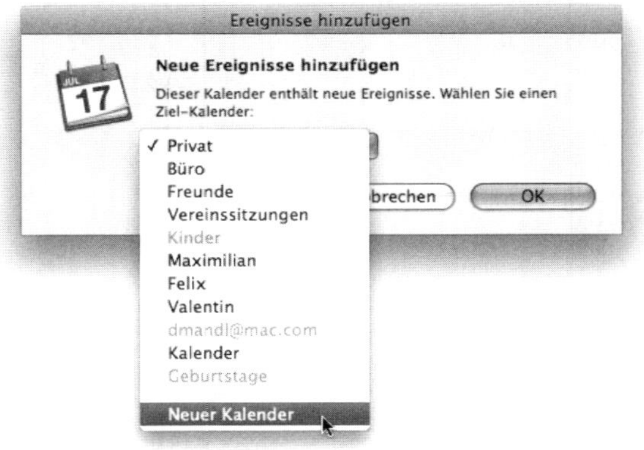

Ohne Aufwand und Schreiberei können Sie sich den Wunsch-Kalender abonnieren – entweder vollautomatisch oder per Drag & Drop in die Kalender-Liste.

Ein alternativer Weg zu dem eben aufgezeigten setzt allerdings voraus, dass Sie die Internet-Adresse kennen, von der Sie Ihre Kalender-Daten laden möchten. Über *Kalender | Abonnieren…* bzw. ⌘-⌥-S öffnen Sie ebenfalls das *Kalender abonnieren*-Fenster, müssen jedoch im Feld *Kalender-URL* die entsprechende Adresse eingeben. Der Vorgang des Ladens ist dann identisch.

Über Menüleiste *Kalender | Gemeinsam genutzte Kalender suchen...* werden Sie automatisch auf die schon genannte Webseite `www.apple.com/downloads/macosx/calendars/index.html` verlinkt, in deren Datenbank Sie nun ebenfalls interessante Kalender (allerdings eher auf den amerikanischen Anwender bezogen) finden können.

Löschen lassen sich diese Kalender-Abos natürlich ebenso schnell: einfach markieren und *Bearbeiten | Löschen* wählen bzw. über das Kontext-Menü den *Löschen*-Befehl aufrufen.

Als Pendant zum *Abonnieren* können Sie auch selbst erstellte Kalender anderen zur Verfügung stellen. Dies setzt jedoch eine *.Mac*-Mitgliedschaft oder einen Ihnen bekannten Web-Server voraus. Nach der Erstellung wählen Sie über die Menüleiste *Kalender | Veröffentlichen...* Im auftauchenden Dialog vergeben Sie dann noch einmal einen Namen für den *Kalender* bzw. verwenden den schon bestehenden. Die nachfolgenden Optionen zum Abhaken betreffen allesamt die darin enthaltenen *Ereignisse, Aufgaben* und *Erinnerungen.* Auch können Sie dort festlegen, ob der Kalender nach einer Überarbeitung automatisch auch im Internet aktualisiert werden soll. Mit einem Klick in *Veröffentlichen* geht's dann auf die Reise ...

Ihre Kalender lassen sich auch mit Dritten teilen, wenngleich nicht jeder Zahnarzt-Termin für die Allgemeinheit von Interesse ist.

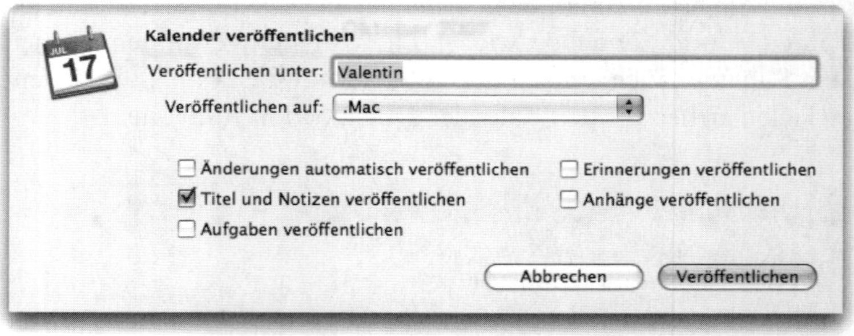

Ist alles erledigt, so erhalten Sie eine Bestätigung mit Angabe der Internet-Adresse sowie die Möglichkeit, gleich per E-Mail zu informieren. Bitte beachten Sie jedoch: Das Abonnieren klappt für andere Personen nur, wenn diese ebenso einen .Mac-Account von Apple besitzen.

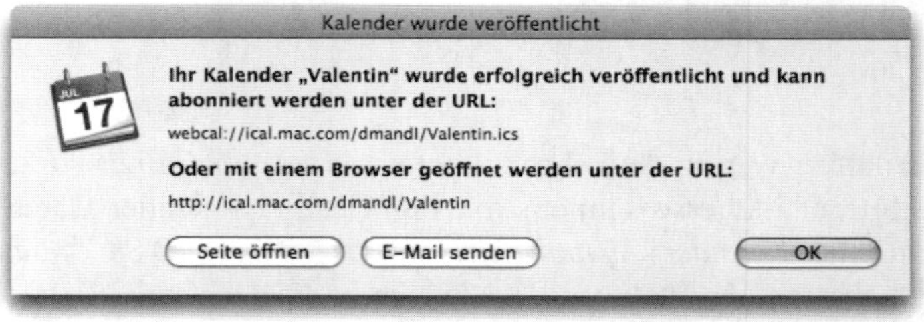

Möchten Sie den Kalender – aus welchen Gründen auch immer – wieder löschen, so wählen Sie über die Menüleiste *Kalender* den Befehl *Veröffentlichung rückgängig machen.*

Eine weitere Möglichkeit, Kalender mit anderen Personen zu teilen, besteht darin, diese zu exportieren. Wählen Sie den zu exportierenden Kalender und danach *Ablage* | *Exportieren…* Vergeben Sie einen Namen, der den Inhalt möglichst genau wiedergibt, und speichern Sie dann die Datei an einem Ihnen genehmen Platz. Die Datei mit der Endung *.ics* können Sie nun beispielsweise per Mail an Bekannte und Freunde versenden, die diese wiederum – falls sie mit *iCal* arbeiten – per *Ablage* | *Importieren* in ihr Kalender-Programm importieren können. Noch schneller geht's, wenn die Datei einfach per *Drag & Drop* (also mit der Maus packen, in *iCal* ziehen und dann loslassen) in *iCal* transferiert wird. Der Kalender taucht dann sofort in der *Kalender*-Übersicht auf und die angelegten Ereignisse können eingesehen werden.

Wenn Sie einen .Mac-Account besitzen, so können Sie Ihre Kalender auch über .Mac abgleichen. Dies erleichtert es ungemein, wenn Sie beispielsweise von einem alten Mac-Rechner (den Sie bitte ganz aktuell noch einmal synchronisieren sollten) auf einen neuen umziehen möchten. Über die Systemeinstellung *.Mac* und dort im Reiter *Sync* lässt sich nun angeben, dass auch Ihre Kalender mit abgeglichen werden sollen. Beim ersten Mal denken Sie aber bitte daran, Ihren neuen Mac vollständig mit den .Mac-Daten zu überschreiben! Rufen Sie dazu die Systemeinstellung *.Mac* | Reiter *Sync* auf und klicken Sie auf *Weitere Optionen.* Wählen Sie in der Liste der angemeldeten Computer Ihren aktuellen Rechner (also den neuen Mac) auf und klicken Sie dann unten in *Sync-Daten zurücksetzen.* Über die Liste bei *Ersetzen von* lassen sich entweder alle oder nur bestimmte Einträge auswählen. Achten Sie jedoch unbedingt darauf, dass der animierte Pfeil von *.Mac* aus zu dem Rechner führt. Es muss also heißen: *Ersetzen von allen Synchronisierungsinformationen dieses Computer mit den Synchronisierungsinformationen von .Mac.*

Das Ersetzen der Synchronisierungsinformationen auf dem Rechner erfordert höhere Aufmerksamkeit.

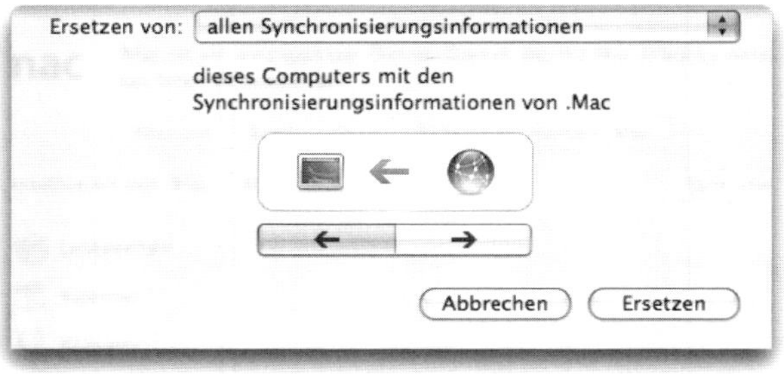

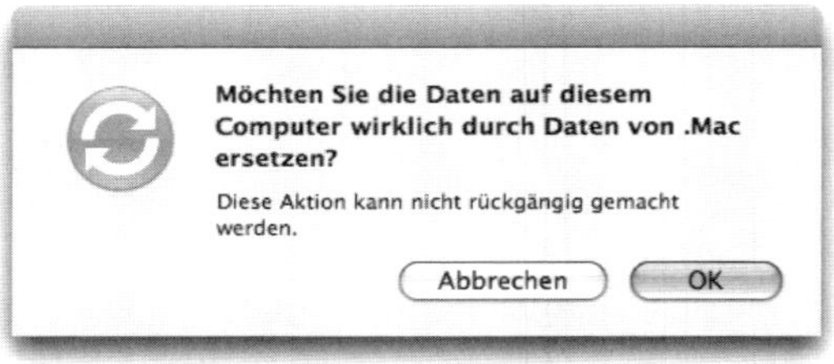

Meist erhalten Sie dann noch die *.Mac-Sync*-Warnung, die Ihnen die Konsequenzen Ihres Tuns noch einmal aufzeigt. Auch in diesem Dialog müssen Sie darauf achten, dass bei *Aktion auswählen* die Option *Daten auf dem Computer ersetzen* heißt. Nach dem Synchronisieren sollten nun alle Daten von .Mac auf Ihrem neuen Rechner sein.

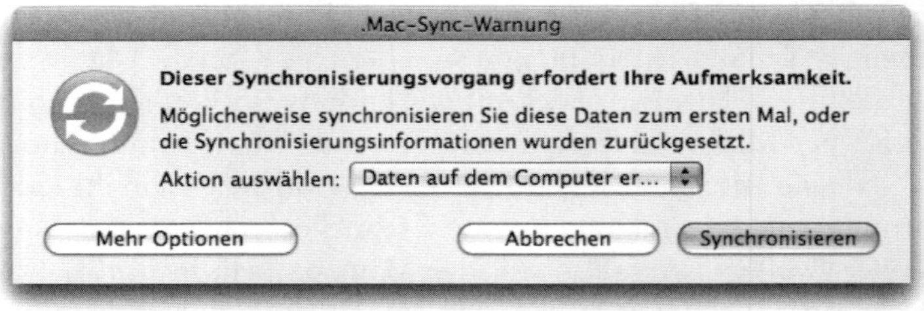

Keine Gewinn-Warnung, aber immerhin eine ».Mac-Sync-Warnung«: Bitte unbedingt alle Einträge genau lesen, nicht dass Sie aus Versehen das Falsche überschreiben.

Ihre in *iCal* angelegten Termine lassen sich auch noch mit weiteren – mobilen – Geräten abgleichen. Beispielsweise über Ihren *iPod* mit Hilfe von *iTunes* (mehr dazu in unserem Sonderkapitel zum Download) oder über Ihr Handy mit dem Programm *iSync* (wie Sie gleich sehen werden).

iSync – Synchronisieren mit mobilen Geräten

Die Software *iSync* tritt als Kommunikator zwischen einem *PDA* (*Personal Digital Assistant*) oder einem Bluetooth-fähigen bzw. USB-Mobiltelefon auf. Synchronisiert werden können dabei Ihre *Adressbuch*-Einträge, Ihre Aufgaben und Ereignisse aus *iCal* sowie die *Lesezeichen* das Browsers *Safari*. Welche Geräte-Modelle hier genau funktionieren, können Sie immer aktuell auf Apples Webseite unter der URL `www.apple.com/macosx/features/isync/devices.html` erfahren.

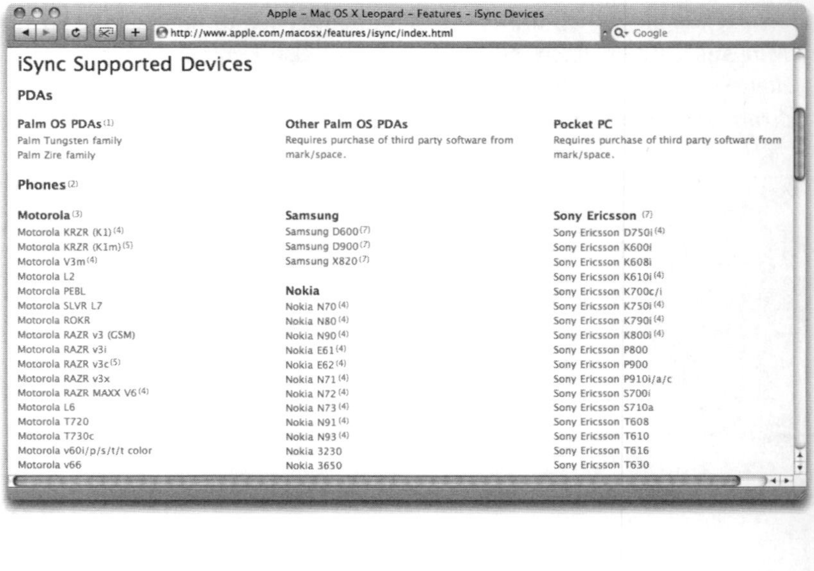

Die Liste der kompatiblen Geräte ist lang – hoffentlich ist auch Ihr Gerät dabei.

Der Vorteil liegt auf der Hand: Sie müssen Informationen nur einmal eingeben und können diese dann auf Ihren Geräten abgleichen, so dass Sie auch mobil immer auf dem aktuellsten Stand sind.

Apple weist darauf hin, dass Sie Ihre mobilen Geräte immer nur mit einem Rechner abgleichen sollten, da es ansonsten zu Konflikten kommen kann (zig doppelte Adress-Einträge und so weiter).

Rufen Sie *iSync* auf, werden die unterstützten Geräte gezeigt. Sollte kein Gerät aufgeführt werden, lässt sich über *Geräte | Geräte hinzufügen* das Umfeld nach kompatibler Hardware absuchen. Und denken Sie wieder daran, dass bei Ihrem Handy sowohl *Bluetooth* als auch die *Sichtbarkeit* aktiviert ist (beim Mac selbstverständlich auch), da ansonsten die Geräte nicht zueinander finden (siehe auch im Kapitel zu den *Systemeinstellungen* den Abschnitt über *Bluetooth* bzw. zum *Bluetooth-Assistenten*). Im Falle eines USB-Mobiltelefons müssen Sie dieses mit dem mitgelieferten oder optional erhältlichen USB-Kabel mit dem Mac verbinden.

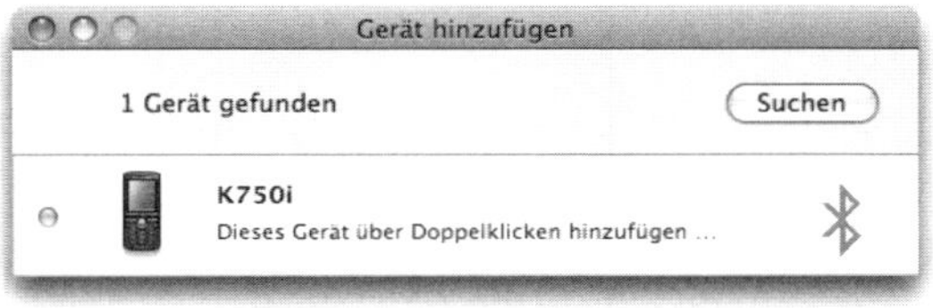

Über »Geräte | Geräte hinzufügen« wird unser Handy (Sony Ericsson K750i) gefunden und über einen Doppelklick dem iSync-Dialog übergeben.

Ist ein Kontakt hergestellt, so finden Sie wieder zahlreiche Anpassungs-Möglichkeiten, unter anderem das genaue Vorgehen bei der ersten Synchronisierung (*Daten auf Computer und Gerät zusammenführen* oder *Daten auf Gerät löschen, dann synchronisieren*), die Auswahl der Kontakte (Ihres *Adressbuches*) sowie Ihrer Kalender (aus *iCal*).

Die verschiedenen Möglichkeiten des Abgleichs.

Über *Weitere Optionen* lassen sich zusätzliche Anpassungen vornehmen, etwa das Ignorieren älterer Einträge oder das ausschließliche Berücksichtigen von solchen Kontakten, die über eine Telefonnummer verfügen.

Die »Weiteren Optionen« bieten Zusatznutzen zur Eingrenzung des Datenbestandes.

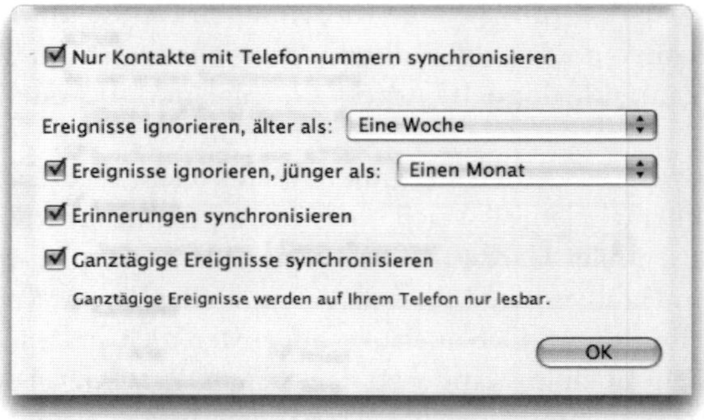

Treffen Sie Ihre Entscheidungen also mit Bedacht, danach klicken Sie auf den Button *Geräte-Sync*, der den Prozess der Synchronisierung anwirft. Meist nimmt der Abgleich nur wenige Sekunden in Anspruch und der Spuk ist vorbei. Herzlichen Glückwunsch daher zu Ihrer neuen Mobilität.

Wenn Sie ein Palm OS-Gerät besitzen, rufen Sie bitte die *iSync-Hilfe* auf und geben im Suchen-Feld das Stichwort »Palm OS« ein. Hier finden Sie nützliche Informationen zum Konfigurieren eines PDAs mit Palm OS für die Synchronisierung mit *iSync*.

Lexikon – das englische Wörterbuch für Belesene

Dass ein Wörterbuch in Schule, Ausbildung, Beruf oder Hobby einen großen Nutzen aufweist, dürfte klar sein. Im Gegensatz zum rein englischsprachigen Wörterbuch von Mac OS X Tiger hat Apple ein wenig nachgebessert und stellt nun gleich vier dieser Wissens-Bibliotheken zur Verfügung. Da ist zum einen das *Dictionary*, das schon ziemlich fremdsprachig klingt und in der Tat nur in der englischen Sprache seinen Inhalt anbietet. Nichtsdestotrotz: Arbeiten Sie häufig mit englischen Texten oder möchten Sie beispielsweise ein Programm, das nur in Englisch vorliegt, verstehen lernen, so können Sie zumindest aus den Umschreibungen die ein oder andere Lehre daraus ziehen. Oder Sie benutzen das Synonym-Wörterbuch (*Thesaurus*), das zu einem eingegebenen Begriff weitere Alternativen aufweist. Besser ist da schon das Apple-Lexikon, das zumindest die »technischen Aspekte« des Lebens berücksichtigt. Vieles (aber bei weitem nicht alles), was daher irgendwie nach Computer klingt, lässt sich dort nachforschen – unter anderem etwa Begriffe wie AirPort, FireWire etc.

Apples Technik-Lexikon hat sich auf Fachbegriffe spezialisiert und erklärt diese dem geneigten Leser auf Deutsch.

Als Highlight winkt hier *Wikipedia*, das jedoch einen Internet-Anschluss voraussetzt. Diese »freie Enzyklopädie« besteht aus einem viele Tausend Benutzer umfassenden Pool, die ehrenamtlich dieses wichtige Online-Lexikon durch Artikel und Vervollständigungen am Leben halten. Wikipedia ist sozusagen der Gegenpart zum gewichtigen Brockhaus im Regal.

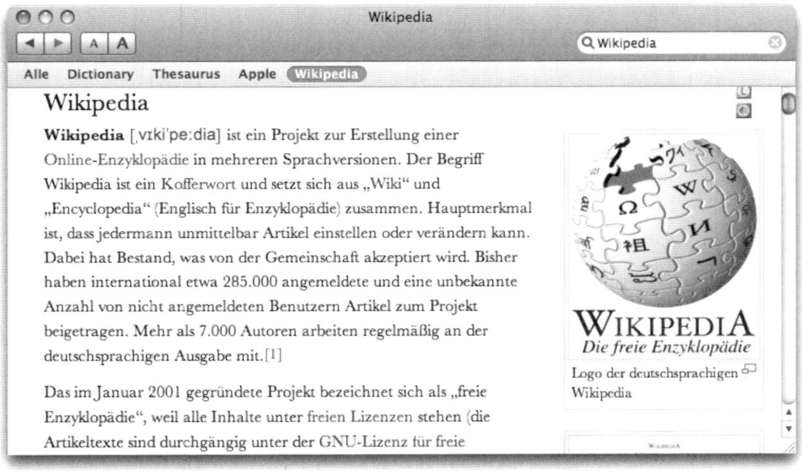

Sucht man in Wikipedia nach Wikipedia, so erfahren Sie vieles über Wikipedia :-)

Egal also, wohin Sie Ihre Neugierde treibt – die Vorgehensweise ist immer die Gleiche: In das Suchfeld oben rechts tippen Sie Ihren Begriff ein. Und während Sie fleißig die Tasten drücken, werkelt im Hintergrund schon die Datenbank und unterbreitet Ihnen Vorschläge. Dummerweise klappen in Deutsch eingegebene Begriff nur, wenn Sie online sind und das Progamm auf die Wikipedia-Datenbank zugreifen kann. Sind Sie also fündig geworden, doppelklicken Sie auf das gewünschte Wort und das Ergebnis liegt Ihnen sofort vor.

Über die *Lexikon-Einstellungen* (⌘-Komma) lässt sich das Programm wieder anpassen, indem Sie die Reihenfolge der Ergebnisse bestimmen (packen Sie die Lexika und ziehen Sie sie in die gewünschte Abfolge), im *Dictionary* die *Aussprache* (*Pronounciation*) definieren, die mit Hilfe von speziellen Kennzeichnungen und Akzentuierungen erledigt wird, oder in Wikipedia die gewünschte Sprache festlegen. Weiterhin lässt sich in allen Lexikas die *Schriftgröße* sowie die Art des *Kontext-Menüs* anpassen.

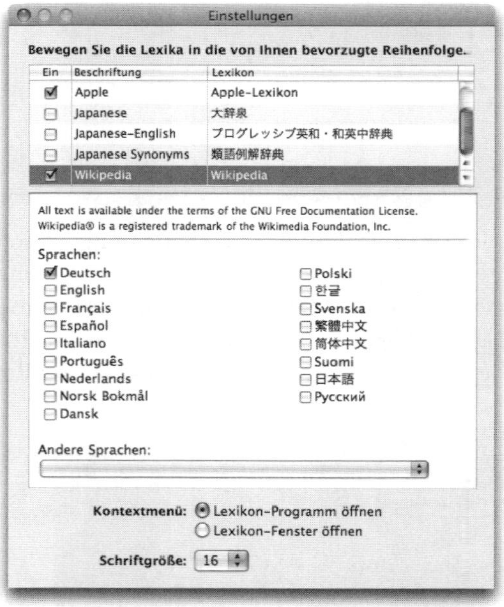

Sprachenbestimmung in Wikipedia.

In allen auf HTML basierenden Texten (also Webseiten, aber auch die Hilfe-Menüs der meisten Programme) sowie Dokumenten, die von *Apples* Programmen geöffnet werden können, lassen sich markierte Begriffe über das *Kontext*-Menü einsehen. Hierbei halten Sie die *ctrl-Taste* gedrückt und klicken darauf bzw. tätigen einen Rechtsklick. Im auftauchenden Menü wählen Sie dann den Befehl *Im Lexikon nachschlagen.* Je nachdem, welche Auswahl Sie in den *Lexikon-Einstellungen* getroffen haben, erscheinen nun die Erklärungen entweder im normalen *Lexikon*-Programm oder im *Lexikon*-Fenster, einer Leiste, die unterhalb des Begriffes herausfährt.

Dort können Sie nun die Erläuterungen nachlesen, in ein anderes Lexikon umschalten oder sich über *Mehr...* direkt wieder ins *Lexikon* weiterverbinden lassen.

Das Kontext-Menü in Aktion: Über »Im Lexikon nachschlagen« fährt auf Wunsch ein Lexikon-Fenster aus.

Im Arbeits-Fenster des *Lexikons* selbst lässt sich über die beiden Pfeile (◄ ►) vor und zurück blättern bzw. über die beiden symbolisierten »A« (A / A) die Schriftgröße verkleinern oder vergrößern. Im Text können Sie einzelne Begriffe oder auch ganze Absätze mit der Maus markieren (mit gedrückter Maustaste darüber fahren), kopieren (⌘-C -> *Bearbeiten | Kopieren*) und in einen anderen Text einfügen (⌘-V -> *Bearbeiten | Einfügen*). Weiterhin finden Sie Verlinkungen im Text (also Hinweise auf weiterführende Wörter oder Alternativ-Vorschläge), die teils durch eine andere Schrifttype auffallen bzw. einen typischen Internet-Link symbolisieren (unterstrichener Begriff), wenn Sie mit der Maus darüber fahren. Klicken Sie nun mit der Maus, so gelangen Sie automatisch auf diese Seiten.

Wählen Sie das *Dictionary*, so lassen sich über die Menüleiste *Gehe zu | Vorderer/Hinterer Teil* viele weitere Informationen (über Amerika, die Länder der Welt, chemische Elemente, Geschichte usw.) anzeigen.

Als Alternative zum Lexikon können wir Ihnen aus eigener Erfahrung die *Office Bibliothek* der Firma Bibliographisches Institut & F. A. Brockhaus AG empfehlen. Diese einzeln oder als Sammlung zu erwerbenden Programme – bestehend aus *Duden, Fremdwörter-Lexikon, Synonym-Wörterbuch, Duden Oxford* und *Der Brockhaus in Wort und Bild* sind eine sehr hilfreiche Angelegenheit, gerade wenn Sie oft mit Texten arbeiten bzw. Kindern oder Jugendlichen in der Ausbildung die Vielfalt des Lebens beibringen wollen. Zusätzlich gibt es auch noch *Der Brockhaus – multimedial premium* für Mac OS X, der mit über 240.000 Artikeln und vielem mehr das Pisa-Debakel auf Vordermann bringen sollte.

Viele Tausend Begriffe und Erklärungen schlummern unter der Oberfläche und wollen entdeckt werden.

Notizzettel – gegen das Vergessen

Als eigenständige Anwendung taucht der auch *Notizzettel* im Ordner *Programme* auf, ist aber im Gegensatz zu seinem Pendant im *Dashboard* wesentlich flexibler und funktionaler. Wozu diese kleinen Zettelchen gut sind, die man auf dem Bildschirm verstreut findet und in die man kleine Info-Happen oder Gedanken-Skizzen schnell und komfortabel eingeben kann, dürfte klar sein. Und auch die Benutzung ist ziemlich simpel: Einmal aufgerufen können Sie über *Ablage* | *Neue Notiz* (⌘-N) jederzeit neue *Notizzettel* einblenden und diese vollschreiben.

Die *Farbe* bestimmen Sie über den gleichnamigen Punkt in der Menüleiste, ebenso wie die Option, ob die Zettel transparent (der Hintergrund scheint durch), immer im Vordergrund oder beides zusammen sein sollen. Letztere Optionen finden Sie in der Menüleiste unter *Notiz* und dort in den Befehlen *Immer im Vordergrund* (⌘-⌥-F) bzw. *Transparentes Fenster* (⌘-⌥-T). Wenn Sie dann noch *Als Standard* aktivieren, sehen alle neu hinzukommenden Zettel nach Ihren dortigen Vorgaben aus.

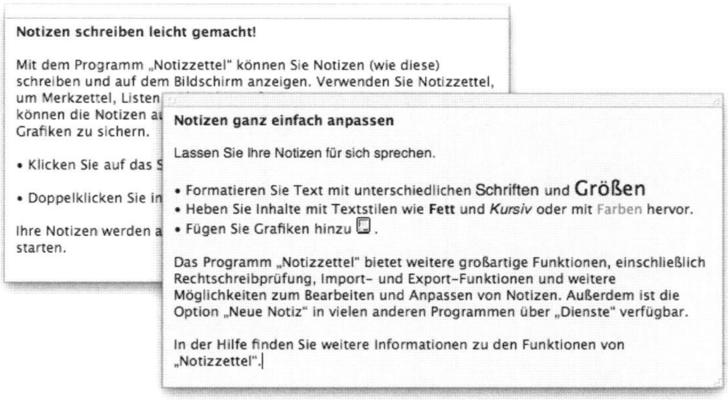

Bunte Zettelchen für die schnelle Idee. Beim ersten Start sind die beiden Zettel schon beschrieben – und zwar mit allerlei Wissenswertem zum Gebrauch dieser Notizen.

Sie haben weiterhin die Möglichkeit, Ihren Text zu formatieren, indem Sie aus dem Menüpunkt *Schrift* sowohl *Schriftart* (⌘-T) als auch Stile wie *fett* (⌘-B), *kursiv* (⌘-I) oder *unterstrichen* (⌘-U) wählen. Der Text kann auch farbig gestaltet werden, indem Sie diesen mit gedrückter Maustaste markieren und über den Farbwähler (*Farben einblenden*/⌘-⇧-C) eine geeignete Farbe heraussuchen. Oder Sie ziehen einfach Bilder oder Icons in das kleine Fenster hinein – auch diese werden anstandslos integriert.

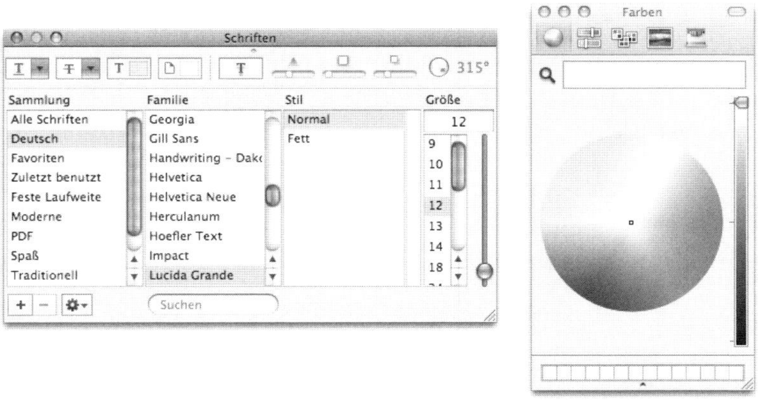

Was darf's denn sein? Farbe und Schriften für die persönliche Erinnerung.

Beginnen Sie zu schreiben, werden automatisch die ersten Worte als Titel betrachtet. Dies ist in der Tat hilfreich, denn ist Ihr Schreibtisch übersät mit Zettelchen, so navigieren Sie über die Menüleiste *Fenster* – in dessen Aufklapp-Menü sämtliche Notizzettel aufgeführt werden – mit ziemlicher Sicherheit den richtigen an. Witzig sind auch die Funktionen *Fenster* | *Reduzieren* bzw. *Erweitern*, die bei aktiviertem Nozizzettel diesen auf die Fensterleiste verkleinern oder wieder ausklappen, so dass teils nur mehr ein schmaler Balken zu sehen ist. Letzteres klappt allerdings wesentlich schneller, wenn Sie einen Doppelklick auf die Notizzettel-Leiste ausführen.

Zum Aufräumen verwenden Sie dann *Ausrichten nach* (ebenfalls im *Fenster*-Menü) und die gewünschte Aktion: *Farbe, Inhalt, Datum* oder *Position am Bildschirm.* Auf diese Weise werden die Zettel schön säuberlich aneinander gereiht.

Alles sollte seine Ordnung haben – dank des Fenster-Menüs ist das für Sie ein Leichtes.

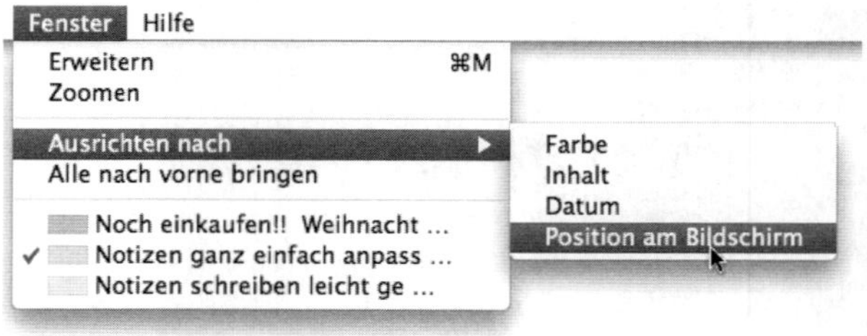

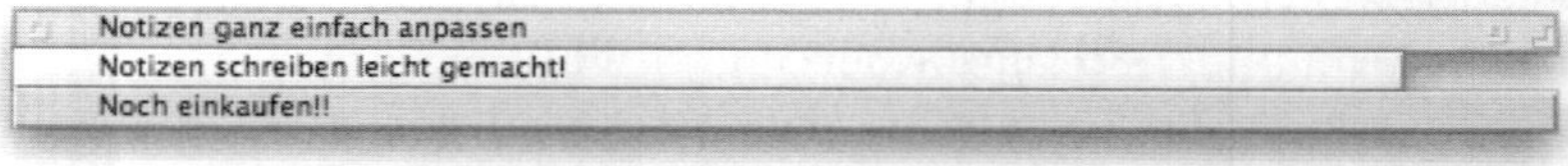

Ihre Notizzettel bleiben selbst dann erhalten, wenn Sie Ihr Pogramm *Notizzettel* über ⌘-Q beenden sollten. Beim nächsten Start werden alle wieder eingeblendet, um sozusagen als Erinnerungsstütze zu dienen. Erst wenn Sie ein Info-Fenster schließen – entweder durch Klick in das kleine Kästchen links oder über *Ablage* | *Schließen* (⌘-W), werden Sie aufgefordert, Ihre Notiz zu sichern. Wie gesagt, dies ist kein Muss, sollte aber in Anspruch genommen werden, wenn der Inhalt für Sie wichtig ist. Klicken Sie auf *Nicht sichern,* so ist der Inhalt unwiederbringlich verloren. Über *Sichern* vergeben Sie stattdessen einen Namen und legen den Speicher-Ort fest, als *Format* wählen Sie zwischen …

- *Reiner Text* (Endung *.txt*) – nur der reine Text wird ohne irgendwelche Formatierungen oder Auszeichnungen wie Stile oder Farben gesichert;
- *RTF* (*Rich Text Format* mit dem Suffix *.rtf*) – Absätze oder Stilvorlagen bleiben nach dem Sichern erhalten;
- *RTFD* – zusätzlich zu Auszeichnungen, geänderter Schrifttype oder Stilen werden auch eingefügte Grafiken oder Bilder mit abgespeichert.

Zögern Sie die Entscheidung, lieber ein paar Sekunden länger hinaus, ehe Sie sich im Nachhinein ärgern, wenn Omas Rezept für den Pflaumenkuchen im Nirvana verschwindet.

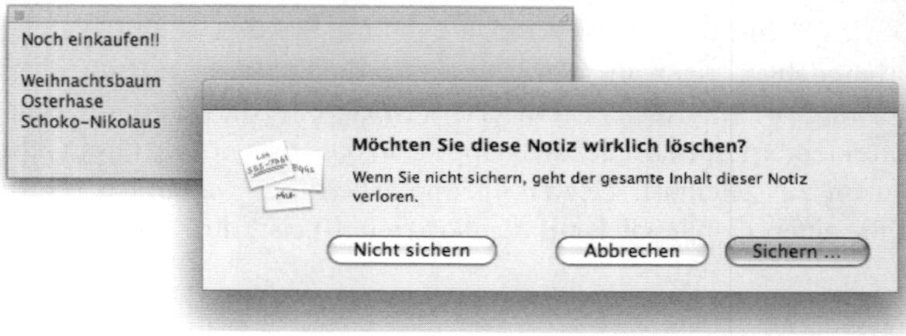

Die drei Möglichkeiten, um Notizzettel zu speichern.

Das Gleiche passiert übrigens auch, wenn Sie über *Ablage* den Befehl *Text exportieren* wählen. Auch in diesem Fall wird der Inhalt gesichert, indem Sie *Titel*, *Speicher-Ort* und *Format* bestimmen.

Notizzettel lassen sich im Gegensatz zu *Dashboards* gleichnamigem *Widget* auch drucken. Über *Ablage* | *Ausgewählte Notiz drucken* (⌘-P) bzw. *Alle Notizen drucken* rufen Sie den *Drucken*-Dialog auf, in dem Sie den Drucker auswählen und über die Popup-Menüs bei *Voreinstellungen* Ihre Wünsche eingeben. Legen Sie dann noch die Anzahl der Kopien fest und auf geht's …

Die *Notizzettel* sind übrigens eine feine Sache für die Systemeinstellung *Benutzer* | Reiter *Startobjekte*. Gleich nach dem Hochfahren des Rechners können Sie so Ihre Notizen einblenden lassen, so dass Sie nichts mehr vergessen.

Photo Booth – bitte lächeln

Wenn Sie einen neueren Mac mit integrierter iSight-Kamera oder einer anderen unterstützten, externen Webcam besitzen, dann bringt *Photo Booth* viel Spaß auf den Bildschirm. Eigentlich ist dies kein Programm, was der Anwender unbedingt braucht, doch hat man mal ein wenig damit rumgespielt, so möchte man es auch nicht mehr missen. Besonders Kinder haben ihre helle Freude daran, lassen sich doch hervorragend Grimassen schneiden, Zunge blecken und Kopfstand machen – und dies per »Live-Kamera« und zum Festhalten für die Ewigkeit.

Wird das Programm aufgerufen, so schaltet sich automatisch die *iSight*-Kamera ein und – erschrecken Sie bitte nicht – Sie sehen sich selbst darin. Präsent in der Mitte sitzt der rote Auslöse-Knopf (/) – je nach Auswahl), der auf Mausklick hin den Selbstauslöser startet. Sie haben also drei Sekunden Zeit, eine entspannte Haltung einzunehmen und dann macht es Klick – das Foto ist geschossen und wird in die unten liegende Bild-Leiste eingespielt. Möchten Sie doch noch schnell die Foto-Session abbrechen, so klicken Sie geschwind auf die *esc*-Taste und der Spuk ist wieder vorbei.

Der Autor schaut noch ein wenig unsicher in die Kamera.

Als Aufnahme-Möglichkeiten stehen Ihnen drei verschiedene Optionen ( ) zur Verfügung, die Sie linker Hand wählen können. Zum einen ist da der ganz normale Schnappschuss mit einer Einzelaufnahme ( ), dann die Möglichkeit zum Anfertigen von vier Bildern in schneller Reihenfolge ( ) sowie das Aufnehmen eines kleinen Video-Clips ( ). Letzteres ist auf einen Blick hin am kleinen Kamera-Symbol sowie der Anzeige der Filmlänge (00'13) identifizierbar.

Die Möglichkeiten zum Anfertigen von Bildern oder Film-Clips.

Klicken Sie nun Ihre bereits angefertigten, in der Leiste liegenden Beiträge an, so werden diese sofort angezeigt oder eben abgespielt. Sind Sie noch nicht ganz zufrieden, so brauchen Sie nur auf das kleine *Löschen*-Symbol

( ) zu klicken. Beim Viererbild haben Sie zudem die Möglichkeit, sich das Beste über einen Mausklick hin auszusuchen, um dieses dann beispielsweise als *Account-Bild* bzw. als *iChat-Kontaktbild* zu verwenden.

Der *Effekte*-Button bringt dann noch mehr Leben ins Spiel, werden Ihnen doch Dutzende an witzigen Effekten angeboten. Von *Pop-Art*, *Comic-Heft*, *Wärmebildkamera* über Bildverzerrungen wie *Wirbeln*, *Spiegel* oder *Strecken* bis hin zu Hintergrund-Einblendungen (so genannte *Video-Kulissen*), als befänden Sie sich in Paris vor dem Eiffelturm oder in der Achterbahn, ist alles dabei. Auf Wunsch können Sie sogar eigene Bilder oder Filme als *Video-Kulissen* bestimmen, indem Sie sie einfach auf die Platzhalter bewegen.

Die bereits fertiggestellten Vorlagen bringen Schwung in den tristen Computer-Alltag.

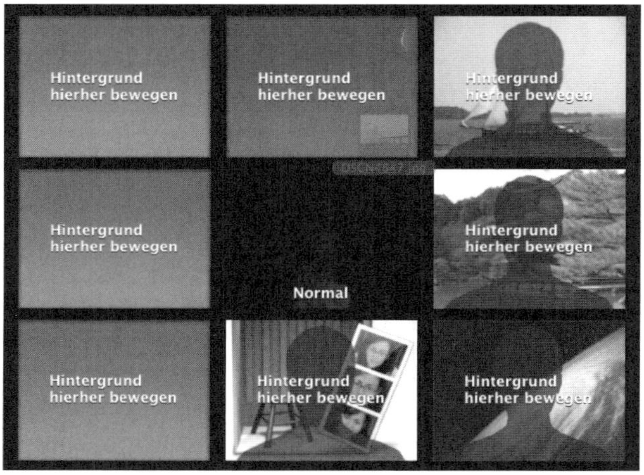

Packen Sie einfach ein Bild (aus iPhoto oder über den Finder) bzw. einen Film aus iMovie und ziehen Sie sie auf den Platzhalter »Hintergrund hierher bewegen«.

Alle Objekte, die Sie in der unteren Leiste vorfinden, werden im Ordner *Bilder* in Ihrem Benutzer-Ordner abgelegt (und dort im Unterordner *Photo Booth*). Von dort aus lassen sich die Dateien auch in anderen Programmen wie etwa in *Vorschau* (für Bilder) oder *QuickTime* (für Videos) öffnen und weiterbearbeiten.

Sowohl Bilder als auch Video-Clips können Sie ganz einfach per E-Mail weitersenden oder nach *iPhoto* transferieren. Dazu gibt es die beiden Knöpfe *E-Mail* und *iPhoto*. Wählen Sie einfach ein oder mehrere Objekte (mit gedrückter *Befehlstaste*) aus und klicken Sie dann auf das gewünschte Symbol. Im Falle einer E-Mail startet automatisch das Programm *Mail* und integriert die Daten in ein neues Fenster – Sie brauchen nun nur noch Empfänger, Betreff sowie ein paar nette Zeilen zu vergeben und fertig ist die perfekte E-Mail.

Schnell mal ein aktuelles Foto von sich und seinen Lieben versenden – per »Photo Booth« und »Mail« ist das eine Sache von Sekunden.

Auch im Falle von »iPhoto« klappt die Übergabe reibungslos: Die Daten werden importiert und als neues Ereignis angelegt – selbst die Filme werden ohne Murren übernommen.

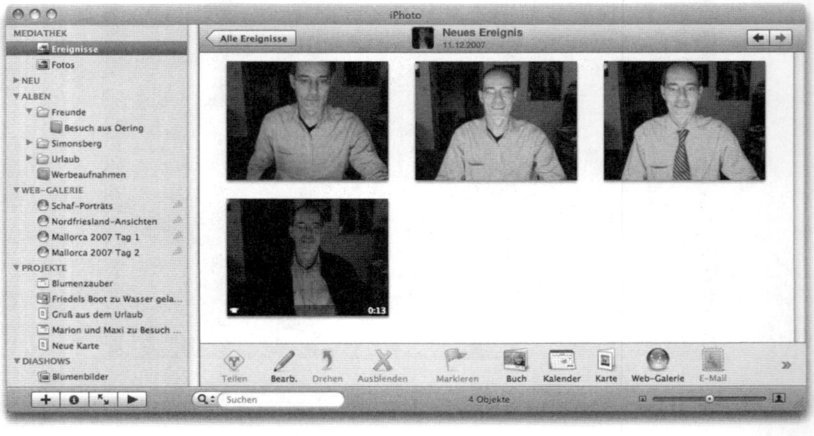

Serienaufnahmen sowie Video-Clips lassen sich weiterhin als »Animated GIF« exportieren. Dieses Format kann sowohl von *iChat* verwendet werden als auch auf einer Webseite integriert werden. Gerade dann, wenn Sie eine Abfolge von Bewegungen abfotografieren, kann dieser Effekt ganz witzig sein. Beim Exportieren von Film-Clips wird allerdings die Bildabfolge stark auf nur mehr ein Bild pro Sekunde zusammengestrichen. Spielen Sie dieses dann beispielsweise mit Hilfe von *QuickTime* oder *Safari* (einfach das GIF in ein leeres Browser-Fenster ziehen) ab, so ruckelt die Darstellung recht stark, ganz davon abgesehen, dass der Ton außen vor bleibt.

Ein Animated GIF besteht aus mehreren Einzelbildern, die Sekunde für Sekunde abgespielt werden.

Übrig bleiben die beiden Knöpfe für *Acount-Bild* und *iChat-Kontaktbild*. Ersteres ersetzt Ihr bisheriges Account-Bild und blendet dann die Systemerweiterung *Benutzer* ein. Dort können Sie es nun wieder bearbeiten oder ein anderes Bild einladen. Im Falle des *iChat-Kontaktbildes* passiert genau das Gleiche, nur dass dieses Mal die Musik eben in *iChat* spielt.

Das kleine Bildchen im iChat-Fenster wird erneuert. Gefällt es nicht, so klicken Sie darauf und wählen aus den bereits bestehenden Kontaktbildern ein neues aus.

Wenn Sie nun immer noch nicht genug von *Photo Booth* haben, dann überfliegen Sie doch flüchtig einmal die Menüs. Dort finden sich dann noch eher Optionen für speziellere Anliegen wie etwa *Foto spiegeln* oder *Neue Fotos automatisch spiegeln* (jeweils im *Bearbeiten*-Menü).

QuickTime-Player – Multimedia auf dem Mac

QuickTime nennt sich Apples Multimedia-Architektur, mit der Sie verschiedenste Dateien wie Video, Musik, Bilder oder auch *Virtual Reality*-Medien (das sind jene Art von dreidimensionalen Bildern/Panoramen, in denen Sie sich frei bewegen, also etwa durch ein Museum wandern und per Maus-Navigation in alle Räume schauen können) abspielen. Aufgrund der Daten-Vielfalt im Internet wird der *Player* des Öfteren aktualisiert, damit auch ja kein Format durch die Lappen geht.

In QTVR-Medien (QuickTime Virtual Reality) interagieren Sie mit der Maus: So können Sie sich mit gedrückter Maustaste und dem Ziehen nach links, rechts, oben oder unten bewegen, über Umschalt- und Controltaste heran- oder wegzoomen und über so genannte Hot Spots in andere Zonen springen.

Auf Ihrem Rechner finden Sie unter Mac OS X 10.5 die Version *QuickTime 7.4* (oder höher) vor, die neben dem Codec *H.264 Video* auch Filme mit *Surround Sound* wiedergeben kann. Sie haben natürlich in letzterem Fall nur etwas davon, wenn Sie an Ihrem Mac auch ein Surround-Boxen-Equipment angeschlossen haben.

Der Begriff *Codec* setzt sich aus den Wörtern Codierer und Decodierer zusammen. Hierbei handelt es sich um eine Technik, mit der Daten komprimiert und bei der Wiedergabe wieder dekomprimiert werden. Je ausgefeilter der Codec, desto kleiner sind die Daten bei bestmöglicher Wiedergabe. Dabei gibt es ständig Neuerungen, da man

gewillt ist, die Unmengen an Daten, die bei einer Filmproduktion anfallen, immer besser zu verpacken, ohne dass es der Zuschauer beim Abspielen bemerkt. Einen *Codec* verwenden Sie beispielsweise, wenn Sie mit einem DV-Camcorder einen Urlaubsfilm drehen, diesen in *iMovie* schneiden und dann exportieren möchten – beispielsweise auf DVD, CD oder als komprimierten Film, um ihn ausschnittsweise per Internet zu verschicken.

Egal, ob im Internet oder auf CD-ROMs/DVDs – Sie werden häufig auf Multimedia-Daten stoßen. Auch die Filme, die Sie vielleicht mit Ihrer Digitalkamera aufnehmen, sind meist *MPEG 4*-Filme und tragen das Suffix *.mov*. Mit dem *QuickTime-Player* brauchen Sie diese nur doppelzuklicken oder über *Ablage | Datei öffnen* zu starten.

Mit der aktuellen *iPhoto*-Version des *iLife*-Paketes ist es selbstverständlich auch möglich, Ihre Digitalkamera-Filme zu importieren und abzuspielen – auch dies dank *QuickTime*.

Wenn Sie gerade keinen Film zum Ausprobieren auf Ihrem Rechner vorliegen haben, sollten Sie unbedingt einmal der Webseite `www.apple.com/de/quicktime` einen Besuch abstatten. Hier finden Sie neben Musik-Videos auch aktuelle Film-Trailer, die sowohl über *iTunes* als auch über den Browser *Safari* abgespielt werden.

Sowohl im Internet-Browser (über so genannte Plug-Ins – das sind kleine Hilfsprogramme) als auch in iTunes bereitet das Betrachten von Filmen dank QuickTime keine Probleme.

Der absolute Hit ist jedoch die Abteilung *QuickTime HD*-Galerie, deren Filme in Breitbild und absoluter Top-Qualität daherkommen. Sie benötigen zwar etwas Zeit zum Download (ein DSL-Anschluss ist hier unabdingbar), machen dafür aber zum Vorführen mächtig was her – und selbstverständlich hat auch der Betrachter einen immensen Sinnes-Genuss.

Filme in Breitbild-Format oder HD-Qualität reichen von 960 x 540 Pixel bis hin zu 1920 x 1080 Pixel, was fast der gesamten Bildschirm-Fläche eines 23/24-Zoll-Displays entspricht. Zum Abspielen benötigen Sie jedoch eine(n) schnelle(n) Prozessor/Grafikkarte, da das Bild sonst stark ruckelt.

Wie in der Abbildung zu sehen, befindet sich unterhalb des *Ansichts*-Bereiches die Navigationsleiste, mit der Sie den Film wiedergeben, stoppen, im Schnelldurchgang vorwärts oder rückwärts laufen lassen oder an den Filmanfang oder das Ende springen können. Eine weitere Alternative ist das Bewegen der *Abspielmarke* (▽) mit der Maus über den *Zeitachsenbereich.*

Wie bei fast allen Programmen stehen Ihnen auch hier die berühmten Tastatur-Kombinationen zur Verfügung: Über die *Leertaste* starten bzw. stoppen Sie den Film, mit dem Rechts- (→) und Links-Pfeil (←) bewegen Sie den Film bildweise vorwärts oder rückwärts, über *Optionstaste-Rechtspfeil* (⌥-→) gelangen Sie an das Ende, mit *Optionstaste-Linkspfeil* (⌥-←) wieder an den Anfang. Möchten Sie den Film rückwärts abspielen lassen, so klicken Sie bei gedrückter *Umschalttaste* (⇧) doppelt in den Film (wobei Sie die *Umschalttaste* weiter gedrückt halten müssen). Die Lautstärke verstärken Sie über den *Pfeil nach oben* (↑) bzw. verringern sie über den *Pfeil nach unten* (↓).

Selbstverständlich lässt sich auch die *Bildgröße* verändern: Über ⌘-1 erhalten Sie die *Originalgröße*, über ⌘-0 die *halbe Größe* und über ⌘-2 die *doppelte Größe*, ⌘-3 bewirkt das *Anpassen an den Bildschirm* und ⌘-F den *Wiedergabemodus* – Letzterer ist zum Betrachten längerer Filme die beste Lösung, wird der Bildschirm abgedunkelt und Sie sehen nur den Film-Inhalt – gezoomt auf die gesamte Bildschirm-Größe. Auch im *Wiedergabemodus* lassen sich die anderen Größen aufrufen. Bewegen Sie dort die Maus, so wird auch wieder eine Navigationsleiste eingeblendet.

Dezent eingeblendet lässt sich der Film über die Steuerung bedienen.

Das Gleiche klappt natürlich auch per Maus und Menüleiste: Wählen Sie den Punkt *Darstellung* und dann die entsprechende Größe. Ist ein Film so aufregend, dass Sie gar nicht genug davon bekommen können oder Sie eine kritische Kontrolle vornehmen möchten, so stellen Sie über *Darstellung* den Befehl *Endlosschleife* (⌘-L) ein – der Film beginnt nun wieder und wieder von vorne, bis Sie ihn wirklich nicht mehr sehen können und ihn dann genervt löschen ;-)

Über das *Fenster*-Menü lassen sich nun weitere Dialoge einblenden, um Ihren Film auf Vordermann zu bekommen. Zum einen ist da die *A/V-Steuerung* (*Fenster* | *A/V-Steuerung einblenden* bzw. ⌘-K), wobei das »A« für *Audio* und das »V« für *Video* steht. Somit können Sie für den Ton Kriterien wie *Bässe*, *Höhen*, *Tonhöhen* und weiteres anpassen und die Bildqualität über Helligkeits-, Farben-, Kontrast- oder Färbungs-Regler optimieren. Über das *Jog Shuttle* lässt sich eine beschleunigte Wiedergabe vorwärts oder rückwärts erledigen, und über die *Geschwindigkeit* bestimmen Sie die allgemeine Abspiel-Wiedergabe.

Die A/V-Steuerung sowie die Filminformationen bieten einen nicht zu unterschätzenden Nutzen.

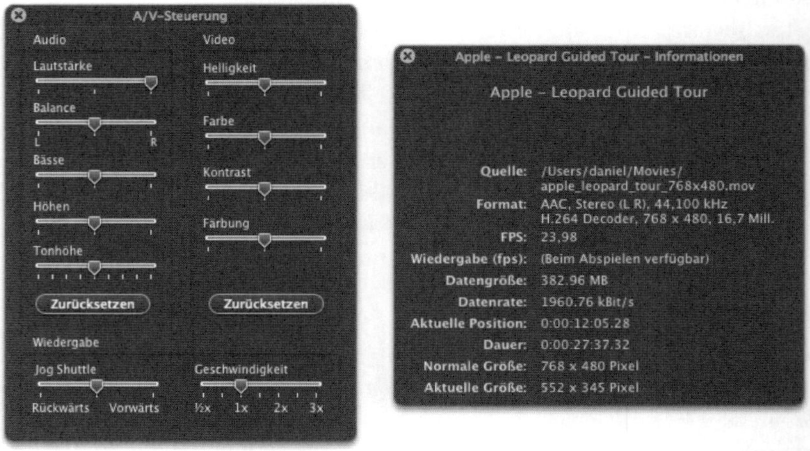

Möchten Sie mehr über Ihren Film erfahren, so sollten Sie über *Fenster | Filminformationen einblenden* (⌘-I) den zugehörigen Dialog aufrufen. Neben den allgemeinen Daten wie den *Titel* oder der *Quelle* (also der Pfad, wo sich das Video auf der Festplatte befindet) lassen sich auch alle Fragen zum *Format*, der *Framerate* (Bilder pro Sekunde), der *Datengröße* und weiteres mehr in Erfahrung bringen.

Wie alle *Apple*-Programme finden Sie auch für den *QuickTime-Player* Einstellungen, die Sie über *Befehlstaste-Komma* öffnen. Dort legen Sie wieder fest, wie sich Ihr *Player* im Umgang mit Filmen verhalten soll. So lassen sich Filme automatisch beim Öffnen abspielen, immer in einem neuen Fenster öffnen oder die bestmögliche Qualität einrichten. Auch für den Ton stehen Ihnen Optionen zur Verfügung: Im Falle des Öffnens mehrerer Filme wird mit *Ton nur für den aktiven Player abspielen* nur jeweils der zuvorderst liegende Film mit Musik untermalt. Und dennoch können Sie beispielsweise in ein anderes Programm umschalten und weiterhin den Sound hören, wenn *Ton im Hintergrund abspielen* markiert ist. Der in den *Einstellungen* angesprochende *Equalizer* ( ) befindet sich im Film-Fenster rechts unten und ist eigentlich nur eine eher weniger hilfreiche, visuelle Kontrolle, da Sie zwar kleine Balken hüpfen sehen, aber weder eingreifen noch bestimmen können, wenn etwas falsch liefe.

Unter der Rubrik *Andere* laufen Optionen wie etwa das *Einblenden von HotPicks*. Sind Sie mit dem Internet verbunden, so öffnet sich automatisch ein *QuickTime*-Fenster und zeigt Ihnen die neuesten Film-Trailer und Ankündigungen – eben die heißesten Anwärter für Ihren *QuickTime Player*. Das können Sie natürlich auch manuell vornehmen, indem Sie *Fenster | HotPicks einblenden* (⌘-⌥-G) wählen.

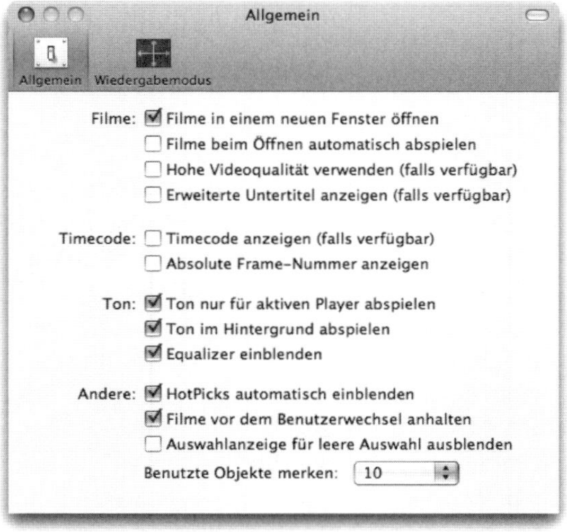

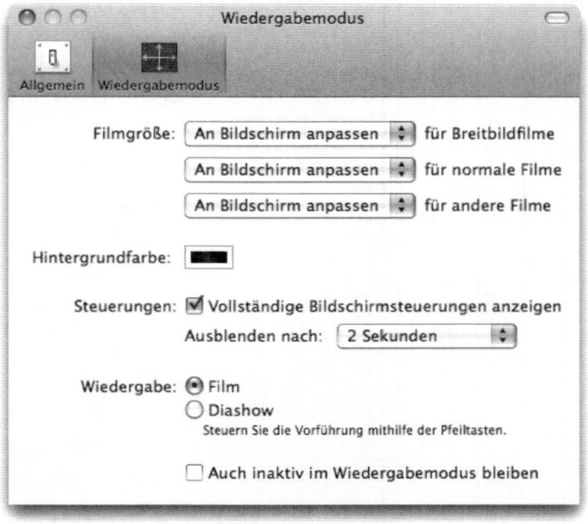

Oben: Die Einstellungen dienen zum Bestimmen des Grundverhaltens Ihres QuickTime Players.

Links: Die »HotPicks« dienen der Ankündigung neuen Film-Materials. Klicken Sie auf einen Eintrag, so starten automatisch Safari oder iTunes und versorgen Sie mit weiteren Infos – natürlich nebst dem Betrachten des Trailers.

Über die restlichen Optionen bestimmen Sie, dass im Falle des *Benutzerwechsels*, also wenn Sie etwa im schnellen *Benutzerwechsel*-Status auf einen anderen Anwender umschalten, der Film stoppt und wie viele der zuletzt angesehenen Filme in der Menüleiste unter *Ablage | Benutzte Objekte* in der Liste aufgeführt werden sollen. Wenn's mal schnell gehen soll, brauchen Sie nur unter dieser Liste nachzuschauen und können den gewünschten Film gleich starten. Mit dem Menübefehl *Menü löschen* (ebenfalls *Ablage | Benutzte Objekte*) entfernen Sie alle bislang eingetragenen Filme.

Die *Einstellungen* für den *Wiedergabemodus* geben Ihnen ebenfalls eine Menge an Optionen an die Hand. So können Sie für die verschiedensten Film-Formate bestimmte Bildschirm-Ansichten wählen, die Hintergrundfarbe sowie die Anzeigedauer bestimmen oder die Steuerung festlegen.

Sicher sind Ihnen beim Aufklappen der Menüs die grau unterlegten, also nicht wählbaren Befehle aufgefallen, die zusätzlich das Kürzel *Pro* (PRO) tragen. Apple unterscheidet hierbei zwischen der (kostenlosen) *Standard-* und der (kostenpflichtigen) *Pro*-Version von *QuickTime.* Möchten Sie Letztere in Anspruch nehmen und die vielen weiteren Befehle freischalten, so führt kein Weg an der *Registrierung* und einer Zahlung von circa 30 Euro vorbei. Wenn Sie also gern mit Video-Bearbeitung zu tun haben und wirklich das Optimum aus den Zusatzfunktionen ziehen möchten, so sollten Sie diese Anschaffung in Betracht ziehen. Ohne die *Pro*-Version lassen sich in der Tat Filme nur betrachten, ein (Nach-)Bearbeiten wie das Schneiden oder das Exportieren mit einem anderen *Codec* ist nicht möglich.

Die Webseite »www.apple.com/de/quicktime/pro« hält noch viele weitere Zusatzinfos über die Pro-Version bereit.

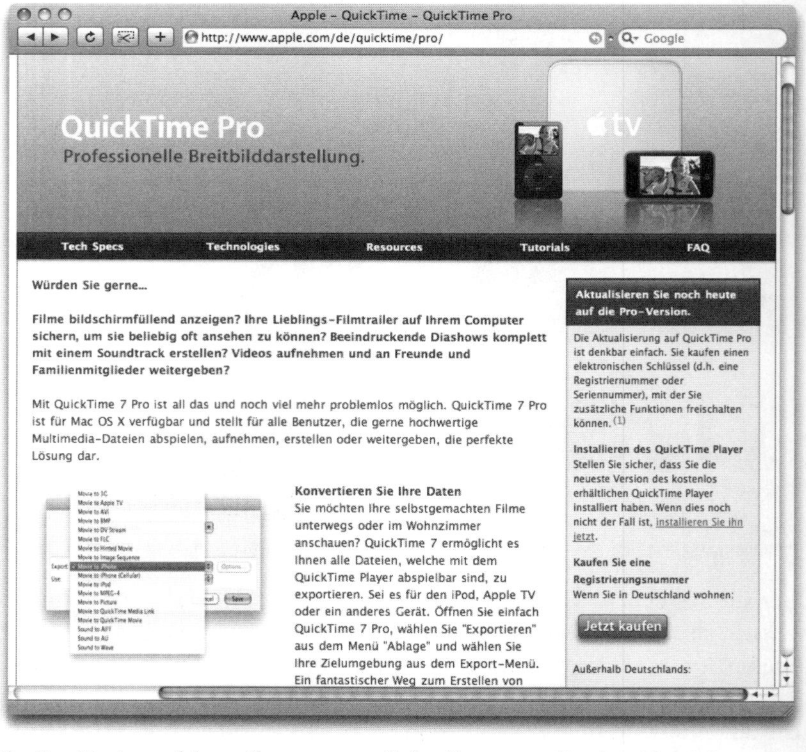

Die *Pro*-Variante bietet Ihnen zusätzliche Features, die das Abspielen neben besserer Navigation auch aufregender gestalten. Allein die Möglichkeit, Filme, die Sie im Internet betrachten, herunterladen zu können, ist eine wohltuende Erleichterung, um Sie beispielsweise noch einmal genauer zu betrachten oder auch anderen zeigen zu können. Dies selbstverständlich immer unter der Prämisse, dass Sie die Arbeit der Produzenten respektieren und deren Copyright achten!

Filme lassen sich rechter Hand über das Klapp-Menü auf die Festplatte sichern.

Der wahre Nutzen entpuppt sich natürlich eher für Profis und solche, die es werden möchten, da sie neben der Bearbeitung ihrer Filme sämtliche Informationen darüber abrufen (*Fenster | Filmeigenschaften einblenden*) als auch die Ton-Spur davon trennen, Filme für das Internet oder das iPhone aufbereiten (*Ablage | Für das Internet exportieren*) oder in Dutzenden von Formaten mit zig speziellen Kompressions-, Filter- und Größen-Optionen exportieren können (*Ablage | Exportieren*). Sie sehen schon, die anspruchsvolle Video-Bearbeitung kann eine Wissenschaft für sich sein.

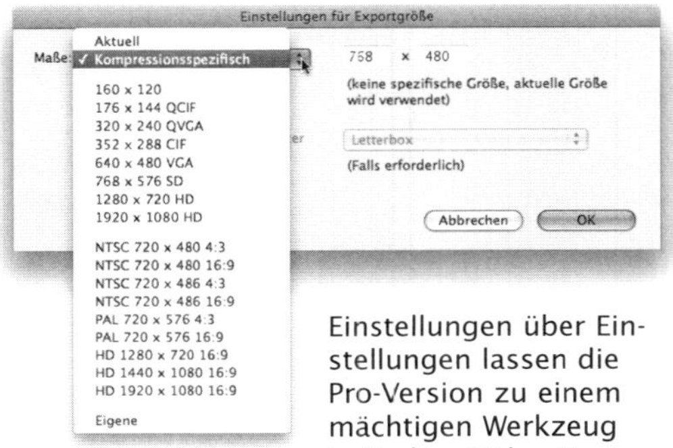

Einstellungen über Einstellungen lassen die Pro-Version zu einem mächtigen Werkzeug in Sachen Video-Bearbeitung werden.

Zum Schluss bleibt noch der Hinweis auf den Befehl *QuickTime Player* | *QuickTime Einstellungen* (derselbe Dialog lässt sich auch über die *Systemeinstellungen* | Rubrik *Internet & Netzwerk* | *QuickTime* aufrufen). Neben der Eingabe der *Registrations*-Daten (*Registrieren*) bestimmen Sie dort das Verhalten von Filmen im Webbrowser (*Plug-In*), indem Sie sie automatisch starten lassen können und die Größe des Browsercache regeln. Letzterer nimmt bereits geladene Filme sozusagen in einen virtuellen Speicher auf, um diese bei erneutem Aufruf schneller abspielen zu können (damit sie nicht noch einmal geladen werden müssen). Ist der Cache voll, wird automatisch das ältere Daten-Material überspielt, um Neues aufnehmen zu können. Die voreingestellten 100 MB sollten für kleine Filme ausreichend sein, bei größeren Projekten können Sie natürlich nachbessern, wobei die eingestellte *Cache-Größe* zusätzlichen Platz auf Ihrer Festplatte einfordert. Erst durch das Leeren des *Download-Cache* (siehe den gleichnamigen Button in der *Systemeinstellung*) wird dieser Platz wieder freigegeben.

In der Systemeinstellung »QuickTime« findet die Registrierung der Pro-Version statt. Zudem bietet sie nicht unwesentliche Anpassungen.

Im Reiter *Aktualisierung* lassen sich automatisch Updates für installierte Erweiterungen von Drittherstellern suchen und auch gleich installieren, wobei Sie zuvor eine Online-Verbindung aufbauen müssen. Im Falle der Dritthersteller werden Sie auf die Webseite `www.apple.com/quicktime/resources/components.html` verwiesen, um sich über entsprechende Komponenten zu informieren bzw. diese herunterzuladen.

Wenn Sie noch einen Haufen Filme im *wmv*-Format (*Windows Media Video*) besitzen oder sich vielleicht solche aus dem Internet herunterladen, so wird sich *QuickTime* zuerst weigern, diese abzuspielen. Als Retter in der Not gibt es jedoch den *WMV-Player* bzw. so genannte *Flip4Mac*-Codecs (Windows Media Components for QuickTime), die sich sowohl in *QuickTime* als auch im Browser integrieren lassen. Über die Webseite `www.flip4mac.com/wmv.htm` oder auch über `www.versiontracker.com` lassen sich diese auf Ihrem Mac speichern.

Neben der kostenlosen Version (die nur *wmv*- und *wma*-Daten abspielen kann) gibt es auch kostenpflichtige Angebote, deren Leistungsumfang jedoch weitaus umfangreicher ist (beispielsweise das Konvertieren in iPod-abspielfähige Versionen).

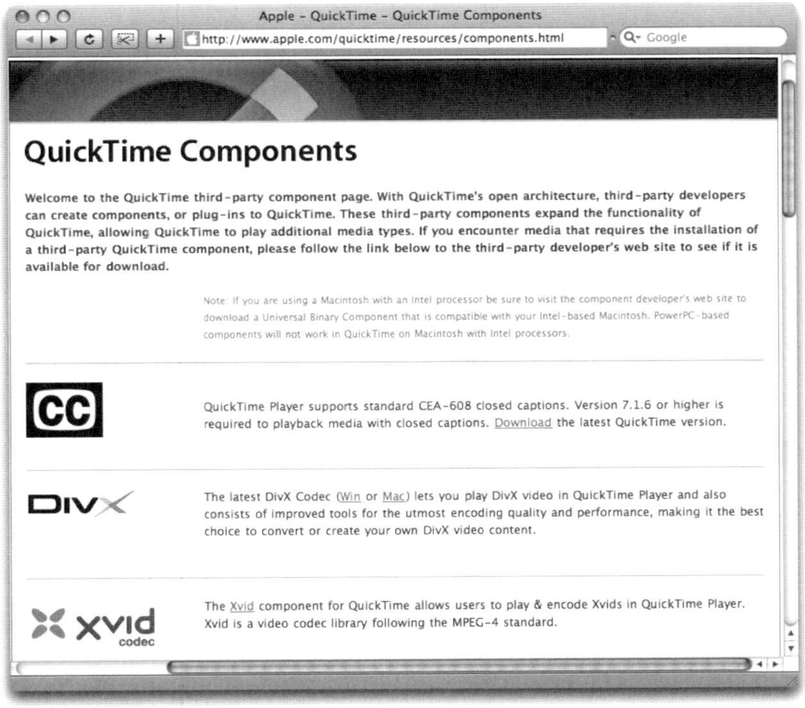

Formate, die standardmäßig nicht von QuickTime unterstützt werden, lassen sich eventuell zukaufen.

Die nächste Abteilung nennt sich *Streaming*, worunter man das fortlaufende Übertragen von Daten (in unserem Fall von Video- oder Musik-Daten) versteht. Sie müssen also nicht warten, bis ein Daten-Paket vollständig heruntergeladen ist, ehe Sie es betrachten oder hören können. Als wichtigste Voraussetzung für ein reibungsloses *Streamen* gilt daher eine möglichst schnelle Datenleitung (etwa DSL). Modem-Besitzer werden wohl eher enttäuscht, da hier die Datenrate zu niedrig ist. Im Grunde müssen Sie bei der Option *Streaming-Geschwindigkeit* keine Änderung vornehmen, da *QuickTime* dies automatisch regelt. Beim Auftauchen von Problemen (etwa ständig unterbrechende Wiedergabe) bietet es sich jedoch manchmal an, hier eine Gangart runterzuschalten, da der Zwischenspeicher somit zuerst mehr Daten in seinen Cache aufnimmt, ehe er mit dem Abspielen beginnt. Bei eventuellen Übertragungsausfällen befinden sich so mehr Daten zur Wiedergabe im Speicher und ein Abbrechen wird so zumindest hinausgezögert. Dasselbe gilt auch für die Option *Sofortige Wiedergabe aktivieren*: Indem Sie den Regler nach rechts bewegen, werden zunächst mehr Daten in den Browser-Cache geladen, ehe die Wiedergabe erfolgt.

Gehen Sie Ihre Sache lieber ein wenig ruhiger an, wenn es beim Streamen zu häufigen Aussetzern kommt.

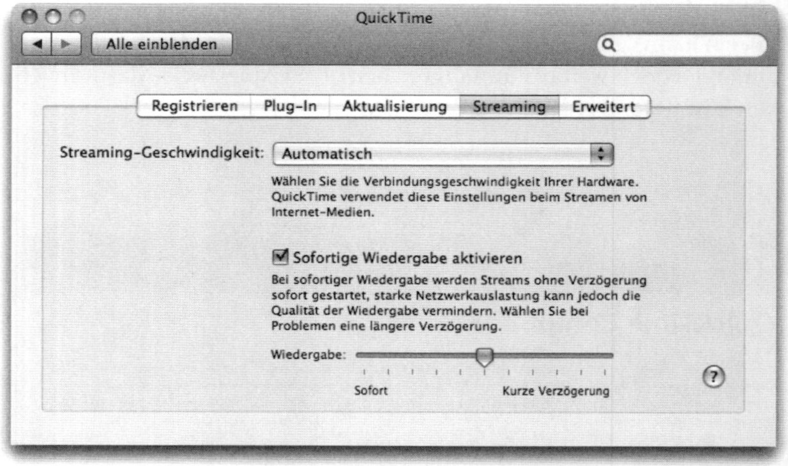

Die letzte Rubrik – *Erweitert* – bestimmt den Umgang bzw. die Wiedergabe von MIDI-Dateien. Letztere werden beispielsweise angelegt, wenn Sie über ein Keyboard Musik auf den Rechner einspielen. Je nach Auswahl des Instrumentes wird diesem über den Synthesizer ein bestimmter Klang zugeordnet, der üblicherweise standardisiert sind. Möchten Sie einen anderen als den *QuickTime-Musik-Synthesizer* verwenden, so tun Sie das hier. Bei *Transport-Einstellungen* bestimmen Sie das Übertragungs-Protokoll, also auf welchem Weg *Streaming*-Daten auf Ihren Rechner gelangen sollen. Als Standard gilt unter *QuickTime* die Einstellung *RTSP* (*Real-Time Streaming Protocol*), während Sie bei Verwendung einer *FireWall* (das ist ein zusätzlicher Schutz – eben eine »Brandschutzmauer« –, die ein Netzwerk vor Angreifern von außen schützen soll) eventuell auf *HTTP* umstellen müssen. Der *Kiosk-Modus* verhindert Eingriffe auf Einstellungen von *QuickTime* oder das Sichern von Filmen, z. B. wenn Sie Anwendern diese über ein Netzwerk zur Verfügung stellen. Unter *MIME* versteht man eine Art interne Identifikations-Kennung, die jeder Datei, die Sie aus dem Internet laden, zugeordnet wird. Der Web-Browser kann somit genau erkennen, um was für einen Typ von Datei es sich handelt und welches Plug-In zum Anzeigen oder Abspielen verwendet werden soll. Über die *QuickTime-Einstellungen* und den Button *MIME-Einstellungen* können Sie diese Zuordnung beeinflussen. In der nachfolgenden Abbildung wird beispielsweise gezeigt, dass *QuickTime* angewiesen wurde, alle *MPEG4-Medien* (mit dem Suffix *mp4* oder *mpg4*) zu verarbeiten (und nicht etwa ein Programm eines Drittherstellers).

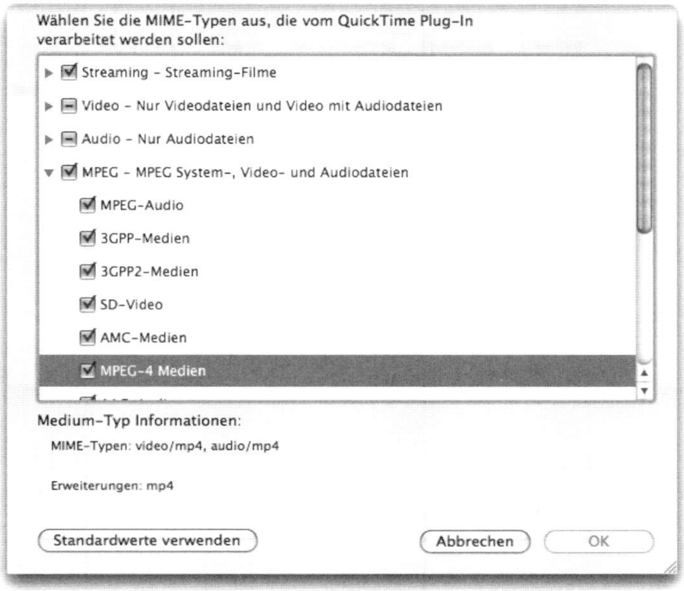

QuickTime ist in Sachen Medien-Verarbeitung ein wahres Multitalent.

Last but not least gibt es noch den Button *Medienkennwörter.* Diese Option benötigen Sie, wenn Sie mit Filmen arbeiten, die geschützt wurden. Um diese nun wiederzugeben, brauchen Sie zum einen das Passwort (da fragen Sie natürlich am besten den Produzenten des Films) und tragen zum Zweiten dieses Passwort dann bei *Medienkennwörter* und über den *Hinzufügen*-Button ein. Dann sollte es eigentlich funktionieren, es sei denn, der Filme-Macher hatte einen schlechten Tag und will Sie nur ein wenig auf den Arm nehmen (etwa durch die Angabe falscher Kennwörter).

Rechner – Mathematik und mehr

Rufen Sie das Programm auf, so erscheint vorrangig erst einmal ein ganz normaler Taschenrechner, wie man ihn eben kennt zum Berechnen beispielsweise der Inflationsrate … Aber täuschen Sie sich nicht, denn hinter dem unscheinbaren ersten Auftritt stecken viele weitere Funktionen, die Sie über die Menüleiste in Erfahrung bringen.

Neben der *Standard*-Darstellung (⌘-1) gibt der Rechner über das *Darstellungs*-Menü die Ansichten *Wissenschaftlich* (⌘-2) sowie *Programmierer* (⌘-3) preis. So lassen sich zig weitere Berechnungsmöglichkeiten einblenden, die selbst uns verblüffen (ganz davon abgesehen, dass wir nicht alles verstehen, weil wir im Mathe-Unterricht nicht immer aufgepasst haben).

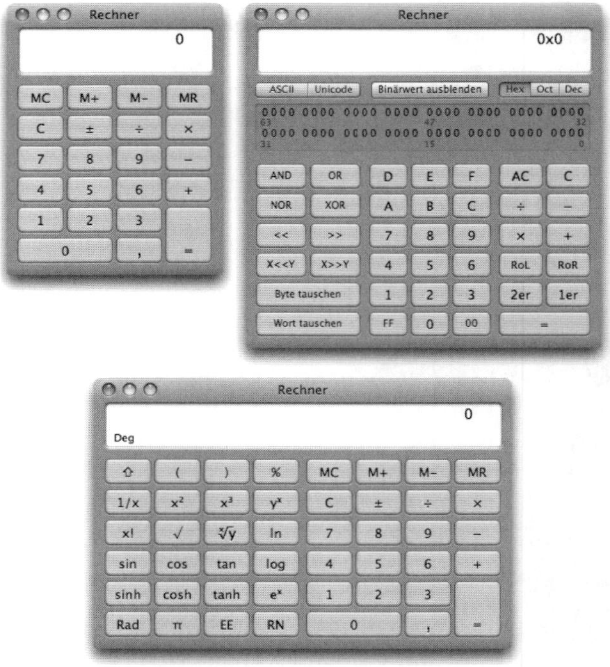

Von »Alles klar« über »Das sind aber schöne Knöpfe» bis hin zu »Verstehe nur Bahnhof« – der Rechner hat wohl für jeden Zahlen-Freak etwas Passendes im Gepäck.

Aber noch nicht genug können Sie beim Apple-Rechner zusätzlich die Anzahl der *Nachkommastellen* (*Darstellung* | *Nachkommastellen*) bestimmen als auch eine so genannte *Umgekehrte polnische Notation* (⌘-R) einblenden – was auch immer das sein mag ;-)

Eine gute Sache ist auch der *Beleg* (wie an der Kasse, wenn Sie wieder mal Kaufmannsladen spielen), der über das Menü *Fenster* eingeblendet wird (⌘-T) und so Ihre Rechenkünste aufzeichnet. Ist die Arbeit erledigt, lässt er sich über *Ablage* | *Beleg sichern unter* speichern bzw. drucken (*Ablage* | *Beleg drucken*) oder Sie kopieren über *Alles Auswählen* (⌘-A) -> *Kopieren* (⌘-C) den Inhalt und fügen ihn über *Einsetzen* (⌘-V) woanders wieder ein.

Und vergessen Sie bitte auf keinen Fall, einen ausführlichen Blick in das Menü *Umrechnen* zu werfen. Aus den Bereichen *Fläche*, *Währung*, *Gewicht*, *Geschwindigkeit*, *Temperatur* und so weiter lassen sich diverse Werte umrechnen, indem Sie Ausgangswerte in den *Rechner* eintippen, die Umrechnungs-Rubrik samt Kategorien wählen und dann bestätigen – das Ergebnis erscheint dann im Anzeige-Bereich.

Damit Sie immer auf dem Laufenden sind – gerade in Sachen *Währung* – sollten Sie vor dem Umrechnen in Geldangelegenheiten online gehen, da in diesem Fall die aktuellen Devisenkurse automatisch aktualisiert werden. Wählen Sie dazu *Umrechnen* | *Währungskurse aktualisieren* und Sie sind wieder auf dem neuesten Stand. Sehr praktisch!

Damit Sie kein Geld verlieren – denken Sie bei Währungs-Umrechnungen an das vorherige Aktualisieren über das Internet.

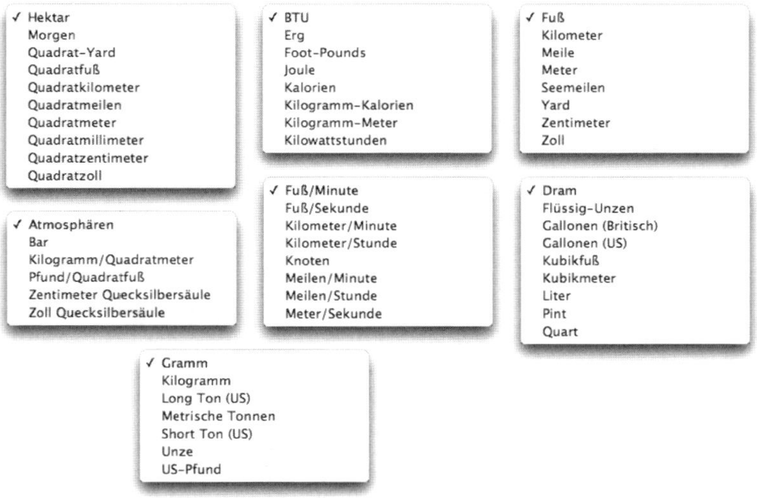

Mehrwert: Aus zig verschiedenen Rubriken lassen sich eingegebene Werte in Sekundenschnelle umrechnen.

Denken Sie auch immer an das *Dashboard* mit seinen vielen Widgets, die ebenso vielfältige Funktionalitäten auf Knopfdruck bieten – um beim Beispiel zu bleiben etwa den *Rechner* oder das *Umrechnen*-Programm.

Schriftsammlung – gegen das Schriften-Chaos

Mac OS X bietet Ihnen schon vorab eine Menge an Schriften, die jedoch in unterschiedlichen Ordnern untergebracht sind. Da gibt es beispielsweise den Ordner *Fonts* mit den Systemschriften, die im Verzeichnis *System/Library/Fonts* liegen und die Mac OS X benötigt. Weiterhin finden Sie einen *Schriften*-Ordner unter dem Pfad *Ihr Startvolume/Library/Fonts.* Installieren Sie in diesen Ordner weitere Schriften, so stehen diese allen auf dem Computer vorhandenen Benutzern zur Verfügung. Im Gegensatz zu jenen *Font*-Ordnern, die Sie über den Pfad *Benutzer/»Benutzername«/Library/Fonts* finden. Diese Schriften sind wiederum einzig für den jeweiligen Benutzer von Belang. Sie müssen also im Vorfeld abklären, wer welche Schriften benutzen soll. Der *Systemschriften*-Ordner sollte dagegen tabu sein – hier sollten Sie weder Schriften entfernen noch hinzufügen, da das Betriebssystem solcherlei Eingriffe oftmals mit Komplikationen bestraft.

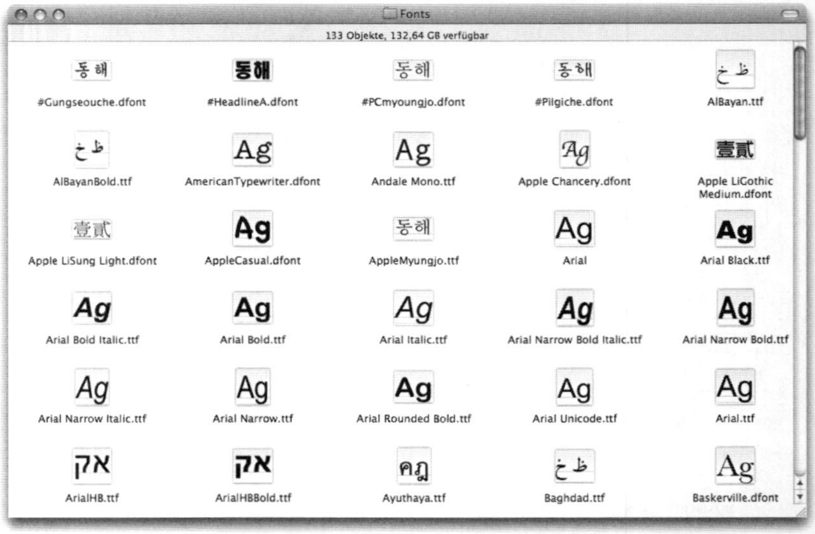

Schriften über Schriften – für jeden Anlass und Zweck finden Sie geeignete Zeichensätze.

Falls Sie Schriften dazukaufen, werden diese meist als Installations-Paket geliefert. Doppelklicken Sie diesen, so läuft das ganz normale Prozedere wie bei einem Programm ab. Jenes Verzeichnis, in das die Schriften standardmäßig gelegt werden sollen, stellen Sie in den *Schriftsammlung-Einstellungen* (*Befehlstaste-Komma*) unter *Standardort zur Installation* ein. Als Option können Sie dann noch bestimmen, dass alle Schriften vor der Installation überprüft werden.

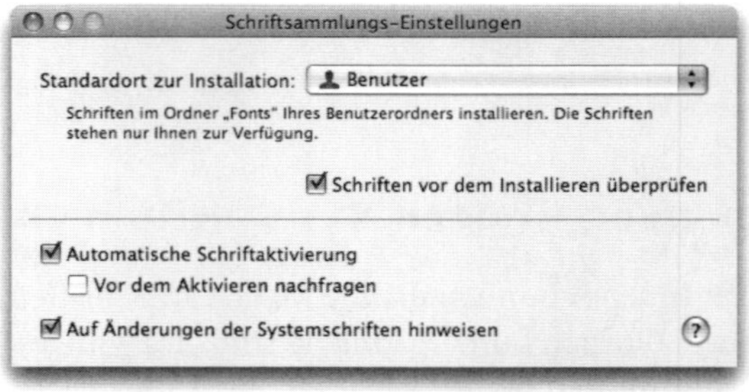

In den »Schriftsammlung-Einstellungen« bestimmen Sie den Standardort für neu hinzugefügte Schriften.

Das Programm *Schriftsammlung* ist folglich erste Anlaufstelle, wenn es um's Organisieren und das Abrufen von Informationen geht. Linker Hand befindet sich die Spalte *Sammlung*, in der die Schriften zu einander passenden Gruppen zusammengefasst werden können. Während die *Bibliotheken* namens *Alle Schriften*, *Deutsch*, *Benutzer* und *Computer* jene Schriften aus den

Font-Ordnern wiedergeben, lassen sich darunter *Sammlungen* bilden, die aus den zuerst genannten *Bibliotheken* gespeist werden.

Die bereits vorgegebenen Sammlungen führen folgende Schriften auf:

- *Feste Laufweite*
  Hier handelt es sich um Schriften, deren einzelne Buchstaben oder Ziffern alle denselben Platz beanspruchen. Ein »i« ist also genauso breit wie ein »Z«.

- *Moderne*
  Bekannte serifenlose Schriften, also ohne Schnörkel.

- *PDF*
  Hier finden Sie Schriften, die sowohl am Bildschirm als auch im Ausdruck eine gute Figur machen.

- *Spaß*
  Ob Comic oder Heirats-Anzeige – die Schrifttypen eignen sich für ausgefallene Zwecke. Die Schriften dieser Kategorie sollten für den geschäftlichen Brief-Verkehr vermieden werden.

- *Traditionell*
  Die üblichen Verdächtigen (Serifen-Schriften), die in der Schrift-Historie Weltruhm erlangten und je nach Anlass dem Benutzer einen guten Geschmack anheften. Unter *Serifen* versteht man die kleinen Endstriche, die die Schrift verzieren.

- *Web*
  Auch dies sind allesamt Schriften, die sich hervorragend am Bildschirm lesen lassen und sich daher auch besonders für Online-Präsentationen eignen. Weiterhin finden Sie dort jene Zeichensätze (nicht alle), die sich häufig Plattform-übergreifend auch auf PCs befinden und somit auch dort ohne Darstellungsfehler daherkommen.

Im Unterschied zu *Bibliotheken*, die beim Entfernen die Schriften später nicht mehr zur Verfügung stellen, bleiben beim Löschen von *Sammlungen* die Schriften weiter verfügbar, da es sich hierbei nur um Verlinkungen zur Original-Schrift handelt. Über *Ablage* | *Neue Bibliothek* (⌘-⌥-N) bzw. auch über das *Action*-Menü (⚙▾) wird eine solche angelegt, die Sie auch gleich sinnvoll benennen sollten. Über einen Mausklick auf den *Plus*-Button (+) unterhalb der *Schriften*-Liste fügen Sie nun einzelne Fonts oder ganze Schrift-Ordner hinzu. Dabei können Sie auch einen anderen Speicher-Ort als die *Fonts*-Ordner von Mac OS X angeben – dieser wird unabhängig verwaltet.

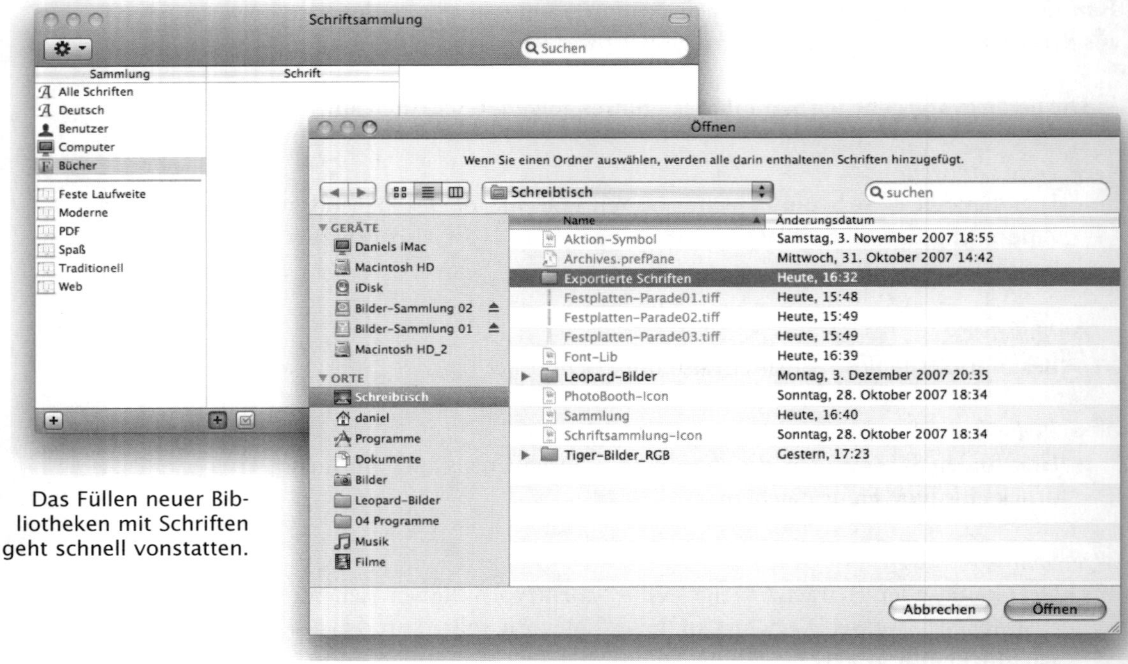

Das Füllen neuer Bibliotheken mit Schriften geht schnell vonstatten.

Ob nach Schriftbild, Genre oder eigenen Projekten – über den »berühmten« *Plus*-Button (+) unterhalb der Liste mit den *Bibliotheken* erstellen Sie neue *Sammlungen*, die selbstverständlich ebenso einen intelligenten Namen bekommen sollten. Klicken Sie nun in *Alle Schriften*, so werden in der Spalte *Schrift* sämtliche verfügbaren Fonts aufgeführt. Nun können Sie daraus einzelne Schriften auf Ihre persönliche Gruppe ziehen.

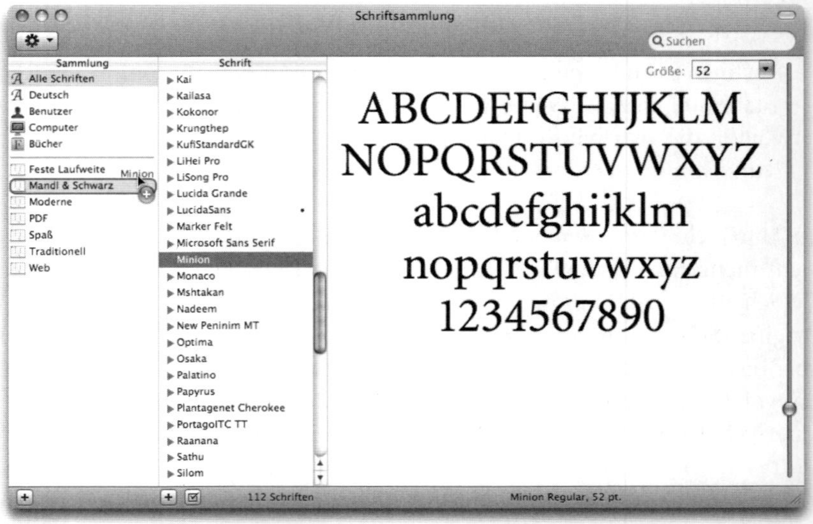

Die »Schriftsammlung« bietet einen Überblick über alle auf dem Rechner installierten Schriften sowie deren Schriftbild. »Sammlungen« werden per Drag & Drop (Schrift packen und auf die Sammlung ziehen) aus der Schriften-Liste befüllt.

Wenn Sie in einer Textverarbeitung wie beispielsweise *Microsoft Word* arbeiten, die es leider nicht schafft, die verschiedenen Schriftstile wie kursiv, fett etc. von ein und derselben Schrift in Ordnern zusammenzufassen, der wird sich bei einer großen Anzahl an Schriften ärgern, dass er bei Auswahl einer anderen Schrift sich durch ellenlange Menüs hangeln muss, bis er die richtige findet.

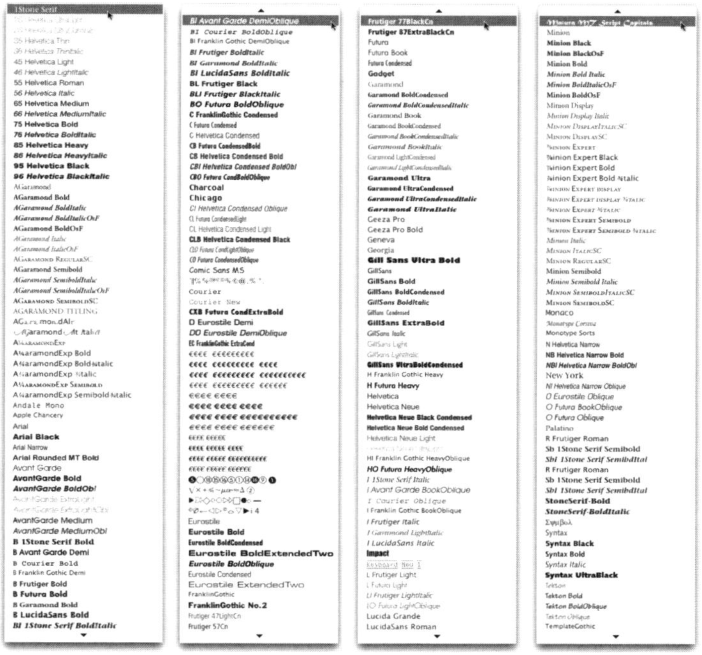

Und wo ist jetzt bitte schön die passende Schrift?

In diesen Fällen ist es nicht verkehrt, jene Schriften, die man nicht benötigt, zu deaktivieren, so dass sie aus dem Schrift-Menü fallen. Dies erledigen Sie, indem Sie einen Schrift-Ordner in der Spalte *Schrift* markieren (oder auch mehrere) und auf den *Deaktivieren*-Button ( ) klicken. Nach einer Bestätigungs-Anfrage erhält der jeweilige Schriftschnitt nun das Kürzel *Aus* angehängt. Bei jenen Schriften, hinter denen sich ein «•» (dicker schwarzer Punkt) befindet, wird angezeigt, das sich dort Duplikate (also doppelt oder mehrfach installierte Schrifttypen) eingeschlichen haben. Auch in diesem Fall ist es angebracht, diese zu deaktivieren.

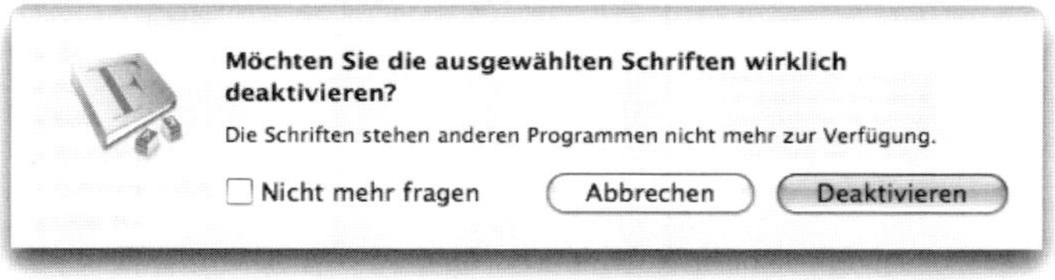

Ein Klick auf den richtigen Knopf und die Schrift ist deaktiviert.

Schriften, die vom System benutzt werden und die Sie deaktivieren möchten, lassen sich das natürlich nicht so ohne Weiteres gefallen. Anstatt dessen gibt es erst einmal eine Warnmeldung, die Sie gehörig wachrüttelt:

Lassen Sie am besten die Finger davon, damit Ihr System keinen Schluckauf (oder Schlimmeres) bekommt.

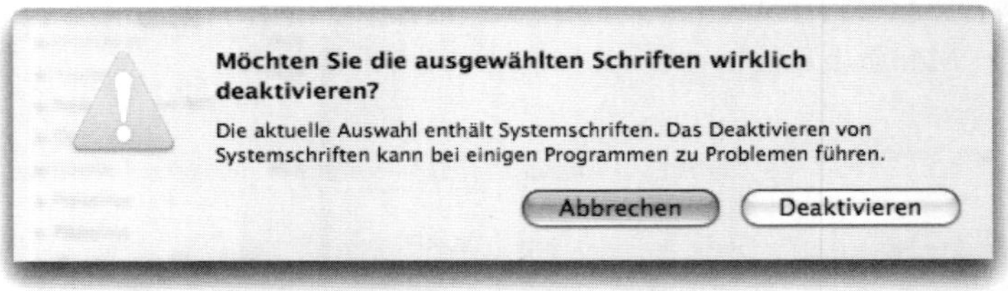

Ehe Sie nun Schrift für Schrift vorangehen und jedes einzelne Duplikat deaktivieren, geht es natürlich viel schneller über den Befehl *Duplikate auflösen* im *Bearbeiten*-Menü.

Sofern Sie neue Schriften installieren möchten, legen Sie sie entweder in die dafür vorgesehenen Schrift-Ordner oder ziehen sie einfach in die Spalte *Schrift*. Oder Sie packen einen ganzen – aussagekräftig benannten – Ordner mit Schriften in die Spalte *Sammlung*, so dass dieser als Gruppe mitsamt den Schriften eingepflegt wird.

Klicken Sie nun eine Schrift an, so sehen Sie ganz rechts eine Vorschau des Schriftbilds. Ist diese nicht vorhanden, so wählen Sie im *Vorschau*-Menü den Befehl *Vorschau einblenden*. Neben der Auflistung des Alphabets sowie der Ziffern in der entsprechenden Schrifttype (*Vorschau* | *Beispiel* oder ⌘-1) können Sie nun über *Vorschau* | *Repertoire* (⌘-2) den vollständigen Satz an darstellbaren Zeichen oder über *Vorschau* | *Eigene* (⌘-3) ein individuelles Anzeigen einstellen. Die *Schriftgröße* regulieren Sie dabei über den Regler ganz rechts außen oder über das Popup-Menü *Größe* innerhalb des Anzeige-Bereiches. Möchten Sie Näheres über eine Schrift erfahren (*Voller Name, Art, Version, Copyright* etc.), so wählen Sie über das *Vorschau*-Menü den Befehl *Schriftinformationen einblenden* (⌘-I).

Die Vorschau bietet unter anderem die Ansichten »Beispiel«, »Repertoire« und »Eigene«.

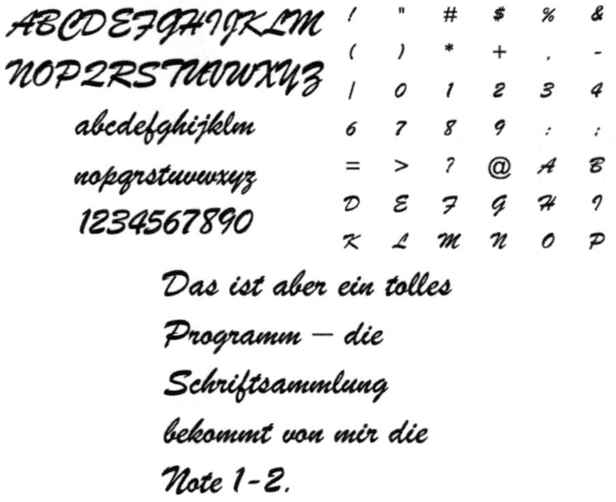

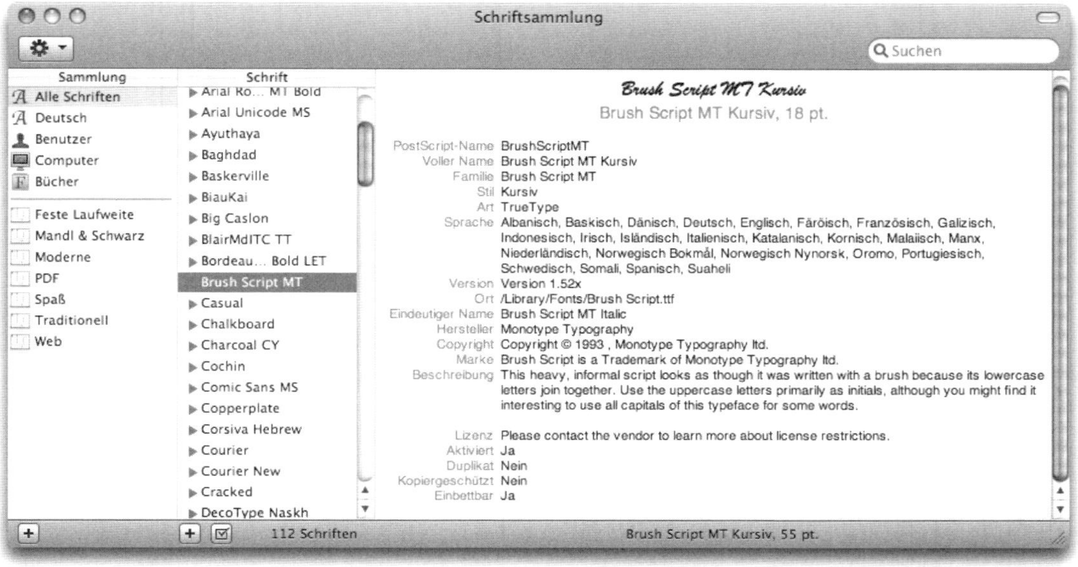

Die Schriftinformationen lassen wohl keinen wichtigen Punkt aus.

Was bietet Ihnen die Schriftsammlung sonst noch? Zum Beispiel das schnelle Auffinden des Speicherplatzes von Schriften. Klicken Sie in der Spalte *Schrift* den gewünschten Font an und wählen Sie dann aus dem *Ablage*-Menü den Befehl *Im Finder zeigen*. Voilá – jener Ordner, der die Schrift beherbergt, öffnet sich in Sekundenbruchteilen.

Oder möchten Sie einem Kollegen die zu einem bestimmten Dokument gehörenden Schriften mitgeben? Ganz einfach: Markieren Sie den Text über *Bearbeiten | Alles auswählen*. Wählen Sie dann im *Programm*-Menü den Befehl *Dienste* und dort wiederum die Option *Schriftsammlung* (dieser Dienst steht leider nicht in allen Programmen zur Verfügung). Über den Befehl *Sammlung aus Text erstellen* wird nun in der *Schriftsammlung* eine Sammlung mit den im Text verwendeten Schriften angelegt, die nun über das *Ablage*-Menü exportiert werden können. Hierbei lassen sich die gesamte *Sammlung* oder auch einzelne Schriften abspeichern, die nun ohne Probleme weitergegeben werden können.

Mit Schriften ist es wie mit der Musik – diese Medien unterliegen einem Copyright. Hier dürfen Sie nur mit Zustimmung des Herstellers Daten weiterreichen. Im Zweifel empfehlen wir daher eher, ein PDF zu erzeugen, das die Schriften integriert und somit dem Benutzer genau das Schriftbild und Layout wiedergibt.

Eine letzte Option sei der Vollständighalber noch erwähnt: Die *Schriftsammlung* fungiert auch als Kontrolleur, ob denn Schriften beschädigt sind. Denn – ob Sie es glauben oder nicht – defekte Schriften können dem Computer mächtig Probleme bereiten. Das Dumme daran ist nur, dass man meist auf die Ursache nicht kommt. Nichtsdestotrotz sollten Sie bei Schwierigkeiten im Speichern von Dokumenten oder bei häufigen Programm-Abstürzen auch diese Möglichkeit in Betracht ziehen. Markieren Sie dann die in Frage kommenden Schriften und betätigen Sie den Befehl *Ablage | Schriften überprüfen.* In einem eigenen Dialog-Feld werden nun die Schriften auf Herz und Nieren gecheckt und aufgeführt – beschädigte Schriften erhalten dabei ein Symbol, das geringfügige () oder schwerwiegende Fehler () aufweist. Im Falle von schwerwiegenden Fehlern wird angeraten, diese Schriften nicht zu benutzen und sie zu entfernen bzw. sie zu ersetzen. Dies können Sie auch gleich im Bearbeitungsfenster erledigen, indem Sie den Übeltäter über das Setzen eines Häkchens auswählen und über den Button *Auswahl entfernen* in den Papierkorb legen.

Die Überprüfung der Schrift legt es an den Tag, ob mit Schwierigkeiten zu rechnen ist.

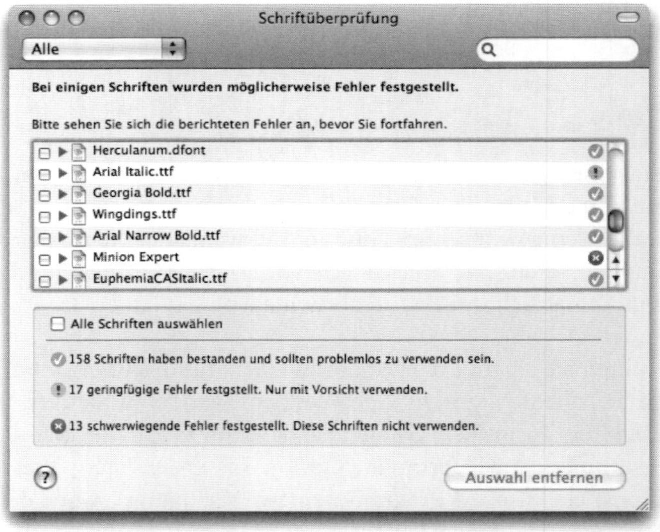

TextEdit – Apples Textverarbeitung für ganz Schnelle

Der Name ist Programm: In der Tat können Sie mit *TextEdit* Text editieren, ihn also bearbeiten, anpassen, ganz neu erstellen und ihn in verschiedenen Formaten – beispielsweise zum Austausch – abspeichern. Nach dem Start wird ein leeres Dokument angelegt, in das Sie nun Text eingeben oder beispielsweise Inhalte aus anderen Dokumenten hineinkopieren. Am besten sollten Sie zu Anfang wie üblich einen Blick in die *Einstellungen* werfen, da Sie dort die Basis für das geöffnete Dokument bestimmen.

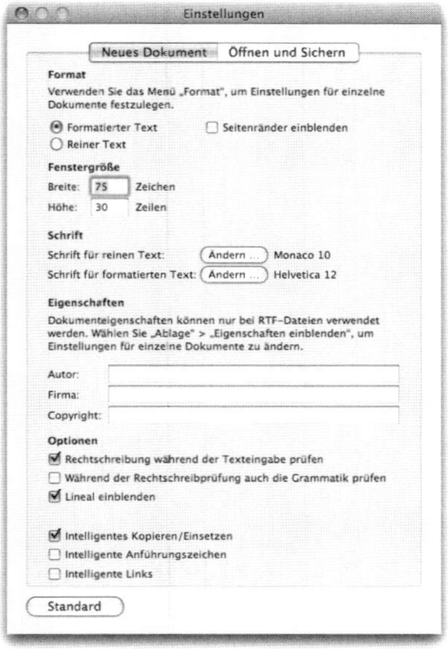

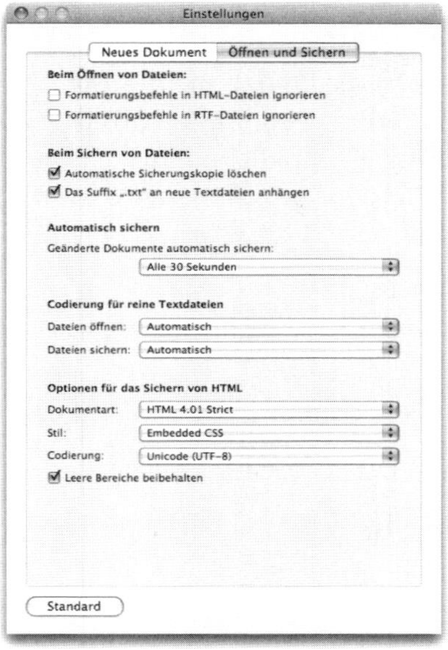

Zwei Reiter für die allumfassende Definition Ihrer künftigen Dokumente.

Vor Beginn steht wie immer die Frage, welchen Zweck Sie verfolgen: Möchten Sie einen Brief oder ein Manuskript anfertigen, so sollten Sie *Formatierter Text* (*RTF*) benutzen, da Sie damit Text auszeichnen, also mit verschiedenen Schriften und Stilen (*kursiv*, **fett**, unterstrichen etc.) belegen können. Das *RTF*-Format (Rich Text Format) eignet sich auch dazu, wenn Sie Text an Personen reichen, die mit einer Textverarbeitung wie *Microsoft Word* arbeiten oder das Dokument in eine Layout-Software einfließen lassen möchten. Fügen Sie einem *RTF*-Dokument Bilder hinzu, wird daraus eine *.rtfd-Datei.*

Soll ein Text weitergereicht werden und es scheint nicht sicher, dass auf dem anderen Rechner dieselben Schriften vorliegen, so dürfte *Reiner Text* die bessere Wahl sein, wobei etwaige Auszeichnungen nicht möglich sind. Auch für das Programmieren von Skripten oder HTML-Seiten fällt die Wahl auf *Reiner Text*, da beim Schreiben von Code keine Stile verwendet werden dürfen.

Wenn Sie ein Dokument erstellt haben, können Sie es über den Befehl *Sichern unter* in einem anderen Format abspeichern. Zur Verfügung stehen unter anderem die Datei-Formate *Formatierter Text (RTF)* mit dem Suffix *.rtf*, *RTFD* für RTF mit Bildern (Suffix *.rtfd*), *HTML* (Suffix *.html*) für die Webseiten-Erstellung, *Webarchiv* zum Lesen der Dokumente beispielsweise im Browser *Safari*, *OpenDocument-Text* (Suffix *.odt*) für eine Textverarbeitung der Open Source-Gemeinde wie *OpenOffice* oder *NeoOffice* sowie die Word-Formate *Word 2007* (*.docx*), *Word 97* (.doc) und *Word 2003-XML-Format* (*.xml*). Daneben haben Sie über den *Drucken*-Dialog jederzeit die Möglichkeit, das Dokument in ein PDF zu konvertieren.

Das Einblenden von *Seitenrändern* ist für Anschreiben und Briefe von Vorteil, da Sie somit das Layout sowie die Proportionen besser beurteilen können. Ist die Option nicht gewählt, passt sich die Breite des Dokuments der Fensterbreite an. Ziehen Sie das Dokument-Fenster größer, so verteilt sich der Inhalt neu. Beim Drucken wird dann der Inhalt der Papiergröße angeglichen, so dass Sie je nach Umfang entweder eine ziemlich kleine oder große Schrift erhalten.

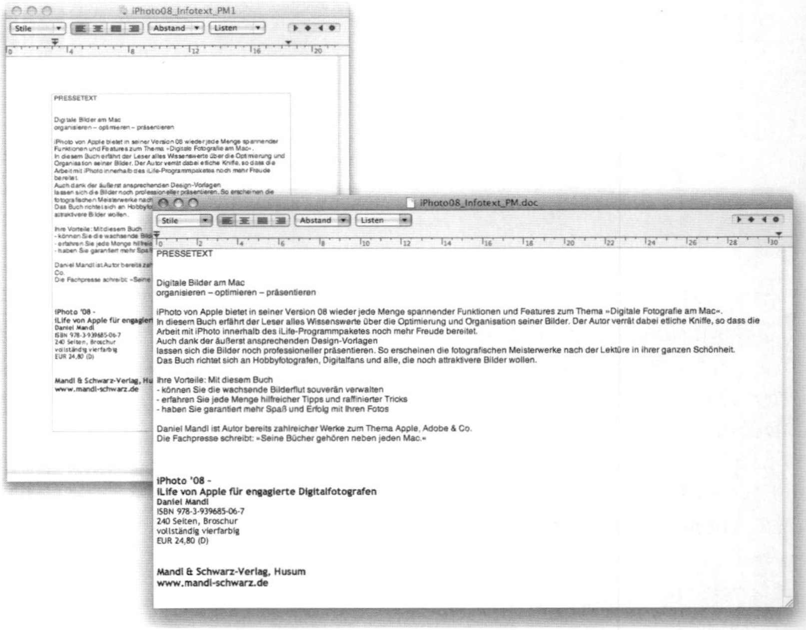

Dasselbe Dokument mit und ohne Seitenrändern.

Die Auswahl der Schrift bleibt natürlich Ihnen überlassen, so dass Sie ganz Ihrem Geschmack vertrauen sollten, zumal Sie jederzeit die Möglichkeit besitzen, Schriftanpassungen vorzunehmen. Entweder Sie klicken auf *Ändern* und wählen aus dem Schrift-Menü eine Alternative zur vorgeschlagenen, oder Sie formatieren im laufenden Text des Dokuments über *Format | Schrift | Schrift einblenden* (⌘-T).

Die *Eigenschaften* gestatten Ihnen das Identifizieren Ihrer Dokumente, indem Sie die Eintragungen (Autor, Firma, Copyright) vornehmen und so Ihrem Schreiben zu mehr Aufmerksamkeit verhelfen – zumindest was das Auffinden angeht. Gehen Sie über das *Ablage*-Menü und den Befehl *Eigenschaften einblenden* auf das Fenster *Dokumenteigenschaften*, so lassen sich dort auch *Schlüsselwörter*, *Titel*, *Betreffzeilen* oder *Kommentare* hinzufügen. Über die *Spotlight*-Suche wird dann das Dokument leichter gefunden. Reichen Sie Ihr Dokument weiter, so haften diesem weiterhin die Eigenschaften an – das Dokument kann aber jederzeit umbenannt und verändert werden. Möchten Sie es dagegen vor Veränderungen schützen, so wählen Sie *Format |*

Vor Bearbeitung schützen. Einen noch weitreichenderen Schutz – beispielsweise vor dem versehentlichen Löschen – erhalten Sie, wenn Sie das Dokument-Icon markieren und *Ablage | Information* (⌘-I) aufrufen. Im auftauchenden Dialog wählen Sie die Rubrik *Allgemein* und klicken dort die Option *Geschützt* an – das Dokument erhält nun ein Schloss-Symbol.

Die Dokumenteigenschaften werden der Datei angeheftet und bleiben auch beim Weiterreichen erhalten.

Das Dokument wird vor dem versehentlichen Löschen geschützt.

Legen Sie ein *TextEdit*-Dokument (ohne Option *Geschützt*) beispielsweise in den Ordner *Für alle Benutzer* oder in Ihrem Benutzer-Ordner in *Öffentlich*, so können alle am Rechner tätigen Anwender auf das Dokument zurückgreifen und es öffnen, jedoch trotzdem keine Änderungen vornehmen, da Sie über keine Benutzerrechte verfügen. Sie dürfen das Dokument nur lesen – verändern darf es jedoch ausschließlich der Administrator.

Damit auch ja alle Einstellungen in einem Dokument erhalten bleiben und am Original keine Änderungen vorgenommen werden, sollten Sie Ihr Dokument als PDF sichern und erst dann weitergeben. Dazu rufen Sie den Befehl *Ablage | Drucken* (⌘-P) auf, treffen Ihre Drucker-spezifischen Einstellungen und wählen dann links unten aus

dem Popup-Menü *PDF* die Option *Als PDF sichern.* Vergeben Sie nun noch einen Namen und den Speicher-Ort und fertig ist die Angelegenheit. Wählen Sie anstatt dessen *PDF senden,* so wird das Dokument gleich als PDF in eine E-Mail verpackt und kann auf die weitere Reise zu Kollegen und Freunden gehen.

Das PDF-Format eignet sich hervorragend zum plattformübergreifenden Austausch.

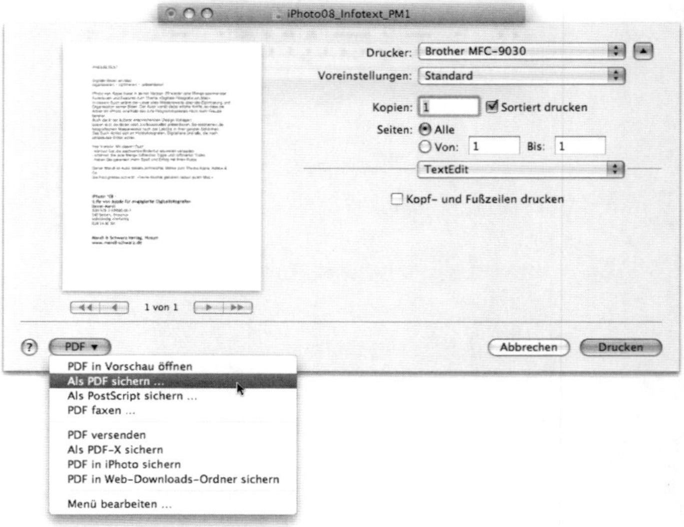

Zurück zu den *Einstellungen:* Die weiteren Optionen betreffen die Prüfung der Rechtschreibung sowie der Grammatik, die bereits während der Texteingabe stattfinden kann. Bemängelte Wörter werden hierbei mit roter Farbe unterkringelt und sollten Ihnen auf jeden Fall einen zweiten Blick wert sein. Nicht alles, was *TextEdit* markiert, muss zwangsläufig falsch sein, denn auch unbekannte Worte oder Namen werden als Fehler markiert.

Ganz unten finden Sie noch die Intelligent-Abteilung, in der vom *Kopieren/Einsetzen* über das *Anführungszeichen* auch von *Links* die Rede ist. Erstere Funktion erlaubt das Kopieren/Einsetzen von Worten oder Sätzen mit einem so genannten Leerstellen-Ausgleich – es wird also automatisch ein Leerzeichen gesetzt, auch wenn Sie Text innerhalb eines Wortes einfügen. Die *intelligenten Anführungszeichen* erlauben das korrekte Setzen *typografischer Anführungszeichen,* es werden also im Text nicht die geraden Zeichen ("Beispiel"), sondern die typografischen („Beispiel“) verwendet.

Links sind Adressen, über die man bestimmte Internet-Seiten direkt anspringen kann. Fügen Sie beispielsweise `www.apple.com/de` in ein Text-Dokument ein, so wird dieses als reine Buchstabenfolge gehandhabt. Ist jedoch die Option *Intelligente Links* aktiviert, so wird die Adresse sozusagen ebenfalls aktiv geschaltet. Klick nun ein Leser des Dokumentes auf diesen Link, so startet automatisch der Browser und sucht die Web-Seite auf.

Möchten Sie sich nicht für jedes Dokument festlegen (und dies sozusagen in Einstellungen festzurren), so lassen sich die eben genannten Funktionen auch über die Menüleiste *Bearbeiten | Ersetzungen* von Fall zu Fall regeln.

Offen gesprochen hat die Sache mit den *Links* bei uns nicht so richtig funktioniert. Haben Sie also Schwierigkeiten oder möchten Sie gar einzelne Worte, die so gar nichts mit einer Internet-Adresse gemein haben, die aber dennoch ins Internet verweisen sollen, einbauen, so probieren Sie einfach den sicheren Weg: Markieren Sie das gewünschte Wort und wählen Sie dann *Format | Text | Link*. Im auftauchenden Eingabefeld geben Sie dann den korrekten Verweis ein und die Sache ist geritzt.

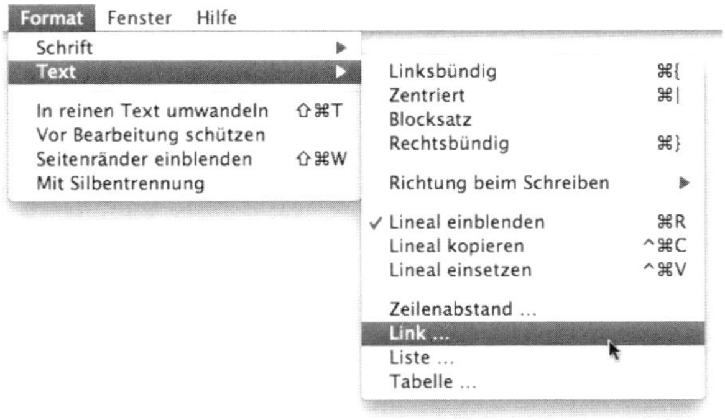

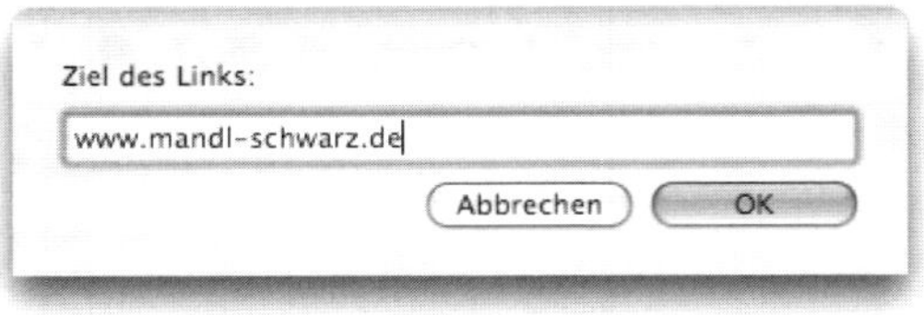

Das Markieren auch internetfremder Worte oder Sätze lässt sich über »Format | Text | Link« sowie die Eingabe eine Internet-Adresse als solche umbauen.

Im Reiter *Öffnen und Sichern* der *TextEdit*-Einstellungen finden Sie weitere Anpassungsmöglichkeiten. So legt das Programm automatisch Sicherheitskopien auf die Festplatte, so dass im Falle eines Stromausfalls dennoch die meisten Daten gerettet würden. Damit die Dateien später nicht unnütz auf der Platte liegen, sollten diese nach jedem Speicher-Vorgang wieder gelöscht werden (*Automatische Sicherungskopie löschen*). Über *Automatisch sichern* können Sie zudem einen Zeitraum festlegen, der Ihre Arbeit im Falle des Änderns automatisch speichert. Letzteres ist eine gute Sache, denn nicht jeder denkt an die überaus gewichtige Tasten-Kombination *Befehlstaste-S* (⌘-S) für *Ablage | Sichern*, die den Fortlauf der eigenen Werke schützt. Kommt irgendetwas dazwischen, so kann schon einmal das Geschriebene der letzten 30 Minuten spurlos verschwinden, während Sie im Falle des *automatischen Sicherns* »nur« jenen Zeitraum verlieren, der von Ihnen zuvor festgelegt wurde.

Weiterhin können Sie *TextEdit* auch anweisen, beim Öffnen etwaige Formatierungen zu ignorieren sowie die Codierung automatisch bestimmen zu lassen. Einzig das Schreiben eines Textes in das leere Dokument bleibt Ihre Arbeit, die Auszeichnungen oder Formatierungen gehen jedoch einfach von der Hand. Um einen einzelnen oder mehrere Absätze neu zu formatieren, ziehen Sie mit gedrückter Maustaste über den gewünschten Text, so dass dieser hervorgehoben erscheint. Über das Menü *Format | Text* lässt sich so der Text *linksbündig*, *zentriert*, im *Blocksatz* oder *rechtsbündig* setzen. Das Gleiche funktioniert auch über die entsprechenden Buttons ( ) in der Symbolleiste des Dokuments.

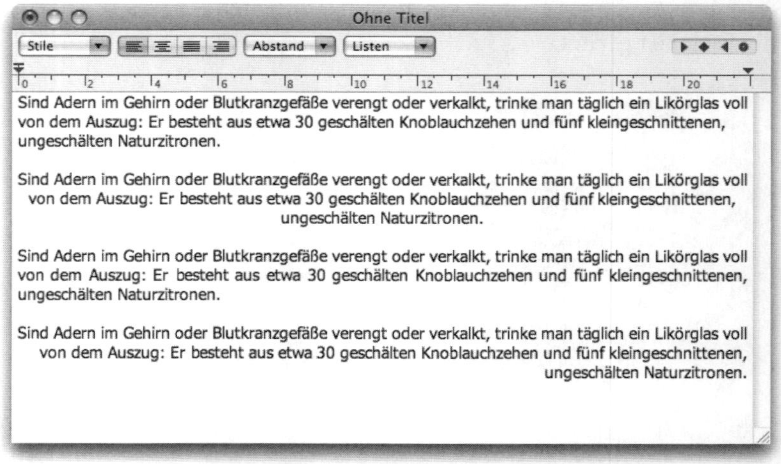

Die Formatierungen von oben nach unten: linksbündig, zentriert, Blocksatz und rechtsbündig.

Über das Popup-Menü *Stile* in der Symbolleiste nehmen Sie Einfluss auf das Aussehen der Schrift. Dazu markieren Sie ebenfalls ein Wort durch Doppelklick, einen Absatz durch Dreifachklick oder mehrere durch Überfahren mit gedrückter Maustaste und wählen dann den Stil. Alternativ klappt das auch über das Menü *Format | Schrift*. Gefällt Ihnen das angebotene Repertoire nicht, so suchen Sie sich über *Format | Schrift | Schriften einblenden* kurzerhand eine andere aus.

Über *Abstand* wählen Sie den Zeilen-Abstand zwischen den einzelnen Zeilen (*Einfach*, *Doppelt* oder nach eigenem Wunsch) und über *Listen* lassen sich Aufzählungen ganz hervorragend auszeichnen. Dazu markieren Sie wieder die entsprechenden Text-Stellen und wählen eine Aufzählungsart (Punkte und Nummerierungen) aus. Nach jedem *Enter* (↩) wird dann das Zeichen gesetzt.

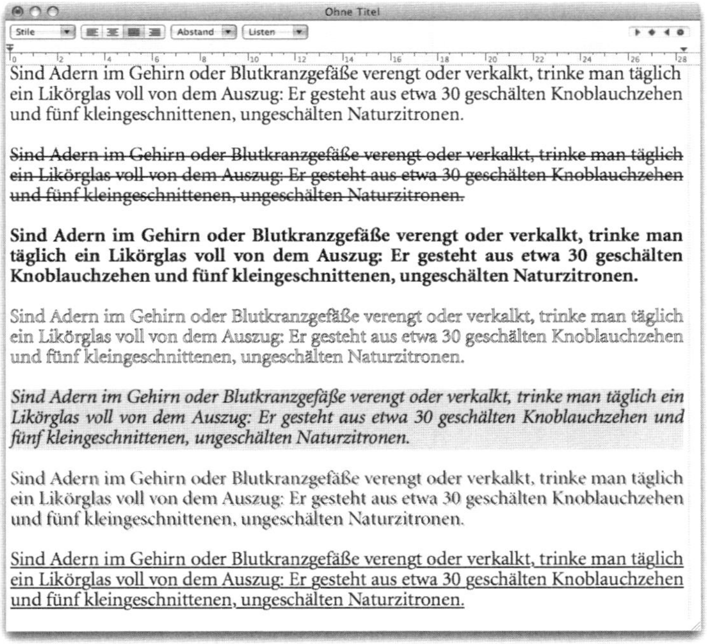

Die Stile von oben nach unten: Standard, Durchstreichen, Fett, Konturschrift, Kursiv, Schattenwurf und Unterstrichen.

Auch Aufzählungen lassen sich ganz professionell auf Vordermann bringen.

Einrückungen nehmen Sie über das Setzen von *Tabulatoren* (▸ ◆ ◂ ●) vor, die Sie in der Symbolleiste ganz rechts finden. Je nach Wunsch wird beispielsweise das nach rechts ausgerichtete Dreieck auf dem Lineal abgelegt. Drücken Sie dann die *Tabulator-Taste* (⇥), springt der Text bis zu dieser Stelle. Das klappt natürlich auch mit ganzen Absätzen, indem Sie diese markieren und dann etwa den ganz links stehenden, waagerechten Balken ein wenig verrücken. Die erste Zeile eines jeden Absatzes wird an diese Stelle versetzt. Soll auch der Rest eingerückt werden, schieben Sie das nach unten zeigende Dreieck nach.

Die Raute lässt den Text an der gesetzten Stelle zentriert erscheinen, während der Kreis einen *Dezimal-Tabulator* darstellt, der Ziffern nach der Dezimalstelle ausrichtet. Zum Löschen von Tabulatoren ziehen Sie diese einfach aus dem Lineal heraus.

Der Dezimal-Tabulator richtet die Zahlen nach dem Komma aus.

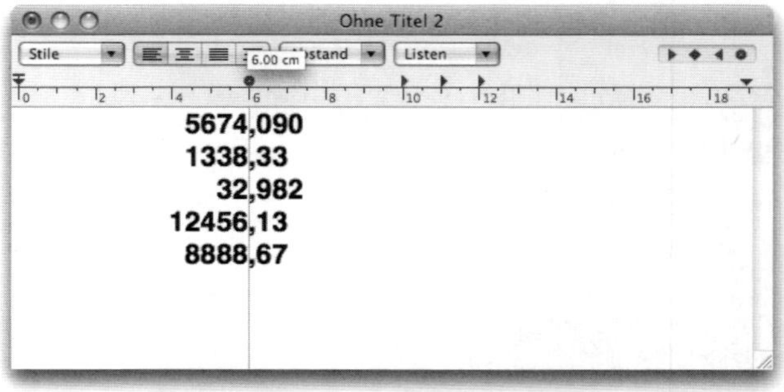

Gerade bei längeren Dokumenten, die Sie formatieren und ausdrucken möchten, sollten Sie nicht vergessen, den Seitenrand über *Format | Seitenränder einblenden* anzeigen zu lassen sowie im Voraus das *Papierformat* über das *Ablage*-Menü festzulegen. Finden Sie kein passendes Format, so wählen Sie die Option *Eigene Papierformate*, klicken auf den *Plus*-Button und vergeben einen Projekt-Namen. Danach können Sie schalten und walten, wie es Ihnen gefällt.

Die Auswahl an Papierformaten ist reichlich und sollte eigentlich keine Wünsche offen lassen. Möchten Sie dennoch etwa ganz Exotisches, so richten Sie es über »Eigene Papierformate« ein.

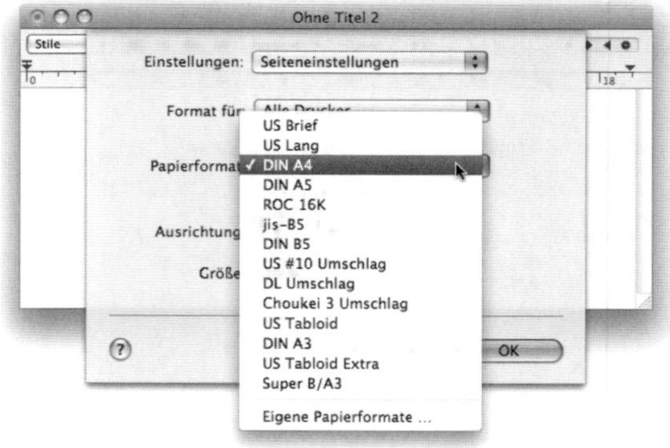

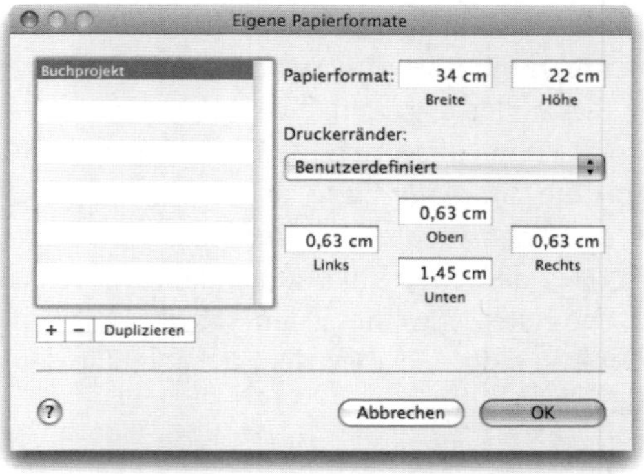

Selbstverständlich lässt sich auch die Schrift vergrößern (⌘-+) sowie verkleinern (⌘--), wobei Sie immer erst die entsprechenden Text-Teile markieren müssen. Verwechseln Sie diese Vorgehensweise aber nicht mit der Zoom-Funktion rechts unten im Bearbeitungsfenster, mit der Sie nur die Ansicht, nicht aber den Text als solches verändern.

Zum Überprüfen des Textes auf Rechtschreibfehler wählen Sie über das *Bearbeiten*-Menü den Befehl *Rechtschreibung und Grammatik* und dort den Befehl *Dokument jetzt prüfen*. Das können Sie auch bei einem einzigen Wort machen, falls Sie sich unsicher sind, ob Sie es richtig geschrieben haben.

Haben Sie in den *Einstellungen* die Option *Rechtschreibung während der Texteingabe prüfen* aktiviert, so startet diese Funktion automatisch beim Anlegen eines neuen Dokuments. Hierbei werden unbekannte oder falsch geschriebene Wörter mit einer rot gestrichelten Linie gekennzeichnet.

Auch über die Tastatur-Kombination ⌘-⇧-: lässt sich die *Rechtschreibprüfung* starten, während Sie über ⌘-⇧-; von Eintrag zu Eintrag springen. Im angezeigten Dialogfeld werden bei unbekannten wie fehlerhaften Worten Vorschläge unterbreitet, die Sie sogleich übernehmen (Button *Ändern*) können. Taucht kein Vorschlag auf, so korrigieren Sie selbstständig das Wort und klicken dann *Ändern*. Über *Ignorieren* werden unbekannte, aber fehlerfreie Einträge bzw. solche, bei denen keine Vorschläge gemacht werden, übergangen, über *Weitersuchen* springen Sie zum nächsten angemahnten Wort. Links unten wählen Sie das gewünschte Wörterbuch aus, das sich über den Button *Lernen* auch ziemlich wissbegierig zeigt. Erscheint ein Eintrag, der von der Rechtschreibung als falsch (weil unbekannt) getadelt wird, so lässt sich dieses Wort über den Button *Lernen* dem Wörterbuch hinzufügen – das Wort wird künftig nicht mehr als falsch ausgewiesen werden.

Nie mehr Fehler in Texten – verraten Sie das nur nicht Ihren Kindern ...

Eine Menge Arbeit können Sie sich weiterhin sparen, sofern Sie die Funktion *Suchen* (⌘-F) im *Bearbeiten*-Menü im Auge behalten. Damit lässt sich nicht nur gezielt nach Begriffen suchen, sondern es besteht auch die Möglichkeit des raschen Ersetzens aller im Dokument vorkommenden Schreibweisen. Nehmen wir an, Sie hätten in Ihren Texten das Wort »Umschalttaste« verwendet, möchten aber daraus lieber »Umschalt-Taste« machen. Anstatt nun mühsam sämtliche Begriffe herauszusuchen, tragen Sie diese in das Dialogfeld *Suchen* ein und können so auf einen Schlag sämtliche Begriffe auf Vordermann bringen (Button *Alles Ersetzen*). Gehen Sie die Sache lieber schrittweise an, um mehr Kontrolle zu haben, so klicken Sie auf *Ersetzen & Suchen*, so dass immer das aktuell markierte Wort ersetzt und sogleich das nächste angezeigt wird. Über *Weiter* und *Zurück* springen Sie im Dokument vorwärts oder rückwärts.

Die Suchen & Ersetzen-Funktion ist in umfangreichen Texten unersetzlich.

Weitere hilfreiche Funktionen sind noch die *Silbentrennung* (*Format | Mit Silbentrennung*), die oftmals eine harmonischere Darstellung von Text-Seiten erreicht und die Sätze gleichmäßiger an den verfügbaren Platz anpasst. Aber Achtung: Keine Software ist perfekt, so dass Sie im Falle der *Silbentrennung* diese nochmals überprüfen sollten. Gerade im Hinblick auf die neue deutsche Rechtschreibung können doch kleinere Unfälle passieren.

Machen Sie auf gar keinen Fall den Fehler und setzen Sie einfach einen neuen Bindestrich. Das Wort wird dann vielleicht im Moment richtig getrennt, nur wenn Sie beispielsweise die *Schriftgröße* bzw. die *Schrifttype* ändern, die *Silbentrennung* wieder deaktivieren oder die Seitenränder neu justieren, verändert sich das Schriftbild samt Umbruch – der Bindestrich bleibt jedoch im Text und sitzt nun an der falschen Stelle.

Möchten Sie einen Text-Teil auf die nächste Seite verfrachten, so sollten Sie das nicht über häufiges Drücken der *Enter*-Taste (*Zeilenschalter* ↵) tun, sondern über den Befehl *Bearbeiten | Einfügen | Seitenumbruch*. Letzteres ist aber nur im Dokument erkennbar, wenn im *Format*-Menü die Option *Seitenränder einblenden* aktiviert ist.

Es sei wieder einmal auf die wichtige Tastenkombination *Befehlstaste-Z* (⌘-Z) für *Bearbeiten | Widerrufen* hingewiesen, über die Sie die zuletzt getätigten Schritte rückgängig machen können. Als Alternative ist hier noch der Befehl *Ablage | Zurück zur letzten Version* zu nennen, der bis zum letzten Sicherungsschritt zurückgeht. Das Gleiche funktioniert auch, indem Sie das Dokument über *Ablage | Schließen* (⌘-W) zumachen und im anschließenden Sicherungshinweis auf *Nicht sichern* klicken (dieses Prozedere aber nur wählen, wenn der Text schon einmal gespeichert wurde, da ansonsten alles weg ist!). Auch in diesem Fall werden die letzten Schritte nicht berücksichtigt.

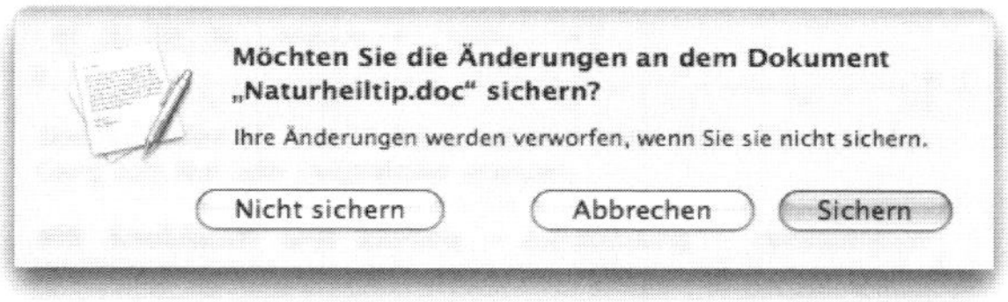

Der Sicherungshinweis regt zum Nachdenken an. Möchten Sie die Änderungen sichern oder lieber verwerfen?

Auch Tabellen lassen sich in *TextEdit* anlegen – und dies relativ schnell (aber auch nur einfache Strukturen): Wählen Sie den Befehl *Format | Text | Tabelle* und geben Sie im eingeblendeten Tabellen-Dialog die gewünschten Werte für *Zeilen* und *Spalten* ein. Über die *Ausrichtung* bestimmen Sie, wie der Inhalt verlaufen soll. Möchten Sie einen *Zellenrahmen* oder gar einzelne Zellen farbig, so wählen Sie die gewünschte *Rahmenstärke* in Pixel bzw. bei *Zellenhintergrund* die Option *Füllfarbe* und aus der *Farbpalette* den Farbton. An der Stelle der Einfügemarke (I) wird die Tabelle dann eingebaut. Befindet sich die Einfügemarke bereits im Text, so wird dieser automatisch eingebunden. Die Tabelle können Sie auch noch nachträglich in der Breite verändern, indem Sie den Mauszeiger seitlich am Zellenrahmen justieren und mit gedrückter Maustaste ziehen.

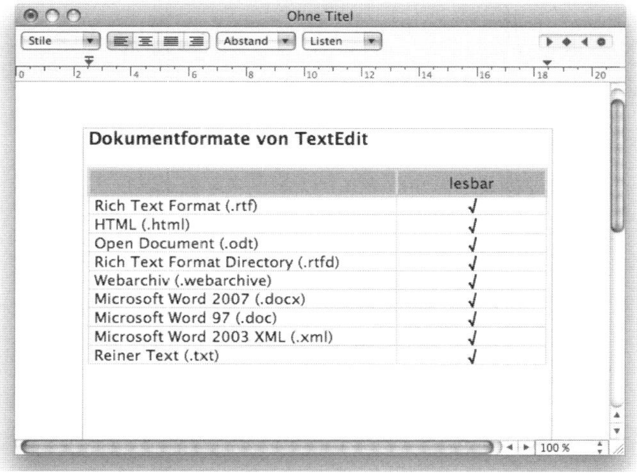

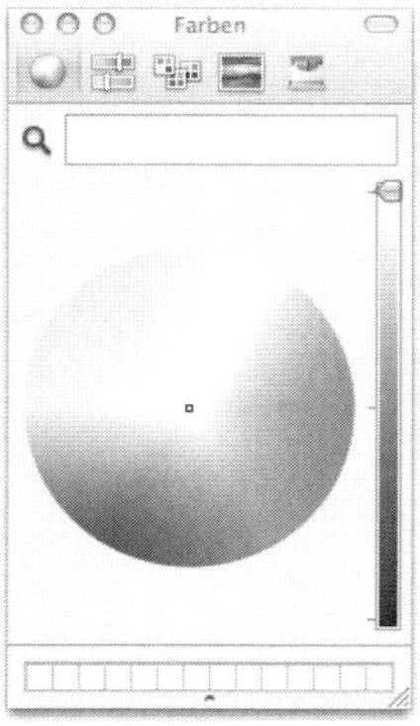

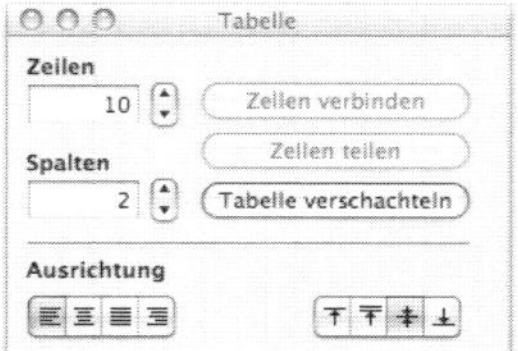

Auch Tabellen können ihren Charme besitzen, sobald ein wenig Farbe ins Spiel kommt.

Achten Sie darauf, wenn Sie einzelne Zellen farbig gestalten möchten, dass bei *Zellenhintergrund* die Option *Füllfarbe* gewählt und das *Farbfeld* aktiviert ist (dazu bitte hineinklicken), da Sie ansonsten den Text einfärben, was in diesem Kontext nicht unbedingt beabsichtigt ist.

Das Farbfeld im linken Beispiel ist nicht aktiv, während das rechte Bild über die dicke graue Umrandung die Aktivierung zeigt.

Sie können Tabellen auch in separaten Dateien entwerfen und formatieren und diese dann in andere Dokumente kopieren. Dazu klicken Sie links vom ersten Zeichen des Tabellen-Inhaltes in die Tabelle und ziehen mit gedrückter Maustaste nach rechts unten bis zum letzten Zeichen. Wählen Sie dann *Befehlstaste-C* und gehen Sie zum gewünschten Dokument. Die Tabelle befindet sich derweil in der Zwischenablage und wird erst wieder herausgegeben, wenn Sie über *Befehlstaste-V* den Befehl dazu ausführen.

Noch ein Beitrag zum Verständnis: Der Unterschied zwischen *Ausschneiden* (⌘-X) und *Kopieren* (⌘-C) im *Bearbeiten*-Menü besteht darin, dass beim *Kopieren* der entsprechende Teil weiterhin im Original verbleibt, während beim *Ausschneiden* dieser Bereich aus dem Ursprungs-Dokument entfernt wird. Bei beiden Varianten wird über die Zwischenablage der Bereich zwischengespeichert und kann an einer anderen Stellle wieder eingefügt werden.

Zum Einfügen von Inhalten in die einzelnen Zellen brauchen Sie nur hineinzuklicken und dann loszuschreiben bzw. etwas hineinkopieren. Über die *Tabulator*-Taste (⇥) springen Sie dann bequem von Feld zu Feld.

Bei uns war es manchmal nicht mehr möglich, über die *Tabulator*-Taste aus einer Tabelle herauszukommen und normal weiterzuschreiben. Sind Sie also im letzten Feld angelangt und möchten wieder zum normalen Fließtext zurückkehren, so drücken Sie die *Enter-Taste* (↩) und wählen aus dem *Stile*-Popup-Menü den Eintrag *Standard.*

Time Machine – Sicherheit geht vor

In den *Systemeinstellungen* bereits angesprochen, nun im *Programme*-Kapitel zu Ende gebracht – die Rede ist von *Time Machine*, der genialen Backup-Lösung in Mac OS X Leopard. Geraten Sie in die – hoffentlich nie eintretende – Situation, dass Ihnen wichtige Dokumente abhanden gekommen sind (aus Versehen gelöscht, durch einen Systemabsturz beschädigt, in Geistesumnachtung überschrieben etc.), so haben Sie gute Karten. Öffnen Sie den entsprechenden Ordner, in dem sich dieses Dokument befand und klicken Sie dann auf das Programm-Icon von *Time Machine* im Dock. Und wie von Geisterhand ändert sich der Bildschirm und Sie blicken ins All – das heißt nicht ganz, denn im Vordergrund befindet sich ja Ihr geöffnetes Fenster. Letzteres können Sie wie im *Finder* bedienen, also auch darin enthaltene Ordner doppelklicken oder in der Seitenleiste andere Pfade öffnen.

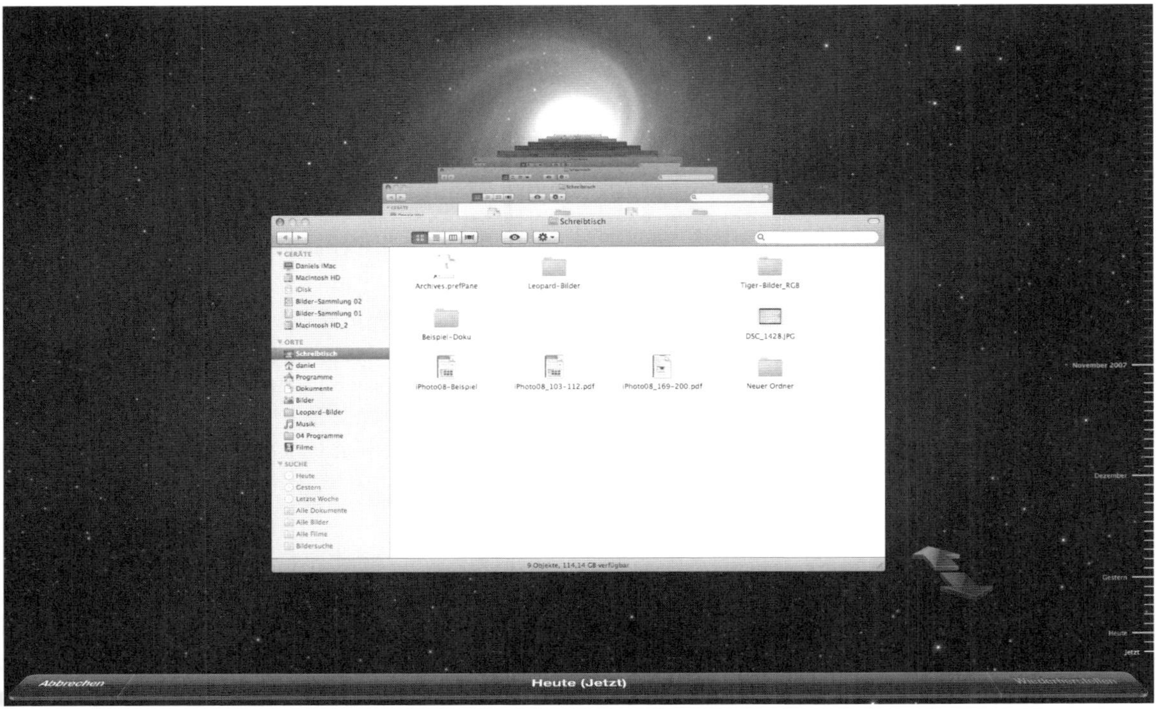

Der Flug in die Vergangenheit kann beginnen – vorausgesetzt, Sie haben Ihre Festplatte mit den Time Machine-Backups eingeschaltet.

Sie haben nun mehrere Möglichkeiten zum Suchen: Entweder Sie benutzen die beiden Pfeile rechts unten zum Vor- und Zurückgehen, klicken sich mit der Maus von Fenster zu Fenster oder benutzen die seitliche (rechts stehende) Zeitleiste. Überfahren Sie mit der Maus die einzelnen Blöcke, so wird zu jedem das zugehörige Datum eingeblendet. Klicken Sie darauf, so wandern Sie in die Vergangenheit zu jenau diesem Zeitpunkt.

Jeder Balken entspricht einem Backup-Tag (oder größer). Klicken Sie darauf, so sausen Ihnen die Fenster nur so um die Ohren, bis der Zeitpunkt erreicht ist.

Wenn Ihre Backup-Festplatte schon einmal voll war und *Time Machine* nunmehr damit beginnt, ältere Einträge zu überschreiben, damit für die aktuellen Sicherungen Platz ist, so werden die Abstände mit der Zeit immer größer. Aus zuvor täglich angelegten Backups werden im Zurückgehen in die Vergangheit dann Wochen-Abstände, später sogar noch größere zeitliche Entfernungen.

Haben Sie Ihre Datei gefunden, so markieren Sie sie mit der Maus und klicken Sie dann auf den *Wiederherstellen*-Knopf – in Windeseile haben Sie Ihr vermisstes Objekt wieder (das klappt natürlich auch bei mehreren markierten Objekten). Wenn Sie ein Dokument wiederherstellen, das denselben Namen wie ein bereits im Ordner vorkommendes Objekt trägt, so wird dieses nicht einfach überschrieben, sondern Sie erhalten eine Warnmeldung, die um Aufklärung bemüht ist.

Sie haben drei Möglichkeiten: Entweder Sie behalten das bestehende Objekt (»Original behalten«), beide Objekte (»Beide behalten«) oder ersetzen das Bestehende durch das Wiederhergestellte (»Ersetzen«).

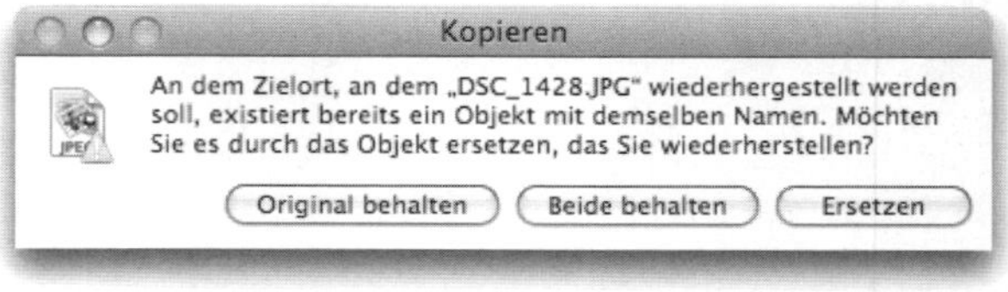

Sollten Sie Schwierigkeiten im Auffinden der gesuchten Datei haben, so können Sie auch über *Spotlight* danach fahnden. Sie brauchen also im von *Time Machine* gezeigten Fenster nur in das Such-Feld den Begriff eingeben und schon macht sich das Programm auf die Suche. Auch hier stehen Ihnen dann wieder die verschiedenen Rubriken (auf die Spalten klicken) wie *Name, Art, Zuletzt geöffnet* oder die ausschließliche Suche nur im Benutzer-Ordner, über den Inhalt etc. zur Verfügung.

Das *Wiederherstellen* klappt jedoch nicht nur bei einzelnen oder mehreren Objekten, sondern auch mit dem gesamten Betriebbssystem. Ist dieses außer Betrieb gesetzt (beschädigt), so müssen Sie allerdings einen anderen Weg einschlagen. Legen Sie Ihre Installations-DVD mit Mac OS X Leopard in den Rechner und starten Sie diesen neu. Sobald der Rechner hochgefahren ist und Sie die Standardsprache bestimmt haben, wählen Sie aus der angezeigten Menüleiste den Punkt *Dienstprogramme* und dort den Befehl *System von der Datensicherung wiederherstellen.* Es erscheint eine Art Assistent, der Sie nun Schritt für Schritt begleitet.

Bitte unbedingt beachten: »Beim Wiederherstellen Ihres System werden alle Inhalte auf dem ausgewählten Volume gelöscht« – so schreibt es Apple und wir wollen dem Glauben schenken. Mit anderen Worten: Wenn Sie noch die Möglichkeit haben, sollten Sie zuvor alle Daten in Sicherheit bringen.

Als Erstes heißt es dann die *Backup-Quelle* zu wählen. Jene dafür in Frage kommenden Festplatten werden automatisch angezeigt. Im nächsten Schritt bestimmen Sie dann das gewünschte *Backup-System*, wobei alle bisherigen mit Datum und Uhrzeit angezeigt werden. Zum Schluss heißt es das *Zielvolume wählen* und dann den Button *Wiederherstellen* zu drücken. Den Rest übernehmen Soft- wie Hardware und Sie können sich erst einmal wieder beruhigen, denn die ganze Geschichte ist doch ziemlich aufregend und dauert zudem ziemlich lange (je nach Daten-Transfer). Wir wollen dennoch ganz stark die Daumen drücken, dass danach alles wieder in Ordnung ist bzw. Sie nie in den »Genuss« einer Wiederherstellung kommen werden.

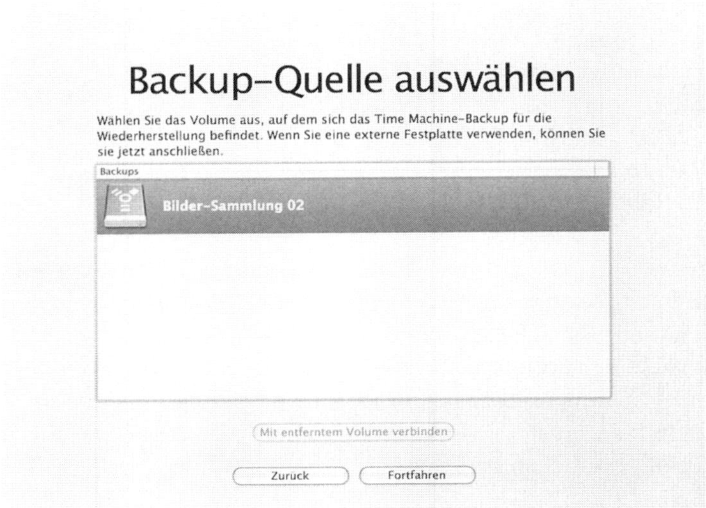

Auszug aus den einzelnen Stationen zur System-Wiederherstellung. (siehe auch Folgeseite, oben)

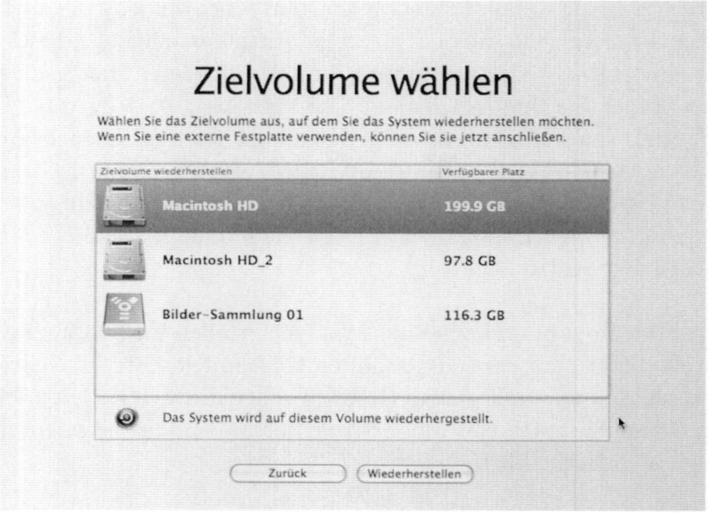

Vorschau – der Alleskönner für Bild und PDF

Das Programm *Vorschau* werden Sie mit Sicherheit häufig gebrauchen, denn es gehört mit in die Gruppe der (fast) Alleskönner – zumindest was die Anzeige von verschiedenen **Bild**-Formaten angeht. Dazu gehören unter anderem:

- JPEG, JPG (*Joint Photographic Experts Group*)
- HDR (*High Dynamic Range*)
- GIF (*Graphics Interchange Format*)
- TIFF, TIF (*Tagged Image File Format*)
- PSD (*Photoshop Document*)
- PICT (*Pictures*)
- PNG (*Portable Network Graphics*)
- BMP (*Bitmap*)
- RAW (Rohdatenformat)

Daneben ist das Programm auch hervorragend zur Darstellung von *PDF*-Dokumenten geeignet. Das so genannte *Portable Document File* ist aufgrund seiner Plattform-Unabhängigkeit sowohl auf PCs wie auch auf Macs weit verbreitet. Nicht nur im Internet, sondern auch als *Hilfe*- oder *Read me*-Dokument wird es immer öfter auch Programmen beigelegt. Über beispielsweise eingefügte *Lesezeichen* (Verlinkungen) können Sie auf diese Weise zu verschiedenen Text-Stellen springen.

Aber auch *PostScript-* (PS) oder EPS-Dateien (*Encapsulated PostScript* – ein Grafik-Format) lassen sich begutachten, indem diese automatisch in das PDF-Format konvertiert werden.

Gerade im professionellen Bereich (Daten-Weitergabe an Druckereien) finden Sie *PostScript* als Seitenbeschreibungssprache. Über ein *RIP* (*Raster Image Processor*) wird der Drucker angewiesen, wo welche Elemente (Bild, Text, Auszeichnungen etc.) erscheinen sollen. Auch *Vorschau* kann eine *.ps*-Datei interpretieren und daraus ein *PDF* erzeugen, das jedoch nicht für allerhöchste Ansprüche genügt. Möchten Sie PDFs an eine Druckerei weitergeben, so benötigen Sie den *Acrobat Distiller* von Adobe.

Das Arbeiten mit *Vorschau* ist relativ simpel: Zum Anzeigen von einem oder mehreren Bildern markieren Sie diese und ziehen sie auf das *Vorschau*-Icon im Dock. Meist tut es auch ein Doppelklick, wenn die Bilder nicht von einem anderen Bildbearbeitungs-Programm abgespeichert wurden, das sich ebenfalls im Ordner *Programme* befindet.

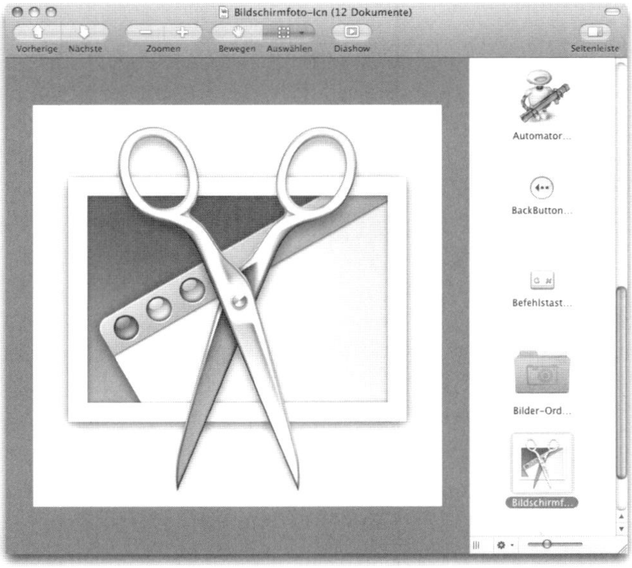

Bei vielen Bildern werden Miniaturen über die Option »Darstellung | Seitenleiste« bzw. durch Klicken auf das Seitenleiste-Symbol (▯) in der Symbolleiste eingeblendet.

Erscheint Ihnen die Seitenleiste zu schmal, so setzen Sie die Maus an die Trennlinie zwischen Leiste und Bild-Ansicht und ziehen sie bei gedrückter Maustaste nach links oder rechts (der Mauspfeil zeigt dabei wieder das (✛ -Symbol). Alternativ funktioniert auch das Verschieben des geriffelten Feldes (|||) ganz unten. Über den *Größenregler* (—○—) lassen sich weiterhin die Miniaturen anpassen bzw. über das Popup-Menü (✲ ▾) ganz unten die Bilder sortieren (nach *Name, Pfad, Datum, Größe* usw.).

Über das kleine unscheinbare Popup-Menü lassen sich verschiedene Aufgaben bewältigen, unter anderem das Sortieren der Bilder oder das direkte Senden an »iPhoto« oder an das Programm »Mail« (Befehl »Bild verschicken«).

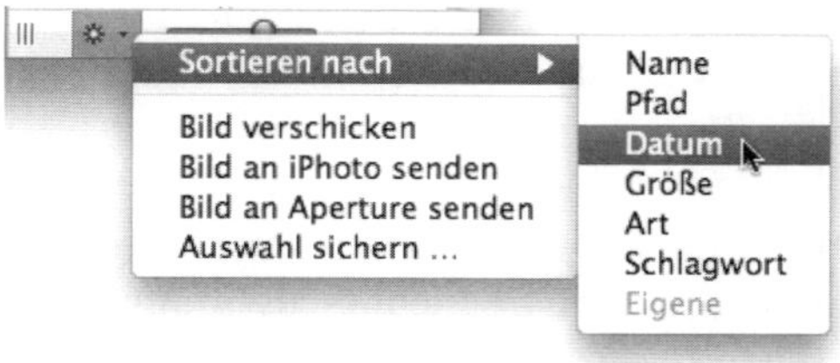

Grundsätzlich lassen sich die wichtigsten Einstellungen, wie sich das Programm beim Öffnen von Bildern verhalten soll, wieder über die *Einstellungen* (*Vorschau* | *Einstellungen*) erledigen. Dort bestimmen Sie unter *Allgemein* zum Beispiel Ihren *Benutzernamen*, der automatisch erscheint, wenn Sie Anmerkungen in einem PDF anlegen. Auch die *Hintergrundfarbe* des Ansichts-Fensters lässt sich dort bestimmen. Rutschen Sie einen Reiter weiter, so kommen Sie zu den Optionen für die *Bilder*-Rubrik. Dort legen Sie fest, wie sich die Bilder im Falle des Öffnens verhalten sollen: Entweder separat jedes Bild in einem eigenen Fenster oder alle Bilder zusammen, so dass Sie mit Hilfe der *Miniaturen* in der *Seitenleiste* navigieren können. Aber auch Bildergruppen, also verschiedene Bild-Ordner, lassen sich in einem Fenster anzeigen.

Die Vorschau-Einstellungen »Allgemein« und »Bilder«.

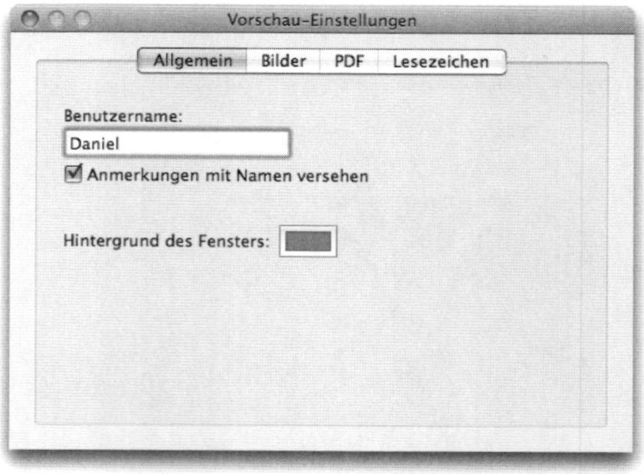

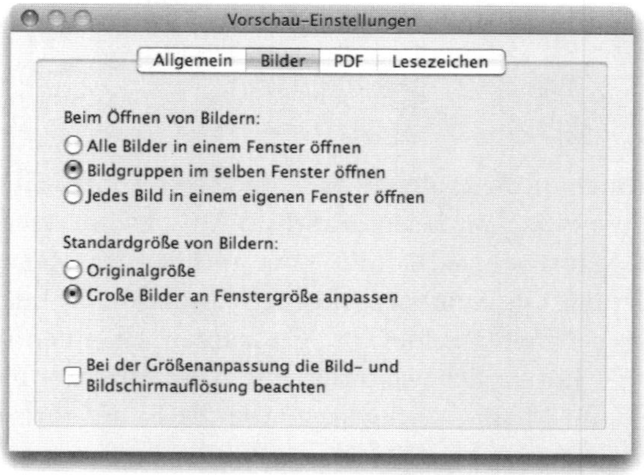

Je nach Größe der Bilder können Sie zwischen *Originalgröße* sowie dem Anpassen großer Bilder an die *Fenstergröße* wählen. Letztere Einstellung hat den Vorteil, dass Sie Ihre Fotos immer vollständig angezeigt bekommen, auch wenn Sie das Fenster in der Größe ändern – das Bild wird immer automatisch auf Fenster-Größe skaliert. Wählen Sie stattdessen *Originalgröße*, so kann es durchaus passieren, dass Sie nur einen Ausschnitt sehen, da der Fenster-Umfang einfach zu klein ist. Hier lässt sich aber gegensteuern, indem Sie die Option *Bei der Größenanpassung die Bild- und Bildschirmauflösung beachten* aktivieren (im Kästchen einen Haken setzen).

Fotos, die Sie beispielsweise von Ihrer Digitalkamera auf die Festplatte transferieren, legen mittlerweile enorme Pixel-Werte an den Tag. Eine 6-Megapixel-Kamera weist bei Fotos etwa eine Datendichte von 3008 x 2000 Pixel auf, was einem Umfang von 25,47 x 16,93 cm bei 300 dpi (Dots per Inch, also 300 Pixel pro 2,54 cm) entspricht (ganz davon abgesehen, dass es bei Bildern eigentlich *ppi* – Pixel pro Inch – heißen müsste). Wird nun in den Einstellungen der dpi-Wert (sprich die Auflösung) berücksichtigt, so wird das Bild in diesen (Zentimeter-) Maßen gezeigt. Ist die Option dagegen deaktiviert, so stellt das Programm die Bilder in der Original-Pixelgröße dar. Das heißt mit anderen Worten: Da Ihr Bildschirm nur eine Auflösung von vielleicht 72 dpi (oder vielleicht sogar 100 dpi) aufweist, werden nicht 300 Pixel pro Inch, sondern eben nur 72 (oder eben 100) aufgeführt – das Bild wird dementsprechend groß skaliert. Dasselbe Bild der 6-Megapixel-Kamera (bei gleicher Pixeldichte) würde nun 106,12 x 70,56 cm aufweisen.

Zum Betrachten bzw. Durchblättern der Bilder können Sie nun auf die Miniaturen in der *Seitenleiste* klicken, die Pfeil-Tasten Ihrer Tastatur verwenden oder die beiden Knöpfe *Vorherige* ( ) bzw. *Nächste* ( ) in der Symbolleiste drücken. Möchten Sie Ihre Bilder drehen (beispielsweise vom Quer- in das Hochformat), so erledigen Sie das über die Menüleiste *Werkzeuge* | *Links drehen* (⌘-L) oder *Rechts drehen* (⌘-R). Zum *Zoomen* (Vergrößern oder Verkleinern der Ansicht) klicken Sie einfach auf die Tasten *Plus* (+) oder *Minus* (–), die Originalgröße stellen Sie über *Darstellung* | *Originalgröße* wieder her. Schneller geht's wie üblich über die Tastatur-Kürzel wie etwa *Befehlstaste-Plus* (⌘-+) für *Vergrößern*, *Befehlstaste-Minus* (⌘--) für *Verkleinern*, *Befehlstaste-0* (⌘-0) für *Originalgröße*. Der Befehl *Größe anpassen* im Menü *Darstellung* gleicht das Bild hingegen immer der Fenstergröße an. Ziehen Sie das Fenster größer, so wird auch das Bild aufgezoomt und umgekehrt.

Die Größen-Änderungen über die Symbol- oder Menüleiste betreffen rein die Darstellung am Bildschirm – die Original-Daten werden hierbei nicht verändert. Die Ausnahme von der Regel ist einzig der Befehl *Größenkorrektur* in der Menüleiste *Werkzeuge* (dazu später mehr).

Wenn Sie gerne und häufig mit der Maus arbeiten, so bietet es sich an, über *Darstellung | Symbolleiste anpassen* diese auf die eigenen Bedürfnisse einzustellen. Sie müssen nur die optionalen Knöpfe in die Symbolleiste ziehen und fertig ist Ihre ganz persönliche Arbeits-Oberfläche.

Indem Sie die Symbolleiste erweitern, lassen sich die meisten Funktionen per Mausklick erreichen.

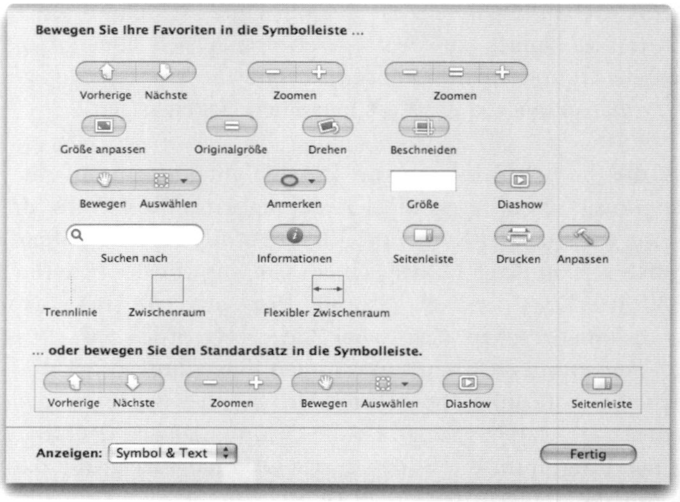

Haben Sie Ihr Bild mächtig aufgezoomt, um beispielsweise Details genauer betrachten zu können, so lässt sich mit gedrückter *Leer-* und *Maustaste* (der Mauszeiger bekommt ein Hand-Symbol –) der Inhalt des Fensters hervorragend bewegen.

Bilder, die größer als der Fenster-Ausschnitt dargestellt werden, können Sie über die gedrückte Leer- und Maustaste bewegen.

Egal, was Sie mit Ihren Bildern anstellen – prägen Sie sich zumindest die nachfolgende Tastatur-Kombination gut ein: *Befehlstaste-Z* (⌘-Z) für *Widerrufen.* Damit lassen sich die zuletzt ausgeführten Schritte zurücknehmen, so dass fehlgeschlagene Drehungen oder unbeabsichtigte Änderungen keinen Schaden anrichten können. Einzige Voraussetzung, die Sie unbedingt berücksichtigen müssen: Die *Rückgängig*-Funktion reicht immer nur bis zum letzten Speichern zurück, danach wird von vorne protokolliert.

Da Bilder aus der Digitalkamera oder aus dem Internet meist im *JPEG*-Format vorliegen, sollten Sie sich angewöhnen, diese vor einer ausgiebigen Bearbeitung in das TIFF-Format zu konvertieren. Der Hintergrund: JPEG-Bilder haben den Vorteil, dass Sie bei guter bis sehr guter Qualität nur geringe Datengrößen aufweisen. Dies liegt an der Art und Weise, wie das Format speichert. Die Daten-Reduktion erfolgt aufgrund einer Kompression, die die Bild-Informationen runterrechnet. Dabei werden Bild-Informationen wie Helligkeit oder Farbe, die nah beieinander liegen, zusammengefasst, so dass der Informationsgehalt des Bildes abnimmt. Feine Strukturen gehen dabei allerdings verloren. Bitte gut merken: Je nach Kompressionsgrad fällt auch die Qualität aus – je höher die Kompression, desto eher fallen auch Bild-Unregelmäßigkeiten ins Auge. Mehrmaliges Abspeichern des gleichen Bildes im *JPEG*-Format macht das Ganze nicht besser, da ja jedes Mal Bildinformationen verschwinden – das Bild verliert von Mal zu Mal an Qualität.

Haben Sie ein JPEG-Bild geöffnet, so wählen Sie *Ablage* | *Sichern unter* (⌘-⇧-S), bestimmen den Speicher-Ort und verwenden aus dem *Format*-Menü die Eintragung *TIFF.* Auch in diesem Format können Sie eine Komprimierung (*LZW*) vornehmen, die jedoch nicht verlustbehaftet ist. Drücken Sie dann den *Sichern*-Button, sind Sie auf der »sicheren« Seite.

Über den »Sichern unter«-Dialog lassen sich Daten verschiedenster Herkunft in andere Formate konvertieren.

Nebenbei: Möchten Sie Bild-Daten an Freunde oder Geschäftspartner weitergeben, die auf Windows-PCs arbeiten, so sollten Sie darauf achten, dass Ihre Daten ein so genanntes *Suffix* angeheftet bekommen. Suffixe sind die kleinen Anhänge wie *.jpg*, *.tif*, *.pdf* usw., die das Windows-Betriebssystem benötigt, um die Daten korrekt zu erkennen. Wird das Suffix bei Ihnen nicht automatisch angehängt, so achten Sie im *Sichern unter*-Dialog links unten auf die Option *Suffix ausblenden*. Befindet sich dort ein Haken, sollten Sie ihn entfernen.

Aber *Vorschau* kann wesentlich mehr als nur Bilder anzeigen. Werfen Sie einen Blick in das Menü *Werkzeuge*, so finden Sie beispielsweise die Befehle *Information*, *Farbkorrektur* oder *Größenkorrektur*. Die *Information* (⌘-I) gliedert sich in die drei Rubriken *Allgemeine Informationen* ( ), *Weitere Informationen* ( ) sowie *Schlagwortinformationen* ( ). Während Sie in den *Allgemeinen Informationen* eher eine Zusammenfassung wie *Dateiname*, *Dokumentart*, *Datei-* und *Bildgröße* sowie *Auflösung* erhalten, geht's bei *Weitere Informationen* ans Eingemachte. Hier finden Sie sämtliche Daten – wiederum unterteilt in Reiter –, die Ihre Digitalkamera beim Anlegen des Bildes mit abgespeichert hat (so genannte *EXIF-Informationen*): Datum und Uhrzeit, Belichtungskorrektur, Belichtungszeit, Blendenwert, Brennweite (digital und analog), Weißabgleich und vieles weitere mehr. Dies ist mitunter ein Eldorado für ambitionierte Fotografen, die alles und jedes in Erfahrung bringen möchten und auch Fehlbelichtungen untersuchen. Wie gesagt, diese Informationsfülle gibt es nur dann, wenn Ihre Kamera in der Lage ist, *EXIF*-Eigenschaften anzufertigen.

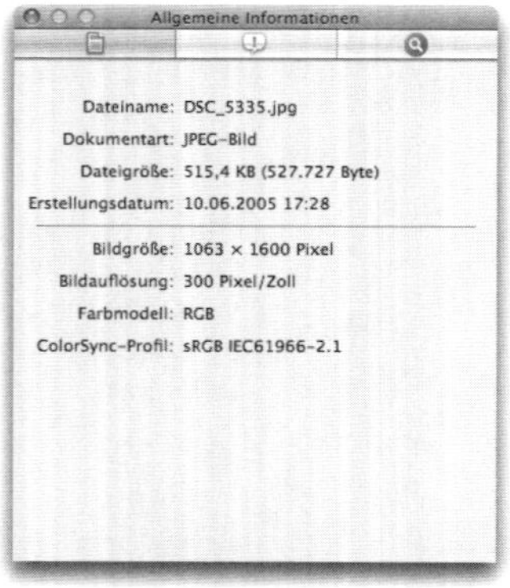

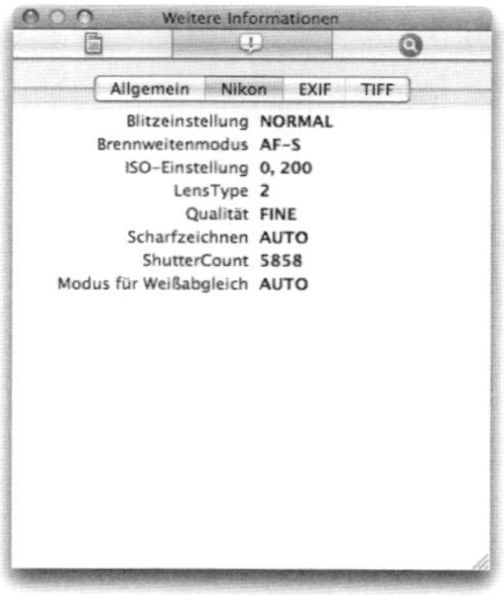

Infos satt zum Nulltarif: Jeder interessierte (Hobby-)Fotograf sollte sich in diesen Dialogen wenigstens einmal umsehen.

Die letzte Rubrik – *Schlagwortinformationen* – ist für uns zumeist ordnungsliebende Deutsche (natürlich gilt das auch für Österreicher oder Schweizer) wie geschaffen. Über die Eingabe von Begriffen (über den *Plus*-Button) wie Landschaft, Wasser, Urlaub, Strand usw. lässt sich Ihr Bild-Bestand verschlagworten, so dass eine Suche über *Spotlight* nach einem dieser Begriffe von Erfolg gekrönt sein wird.

Eine intelligente Verschlagwortung über Schlüsselwörter verhilft Ihnen bei einer späteren Suche zu schnelleren Erfolgserlebnissen.

Sind Sie mit Ihren Bildern nicht zufrieden, so gibt es dafür die *Farbkorrektur*, die im Übrigen auch in *iPhoto* gute Dienste leistet. Diese kann zwar missratene Motive nicht ändern, doch zumindest die Belichtung, Farben sowie Schärfe aufpeppen. Über die Regler passen Sie dabei die Werte entsprechend an, indem Sie sie nach links oder rechts ziehen. Seien Sie dabei aber lieber zurückhaltend, nicht dass sich Ihr Bild in ein PopArt-Kunstwerk verwandelt.

Wenn Sie Gefallen am Thema Bildbearbeitung finden, so sollten Sie auf jeden Fall einmal einen Blick auf *iPhoto* werfen, zumal das Programm hervorragende Verwaltungseigenschaften aufweist. Auch die Verzahnung mit den anderen *iLife*-Applikationen oder über den *.Mac*-Dienst sind sehr gut gelöst. Noch besser lassen sich Bilder allerdings mit Programmen wie der Profi-Software Adobe *Photoshop* bearbeiten, die auch mit Ebenen umgehen kann und daher eine wesentlich feinfühligere Optimierung/Manipulation anbietet (aber dafür auch um ein Vielfaches mehr kostet).

Mit den beiden Reglern zu *Helligkeit* und *Kontrast* wird die Bildqualität angehoben, indem Sie beispielsweise Fotos, die zu dunkel oder zu hell geraten sind, schnell optimieren; dazu müssen Sie nur den Regler *Helligkeit* leicht nach links oder rechts verschieben. Das Ergebnis vollzieht sich über das gesamte Bild, indem alle Farbnuancen angehellt oder eben abgedunkelt werden. Sie sollten hier nur mit kleinen Dosen arbeiten und auch darauf achten, welche Helligkeit Ihr Bildschirm aufweist. Ist dieser sehr hell eingestellt, so kann es durchaus passieren, dass Sie ein Foto, dessen Belichtung eigentlich in Ordnung war, nunmehr zu dunkel gestalten. Umgekehrt können die schon hellen Bildbereiche in Richtung Weiß tendieren, was ebenso nicht richtig ist und ein Bild somit verschlimmbessern kann.

Über *Kontrast* beeinflussen Sie die Intensität von Farbübergängen und somit den Gesamteindruck. Erscheinen Ihnen die Bilder ein wenig fade und mit zu geringem Kontrast, so können Sie die hellen Töne intensivieren, indem Sie den Regler nach rechts ziehen. Um die tiefen Töne zu beeinflussen, gehen Sie genau den umgekehrten Weg – der Regler wird nach links geschoben.

Die Farbkorrektur stellt Ihnen umfangreiche Hilfsmittel zur Bildoptimierung bereit.

Die *Belichtung* bietet hingegen eine etwas ausgewogenere bzw. dezentere Optimierung. Sie berücksichtigt neben dem *Kontrast* auch die *Farbe*, währenddessen bei *Kontrast* nur Farbübergänge bearbeitet werden. Beiden Einstellungen ist gemeinsam, dass dem hellsten Punkt im Bild die Farbe Weiß, dem dunkelsten Punkt die Farbe Schwarz zugeordnet wird. Durch das Verändern der Regler erfolgt eine Spreizung der Tonwerte und somit eine gleichmäßigere Abdeckung aller zur Verfügung stehenden Tonwertstufen. Die Folge sind Kontrastanhebung und somit leuchtendere Farben, das Bild wirkt insgesamt knackiger.

Mit Hilfe des *Sättigungs*-Reglers verleihen Sie Bildern mehr Glanz, indem Sie den Regler nach rechts ziehen. Bei schon mit Farben überladenen Bildern schieben Sie den Regler nach links, die Intensität nimmt ab. Wird der Regler bis zum Anschlag nach links gezogen, so werden dem Bild sämtliche Farben entzogen. »Entsättigen« sollten Sie beispielsweise anwenden, wenn eine durch tief stehende Sonne erzeugte rötliche Gesichtsfarbe der Person ihre Natürlichkeit nimmt. Auch trübes Wetter lässt Landschaften und Ge-

genstände ohne Ausstrahlung wirken und ist daher ebenso ein hervorragendes Betätigungsfeld für eine Auffrischung der *Sättigung.*

Die *Temperatur* der Farben bestimmt die Ausstrahlung Ihrer Fotos. Objekte bei Kerzenschein oder ein Sonnenuntergang wirken daher eher warm (niedrige Temperatur – gemessen in der Einheit *Kelvin*), strahlende Sonne oder gar gleißendes Mittagslicht empfindet man eher als kühl. Wird der Regler in den linken Bereich gezogen, so erscheinen die Farben kühler, nach rechts wird es zunehmend wärmer. Auf diese Weise können Sie auch Farbstiche recht gut in den Griff bekommen, indem Sie die Regler vorsichtig auf das Bild anwenden.

Der Regler *Färbung* ermöglicht die Erhöhung der *Grün-Anteile* (Regler nach links ziehen) bzw. die Anhebung der *Magenta-Anteile* (Regler nach rechts ziehen), wodurch Sie Einfluss auf das Gesamt-Erscheinungsbild nehmen. Durch Hinzufügen von *Magenta* wird eher die warme Stimmung unterstrichen, da der Rot-Ton weiter zunimmt, im Gegensatz zum Grün-Anteil, der das Bild ein wenig neutralisiert. Bei Wiesen und Wäldern beispielsweise erhalten Sie auch durch das Hinzufügen von Grün saftigere, knackigere Farben, ohne dass die anderen Farben beeinträchtigt werden. Doch lassen Sie wie üblich Vorsicht walten und beobachten Sie genau die umgebenden Farben, nicht dass Sie einen Grün- oder Magentastich produzieren.

Mit *Sepia* können Sie dem gesamten Bild einen »bräunlichen« Farbschleier überziehen. In feiner Dosierung erreichen Sie damit eine wärmere, »heimelige« Grundstimmung, während bei einer weiteren Zunahme des Sepia-Anteils die Bilder an alte, antiquarische Fotografien erinnern.

Jedes Bild weist zudem eine gewisse *Tonwertverteilung* auf, deren Spektrum dabei 255 Stufen abdeckt: 0 (0 %) entspricht dem dunkelsten Wert, 255 dem hellsten (100 %). Über *Weißwert* und *Schwarzwert* werden nur die jeweils hellsten und dunkelsten Töne verändert, um einen ausgewogeneren Tonwert-Verlauf zu erzielen. Der *Automatisch anpassen*-Button zur Optimierung handhabt das im Übrigen genauso, nur ist das manuelle Optimieren meist genauer bzw. können Sie noch während der Änderung das visuelle Gesamtergebnis besser beurteilen.

Leicht unscharf wirkenden Bildern rücken Sie mit dem *Schärfe*-Regler zu Leibe. Dabei wird durch Kontrastanhebung der Kanten der Allgemeineindruck erweckt, dass das Foto einfach schärfer wirkt. Wurde jedoch schon von Seiten Ihrer Digitalkamera falsch fokussiert, indem beispielsweise auf den Hintergrund anstatt des eigentlichen Objektes scharf gestellt wurde, so können Sie wahrscheinlich nicht viel ausrichten. Beim Betätigen der *Schärfe*-Funktion wird der Hintergrund nur schärfer und schärfer, bis er irgendwann zerfransen würde – das Bild wäre damit ganz unbrauchbar. Wie bei allen

Optimierungsversuchen sind auch in diesem Bereich der Software einfach Grenzen gesetzt. Ist ein Bild dagegen insgesamt – also flächig – unscharf, so haben Sie gute Karten auf Erfolg.

Bei all den eben genannten Punkten sei noch einmal darauf hingewiesen, mit vorsichtiger Dosierung und am besten in der 100 Prozent-Ansicht (*Originalgröße*) zu arbeiten.

Zur Erinnerung: Sie können alle Manipulationen in der *Farbkorrektur* über den *Zurücksetzen*-Button widerrufen. Haben Sie aber bereits mehrmals die *Farbkorrektur* verwendet oder inzwischen auch noch das Bild gedreht, was Sie letztlich bereuen, so kommen Sie über *Ablage | Letzte Version* wieder zum Original zurück, womit alle Änderungen verworfen werden. Aber: Diese Rettungs-Versuche klappen nur so lange, wie Sie nicht speichern. Arbeiten Sie mit wichtigen Bildern, so sollten Sie lieber mit Kopien der Fotos arbeiten, indem Sie diese mit *Sichern unter* unter einem anderen Namen und im TIFF-Format abspeichern.

Für einen ersten Check Ihrer Bilder bietet es sich an, diese alle in *Vorschau* zu öffnen und sie dann über *Darstellung | Diashow* (⌘-⇧-F) im bildschirmfüllenden Format durchzusehen. Über die Möglichkeit der Index-Ansicht (die miniaturisierte Voransicht aller Bilder) lässt sich auch gezielt der ein oder andere Schnappschuss anspringen.

Die Diashow erlaubt eine großflächige Durchsicht Ihrer Bildbestände. Selbstverständlich taugt diese auch zum Präsentieren vor heimischem Publikum.

Über die Index-Ansicht können Sie gezielt Bilder anspringen.

Die Knöpfe der Diashow-Navigationsleiste von links nach rechts: Zurück, Wiedergabe/Pause, Weiter, Index-Seite anzeigen, Originalgröße/An Bildschirm anpassen, zu iPhoto hinzufügen sowie Schließen.

Möchten Sie Ihre Bilder zuschneiden bzw. Auswahlen vornehmen, so stehen Ihnen drei verschiedene Optionen zur Verfügung: Dazu klicken Sie in die Menüleiste *Werkzeuge* und darüber auf *Werkzeuge zum Auswählen* (⌘-3). In der Symbolleiste des Bild-Fensters finden Sie zudem den Knopf *Auswählen*, der auf einen verzögerten Mausklick (die Taste etwa eine halbe Sekunde länger drücken) hin einen Dialog ausfährt und Ihnen Wahl zwischen einer *rechteckigen Auswahl* ( ), einer *elliptischen Auswahl* ( ) oder der *Lasso-Auswahl* ( ) offeriert.

Ausschnitte lassen sich über die verschiedenen Auswahlen bestimmen.

Sowohl bei der *rechteckigen* als auch bei der *elliptischen Auswahl* setzen Sie nun den Mauszeiger an der gewünschten Stelle an und ziehen bei gedrückter Maustaste einen Rahmen bzw. ein Oval auf. Beide Formen lassen sich auch noch im Nachhinein über die acht Anfasser verändern bzw. insgesamt verschieben. Liegen Sie völlig daneben und möchten die Auswahl wieder loswerden, so klicken Sie einfach außerhalb davon in das Bild. Über *Werkzeuge | Beschneiden* (⌘-K) stellen Sie dann letztendlich den sichtbaren Bereich frei, der Rest des Bildes fällt weg. Speichern Sie dann das Bild über *Sichern unter*, einem aussagekräftigen Namen sowie dem bevorzugten Format ab und Ihr Meisterwerk ist fertig.

Sie können einen Ausschnitt auch herauskopieren. Wählen Sie dazu *Bearbeiten | Kopieren* (⌘-C) und dann *Ablage | Neu aus der Zwischenablage* (⌘-N). In diesem Fall wird ein neues Dokument angelegt, das Sie nun ebenso sichern und benennen sollten. Einen witzigen Effekt können Sie auch bewirken, wenn Sie den kopierten Auschnitt in ein anderes Bild einsetzen. Dazu öffnen Sie das zweite Bild und wählen dann *Bearbeiten | Einsetzen* (⌘-V) – der Bildausschnitt wird nun der neuen Abbildung hinzugefügt. Allerdings sollten Sie hierbei auch auf das Bild-Umfeld achten, nicht dass alle Welt gleich merkt, dass es sich hier um Manipulation handelt.

Während *rechteckige* und *elliptische Auswahl* gut geeignet ist, um störendes Beiwerk an den Bildrändern zu entfernen, eignet sich die *Lasso*-Auswahl hervorragend zum Ausschneiden einzelner Objekte aus einem Bild. Voraussetzung ist allerdings ein wenig Geduld und eine ruhige Hand, denn Sie müssen das Wunsch-Objekt mit gedrückter Maustaste umfahren und somit die Umrisse nachzeichnen.

Mit der Lasso-Auswahl ziehen Sie eine gestrichelte Auswahl-Linie um das Objekt.

Nachdem Sie Ihre Auswahl getroffen haben, können Sie wieder die Umgebung entfernen (Beschneiden), sie in einer neuen Datei anlegen (Neu aus der Zwischenablage) oder sie eben in ein anderes Bild einfügen (Einsetzen).

Haben Sie über das *Auswahl-Werkzeug* einen Rahmen aufgezogen, so lässt sich dieser Teil auch herauskopieren und in einem anderen Programm wie etwa *TextEdit* oder einer Bildbearbeitungssoftware wie *Photoshop*, *GraphicConverter* oder auch *iPhoto* wieder einfügen (*Bearbeiten | Einfügen* bzw. ⌘-V).

Und zwei weitere Auswahlen sind in Leopards *Vorschau* hinzugekommen: *Mit Form extrahieren* ( ) sowie *Mit Farbe extrahieren* ( ). Mit diesen beiden Funktionen fällt es in vielen Situationen noch leichter, einzelne Bereiche eines Bildes herauszufiltern. Bei schwierigeren Unterfangen – etwa wenn der Hintergrund sich nur wenig vom auszuschneidenen Objekt unterscheidet – sollten Sie *Mit Form extrahieren* verwenden. Hierbei umfahren Sie (mit gedrückter Maustaste) die gewünschte Auswahl mit einem dicken roten Strich, der zahlreiche *Aktivpunkte* (Anfasser) beinhaltet. Nach der erfolgreichen Umrundung können Sie nun anhand der kleinen Anfasser-Punkte eine Detail-Anpassung vornehmen.

Das Objekt wird mit einer roten Linie nachgezeichnet. Über die Anfasser lässt sich nun noch nachbessern, um auch feinere Strukturen zu berücksichtigen.

Danach brauchen Sie nur die *Enter-Taste* (Apple spricht hier vom *Zeilenschalter*) zu drücken und das Objekt wird aus dem Gesamtkontext hervorgehoben. Mit Gedrückthalten der Maustaste und dem vorsichtigen Ziehen derselben können Sie nun noch weitere Bildstellen vom eigentlichen Objekt ausschließen. Erst durch das zweite Betätigen der *Enter-Taste* wird der Ausschnitt festgelegt und die Möglichkeit zum Beschneiden erteilt.

Mit Farbe extrahieren eignet sich dagegen eher für einfachere Bild-Situationen, in denen sich die Objekte von einem sich klar unterscheidenden Hintergrund absetzen. Mit gedrückter Maustaste und dem Ziehen (*Click & Drag*) werden nun die Bildstellen markiert. Auch diese Vorgehensweise braucht ein wenig Eingewöhnungszeit und arbeitet leider nur bei ganz einfach gestrickten Strukturen wirklich zufriedenstellend.

Beispielsweise gleichmäßig blauer Himmel ist ein leichtes Spiel für die Funktion »Mit Farbe extrahieren«.

Offen gesprochen sind wir nicht so sehr angetan von der Arbeitsweise der Auswahlen *Mit Farbe extrahieren* und *Mit Form extrahieren. Vorschau* wird zwar durch diese Funktionen bereichert, doch stellt sich keine so rechte Freude ein. Die Ausschnitte wirken teils zerfranst und ungenau und eignen sich so wirklich nur für Hobby-Basteleien. Wer Perfektion möchte, muss hier leider noch ein paar Euro (oder auch Schweizer Franken) investieren und beispielsweise in Adobe Photoshop (Elements) investieren, das mit weitaus professionelleren Werkzeugen und Ergebnissen aufwartet.

In Bildern können Sie auch Anmerkungen oder Hervorhebungen hinterlassen. Hierzu sollten Sie die Symbolleiste anpassen, indem Sie das Anmerken-Feld dort einbauen (über die Menüleiste *Werkzeuge | Anmerken* klappt das kurioserweise nicht). Über einen verzögerten Klick auf das *Anmerken*-Menü zeigen sich nun vier Optionen zum Markieren.

Über »Darstellung | Symbolleiste anpassen« sollten Sie das »Anmerken«-Feld einbauen – denn somit stehen weitere Bearbeitungswerkzeuge (siehe Seitenleiste) zur Verfügung.

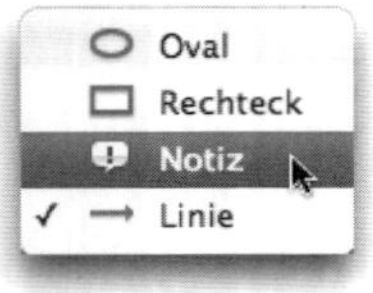

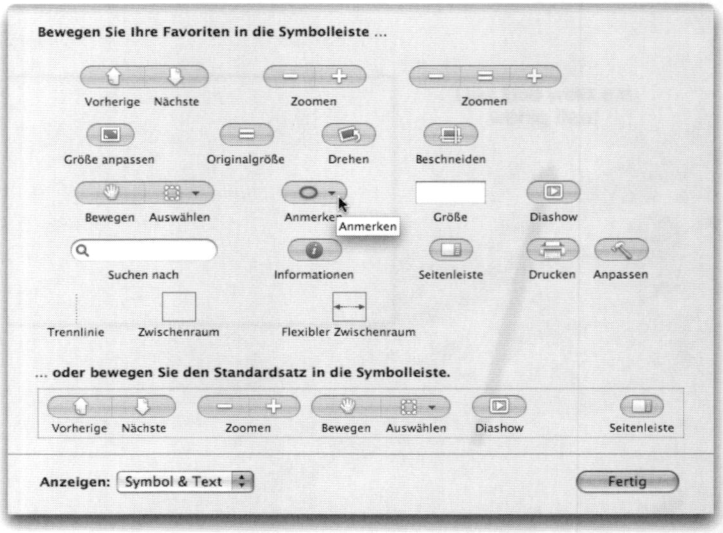

Während Sie über *Oval* und *Rechteck* nur diese Formen aufziehen können, lassen sich über *Notiz* zumindest Texte eingeben. Ein weitere Möglichkeit sieht der *Pfeil* vor, der etwa auf Unstimmigkeiten hindeuten könnte.

Zum Anpassen der eingebauten Hervorhebungen müssen Sie diese zuvor wieder auswählen und dann ziemlich genau die Ränder zum Doppelklicken treffen. Sehen Sie die *Anfasser* (Aktivpunkte), so können Sie über die Tasten *Plus* (+) und Minus (-) auf Ihrer Tastatur die Umrisse (Strichstärke) erhöhen oder verringern. Drucken Sie zusätzlich noch die Taste »S«, so lässt sich auch ein Schlagschatten hinzufügen.

Bilder lassen sich mit Hervorhebungen, Pfeilen oder Text-Kommentaren versehen.

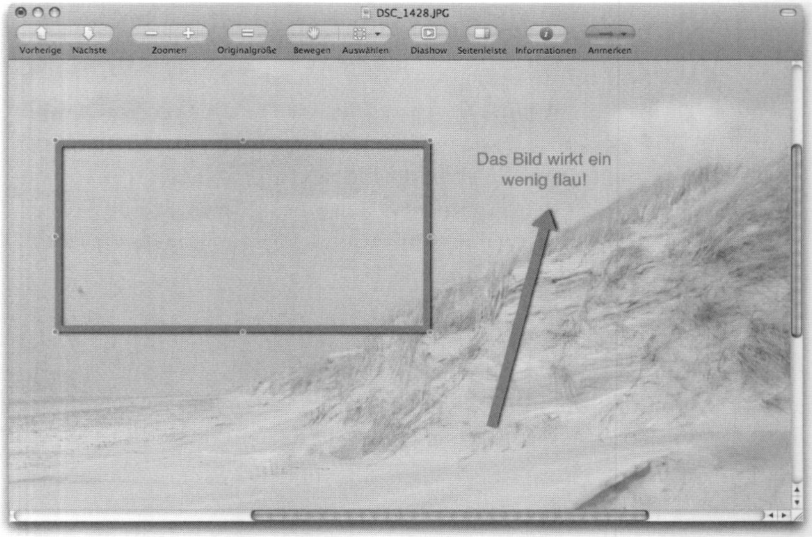

Und nun das dicke Ende: Wenn Sie das Bild speichern, lassen sich Ihre eingearbeiteten Markierungen oder Pfeile nicht mehr herauslöschen – was natürlich den Sinn dieser *Anmerkungen*-Methode in Frage stellt. Das heißt für Sie also: Auf jeden Fall nur mit Kopien (*Sichern unter*) arbeiten oder lieber eine E-Mail mit eventuellen Anmerkungen zum Bild schreiben.

Ein weiteres Highlight von *Vorschau* ist die schnelle Anzeige von *PDF*-Dokumenten, die sich mittlerweile zum Plattform-unabhängigen Standard zur Weitergabe von Handbüchern, Read me-Texten, aber auch Magazin-Artikeln oder selbst erstellten Informationen entwickelt haben. Meist lassen sich diese komfortabel über das Internet herunterladen und offline am Bildschirm lesen oder für Austausch-Zwecke verwenden. Liegt Ihnen nun eine Datei mit der Endung *.pdf* vor, so brauchen Sie diese nur doppelzuklicken, um in den Genuss zu kommen. *Vorschau* bietet Ihnen nun über *Darstellung* | *PDF-Darstellung* verschiedene Ansichten wie *Einzelseiten (kontinuierlich)*, *Doppelseiten (kontinuierlich)*, *Ausschnitt* oder *Dokument* an. Am besten, Sie probieren einmal alle nacheinander aus, damit Sie die Unterschiede sehen.

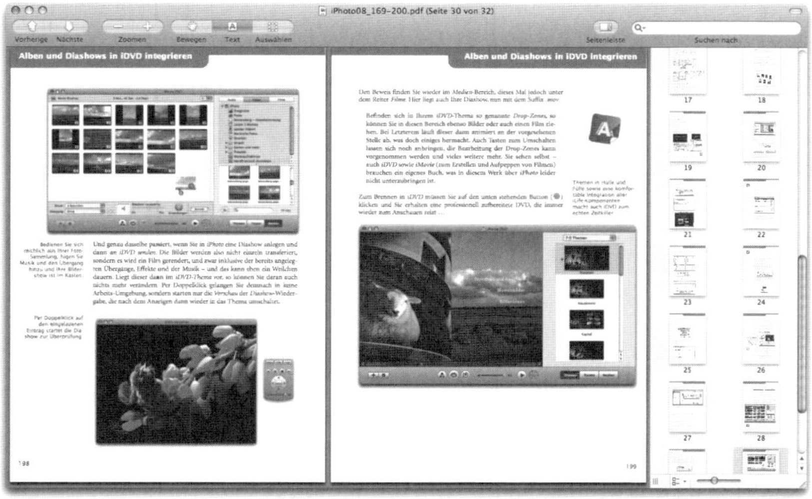

Die Anzeige von PDF-Dateien erfolgt blitzschnell.

Auch bei PDFs ist der Befehl *Darstellung* | *Diashow* aktiv, so dass Sie mit edlem schwarzen Hintergrund und über die Navigation (oder die Pfeiltasten) in Ihrem Dokument blättern können.

Bei mehrseitigen Dokumenten haben Sie weiterhin die Alternative, sich in der *Seitenleiste* die Seiten als *Miniaturen* oder – wenn vorhanden – als Inhaltsverzeichnis anzeigen zu lassen, so dass Sie einen ersten Überblick erhalten und direkt einzelne Themen ansteuern können.

Die Wahl von Miniaturen oder einem Inhaltsverzeichnis tätigen Sie im unteren Bereich der Seitenleiste über das kleine Popup-Menü ( ).

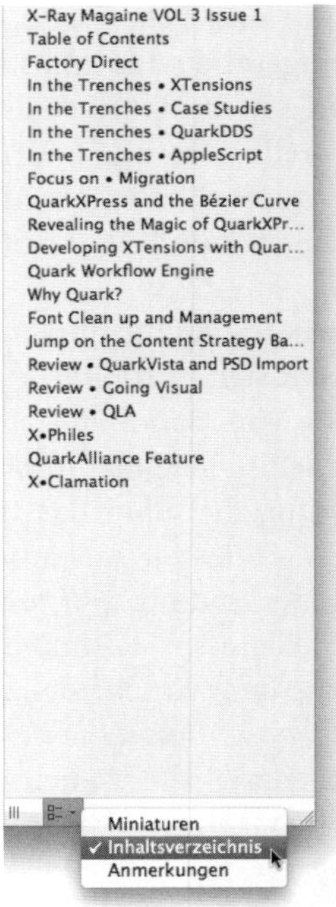

Als Werkzeuge zum Bearbeiten stehen Ihnen das *Werkzeug zum Blättern* (– ⌘-1), das *Werkzeug für Text* (– ⌘-2) sowie das *Werkzeug zum Auswählen* (⌘-3) zur Verfügung, die Sie über das *Werkzeuge*-Menü oder über die Buttons in der Symbolleiste erreichen. Mit *Blättern* bewegen Sie den Inhalt im Fenster bzw. bei der PDF-Darstellung *kontinuierlich* die einzelnen Seiten vorwärts oder rückwärts, was letztlich auch dem Hand-Symbol entspricht. Das *Text-Werkzeug* lässt Sie einzelne Worte, Sätze, Abschnitte oder ganze Seiten markieren (mit gedrückter Maustaste über die entsprechenden Bereiche fahren) und beispielsweise kopieren und woanders (in einer anderen Textverarbeitung wie etwa *TextEdit*) wieder einfügen. Am schnellsten arbeiten Sie hierbei mit den Tasten-Kombinationen ⌘-C für *Kopieren* und ⌘-V für das *Einsetzen*. Das *Auswählen-Werkzeug* verhält sich genauso wie bei Bildern, indem Sie einen Rahmen aufziehen und diesen Ausschnitt über ⌘-K (*Werkzeuge* | *Beschneiden*) freistellen – der restliche Bild-Teil fällt dann weg. Aber auch das Kopieren und das Wiedereinsetzen dieses Ausschnitts ist möglich, wobei der Text jedoch nachträglich nicht bearbeitet werden kann (im Gegensatz zum Kopieren über das *Text-Werkzeug*).

Haben Sie Text in einem PDF-Dokument markiert, so können Sie über das *Werkzeuge*-Menü und dort über den Befehl *Markieren* auf weitere Optionen zurückgreifen: Zum einen lassen sich einzelne Worte oder ganze Textstellen besonders kennzeichnen (*Text hervorheben*), die dann wie mit einem Text-Marker überzogen scheinen. Auch das Durchstreichen (*Text durchstreichen*) sowie das Unterstreichen (*Text unterstreichen*) sind möglich.

Als weitere Alternative zur Verschlagwortung markieren Sie diejenigen Bilder, die Sie ~~kennzeichnen~~ möchten. Über *Fenster* | *Schlagwörter einblenden* (⌘-K) erscheint nun der Dialog *Schlagwörter*. Danach klicken Sie jene Begriffe an, die zutreffend sind – die Verschlagwortung ist damit erledigt.

Die Optionen »Text hervorheben«, »Text durchstreichen« sowie »Text unterstreichen« in einem Absatz.

Bitte unbedingt daran denken: Wenn Sie in einem PDF *Text-Markierungen* einbauen – um dieses beispielsweise zu korrigieren und weiterzuleiten – so sind diese Kennzeichnungen nach dem Sichern nicht mehr zu entfernen. Handelt es sich also um wichtige Dokumente bzw. Originale, so müssen Sie das PDF zuvor unter einem anderen Namen sichern (etwa »Korrektur01« oder ähnlich). Wählen Sie dazu *Sichern unter* (⌘-⇧-S) aus dem *Ablage*-Menü und vergeben Sie einen Namen sowie den neuen Speicher-Ort. Nur so gehen Sie auf Nummer Sicher, dass das Original unangetastet bleibt.

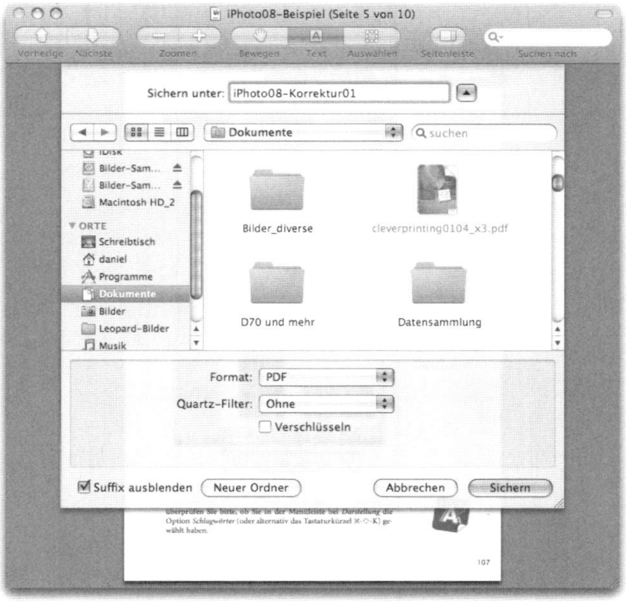

Das Sichern unter einem anderen Namen schützt das Original vor unabsichtlichen Veränderungen.

In PDF-Daten lassen sich weiterhin Anmerkungen wie *Oval*, *Rechteck*, *Notiz* sowie *Link hinzufügen* einbauen – ebenfalls über das *Werkzeuge*-Menü. Ist das entsprechende Werkzeug aufgerufen, so wählen Sie über die Menüleiste *Werkzeuge* den Befehl *Anmerkung* und dort aus den Optionen *Textanmerkung* oder *Ovale Anmerkung*. Bei den beiden Optionen *Oval hinzufügen* und *Rechteck hinzufügen* ziehen Sie mit gedrücktem Mauszeiger ein Rechteck/Oval auf, um bestimmte Teile in einem PDF zu kennzeichnen. Über die Menüleiste *Werkzeuge* | *Informationen* lassen sich zudem sowohl die *Farbe* als auch die *Strichstärke* einstellen. Um die Rechtecke/Ovale nachträglich noch anzupassen, doppelklicken Sie diese und ziehen Sie sie dann an eine neue Stelle, ändern Sie die Größe oder löschen Sie sie.

Oval und Rechteck taugen recht gut zur Hervorhebung.

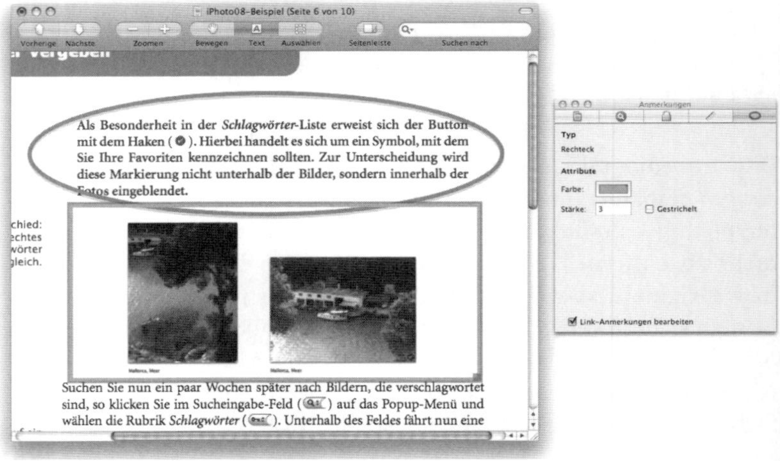

Weitaus sinnvoller – gerade für Korrektur-Aufgaben oder zwecks Anmerkungen – ist jedoch die Option *Notiz hinzufügen.* Wählen Sie dazu *Werkzeuge | Anmerken | Notiz hinzufügen* und klicken Sie an jene Stelle im PDF, an der Sie einen Kommentar eingeben möchten. Hierzu wird ein Symbol sowie ein Textfeld an den Rand des Dokumentes gesetzt, in das Sie nun eine Nachricht eingeben können. Zum Anpassen rufen Sie wieder die *Informationen* (⌘-I) zum Dokument auf und klicken auf den Reiter für die *Anmerkungsinformationen* ganz rechts (◯). Dopppelklicken Sie dann die Anmerkungs-Symbole im PDF, so stehen Ihnen über den Informationen-Dialog weitere Möglichkeiten zur Verfügung (Verändern der Symbol-Farbe, Eingabe weiterer Symbole für Notiz, Schlüssel, Hilfe und ähnliches).

Über Notizen oder Mitteilungen können Sie zum Austausch bestimmte Dokumente für Dritte kommentieren.

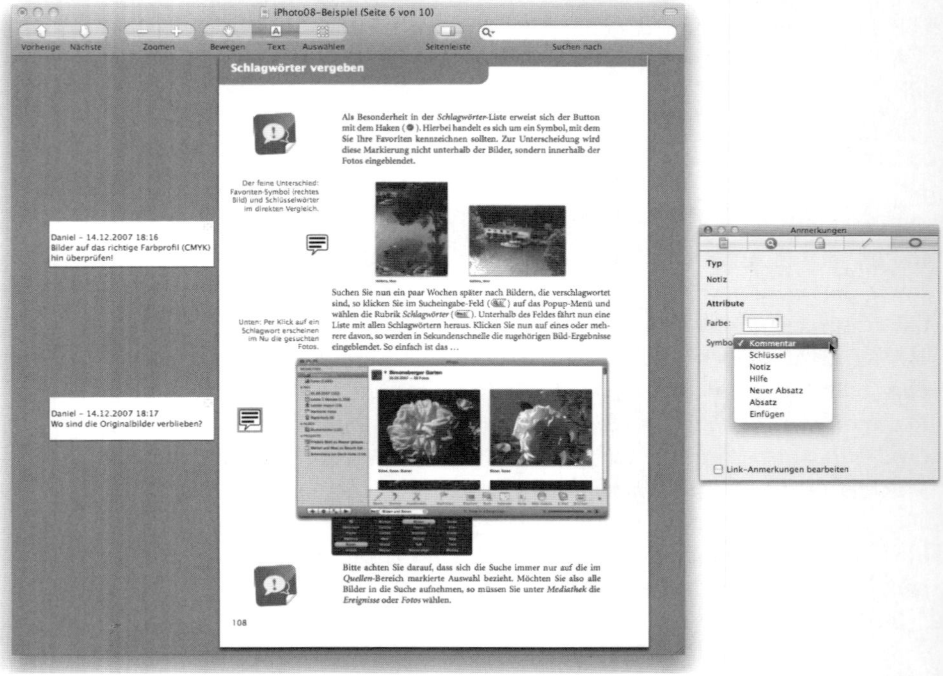

Wenn Sie diese Art der Anmerkungen des Öfteren gebrauchen, so sollten Sie anstatt über die Menüleiste die Symbolleiste entsprechend anpassen. Über *Darstellung* | *Symbolleiste anpassen* lassen sich die jeweiligen Funktionen als Knöpfe direkt in die Symbolleiste einbauen – die Wege werden dadurch ein wenig verkürzt.

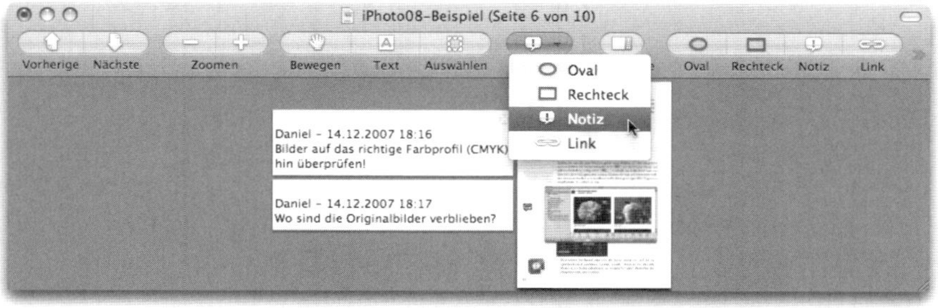

Über die Symbolleiste sind die Funktionen ohne Umwege erreichbar – entweder als Popup-Menü zum Ausklappen oder als Knöpfe zum direkten Zugriff.

Die *Anmerkungen* lassen sich auch nachträglich bearbeiten, selbst wenn Sie das PDF-Dokument gespeichert haben – im Gegensatz zu Bildern (wie weiter oben beschrieben).

Liegen Ihnen Bilder im Format *JPEG*, *TIFF* oder *PSD* etc. vor, in denen Sie auch gerne solche Anmerkungen hätten, die sich nachträglich wieder entfernen lassen, so haben wir einen Tipp für Sie: Öffnen Sie einfach diese Bilder in *Vorschau*, wählen Sie *Sichern unter* und vergeben Sie nun als Format *PDF* – die Sache wäre somit geritzt.

Übrig bleibt nun noch die Vergabe von Links (*Link hinzufügen*) – die sich sowohl auf das Internet beziehen als auch innerhalb eines Dokumentes angebracht werden können. Nach Auswahl des Befehls *Link hinzufügen* verwandelt sich Ihr üblicher Mauspfeil in eine Art Fadenkreuz (+), mit dessen Hilfe Sie nun ein Wort, einen Satz, Abschnitt oder auch ein Bild umranden und dabei ein grau gestricheltes Feld aufziehen. In den *Informationen* (⌘-I) | Reiter *Anmerkungen* wählen Sie dann beispielsweise bei *Aktion* den Eintrag *URL*. Im erscheinenden Feld tragen Sie nun eine Internet-Adresse ein, auf die der gekennzeichnete Bereich später hinweisen wird. Der künftige Leser wird also per Mausklick automatisch auf diese Webseite geschickt (der Browser startet und – im Falle einer bestehenden Internet-Verbindung – wird die Website unmittelbar aufgerufen).

Die Vorgehensweise beim Setzen von Verlinkungen innerhalb eines PDF-Dokumentes gestaltet sich ein wenig anders: Im Popup-Menü des *Informationen*-Dialoges wählen Sie nun den Eintrag *In PDF verknüpfen* und ziehen wieder ein Aktiv-Feld auf. Gehen Sie dann auf die Seite im Dokument, auf die verwiesen werden soll. Danach müssen Sie nur noch im *Informationen*-Feld auf den Button *Ziel festlegen* klicken und die Verlinkung sitzt.

Zum interaktiven Navigieren gut geeignet: Das Anlegen von URLs im Text geht schnell und ist wirkungsvoll.

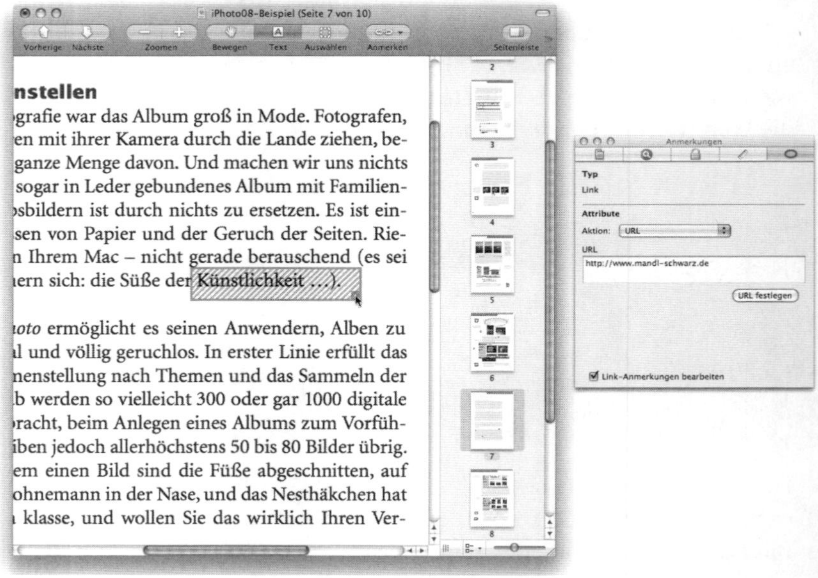

Ebenso hilfreich: Über »In PDF verknüpfen« können Sie Verweise auf andere Seiten innerhalb eines Dokumentes legen.

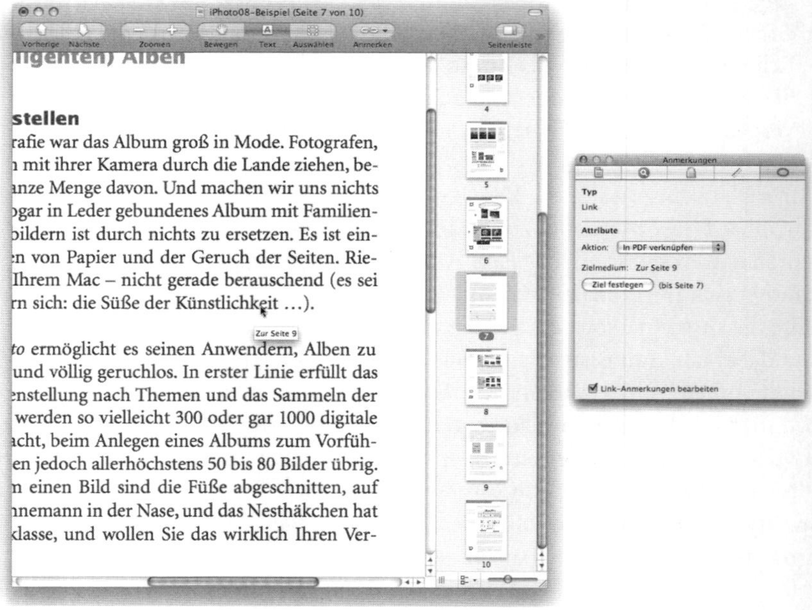

Sollte bei Ihnen das oben gezeigte, grau gestrichelte Feld nicht verschwinden bzw. umgekehrt nicht sichtbar sein, so müssen Sie im *Informationen*-Dialog | Reiter *Anmerkungen* ganz unten den Haken bei *Link-Anmerkung bearbeiten* entweder entfernen oder setzen.

Auch bei PDFs lassen sich weitere Informationen abrufen sowie *Schlagwörter* vergeben, indem Sie *Werkzeuge | Informationen* aufrufen (⌘-I). Zudem gibt es auch so genannte Verschlüsselungsinformationen, die über die Art und Weise mit dem Umgang der PDF-Datei Auskunft geben. Gerade bei kostenpflichtigen PDF-Downloads sind die Zugriffsrechte oftmals beschnitten, so dass sich diese nicht drucken oder bearbeiten lassen. Nur nach Eingabe eines Kennwortes erhält man dazu die Erlaubnis.

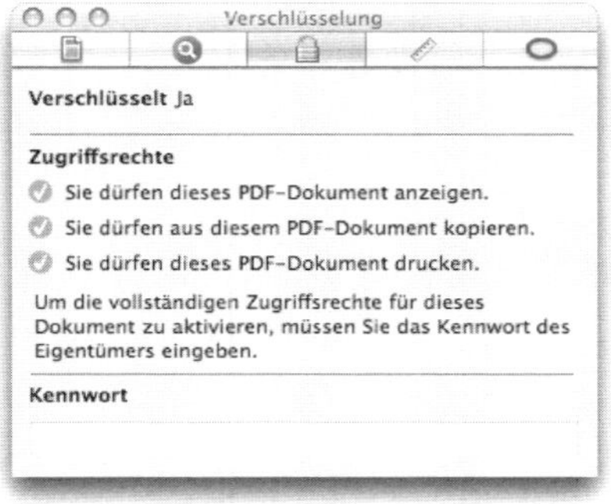

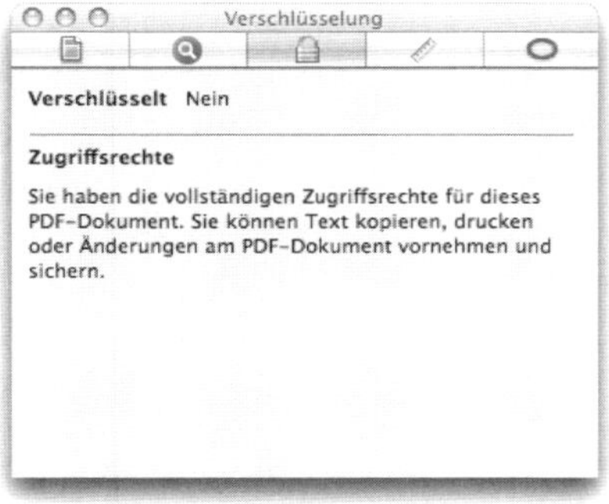

Die Verschlüsselungsinformationen: Links eine geschützte Datei, rechts ein PDF, das mit vollen Zugriffsrechten ausgestattet ist.

Zum Verschlüsseln eines PDFs über ein Kennwort brauchen Sie nur den *Sichern unter*-Dialog aufrufen und als Format *PDF* zu vergeben. Darunter finden Sie die Option *Verschlüsseln*, die – wird ein Haken in das Kästchen gesetzt – nach dem Sichern die Vergabe eines Passwortes ermöglicht. Zum Öffnen braucht dann der Empfänger dieses Kennwort, da er ansonsten keinen Zugriff hat.

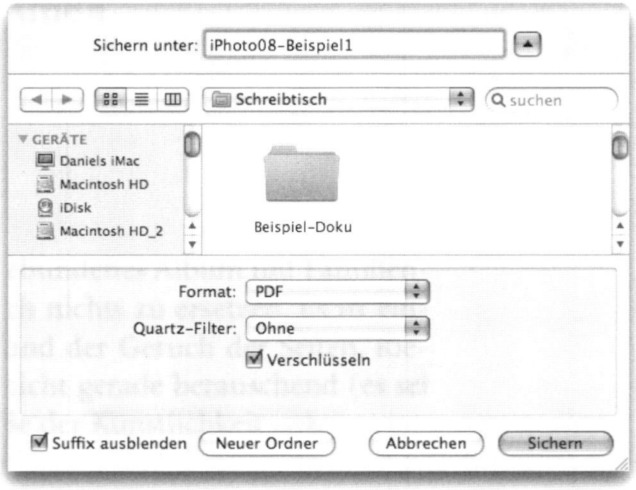

Die Vergabe eine Kennworts sollten Sie immer dann in Betracht ziehen, wenn es sich um Dokumente handelt, die nicht für die Allgemeinheit bestimmt sind.

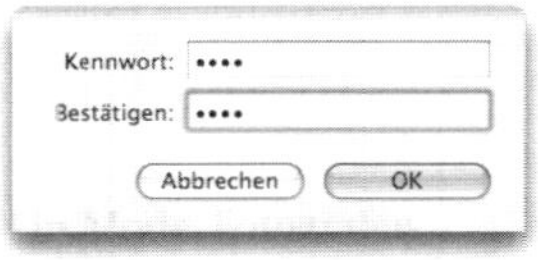

Der Passwortschutz funktioniert perfekt – ohne Kenntnis des Kennwortes gibt es kein Reinkommen.

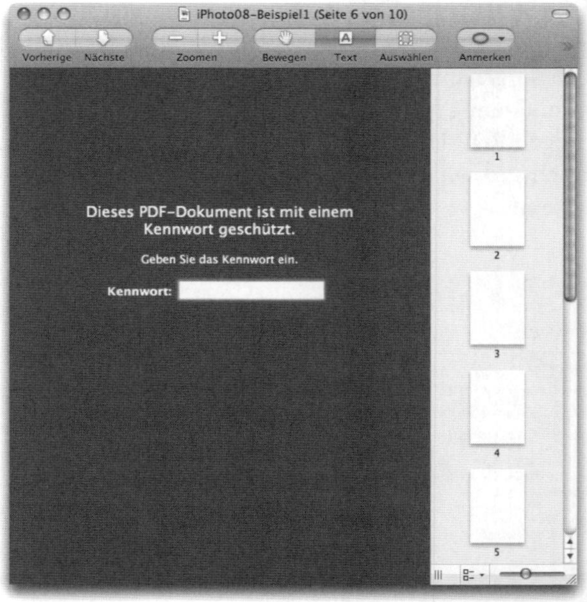

Hilfreich bei *PDFs* mit Hunderten von Seiten ist die Vergabe von *Lesezeichen*. Wie in einem richtigen Buch lassen sich so Kennzeichnungen einfügen, die Sie ebenfalls – wie Verlinkungen – direkt anspringen können: entweder als Merkhilfe oder als Unterstützung für wichtige Inhalte, die Sie unbedingt festhalten wollen. Über das Menü *Lesezeichen* und den Befehl *Lesezeichen hinzufügen* (⌘-D) fährt ein Dialog aus, in den Sie nun einen Titel eingeben können. Öffnen Sie vielleicht eine Woche später erneut das PDF-Dokument, so finden Sie im *Lesezeichen*-Menü Ihre vergebenen Einträge, die Sie sofort an die gewünschte Stelle leiten. Im selben Menü lassen sich diese Lesezeichen dann auch bearbeiten (*Lesezeichen bearbeiten*), indem die *Vorschau-Einstellungen* und dort die Rubrik *Lesezeichen* dargestellt wird. Klicken Sie in der Spalte *Bezeichnung* den Titel doppelt an, so lässt er sich überschreiben, eine einfache Markierung sowie ein Klick auf den Button *Entfernen* löscht das Lesezeichen wieder aus dem Dokument.

Damit ja nichts verloren geht ...

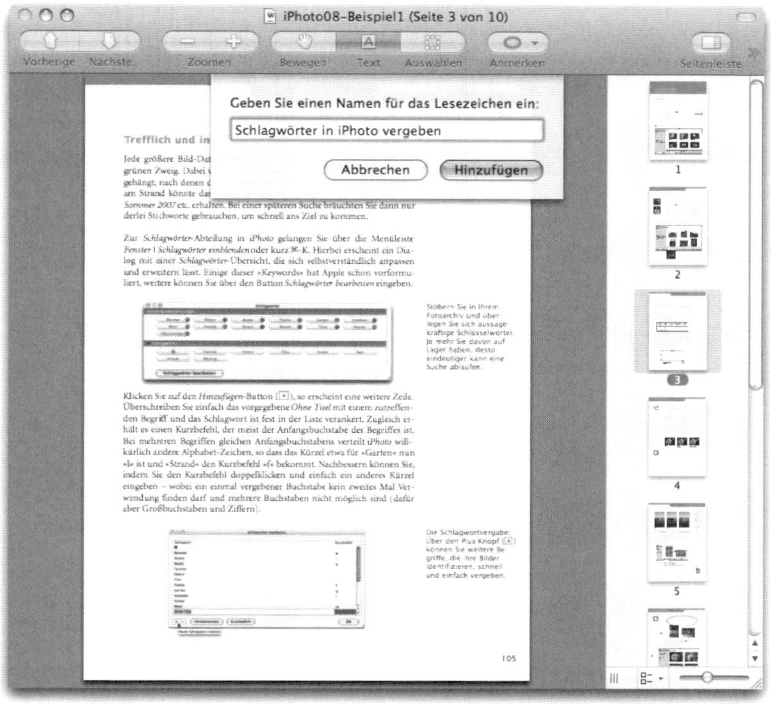

... und Sie immer wissen, auf welcher Seite Sie schon waren: die Lesezeichen.

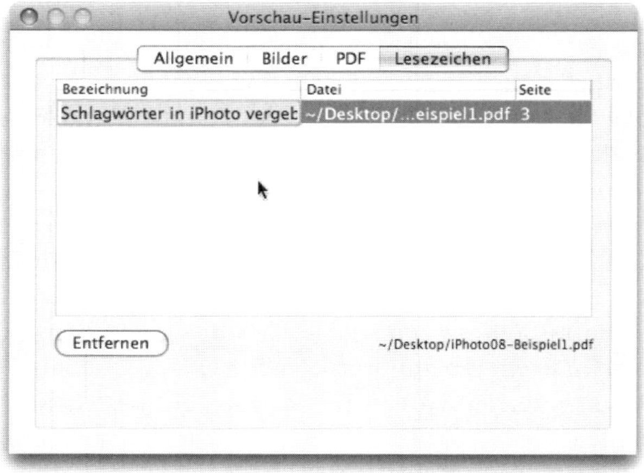

Das Bearbeiten/Umbenennen bzw. das Entfernen von Lesezeichen tätigen Sie in den Vorschau-Einstellungen.

Auch die Suche innerhalb eines PDFs ist einfach zu handhaben. Fahnden Sie beispielsweise nach bestimmten Begriffen oder Textstellen, so brauchen Sie diese nur in das *Suchen*-Feld (oben rechts in der Symbolleiste) eingeben. Die gefundenen Seiten werden dann als Ergebnisse mit Seitenzahl und Text-Auszug aufgelistet. Über Klick auf die Einträge können Sie wieder direkt darauf zurückgreifen.

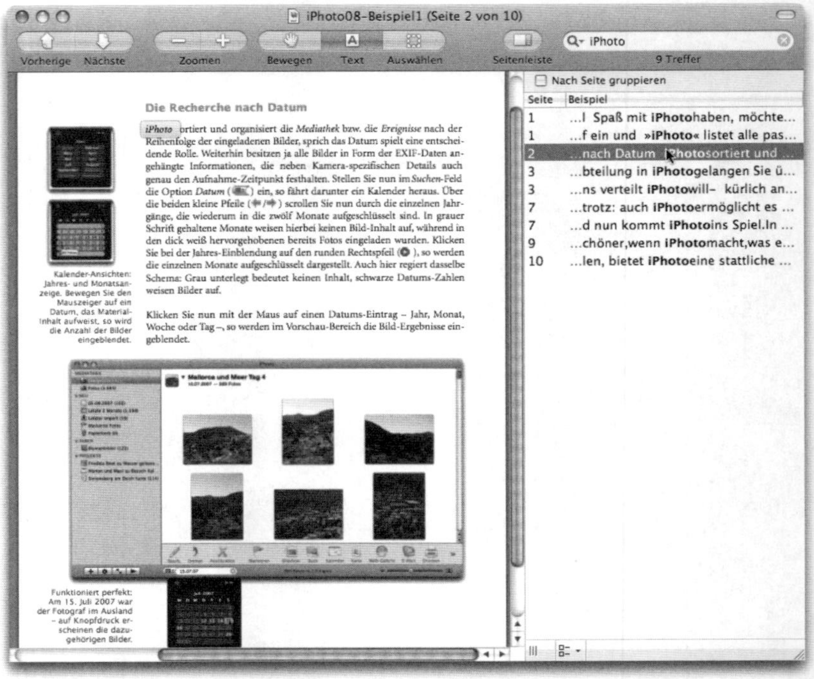

Suchen im Eiltempo – innerhalb von Sekunden listet »Vorschau« alle Vorkommnisse des gesuchten Begriffes auf.

Als Programm-Alternative zum Öffnen von PDFs gibt es auf der Webseite `http://www.adobe.de/products/acrobat/readermain.html` den *Adobe Reader*. Dieser macht zwar seine Sache ebenfalls ganz gut, ist aber merklich langsamer und nicht so schön Mac OS X-like. Haben Sie den *Reader* bereits auf der Festplatte und laden fleißig PDFs aus dem Internet, so tragen diese PDFs meist ein anderes Programm-Icon. Auf Doppelklick hin öffnet sich nun das Dokument nicht in *Vorschau*, sondern eben im *Adobe Reader*, was aber nicht sein soll. Als Trick markieren Sie nun die Datei und wählen im Finder *Ablage | Informationen* (⌘-I). Im auftauchenden Dialogfeld suchen Sie nun den Eintrag *Öffnen mit* und stellen im Popup-Menü das Programm *Vorschau* ein. Ab nun werden alle PDF-Dokumente nur mehr mit *Vorschau* gestartet. Wollen Sie das auch auf bestehende Dateien auf Ihrem Rechner ausweiten, so klicken Sie auf *Alle ändern* und bestätigen den Hinweis mit *Fortfahren*.

Und das Programm *Vorschau* ist immer noch nicht ausgereizt, denn Sie können innnerhalb eines Dokumentes auch *leere Seiten einfügen* oder *ausgewählte Seiten löschen* (jeweils im *Bearbeiten*-Menü). Je nachdem, an welcher Stelle Sie sich gerade im Dokument befinden, wird die leere Seite vor die bestehende eingefügt.

Als weiteren Vorteil von *Vorschau* möchten wir noch die *Bildschirmfoto*-Funktion vorstellen. Damit bekommen Sie die Möglichkeit, Fenster, Dokumente, den ganzen Bildschirm oder auch nur Ausschnitte davon abzufotografieren. Die Bilder, die dabei entstehen, werden als *.png*-Dateien auf dem Schreibtisch abgelegt und können so – eventuell in *Vorschau* in ein anderes Format konvertiert – gleich für andere Zwecke weiterverwendet werden. Aus folgenden Optionen können Sie wählen:

❖ *Auswahl*
Mit einer Art Fadenkreuz ziehen Sie mit gedrückter Maustaste einen Rahmen um jenen Teil, den Sie abfotografieren möchten. Sobald Sie die Taste loslassen, wird das Foto angefertigt. Das Bild trägt den Namen *Bildschirmfoto* sowie *Datum* und *Uhrzeit* und eine fortlaufende Nummerierung.

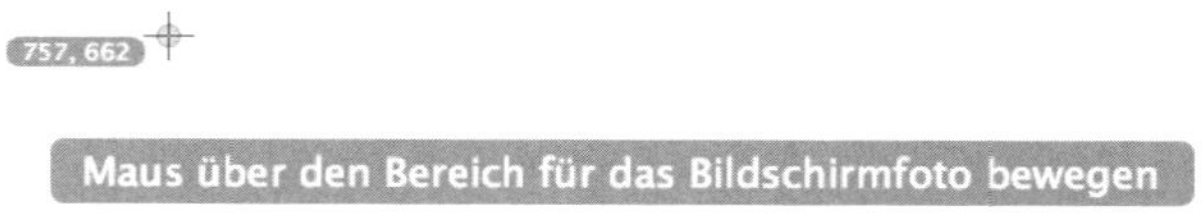

❖ *Fenster*
Nach dem Aufrufen des Befehls bewegen Sie die symbolisierte Kamera über jenes Fenster, das abfotografiert werden soll. Sobald Sie mit der Maus klicken, wird der Auslöser gedrückt und das Bild auf dem Schreibtisch abgelegt.

❖ *Selbstauslöser*
Wie bei einer richtigen Kamera haben Sie ein paar Sekunden Vorlauf, ehe das Bild geschossen wird. Der Vorteil ist ganz klar, dass Sie verschiedene Fenster oder Dokumente auf dem Bildschirm anordnen können, bevor dann der Bildschirm fotografiert wird.

Eben genannte Möglichkeiten zum Abfotografieren von Bildschirm-Inhalten lassen sich normalerweise aus jedem Programm heraus über die Menüleiste *»Programm-Name«* | *Dienste* | *Bildschirmfoto* erreichen. Noch schneller geht es jedoch, wenn Sie sich folgende Tastatur-Kürzel einprägen: ⌘-⇧-3 für gesamten Bildschirm, ⌘-⇧-4 für einen Ausschnitt und ⌘-⇧-4 plus zusätzlichem Drücken der Leertaste für ein einzelnes Fenster.

Zum Abschied dieses Kapitels noch ein heißer Tipp: Wenn Sie mehrere Programme gleichzeitig geöffnet haben, so lässt sich über das Drücken der *Befehlstaste* (⌘) und dem mehrmaligen Antippen der *Tabulator-Taste* (⇥) schnell und unkompliziert von einem Programm zum Nächsten springen. Oder Sie drücken *Befehlstaste* und *Tabulator-Taste*, so dass die Programm-Symbole eingeblendet werden. Nun lässt sich bei weiterhin gedrückter *Befehlstaste* mit den Pfeil-Tasten (← und →) oder mit der Maus das gewünschte Programm aussuchen. Toll, gell?

Der schnelle Wechsel zwischen den Programmen ist eine unserer Lieblingskürzel und spart eine Menge an Zeit, ehe man ständig im Dock hier und dort klickt.

Wir freuen uns, dass Sie bis hierhin durchgehalten haben. Die Programme sind doch dermaßen mit Funktionen und Befehlen vollgestopft, dass einem ganz schön der Kopf rauchen kann. Aber je mehr Sie sich damit beschäftigen bzw. je öfter Sie Ihr Haupt-Programm benutzen (denn alle Programme braucht wahrscheinlich kein Mensch), desto routinierter werden Sie – auf dass Sie bald auch anderen Mac-Anwendern unter die Arme greifen können. Nichtsdestotrotz: Wie sind noch lange nicht am Ende unserer Entdeckungsreise durch Mac OS X. Im nächsten Kapitel durchleuchten wir die *Dienstprogramme*, also jene Applikationen, mit denen Sie Ihr System in Schuss halten, Hardware wie Software unter die Lupe nehmen oder eigene Unternehmungen wie Installationen oder Systemeinrichtungen durchführen können.

Dienstprogramme – von Assistenten und Festplatten-Doktoren

5

Dienstprogramme, das klingt schon mal ziemlich trocken (und die Anwendung erst: die ist oft sogar staubtrocken). Und in der Tat finden Sie in diesem Unterordner des *Programme*-Ordners allerlei Anwendungen, die sich auf Netzwerk-Dienste, Diagnose der Hardware, Datenbanken usw. spezialisiert haben. Vieles davon erfordert einiges an Hintergrundwissen, so dass ein Informatik-Studium oder eine gehörige Portion Lust an Fach-Know-how fast schon Grundvoraussetzung zum Verstehen ist. Mit anderen Worten: Unser Buch richtet sich in erster Linie an Neueinsteiger und Umsteiger, die den Mac und sein Betriebssystem (die Grundlagen) kennen lernen möchten. Daher werden wir uns hier auf jene Programme konzentrieren, die im Arbeitsalltag des ganz gewöhnlichen Anwenders mit dazugehören und über die Sie Bescheid wissen sollten. Alles andere wird zumindest erwähnt und kurz gezeigt – Programme eben, die nach unserem Dafürhalten von Ihnen weder jemals benötigt geschweige denn freiwillig gestartet werden.

Weiterhin finden Sie dort unter anderem das *AirPort-Dienstprogramm*, das uns erst im Kapitel »Mit dem Mac ins Internet« beschäftigen wird. Dennoch bleiben noch einige andere Anwendungen übrig, so dass Sie keine Angst zu haben brauchen, dass das Kapitel auf der übernächsten Seite schon wieder zu Ende ist. Legen wir also los …

Aktivitätsanzeige

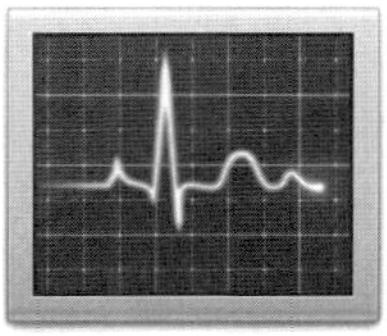

In einem Computer laufen ständig Prozesse ab: Daten werden auf der Festplatte abgespeichert, die Programme lagern Ihre Dateien im Arbeitsspeicher aus, der Prozessor verarbeitet Befehle, die ihm zugeteilt werden usw. Davon bekommen Sie als Anwender normalerweise nichts mit, es sei denn, der Lüfter springt an (weil der Prozessor ein wenig Kühlung benötigt) oder die Festplatte rattert leise, weil gerade auf Daten zugegriffen wird. Damit Sie einen Einblick bekommen, was so alles im Hintergrund passiert und wie welches Bauteil gerade ausgelastet ist, gibt es die *Aktivitätsanzeige*.

Per Doppelklick startet das Programm, das in seinem Fenster jene Prozesse aufzeigt, die im Moment am Laufen sind. Hierbei wird genau Buch geführt, wer wie viel Prozessorleistung (*CPU*) und wie viel Speicher verschlingt. Unterschieden wird hierbei zwischen dem *Physikalischen Speicher* (dem eingebauten Arbeitsspeicher) sowie dem *Virtuellen Speicher* (das entspricht jenem Platz, den der Prozess auf die Festplatte auslagert). Unten stehend finden Sie weitere Rubriken-Reiter wie *CPU* (Abkürzung für *Central Processing Unit* –

der Prozessor), *Speicher* (gemeint ist der Arbeitsspeicher), *Festplattenaktivität, Festplattenauslastung* sowie *Netzwerk.*

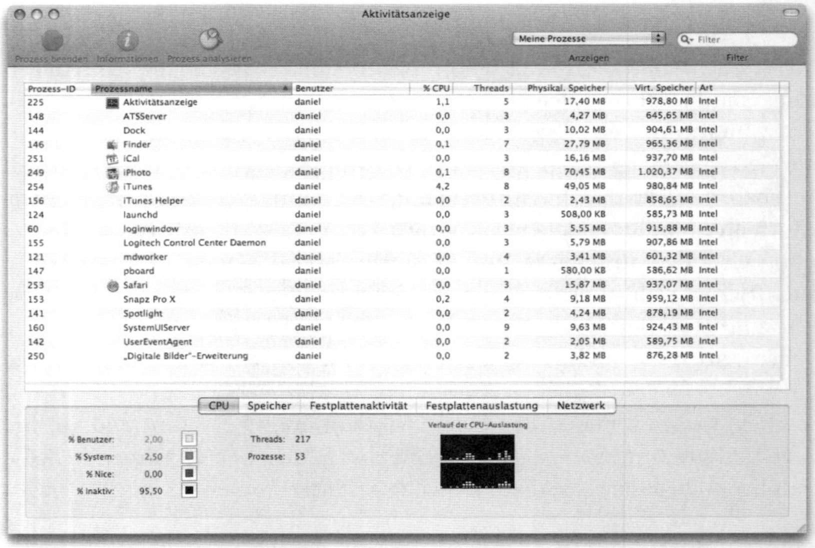

Egal, was Sie am Computer auch machen – die Aktivitätsanzeige protokolliert genau den Verlauf der CPU-Auslastung sowie den Verbrauch an Speicher.

Die *Prozessor*-Anzeige (*CPU*) führt dabei alle aktuell laufenden Prozesse auf, also etwa jene Programme, mit denen Sie gerade arbeiten, aber auch jene, die das *System* im Hintergrund verwendet. So kann es durchaus passieren, dass Sie vielleicht gerade einmal ein einziges Programm gestartet haben, im Hintergrund das Betriebssystem aber dennoch Dutzende weiterer Prozesse ablaufen. Über den Punkt *Darstellung* der Menüleiste und der Auswahl bei *Spalten* bestimmen Sie, welche Werte im Übersichts-Fenster angezeigt werden sollen. Möchten Sie weitere Informationen erhalten, so markieren Sie einen Prozess und klicken dann auf den *Informationen*-Button (ⓘ). Um eine fortwährende Kontrolle über die Auslastung der CPU zu erhalten, lassen sich über das *Fenster*-Menü weitere Analyse-Fenster für die *aktuelle CPU-Auslastung*, den *Verlauf der CPU-Auslastung* sowie *Balken für die CPU-Auslastung* einblenden. Diese Info-Dialoge bleiben immer im Vordergund und Sie können sämtliche *Prozessor*-Bewegungen bewerten. Wie oft eine Überprüfung bzw. Aktualisierung stattfinden soll, stellen Sie über *Darstellung | Darstellung aktualisieren* ein.

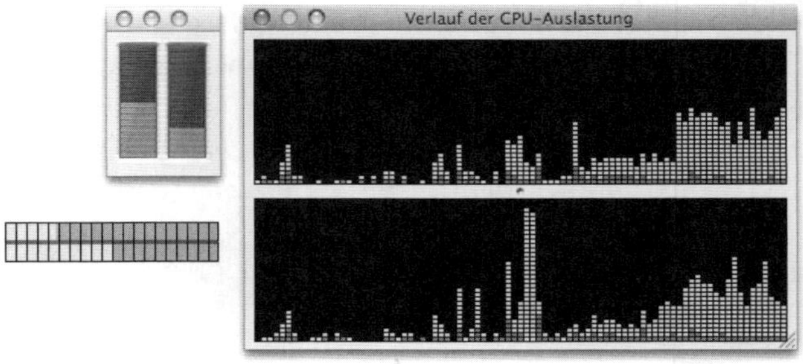

Wie im Studio: Überall blinkt's und flattert's – der Prozessor lebt also noch.

Möchten Sie die *Aktivitätsanzeige* sowie deren verschiedene Anzeigen ständig im Blick haben, so können Sie anstatt des *Aktivitätsanzeige*-Icons diese Fenster auch im Dock anlegen: entweder per verlängertem Klick auf das Programm-Icon im Dock oder über die Menüleiste *Darstellung | Symbol im Dock.*

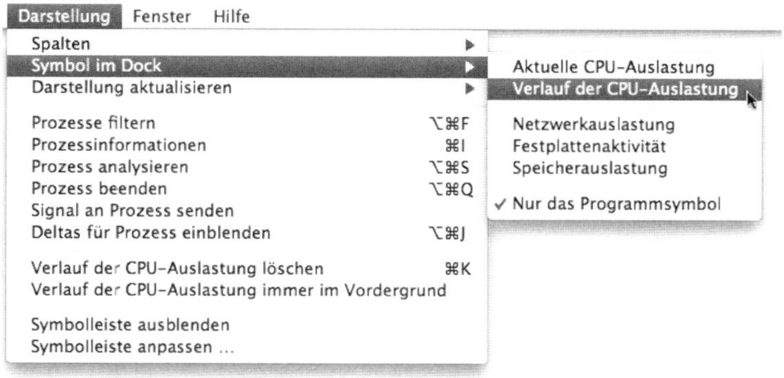

Auch das Dock kann zur Kontroll-Station umgebaut werden.

Die Rubrik *Speicher* überprüft die Vorgänge im Arbeitsspeicher. Je mehr Sie davon in Ihrem Mac eingebaut haben, desto besser (also 1 Gigabyte sollten es schon sein) – so arbeitet der Rechner doch flüssiger und muss nicht zu oft auf den virtuellen Speicher der Festplatte auslagern, der merklich langsamer ist. Rufen Sie zum Überprüfen am besten Ihr Standard-Repertoire an Programmen im Arbeitsalltag auf und werfen Sie dann einen Blick in die *Aktivitätanzeige.* Hierbei wird genau aufgelistet, wie viel Arbeitsspeicher frei, reserviert, aktiv oder insgesamt genutzt ist. Kommt es hier des Öfteren zu Kapazitätsengpässen, sollten Sie einmal mit Ihrem Mac-Händler Kontakt aufnehmen, um eine Speicher-Aufrüstung am Runden Tisch zu besprechen – vorausgesetzt natürlich, dass der Kosten-Voranschlag Sie nicht vom Stuhl fallen lässt.

Wenn Ihr Rechner mit geöffneten Programmen oftmals langsam reagiert und die Aktivitätsanzeige weniger als 100 MB freien Arbeitsspeicher meldet, wäre eine Aufrüstung durchaus in Erwägung zu ziehen.

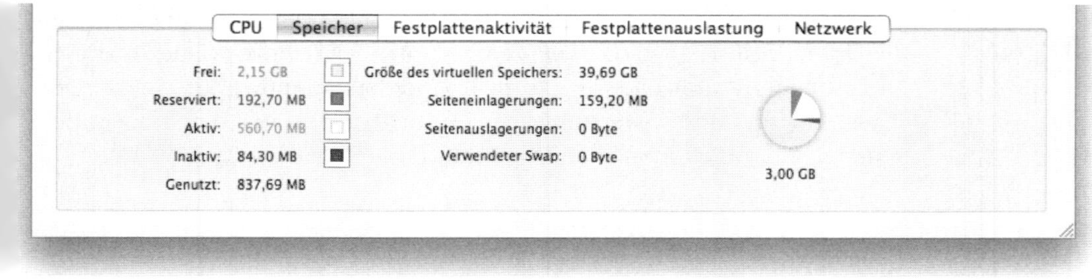

Das Gleiche gilt auch für die Punkte *Festplattenaktivität* sowie die *Festplattenauslastung*. Auf der einen Seite können Sie beobachten, wie viele Lese- und Schreibzugriffe ausgeführt werden, also wie aktiv der Schreib-/Lese-Kopf über die verbauten Platten rauscht, auf der anderen Seite sehen Sie auf einen Blick, wie viel Speicher-Kapazität bereits verbraucht und wie viel noch frei ist. Bei Letzterem sollten Sie nie an das Limit gehen, da Programme auch immer virtuellen Speicher in Anspruch nehmen und im schlimmsten Fall eine Arbeitsverweigerung an den Tag legen können (Fehlermeldung: Dieser und jene Prozess konnte nicht ausgeführt werden …).

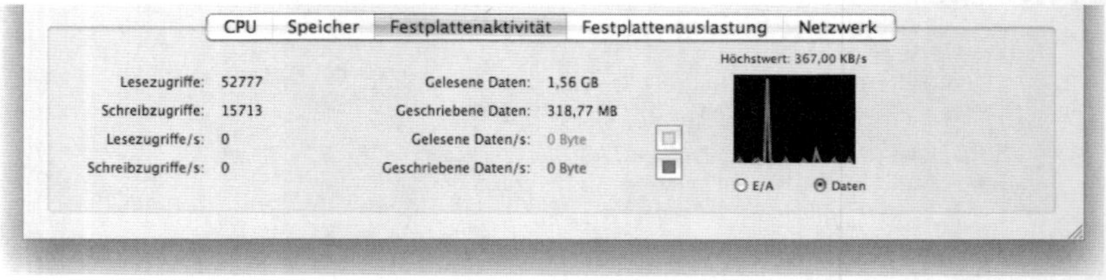

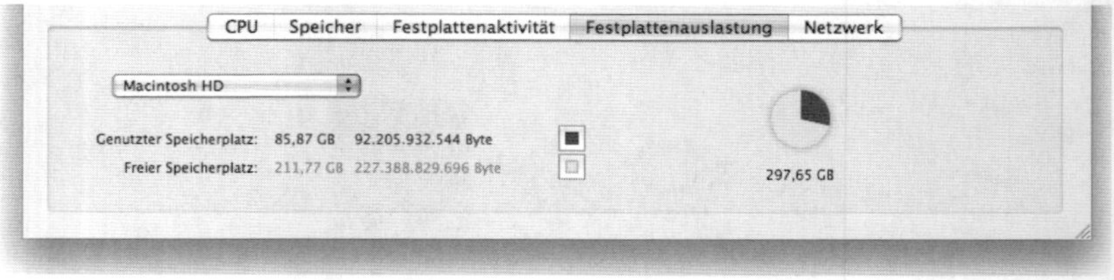

Aktivität wie Auslastung der Festplatte(n) auf einen Blick.

Haben Sie sich ein Netzwerk aufgebaut, indem Sie mehrere Macs (oder auch PCs) zusammenschließen, so werden diese Aktivitäten (empfangene Daten, gesendete Daten) unter *Netzwerk* aufgezeichnet. Sie sehen also genau, welche Datenmengen durch die Leitungen laufen.

Im Großen und Ganzen ist das Programm für den Normal-Anwender sicherlich einen Blick wert, auch wenn er es nicht allzu oft benötigen wird – im Gegensatz zu Programmierern und Netzwerk-Administratoren, die damit Optimierungen vornehmen oder Fehlern auf die Spur kommen können.

Bildschirmfoto

Ab und an möchte man vielleicht einen Dialog (etwa eine kryptische Fehlermeldung), ein Fenster oder gar den gesamten Schreibtisch (Guck mal mein tolles Hintergrund-Bild an …) im Bild festhalten, um es für den Support oder für Freunde weiterzureichen. Damit das alles mit den Hausmitteln klappt, gibt Ihnen Apple das Programm *Bildschirmfoto* mit an die Hand.

Was wie abfotografiert werden soll, entscheidet letztlich die Situation. Über das Menü *Foto* wählen Sie dann aus den angebotenen Optionen das Passende heraus:

- *Ausgewählter Bereich* (⌘-⇧-A)
  Hiermit lassen sich Ausschnitte wählen, indem Sie den Mauszeiger ansetzen und dann mit gedrückter Maustaste einen Rahmen aufziehen. Sobald Sie die Maustaste loslassen, wird dieser Ausschnitt abfotografiert.

Nicht zu übersehen: der Rahmen (links) bestimmt den Ausschnitt.

- *Fenster* (⌘-⇧-W):
  Wie der Name schon verrät, fotografieren Sie damit Fenster ab. Im auftauchenden Dialog klicken Sie in *Fenster auswählen* und dann auf das abzulichtende Fenster. Fertig.

- *Bildschirm* (⌘-Z):
  Alles, was auf Ihrem Monitor zu sehen ist, wird abgelichtet.

- *Selbstauslöser* (⌘-⇧-Z):
  Damit wird ebenfalls der Bildschirm abfotografiert, jedoch haben Sie im Vorfeld 10 Sekunden Zeit, um alles zu arrangieren. Über eine symbolisierte Stopp-Uhr wird Ihnen aufgezeigt, wann es Klick macht.

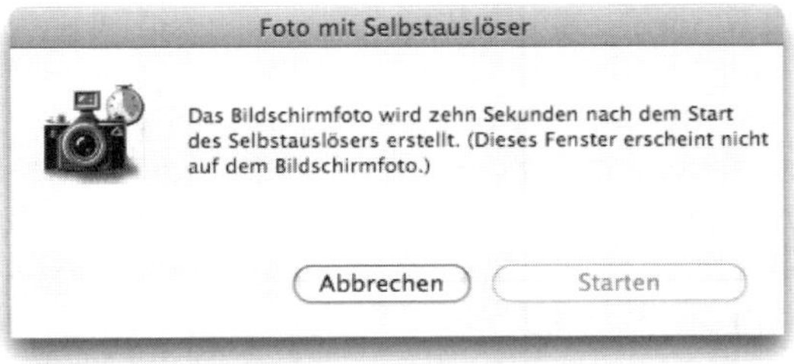

Bitte lächeln, denn gleich klickt's.

In allen vier Fällen wird nach dem Anfertigen des Screenshots das Bild eingeblendet. Möchten Sie beispielsweise die Größe überprüfen, so wählen Sie *Bearbeiten* | *Information* (⌘-I) – das Fenster zeigt Ihnen *Höhe* wie *Breite* in Pixel auf und gibt die *Farbtiefe* an. Ist es für Sie in Ordnung, sollten Sie das Bild selbstverständlich sichern. Über *Ablage* | *Sichern* (⌘-S) bzw. *Sichern unter* (⌘-⇧-S) vergeben Sie einen Namen und legen einen Speicher-Ort fest – das Bild wird dann im TIFF-Format gespeichert.

Zum Konvertieren in ein anderes Format öffnen Sie das Bild mit dem Programm *Vorschau* und wählen den Befehl *Sichern unter* (⌘-⇧-S). Dort steht Ihnen nun die ganze Latte weiterer Formate zur Verfügung.

Manchmal ist es nötig, beim Abfotografieren den künftigen Betrachter auf irgendetwas hinzuweisen – sei es auf eine Datei, einen Knopf oder einen Missstand. Sowohl bei *Bildschirm* als auch dem *Selbstauslöser* ist es daher möglich, den Mauszeiger mit abzulichten. Wie dieser aussehen soll, bestimmen Sie in den *Einstellungen* (⌘-*Komma*) im *Ablage*-Menü.

Die Mauszeiger-Parade für jeden Zweck.

Wir möchten auch noch einmal daran erinnern, dass es neben dem Programm *Bildschirmfoto* noch zwei weitere hauseigene Alternativen gibt. Zum einen finden Sie dieselben Optionen bei gestarteten Anwendungen (allerdings nicht bei allen) im *Programm*-Menü (das ist das Menü rechts vom Apfel-Symbol) unter *Dienste | Bildschirmfoto*, zum anderen über die nachfolgenden Tasten-Kombinationen:

⌘-⇧-3: der gesamte Bildschirm wird abgelichtet;

⌘-⇧-4: über ein Fadenkreuz kann ein Ausschnitt angefertigt werden, über das zusätzliche Drücken der *Leertaste* wird ein Fenster abfotografiert.

Hierbei werden die Bilder als *PNG*-Dateien auf dem Schreibtisch abgelegt, die dann noch umbenannt und eventuell in ein anderes Format gebracht werden sollten. Gefallen Ihnen die verwendeten Tasten-Kombinationen nicht, so werfen Sie doch einen Blick in die Systemeinstellung *Tastatur & Maus* und dort in die Rubrik *Tastaturkurzbefehle.*

Bluetooth-Datenaustausch

Dieses Programm macht genau das, was der Name verspricht: Es tauscht Daten aus – allerdings nur in eine Richtung (*senden*). Vorher sollten Sie jedoch Ihre Bluetooth-Geräte konfigurieren, sprich über die Systemeinstellung *Bluetooth* bzw. den *Bluetooth-Assistenten* anmelden (siehe hierzu den erklärenden Text im Kapitel über die *Systemeinstellungen*). Ist das alles erledigt, so brauchen Sie nur das Programm *Bluetooth-Datenaustausch* zu starten und aus dem sich öffnenden Dialog-Fenster namens *Wählen Sie die zu sendende Datei aus* das oder die Objekte zu markieren. Mit der Bestätigung über den Knopf *Senden* werden dann alle gefundenen Geräte aufgeführt. Suchen Sie sich Ihr gewünschtes Gerät aus und ab geht die Post.

Zuerst werden die Daten ausgewählt …

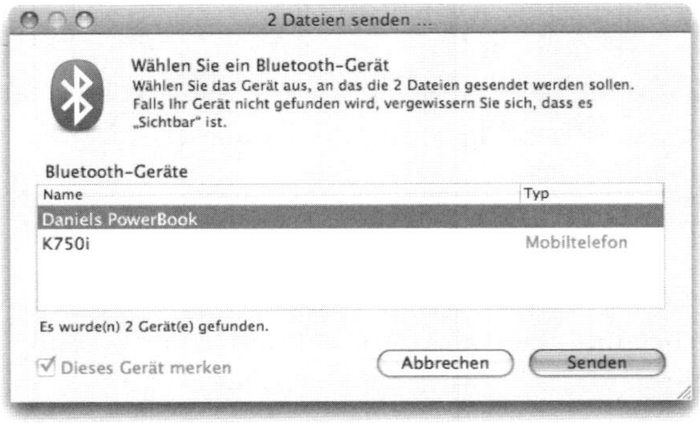

… und dann das entsprechende Gerät ausgewählt. Über »Senden« werden die Daten verschickt.

Haben Sie in der Systemeinstellung *Bluetooth* die Option *Bluetooth-Status in der Menüleiste anzeigen* aktiviert, so gelingt das Versenden wesentlich schneller, wenn Sie zuvor die Objekte auswählen und dann über die Menüleiste auf das entsprechende Symbol (✱) klicken. Auf diesem Wege können Sie direkt die Sachen verschicken, ohne erst umständlich das Programm *Bluetooth-Datenaustausch* starten zu müssen.

Der Boot Camp Assistent – einmal die Windows-Welt schnuppern

Nach einigen Monaten als Testversion nun für die Allgemeinheit freigegeben – die Rede ist vom *Boot Camp Assistenten*, der nun endlich Brief und Siegel seitens Apple bekommen hat und jetzt fest zur Leopard-Mannschaft gehört. Dieses kleine Programm ermöglicht Ihnen die Installation von *Microsoft XP* oder *Microsoft Vista* auf Ihrem Mac. Und ob Sie dies nun für einen Frevel halten oder nicht – beeindrucken kann man damit allemal und wir sind ja schließlich alles weltoffene Gesellen, die auch gerne mal ihre Nasen in fremde Sachen stecken.

Der Windows-Umsteiger hingegen, der nur auf das Design eines Apple-Rechners schielt, nichtsdestotrotz aber an seiner Windows-Umgebung festhalten möchte, sei daher nicht verdammt, sondern eingeladen zum Schnuppern. Und wir alle ja wissen: Früher oder später kriegen wir Euch alle :-)

Als »alter Hase« in Sachen Windows & Co. oder auch nur als neugieriger Mac-Nutzer stellt sich nach der Einrichtung des Apple-Rechners die Frage, wie nun Windows auf den Rechner gelangen soll. Im Grunde ein »Klacks«, in der Praxis jedoch manchmal auch mit ein paar Hürden behaftet – besonders dann, wenn man sich das erste Mal an derlei Dinge wagt. Die wichtigste Regel sollte daher lauten: Halten Sie sich an die von Apple und den Drittherstellern vorgegebenen Systemvoraussetzungen, dann ist schon einmal die halbe Miete gewonnen – die andere Hälfte erledigen Sie mit Hilfe der nachfolgenden Seiten.

Bevor Sie jedoch loslegen, sollten Sie sich ein paar Gedanken machen, um auch ein wenig über den Tellerrand zu blicken:

- Wollen Sie actionreiche Games auf dem Rechner spielen oder weiterhin nur Ihre Korrespondenz in gewohnter Manier erledigen?

- Oder haben es Ihnen Excel-Tabellen angetan oder gar nur das Internet?

- Möchten Sie parallel mit beiden Betriebssystemen arbeiten, um Daten auszutauschen und um etwa Web-Seiten auf Windows und Macintosh zu überprüfen?

Je nach Leistungsanforderung können Sie auswählen oder gar beides einrichten. *Boot Camp* ist dann die richtige Entscheidung, wenn Sie sich noch nicht so recht mit Mac OS X anfreunden können und einen kompletten Windows-Rechner wünschen. Windows wird dabei auf einem separaten Teil Ihrer Festplatte – einer so genannten »Partition« – installiert und läuft nach einem Neustart Ihres Apple-Rechners als alleiniges Betriebssystem völlig autark. Es profitiert dabei von einem schnellen Prozessor, dem direkten Zugriff auf die Festplatte und überhaupt vom schicken Design der Apple-Kreativen.

Bei *Parallels Desktop* von der gleichnamigen Software-Schmiede spricht man hingegen von einer Virtualisierung, bei der der Windows-PC per Software sozusagen vorgegaukelt wird. Der Vorteil ist ganz klar, dass Sie beide Betriebssysteme – *Windows* und *Mac OS X* – nebeneinander laufen lassen können; das lästige Neustarten des Rechners entfällt hierbei. Der Nachteil liegt jedoch in der Tatsache, dass sich beide System-Welten beim gleichzeitigen Betrieb das »Herz des Rechners«, den Prozessor, teilen müssen – die Arbeitsgeschwindigkeit des Rechners insgesamt leidet. Für Büro-Arbeiten und für kleinere Surf-Touren durch's Internet ist das zwar kaum von Belang, für anspruchsvolle Spiele oder Grafik-Anwendungen jedoch weniger geeignet.

Weiterhin gibt es auch die Software-Lösung *Fusion* von *VMware*, die – trotz späteren Starts in den Markt – bei Geschwindigkeits-Vergleichen mit *Parallels Desktop* manches Mal sogar eine Nasenlänge weiter vorne liegt. Die Frage, ob *Boot Camp* oder *Fusion*, ist ähnlich wie bei *Parallels* zu beantworten: Wenn zwei Betriebssystem-Welten auf einem Rechner laufen, geht es halt weniger schnell zu, als wenn Sie beim Neustart – wie im Fall von *Boot Camp* – bestimmen, dass entweder *Mac OS X* oder *Windows* laufen soll.

Zum Schluss folgt die »Kompromisslösung« *VirtualPC*, die man als Emulation bezeichnet, da sie sowohl Prozessor als auch PC-Umgebung nachbildet. Die Arbeitsgeschwindigkeit ist ziemlich zäh, dafür ist die Software aber auch auf älteren Mac-Rechnern mit PowerPC-Prozessoren (G4 oder G5) zum Laufen zu bringen. In diesem Buch möchten wir uns ausschließlich um *Boot Camp* kümmern und darüber *Windows XP* zum Laufen bringen. Mal sehen, ob das klappt …

Wenn Sie sich für die Virtualisierungen *Parallels Desktop* und *Fusion* von *VMware* interessieren, so sei Ihnen auch unsere Umsteigefibel an's Herz gelegt. Darin erfahren Sie weitere Details zum Umzug von Windows auf den Mac, erhalten Anweisungen zum Installieren eben genannter Vitualisierungen und lernen ganz nebenbei die mannigfachen Möglichkeiten zum Datenübertrag vom Windows- auf den Mac-Rechner kennen. Am Ende des Grundlagen-Buches finden Sie weitere Informationen zur Umsteigefibel in Wort und Bild.

Die Vorbereitungen

Der Rechner muss auf Vordermann gebracht werden. Dazu gehören die aktuelle *Mac OS X*-Version (10.5 oder neuer) sowie alle Firmware-Aktualisierungen. Am besten funktioniert dies über die *Systemeinstellungen | Softwareaktualisierung*, zu der Sie jedoch über einen Online-Zugang (Breitband-Geschwindigkeit per DSL ist empfehlenswert) verfügen sollten.

Surfen Sie üblicherweise per Modem oder ISDN im Internet, so bitten Sie doch Freunde oder Verwandte mit einem Mac-Rechner, Ihnen die oft Dutzende von Megabyte schweren Update-Dateien herunterzuladen. Alternativ funktioniert dies auch über die Webseite `www.apple.com/de/downloads`

Über die »Computer-eigene« *Softwareaktualisierung* und dann über *Jetzt suchen* werden alle ausstehenden Updates zusammengetragen – anschließend werden diese über den Button *Objekte installieren* vollautomatisch geladen und eingebaut.

Bei etwaigen Firmware-Updates halten Sie sich bitte unbedingt an die eingeblendeten Verhaltensregeln. Da der normalsterbliche Anwender manchmal vor lauter Aufregung die ein oder andere Anweisung vergisst, empfehlen wir diese auszudrucken, damit Sie die einzelnen Schritte genau abarbeiten können.

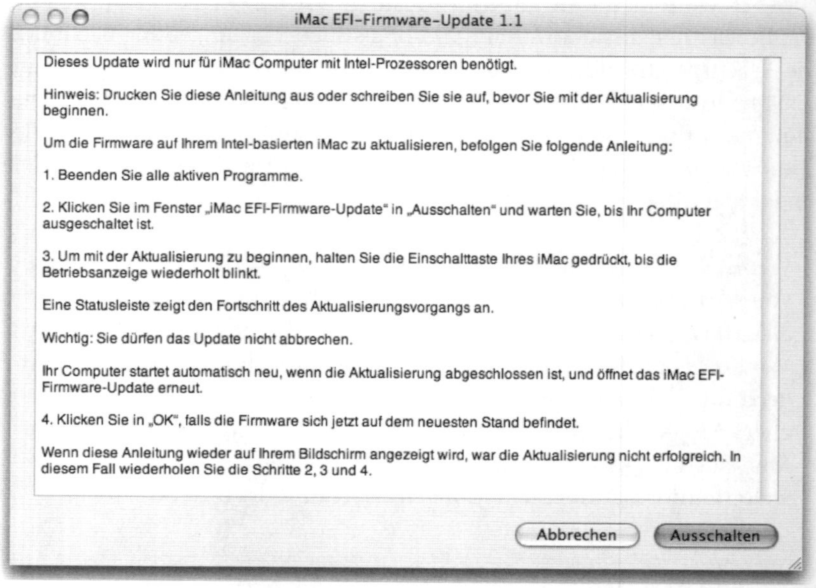

Firmware-Update für den iMac – in vier Schritten zum Erfolg.

Zusammengefasst hier noch einmal die Voraussetzungen für einen gelungenen *Boot Camp*-Einstieg. Sie brauchen:

- Einen Macintosh Computer mit Intel-Prozessor, eine USB-Tastatur und Maus bzw. Tastatur und Trackpad eines Mac Book (Pro);
- Mac OS X Version 10.5 oder neuer sowie alle entsprechenden Firmware-Aktualisierungen;
- Mindestens 10 GB freien Festplattenspeicher auf dem Volume, auf dem die Software installiert werden soll.
- Die *Mac OS X Leopard Installations*-DVD sowie *Windows XP Home Edition* oder *Professional* mit *Service Pack 2* bzw. *Microsoft Vista Home Basic, Home Premium, Business* oder *Ultimate.*

Der »Boot Camp Assistent«, Ihr freundlicher Begleiter

Sollten Sie zu der energischen, innovativen sowie mutigen Gruppe von Anwendern gehören, die bereits in 2007 mit der Test-Version von *Boot Camp* gearbeitet haben, so müssen Sie die folgenden Abschnitte zum Partitionieren bzw. Formatieren nicht zu beachten. Im Gegenteil: Sie brauchen eigentlich nur unter Windows zu starten und dann die *Mac OS X Leopard-Installations*-DVD einzulegen. Über das automatisch startende Installationsprogramm werden nun alle neuen wie wichtigen Treiber installiert.

Bevor Sie nun engagiert und voller Elan ans Werk gehen, gehören leider noch einige weitere Grundvoraussetzungen in Ihr Brevier. Zum einen möchte der *Assistent* von *Boot Camp* auf Ihrem Rechner eine eigene Partition extra für *Windows* anlegen. Ihre Festplatte darf daher nicht bereits partitioniert (also in mehrere Teilstücke separiert) sein. Haben Sie (oder wer war's?) dies bereits getan, so sollte Ihr erster Schritt nicht zu *Boot Camp*, sondern über das *Festplatten-Dienstprogramm* laufen (ebenfalls zu finden im Ordner *Dienstprogramme*, der wiederum im Ordner *Programme* liegt).

Da müssen Sie jetzt tapfer sein.

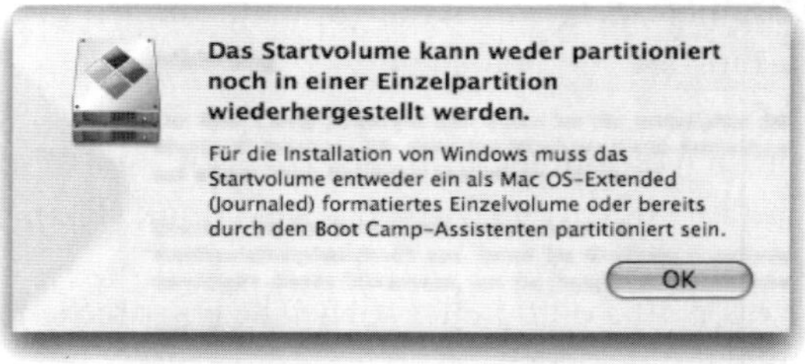

Das *Festplatten-Dienstprogramm* unter Mac OS X Leopard hat eine Menge dazugelernt und kann nun auch nachträglich die Festplatte neu einrichten, ohne dass das Startvolume als solches in Mitleidenschaft gezogen wird. Werden jedoch aus zwei oder mehreren Partitionen wieder ein einziges Volume-Schema, so werden dennoch die Daten auf diesen weiteren Partitionen gelöscht. Mit anderen Worten: **Bringen Sie auf jeden Fall jene Daten, die sich außerhalb des Startvolumes auf den weiteren Partitionen befinden, in Sicherheit, da diese nach der Umstellung nicht mehr vorhanden sind.**

Ganz wichtig: Ziehen Sie bitte die Daten von der zweiten oder den weiteren Partitionen auf eine externe Festplatte oder auf das erste Volume-Schema (Startvolume) bzw. brennen Sie sich Sicherheits-CDs/DVDs.

Rufen Sie dann das *Festplatten-Dienstprogramm* auf und klicken Sie dort auf den Reiter *Partitionieren.* Markieren Sie Ihre interne Festplatte, so dass unterhalb von *Schema* die Aufteilung angezeigt wird.

Das Festplatten-Dienstprogramm zeigt über den Reiter »Partitionieren« die aktuelle Aufteilung der Festplatte an.

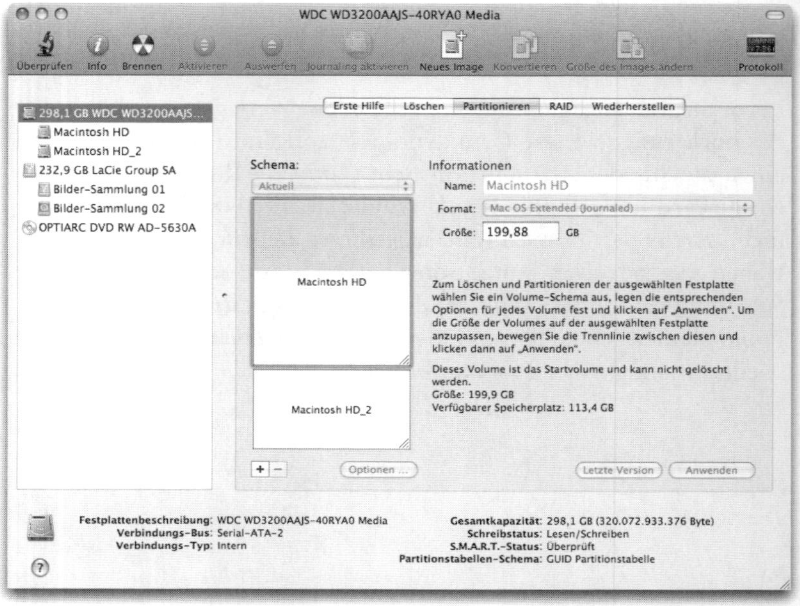

Markieren Sie danach beispielsweise die zweite Partition per Mausklick und betätigen Sie dann den unten liegenden *Minus*-Button (−). Daraufhin fährt ein Dialog aus, der Ihr Tun noch einmal genau auflistet: »Beim Entfernen dieses Volumes werden die Daten auf dem Volume endgültig gelöscht.« (Bitte jetzt den Schweiß von der Stirn tupfen …)

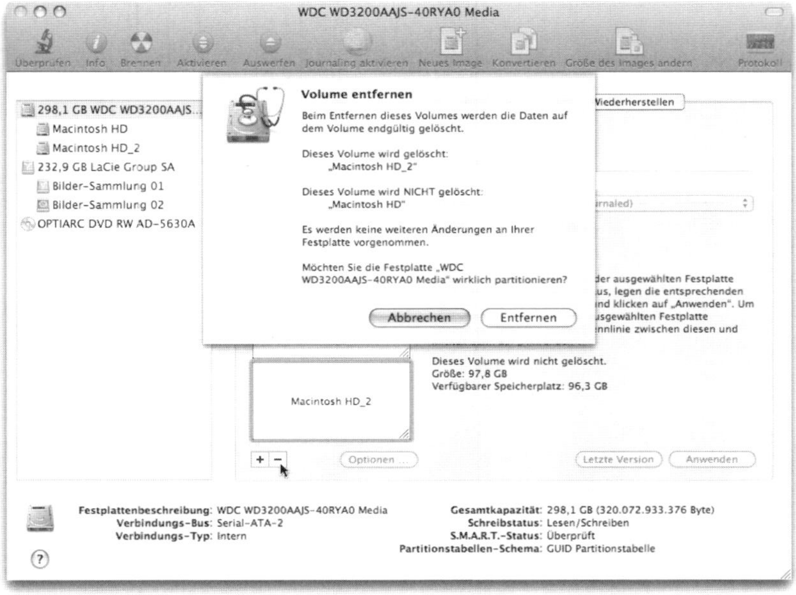

Das zu entfernende Volume wird gelöscht, während das Startvolume auf der ersten Partition unberührt bleibt.

Klicken Sie nun auf *Entfernen*, so wird die Partitionstabelle neu angelegt und das Volume verschwindet. Um die ursprüngleiche Größe wiederherzustellen, müssen Sie nun noch das bestehende Volume bearbeiten, indem Sie es am geriffelten Anfasser mit der Maus packen und ganz nach unten ziehen. Ein weiterer Klick auf den Knopf *Anwenden* stellt den Ursprungszustand wieder her.

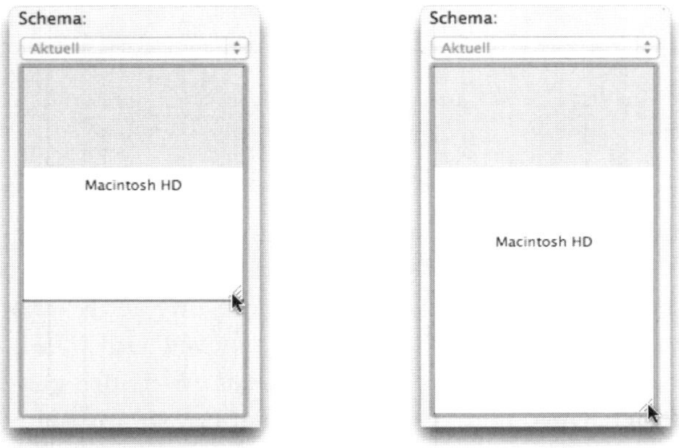

Das Volume wird neu aufgezogen und an die volle Größe angepasst.

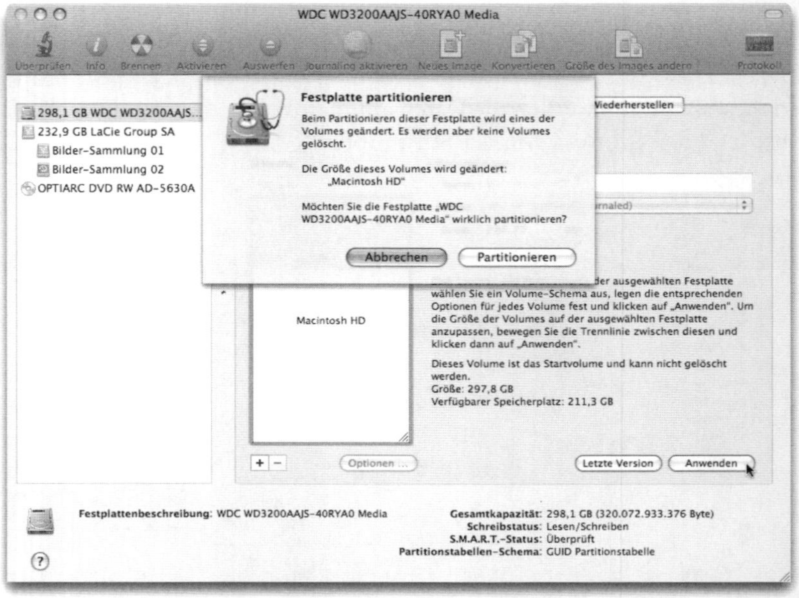

Über den Knopf »Anwenden« werden weiterhin keine Daten gelöscht, sondern nur die Einzelpartition an die volle Größe angepasst.

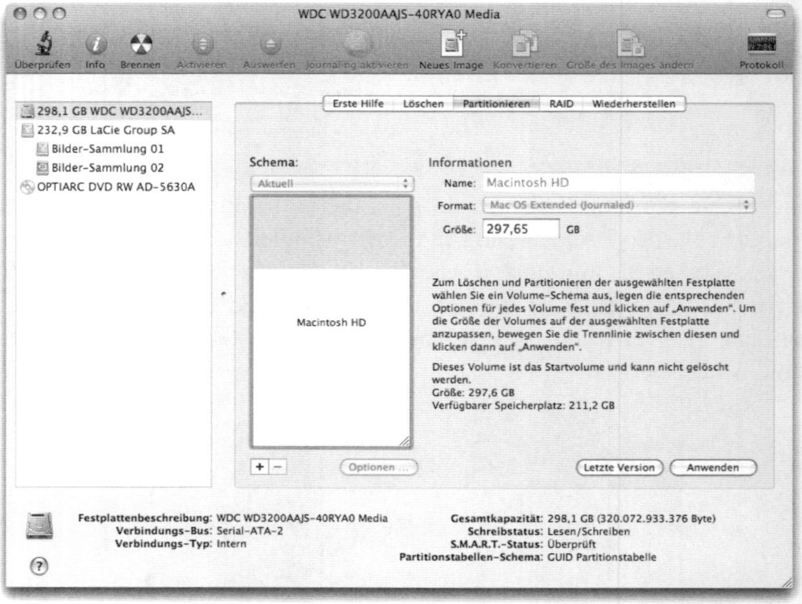

Voilà – Sie haben wieder Ihre Einzelpartition und können nun endlich mit »Boot Camp« loslegen.

Bei mehreren internen »Volumes« (gemeint sind hier Festplatten – keine Partitionen) sollten Sie eines davon so aufbereiten, dass es problemlos bespielt werden kann. Die Formatierung der Festplatte muss dabei das Format *Mac OS X Extended (Journaled)* aufweisen. Mit anderen Worten bedeutet das auch in diesem Fall: Bringen Sie Ihre Daten in Sicherheit, denn ist falsch formatiert, so müssen Sie in der Tat alles neu einrichten.

Bevor Sie nun den *Boot Camp-Assistenten* starten, ziehen Sie bitte alle externen Geräte wie Festplatten oder sonstige Speichermedien (etwa einen iPod) ab. Da Windows bekanntlich Laufwerksbuchstaben verteilt (Windows installiert sich standardmäßig auf dem Volume mit dem Buchstaben »C«), soll auf diese Weise ausgeschlossen werden, dass der Laufwerksbuchstabe C einem falschen Volume zugeordnet wird. Weiterhin sollten Sie bereithalten: Eine Packung Taschentücher, falls Ihre Unternehmung misslingt (der war aber ganz schön böse ;-)).

Beim ersten Start von *Boot Camp* erhalten Sie eine kleine Einführung und die Möglichkeit, das zugehörige Installations- & Konfigurationshandbuch auszudrucken. Dieses enthält eine Vielzahl an wichtigen Informationen und ist auf jeden Fall einen Blick wert.

Die Einführung mit dem Herzenswunsch seitens Apple, das Installations- & Konfigurationshandbuch auszudrucken.

Über *Fortfahren* gelangen Sie zur Einrichtung der Partition für Windows. Hier ist es nicht unerheblich, welche Größe Sie dort auswählen. Apple empfiehlt mindestens 10 Gigabyte, besser sind jedoch höhere Werte, denn schließlich möchten Sie auch noch Programme, Daten und eventuell Spiele dort unterbringen. Wenn Sie mehrere Festplatten in Ihrem Mac eingebaut haben, so lässt sich dort ebenso eine zweite Partition bzw. eine ganze Festplatte (außer das Startlaufwerk) als einzelne Partition für Windows einrichten.

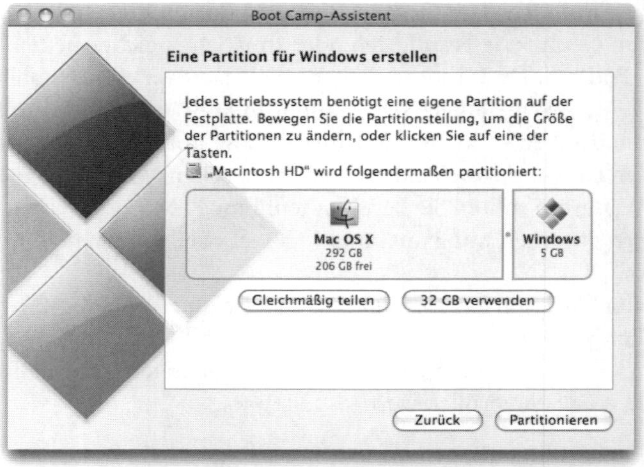

Partitionieren mit Hilfe des »Boot Camp-Assistenten« – entweder per Knopfdruck oder durch das Verschieben der Partitionsblöcke mit der Maus.

Wenn Sie später Windows installieren, muss die vom Apple-System eingerichtete Partition noch formatiert werden. Windows unterscheidet hier zwischen den beiden Dateisystemen *FAT* sowie *NTFS*. Die erste Abkürzung steht für *File Allocation Table* und Sie können dieses System nur verwenden, wenn die Größe der Partition 32 Gigabyte nicht übersteigt. *FAT* ist zwar die ältere Variante, hat aber den entscheidenden Vorteil, dass das Betriebssystem Mac OS X darauf zugreifen kann. Also selbst dann, wenn Sie unter Mac OS X starten, können Sie die Partition einsehen und Daten etwa in Ihren Benutzer-Ordner oder auf den Windows-Schreibtisch legen.

Das *New Technology File System* (*NTFS*) ist das aktuellere Dateisystem und gilt gemeinhin als stabiler, zuverlässiger und auch ein wenig schneller. Die Partitionsgröße ist hier frei wählbar, allerdings unter Mac OS X nicht beschreibbar (jedoch einsehbar).

Sie können nun entweder den Mauspfeil zwischen die Partitionsblöcke setzen und mit gedrückter Maustaste ziehen, oder Sie klicken auf eine der beiden vorgegebenen Tasten (*Gleichmäßig verteilen* oder *32 GB verwenden*).

Bei mehreren Festplatten wählen Sie eine der angebotenen Optionen (*Zweite Partition für Windows XP erstellen* bzw. *Festplatte löschen und Windows XP Einzelpartition erstellen*) und klicken dann auf *Fortfahren*, um die Größe einzurichten.

Wir wollen ja nicht aufdringlich wirken, doch egal, was Sie nun vorhaben: Wir möchten noch einmal ausdrücklich daran erinnern, dass Sie zuvor ein Backup Ihrer bisherigen Daten anfertigen sollten.

Danach heißt es dann den *Partitionieren*-Button zu betätigen und Mac OS X bereitet Ihre Festplatte auf. Zu guter Letzt erfolgt die Installation von Windows. Hierzu legen Sie bitte Ihre Software mit *Windows XP Home Edition* oder *Professional* mit *Service Pack 2* bzw. *Microsoft Vista Home Basic, Home Premium, Business* oder *Ultimate* ein (aber bitte nicht alle auf einmal ;-)) und klicken dann auf *Installieren.* Der Rechner startet neu und liest die Daten ein.

Der krönende Abschluss, ehe Sie vom Mac- in den Windows-Bereich wechseln.

Es geht los: Die Farbe »Blau« hat es Windows wohl angetan – alle nachfolgenden Software-Abläufe spielen sich in diesem Farbton ab (zumindest unter Windows XP). Für den Mac-Anwender etwas gewöhnungsbedürftig, findet sich der Win-User jedoch mit Sicherheit sofort in seinem Terrain zurecht.

Mächtig blau (im Druck leider grau) – Setup à la Windows.

Zuerst werden die auf der Installations-DVD befindlichen Dateien geordnet und geladen, ehe Windows startet und Sie zur Mitarbeit auffordert. Das System heißt Sie herzlich Willkommen, und mit der *Eingabe*-Taste (*Enter*-Taste ↵) schreiten Sie zum nächsten Bildschirm. Dort müssen Sie die *Lizenzbedingungen* akzeptieren, indem Sie die Sondertaste *F8* drücken.

Das gewöhnliche Geplänkel der Software-Firmen kennen wir zur Genüge: Zuerst freundlich (»Herzlich Willkommen«), danach knallhart (und »wehe, wenn Sie sich nicht an alles halten ...«).

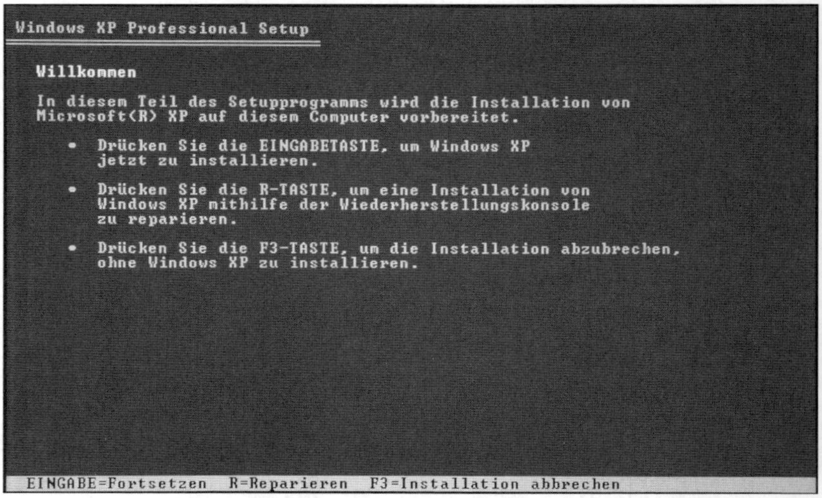

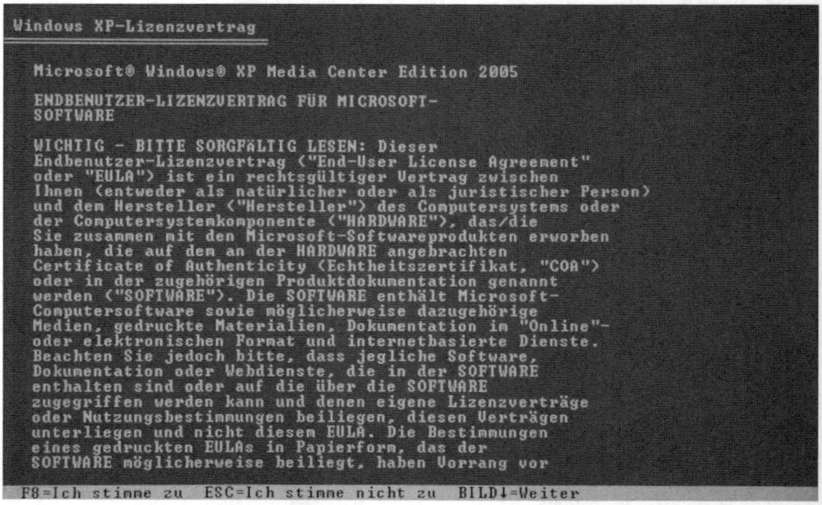

Und dann heißt es wieder Obacht geben, denn nun müssen Sie die korrekte Partition für die Windows-Installation bestimmen. Mit den Pfeil-Tasten (rauf ↑ und runter ↓) bewegen Sie den weißen Balken bis zum Laufwerksbuchstaben *C*. Der Eintrag muss *C: Partition3 <BOOTCAMP> [FAT32]* heißen, die angegebene Größe in Megabyte sollte dabei dem zuvor im *Boot Camp Assistenten* vergebenen Wert entsprechen – in unserem Fall 32 Gigabyte (32196 MB).

Nach der Auswahl bestätigen Sie wieder mit der *Eingabe*-Taste (↵) und legen im folgenden Fenster das Dateisystem (*FAT* oder *NTFS* – Details siehe weiter oben) fest. Die Platte wird nach einem weiteren Druck auf die *Eingabe*-Taste in diesem Format formatiert.

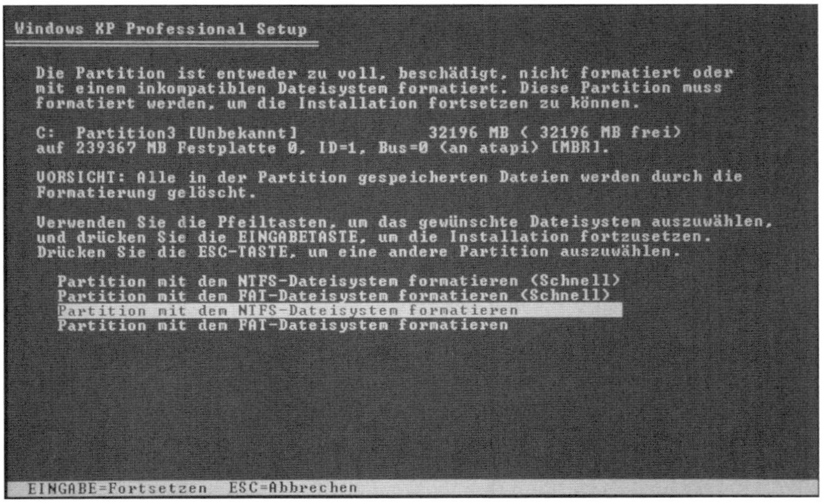

Ihr Wunsch sei Windows Befehl: »FAT« oder »NTFS« als Dateisystem.

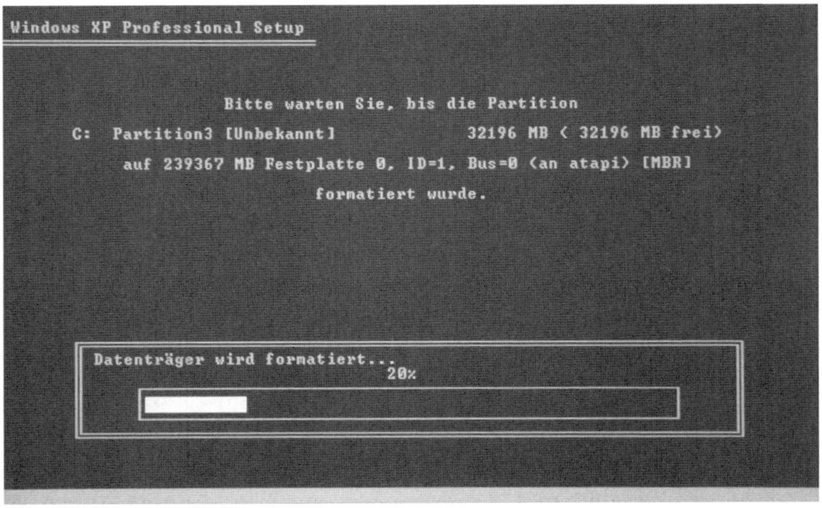

Der Datenträger wird formatiert, was ein Weilchen dauern kann ...

Gleich im Anschluss werden nun die Daten von der Installations-CD/DVD kopiert und Windows bereitet sich schon einmal auf seinen ersten Auftritt vor – mit einem Neustart des Computers.

Für bisherige Windows-Anwender ein Augenblick der Erleichterung, für Mac-User ein Moment der Stille (Überraschung, Trauer, Ohnmacht oder so ähnlich).

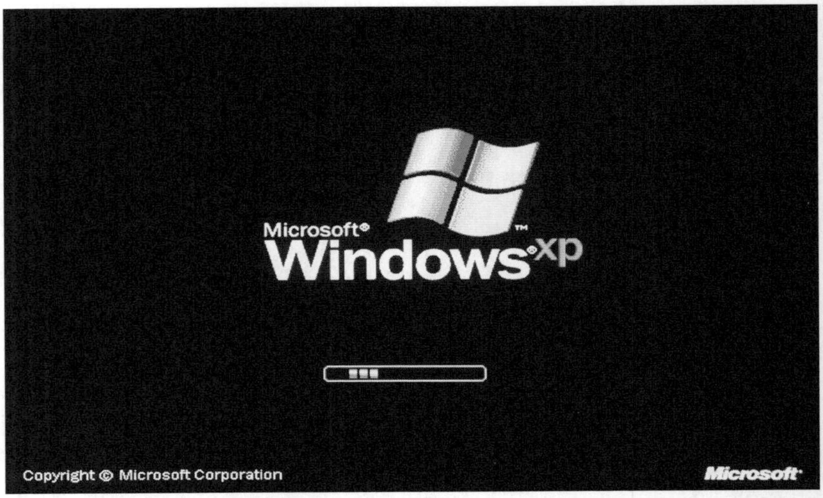

Bleiben Sie am besten gleich vor dem Bildschirm sitzen, denn Ihre Arbeit ist noch nicht erledigt. *Windows* ist ebenso wie *Mac OS X* neugierig und Sie müssen noch die ein oder anderen Eingaben tätigen. Darunter fallen etwa die Regions- und Sprachoptionen (Sprache, Währungen etc.), die Benutzerinformationen (Name, Firma) sowie – ganz wichtig – der 25-stellige *Product Key*.

Da wir es uns mit Microsoft nicht verscherzen wollen, haben wir in der Beispielabbildung vorsichtshalber einmal die Felder leer gelassen.

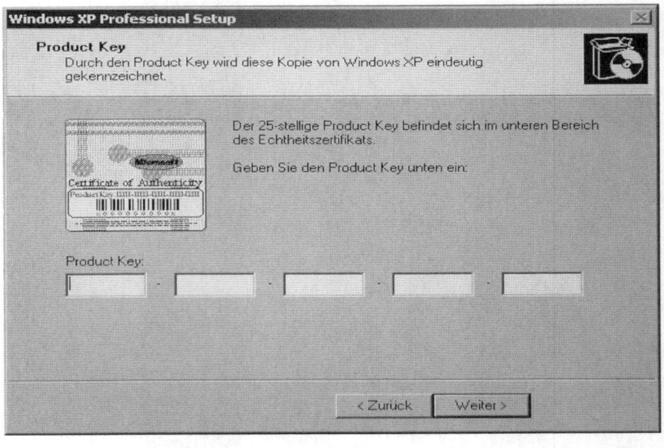

Es folgen die Vergabe von Computername und Administrator-Kennwort, die Einstellung des korrekten Datums und der Uhrzeit sowie die Netzwerk-Einstellungen. Danach wünscht Ihnen auch Windows viel Spaß mit *Windows XP* und alle sind erleichtert, dass die ganze Geschichte doch nicht ganz so schlimm war.

Eines dürfen Sie jedoch nicht vergessen: die Macintosh-Treiber. Hierzu legen Sie unter gestartetem Windows Ihre *Mac OS X Leopard Installations-DVD* ein und per Auto-Start öffnet sich das *Boot Camp-Installationspro-*

gramm, das Sie nun Schritt für Schritt Ihrem Ziel eines funktionierenden Windows XP näher bringt. Mit Klick auf *Weiter* werden nun die Hardware-Treiber (Grafik, Bluetooth, Netzwerk, iSight-Kamera und, und, und) installiert, so dass Windows später auch alle Komponenten des Mac-Rechners erkennt und richtig interpretiert.

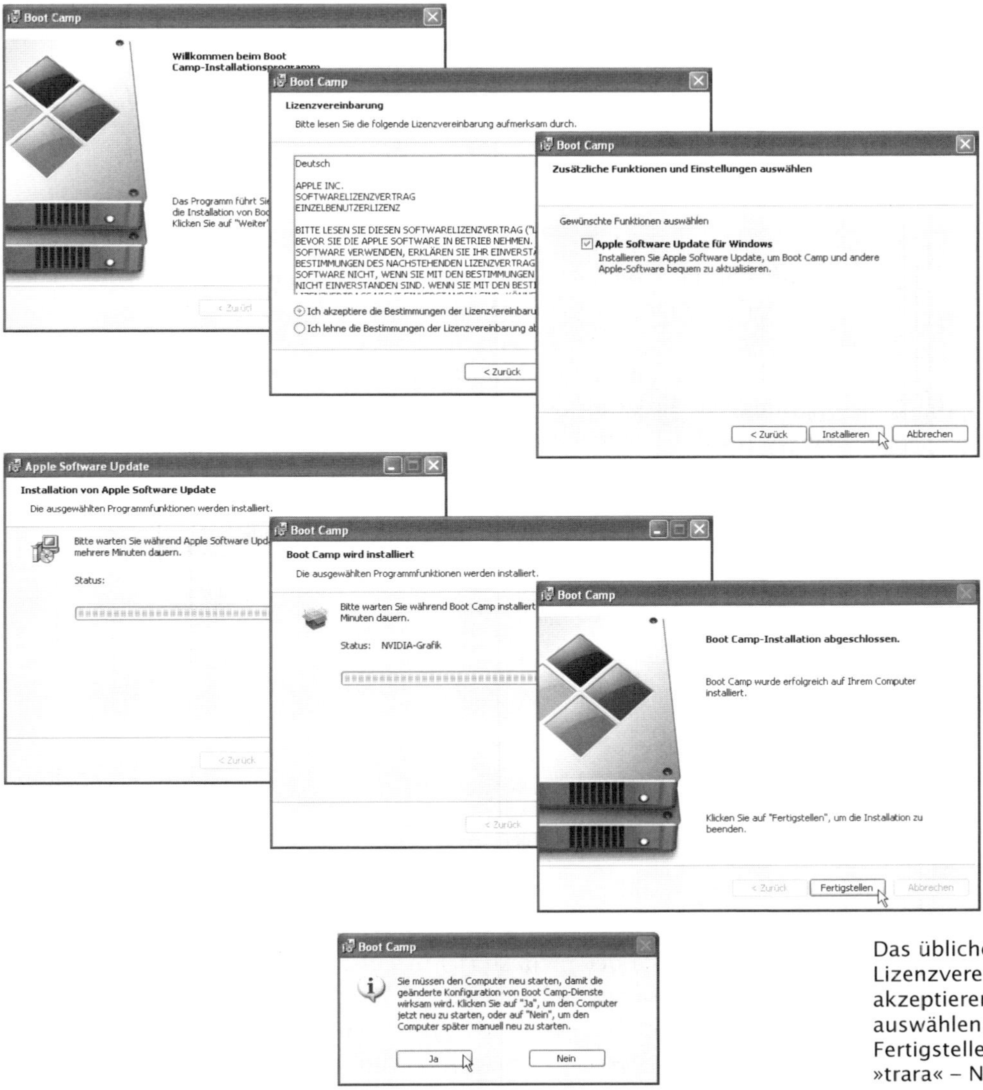

Das übliche Vorgehen: Lizenzvereinbarungen akzeptieren, Funktionen auswählen, Installation, Fertigstellen und – »trara« – Neustart.

Ein letzter Neustart und Windows läuft perfekt auf dem Mac – inklusive der richtigen Bildschirm-Auflösung und allem Drum und Dran. Als Begrüßung wird gleich zu Anfang die *Boot Camp*-Hilfe eingeblendet, damit Sie sich mit weiteren Informationen versorgen können. Toll, wie wir das wieder hingekriegt haben.

Wie nett – gleich zum Einstieg wird Hilfe angeboten.

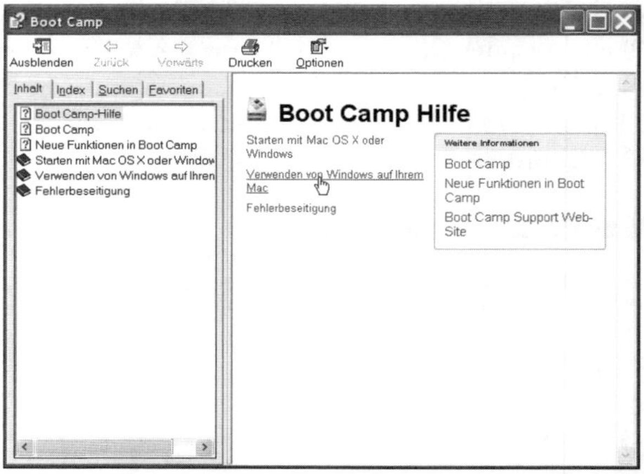

Unter Windows finden Sie in der *Systemsteuerung* (über das *Start*-Menü) die Option *Boot Camp* (in der *Kategorieansicht* gelangen Sie über *Leistung und Wartung* dorthin). Klicken Sie *Boot Camp* doppelt an, so lassen sich über das *Boot Camp Control Panel* Einstellungen zur Helligkeit, der Fernbedienung, der Tastatur oder über die Stromversorgung erledigen. Wichtiger ist jedoch der Reiter *Startvolume*, über den Sie festlegen, welches System (Mac OS X oder Windows) Ihr Mac standardmäßig starten soll.

Mac oder Win – wir hoffen Ersteres ...

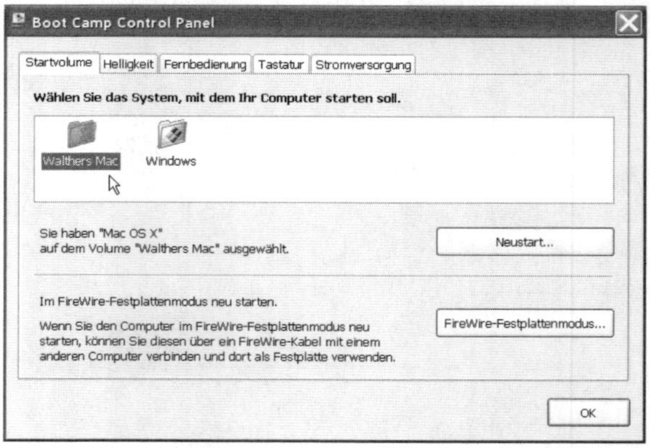

Wenn Sie sich noch nicht so richtig entscheiden oder Sie einfach flexibel sein möchten, so können Sie sich ruhig für ein System festlegen. Wenn Sie nach dem Neustart des Mac-Rechners ganz flink die Optionstaste (⌥) gedrückt halten, so können Sie sich bereits vor dem Booten entscheiden, was Sie denn heute tun möchten.

Was hätten's denn gern? Der Mac und seine flexible Handhabung geben Ihnen in allen Situationen das richtige Werkzeug an die Hand.

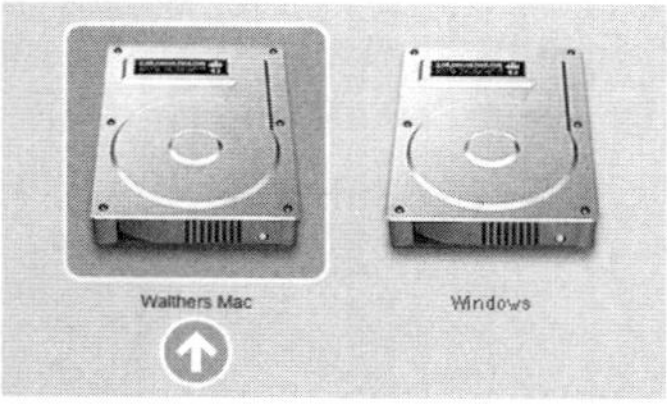

ColorSync Dienstprogramm

Dieses Dienstprogramm kümmert sich um *Farben*. Das war nun sehr einfach gesagt, denn eigentlich wäre das Thema ein eigenes Buch wert. Jedes Gerät, das Sie in Zusammenarbeit mit Ihrem Mac benutzen – etwa Scanner, Digitalkamera, Handy-Kamera etc. – verarbeitet bei Bildern und Dokumenten die Farben auf seine Weise. Und jedes Gerät hat dazu seinen eigenen *Farbraum*, also jenen Umfang an Farben, der darstellbar ist. Weiterhin gibt es die Unterscheidung zwischen Arbeitsfarbraum und Zielfarbraum. Ersterer beinhaltet die Verarbeitung, Letzterer die Ausgabe, etwa über einen Drucker. Kocht nun jeder sein eigenes Süppchen, wird das mit dem tollen Ergebnis wahrscheinlich nichts, denn sobald Sie Ihren Bildern ein Farbprofil zuweisen und gleichzeitig darin Anpassungen der Helligkeit oder der Farbintensität vornehmen, kann ein Zweiter, der vielleicht ohne Farbprofilierung arbeitet, das Bild ganz anders wahrnehmen. Er findet es vielleicht zu farbgesättigt und dreht wieder an den Reglern. Und dann kommt der Drucker ins Spiel, der mit einem ganz anderen Farbraum arbeitet und so weiter … Das Ergebnis: Alle sind enttäuscht ob der verfälschten Wiedergabe. Da bleibt nur der Trost, dass einem so etwas zumindest beim Bemalen von Ostereiern nicht passieren kann.

Ganz so schlimm ist es nun wieder auch nicht, denn die meisten der Anwender arbeiten an ein und demselben Computer und wechseln nicht so häufig den Arbeitsplatz, als dass die Gefahr einer Farbverfälschung bestünde. In einem anspruchsvollen Workflow beginnt man jedoch die Arbeit mit der Profilierung der Geräte (das Kalibrieren der Monitore), so dass jeder Anwender dieselben Voraussetzungen vorfindet. Geht nun ein Bild zur Bearbeitung, wird auch diesem das Profil zugewiesen, so dass jeder Mitarbeiter, der es öffnet, die gleichen Farben sieht. Auf diese Weise ist gewährleistet, dass keine Fehler bei der Verarbeitung passieren. Geht das Bild dann zum Drucker, erkennt dieser anhand des eingebundenen Profils die Farben und gleicht mit seinem eigenen Farbraum ab – als Ergebnis sollte ein einigermaßen korrekter Abgleich erfolgen und das Bild sollte mit der Bildschirm-Ausgabe übereinstimmen. Zusammengefasst lässt sich also sagen, dass im Falle der Aktivierung von *ColorSync* auf allen verfügbaren bzw. an einer Bearbeitung teilnehmenden Geräten sowie einer durchgängig gleich bleibenden Profilierung eines Bildes die Software den Ableich der Farben übernimmt – das Resultat kann sich somit durchaus sehen lassen.

Wir wollen ja nicht, dass Sie vorschnell graue Haare bekommen, daher nochmals als Entwarnung: Normalerweise wird nur im professionellen Bereich eine durchgängige Profilierung vorgenommen. In unserem eigenen Bekanntenkreis bekennt sich jeder der Nicht-Profilierung schuldig (bzw. hat damit nichts am Hut) und bekommt dennoch seine ansprechenden Ergebnisse.

Im *ColorSync-Dienstprogramm* finden Sie nun alle auf ihrem Rechner vorhandenen Profile (Rubrik *Profile*). Klicken Sie eines davon an, so erhalten Sie neben den Informationen darüber auch in einer 3D-Darstellung den darstellbaren Farbraum. Fahren Sie mit der Maus darüber, können Sie diesen mit gedrückter Maustaste drehen. Über die *ctrl-Taste* und das aufspringende Kontext-Menü oder per Klick auf das kleine Dreieck können Sie auch die Funktion *Für Vergleich merken* auswählen. Hierbei wird der Farbraum des gerade angewählten Profils gespeichert und mit den darauf folgenden Profilen, die Sie auswählen, verglichen. Auf diese Weise können Sie gut feststellen, dass manche Profile nicht alle Farben unterstützen und diese daher im Zweifel falsch – weil angepasst – dargestellt würden.

Jedes Profil hat seinen eigenen Farbraum, der über ein 3D-Modell dargestellt wird.

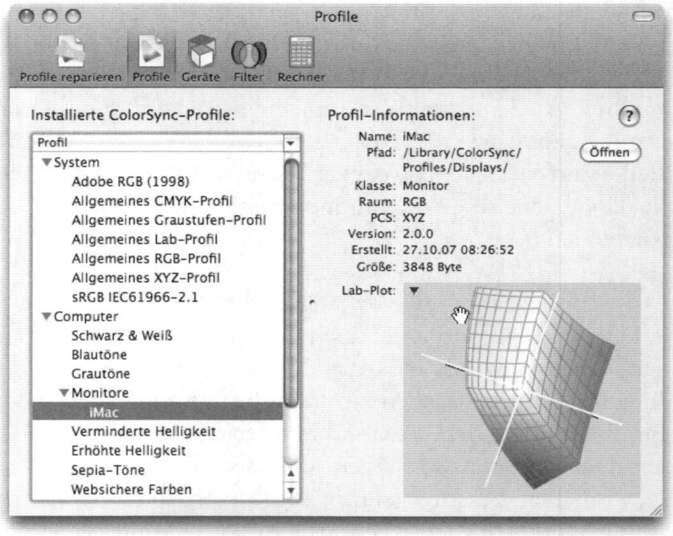

Installieren Sie nun neue Profile, legen Sie sie entweder ins Verzeichnis *Festplatte/Library/ColorSync/Profiles* oder in *Festplatte/Benutzer/«Ihr Benutzername»/Library/ColorSync/Profiles.* Bei letzterer Version stehen die hinzugefügten Profile nur dem jeweiligen Benutzer zur Verfügung.

Welches Gerät nun mit welchem Profil arbeitet, überprüfen Sie in der Rubrik *Geräte.* Hierbei werden all jene Peripherie-Geräte aufgeführt, deren Treiber installiert wurden. Markieren Sie ein Gerät, so sehen Sie sowohl das werksseitig eingerichtete Profil als auch das aktuell verwendete. Möchten Sie Änderungen vornehmen (ein anderes Profil zuweisen), so klicken Sie in das Dreieck bei *Aktuelles Profil* und wählen *Andere.*

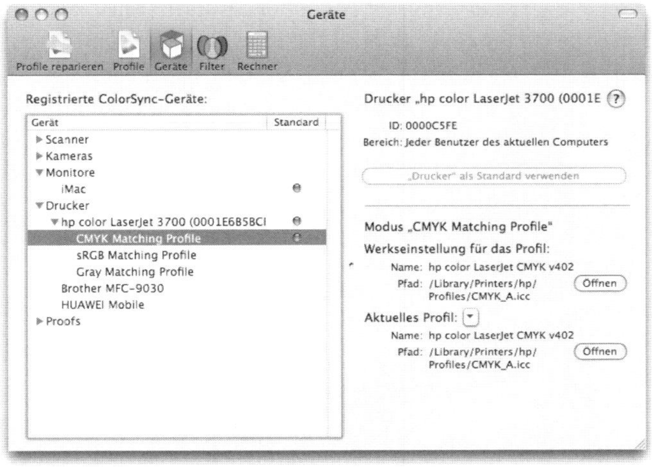

Welches Gerät verwendet welches Farb-Profil? Ein Blick in das »ColorSync-Dienstprogramm« bringt schnell die Erkenntnis.

Im Bereich *Filter* finden Sie so genannte *Quartz Filter*, die Effekte, Konvertierungen oder Bearbeitungsschritte enthalten. Diese Filter können jedoch nur auf PDF-Dateien angewendet werden. Rufen Sie bei gestartetem *ColorSync-Dienstprogramm* | Rubrik *Filter* über *Ablage* | *Öffnen* eine PDF-Abbildung auf, so können Sie bei *Filter* die verschiedenen voreingestellten Optionen ausprobieren. Erst wenn Sie zusätzlich auf den Button *Anwenden* klicken, wirken sich die Filter auch wirklich auf das Bild aus. Schließen Sie wieder das Dokument, so können Sie entscheiden, ob Sie die Änderungen übernehmen (*Sichern*) oder lieber ablehnen (*Nicht sichern*) möchten.

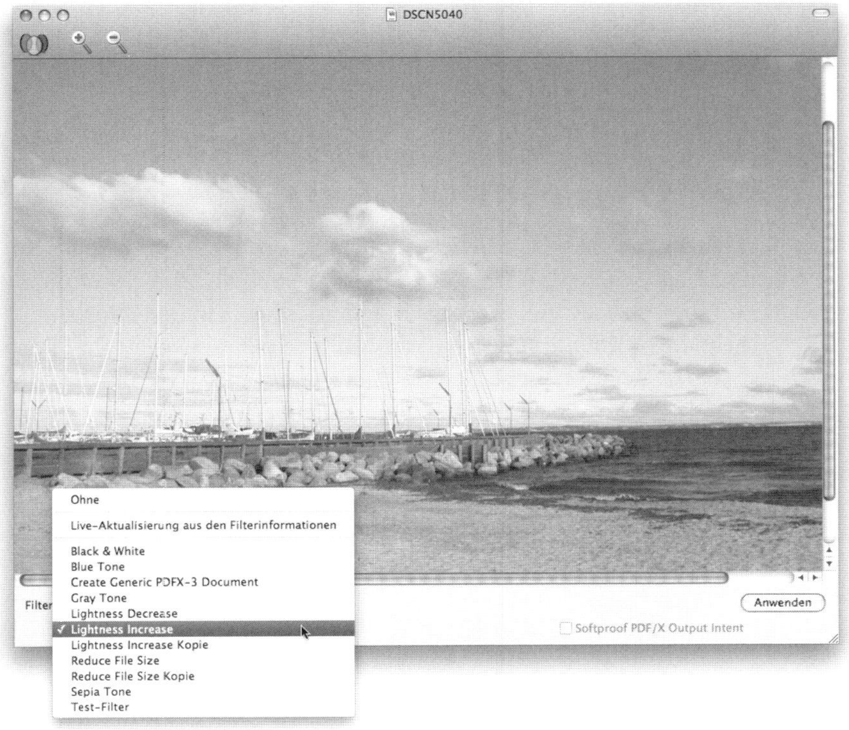

Dank Quartz-Filter stehen Ihnen für Ihre Bilder weitere Effekte zur Verfügung.

Da die meisten Fotos wohl als JPG oder als TIFF vorliegen, müssen Sie hierfür die Bilder zuvor in ein PDF umwandeln. Rufen Sie es daher im Programm *Vorschau* auf, wählen Sie den Befehl *Ablage | Sichern unter* und als Format *PDF.* Bereits im auftauchenden Menü bei *Quartz-Filter* lassen sich nun die vielen Optionen wie *Black & White* (nur schwarz/weiß, keine Zwischentöne – ähnlich einem Linoldruck), *Blue Tone* (das Bild wird mit einem Blauton überzogen), *Lightness Decrease* (Zurücknahme der Helligkeit), *Lightness Increase* (Aufhellung) etc. zuschalten.

Links: Beim Abspeichern oder Konvertieren in das PDF-Format lassen sich bereits die Filter anwenden.

Rechts: Dasselbe Bild im Original (verkleinert) sowie nach der Anwendung »Black & White«.

Wie diese Filter arbeiten bzw. welche einzelnen Schritte bei der Anwendung gegangen werden, sehen Sie unter *Filter* im *ColorSync-Dienstprogramm.* Klicken Sie auf die Dreiecke links neben den Filtern, so geben diese Einsicht in das Geschehen. Die grau unterlegten Anweisungen der vorgegebenen Filter lassen sich jedoch nicht verändern. Drücken Sie hingegen den rechten Button (▼), so erscheint ein Menü, mit dessen Hilfe Sie über den Befehl *Filter duplizieren* eine genaue Kopie desselben erstellen können. Auf diese Weise kommen Sie an die voreingestellten Werte heran und können diese nun anpassen.

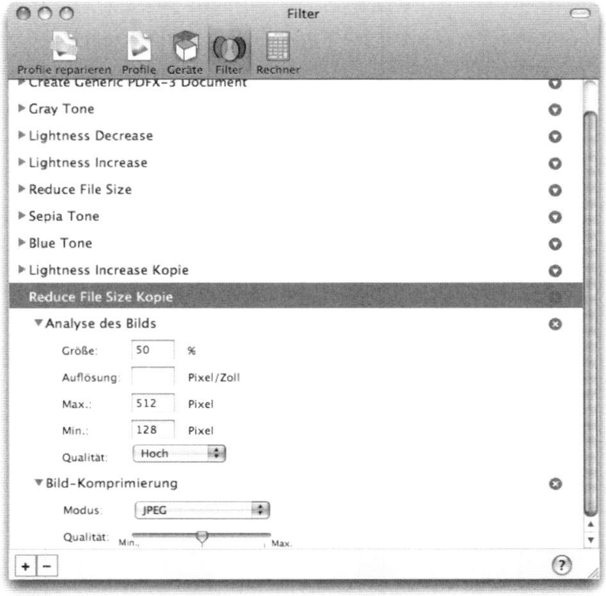

Der Filter »Reduce File Size« wurde dupliziert und kann nun nach eigenen Wünschen verändert werden.

Über die unten stehenden *Plus*- und *Minus*-Buttons entfernen oder fügen Sie Filter hinzu. Bei Letzterem vergeben Sie einen Namen und wählen über den rechten Button (⌄) die gewünschte Art und Weise, unter anderem die Zuweisung eines neuen Profils oder auch eine *Bildbearbeitung* wie Weich- oder Scharfzeichnen. Sie können auch mehrere Anweisungen hintereinander unterbringen und das Ganze dann schützen, damit nachträglich keine unabsichtlichen Veränderungen mehr möglich sind. Überprüfen Sie dann anhand eines Ausdruckes Ihre Arbeit und bessern Sie gegebenenfalls nach.

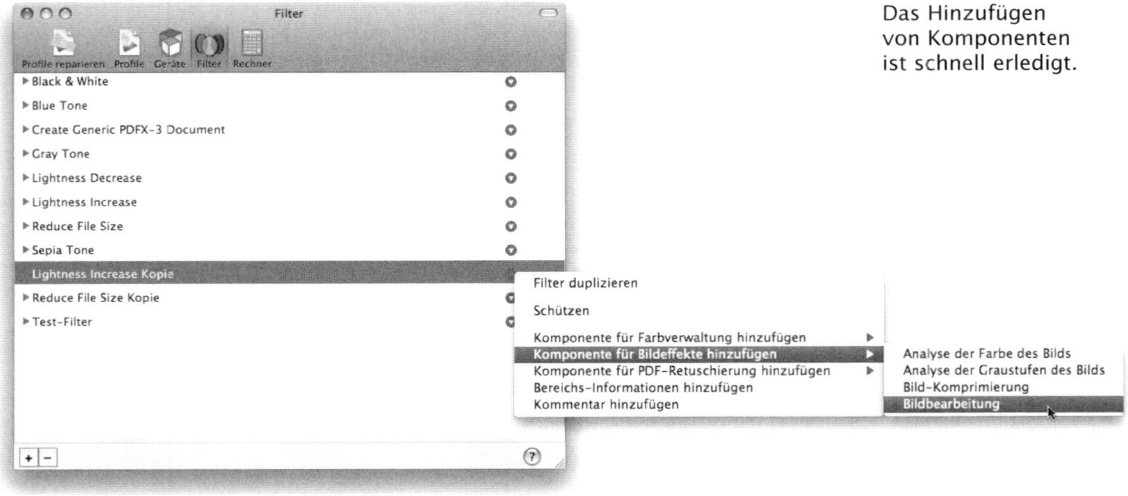

Das Hinzufügen von Komponenten ist schnell erledigt.

Haben Sie ein PDF über das *ColorSync-Dienstprogramm* geöffnet, so lässt sich bei *Filter* auch in die Echtzeit-Vorschau wechseln. Wählen Sie dazu die Option *Live-Aktualisierung aus den Filterinformationen.* Auf diese Weise können Sie unmittelbar mitverfolgen, wie sich etwa selbst gebaute Filter auf das Bild auswirken.

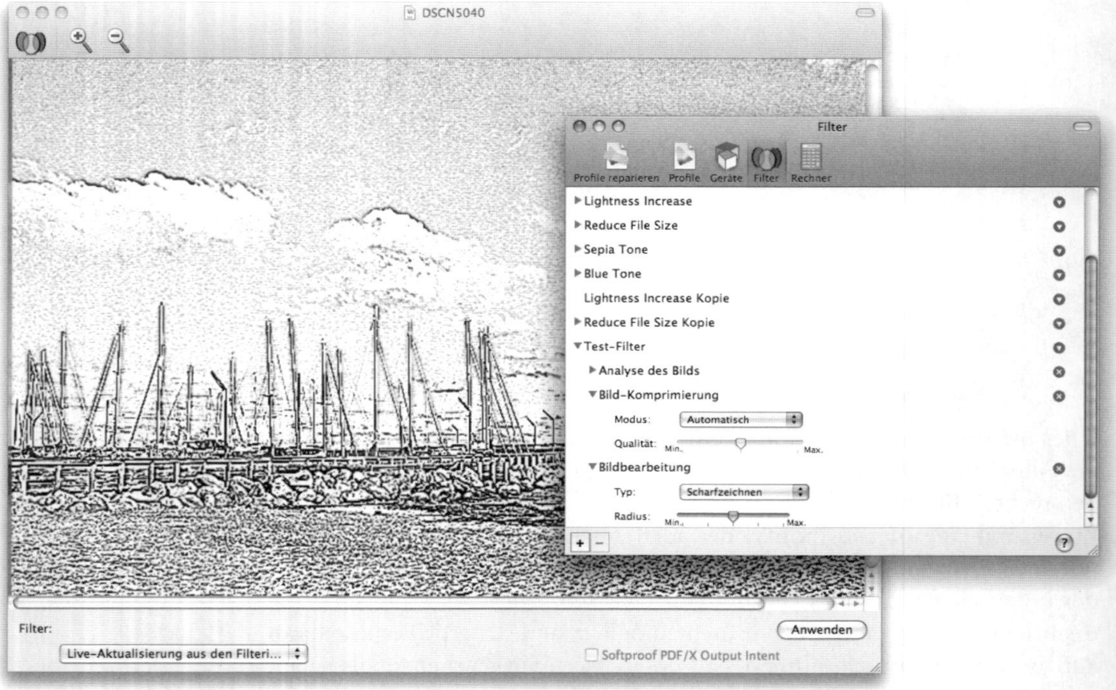

Neue Filter erstellen mit Live-Effekt.

Die letzte Rubrik im *ColorSync-Dienstprogramm* nennt sich *Rechner*, hat aber mit dem normalen Taschenrechner nicht viel am Hut. Denn dort bearbeiten Sie Profile und verändern Farbwerte, was Sie jedoch lieber den Profis überlassen sollten.

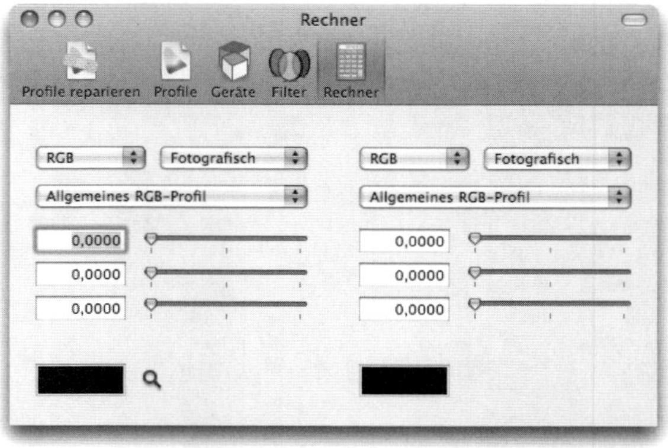

Von wegen addieren oder subtrahieren – in der »Rechner«-Abteilung ist kein mathematisches Wissen erforderlich, sondern Farb-Know-how.

DigitalColor-Farbmesser

Auch dieses Dienstprogramm befasst sich mit Farben, indem es die genauen Werte ermittelt. Da Farben – zum Beispiel die auf dem Monitor – im RGB-Farbraum vorliegen, werden diese aus den Grundfarben Rot, Grün und Blau gemischt. Um nun eine Farbe als Wert exakt bestimmen zu können, wird diese je nach Zweck etwa als Prozentwert, als Dezimalwert oder als Hex-Wert angegeben – zuzüglich der Angabe der Farbtiefe, etwa 8- oder 16-Bit. Zuerst stellen Sie also das Werte-System ein, danach bewegen Sie Ihren Mauszeiger auf die gewünschte Farbe. Diese wird nun als exakter Wert im *DigitalColor-Farbmesser* angezeigt.

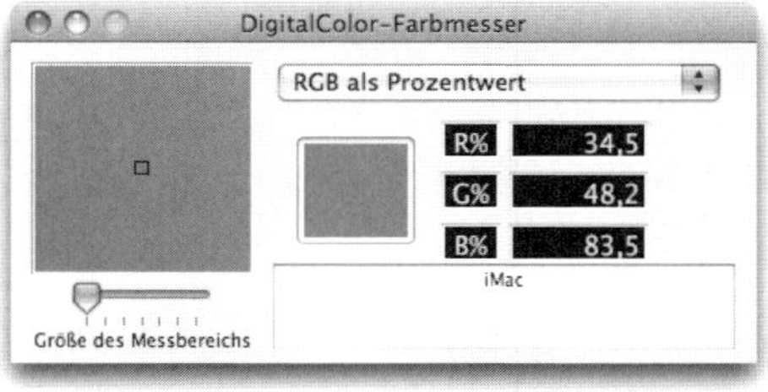

Das angezeigte Blau wird bestimmt und kann nun als Wert weitergereicht werden – ein anderer Anwender kann jetzt exakt diesen Farbton simulieren.

Enthält ein Bild etwa komplizierte Farbübergänge, so verändern Sie die *Größe des Messbereichs* über den Regler. Anschließend lässt sich der angezeigte Ausschnitt im Voransichts-Fenster kopieren (*Bild | Bild kopieren* – ⌘-C) und woanders einfügen (in ein anderes Bild oder auch eine Textverarbeitung) oder auch als TIFF-Abbildung abspeichern (*Bild | Als TIFF sichern* – ⌘-S). Interessant ist auch die Funktion, dass Sie die gemessenen Farbwerte nicht mühsam abschreiben, sondern direkt als Text kopieren können. Navigieren Sie also Ihren Mauszeiger über die zu bestimmende Farbe und wählen Sie dann ⌘-L für *Position festhalten* aus dem *Bild*-Menü. Sie müssen sich in diesem Fall die Tastenkombination einprägen, da Sie ansonsten bei jeder Bewegung mit der Maus den Farbwert verändern. Danach gehen Sie in das Menü *Farbe* und wählen dort *Farbe als Text kopieren* (⌘-⇧-C). Die Werte befinden sich nun in der Zwischenablage und können somit in ein Text-Dokument oder in eine E-Mail per *Befehlstaste-V* für *Einfügen* einkopiert werden. Die Werte lassen sich dann von einem weiteren Anwender in einem Bildbearbeitungsprogramm wie beispielsweise *Photoshop* eingeben. Anstatt des Textes lässt sich auch die Farbe direkt kopieren: Wählen Sie im Menü *Farbe* den Befehl *Farbe als Bild kopieren* (⌘-⌥-C) und fügen Sie sie in einer Bildverarbeitung ein. Und vergessen Sie nicht, bei aktivem *DigitalColor-Farbmesser* wieder ⌘-L für *Position loslassen* aus dem *Bild*-Menü zu betätigen, da dieser ansonsten wie eingefroren wirkt.

Sie sehen schon, auch dieses Programm ist für Farb-Profis gedacht, die zum Beispiel Webseiten erstellen und auf Exaktheit und Farbgenauigkeit größten Wert legen müssen.

Festplatten-Dienstprogramm

Erste Hilfe – der Festplatten-Doktor

Mit dieser Anwendung sind Sie vielleicht schon beim Installieren des Betriebssystems in Berührung gekommen, etwa weil Sie die Festplatte überprüfen oder diese partitionieren wollten. Diese Funktionalität ist selbstverständlich immer noch vorhanden, so dass Sie bei etwaigen Problemen (Systemabstürze, sehr langsame Zugriffsgeschwindigkeit) dieses Programm im Hinterkopf halten sollten. In erster Linie dient es wirklich als »Erste Hilfe«, wobei Sie beachten sollten, dass Sie Ihr *Startvolume*, also jenen Teil der Festplatte, auf der sich das Betriebssystem befindet, nicht auf konventionelle Weise überprüfen können. Jede andere Partition oder (externe) Festplatte lässt sich dagegen kontrollieren, indem Sie links in der Leiste das entsprechende *Volume* anklicken, den Reiter *Erste Hilfe* wählen und dann den Button *Volume überprüfen* drücken.

Unserem Volume »Bilder-Sammlung 01« gibt das Festplatten-Dienstprogramm grünes Licht – es ist nichts zu beanstanden (wäre ja noch schöner ...).

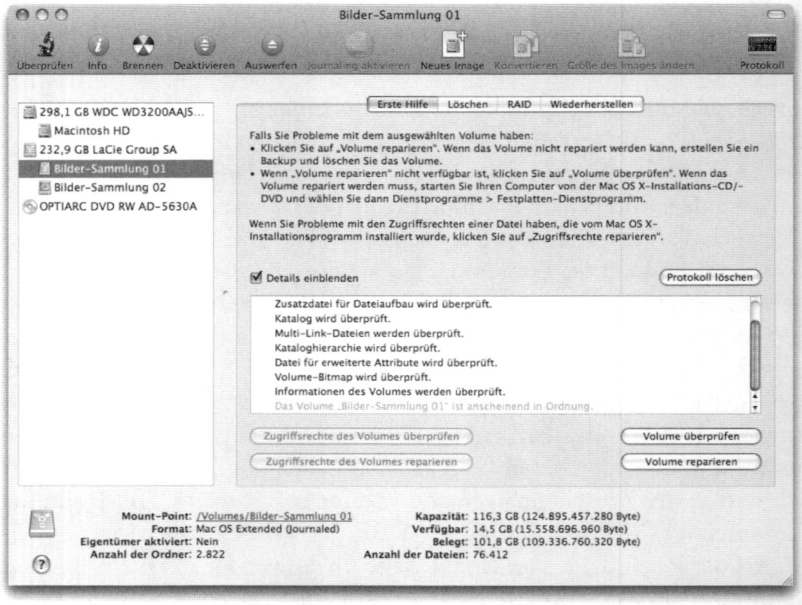

Im Falle einer reibungslosen Überprüfung ohne Beanstandung wird dies unmissverständlich mitgeteilt: *Das Volume ist anscheinend in Ordnung* (wobei »anscheinend« nicht unbedingt siegessicher klingt). Im negativen Falle klicken Sie auf den Button *Volume reparieren*, so dass *Erste Hilfe* dieses auf Vordermann bringt.

Im Grunde macht es eigentlich keinen Unterschied, ob Sie zuerst *Volume überprüfen* und dann *Volume reparieren* klicken oder gleich letzteren Button wählen – denn ist nichts kaputt, gibt es auch nichts zu reparieren, und ist ein Fehler vorhanden, wird er sogleich beseitigt. Sie sparen sich aber dadurch ein paar Sekunden wertvolle Zeit.

Schreibgeschützte Volumes bzw. Medien wie CD-R/CD-RW/DVD-R/DVD+R/DVD-RW/DVD+RW lassen sich nicht überprüfen geschweige denn reparieren.

Das *Startvolume* wiederum erfordert eine andere Taktik. Es lässt sich zwar überprüfen, aber nicht reparieren. Da ein Volume zum Reparieren kurzfristig deaktiviert wird, ist das bei laufendem Betriebssystem nicht möglich. Die Folge: Sie müssen von einem anderen Volume (das natürlich ebenso ein Betriebssystem aufweist) aus starten, am einfachsten von einer externen Festplatte oder mit Hilfe der Installations-CD/DVD von Mac OS X 10.5.

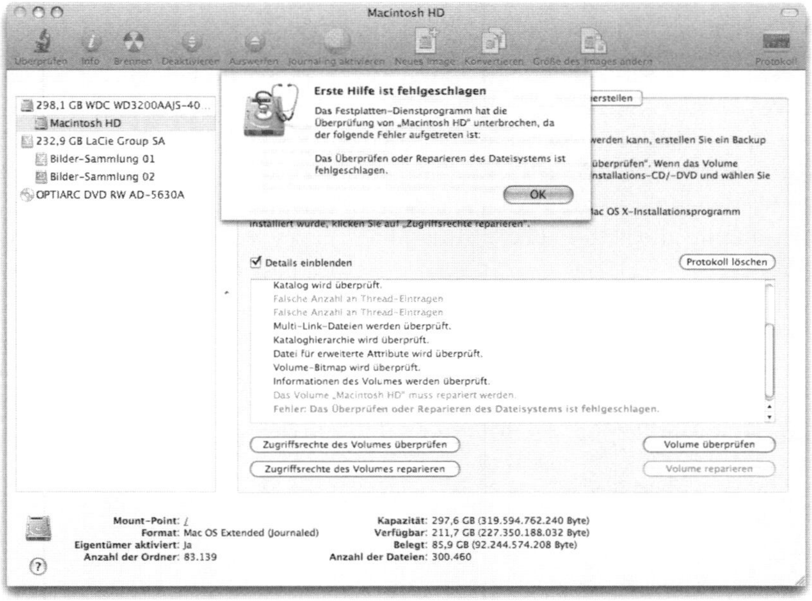

Das Festplatten-Dienstprogramm meldet Probleme beim Überprüfen. Lassen Sie aber zunächst Ihren Werkzeugkasten im Schrank, denn das ist eindeutig ein Fall für die »Erste Hilfe«.

Legen Sie dazu die DVD in das Laufwerk und wählen Sie aus dem *Apple*-Menü den Befehl *Neustart*. Gleich nach dem Startgong drücken Sie dann den Buchstaben »C« auf Ihrer Tastatur, der den Mac damit anweist, von der CD/DVD aus zu starten. Der Mac konzentriert sich folglich ausschließlich auf das Laufwerk und mountet brav von der Silberscheibe. Nach Auswahl der Sprache erscheint der erste Dialog des Installationsprogramms, wobei wir schon am Ziel sind. Wählen Sie aus der Menüleiste den Punkt *Dienstprogramme* und dann die Anwendung *Festplatten-Dienstprogramm*. Alle vorhandenen Festplatten werden wieder aufgeführt, nur dass Sie dieses Mal auch Ihr *Startvolume* auswählen können. Klicken Sie wieder in *Volume reparieren* und warten Sie gespannt auf das Ergebnis. Ist alles zu Ihrer Zufriedenheit verlaufen, wählen Sie den Menüpunkt *Festplatten-Dienstprogramm* und dann *Festplatten-Dienstprogramm beenden*, danach *Installationsprogramm | Installationsprogramm beenden*. Im auftauchenden Dialog wählen Sie dann *Neustart* und die Sache ist erledigt.

Als Alternative zum Mounten von der Installation-CD/DVD können Sie auch folgenden Weg einschlagen: Legen Sie die CD/DVD in Ihr Laufwerk ein und bestimmen Sie über die Systemeinstellung *Startvolume* diese als Startplatz. Klicken Sie dann auf *Neustart* und die Sache nimmt ihren Lauf. Einziger Unterschied: Nach der *Erste Hilfe*-Anwendung und nach dem Beenden des Installationsprogrammes müssen Sie anstatt *Neustart* den Button *Startvolume* drücken und dort wieder Ihr übliches Startvolume auswählen. Ansonsten würden Sie nämlich wieder und wieder von der Installation-CD/DVD starten, da Sie diese ja vorher als das Volume mit der Start-Erlaubnis ausgewählt hatten.

Unterhalb des Protokolls finden Sie weitere Informationen zu Ihrer Festplatte – unter anderem die genaue Modell-Beschreibung, Verbindungstyp und Kapazität. Interessant ist hierbei noch der *S.M.A.R.T.-Status* (*S.M.A.R.T* ist die Abkürzung für *Self-Monitoring Analysis and Reporting Technology*), der bei neueren Festplatten Verwendung findet. Hierbei wird die Festplatte fortwährend auch intern überprüft und Alarm geschlagen, sollte etwas nicht stimmen. Der Status *Überprüft* zeigt dabei an, dass die Festplatte keinerlei Fehler aufweist. Heißt es jedoch bedrohlich in roter Schrift *Droht auszufallen*, sollten Sie schleunigst Ihre Daten in Sicherheit bringen und das baldige Auswechseln der Platte angehen. Noch mehr Informationen erhalten Sie über den *Info*-Button (ⓘ) in der Symbolleiste oder über das Dienstprogramm *System Profiler*, das weiter unten beschrieben wird.

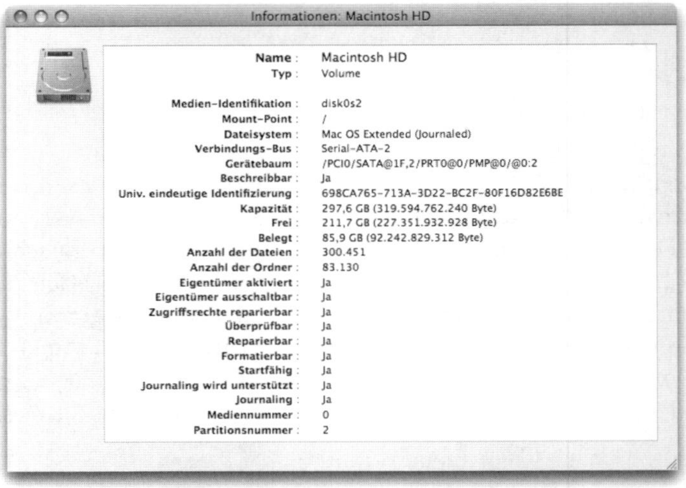

Informationen satt gibt's kostenlos über die Symbolleiste: mit Klick auf den Button »Info«.

Neben der Festplatte lassen sich mit *Erste Hilfe* auch die *Zugriffsrechte überprüfen* und *reparieren*, was Sie in Betracht ziehen sollten, falls sich Daten auf einmal nicht mehr öffnen bzw. Programme nicht mehr starten lassen oder wenn Ihr Rechner langsamer und langsamer wird. Diese Anwendung funktioniert wiederum nur auf einem *Startvolume*, da sich darauf das System Mac OS X befindet und dieses die Rechte zuteilt. Ab und an sind diese beschädigt, was jedoch kein Beinbruch ist, besitzen Sie doch *Erste Hilfe*. Mit Klick auf *Volume-Zugriffsrechte reparieren* werden diese nun überprüft und neu zugeordnet.

Vor einem Update oder der Installation weiterer Software sollten Sie sicherheitshalber sowohl die Festplatte als auch die Zugriffsrechte überprüfen bzw. reaparieren lassen. Nach der Installation übernimmt meist das Installationsprogramm eine weitere Überprüfung der Zugriffsrechte, wenn es denn heißt: *System optimieren*. Unser Tipp heißt dennoch: Auch nach einer Installation sollten Sie nochmals die Zugriffsrechte überprüfen lassen, da manche Programme nach der Installation diese Rechte beschädigen. Mit anderen Worten: Doppelt gemoppelt ist hier unser Motto, und schließlich wollen wir alle doch nur einen reibungslos funktionierenden Mac.

Gekonnt löschen – aber bitte mit Vorsicht

Unser zweiter Reiter – *Löschen* – ist nicht ganz ohne, so dass Sie hier äußerst vorsichtig ans Werk gehen sollten. Denn Löschen ist nicht gleich Löschen, wie Sie gleich sehen werden.

Das *Festplatten-Dienstprogramm* unterscheidet hierbei zwischen dem Löschen einer Festplatte/Partition und dem *freien Speicher*. Letzterer ist jener Platz, der zum Abspeichern für weitere Daten oder Programme frei zur Verfügung steht.

Der Hintergrund: Daten, die Sie über den Papierkorb entsorgen, sind eigentlich nicht wirklich weg. Indem der Schreib-/Lesekopf die Informationen auf Spuren und Sektoren verteilt und diese über Magnetisierungen erfassen kann, werden gelöschte Daten kurzerhand als wieder bespielbar gekennzeichnet. Profis können über Spezial-Software diese Daten wiederherstellen und somit nachprüfen, was da so alles herumliegt. Die einzige Möglichkeit, Daten wirklich unkenntlich zu machen, ist das Überschreiben der Festplatte mit neuen Daten.

Das *Startvolume* (oder im Falle nur einer einzigen Partition die gesamte Festplatte) macht mal wieder eine kleine Ausnahme, denn dieses können Sie nicht löschen. Stattdessen steht ihnen nur die Tür zum Löschen von *freiem Speicher* zur Verfügung, also dem wirklichen Entfernen aller vormals vorhandenen Informationen durch das Überschreiben mit neuen Daten. Klicken Sie auf *Freien Speicher löschen*, werden die vorhandenen Optionen eingeblendet. Im Angebot finden Sie das *Gelöschte Daten mit Nullen überschreiben*, ein Prozedere mit 7 Löschdurchgängen und eines mit 35 Durchgängen. Je öfter überschrieben wird, desto sicherer die ganze Angelegenheit, das Wiederherstellen von Daten ist somit fast unmöglich.

Die Optionen zum Löschen des freien Speichers. Selbst das Löschen ist eine Wissenschaft, die jedoch durchaus einen ernst zu nehmenden Grundgedanken hat: den Umgang mit sensiblen Daten.

Beachten Sie bitte, dass allein der einfache Löschvorgang je nach Größe der Festplatte ziemlich lange dauern kann. Wählen Sie die höchste Sicherheitsstufe mit 35 Durchgängen, so ist zwar kein 14-tägiger Urlaub drin, doch der Rechner ist über Stunden blockiert.

Wie beim *Startvolume* klappt das Ganze natürlich auch bei anderen Partitionen oder externen Festplatten. Letztere können jedoch auch vollständig gelöscht werden, also inklusive aller darauf befindlichen Daten. Legen Sie dazu das Volumeformat – üblicherweise *Mac OS Extended (Journaled)* – fest und vergeben Sie einen Namen. Klicken Sie dann auf jeden Fall auch auf den Button *Sicherheitsoptionen*, der wieder die verschiedenen Möglichkeiten zum sicheren Löschen einblendet. Und lassen Sie sich bitte nicht verwirren: Die Option *Daten nicht löschen* entfernt nichtsdestotrotz Ihre Daten in dem Maße, dass Sie nicht mehr darauf zurückgreifen können. Die Daten sind einfach weg – wobei diese jedoch über Spezial-Programme wiederhergestellt werden können. Wählen Sie diesen Schritt des Löschens somit nur, wenn Sie einerseits 500-prozentig davon überzeugt sind, dass Sie Ihren Daten-Bestand nicht mehr benötigen bzw. Sie Ihre Festplatte wieder für eigene Zwecke weiterverwenden möchten. Denn: Befindet sich die Festplatte in fremden Händen und weist noch dazu der neue Besitzer ein wenig kriminelle Energie auf, so lassen sich die Daten rekonstruieren und schnell zweckentfremden.

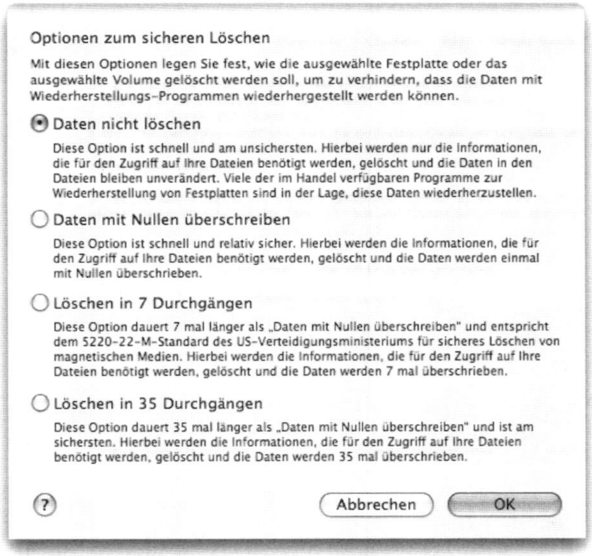

Für den Laien etwas missverständlich ausgedrückt: Egal, was Sie auswählen – die Daten sind nach dem Löschen für den Normal-Anwender nicht mehr wiederherstellbar.

Hinzu kommen auch noch die vielen wiederbeschreibbaren Medien wie CD-RW oder DVD-RW/DVD+RW, die vor einem erneuten Brenn-Vorgang ebenso von ihrem Inhalt befreit werden müssen. Hier lässt sich die Option *Daten löschen: Schnell* anwählen, so dass die Medien nur für einen weiteren Brennvorgang vorbereitet werden, die bereits vorhandenen Daten aber nicht entfernt werden (ist hingegen *Vollständig* ausgewählt, werden die CDs/DVDs mit Nullen überschrieben).

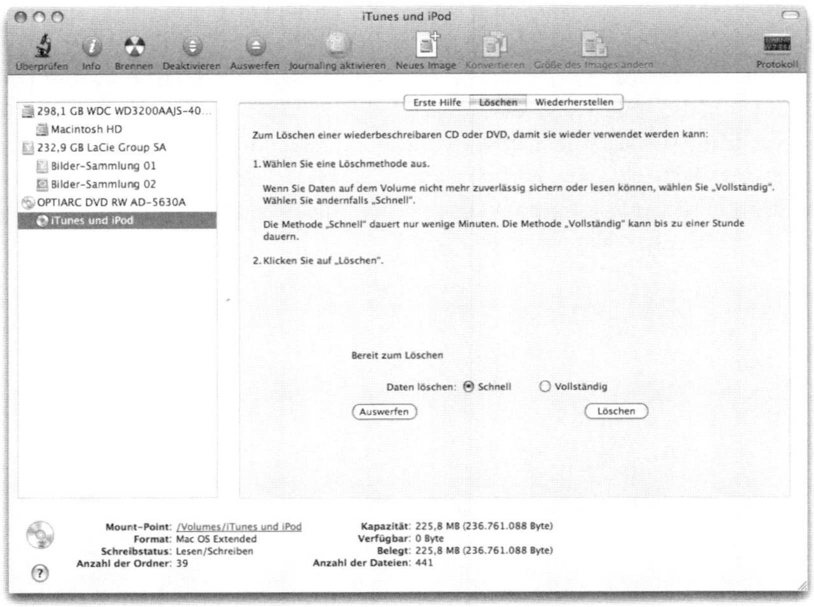

Eine wiederbeschreibbare CD-/DVD±RW muss vor einer erneuten Datenaufnahme erst gelöscht werden – und zwar über das »Festplatten-Dienstprogramm«.

Image-Dateien erstellen

Eine *Image-Datei* können Sie sich als eine Art exaktes Abbild einer Festplatte, einer Partition, eines Ordners oder Daten-CD/DVD vorstellen. Dieses *Image* lässt sich dann woanders hinkopieren oder weitergeben und kann dort wiederhergestellt werden, indem der Inhalt extrahiert/kopiert wird. Handelt es sich um sensible Daten, lässt sich so ein *Image* auch mit Passwort belegen, damit die Daten keinem Bösewicht in die Hände fallen. Wie das nun genau geht, möchten wir anhand von Beispielen zeigen.

Viele Updates, die über das Internet zum Download bereit stehen, werden als *Images* angeboten (erkennbar an der Endung *.dmg*). Über einen Doppelklick oder automatisiert nach dem Herunterladen entpacken sich diese *Images* und stellen den Inhalt zum Kopieren oder Installieren zur Verfügung.

Leeres Image …

Über *Ablage* | *Neu* | *Leeres Image* oder über den Button *Neues Image* der Symbolleiste erstellen Sie ein *Image* beispielsweise für ein Backup. Sie vergeben einen Namen und bestimmen unten bei den Popup-Menüs Ihre Optionen sowie den Speicher-Ort. Die *Volumegröße* dürfte klar sein, wobei Sie hier zwischen selbst zu bestimmenden (*Eigene …*) oder festen Größen (etwa 4,7 GB für DVD-R) wählen können. Das *Volumeformat* sollten Sie dann ändern, wenn Sie beispielsweise das Image für die Windows-Welt aufbereiten möchten (Format: MS-DOS-Dateisystem FAT). Soll nicht jeder an Ihre Daten kommen, so benutzen Sie die *Verschlüsselung 128-Bit-AES*, bei der Sie ein Passwort vergeben, das immer dann abgefragt wird, möchte jemand das Image verändern oder aktivieren. Als Standard-Format läuft die Option *Beschreibbares Image* (erhält die Endung *.dmg*), das genau jene Größe beibehält und beispielsweise den Umfang brennt, den Sie zuvor ausgewählt haben. Mit *Mitwachsendes Image* (Endung *.sparseimage*) wird nur jener Teil gebrannt, der sich auch wirklich auf dem *Image* befindet, auch wenn die vormals bestimmte Größe davon abweicht. Klicken Sie dann auf *Erstellen*, um Ihre Vorgaben abzuspeichern.

Der Dialog zum Anlegen eines neuen Images.

Zahlreiche Möglichkeiten werden beim Image-Erstellen angeboten – etwa die flexible Imagegröße, Partitionen sowie das Image-Format.

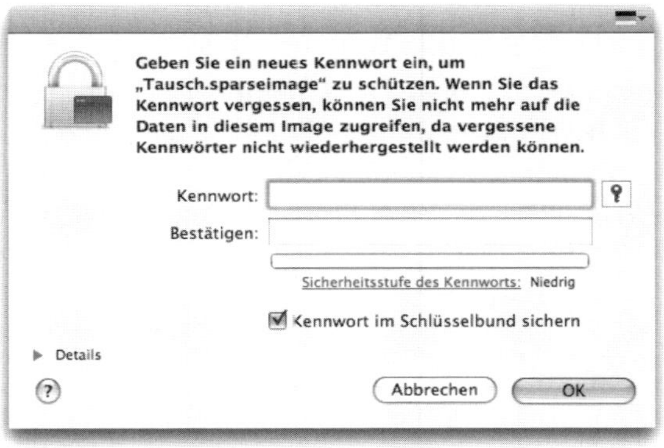

Die Kennwortvergabe bei Wahl der Verschlüsselung 128-Bit-AES.

Das *Image* erscheint an Ihrem gewünschten Platz (und auch in der Seitenleiste von Finder-Fenstern sowie im *Festplatten-Dienstprogramm*) und kann nun nach und nach mit Daten gefüllt werden. Wenn Sie darauf klicken, sehen Sie auch, dass das Image sich wie ein Volume verhält und die vorgegebene Größe aufweist. Ist der Platz ausgereizt, ist Schluss – das Volume ist voll. Es sei denn, Sie wählen aus dem *Festplatten-Dienstprogramm* die Option *Größe des Images ändern* (in der Symbolleiste stehend oder über die Menüleiste *Images | Größe ändern*). Um ein *Image* auszuwerfen, brauchen Sie nur auf das *Auswerfen*-Symbol (⏏) zu klicken – das Image verschwindet aus der Seitenleiste des Ordners. Zum Wieder-Aktivieren brauchen Sie nur das *Image-Icon* doppelt anzuklicken bzw. im *Festplatten-Dienstprogramm* zu markieren und das Symbol *Öffnen* in der Symbolleiste zu wählen.

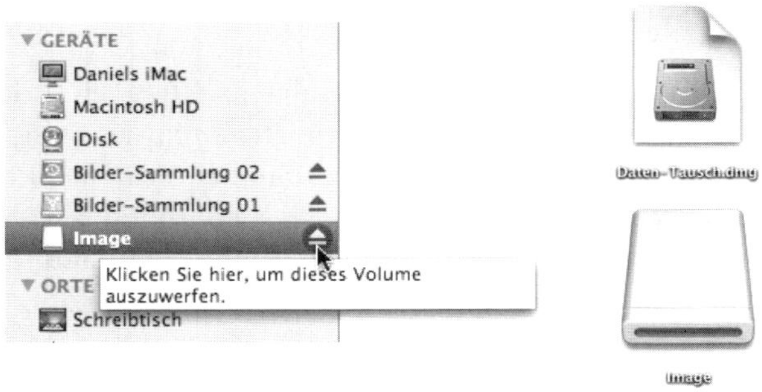

Die Image-Dateien in der Seitenleiste eines Ordners (links) sowie in der Symbol-Ansicht (rechts).

Möchten Sie nun ein *Image* brennen, so markieren Sie es im *Festplatten-Dienstprogramm* und verwenden das Icon *Brennen* (☢) in der Symbolleiste. Der Rechner fordert Sie dann auf, ein beschreibbares Medium einzulegen (CD/DVD). Bei den *Brenn-Optionen* legen Sie dann noch die Geschwindigkeit fest und bestimmen im Falle einer CD-RW oder DVD±RW, ob eventuelle, bereits vorhandene Daten vor dem erneuten Brennen gelöscht werden sollen. Sollten keine Optionen eingeblendet werden, so klicken Sie auf das kleine Dreieck rechts oben im Dialog.

Haben Sie nur ein kleines Image, so lässt sich über die Option *Später können weitere Daten hinzugefügt werden* definieren, dass weitere Sessions gebrannt werden können – damit lassen sich auf eine normale CD-R mehrere *Images* brennen, indem Sie diese CD-R beim nächsten Brenn-Vorgang wieder einlegen. Nach dem Rösten Ihrer Silberscheibe können Sie bestimmen, was damit passieren soll: *Gebrannte Daten überprüfen* (empfehlenswert), *Medium auswerfen* oder *Auf Schreibtisch aktivieren.* Das war's auch schon und der Button *Brennen* wartet darauf, endlich gedrückt zu werden.

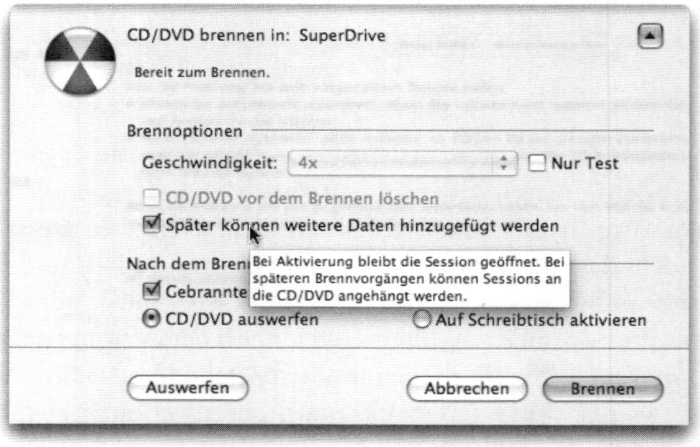

Der Brennen-Dialog: Achten Sie auch auf die Quick-Infos, die bei längerem Verharrren des Mauszeigers über einer Option erscheinen und weitere Erklärungen abgeben. Das funktioniert auch bei anderen Programmen und Dialog-Feldern.

Legen Sie später Ihre CD oder DVD wieder ins Laufwerk, erscheint sie automatisch in der Seitenleiste eines Ordners. Ist dem nicht so, so gehen Sie wieder in das *Festplatten-Dienstprogramm*, markieren das entsprechende *Image* und klicken dann auf den Button *Aktivieren* in der Symbolleiste. Das Image wird nun eingelesen und erscheint in der Seitenleiste.

Sie können ein einmal angelegtes *Image* auch nachträglich andere Optionen zuweisen (siehe den Button *Konvertieren* in der Symbolleiste bzw. über *Images | Konvertieren*), wobei Sie bei *Sichern unter* dann einen anderen Namen vergeben sollten, da ansonsten das bestehende Image ersetzt wird und so alle darauf befindlichen Daten gelöscht werden. Zur Wahl stehen die Image-Formate *Nur lesen, Komprimiert, Lesen/Schreiben* und *DVD/CD-Master.* Die Alternative zum Ändern des Volume-Formates geschieht über den Reiter *Löschen*, indem Sie

bei *Volumeformat* die gewünschte Eintragung vornehmen. Auch dabei wird der gesamte Inhalt gelöscht, so dass Sie gut aufpassen sollten, damit Ihnen kein Daten-Verlust passiert.

Das Löschen bzw. Entfernen von Images von der Festplatte ist simpel: Ziehen Sie das Image einfach in den Papierkorb und entleeren Sie ihn – der Speicher-Platz ist wieder frei.

Image von Ordner ...

Das Prozedere ist auch beim Erstellen eines *Images* von einem Ordner dasselbe: Wählen Sie *Ablage | Neu | Image von Ordner* und weisen Sie diesen dann zu. Bei *Image-Format* wählen Sie Ihre Wunsch-Einstellung und bei Verschlüsselung, ob eine solche eingebaut werden soll. Sichern Sie dann Ihre Einstellungen. Der Inhalt des Ordners wird sozusagen eins zu eins kopiert und als *Image* angelegt. Dieses lässt sich nun ebenfalls brennen oder auch weitergeben. Zum Versenden per E-Mail sollten Sie das Image-Format *Komprimieren* wählen, da somit die Datei klein gehalten wird. Der Empfänger braucht das Image dann nur doppelzuklicken oder über das *Festplatten-Dienstprogramm* zu aktivieren – danach kann er auf die Daten zugreifen.

Image von ...

Auch diesen Befehl erreichen Sie über das *Ablage*-Menü und den Befehl *Neu*, wobei Sie hier laut Zusatz ein Image von einem Gerät erstellen können. Wir haben das beispielsweise mit dem iPod ausprobiert. Schließen Sie diesen an, so erscheint er in der Seitenleiste im *Festplatten-Dienstprogramm*. Wird der iPod nun mit einem Mausklick markiert, so verändert sich der Dialog zu *Ablage | Neu | Image von (Name Ihres Gerätes)*. Belassen Sie dabei die Standardeinstellungen (komprimiert und ohne Verschlüsselung), so wird ein Image angelegt, das sich später auf Doppelklick hin öffnen lässt.

Sieht aus wie ein echter iPod, ist jedoch nur ein Image davon.

Die Geschichte mit dem iPod sollte wirklich nur als Beispiel dienen, denn im Grunde können Sie wenig damit anfangen – nämlich weder auf den Musikinhalt zugreifen noch diesen in *iTunes* aufrufen. Letztlich könnte es wirklich nur als Backup dienen (für alle Fälle), denn wie wir ja alle wissen, gibt es doch das ein oder andere Programm, mit dem die Daten ausgelesen werden können (der Autor hält darüber jedoch stillschweigen).

Möchten Sie hingegen exakte Kopien von CDs oder DVDs erstellen, so brauchen Sie diese nur einzulegen und im *Festplatten-Dienstprogramm* auszuwählen. Klicken Sie dann in der Symbolleiste auf *Neues Image* und wählen Sie als Image-Format *DVD/CD-Master* (das Ganze selbstverständlich ohne Verschlüsselung). Das war's. Das klappt natürlich nur mit DVDs, die keinen Kopierschutz aufweisen.

Legen Sie dazu die zu kopierende CD/DVD in Ihr Laufwerk und wählen Sie diese über *Ablage | Neu | Image von* (dann folgt der Name der CD/DVD) aus. Bestimmen Sie wieder Name, Speicherort, Image-Format und Verschlüsselung und sichern Sie Ihre Einstellungen. Der Inhalt wird nun auf die Festplatte übertragen und kann wieder als genaues Abbild gebrannt werden.

Das *Festplatten-Dienstprogramm* weist auch noch den Reiter *Raid* auf. Hierbei können Sie zwei oder mehrere Festplatten zusammenschließen bzw. Ihre Daten spiegeln. Da es sich hier um ein ausgeprägtes Profi-Feature (beispielsweise für Videobearbeitung) handelt, möchten wir diese Funktion außen vorlassen.

Grapher

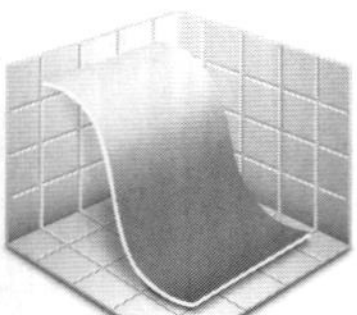

Der Autor muss bei diesem Programm freimütig zugeben, dass es unter der Kategorie »Ich nix verstehen« läuft. Das war schon letztes Jahr so, und dieses Jahr ist es leider nicht besser geworden. Wer Mathematiker ist oder sich brennend für Graphen, parametrische Kurven oder Differentialgleichungen interessiert, wird wahrscheinlich seine helle Freude daran haben. Was kann man nun alles damit machen? Kurzantwort: Gleichungen visualisieren. Um einen schnellen Einblick zu bekommen, bietet es sich an, im Menü *Beispiele* mal ein wenig zu stöbern. Verstehen Sie nur »Bahnhof«, so geht es Ihnen wie uns und das Programm ist wahrscheinlich weniger für Sie geeignet.

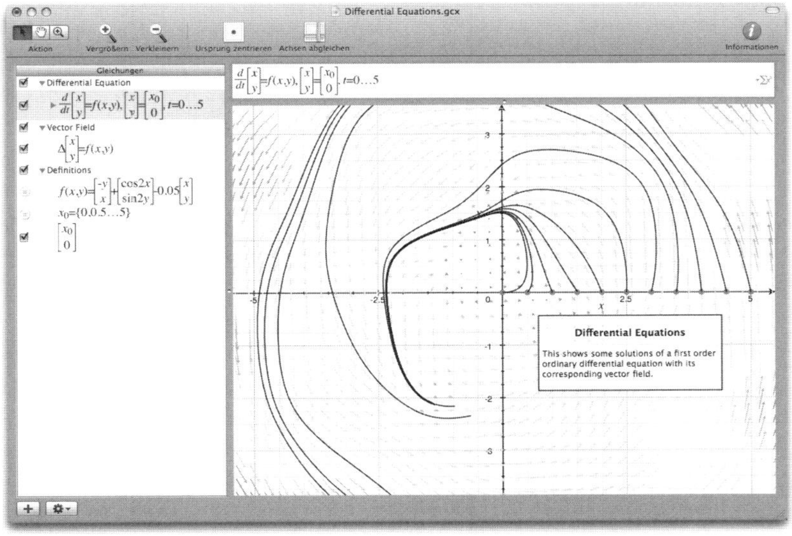

Die Gleichung »Differential Equations« im Bild – das ist jetzt schon verständlich, oder?

Unten: Die möglichen Beispiele zum Begutachten und Anpassen.

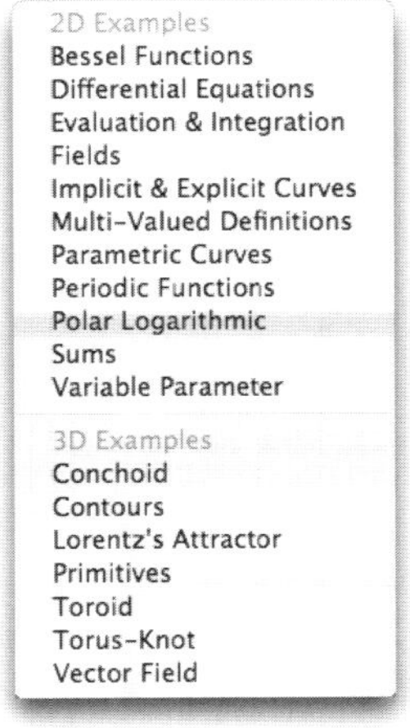

Die Profis hingegen können natürlich eigene Gleichungen anlegen, indem Sie *Ablage | Neu* wählen und sich eine Vorlage – 2D- oder 3D-Graph – aussuchen. Danach geht's dann ans Eingeben der Syntax. Rechter Hand der Eingabe-Zeile werden Ihnen weitere Operatoren unterbreitet und Sie können auch die *Gleichungspalette* einblenden lassen.

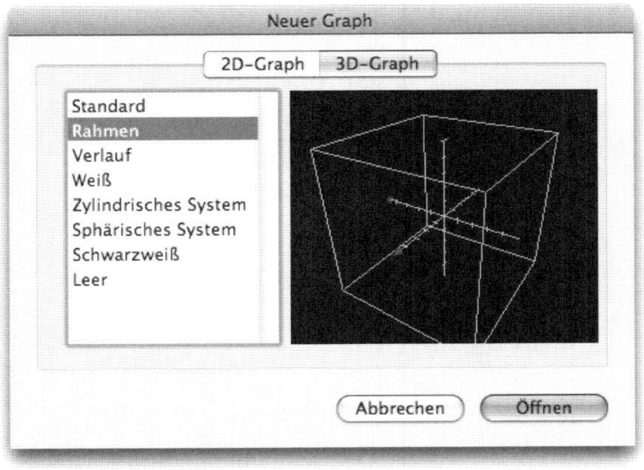

Der Zugang zum Grapher-Land.

Als Werkzeuge stehen Ihnen in der 2D-Darstellung der *Auswahlpfeil* (⌘-1) zum Auswählen und Verschieben von Objekten (Pfeil, Oval, Rechteck oder Text – jeweils Menüleiste *Objekte*), die *Hand* (⌘-2) zum Bewegen der gesamten Abbildung sowie ein *Zoom* (⌘-3) zum Vergrößern zur Verfügung. Möchten Sie Ihre Gleichung in 3D bewundern, so wählen Sie *Darstellung | Zur 3D-Darstellung wechseln* (⌘-⌥-3). Das Gebilde lässt sich dann mit der Maus frei bewegen und von allen Seiten betrachten.

Eine neue Gleichung entsteht. Die Eingabe erfolgt über die Tastatur sowie die Gleichungspalette.

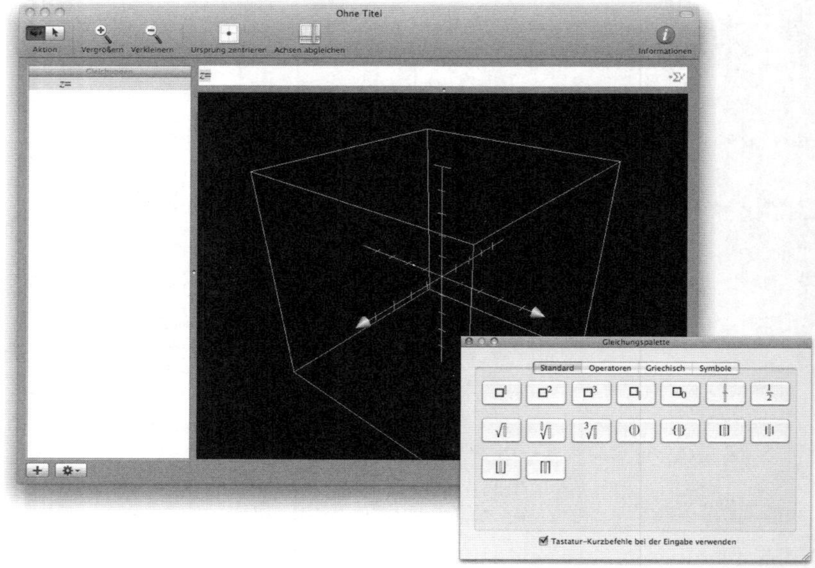

Werden beim Eingeben von Werten Fehler gemacht, wird dies durch ein gelbes Dreieck kenntlich gemacht. Hier müssen Sie also nachbessern, damit Ihr Chemie-Labor nicht in die Luft fliegt und damit Ihre Gleichung wieder stimmt. Mit einem Klick auf das Dreieck wird Ihnen sogar der Fehler verraten, so dass Sie sich nicht den Kopf zermartern müssen.

Peinlich, peinlich – wie konnte dieser Syntaxfehler nur passieren? Jetzt muss uns nur noch jemand erklären, wie man die Gleichung eigentlich liest ;-)

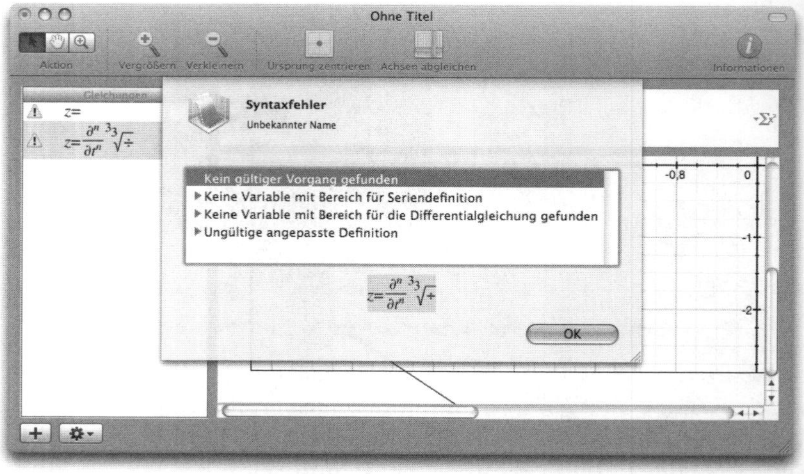

Zur Ergänzung Ihrer Arbeit stehen Ihnen über das Menü weitere Paletten wie *Verläufe*, *Informationen*, *Zahlenformate*, *Pfeile* und *Linienstile* zur Verfügung. In diesem Sinne können Sie also damit mächtig Spaß haben …

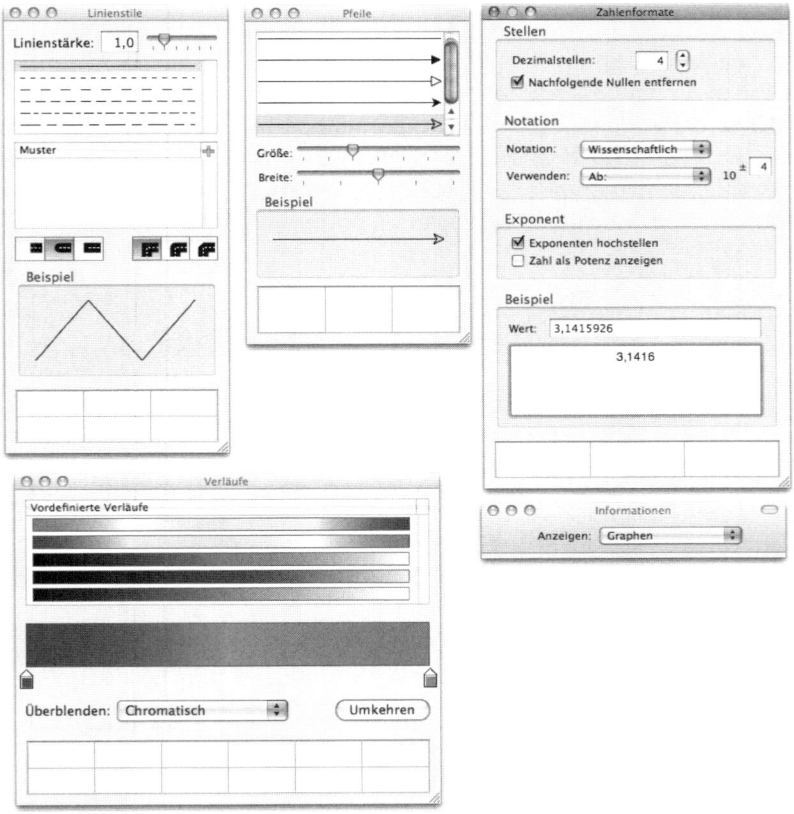

Das Paletten-Potpourri.

Ihre Berechnungen – und zwar sowohl die Syntax als auch die grafische Darstellung – lassen sich in verschiedenen Format-Arten kopieren (TIFF, PDF, EPS) und beispielsweise in eine Textverarbeitung einfügen. Selbstverständlich klappt auch das einfache Speichern, damit die Arbeit nicht verloren geht: Wählen Sie *Ablage | Sichern* und vergeben Sie einen Namen und die Sache ist abgehakt. Verändern Sie nachträglich eine Datei und möchten dennoch das Original behalten, so benutzen Sie anstatt *Sichern* den Befehl *Sichern unter* und vergeben einen anderen Namen.

So viel also zum Thema Gleichungen, auch wenn das Thema sicherlich viel mehr hergibt. Da Sie jedoch das Buch aktuell zum Betriebssystem Mac OS X 10.5 haben wollten, war uns die Aufnahme eines Mathematik-Studiums leider verwehrt. Aber wenn Sie dann mal berühmt sind, denken Sie an uns und lassen und doch bitte an Ihren Erkenntnissen teilhaben. Wir haben Ihnen ja schließlich auch den *Grapher* schmackhaft gemacht …

Konsole

Hier handelt es sich um einen Protokoll-Spezialisten, der allerlei Meldungen bei Programmen und dem System intern speichert – und zwar auch solche Fehler und Hinweise, die im Hintergrund stattfinden und von denen Sie üblicherweise nichts bemerken. Der Normal-Anwender wird wahrscheinlich wenig mit den kryptischen Meldungen anfangen können, der Programmierer von Software oder der Apple-Supporter hoffentlich schon.

Wer gerne hinter die Fassaden schaut, sollte mal einen Blick in die Konsole werfen.

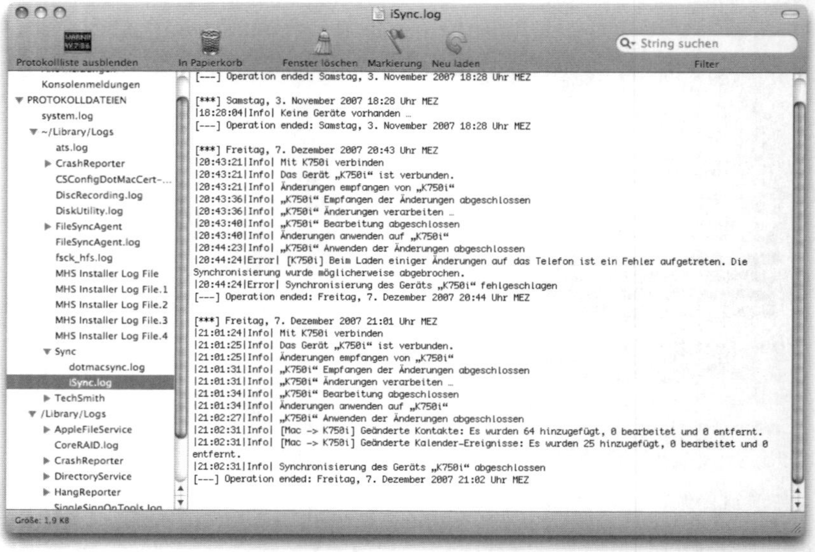

Während sich die Konsolenmeldungen mehr auf laufende Programme beziehen und deren Hintergrundprozesse beschreiben, finden Sie in *system.log* die Abläufe des Betriebssystems. Tauchen nun Probleme auf (etwa dass sich aus unerfindlichen Gründen ein Programm verabschiedet), so sollten Sie einmal in der *Konsole* nachschauen. Ob Sie den Inhalt dann jedoch dechiffrieren können, ist natürlich die andere Seite der Medaille.

Interessant für Supporter und angehende Mac-Profis ist sicherlich auch der *CrashReporter*, der sich ganz auf Abstürze konzentriert und diese in Form von Protokollen abspeichert. Wie Apple schreibt, wird bei Protokollen üblicherweise die Größe von 128 Kilobyte eingehalten. Suchen Sie jedoch nach Informationen, die noch weiter zurückliegen als die angezeigten, so lässt sich über die unten stehenden Knöpfe *Früher* und *Später* bestimmen, wie viel weiteres Daten-Material dargestellt werden soll.

Haben Sie explizit mit einem Programm Probleme, so sollten Sie folgende Vorgehensweise beachten: Starten Sie die *Konsole* und suchen Sie sich die entsprechende Protokoll-Datei. Im Falle von Programmen beispielsweise *Konsolenmeldungen*. Markieren Sie sie und wählen Sie dann *Löschen* in der Symbolleiste, um ein neues leeres Protokoll zu starten. Gehen Sie dann wieder zur Problem-behafteten Anwendung und vollziehen Sie die bereits gemachten Schritte nach. Stürzt das Programm wieder ab oder macht sonstige Zicken, so werfen Sie nun einen Blick ins Protokoll, das die eventuellen Fehler aufzeichnet.

Aber auch dann, wenn Sie die Angaben nicht nachvollziehen können, ist noch Land in Sicht. Über *Ablage | Kopie sichern unter* lässt sich das Protokoll abspeichern und es beispielsweise an Fachleute weitergeben, Auszüge aus dem Protokoll (dazu müssen Sie vorher den Text mit gedrückter Maustaste markieren) sichern Sie über *Auswahl sichern unter* (⌘-⌥-S).

Möchten oder müssen Sie des Öfteren Protokoll-Dateien per E-Mail versenden, so lässt sich über *Darstellung | Symbolleiste anpassen* der Button *Datei senden* hinzufügen, der auf Klick hin das Ganze gleich in eine E-Mail verpackt. Oder Sie machen das klassisch über die Menüleiste *Ablage | E-Mail*. Aber Vorsicht: Die Protokoll-Daten können mitunter ganz schön groß werden – in unserem Fall war die *system.log*-Datei stolze 29,2 MB groß.

Übrig bleibt der *Markieren*-Button mit der schönen roten Flagge, der auf Klick hin dem Protokoll *Datum* und *Uhrzeit* hinzufügt – damit ist es sozusagen amtlich …

Migrationsassistent

Der *Migrationsassistent* hilft Ihnen beim Übertragen von Informationen (Benutzer, Programme, Netzwerk- und Computer-Einstellungen, Dateien, Volumes) auf Ihren jetzigen Rechner. Um den Assistenten in Anspruch zu nehmen, müssen Sie sich aufgrund der sensiblen Daten (Benutzer etc.) als Administrator identifizieren. Haben Sie diesen Schritt hinter sich gebracht, heißt es sich noch zu entscheiden, woher die Informationen stammen sollen: *Von einem anderen Mac*, *Von einem anderen Volume auf diesem Mac* oder *Von einem Time Machine-Backup*. Letzteres haben wir Ihnen bereits im Programme-Kapitel geschildert, und auch im Kapitel über die Mac OS X-Installation war schon vom *Migrationsassistenten* die Rede.

Die Übertragungsmethode will zuerst festgelegt werden.

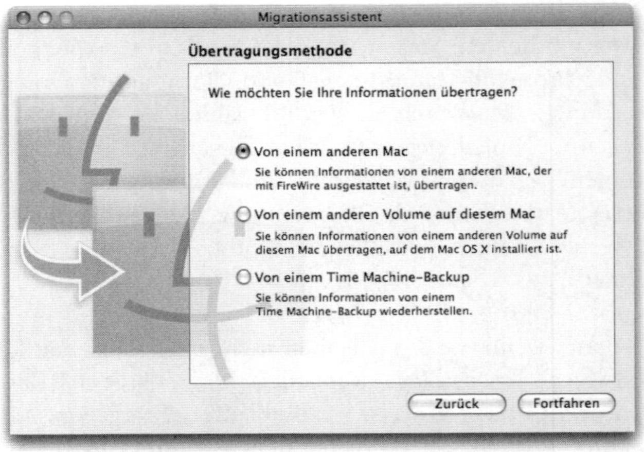

Im Fall des anderen Macs müssen Sie die beiden Rechner zuerst über *FireWire* verkabeln, damit eine Verbindung zustandekommt. Danach starten Sie den anderen Mac und drücken nach dem Startgong die Taste »T« auf diesem Rechner, bis das *FireWire*-Symbol auf dem Bildschirm erscheint. Über den Button *Fortfahren* erscheint dann das Fenster mit den zu übertragenden Systemen. Dabei werden alle Volumes aufgeführt, die ein vollständiges System beinhalten.

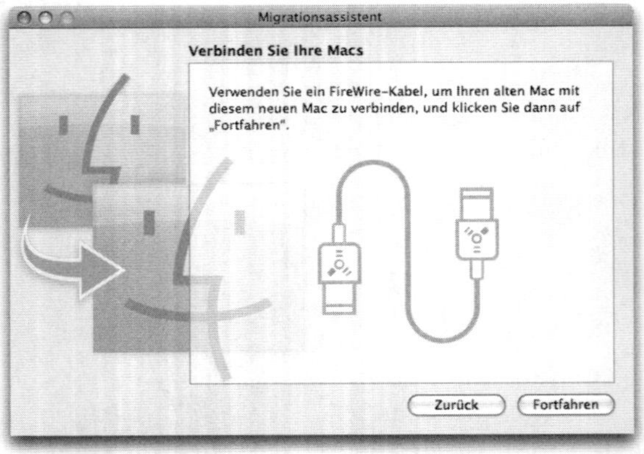

Die ersten Stationen erläutern das Verbinden des alten Mac.

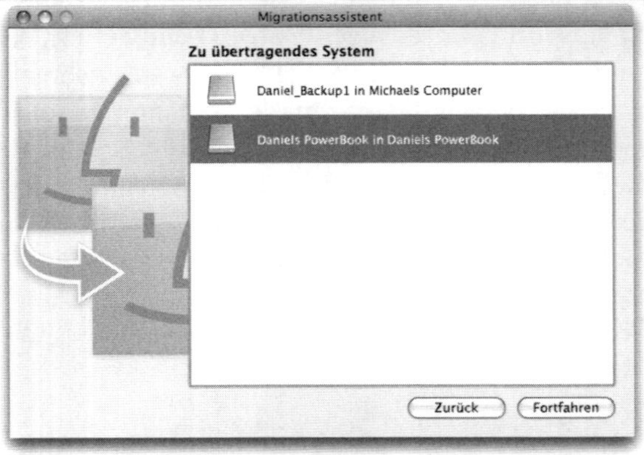

Suchen Sie sich also das betreffende System aus und klicken Sie dann wieder auf *Fortfahren*. Danach heißt es dann den *Benutzer-Account* zu wählen und darauf folgend die zu übertragenden Objekte (Programme, Dateien und Ordner, Library) zu bestimmen. Es folgen im Falle mehrerer Volumes des verbundenen Rechners die Auswahl derselben sowie im Weiteren die Festlegung der Einstellungen (Netzwerkeinstellungen, Zeitzone, Einstellungen zu Sharing), die transferiert werden sollen.

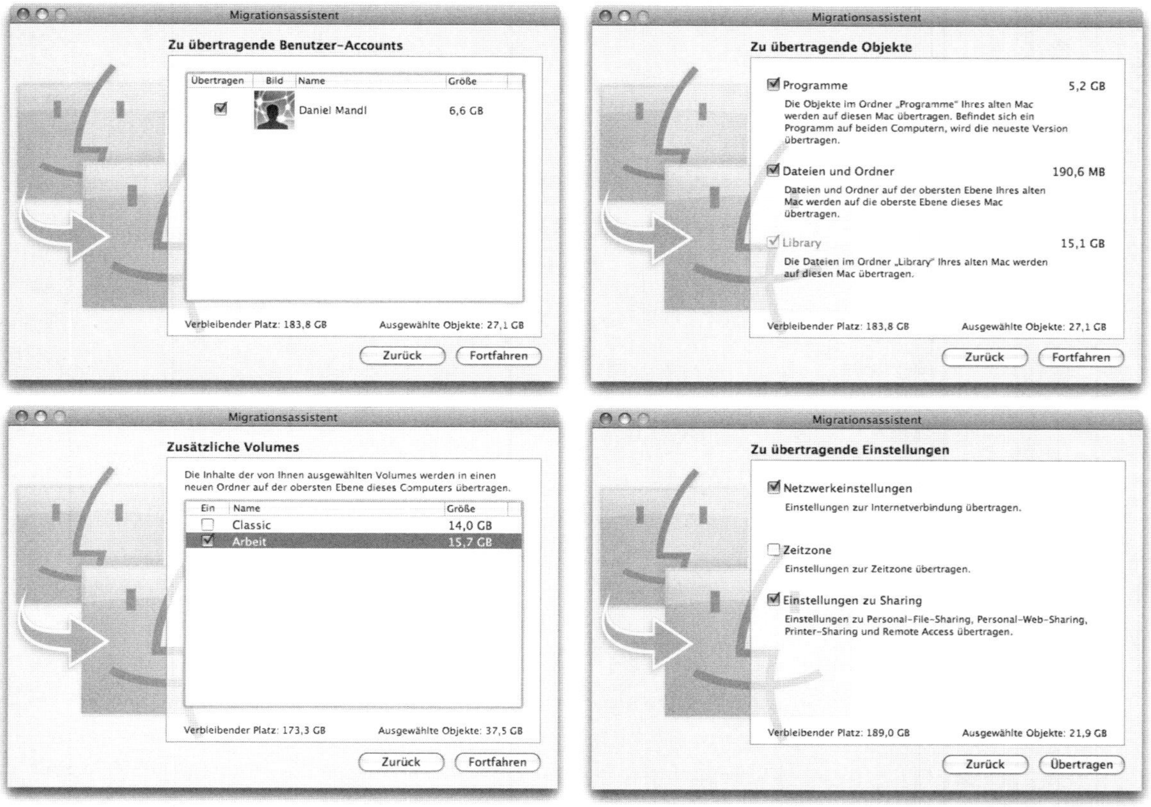

Was soll übertragen werden? Schritt für Schritt dem Ziel entgegen ...

Anstatt *Fortfahren* heißt es nun *Übertragen* und in der Tat beginnt das große Kopieren. Das kann je nach Menge der Daten ziemlich lange dauern, aber immer noch besser, als alles per Handarbeit zu erledigen. Und auch diese Zeit vergeht und irgendwann heißt es dann: Ihre Informationen wurden erfolgreich übertragen.

Nach erfolgtem Transfer müssen Sie nur noch den anderen Mac ausschalten – das war's dann aber auch schon. Möchten Sie dagegen Daten von einem anderen Volume (von einer externen Festplatte oder einer Partition) übertragen, so passiert dies ja auf ein und demselben Rechner bzw. über eine FireWire-verbundene Festplatte. Hier wählen Sie ebenso nur das zu übertragende System aus und folgen dann dem netten Assistenten.

Das dauert mal wieder, bis die positive Nachricht des erfolgreichen Transfers erscheint.

Wie bereits erwähnt sollten Sie beim Umstieg von einem PowerPC-System auf die Intel-Plattform die Programme von der Übertragung ausschließen, da es ansonsten zu Problemen (Programme weigern sich, zu starten bzw. stören den gesamten Arbeits-Workflow) kommen kann. Auch Plug-Ins von Drittherstellern sollten außen vor bleiben, da auch diese oftmals mit Mac OS X Leopard nicht kompatibel sind.

Bitte daran denken: Sofern Sie im Zuge der Erstinstallation den Migrationsassistenten zum Übertragen von Netzwerkeinstellungen, Benutzer-Account etc. verwenden, so erhalten Sie im Grunde eine vollständige Kopie Ihres alten Rechners und können sich somit viele Arbeitsschritte sparen. Haben Sie jedoch Ihren Ziel-Rechner bereits konfiguriert und einen Benutzer-Account eingerichtet, so erhalten Sie über den *Migrationsassistenten* einen weiteren Account (den des alten Rechners) angelegt, der teilweise Ihre bisherigen Daten überschreibt (etwa den Gerätenamen im lokalen Netzwerk oder Ihre Umgebungen).

ODBC Administrator

ODBC steht für *Open Database Connectivity* und ist ein offener Standard zum Verbinden von Datenbanken mit Programmen. Da auch dieses Thema Spezialwissen erfordert, verweisen wir auf die englischsprachige Webseite `www.iodbc.org`, die neben ausführlichen Informationen zu Datenbank-Anbindungen auch gleich die nötigen Treiber zur Verfügung stellt.

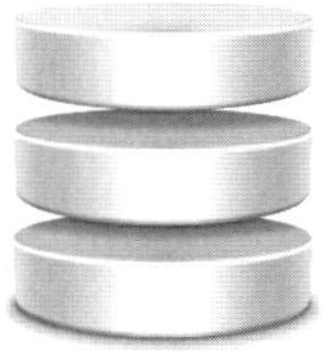

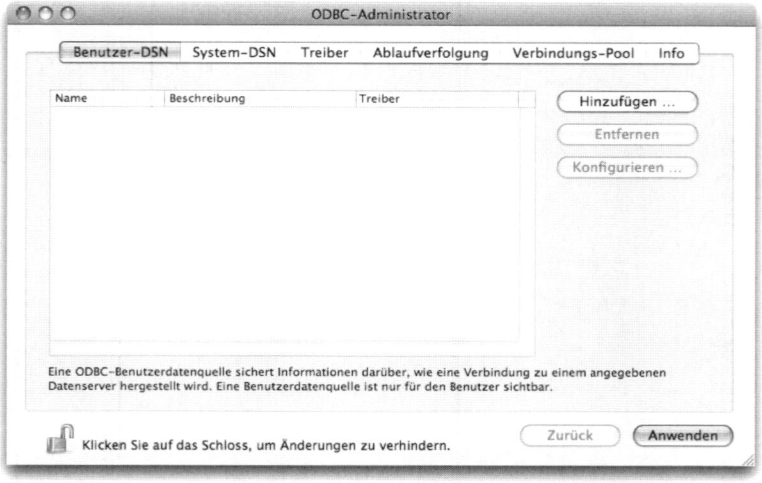

Das Dienstprogramm für den »gehobenen« Anwender mit Grips – das soll nun aber nicht heißen, dass Sie oder wir keinen hätten ...

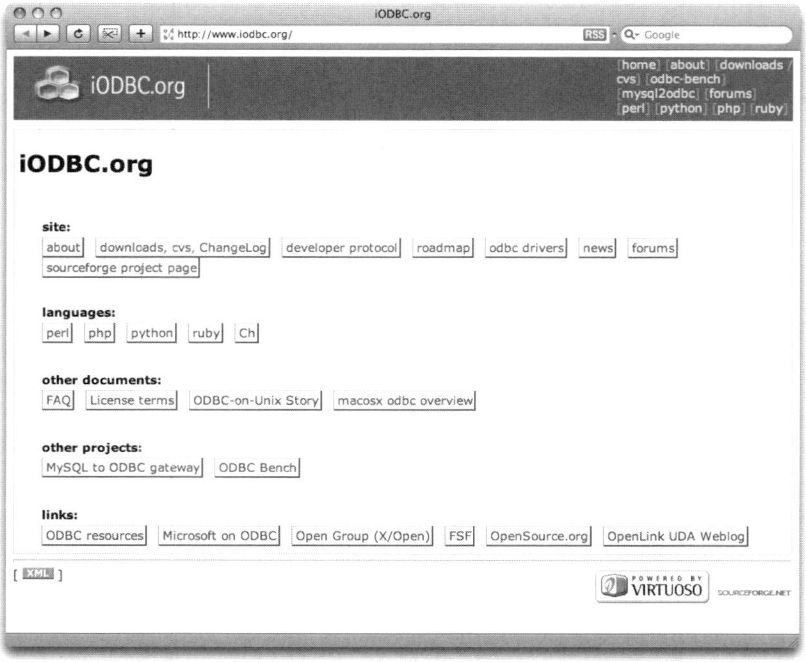

Schlichtes Design mit einer gehörigen Portion Know-how angereichert. Über die Webseite »www.iodbc.org« erhalten Sie weitere Informationen zu ODBC-Ressourcen.

Schlüsselbundverwaltung

Ebenso, wie an Ihrem Schlüssebund in der Hosentasche alle Schlüssel für die wichtigen Zugänge (fürs Büro, für Zuhause, das Toiletten-Häuschen im Garten ...) hängen, verwaltet das Dienstprogramm *Schlüsselbundverwaltung* Ihre virtuellen Zugangsdaten in Form von *Kennwörtern* und *Zertifikaten*. Alle Passworte, die Sie innerhalb von Mac OS X für Programme oder für Internetzugänge verteilen, liegen hier gut verwahrt und können dennoch auf Wunsch eingesehen werden. Aber auch neue Kennwörter lassen sich eingeben, sofern Sie es denn wünschen.

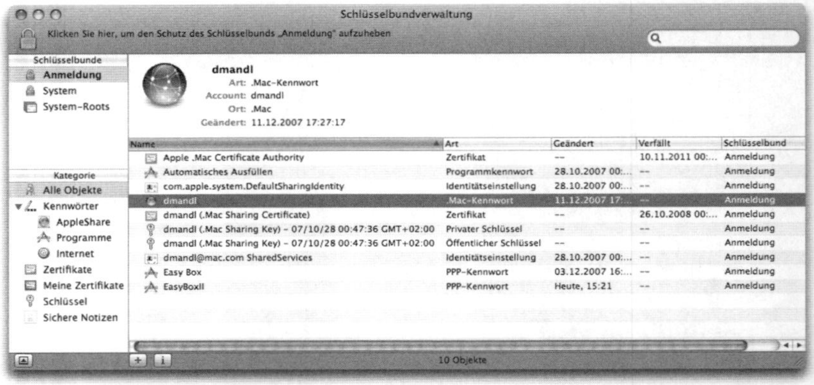

Sauber aufgereiht werden jene Einträge präsentiert, die ein Passwort benutzen.

Standardmäßig erhält jeder Benutzer seinen eigenen *Schlüsselbund*, der so lange geschützt ist, bis sich der jeweilige Anwender über die Anmeldung identifiziert. Das Eingeben des Passworts für den *Benutzer-Account* entsperrt also automatisch auch den *Schlüsselbund*, so dass dieser seinen Inhalt den jeweiligen Programmen zur Verfügung stellt. Möchten Sie dennoch auf Nummer Sicher gehen, so lässt sich das Programm *Schlüsselbund* auch sichern, indem Sie nach Auswahl des jeweiligen Schlüsselbundes in der Symbolleiste auf das *Schloss*-Symbol klicken. Wird dieses geschlossen, so werden Sie beim Zugriff auf ein Programm, das wiederum auf diesen *Schlüsselbund* zurückgreift, nach dem Kennwort gefragt (das Kennwort für den *Schlüsselbund* ist identisch mit dem des Benutzer-Accounts).

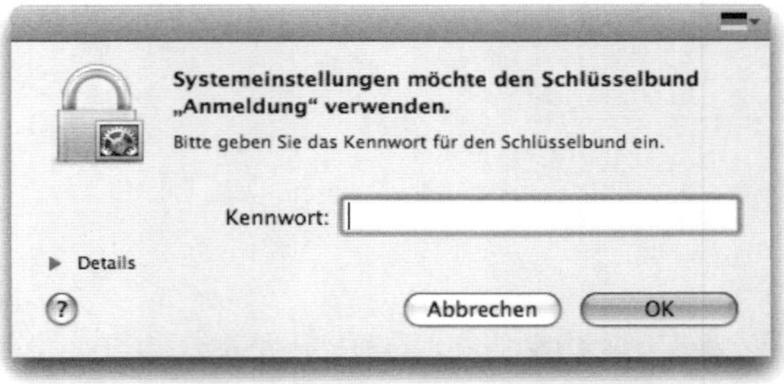

Die Sicherheitsbarriere funktioniert: Nach dem Schützen des Schlüsselbundes »Anmeldung« wird bei Zugriff auf die Systemeinstellung ».Mac« das Kennwort für den Schlüsselbund angefordert.

Neben dem fortwährenden Schützen des Schlüsselbundes lässt es sich auch einrichten, dass dieser beispielsweise nach einer gewissen Dauer der Inaktivität des Rechners oder nach einem Ruhezustand automatisch geschützt wird. Dies erledigen Sie über die Menüleiste *Bearbeiten* und dort unter dem Befehl *Einstellungen für Schlüsselbund »Soundso« ändern.*

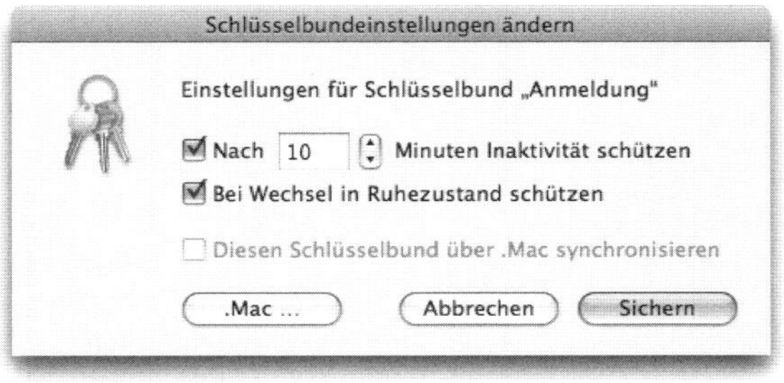

Auch die Schlüsselbund-Einstellungen lassen sich flexibel handhaben.

Wenn Sie in der Fülle Ihrer Passwortvergaben einmal den Überblick verlieren oder gar eines vergessen sollten, so sollte Ihr erster Gang nicht zum Arzt, sondern zum *Schlüsselbund* sein. Suchen Sie sich dort den entsprechenden Eintrag und doppelklicken Sie ihn, was letztlich dem Klick auf den kleinen *Info*-Button (i) unten entspricht. Im auftauchenden Fenster können Sie nun unter dem Reiter *Einstellungen* das *Kennwort einblenden.* Mit Klick darauf müssen Sie wieder das *Schlüsselbund-Kennwort* eingeben sowie bestimmen, wie weiter verfahren werden soll: *Nicht erlauben* beendet die Anfrage und das Kennwort wird nicht freigegeben, *Erlauben* gestattet den Zugriff auf den Schlüsselbund dieses eine Mal (bei der nächsten Abfrage wird wieder nach dem Passwort gefragt), *Immer erlauben* erhält den Freibrief zum ständigen Zugriff auf den *Schlüsselbund* – und zwar ohne vorherige Identifizierung.

»Kennwort einblenden« in Aktion: Per Doppelklick auf einen Kategorie-Eintrag öffnet sich ein Dialog, der die Ansicht des Passwortes erlaubt – allerdings nur nach vorheriger Eingabe des Benutzer-/Administrator-Kennworts.

Über den Reiter *Zugriff* wiederum legen Sie fest, wie sich der Zugriff auf das Kennwort gestalten soll bzw. welche Programme dafür berechtigt sind – je weniger dies sind, desto zuverlässiger wird Ihr Kennwort geschützt.

Welche Programme erhalten die Freigabe auf das Kennwort? Über »Zugriff« erlauben und schließen Sie entsprechende Programme aus.

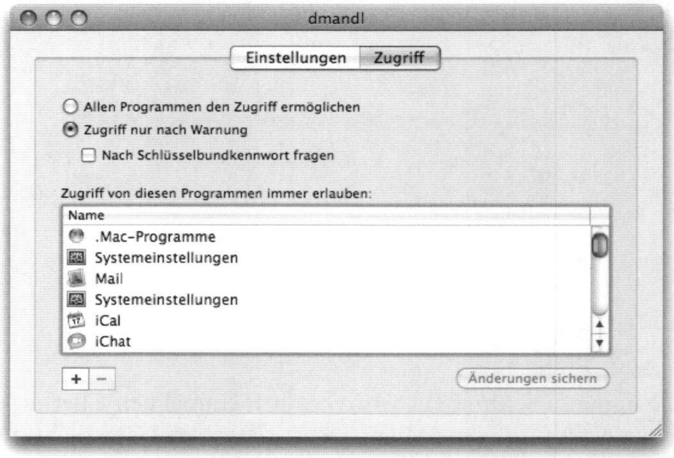

Haben Sie bei sich auf dem Schreibtisch oder der unverschlossenen Schublade noch ein paar wichtige Telefonnummern, PINs & Co. herumliegen, so bietet es sich an, auch diese in den virtuellen Safe zu legen. Das Dienstprogramm *Schlüsselbund* stellt Ihnen hierbei die so genannten *Sicheren Notizen* zur Seite, in denen Sie allerlei wichtiges Schreibgut einerseits verstauen und andererseits hervorragend vor fremden Blicken schützen können. Über *Ablage | Neue sichere Notiz* tragen Sie in ein Notizfeld einen Titel sowie die schützenswerten Nummern etc. ein. Über *Hinzufügen* werden diese nun in der Kategorie *Sichere Notizen* untergebracht. Möchten Sie später wieder darauf zurückgreifen, so brauchen Sie diese nur doppelzuklicken und die Option *Text einblenden* zu aktivieren – nach Eingabe des Schlüsselbund-Kennwortes und dem Bestätigen (*Einmal erlauben*) wird der Inhalt angezeigt.

Sichere Notizen lassen sich schnell anlegen – nach Vergabe eines Namens sowie der eigentlichen Notiz.

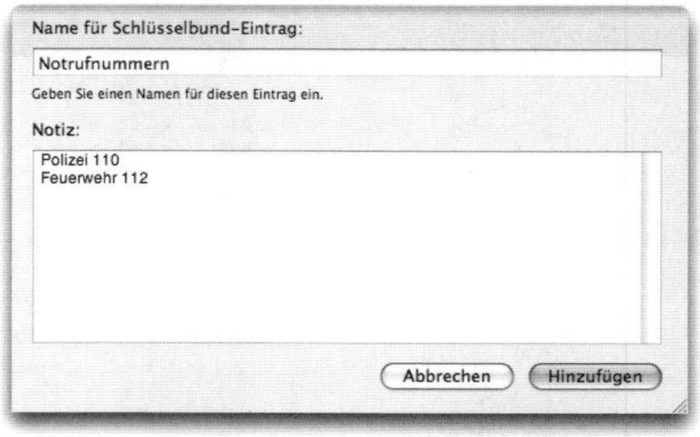

Auf Nummer Sicher: Wichtiges wird mit Passwort geschützt.

Sollten einmal Probleme im Zusammenhang mit dem Schlüsselbund auftauchen oder Sie möchten nach etwaigen Änderungen des *Schlüsselwort-Kennworts* darin beispielsweise das Passwort Ihres Benutzer-Accountes wieder dem Schlüsselbund zuweisen, so sollten Sie den Befehl *Schlüsselbund – Erste Hilfe* über den Menüleisten-Punkt *Schlüsselbundverwaltung* starten.

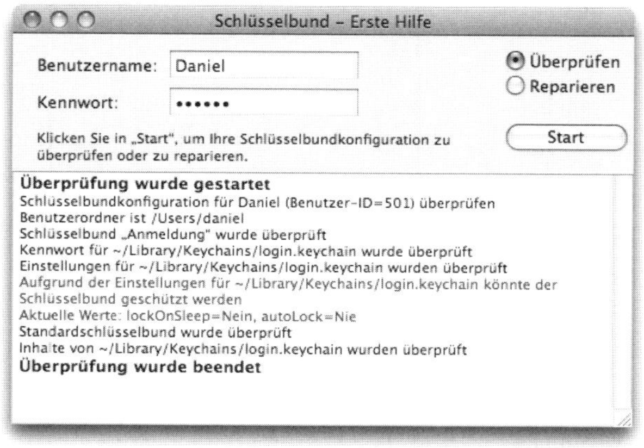

Bei Problemen erste Wahl: Nach Eingabe Ihres Kennworts können Sie die Schlüsselbundkonfigurationen überprüfen und reparieren.

Über die *Einstellungen* (*Befehlstaste-Komma* oder *Schlüsselbund | Einstellungen*) und dort die Rubrik *Erste Hilfe* lassen sich im Übrigen weitere Funktionen bestimmen. Und wenn Sie schon mal dort sind, ist der Besuch in der Rubrik *Allgemein* ebenso empfehlenswert. Über *Status in der Menüleiste anzeigen* kommt wieder mal ein neues Symbol in der Menüleiste hinzu, über das Sie nun schnell auf wichtige Funktionen des Schlüsselbundes zurückgreifen können. Als besondere Empfehlung möchten wir hier die Option *Bildschirm schützen* erwähnen, die – müssen Sie kurzfristig Ihren Rechner mal im Stich lassen – den Bildschirmschoner anwirft und erst wieder einen Zugriff auf den Rechner freigibt, wenn das Benutzer-Passwort eingetragen wird.

Schnellzugriff dank Menüleiste auf Schlüsselbund & Co.

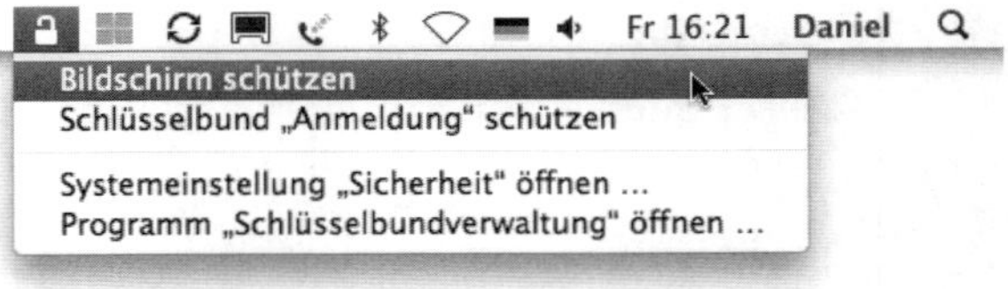

Nun noch das Schlusswort zum Thema »Zertifikate«. Hier hat uns die Erklärung der Mac-Hilfe so gut gefallen, dass wir diese als Screenshot im Buch ablichten. Bitte nicht sauer sein, doch hat es wenig Sinn, wenn wir das Ganze einfach abschreiben. Und überhaupt: Wir geben wenigstens zu, wenn wir fremde Hilfe in Anspruch nehmen.

Die Mac-Hilfe zum Thema »Zertifikate« erklärt ausnahmsweise mal ausführlich, was Sache ist. Danke Apple :-)

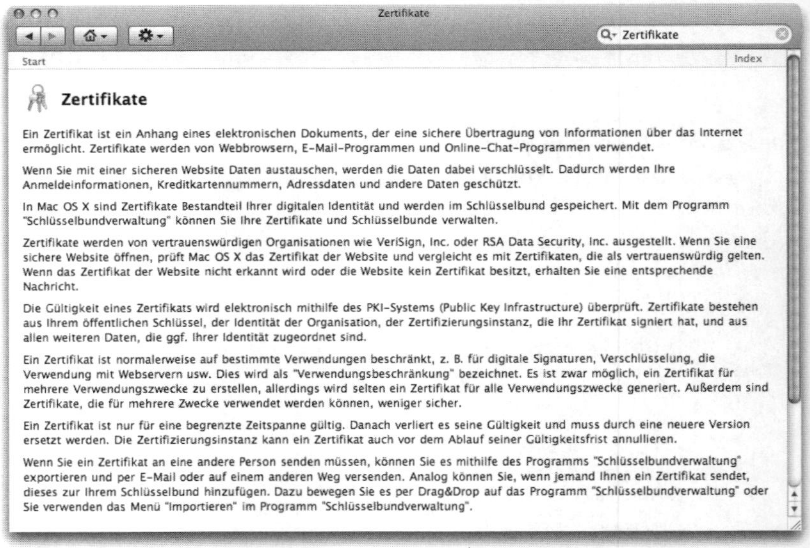

System-Profiler

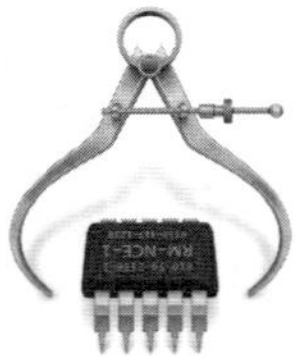

Wenn Sie schon immer mal wissen wollten, was so alles an Hardware und Software in Ihrem Mac steckt, sollten Sie auf den *System-Profiler* zurückgreifen. Dort werden über die Rubriken *Hardware*, *Software* und *Netzwerk* sämtliche verbauten Komponenten sowie Software-Bestandteile aufgelistet. Gerade bei Problemen oder wenn Sie Ihren Mac aufrüsten möchten, kann er Ihnen unterstützend zur Seite stehen. Aber auch bei Support-Anrufen fragen oftmals Mitarbeiter nach technischen Daten, die der Laie aus freien Stücken nicht aufsagen kann. Neben dem Start des *System-Profiler* über den *Dienstprogramme*-Ordner können Sie auch über das *Apple*-Menü den Befehl *Über diesen Mac* anwählen. Im auftauchenden Fenster lässt sich nun – neben der Erkenntnis über die aktuelle Betriebssystem-Version – über den Button *Weitere Informationen* der *System-Profiler* anwerfen.

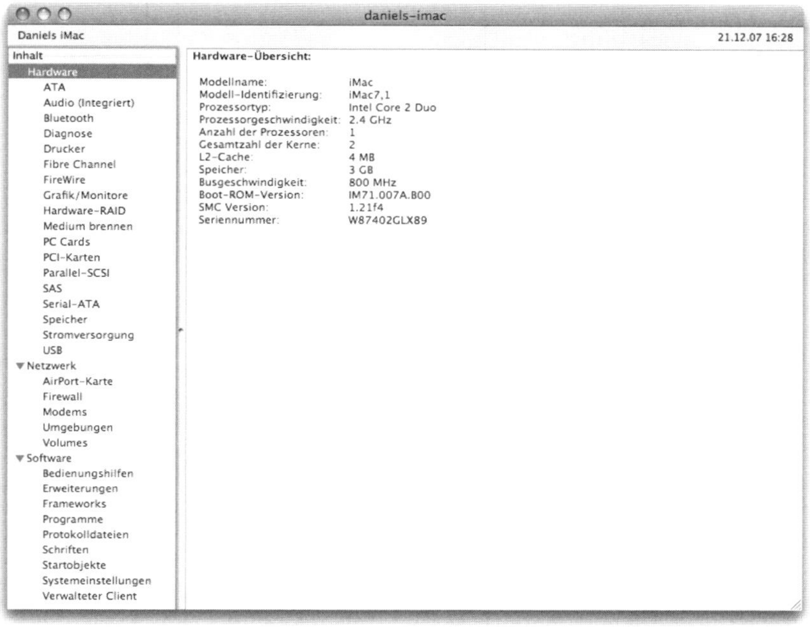

Der »System-Profiler« trumpft mit umfangreichem Wissen auf.

Zu allen Hardware-Komponenten finden Sie übersichtlich angeordnet Modell, Hersteller, Seriennummer, Firmware-Version und vieles mehr, so dass sich einzelne Gerätschaften sicher identifizieren lassen und Fachleute daran ablesen können, ob die Gefahr eventueller Inkompatibilitäten mit neu hinzuerworbener Hardware besteht. Aber auch für den Selbsteinbau ist ein Kontrollblick dort hinein unablässig, sehen Sie doch sofort, ob die Systemvoraussetzungen erfüllt werden oder – im Nachhinein – ob die neu eingebaute Hardware auch erkannt wird. Der *System-Profiler* weiß auch, welche Geräte an *USB*- und *FireWire*-Schnittstelle hängen oder welcher Arbeitsspeicher-Steckplatz noch frei ist.

Das Gleiche gilt auch für die Rubrik *Netzwerk*. Dort werden alle Komponenten aufgeführt, die zum Übertragen von Daten – wie zum Beispiel AirPort-Karte oder Modem – geeignet sind. Aber auch die zum Ändern von Netzwerkeinstellungen vorteilhaften Umgebungen oder Volumes sind dort aufgeführt.

Fragen zur installierten Software beantworten Sie am besten über den Punkt *Software*, der unterteilt in *Erweiterungen*, *Programme*, *Protokolldateien* und mehr akribisch alle vorhandenen Bestandteile und Einstellungen auflistet. Auch dort können Sie auf einen Blick erkennen, etwa welche Programm-Version sich auf Ihrem Rechner befindet oder wann diese zuletzt verändert wurde.

Das Angebot an detaillierten Informationen stellen Sie über das Menü *Darstellung* ein, wobei Sie zwischen *Kurzprofil* (⌘-1), *Standardprofil* (⌘-2) und *Vollständiges Profil* (⌘-3) auswählen können.

Der Umfang an Informationen der einzelnen Profile: minimiertes Kurzprofil, das Standardprofil mit den wichtigsten Informationen sowie das vollständiges Profil mit allen Daten, die der »System-Profiler« auslesen kann (von links nach rechts).

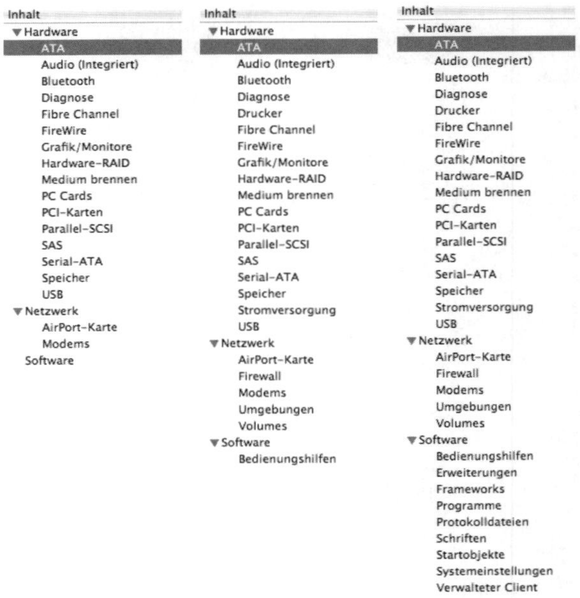

Wenn Sie bei einem Händler Fragen stellen möchten oder den Apple-Support in Anspruch nehmen müssen, so sollten Sie stets den *System Profiler* im Hinterkopf behalten bzw. diesen vielleicht sogar geöffnet haben, um schnell die angeforderten Informationen abrufen zu können. Auch haben Sie die Möglichkeit, Ihr aktuelles Hardware- oder Software-Profil über *Ablage* | *Sichern unter* abzuspeichern. Darin werden mit Datum und Uhrzeit alle derzeit verfügbaren Daten gesichert und können von einer Support-Stelle auf Ungereimtheiten durchforstet werden. Noch einfacher klappt das über *Ablage* | *An Apple senden*, so dass das Rechner-Profil vollständig automatisiert an Apple gesendet wird. Letzteres sollten Sie aber nur auf Anforderung hin tun.

Terminal

Professionelle Anwender mit UNIX-Erfahrung schwören darauf, der Normal-User macht üblicherweise einen großen Bogen darum – die Rede ist vom *Terminal*. Damit lässt sich auf das unter der Mac OS X-Oberfläche schlummernde UNIX-Betriebssystem namens *Darwin* zugreifen, indem Sie in das *Terminal*-Fenster die entsprechenden Befehle eintippen. Wir müssen jedoch gestehen, dass wir mit UNIX wenig bis gar nichts am Hut haben und zugegebenermaßen auch noch niemals in die Verlegenheit kamen, damit zu arbeiten, denn wir wählten Mac OS X, weil es herrlich einfach und intuitiv zu bedienen ist und noch dazu schick aussieht. Weiterhin laufen alle unsere Programme fehlerfrei und schließlich will man doch damit sein Geld verdienen oder zumindest seine Freude am Mac haben.

Bitte nicht mit einer Textverarbeitung verwechseln! Das Terminal dient der Eingabe von Unix-Befehlen, um die vielen Hundert UNIX-Programme hinter Mac OS X zu bedienen.

Möchten Sie das Thema UNIX und Mac OS X vertiefen, so möchten wir Sie auf die Webseite `www.apple.com/de/macosx/technology/unix.html` verweisen, auf der Sie einen Überblick über die UNIX-Technologie in *Mac OS X Leopard* erhalten. Gefallen haben uns weiterhin zwei Webseiten zum Thema »UNIX-Befehle für Anfänger« (`http://nafoku.de/t/unix.htm`) sowie »Kurzeinführung in UNIX« (`www.chemie.fu-berlin.de/chemnet/general/unix-inf.html`). Möchten Sie stattdessen die Sache ein wenig ruhiger angehen, so werfen Sie auch einen Blick in die *Terminal-Hilfe*, in der Sie zumindest UNIX-Grundlagen abrufen können, die vielleicht eine gewisse Lust nach Mehr erwecken (bei uns hat's leider nicht funktioniert).

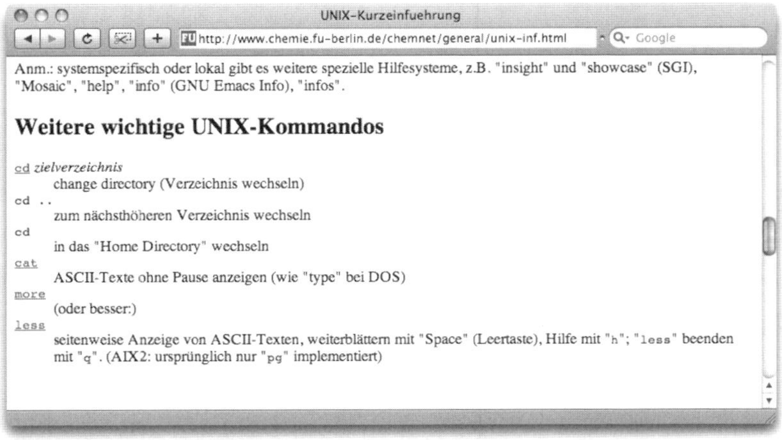

Die UNIX-Kurzeinführung führt die wichtigsten Befehle und Kommandos auf.

Verzeichnis und Verzeichnisdienste

Diese beiden Dienstprogramme *Verzeichnis* und *Verzeichnisdienste* arbeiten im Grunde Hand in Hand. Über *Verzeichnisdienste* werden dabei die Verbindungen zwischen Ihrem Computer und Verzeichnisservern konfiguriert und hergestellt. Hierbei wird zwischen *Open Directory*- und *Active Directory*-Server unterschieden. Im ersten Fall brauchen Sie den Servernamen oder die IP-Adresse, bei Letzterem die IP-Adresse bzw. DNS-Name sowie Benutzername und Kennwort des *Active Directory*-Administrators. Das Dienstprogramm *Verzeichnis* tritt dann in Erscheinung, wenn Sie den Zugriff auf gemeinsam genutzte Informationen (Kontakte, Adressbuch) der Verzeichnisserver abrufen möchten.

Im Grunde geht es dabei um Firmennetzwerke, innerhalb derer einzelne Mitarbeiter jederzeit auf gemeinsame Adressdatenbanken sowie Firmendaten zugreifen können. Da dieses Buch Ihnen die Grundlagen zu *Mac OS X Leopard* vermitteln soll, das Thema Server und Dienste jedoch eher der professionellen Netzwerk-Administration zugeordnet werden muss, möchten wir diese Sache nicht weiter vertiefen (nicht böse sein …).

So, die Dienstprogramme wären geschafft. Als nächstes großes Thema stehen Internet-Zugang, World Wide Web, E-Mail und iChat an – also alles Dinge, die zum weltweiten Kommunizieren und Wissen-Aneignen taugen. Und eines können wir Ihnen versprechen: Wenn Sie erst einmal Routine in Ihre Arbeitsweisen bekommen und sich wie ein alter Fuchs durch den Internet-Dschungel bewegen, dann werden Sie nicht mehr davon lassen können. Denn: Es war noch nie so leicht (und noch dazu meist gratis) an Wissen zu gelangen, so schnell und einfach Daten auszutauschen oder mit Menschen in aller Herren Länder in Kontakt zu treten.

Online mit dem Mac – vom Surfen, E-Mailen und Chatten

Das Internet ist bereits seit Jahren in aller Munde, und wer keine E-Mail-Adresse vorweisen kann, gehört fast schon zum alten Eisen. Damit Ihnen das nicht passiert, möchten wir Ihnen auf den folgenden Seiten das »Wie« erklären: Wie richte ich meinen Internet-Zugang ein? Wie surfe ich im World Wide Web? Wie funktioniert das Programm *Mail*? Wie kann ich mich mit *iChat* live mit anderen unterhalten?

Zu Ihrer Beruhigung verraten wir schon jetzt, dass Ihr Mac an Software alles an Bord hat und Sie in wenigen Schritten loslegen können – vorausgesetzt, Sie haben sich bereits um einen Provider gekümmert, der Ihnen die Zugangs-Daten übermittelt – zumeist noch per Post. Ist dieser Punkt geklärt, so steht einem Besuch im World Wide Web oder einer ersten E-Mail an die Lieben nichts mehr im Wege ...

Internet-Zugang konfigurieren

Ins WWW über das Modem

Eigentlich ist es nicht mehr so recht zeitgemäß, doch manchmal eben nicht anders möglich. Die Rede ist vom Modem, das als Zugang zum Internet mit zu den langsamsten Verbindungen gehört. Da Apple mittlerweile in den aktuellen Mac-Rechnern keine Modems mehr verbaut, müssen Sie ein externes Modem verwenden (vielleicht haben Sie aber noch ein älteres Modell, das ein internes verwendet). Zuerst sollten Sie natürlich Ihren Rechner mit Hilfe des mitgelieferten Telefonkabels (RJ-11-Kabel) verbinden. Dazu stecken Sie das eine Ende in die Buchse der analogen Telefonleitung, das andere in den dazugehörigen Eingang für den internen bzw. externen Modem-Anschluss (erkennbar am Telefonhörer-Symbol). Rufen Sie dann die *Systemeinstellungen* auf und wählen Sie dort *Netzwerk* (zu finden in der Rubrik *Internet & Netzwerk*). Ganz oben finden Sie ein Popup-Menü bei *Umgebung*, das die Einstellung *Automatisch* trägt.

Umgebungen sollen Ihnen bei häufig wechselnden Einsätzen Ihres Rechners das ständige Konfigurieren ersparen, indem Sie diesen schnell an die jeweiligen Situationen anpassen können. Surfen Sie beispielsweise zu Hause über ein Modem, in der Arbeitsstätte mit mehreren Filialen aber über DSL, so brauchen Sie nur die Umgebung zu wechseln. Einzige Voraussetzung ist, dass Sie einmal alle Daten vollständig eingeben und Ihre Rechner-Umgebungen konfigurieren. Zum Anlegen neuer Umgebungen wählen Sie aus dem Popup-Menü den Befehl *Umgebungen bearbeiten* und klicken dann auf den *Plus*-Button (+). Vergeben Sie gleich anschließend einen Namen wie

»Arbeit«, »Vergnügen«, »Unterwegs« oder wie auch immer. Über *Fertig* bestätigen Sie dann Ihre Eintragungen.

Über »Umgebungen bearbeiten« können Sie sich eigene Bereiche einrichten, die getrennt voneinander das Erstellen unterschiedlicher Konfigurationen erlauben.

Neue Umgebungen erhalten Sie per Klick auf den Plus-Button.

Nun können Sie beispielsweise für die Umgebung »Vergnügen« Ihren DSL-Zugang einrichten. Sind Sie am nächsten Tag an Ihrem Arbeitsplatz, so schalten Sie um auf »Arbeit« und konfigurieren dort sowohl Netzwerk- als auch Internet-Zugang. Wieder Zuhause geht's wieder auf »Vergnügen« und die dort festgelegten Einsellungen werden aktiv. Das Wechseln zwischen den einzelnen Umgebungen nehmen Sie dann im *Apple-Menü* (der Apfel ganz links oben) unter dem Punkt *Umgebungen* vor. Wählen Sie einfach den gewünschten Eintrag und der Rechner übernimmt die voreingestellten Daten. Wenn Sie hingegen Ihren Rechner nur Zuhause betreiben, so brauchen Sie keine Umgebung anzulegen. Je nach angeschlossenem Gerät bzw. aktivem Anschluss verteilt der Rechner die Prioritäten selbstständig – was gerade gebraucht wird, wandert automatisch in der linken Liste ganz nach oben.

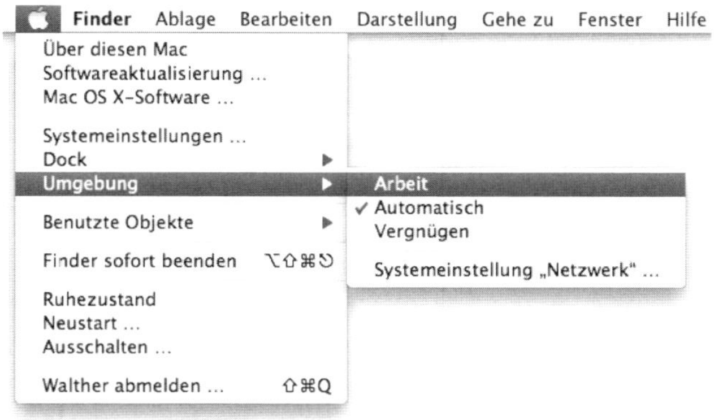

Schnell mal die Umgebung wechseln – dazu müssen Sie noch nicht einmal in ein Flugzeug einsteigen.

Zurück zum Modem: Wird es erkannt, so taucht das zugehörige Symbol links in der Schnittstellen-Liste auf. Klicken Sie dieses nun an, so bekommen Sie die Felder angezeigt, in die Sie Ihre Provider-Daten einzutragen haben: Telefonnummer, Benutzername sowie Kennwort. Bei *Konfiguration* vergeben Sie einen Namen für Ihren Anschluss. Wechseln Sie des Öfteren Ihre Örtlichkeiten, so können Sie dort weitere Provider (über *Konfiguration hinzufügen*) eintragen und über das Menü schnell umschalten.

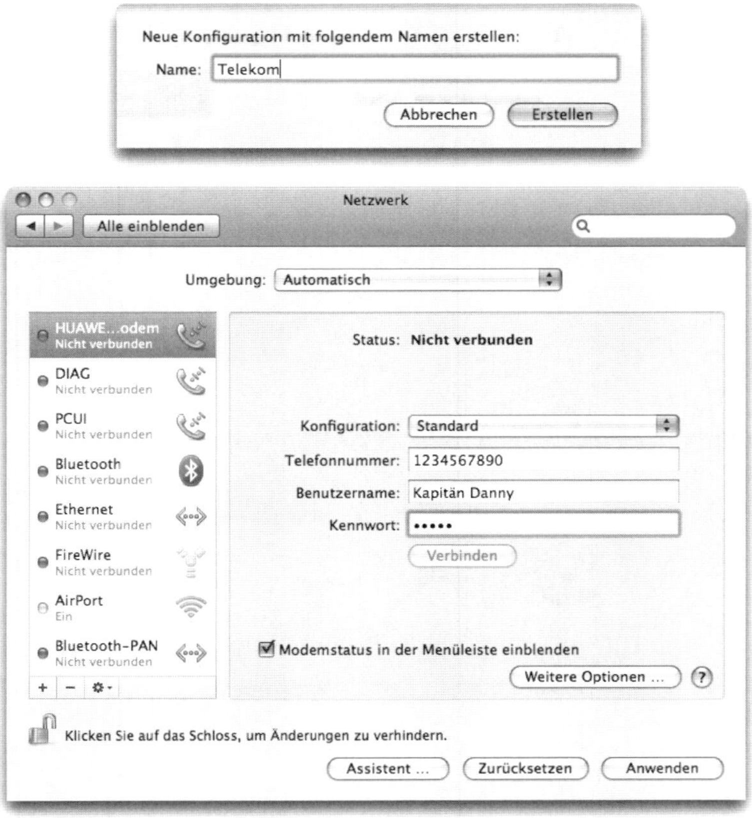

Bei mehreren Providern legen Sie zuerst über »Konfiguration hinzufügen« einen neuen Eintrag an. Danach schreiben Sie die vom Provider übermittelten Daten in die zur Verfügung stehenden Felder hinein.

Über *Weitere Optionen* können Sie nun noch zusätzliche Annehmlichkeiten in Anspruch nehmen, unter anderem die Möglichkeit des *automatischen Verbindens* (würden wir nicht empfehlen), wenn Sie beispielsweise auf einen Link klicken, der in einem PDF-Dokument vorkommt und auf eine Webseite verweist. Hilfreich ist jedoch die Option *Verbindung trennen, falls sie xx Minuten nicht verwendet wurde.* Gerade bei Tarifen, die über Zeiteinheiten abgerechnet werden, gibt dies doch ein Gefühl der Sicherheit, falls Sie mal das Ausloggen (das Trennen der Online-Verbindung) vergessen sollten. Oder Sie lassen sich einfach alle 30 Minuten (oder in kürzeren Abständen) daran erinnern, dass eine Online-Verbindung besteht – im auftauchenden Dialog-Feld bestimmen Sie dann das weitere Vorgehen. Die anderen Optionen können Sie vorerst so belassen.

Um den Reiter *Proxies* müssen Sie sich nicht kümmern, so dass Sie gleich zum *Modem* schreiten können. Dort überprüfen Sie nun, ob das richtige Modem ausgewählt ist – üblicherweise *Apple Modem (v.92)*. Das war's für's Erste.

Manche Optionen sind durchaus hilfreich – der Rest kann so bleiben.

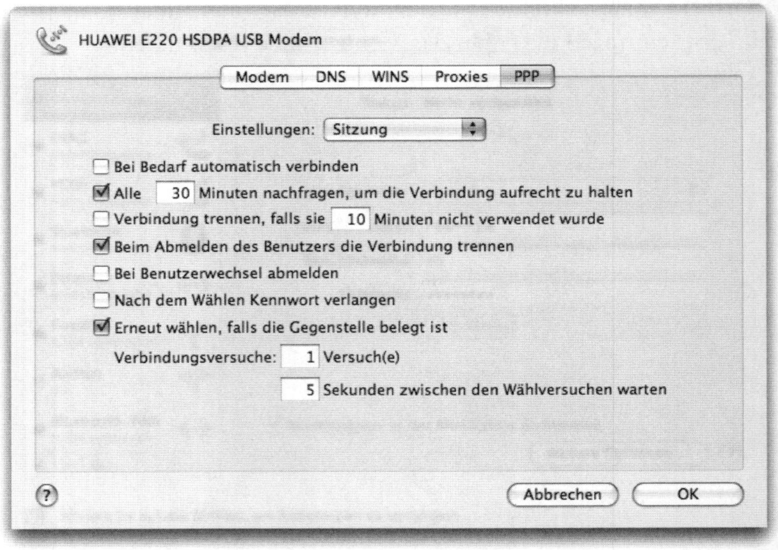

Die Erinnerungsfunktion: Damit Ihnen immer bewusst ist, dass Ihr Tun gerade Geld kostet.

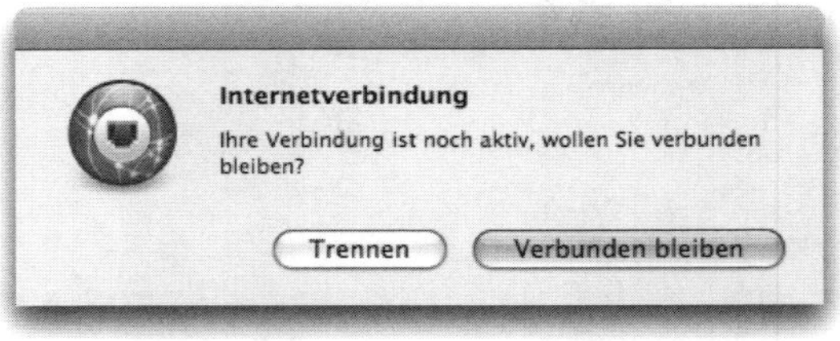

Bestätigen Sie mit *OK* und dann im Status-Fenster auf *Anwenden*. Über *Verbinden* steht Ihnen dann das Tor zur großen weiten Internet-Welt offen – starten Sie also einen Einwahl-Versuch. Die Kontakt-Aufnahme zwischen Modem und Server des Dienstleisters geht im Übrigen ziemlich geräuschvoll vonstatten – erschrecken Sie also nicht, denn das ist völlig normal (so unterhalten sich nunmal zwei Computer). Nach wenigen Sekunden sollte die Online-Verbindung stehen – Sie erkennen es am veränderten Erscheinungsbild. Zum Trennen der Leitung klicken Sie wieder auf den denselben Button, nur dass sich er dieses Mal *Trennen* nennt.

Wenn Sie die Option *Modem-Status in der Menüleiste einblenden* aktivieren, so können Sie gleich von dort aus Ihre *Internet-Verbindung* starten (einfach auf das *Modem*-Symbol klicken und die gewünschte Konfiguration wählen). Dort sehen Sie dann auch, wie viel Zeit Sie schon im Internet verbracht haben (00:02:07). Sind Sie fertig mit Ihrer Online-Sitzung, so wählen Sie die Option *Verbindung zu Modem XY trennen*.

DSL für Ungeduldige – Highspeed auf der Daten-Autobahn

Die Konkurrenz des magenta-farbenen Riesen schläft natürlich nicht und die DSL-Tarife schießen wie Pilze aus dem Boden. Noch dazu wird sich fast monatlich im Preis unterboten, so dass ein ausgiebiger Vergleich im Vorfeld angeraten scheint, womit Sie doch einige Euros oder Franken sparen können. Ideal sind natürlich Flatrates, also das Surfen ohne Zeitlimlit oder Volumenbegrenzung. Möchten Sie keine Filme oder Musik downloaden, so können Sie eventuell den Tarif eine Nummer kleiner wählen.

Das Tolle an DSL ist natürlich die Geschwindigkeit, mit der sich große Daten (aber auch der Aufbau der Webseiten als solches) herunterladen lassen – vorbei die quälend langsamen Internet-Abende in den neunziger Jahren, in denen man beim Warten auf vollständige Seiten ganze Pullover-Kollektionen stricken konnte.

Voraussetzung für das Funktionieren ist natürlich wieder die ordentliche Verkabelung der Hardware. Bei Bestellung eines DSL-Anschlusses erhalten Sie normalerweise die nötigen Komponenten sowie eine ausführliche Anleitung – bei zwei linken Daumen lassen Sie die Installation lieber einen Fachmann ausführen, da Ihnen sonst schnell die Lust an DSL vergeht. Bei schon bestehenden analogen Telefonen und Fax sollten Sie auch in Erwägung ziehen, sich einen *Router* zu besorgen. Diese Geräte gibt es in verschiedenen Ausführungen und Konfigurationen, so zum Beispiel als ISDN-Router, um die analogen Telefone weiterzuverwenden, als DSL-Router, um mehrere Computer an einem DSL-Zugang unterhalten zu können, oder kombinierte Router, die beides verbinden und die es auch als Wireless-Geräte (schnurlos) gibt.

Wie schon bei der Modem-Verbindung gehen wir auch beim DSL einrichten über die *Systemeinstellungen* und die dortige Rubrik *Netzwerk*. Steckt das richtige Kabel im Mac und sind DSL-Modem bzw. -Router richtig angeschlossen, so wählen Sie bei *Konfiguration* der Eintrag *DHCP*. *DHCP* steht für *Dynamic Host Configuration Protocol* und ermöglicht eine automatische Vergabe so genannter IP-Adressen. Letztere benötigt Ihr Rechner, damit er im Internet ordentlich erkannt wird und auch die angesteuerten Webseiten korrekt wiedergeben kann.

IP **steht für** ***Internet Protocol*** **und ist eine durch einen Punkt getrennte Zahlenfolge aus vier Ziffern zwischen 0 und 255. Anhand der Zuordung dieser Nummer (beispielsweise 84.141.168.94) wird Ihr Rechner identifiziert, so dass Daten-Pakete durch etwaige Anfragen auch wieder den Weg zurück finden.**

Hat der Rechner seine Adresse bekommen, so wird dies in der Systemeinstellung *Netzwerk* angezeigt – der Eintrag *Ethernet* steht nun in der Liste ganz oben und führt den Status *Verbunden* (samt grünem Punkt). Der nächste Schritt besteht nun im Eintragen der Provider-Daten.

Der Rechner hat seine IP-Nummer und der Status lautet »Verbunden«.

Aus dem Konfigurations-Menü wählen Sie nun den Befehl *PPPoE-Dienst erstellen* und vergeben anschließend einen *Dienstnamen* (dies kann zum Beispiel der Name Ihres Providers sein). In der Anschlussliste taucht nun dieser als eigenständiger Eintrag auf. Nun müssen die leeren Felder bei *Account-Name* und *Kennwort* ausgefüllt werden – die Daten hierzu sollten Sie von Ihrem Provider mitgeteilt bekommen haben. Aktivieren Sie zudem die Option *Dieses Kennwort merken*, so wird es im Dienstprogramm *Schlüsselbundverwaltung* untergebracht und muss nicht jedes Mal eingegeben werden.

Das Feld *PPPoE-Dienstname* ist optional und muss nichts enthalten. Die Option *PPPoE-Status in der Menüleiste anzeigen* sollten Sie hingegen anschalten, denn so erscheint das entsprechende Symbol (<··>) in der Menüleiste, so dass Sie von dort aus die Online-Verbindung starten können.

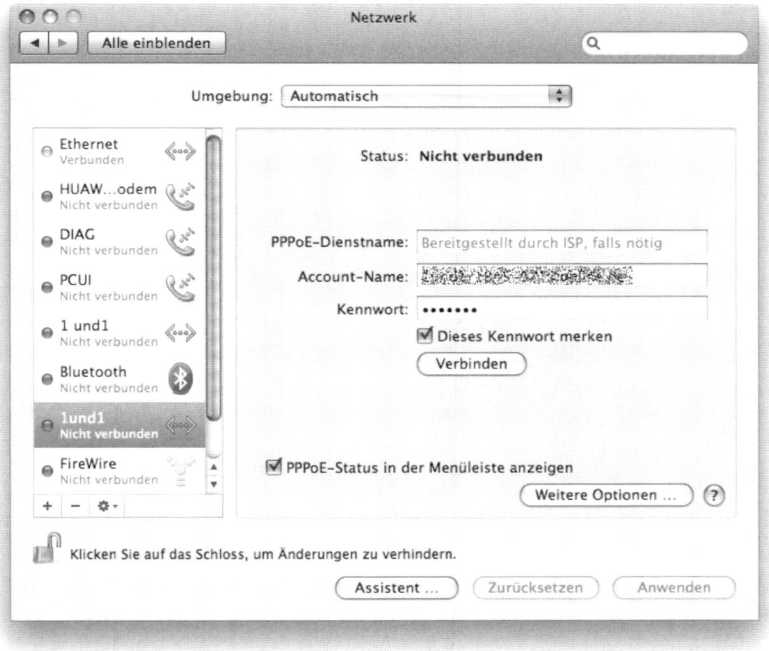

So sollten in etwa die Felder ausgefüllt sein.

Über die *Weiteren Optionen* finden Sie wieder zusätzliche Möglichkeiten zum Anpassen, die jedoch vorerst zu vernachlässigen sind. Einzig der Reiter *PPP* enthält hier interessante Details wie Einstellungen zur automatischen Verbindung (*Bei Bedarf automatisch verbinden*) sowie zum Erinnern nach festgelegter Online-Zeit (*Alle xx Minuten nachfragen, um die Verbindung aufrecht zu halten*). Im Reiter *TCP/IP* sollten die Einstellungen *PPP* und *Automatisch* stehen.

Und nun – ganz wichtig – müssen Sie in *Anwenden* klicken, denn ansonsten geht gar nichts und der Knopf *Verbinden* bleibt inaktiv. Klicken Sie nun darauf, so sollte die Verbindung anlaufen.

Der Beweis: Bei uns klappt es ohne Beanstandung – User und Provider freuen sich :-)

Sollte Ihr Router nicht in der Lage sein, automatisch IP-Adressen zuzuweisen, so wählen Sie zu Beginn – also noch beim Einrichten von Ethernet – bei *Konfiguration* die Einstellung *Manuell*. Tragen Sie dort Ihre IP-Adressen ein und folgen Sie dann den oben genannte Schritten.

Bei der Vorstellung von Konfigurationen gehen wir von den Standard-Einstellungen aus, die üblicherweise von den großen Providern verlangt werden. Bei speziellen Konfigurationen wie der manuellen Vergabe von IP-Adressen wenden Sie sich bitte an Ihren Provider, der Ihnen beim Einrichten der Internet-Verbindung sicher gerne Unterstützung bietet.

Drahtlos per AirPort ins Netz der Netze

Auch das ist möglich – das Surfen im Wohnzimmer, während der Rest der Computer-Anlage im Keller steht. Das gilt natürlich insbesondere für die mobilen Apple-Rechner wie MacBook (Pro/Air), PowerBook oder iBook, doch auch ein iMac schaut einfach schicker aus, wenn nicht zig Kabel hinten heraushängen. Als Voraussetzung brauchen Sie neben dem Provider eine *AirPort-Extreme-* oder *AirPort Express-Basisstation* sowie eine im Mac verbaute *AirPort-* oder *AirPort-Extreme-Karte.* Bei den aktuellen mobilen Macs sowie dem iMac ist diese bereits integriert, bei den Mac Pro-Modellen muss sie noch hinzugefügt werden. Sind diese Hardware-Voraussetzungen erfüllt, lässt sich relativ schnell eine Online-Verbindung aufbauen.

Neben dem drahtlosen E-Mailen und Surfen im Internet können Sie somit auch ein Netzwerk aufbauen, in dem sich ohne Verkabelung andere Computer ansprechen und Daten übertragen lassen. Oder Sie schließen einen USB-Drucker an, auf den Sie dann ohne große Umschweife zugreifen und drucken können.

Die AirPort-Extreme-Basisstation ermöglicht neben dem drahtlosen Surfen im WWW auch das Zusammenstellen von Netzwerken. (Bilder: © Apple)

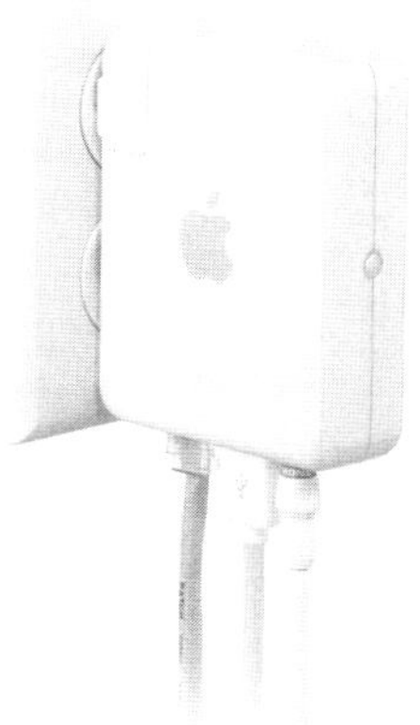

AirPort-Express-Basisstation – der Clou hierbei ist auch das schnurlose Musikhören über angeschlossene Lautsprecher. (Bild: © Apple)

Bevor Sie nun eine neue Umgebung anlegen, sollten Sie zuvor die Hardware richtig verkabeln. Dazu muss selbstverständlich die *AirPort-Extreme-/AirPort Express-Basisstation* an das Stromnetz sowie das Ethernet-Kabel samt Kabel- bzw. DSL-Modem in die richtige Buchse (trägt die Bezeichnung WAN – siehe auch Betriebsanleitung zum AirPort-Gerät). Gehen Sie dann in den Ordner *Dienstprogramme* (zu finden im Ordner *Programme*) und rufen Sie dort das *AirPort-Dienstprogramm* auf. Dieses führt Sie nun Schritt für Schritt zum gewünschten Ziel. Die Konfiguration von *AirPort-Extreme-* und *AirPort Express-Basisstation* unterscheidet sich nur in einigen wenigen Punkten, wobei wir hier als Beispiel die *AirPort-Extreme-Basisstation* installieren.

So müssen Sie sich zu Anfang zwischen dem Neu-Konfigurieren der *Air-Port-Basisstation* oder der Änderung einer schon bestehenden entscheiden. Wird die *Basisstation* das erste Mal in Betrieb genommen, erscheint diese im Dienstprogramm links oben. Nach dem Klick auf Fortfahren vergeben Sie dann einen Namen für das drahtlose Netzwerk sowie für die *Basisstation*. Es folgen die Zuordnung des Wohnsitzes (also in welchem Land die Basisstation verwendet wird) sowie die Einrichtung des Sicherheitsstandards. Diesen sollten Sie auf jeden Fall wahrnehmen, damit niemand unberechtigt und ohne größere Hürden auf Ihre Daten zugreifen kann. Während *WEP (Transitional Security Network)* besser mit Rechnern älteren Datums zurechtkommt, ist die Einstellung *Persönlicher WPA2* die geeignete Wahl für sicherheitsbewusste Anwender. Bei Letzterem benötigen Sie ein Kennwort zwischen 8 und 63 Zeichen lang, das Sie gleich im unteren Teil des Dialog-Fensters eingeben müssen. Tätigen Sie Ihre Eintragungen und vertrauen Sie diese ruhig dem *Schlüsselbund* an – denn im Falle des Vergessens können Sie das Passwort dort wieder in Erfahrung bringen.

Die sichere Verschlüsselung und damit der Schutz Ihrer Daten ist ein wesentlicher Bestandteil, der genau durchdacht werden sollte.

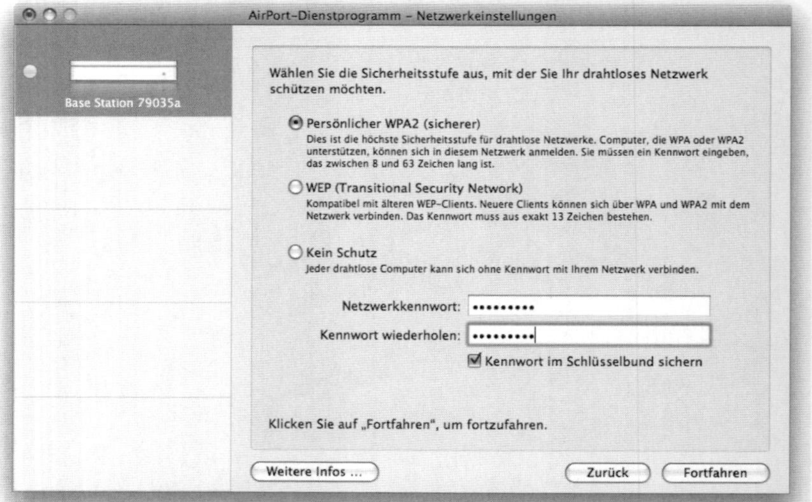

Klicken Sie auf *Fortfahren*, erscheint im nächsten Dialog die Rubrik *Netzwerk-Einstellungen*. Hier müssen Sie sich nun entscheiden, welche Verbindung Sie bevorzugen bzw. was für Zugangs-Daten Ihr Provider Ihnen überreicht hat. Haben Sie ein Kabel- bzw. DSL-Modem an die *AirPort Basisstation* angeschlossen, so wählen Sie die zweite Option: *Eine einzige IP-Adresse gemeinsam nutzen über DHCP und NAT*. Im nachfolgenden Dialog wählen Sie dann *Ich verwende ein DSL- oder Kabelmodem mit PPP over Ethernet (PPPoE)*. Daraufhin geben Sie die Ihnen vom Provider überreichten Daten ein, also *Account-Name* und *Kennwort*. Bei *Verbindung* können Sie dann zwischen *Immer eingeschaltet*, *Automatisch* oder *Manuell* wählen.

Bei der Einrichtung der Basisstation und der Verwendung von *Immer eingeschaltet* sind Sie bei einer erfolgreichen Konfiguration sofort online. Überlegen Sie sich also Ihre Einstellung gut, denn sollten Sie einen Tarif bei Ihrem Provider gewählt haben, der nach Zeit oder Volumen abrechnet, kann es ziemlich teuer werden. Nur bei Flatrates macht die Auswahl *Immer eingeschaltet* einen Sinn.

Tragen Sie in den Internet-Einstellungen Ihre Zugangsdaten ein.

Danach stoßen Sie auf die *USB-Peripheriegeräte-Konfiguration*, das heißt, Sie können Ihre externen Gerätschaften (etwa einen USB-Drucker oder eine externe Festplatte), die an der USB-Schnittstelle der *AirPort Basisstation* angeschlossen sind, schützen. Wählen Sie den von Ihnen gewünschten Schutz und bestimmen Sie noch, ob sich auch ein Gast daran wagen darf.

Nachfolgend vergeben Sie noch einmal ein Passwort, das abgefragt wird, möchten Sie schon getätigte Einstellungen ändern oder anpassen. Zum Schluss gibt's noch einmal alles in einer Zusammenfassung, die Sie genau durchlesen sollten, da Sie jetzt noch die Möglichkeit haben, zurück zu gehen. Ist hingegen alles OK, so bestätigen Sie. Die Basistation wird neu gestartet und die Daten werden übertragen, danach heißt es die frohe Botschaft einer erfolgreichen Konfiguration entgegenzunehmen.

Die Zusammenfassung gibt Ihnen einen schnellen Überblick über alle wichtigen Eintragungen.

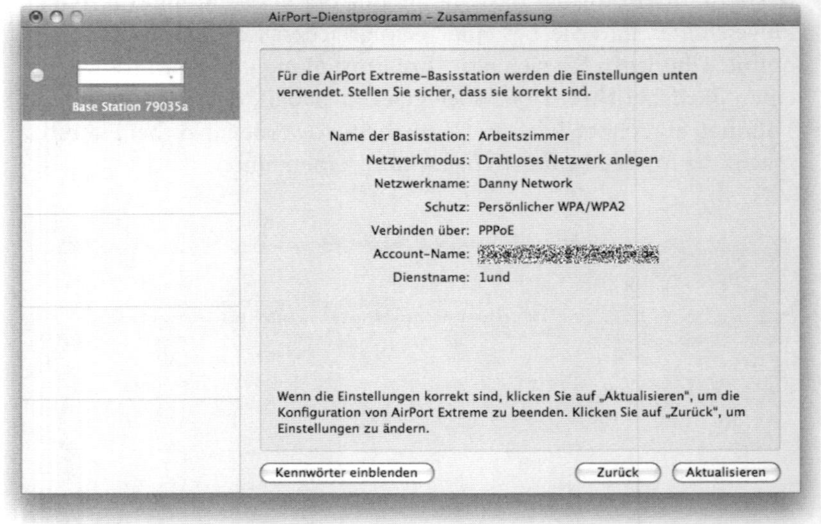

Möchten Sie nachträgliche Änderungen an Ihrer Basisstation vornehmen, so verwenden Sie dazu ebenso das *AirPort-Dienstprogramm.*

Gehen Sie nun noch einmal zur Systemeinstellung *Netzwerk.* In der Dienste-Liste ist nun *AirPort* ganz oben, der Status sollte *Verbunden* sein. Aktivieren Sie auf jeden Fall wieder die Option *AirPort-Status in der Menüleiste anzeigen,* da Sie über das erscheinende Symbol nun schnell und unkompliziert *AirPort aktivieren* ( ) oder *deaktivieren* ( ) bzw. auch auf andere Netzwerke/Hot Spots zugreifen können.

Über *Weitere Optionen* finden Sie den Reiter *AirPort,* über den Sie im Falle mehrerer Netzwerke die Reihenfolge der bevorzugten Netzwerke einrichten, indem Sie diese mit der Maus packen und dann verschieben.

Wenn Sie unterwegs sind und zu einem *Hot Spot* Kontakt aufnehmen möchten, so wählen Sie über die Menüleiste und dort das *AirPort*-Symbol den Befehl *Mit anderen Netzwerken verbinden.* Hierauf werden Sie aufgefordert, den entsprechenden Netzwerknamen inklusive Kennwort einzutragen. Noch schneller geht's, wenn Sie in diesem Dialog auf *Netzwerke anzeigen* klicken. Auf diese Weise führt der Rechner alle in Frage kommenden Netzwerke auf. Mit Klick auf das gewünschte Netz werden Sie verbunden.

Über die »Menüleiste | AirPort« lässt sich nach anderen Netzwerken suchen.

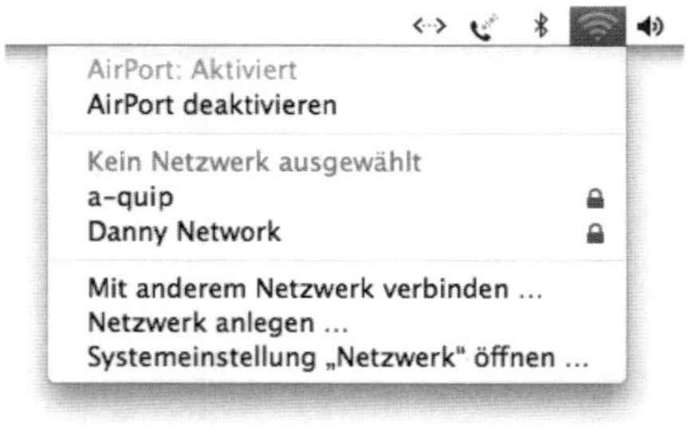

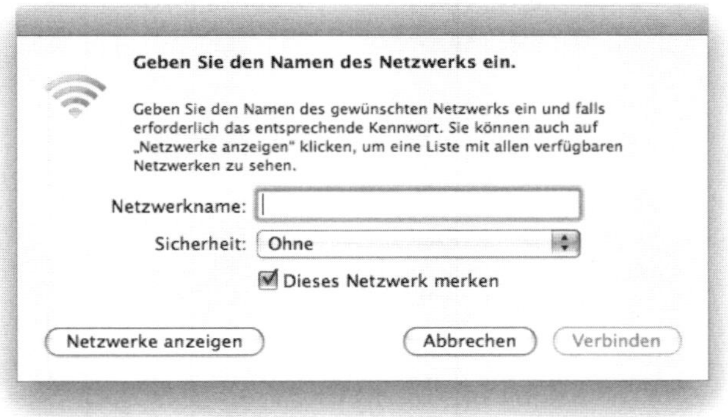

Die Aktivierung erfolgt über die Eingabe des Netzwerknamens (plus einer eventuellen Sicherheitsabfrage, sprich Kennwort) ...

... oder über »Netzwerke anzeigen«.

Haben Sie bislang alle Zugriffs-Möglichkeiten mitverfolgt und vielleicht sogar die ein oder andere *Umgebung* angelegt, so dürften Sie beim Wechsel der Einwahl-Art eigentlich keine Probleme bekommen: etwa zu Hause über *AirPort*, im Büro über *DSL* und beim besten Freund über Modem. Liegt noch dazu das entsprechende Kabel bereit, so brauchen Sie nur mehr die jeweilige Umgebung zu wählen und los geht's mit dem Surfen oder E-Mailen.

Zum Schluss sei in der Systemeinstellung *Netzwerk* noch auf die Organisation der Dienste hingewiesen. Bei jeder *neuen Umgebung* stehen zu Anfang sämtliche Schnittstellen zur Verfügung, also *AirPort, Internes Modem, Bluetooth, Ethernet, FireWire usw.* Je nach Aktivität der Schnittstelle greift der Mac beim Aufbau einer Netzwerk-Verbindung hierauf zu und befördert diese auf die zuoberst stehende Ebene. Möchten Sie verhindern, dass andere Schnittstellen miteinbezogen werden, so können Sie diese je nach Umgebung deaktivieren, indem Sie sie per Mausklick markieren und dann auf den *Minus*-Button (−) drücken. Weiterhin lassen sich über das *Aktions*-Menü (⚙ ▾) die vorhandenen Dienste duplizieren, umbenenennen oder ganz deaktivieren. Auch die Reihenfolge können Sie ändern, indem Sie im erscheinenden Bearbeitungsfenster die Dienste in die gewünschte Reihenfolge bringen.

Weitere Möglichkeiten zum Organisieren der Dienste finden Sie über das Aktions-Menü – beispielsweise das Ändern der Reihenfolge.

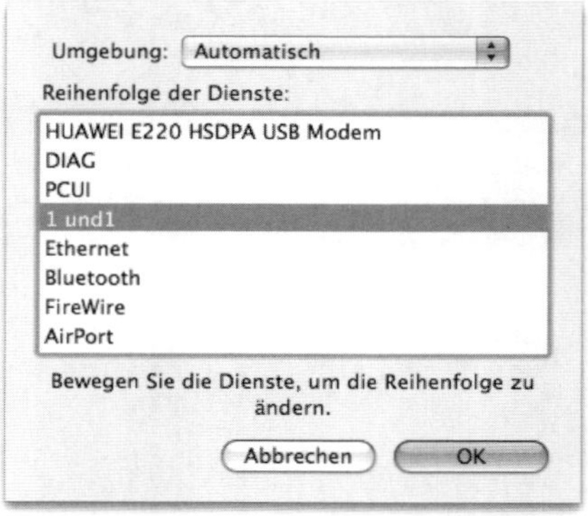

Der *Netzwerk-Status* hingegen gibt einen Überblick, welche Schnittstelle aktiv oder noch nicht konfiguriert wurde. Bei Grün ist alles OK, die Verbindung ist aktiv und hergestellt. Gelb weist daraufhin, dass dieser Anschluss zwar aktiv, aber nicht in Verwendung ist. Rot bedeutet, dass der Anschluss weder aktiv noch verbunden ist.

Über GPRS, UMTS, HSDPA & Co. ins Netz der Netze

Ja, DSL ist für manchen Bewohner auf dieser Erde ein unerfüllter Traum. Und wir sprechen hier nicht von Entwicklungsländern oder Krisenherden, sondern von Wirtschaftsnationen wie Deutschland, Österreich und der Schweiz. Dumm nur, wenn Sie anstatt in der Großstadt auf dem Land wohnen, etwa weil Sie die Ruhe genießen und lieber Natur anstatt asphaltierter Plätze schätzen. Die Krux daran ist, dass fast alle bekannten Anbieter in kleineren Ortschaften den Breitbandzugang DSL nicht anbieten (nach dem Motto »lohnt es sich nicht für uns, wird der Ausbau einfach nicht angegangen). Einerseits verständlich, auf der anderen Seite aber auch ärgerlich für diejenigen, die dort wohnen, zumal immer noch Milliarden-Gewinne eingefahren werden.

Sei's drum, es gibt eventuelle Alternativen zu Modem und DSL, die zwar von der Übertragungspower nicht ganz mit DSL mithalten können (auch wenn es zumeist in der Werbung versprochen wird), aber dennoch einen enormen Geschwindigkeitsgewinn bedeuten. Die Rede ist von mobilen Breitbandformaten wie *GPRS*, *EDGE*, *UMTS* und als Krönung des Ganzen *HSDPA*. Der Laie schluckt ob dieser Abkürzungen, der Verkäufer kann sie kaum aussprechen und nur der Profi lächelt, weil er die Ausdrücke über Wochen heimlich auswendig gelernt hat. Der Reihe nach:

GPRS (*General Packet Radio Service*) gilt als Standard, wobei die übertragenen bzw. geladenen Daten in kleine Pakete zerlegt werden, um Sie beim Empfänger wieder zusammenzusetzen. Geschickt gemacht, doch erreichen Sie mit GPRS auch nur Übertragungsgeschwindigkeiten wie mit einem Modem. Ein wenig schneller geht es mit *EDGE* (*Enhanced Data Rates for GSM Evolution*) sowie *UMTS* (*Universal Mobile Telecommunications System* oder auch *3G*), wobei hier Datenübertragungsraten bis zu 384 kbit/s erreicht werden (das entspricht in etwa der 6-fachen ISDN-Geschwindigkeit). Der Star unter den Breitbandformaten nennt jedoch *HSDPA* (*High Speed Downlink Packet Access*) und glänzt mit Geschwindigkeiten von max. 7,2 MBit/s im Download und als *HSUPA* (*High Speed Uplink Packet Access*) 1,45 MBit/s im Upload – das ist dann schon richtig DSL-Feeling.

Die verschiedenen großen Provider wie Vodafone, Telekom etc. bieten hier schon etliche Tarife an, die sowohl mit Zeit- als auch Volumenbegrenzung (bis zu 5 Gigabyte) aufwarten. Ob Sie nun in den Genuss dieser Techniken kommen können, klärt oft ein Besuch beim entsprechenden Anbieter bzw. auf deren Webseiten, die dies mit so genannten Verfügbarkeits-Checks über die Angabe von Postleitzahl/Ort und dem Straßennamen schnell prüfen können. Wir drücken Ihnen auf jeden Fall ganz doll die Daumen.

Und wie geht das nun im Einzelnen ab? Nach Vertragsabschluss erhalten Sie meist ein kleines Modem, für Notebooks gibt es auch PCMCIA-Karten zum Einstecken oder auch UMTS-USB-Sticks. In allen diesen Fällen muss eine SIM-Karte in die Geräte eingelegt und die mitgelieferte Software installiert werden. Und danach beginnt das Hoffen auf eine schnelle Verbindung …

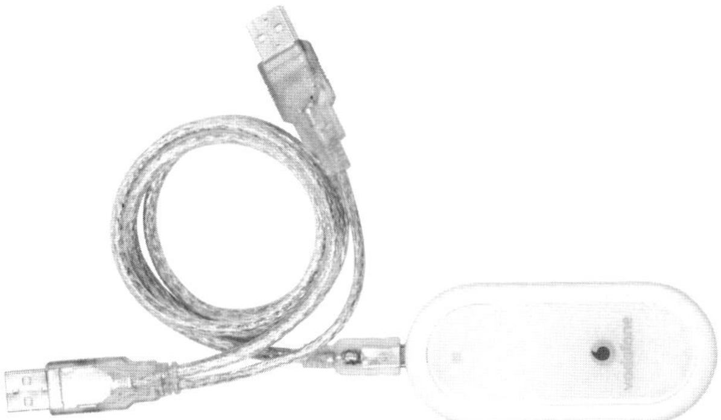

Ob per Funk-Modem …

... oder per PC-Card – die kleinen Geräte machen mobil und verbreiten bei entsprechendem Empfang DSL-Feeling. (Bilder: © Vodafone)

Zuerst heißt es die zugehörige Software zu installieren.

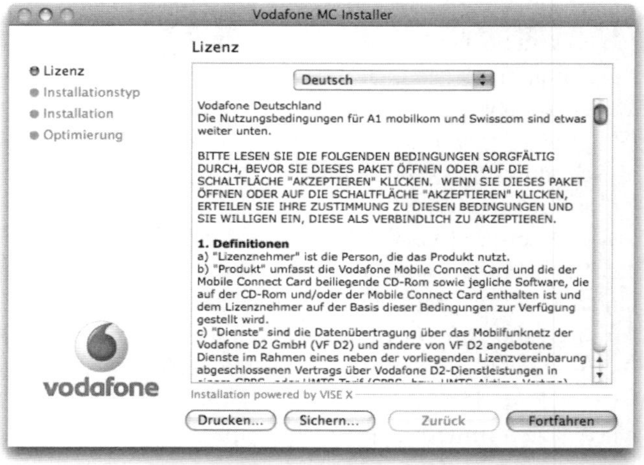

Ist das Modem angeschlossen bzw. die entsprechende UMTS-Karte im PC Card-Steckplatz eingeschoben und die Software gestartet, so müssen Sie sich über die PIN identifizieren. Danach wird der Empfang/die Signalstärke gemessen und das jeweilige Übertragungsformat (automatisch) gewählt.

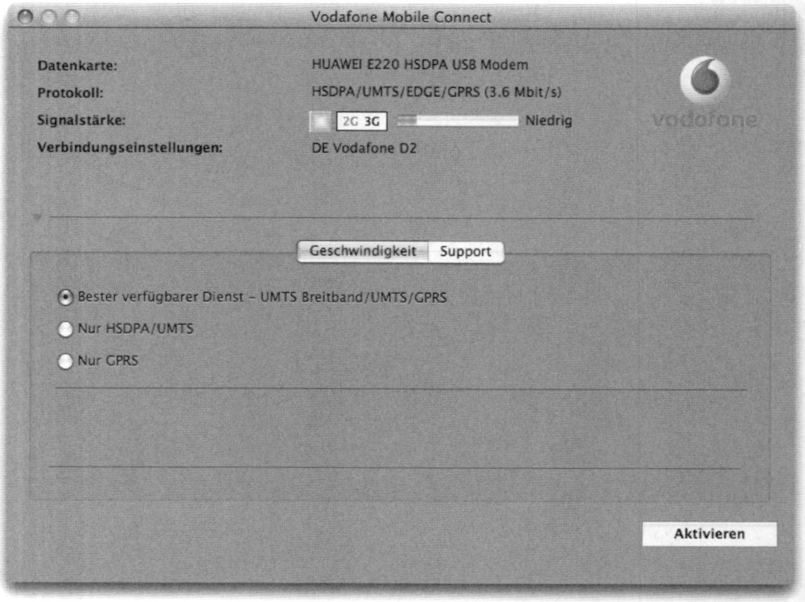

In der Systemeinstellung »Netzwerk« können Sie genau nachverfolgen, ob das Modem erkannt wird. Meist konfiguriert sich die Software selbstständig und Sie müssen keinen Finger krumm machen – das heißt, auf »Verbinden« müssen Sie schon selbst klicken.

Da wir selbst (mittlerweile) auf dem Land leben – der Ruhe wegen –, arbeiten wir per UMTS/HSDPA. Die Übertragung ist aus unserer Sicht im Gegensatz zum normalen Modem wesentlich besser, auch wenn es die ein oder anderen Aussetzer gibt. Letzteres ist jedoch abhängig vom Ort bzw. der Entfernung vom nächsten Mobilfunkmasten. Suchen Sie nach einer Alternative zu DSL, so sollten Sie zumindest mal beim Provider Ihrer Wahl nachfragen – nach den Kosten, nach Tarifen, und ob überhaupt eine Verbindung möglich ist.

Neben den üblichen Tarifen für Geschäftsreisende, die von unterwegs aus auf das Internet bzw. ihre E-Mails zurückgreifen möchten, gibt es auch spezielle Privat-Tarife. Hierbei wird um Ihren Wohnsitz eine virtuelle Grenze (meist zwei Kilometer im Umkreis) gezogen, in der Sie einem so genannten Zuhause-Bereich zugeordnet werden (den Sie jedoch nicht verlassen dürfen – zum Einkaufen natürlich schon, aber nicht zum Internet surfen). Diese Tarife sind meist bedeutend günstiger zu haben, so dass sich ein Blick über den DSL-Tellerrand eventuell auch für Sie lohnen kann.

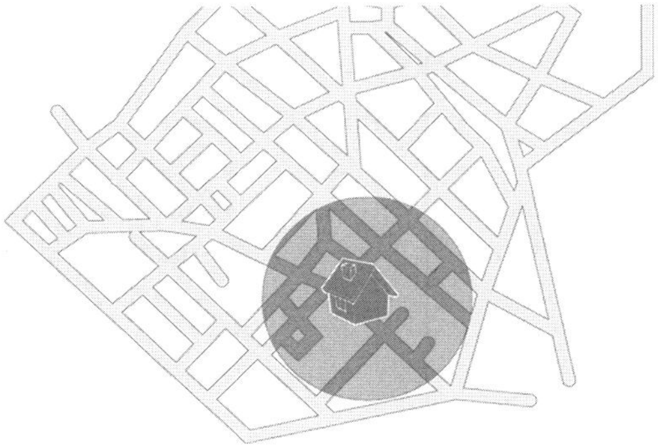

Im Umkreis von etwa zwei Kilometern – ausgehend von der Wohn-Adresse – können Sie zum »preiswerteren« Tarif im Internet surfen. (Bild: © Vodafone)

Nach so viel Theorie und Konfigurationen möchten wir nun aber ins Internet gehen. Der Star unter den Web-Browsern heißt bei den Apple-Anwendern *Safari* und liegt im Ordner *Programme* – wie üblich kostenlos und mit mächtigem Funktions-Umfang. Was sich damit alles anstellen lässt, erfahren Sie auf den folgenden Seiten …

Surfen mit Safari

Apples Browser heißt *Safari* und ist **das** Programm, wenn Sie sich durch das Internet bewegen möchten. »To browse« bedeutet übersetzt so viel wie »durchblättern«, und genau das macht *Safari:* Sie navigieren von Webseite zu Webseite, indem Sie entweder eine *URL* (*Uniform Resource Locator* – bedeutet Internet-Adresse) eintragen oder auf einer Webseite auf einen *Link* (von *Hyperlink*, was eine Verknüpfung auf eine andere Webseite oder ein Dokument darstellt) klicken. Auf diese Weise können Sie Milliarden von Informationen und Dokumentationen abrufen, aber auch Shopping-Seiten oder unterhaltsame Programme (in jedwede Richtung) aufsuchen.

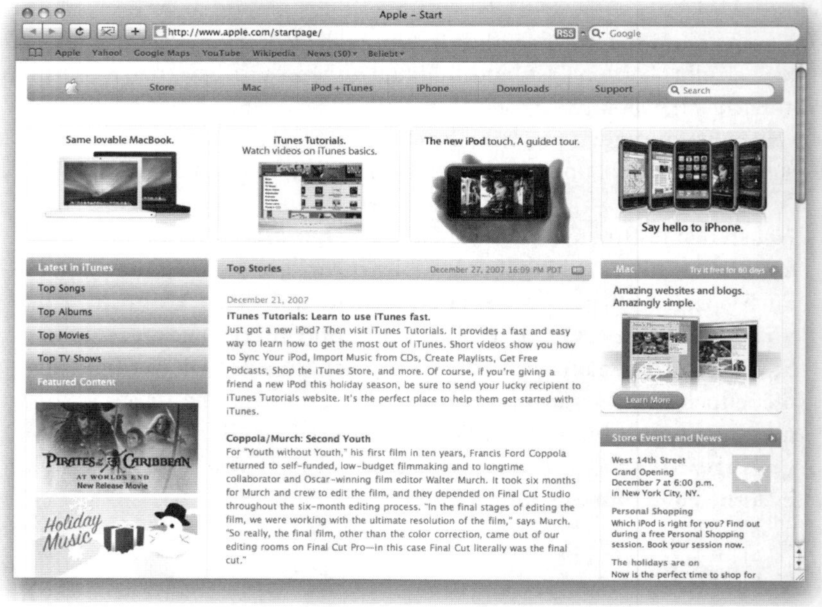

Apples Browser ist sowohl schnell als auch funktional, wie Sie noch sehen werden.

Starten Sie nach Aufnahme der Online-Verbindung den Browser *Safari*, so wird gleich die Seite `www.apple.com/startpage` aufgerufen. Diese gibt einen Überblick über die aktuellsten Nachrichten und News rund um die Firma Apple – allerdings auf Englisch und eigentlich ungefragt. Klicken Sie nun mit der Maus in die oben liegende Adress-Zeile, so lässt sich diese vorgegebene URL überschreiben: 1 x klicken bedeutet, dass Sie nur den Cursor in die Adress-Zeile setzen, 2 x klicken und Sie markieren ein Wort, 3 x klicken und

Sie kennzeichnen die gesamte URL, die so überschrieben werden kann. Drücken Sie dann anschließend die *Enter-Taste* (↩), so wird die eingetragene Internet-Adresse angesteuert.

Safaris Einstellungen

Wie üblich weist auch *Safari* umfangreiche Einstellungen auf, die das Grundverhalten des Programms merklich beeinflussen. Werfen wir also zuerst einen Blick auf die vielen Optionen, damit Sie später ohne größere Hintergedanken gleich loslegen können. Über *Safari | Einstellungen* oder *Befehlstaste-Komma* erhalten Sie darauf Zugriff.

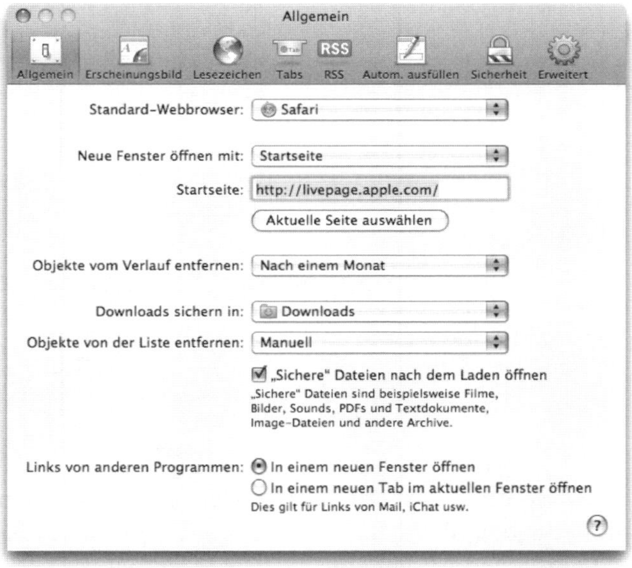

Die Einstellungen von Safari sind sehr umfangreich und brauchen doch die ein oder andere Erklärung.

Unter *Allgemein* legen Sie den *Standard-Browser* fest, der mit Klick auf einen Hyperlink in einem Dokument oder einer Mail starten soll. Als Alternativen zu *Safari* gibt es beispielsweise noch *Firefox* (`www.mozilla-europe.org/de/products/firefox`), der sehr beliebt ist und durch Erweiterungen weiter angepasst werden kann. Auch bei Internet-Seiten, die Apples hauseigenem Browser *Safari* Schwierigkeiten bereiten, sollten Sie *Firefox* in petto haben, da dieser meist ohne Probleme diese Hürde umgeht.

Starten Sie *Safari* oder wählen Sie über *Ablage* den Befehl *Neues Fenster* (⌘-N), so erscheint die unter *Neue Fenster öffnen mit* eingestellte Konfiguration. Hierbei können Sie eine eigene URL (für Ihre ganz persönliche Startseite) eintragen oder aus dem Popup-Menü aus verschiedenen Optionen wählen. Unser Favorit heißt hier *Leere Seite*, ist doch jeder Anlass zum Surfen unterschiedlich, so dass wir uns hier gerne aus den persönlich angelegten Lesezeichen bedienen.

Der *Verlauf* beschreibt Ihren Weg durch das WWW (World Wide Web). Jede Seite, die Sie besuchen, wird erst einmal festgehalten, so dass Sie zum einen wissen, wo Sie waren, und zum anderen diese Seiten schnell wieder anwählen können. Ihren *Verlauf* finden Sie bei gestartetem *Safari* in der Menüleiste unter gleichnamiger Rubrik. In den *Allgemein-Einstellungen* lässt sich nun einrichten, wie lange der Verlauf Ihre Webseiten-Besuche protokollieren soll, ehe die ältesten Einträge gelöscht werden (*Objekte vom Verlauf entfernen*). Je nach Nutzerverhalten ist für jeden etwas dabei – von einem Tag bis zu einem Jahr sowie die manuelle Löschmethode über *Verlauf | Verlauf löschen* über die Menüleiste.

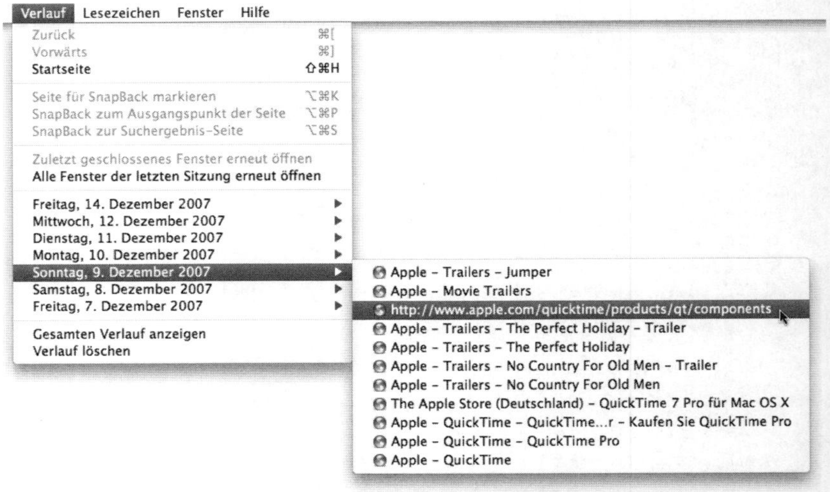

Der Verlauf merkt sich Ihre Wege durch das WWW. Das ist auf der einen Seite sehr praktisch, hat aber auch den Nachteil, dass andere Anwender an Ihrem Mac nachvollziehen können, was für Vorlieben Sie besitzen (etwa Schokolade essen, Bier trinken, Gummistiefel sammeln ...)

Webseiten stellen oftmals auch Dateien zum Herunterladen auf den eigenen Rechner zur Verfügung (PDFs, Bilder, Programme, Filme und vieles weitere mehr). Die Profis unter den »Internet-Surfern« sprechen anstatt vom »Herunterladen« von *Downloads,* so dass Apple diesen Freaks einen Ordner gleichen Namens spendiert hat. Bei *Downloads sichern in* geben Sie also Ihren bevorzugten Pfad an, so dass die Daten nach dem Laden genau dort landen. Den standardmäßig dafür angelegten Ordner *Downloads* finden Sie im Übrigen auch schon im Dock, so dass auf Mausklick hin alle dorthin verfrachteten Daten zur Verfügung stehen.

Einen Überblick über Ihre Downloads finden Sie im Dialogfeld *Downloads,* das normaler Weise automatisch erscheint oder das Sie über die Menüleiste *Fenster | Downloads* (⌘-⌥-L) aufrufen können. Die Liste wird wahrscheinlich je nach »Ladelust« mit der Zeit länger und länger, so dass sie ab und zu gelöscht werden sollte. Entweder Sie erledigen das manuell über den Button *Löschen* im Fenster oder eben mit der Voreinstellung *Beim Beenden von Safari* oder *Nach erfolgreichem Laden* im Popup-Menü bei *Objekte von der Liste entfernen.*

Wie schon erwähnt stellen auch andere Dokumente oder Programme Internet-Adressen zur Verfügung, auf die nur geklickt werden muss. Erhalten Sie beispielsweise eine E-Mail von Apple, die die aktuellen Hardware-Neuerscheinungen ankündigt, so lässt sich per Mausklick auf die angegebenen Links direkt auf die Webseite springen (normalerweise startet hier automatisch *Safari*). Bei schon laufendem Programm lässt sich nun entweder ein neues Browser-Fenster (*Links von anderen Programmen: In einem neuen Fenster öffnen*) oder ein Tab im aktuell vorliegenden Fenster (*In einem neuen Tab im aktuellen Fenster öffnen*) anlegen. Diese Tabs sehen dann aus wie Registerkarten, so dass Sie eben nicht mit mehreren Fenstern hantieren müssen, sondern nur auf die kleinen Reiter klicken, um zwischen verschiedenen Webseiten hin und her zu springen.

Oben: Das Fenster »Downloads« protokolliert ebendiese. Das Löschen der Liste erfolgt entweder manuell oder automatisch.

Unten: Tabs sind praktisch und halten das allgemeine Fenster-Chaos auf kleinen wie großen Bildschirmen in Schach.

Die Rubrik *Erscheinungsbild* offeriert Ihnen Optionen zum Einstellen der *Standardschrift* sowie der *Standard-Codierung*. Die hier definierten Werte betreffen alle Webseiten, die nicht durch *Cascading Style Sheets* (*CSS*) schon vorgegebene Schrift-Typen und Größen bestimmen. *Cascading Style Sheets* sind Format-Vorlagen, die in HTML-Dokumenten Verwendung finden und dem Webseiten-Programmierer größeren Freiraum in der Gestaltung erlauben. Alle anderen Seiten verwenden die in den *Safari-Einstellungen* festgelegten Werte. Was die Bilder einer Webseite angeht, so lassen sich diese sofort (anfangs meist in geringer Auflösung, jedoch nach dem Laden der vollständigen Seite dann im Original) oder erst nach dem Gesamtaufbau der Webseite anzeigen.

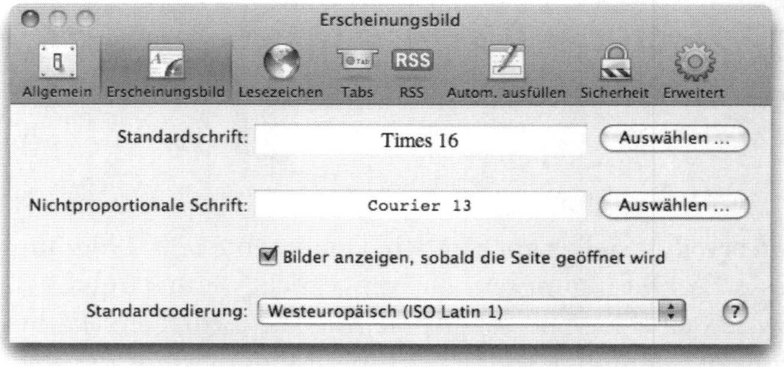

Das Anpassen des allgemeinen Erscheinungsbildes erledigen Sie in den Safari-Einstellungen.

Die *Lesezeichen*-Rubrik stellt dagegen Optionen zur Verfügung, die den Leistungs-Umfang von *Safari* erweitern. So lassen sich sämtliche im Programm *Adressbuch* verzeichneten Webseiten zugehöriger Personen aufführen, aber auch *Bonjour*-kompatible Drucker oder etwa *iChat*-Teilnehmer im lokalen Netzwerk anzeigen. *Safari* unterscheidet hierbei zwischen der *Lesezeichenleiste*, die Sie direkt unterhalb der Adress-Eingabezeile finden, dem *Lesezeichen-Menü*, welches Sie über die Menüleiste *Lesezeichen* erreichen, sowie den *Sammlungen*, die Sie einsehen können, wenn Sie in der *Lesezeichenleiste* ganz links in das *Buch*-Symbol (📖) klicken. Die letzte Option – *Lesezeichen mit anderen Computern über .Mac synchronisieren* – bewirkt den automatischen Abgleich Ihrer Lesezeichen-Sammlung, womit Sie auch von fremden Computern, die über einen Internet-Anschluss verfügen (etwa bei Auslands-Aufenthalten), über den *.Mac-Account* auf Ihre *Bookmarks* zurückgreifen können.

Sofern Sie sich Ihren Rechner neu zugelegt haben, finden Sie in *Safari* bereits eine erkleckliche Anzahl vorgegebener Lesezeichen. Bei einem Abgleich über *.Mac* sollten Sie darauf darauf achten, dass die erste Synchronisierung stets von *.Mac* aus in Richtung des neuen Computers geht. Ansonsten wird nämlich die schon eingerichtete Apple-Linksammlung auch in Ihre persönliche Linkliste übertragen. Letzteres gilt natürlich nur, wenn Sie schon zuvor einen Mac-Rechner besaßen und Ihre persönlichen Daten über *.Mac* synchronisiert haben.

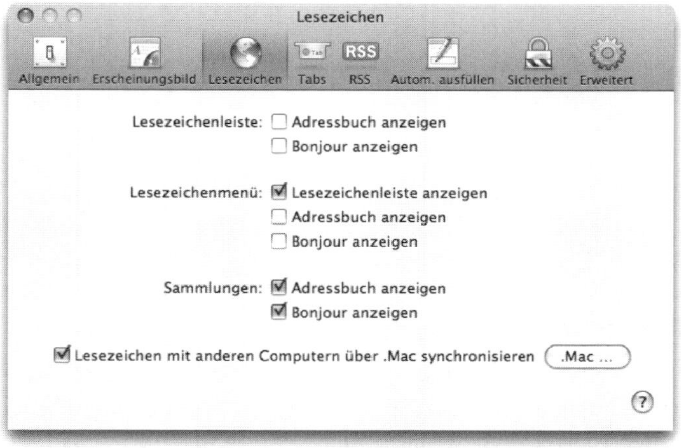

Die Rubrik »Lesezeichen« erweitert das Spektrum an Möglichkeiten.

Weiter geht's zum Reiter *Tabs:* Wie schon erwähnt, sind dies im Zusammenhang mit *Safari* keine Gebissreiniger oder WC-Spülsteine, sondern eine hilfreiche Funktion, indem Sie mehrere Fenster mit unterschiedlichen Webseiten in nur einem geöffneten *Safari-Fenster* anzeigen lassen können. Hierbei werden wie in einem Karteikasten die einzelnen Webseiten nebeneinander geladen und jede enthält sein kleines Register, auf das Sie nur zu klicken brauchen, um diese bestimmte Seite in den Vordergrund zu holen. Mit anderen Worten: Fünf Webseiten nebeneinander in einem Browser-Fenster sind besser als fünf geöffnete Fenster, die übereinander liegen und über das *Fenster*-Menü organisiert werden müssen.

Arbeiten Sie also im Internet und möchten eine neue Seite aufrufen, so wählen Sie nicht ⌘-N für *Neues Fenster*, sondern ⌘-T für einen *Neuen Tab* (ebenfalls im *Ablage*-Menü zu finden). Die neu aufgerufene Internet-Adresse wird nun direkt neben der schon bestehenden Seite eingeblendet. Auch bei *Links*, auf die Sie klicken, können Sie die Seiten in *Tabs* darstellen lassen, wenn Sie dies entweder in den *Allgemein-Einstellungen* so eingerichtet haben oder beim Klick auf einen Link die *Befehlstaste* (⌘) gedrückt halten. Möchten Sie zwischen den *Tabs* hin- und herschalten, so wählen Sie ⌘-⌥-8 bzw. ⌘-⌥-9 für den vorherigen bzw. nächsten Tab. Über *Befehlstaste-W* bzw. Klick in das kleine x-Symbol ( ) lassen sich einzelne Seiten wieder schließen, weitere Raffinessen finden Sie im *Einstellungen*-Fenster (unten stehend, siehe auch nächste Abbildung).

Aber *Tabs* können noch mehr: Zum einen lassen sie sich mit der Maus packen und an eine andere Stelle in der Reihenfolge ziehen. Oder Sie befördern einen Tab einfach raus aus dem Browser-Fenster, so dass die Seite sich nun in einem eigenen Fenster zeigt. Haben Sie zwei separate Browser-Fenster geöffnet, die jeweils mehr als zwei Tabs aufweisen, so lassen sich diese auch zwischen den beiden Fenstern hin und her bewegen.

Tabs sind ideal für Surfer, die viele Seiten auf einmal laden und beispielsweise Preise auf unterschiedlichen Webseiten miteinander vergleichen möchten.

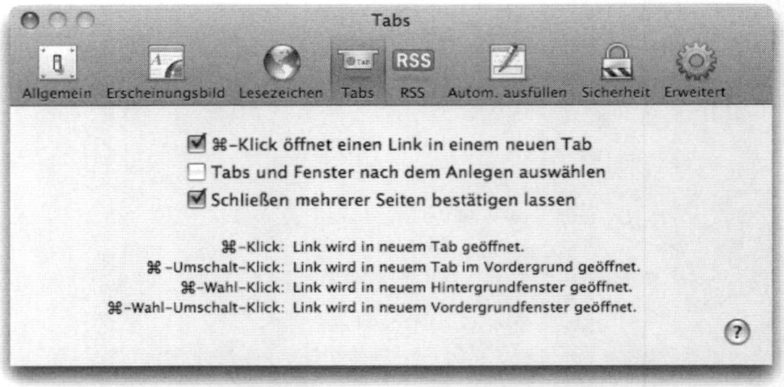

RSS-Feeds (*Really Simple Syndication*) sind im Grunde wie Schlagzeilen, da sie nur einen kleinen Teil einer Gesamt-Nachricht einblenden. Möchte man den gesamten Artikel lesen, so klickt man auf die entsprechenden Links (*Weitere Informationen* oder ähnlich). Der Vorteil ist natürlich, dass man in kürzester Zeit einen umfassenden Überblick über das allgemeine Tagesgeschehen oder sonstige Themen erhält, ohne sich erst mühsam durch viele Hierarchien oder mit Werbung überflutete Webseiten hindurchklicken zu müssen. Auch *RSS*-Seiten lassen sich als *Lesezeichen* anlegen, so dass sie – sind diese in der *Lesezeichenleiste* abgelegt – auf Knopfdruck erreichbar sind. Letztere Funktionalität stellen Sie unter *Automatische Aktualisierung der Artikel in: Lesezeichenleiste* oder *Lesezeichen-Menü* ein. Sobald Sie online sind, werden die entsprechenden RSS-Seiten nach einer festgelegten Zeitspanne (*Aktualisierungen suchen: Alle 30 Minuten, Stündlich, Täglich* oder *Nie*) neu aufgesucht und auf den neuesten Stand gebracht.

Die RSS-Seite »Apple Hot News« gewährt einen schnellen Blick auf das aktuelle Geschehen. Die Ziffern in den Klammern zeigen im Übrigen die Anzahl neuer Einträge an.

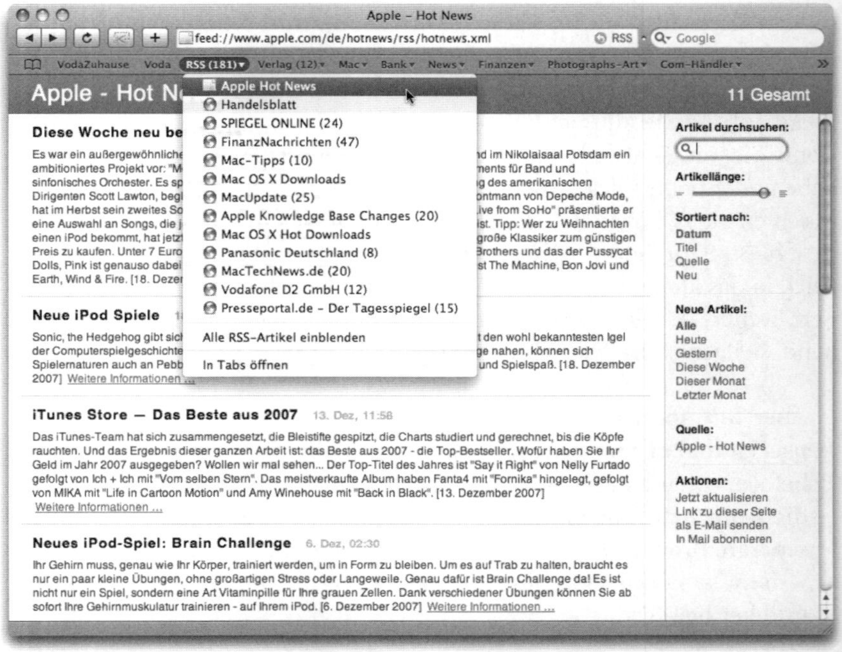

Zur besseren Kennzeichnung lassen sich ungelesene Artikel hervorheben, indem diese mit blauer Auswahlfarbe überzogen werden. Welcher Artikel nun als gelesen markiert wird, stellen Sie wieder im Popup-Menü ein: Entweder *nach dem Anzeigen der RSS-Seite* oder *nach dem Klicken* auf die Information. Selbstverständlich können Sie alte Kamellen auch nach einer von Ihnen gewünschten Zeitspanne löschen (*Artikel entfernen*).

Das ein oder andere Mal werden Sie vielleicht auf einer Webseite Info-Material anfordern wollen oder gar einkaufen gehen. Hierbei müssen Sie meist Ihre Anschrift und Adresse hinterlassen, damit der oder diejenige auch weiß, wohin die Sendung gehen soll. Sind Sie gar Profi-Shopper mit prall gefülltem Konto, so wird Ihnen die hilfreiche Option *Web-Formulare automatisch ausfüllen* über den Reiter *Automatisch ausfüllen* der Einstellungen viel Freude bereiten, denn stoßen Sie auf ein typisches Formular, in dem Sie Name und Anschrift, Telefon-Nummer und Ähnliches angeben müssen, so brauchen Sie nicht immer erst alles einzutragen, sondern wählen *Bearbeiten | Formular automatisch ausfüllen* (⌘-⇧-A) und die Sache ist für Sie erledigt.

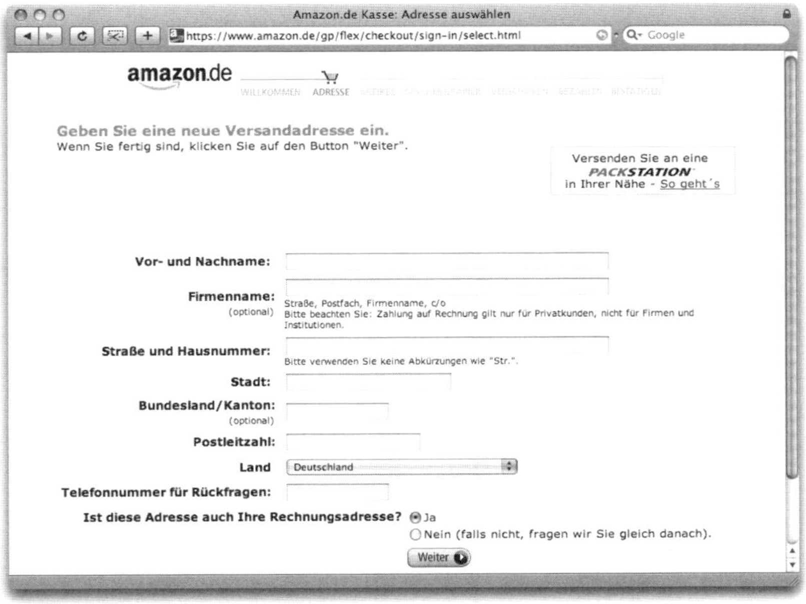

Wenn Sie etwas von dritter Seite möchten, müssen Sie sich identifizieren und angeben, wer Sie sind und wo Sie wohnen. Schließlich sollen Ihre Pakete ja auch an die richtige Adresse geliefert werden.

Alle Daten, die Sie in Ihrer *Adressbuch-Visitenkarte* zur Veröffentlichung eingegeben haben, werden dann in den leeren Feldern des Formulars eingetragen. Möchten Sie hier einiges lieber für sich behalten, so klicken Sie in *Bearbeiten*, um das *Adressbuch* zu starten und Anpassungen vorzunehmen.

Sie erinnern sich? Im Programm *Adressbuch* markieren Sie in den *Einstellungen* unter *vCard* die Option *Private Daten auf meiner Visitenkarte ausblenden.* Klicken Sie dann im *Adressbuch* auf Ihren Eintrag und wählen *Bearbeiten,* so finden Sie neben den üblichen Angaben wie Adresse oder E-Mail jeweils ein Kästchen, dessen nebenstehenden Eintrag Sie aktivieren oder deaktivieren können. Nur die aktivierten Felder werden in die Visitenkarte übernommen – der Rest bleibt außen vor.

Es müssen ja nicht gleich alle Daten zur Veröffentlichung freigegeben werden.

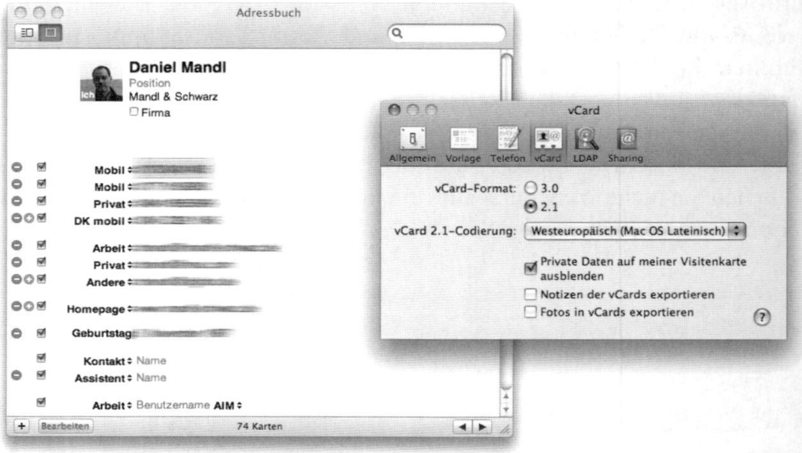

Auch *Benutzer-Namen* und *Passwörter,* die Sie auf einzelnen Seiten vergeben, lassen sich bei aktivierter Option im *Schlüsselbund* speichern und auf Verlangen automatisch ausfüllen, ebenso wie die Option *Andere Formulare,* die sich Eintragungen bei Web-Seiten merkt. Möchten Sie dies künftig ändern, so drücken Sie den *Bearbeiten*-Button und löschen diejenigen Seiten heraus, von denen Sie nicht wollen, dass sie sich persönliche Daten merken.

Da wir persönlich einem automatischen Umgang mit persönlichen Daten im Internet misstrauen, haben wir auch keine Option aktiviert. Lieber tragen wir brav alles per Hand ein, was gleichzeitig auch das Erinnerungsvermögen trainiert: Wo wohne ich nochmal?

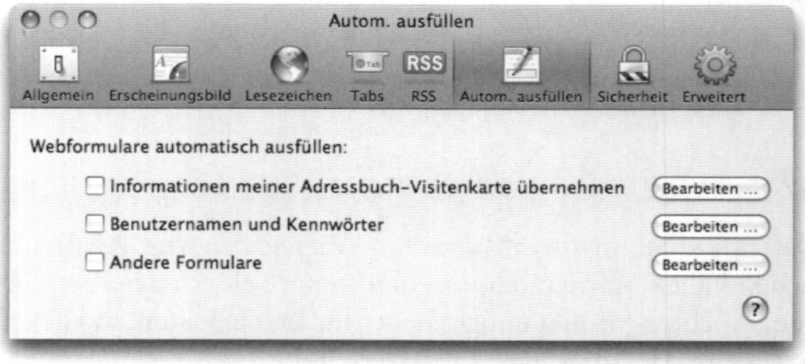

Auch das Thema *Sicherheit* findet Gehör, ist es doch mit einer der wichtigsten Punkte beim Surfen im WWW. So können Sie selbst bestimmen, ob auf Komponenten wie *Plug-Ins* zurückgegriffen bzw. Java- oder JavaScript-Programme ausgeführt werden sollen. Letztere bergen zwar immer ein gewisses Risiko, doch beschneiden Sie sich selbst den Funktions-Umfang bzw. werden manche Internet-Seiten nur mit groben Darstellungs-Fehlern anschauen können. Besser ist hier der Ratschlag, wirklich nur jene Daten herunterzuladen bzw. in Dialogen nur Bestätigungen zu erteilen, von denen Sie genau wissen, was auf Sie zukommt. Dazu müssen Sie zwar oft auch das Kleingedruckte lesen, doch investieren Sie besser Zeit als im Nachhinein eine Menge Geld. Und vor allem gilt auch: Alle Dialoge, die zum Klicken aufrufen, bitte genau durchlesen. Werden Sie mit ausländischen Texten konfrontiert, die Sie nicht übersetzen können, so lassen Sie lieber die Finger davon (im Notfall einfach *Safari* beenden und wieder neu starten).

***Plug-Ins* sind kleine Hilfsprogramme, die den Funktions-Umfang von Programmen – wie im Beispiel *Safari* – erweitern. So lassen sich mit dem Browser nicht nur HTML-Seiten, sondern auch *QuickTime-*, *Real-Player* oder *Windows Media Player*-Filme abspielen oder *PDF*-Dokumente anzeigen. Immer dann, wenn Sie auf Dateien stoßen, die sich in der Standard-Ausführung so nicht ausführen lassen, wird Ihnen meist der Download des entsprechenden Plug-Ins angeboten. Nichtsdestotrotz sollten Sie immer wachsam sein, was Ihnen da so alles untergejubelt werden will. *Java* als systemunabhängige Programmiersprache sowie die Ableitung und Erweiterung *JavaScript* werden ebenso vom Browser unterstützt und in letzterem Fall direkt ausgeführt. Hierin besteht auch die Gefahr, dass eben Programme auftauchen, die unbemerkt vom Anwender eingeschleust werden und beispielsweise die Festplatte nach privaten Daten durchforsten. Doch keine Angst, noch ist Mac OS X mit eines der sichersten Betriebssysteme und in unserer mehrjährigen Arbeit damit ist uns kein Fall bekannt, durch den großer Schaden angerichtet worden wäre. Da der Bekanntheitsgrad von Apple jedoch unablässig steigt, ist es wohl nur eine Frage der Zeit, bis sich ein Bösewicht auf die Mac OS X-Plattform verirrt.**

Was wir auf jeden Fall empfehlen, ist das Unterdrücken von Pop-Ups – dies sind die absolut nervigen Fenster, die bei manchen Webseiten zu Dutzenden aufspringen und Werbung beinhalten. Meist verdecken diese den eigentlichen Inhalt der Seiten und bringen so den Adrenalinspiegel auf Touren. Und ehe Sie die eine Hälfte weggeklickt haben, springen schon wieder die nächsten auf, letztlich eine Zumutung für jeden Surfer, da der Spaß mit zunehmender Kommerzialisierung abnimmt. Unsere Rache im Gegenzug besteht darin, dass wir jene Unternehmen, die uns mit derart aufdringlicher Werbung belästigen, grundsätzlich meiden und selbst bei geplanten Einkäufen nicht berücksichtigen. Sei's drum – ist die Option *Pop-Ups unterdrücken* aktiviert, herrscht in 90 Prozent der Fälle Ruhe.

Das Leben wird wohl immer komplizierter – damit es sicherer wird, gibt's die Abteilung »Sicherheit«.

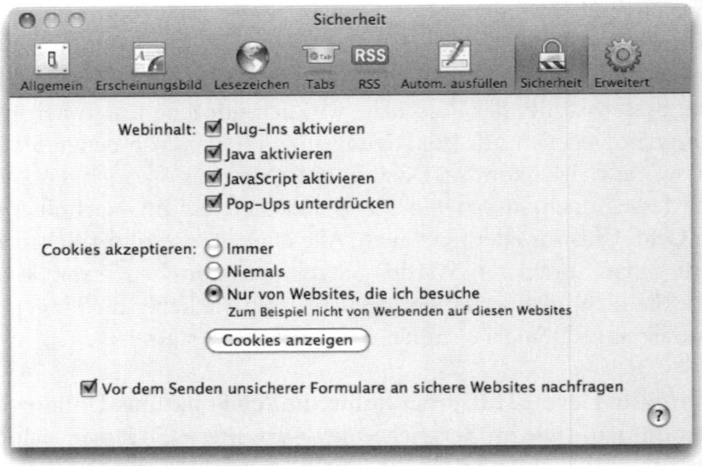

Übrig bleiben die *Cookies* (zu deutsch Kekse oder Plätzchen), die der ein oder andere gerne isst, die jedoch im Zuge des Internet-Zeitalters zu kleinen Dateien mutiert sind. Diese werden beim Besuch von Webseiten (betrifft allerdings nicht alle) auf der Festplatte abgespeichert und halten das individuelle Surf-Verhalten des Nutzers sowie – bei Eingabe persönlicher Daten – dessen Eingaben zur Identifizierung fest. Sind Sie also auf Shopping-Tour bei Amazon und interessieren sich für bestimmte Musik-Gruppen, so wird Ihnen bei einem folgenden Besuch ähnliche Musik angeboten. Bei manchen Seiten, die Sie aufrufen, heißt es dann schon »Herzlich Willkommen lieber Herr Mandl«, obwohl Sie doch nur einmal einen Katalog anforderten. Wie üblich sollten Sie immer abwägen, welche Daten Sie wo angeben und sich dabei nicht ins Bockshorn jagen lassen.

Der goldene Mittelweg ist wohl die Option *Nur von Websites, die ich besuche*, so dass zumindest gewährleistet ist, dass Ihnen keine Cookies fremder Webseiten untergejubelt werden. Mit der Einstellung *Niemals* ist das so eine Sache, vermittelt sie doch eher Anonymität (die es allerdings im Internet so nicht gibt) und Schutz, auf der anderen Seite lassen sich jedoch manche Dienste wie das Internet-Banking oder ein Bestellvorgang nicht ausführen. Im Zweifel rufen Sie einfach die *Einstellungen* auf und wechseln Sie je nach Surf-Verhalten – natürlich nur, wenn es nicht allzu häufig vorkommen sollte.

Nach einigen Wochen (meist schon nach ein paar Tagen) sollten Sie mal den Button *Cookies anzeigen* klicken und sich darin umsehen, wer welche Cookies abgelegt hat (die man allerdings nicht immer eindeutig zuordnen kann). Oftmals tut auch eine Radikal-Löschung gut – allerdings nur, wenn Sie ein gutes Gedächtnis haben und sich an die vielen Zugangs-Kennwörter sowie Kunden-Nummern erinnern können.

Rutschen wir ein letztes Stückchen weiter zum Punkt *Erweitert*, in dem es eher um den »Komfort« geht. Je höher die Auflösung Ihres Bildschirms, desto kleiner scheint die Schrift. Ist nun von einer Webseite die Schriftgröße 10 Punkt vorgegeben, mag das auf einem 15-Zoll-Monitor wunderbar rüberkommen, auf einem 23-Zoll-Apple-Display ist das Ganze dann schon ziemlich winzig. Stellen Sie also bei *Keine Schriftgrößen verwenden, die kleiner sind als 12 Punkt* diese Punktgröße ein, so wird automatisch die Schrift vergrößert und das Problem ist gelöst. Auch hier werden Sie zwar ab und an auf Darstellungsfehler treffen (da eben der Umbruch anders verläuft und sich vielleicht mit den Bildern nicht verträgt), die sich aber meist in Grenzen halten.

Zum Vergrößern bzw. Verkleinern von Schriften können Sie auch unmittelbar die Tastenkombinationen *Befehlstaste-Plus* (⌘-+) sowie *Befehlstaste-Minus* (⌘--) aus der Menüleiste *Darstellung* verwenden.

Mit dem *Tabulator* (⇥) lässt sich bei eingeschalteter Option *Über Tabulator jedes Objekt auf einer Webseite hervorheben* zu sämtlichen Buttons und Bedienungs-Feldern springen, und halten Sie zusätzlich noch die *Optionstaste* (⌥) gedrückt, suchen Sie nur die Textfelder auf.

Mit *Style Sheets* ordnen Sie Webseiten explizit gewisse Schrift-Typen, Schriftgrößen und Auszeichnungen zu. Um welche auszuwählen, müssen diese allerdings erst programmiert werden. Doch dies ist wieder ein ganz anderes Thema, ebenso wie die Thematik *Proxy*, bei dem es sich um einen Server handelt, der zwischen Ihrem Computer und dem Internet zwischengeschaltet ist. Möchten Sie hier Änderungen vornehmen, so tun Sie das in der Systemeinstellung *Netzwerk* (bzw. in Absprache mit dem Provider oder Ihrem Administrator).

Die Bedienung von Safari

Die Adresszeile

Nach so viel Theorie kommt weitere hinzu, denn *Safari* kann enorm viel. Zu allererst möchten wir uns um das Erscheinungsbild kümmern, denn es gibt eine Menge zu klicken. Im Blick haben Sie als Erstes den Standardsatz an Symbolen – die *Adressleiste* –, die ein wenig an Finder-Fenster erinnert und dementsprechend einfach zu bedienen ist. Über die Rechts- und Links-Pfeile (◄ ►) blättern Sie vor und zurück, das darauf folgende Symbol stoppt (×) den Ladevorgang einer Webseite bzw. aktualisiert (c) diese. Den Knopf zum Auswählen eines Ausschnitts ( ), um diesen dann im *Dashboard* (über die Sondertaste *F12*) zu öffnen, haben wir bereits im Programme-Kapitel zum Stichwort »Widgets« bzw. unter der Überschrift »Web Clip« erklärt. Der darauf folgende *Plus*-Button (+) fügt ein *Lesezeichen* hinzu und das daneben liegende Eingabe-Feld ist für die Eingabe der Internet-Adressen reserviert. Zum Schluss noch das Feld zum Eintragen von Such-Begriffen, die über die Suchmaschine *Google* abgefragt werden.

Die Bedienung von Safari erfolgt intuitiv und ist relativ simpel.

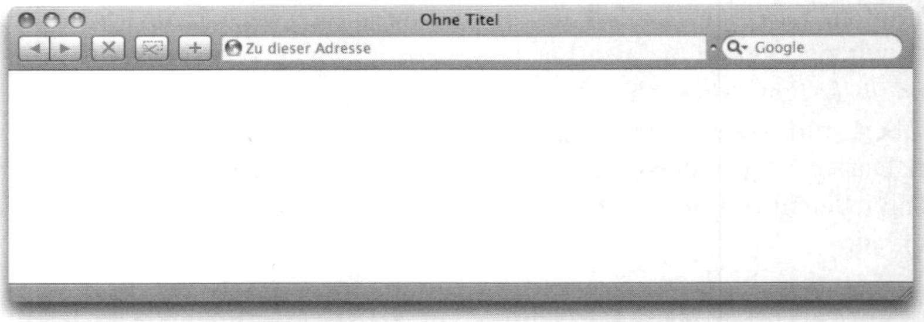

Wenn Sie die Symbolleiste ein wenig mager bestückt finden, so sollten Sie wieder den Menü-Punkt *Darstellung* in der Menüleiste aufsuchen. Über den Befehl *Symbolleiste anpassen* könnte ein ganzer Schwung neuer Buttons Ihr Browser-Fenster zieren – wenn Sie es denn wollen. Vom *automatischen Ausfüllen* etwaiger Formulare über das *Einstellen der Schriftgröße* bis hin zum Melden seltener *Safari*-Abstürze an Apple ist alles vorhanden: Sie müssen sich nur entscheiden …

Für Drücker und Mäuse-Liebhaber – Knöpfe ohne Ende …

Lesezeichen und deren Verwaltung

Lesezeichen heißen jene Internet-Adressen, die in *Safari* gespeichert werden und die Sie auf Klick hin aufrufen können. Am Anfang werden Sie vielleicht Ihre URLs noch händisch in das Eingabe-Feld eintragen oder sich über Portale wie *Yahoo* oder *T-Online* durchklicken. Mit der Zeit wird sich jedoch herauskristallisieren, welche Seiten Sie bevorzugen und welche Themengebiete Sie besonders interessieren – von einer Suche über *Google* einmal abgesehen.

Besuchen Sie folglich des Öfteren eine bestimmte Seite, so sollten Sie diese den Lesezeichen hinzufügen. Dazu klicken Sie auf den *Plus*-Button (+) oder wählen aus der Menüleiste *Lesezeichen* | *Lesezeichen hinzufügen* (⌘-D).

Daraufhin werden Sie aufgefordert, einen Namen zu vergeben sowie den Speicherort zu bestimmen. Da oftmals nur die *http*-Seite oder ein ellenlanges Sammelsurium als Name angeboten wird, sollten Sie die Vorgabe entweder stark verkürzen oder durch einen eigenen prägnanten Titel ersetzen. Der Hintergrund hierbei: Legen Sie Ihre Favoriten in die *Lesezeichenleiste*, so passen einfach mehr davon nebeneinander. Ansonsten haben Sie freie Auswahl, wohin das Lesezeichen gespeichert werden soll: Entweder locker drauflos in das *Lesezeichen-Menü*, in die *Lesezeichenleiste* oder in einen bereits vorliegenden Ordner. Bei Letzterem liegt der Vorteil schlicht in der Ordnung, da Sie sich sonst im Laufe der Zeit ein ewig langes Lesezeichen-Menü anfüttern (was jedoch auch später noch aufgeräumt werden kann).

Lesezeichen erleichtern den Zugriff auf häufig besuchte Internet-Seiten und sollten daher fleißig gesammelt werden.

Über *Hinzufügen* wird nun das Lesezeichen gesichert und steht von nun an zur Verfügung. Aufrufen können Sie es wiederum über das *Lesezeichen-Menü*, indem Sie sich durch Ihre Hierarchien hangeln oder auf einen einfachen Klick hin, falls Sie es in der *Lesezeichenleiste* abgelegt haben.

Die ersten neun Einträge der *Lesezeichenleiste* können Sie über die gedrückte *Befehlstaste* (⌘) und die Ziffern 1 bis 9 der Reihenfolge nach aufrufen. Und noch ein Tipp: URLs lassen sich auch über das kleine Symbol links neben der eigentlichen Adresse direkt in die *Lesezeichenleiste* ziehen.

Um Ihre bislang nur im *Lesezeichen-Menü* gesammelten URLs etwas zu ordnen, können Sie diese auch in Unterordnern strukturieren. Klicken Sie daher in der *Lesezeichenleiste* in das Symbol für *Alle Lesezeichen einblenden* (📖) ganz links. Hierbei wird eine Liste namens *Sammlungen* eingeblendet, die nun das gesamte Reservoire an URLs auflistet. Klicken Sie einen Eintrag an, so wird der Inhalt aufgeführt, den Sie nun wiederum in der Reihenfolge verschieben oder umbenennen können: Markieren Sie eine Internet-Adresse und klicken Sie leicht verzögert noch einmal darauf, so können Sie Titel sowie URL anpassen oder gegebenenfalls korrigieren.

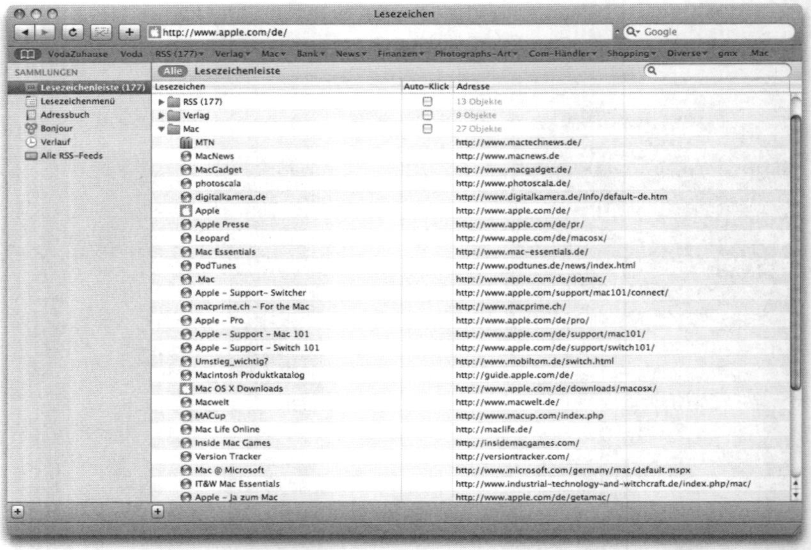

Alle Lesezeichen im Blick – zum Anpassen, Löschen, Umstellen und Ordnen.

Linker Hand können Sie nun über den *Hinzufügen*-Knopf (⊞) weitere *Sammlungen* anlegen, die Sie wiederum mit Internet-Adressen füllen. Das Gleiche funktioniert auch im rechten Bereich, so dass Sie hier ganz einfach eine sinnvolle Ordnung herstellen. Es lassen sich auch Unterordner einrichten, indem Sie neu angelegte Ordner auf bereits bestehende Ordner ziehen oder bei markiertem Ordner den *Hinzufügen*-Button (⊞) drücken. Denken Sie auch daran, die neu angelegten Ordner zu benennen und die einzeln abgespeicherten URLs in die jeweiligen Ordner zu ziehen.

Sie können auch Ordner mit umfangreichen Linksammlungen in die *Lesezeichenleiste* ziehen, so dass Sie wie in einem Menü die gewünschten Links aufrufen können. Bei Ordnern in der *Lesezeichenleiste* finden Sie zudem die Funktion *Auto-Klick*. Ist diese aktiviert, so werden in der *Lesezeichenleiste* auf Klick alle im Ordner befindlichen URLs als Tabs zugleich geladen. Seien Sie dabei allerdings maßvoll, da

Ihnen ein Browser mit 25 gleichzeitig ladenden Webseiten wenig hilft – zum einen wegen der gedrosselten Geschwindigkeit, zum anderen wegen der Unübersichtlichkeit, weil Sie dann das Browser-Fenster über drei Bildschirme ausbreiten müssen …

Per Klick öffnet sich der Inhalt des Ordners, so dass Sie schnell auf Ihre Lesezeichen zurückgreifen können.

Lesezeichen können Sie nur direkt über das *Lesezeichen-Menü* in der Menüleiste sowie über die *Lesezeichenleiste* aufrufen. Bei *Sammlungen* müssen Sie zuvor in das Symbol für *Alle Lesezeichen einblenden* (📖) klicken, um auf die dort verfügbaren URLs zurückzugreifen. Die Sammlungen *Adressbuch* und *Bonjour* blenden Sie wiederum über die *Safari-Einstellungen* in der Rubrik *Lesezeichen* ein.

Es soll aber auch Anwender geben, die wirklich nur ihr einfaches *Lesezeichen-Menü* möchten. Wenn dem so ist, dann wählen Sie *Darstellung* | *Lesezeichenleiste ausblenden* (⌘-⇧-B). Das Gleiche gilt auch für die Statusleiste, die Sie ganz unten im Browser vorfinden. Dort lassen sich unter anderem Informationen über den Stand der Dinge in Sachen Seitenaufbau ablesen oder anzeigen, welche URL sich hinter einem Hyperlinks versteckt, wenn Sie mit der Maus darauf zeigen. Das Ausblenden erledigen Sie ebenso über die Menüleiste *Darstellung* | *Statusleiste ausblenden* (⌘-Ü).

Ob Lade-Status der Webseite oder die Anzeige von URLs, die sich unter Symbolen oder Text-Verknüpfungen verstecken – die Statusanzeige verrät die Informationen.

Verlauf und SnapBack

Als *Verlauf* bezeichnet man die Abfolge der besuchten Webseiten. Wenn Sie also zwei oder drei Stunden im Internet verbringen, sammeln sich so mit der Zeit Dutzende von besuchten Webseiten-Adressen. Über die Menüleiste *Verlauf* finden Sie daher ein Protokoll Ihres Surf-Verhaltens.

Egal, welche Seiten Sie aufsuchen – der Verlauf hält sie im Gedächtnis.

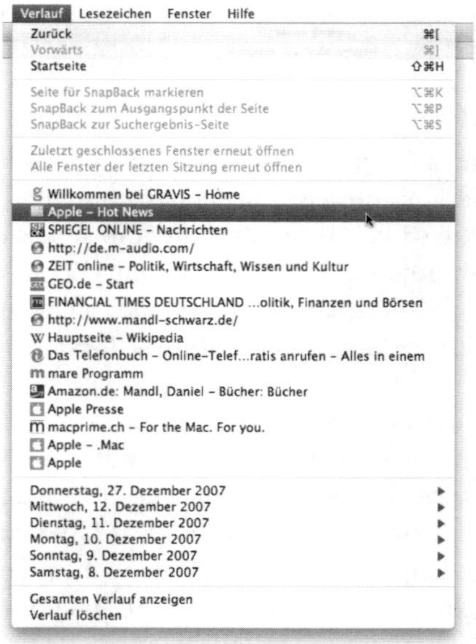

Das ist zum einen ein Vorteil, denn so können Sie schnell auf zurückliegende Webseiten springen und deren Inhalte wiederholt betrachten – das klappt auch über längere Zeit. Schlecht ist es allerdings, wenn es sich um einen Firmen-Computer handelt und somit der Chef nachvollziehen kann, was denn der Mitarbeiter so alles am Tage treibt. Um hier ein wenig die Spuren zu verwischen, sollten Sie den *Verlauf* regelmäßig auf Null setzen, indem Sie über das Menü *Verlauf* den Befehl *Verlauf löschen* wählen.

Oder Sie gehen gleich von Anfang an auf Nummer Sicher und aktivieren die Option *Privates Surfen* im *Safari*-Menü, die erst gar keinen *Verlauf* zulässt. Nebenbei werden auf diese Weise auch eventuelle Downloads gleich wieder aus dem Dialog *Downloads* gelöscht. Ihre Webseiten werden nur im geöffneten Fenster gespeichert, sobald Sie dieses schließen, sind alle Spuren weg.

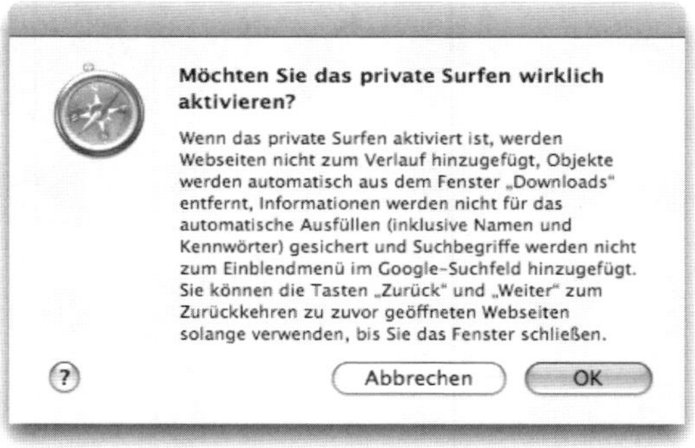

Heiße Spuren im Browser – dank der Option »Privates Surfen« wird der Arbeitsalltag wieder ein wenig leichter.

Auch die Option *Privates Surfen* gaukelt Ihnen Anonymität vor. Für einen anderen Benutzer Ihres Rechners mag das zwar zutreffen, für Ihren Provider jedoch nicht. Für Abrechnungszwecke bzw. in Bälde auch das Gesetz zur Vorratsdatenspeicherung (betrifft vorerst nur Deutschland) wird meist Ihre IP-Adresse gesichert, so dass der Provider stets nachvollziehen kann, wann Sie wo und wie oft waren.

Zum schnellen Navigieren ist auch die so genannte *SnapBack-Funktion* geeignet. Hierbei bestimmen Sie eine Seite als Ausgangsseite und können somit auf Klick immer auf diese zurückspringen. Rufen Sie beispielsweise eine Informations-Seite auf und verlieren sich darin in den vielen Hyperlinks, so ist es manchmal gar nicht so einfach, wieder zur ursprünglichen Internet-Seite zurückzugelangen. Setzen Sie stattdessen über die Menüleiste *Verlauf* den Befehl *Seite für SnapBack markieren* (⌘-⌥-K), so können Sie tief in weit verzweigte Unterseiten vorstoßen – mit einem Klick auf das in der Adresszeile angezeigte *SnapBack*-Symbol ( ) gelangen Sie automatisch wieder an den Anfang Ihres Unternehmens.

Für Viel-Surfer ist eine programmierbare Mehrtasten-Maus empfehlenswert. So lassen sich die auf den Seiten liegenden Knöpfe beispielsweise mit den Befehlen *Vorwärts* (⌘-→) und *Zurück* (⌘-←) belegen, so dass ein schnelles Blättern auf Internet-Seiten gegeben ist, ohne ständig mit der Maus herumfahren zu müssen. Oder Sie benutzen das Kontext-Menü (per Rechtsklick bzw. per Mausklick bei gedrückter *ctrl-Taste*), das ebenso die zugehörigen Befehle auflistet.

Das Kontext-Menü in Aktion.

Vom Suchen und Finden im WWW

Ein ganz wesentlicher Punkt ist auch das *Suchen. Safari* bietet Ihnen hier mehrere Möglichkeiten an. Zum einen können Sie nach URLs suchen, die in Ihrer Lesezeichen-Sammlung verschollen sind. Dazu klicken Sie auf das Symbol für *Alle Lesezeichen einblenden* (📖) und schreiben dann in das untere Eingabe-Feld einen Suchbegriff hinein: Das kann ein Name oder auch der Teil einer URL sein. *Safari* beginnt sofort mit der Suche und listet die Ergebnisse auf. Per Doppelklick auf einen Eintrag wird die entsprechende Webseite sogleich aufgerufen.

Hunderte von gesammelten Lesezeichen bringen selbst Gehirn-Akrobaten an den Rand des Möglichen – gut, dass daher eine vortreffliche Suche existiert.

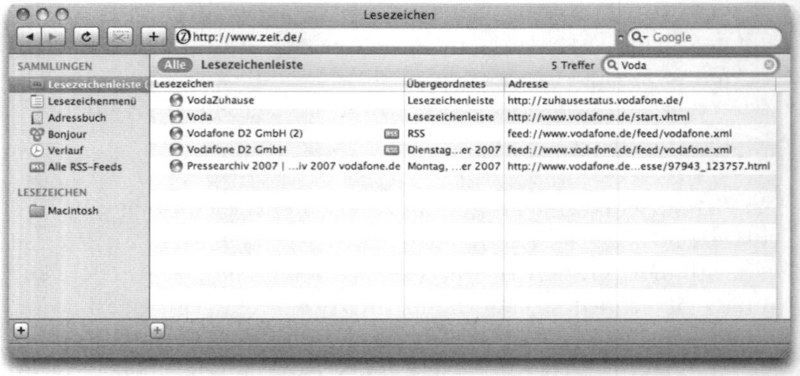

Die Suche nach Informationen im WWW gestaltet sich hier schon ein wenig schwieriger. Und dies nicht etwa wegen einer komplizierten Bedienung des Browsers, sondern eher wegen der meist schier unüberschaubaren Fülle an Ergebnissen. In der Adresszeile finden Sie das Eingabe-Feld für die Suche über *Google*, der wohl bekanntesten Such-Maschine im Internet. Geben Sie dort einen Begriff ein und drücken die *Enter-Taste* (↵), so finden Sie in Sekunden meist Tausende von Ergebnis-Seiten. Allein der Begriffe »Mac« zaubert 46.200.000 mögliche Treffer auf den Bildschirm, so dass Sie auf diese Weise nicht weiterkommen werden. Bei einer Einschränkung auf nur deutschsprachige Seiten sind es zwar dann nur noch 585.000 Seiten, doch ein Jahres-Urlaub lässt sich auch damit locker rumkriegen.

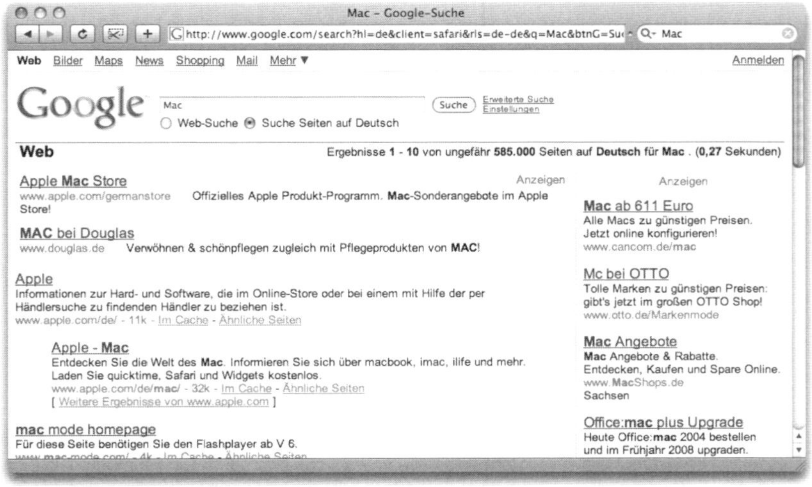

Wer, bitte schön, blickt in diesem Wust an Informationen noch durch? Da muss man sich anders helfen ...

Um gegen die Informationsflut anzukämpfen, müssen Sie ein paar Regeln anwenden, denn wie Sie gesehen haben, führt ein einzelner Begriff zum Info-GAU. Zum einen können Sie in *Google* die *Erweiterte Suche* in Anspruch nehmen, da Sie damit mehr differenzieren. Oder Sie schreiben gleich mehrere Such-Begriffe in das Eingabe-Feld, da *Google* dann nur Webseiten auflistet, die alle diese Wörter enthalten. Eine weitere Methode ist das Setzen von Such-Wörtern in Anführungszeichen, da somit nach genau dieser Wort-Kombination gefahndet wird. Die Suche nach "iMac 24-Zoll" forscht genau nach diesem Begriff, während ohne Anführungszeichen auch ein iMac vorkommen könnte, der nur 17-Zoll aufweist, dessen Besitzer jedoch ein 24-Zoll langes Rennauto sein Eigen nennt (hätten wir auch gerne).

Suchergebnisse erhalten Sie natürlich nicht nur über Google, sondern über alle bekannten Portale wie *Yahoo* (`de.yahoo.com`), *Altavista* (`de.altavista.com`) und wie sie alle heißen. Interessant ist hierbei noch der Ansatz von *MetaGer*, einer Meta-Suchmaschine, die nach einem Suchbegriff fahndet, indem Sie gleichzeitig mehrere Suchmaschinen befragt. Die URL hierzu: `http://meta.rrzn.uni-hannover.de/`. Eine Weiterentwicklung davon nennt sich *MetaGer2* (`www.metager.de`), die schon im Vorfeld doppelte Einträge herausfiltert und nach Relevanz sortiert (und nicht danach, wer am meisten Werbe-Budget besitzt).

Die »Erweiterte Suche« über Google lässt Sie die Informationsflut schon einmal eingrenzen.

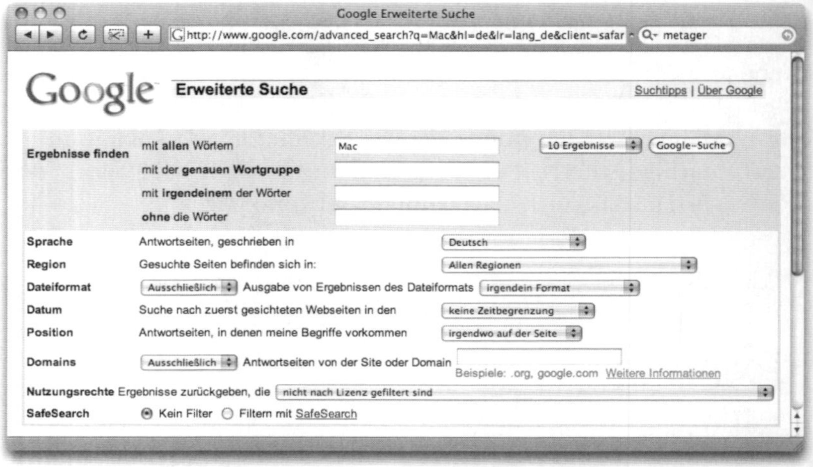

Weitere Hilfestellungen zum Suchen finden Sie auch auf der Webseite »www.google.com/support«, die allgemeine Grundregeln erläutert und Ihnen weitere Tipps verrät.

Egal, welche Such-Ergebnisse Sie auch erhalten: Über einen Mausklick in die angegebenen Hyperlinks (das sind die unterstrichenen Begriffe) werden Sie automatisch dorthin verlinkt und können somit die ganze Welt des Wissens und des Kommerzes durchschreiten.

RSS-Feeds

Anwender, die unter chronischem Zeitmangel leiden, werden *Safari* lieben. Müssen Sie sich doch nicht mehr durch ellenlange Webseiten nach News hindurchwurschteln, sondern bekommen über so genannte *RSS-Feeds* nur mehr die Überschriften angezeigt. Ein Klick darauf und Sie erhalten den vollständigen Text.

Webseiten mit *RSS* erkennen Sie daran, dass diese in der Adresszeile neben der URL ein *RSS*-Symbol (RSS) einblenden. Mit Klick darauf werden dann kurzerhand nur die Überschriften der Artikel mit einem kurzen Begleittext angezeigt, so dass Sie schnell einen Überblick über die Infos erhalten. Der Clou ist weiterhin der flexible Umgang mit den Informationen, die je nach persönlichen Vorlieben weiter angepasst werden können. So finden Sie rechts neben den Schlagzeilen umfangreiche Optionen, die neben der Suche innerhalb von Artikeln auch eine individuelle Textlänge der Vor-Ansichten gestattet. Auch eine Neu-Sortierung nach Datum, Titel oder Quelle ist eingebaut.

Schlagzeilen verkünden kurz, aber präzise das aktuelle Weltgeschehen oder andere Themen.

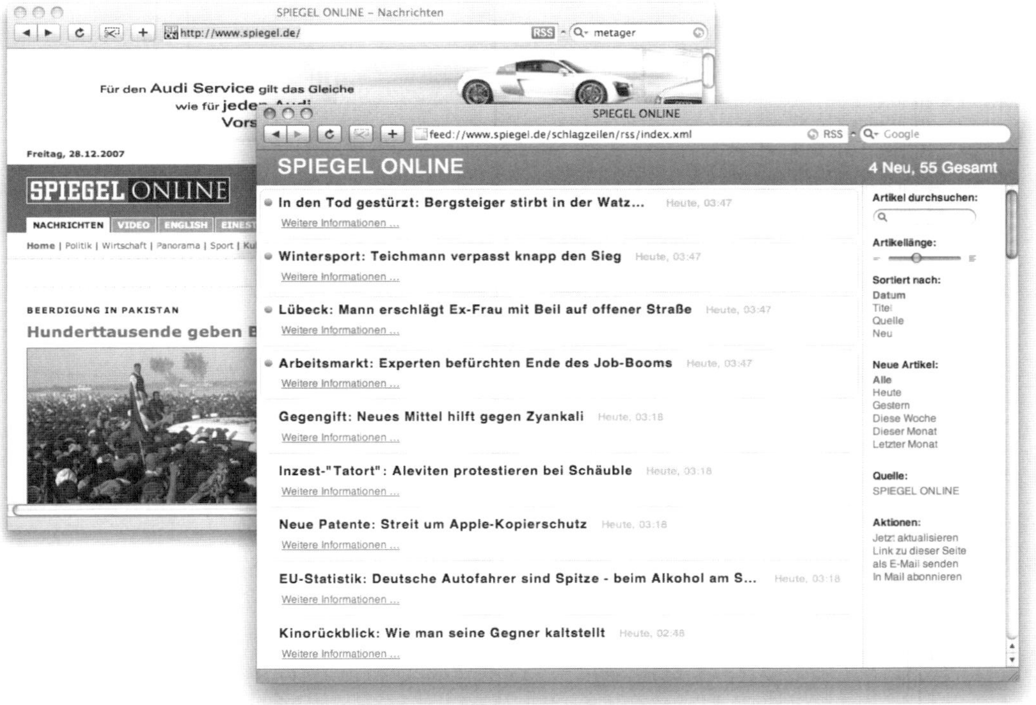

RSS-Seiten lassen sich selbstverständlich auch als *Lesezeichen speichern*, indem Sie sie über den *Plus*-Button oder über *Lesezeichen | Lesezeichen hinzufügen* integrieren. Haben Sie zudem in den *Safari-Einstellungen* unter *RSS* die Option *Automatische Aktualisierung der Artikel in: Lesezeichenleiste* aktiviert, so werden bei Einwahl ins Internet die Nachrichten aktualisiert – die angezeigte Zahl weist auf die neu hinzugekommenen News hin.

Mit Sicherheit haben Sie so einen gewaltigen Wissenvorsprung, ist es doch heutzutage fast nicht mehr möglich, alle Artikel nach wertvollen Inhalten durchzulesen. Überfliegen Sie somit die Schlagzeilen und verwerten Sie nurmehr jene Themen, die Ihnen wichtig und vor allem lesenswert erscheinen – der Klick auf den Hyperlink *Weitere Informationen …* verweist dann auf den Gesamt-Text.

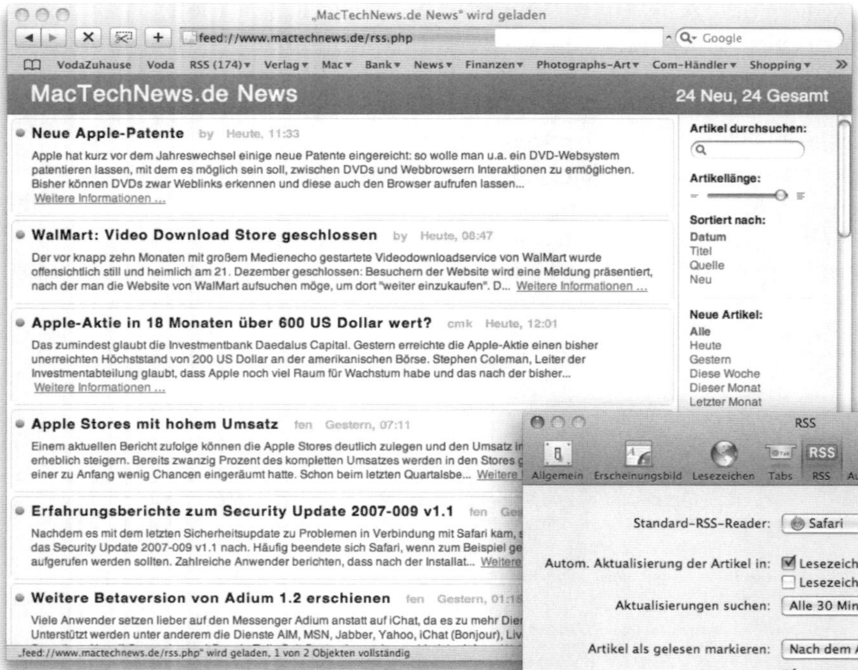

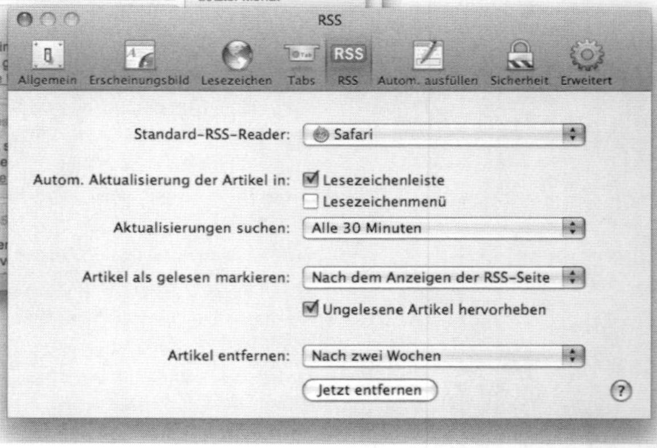

Sie können sowohl die RSS-Feeds einzelner Seiten als auch alle zusammen aufrufen – die neuesten Nachrichten werden auf Wunsch hin (einzurichten über die Safari-Einstellungen) hervorgehoben.

Daten speichern in und über Safari

Ehe Sie nun Stunden im Internet verbringen und während einer Online-Sitzung alles Wissenswerte in sich reinsaugen, ist es manchmal vernünftiger, sich gewisse Daten (Texte, Bilder, Handbücher im PDF-Format usw.) herunterzuladen. Das Speichern funktioniert meist recht schnell und ohne große Probleme, so dass Sie auch Tage später noch darauf zurückgreifen können.

Einfache Text-Inhalte speichern Sie am besten so, wie sie sind, und zwar gleich in *Safari*. Ist eine Seite aufgerufen, so wählen Sie *Ablage | Sichern unter* oder *Befehlstaste-S* (⌘-S), vergeben einen Namen (oder übernehmen den vorgegebenen) und wählen als Format *Web-Archiv*. Der *Speicher-Ort* bleibt wie üblich Ihnen überlassen, nur wiederfinden sollten Sie Ihr Dokument. Die Datei wird nun als *Web-Archiv* (siehe auch nebenstehendes Icon) abgelegt und kann durch Doppelklick in *Safari* aufgerufen werden. Im Dokument enthaltene *Hyperlinks* funktionieren im Übrigen weiterhin – mit Klick darauf werden Sie automatisch weitergeleitet – vorausgesetzt, Sie sind online und die Links zu den entsprechenden Seiten sind noch vorhanden.

Die Schnell-Methode über »Sichern unter«: Titel-Vergabe und Bestimmung des Formats – fertig ist das Webarchiv.

Bei Berichten, die beispielsweise über mehrere Seiten verteilt sind, hat es sich bei uns eingebürgert, diese herauszukopieren und in *TextEdit* einzufügen. Dazu setzen wir den Mauszeiger am Anfang des Textblocks und ziehen dann mit gedrückter Maustaste über den gesamten Bereich. Erstreckt sich der Text über den Fenster-Inhalt von Safari hinaus, so brauchen Sie nur die Maus bis an den unteren Rand des Fensters zu ziehen. Dort angekommen, fängt der Fenster-Inhalt an zu laufen, und zwar so lange, bis Sie die Maus ein wenig nach oben bewegen (oder der Browser ganz außer Puste ist ;-)). Ist der gewünschte Textblock markiert, so wählen Sie *Bearbeiten | Kopieren* (⌘-C) und starten dann das Programm *TextEdit*, das ein neues Dokument öffnet. Klicken Sie da rein und wählen Sie *Bearbeiten | Einsetzen* (⌘-V) – der Inhalt der Zwischenablage wird nun eingefügt – und zwar inklusive Auszeichnungen und eventuellen Bildern, die aber nicht weiter stören dürften. Holen Sie dann wieder *Safari* in den Vordergrund, springen Sie eine Webseite weiter und exerzieren Sie das gleiche Prozedere noch einmal durch. Achten Sie hierbei darauf, dass Sie den Mauszeiger am Ende des schon bestehenden *TextEdit*-Dokumentes ansetzen, damit auch die Reihenfolge später stimmt. Auf diese Weise kopieren Sie nach und nach die Inhalte in ein einzelnes Dokument, was sich auch hervorragend ausdrucken lässt.

Zugegeben, manchmal müssen Sie noch ein wenig formatieren und Bilder löschen, aber im Großen und Ganzen geht die Sache schnell über die Bühne. Wählen Sie dann noch in *TextEdit* den *Sichern*-Befehl im *Ablage*-Menü (⌘-S) und auch dieser Fall wäre erledigt.

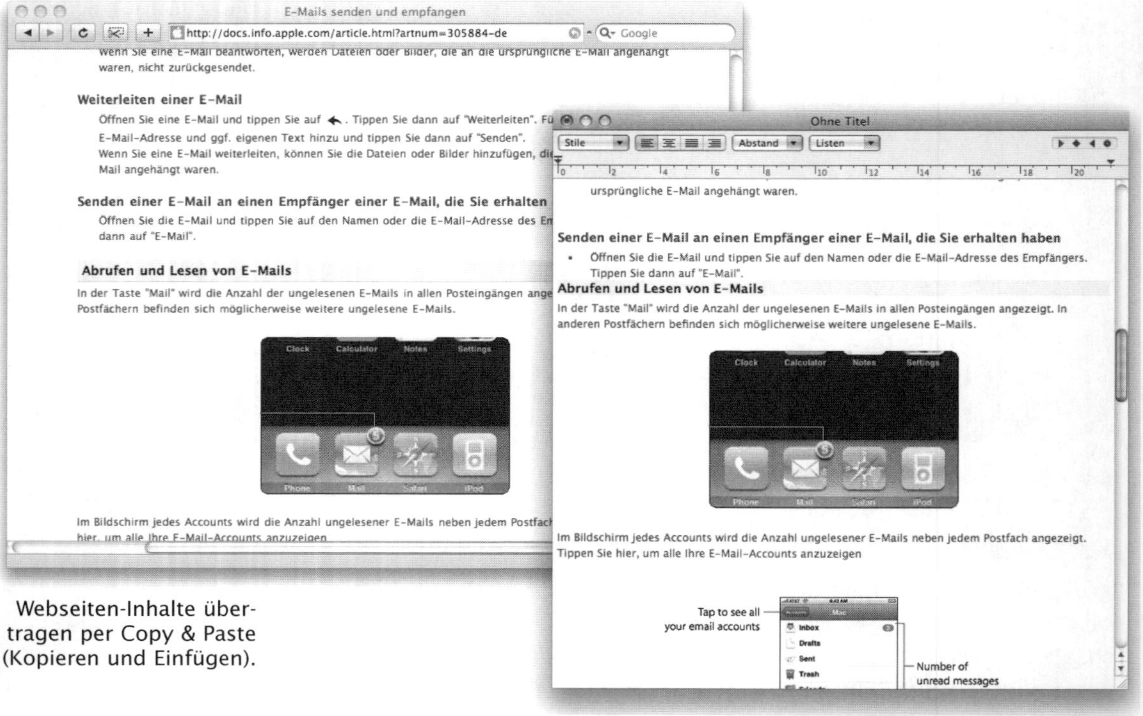

Webseiten-Inhalte über-
tragen per Copy & Paste
(Kopieren und Einfügen).

Einfache Texte werden in *TextEdit* im *RTF*-Format gesichert, das üblicherweise in jeder anderen Text-Verarbeitung (auch *Microsoft Word* für Windows) geöffnet werden kann. Sobald sich jedoch Bilder im Text befinden, verwendet das Programm das *RTFD*-Format.

Bevor Sie das Prozedere mit Kopieren und Wiedereinfügen exerzieren, sollten Sie immer nach hilfreichen Zusatzfunktionen auf der Webseite Ausschau halten. Oftmals stellen schon die Seiten-Betreiber bei längeren Texten Optionen wie *Text drucken* oder *per E-Mail weiterleiten* zur Verfügung. Bei ersterer Möglichkeit wird der Text vollständig (und nicht auf mehrere Webseiten verteilt) angezeigt, so dass Sie über den *Drucken*-Befehl schnell ein PDF erstellen können. Oder Sie senden sich den Bericht an die eigene Mail-Adresse zum späteren Durchlesen. Aber Achtung: Manche Internet-Seiten wollen auch nur E-Mail-Adressen sammeln und Sie landen so womöglich bei einem Spammer.

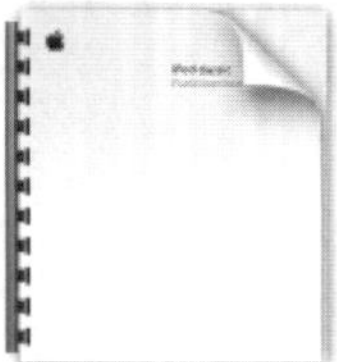

Auch *PDF*-Dateien, auf die Sie stoßen, werden in *Safari* angezeigt. Hier können Sie auf Dokumente treffen, die mehrere Hundert Seiten aufweisen, so dass eine Online-Sitzung über Tage zum Lesen eingeplant werden müsste. Damit dem nicht so ist, speichern Sie nach dem Laden der Seiten wie selbstverständlich das große Dokument. Wählen Sie wieder *Ablage* | *Sichern unter* (⌘-S) und das Dokument liegt auf der Festplatte.

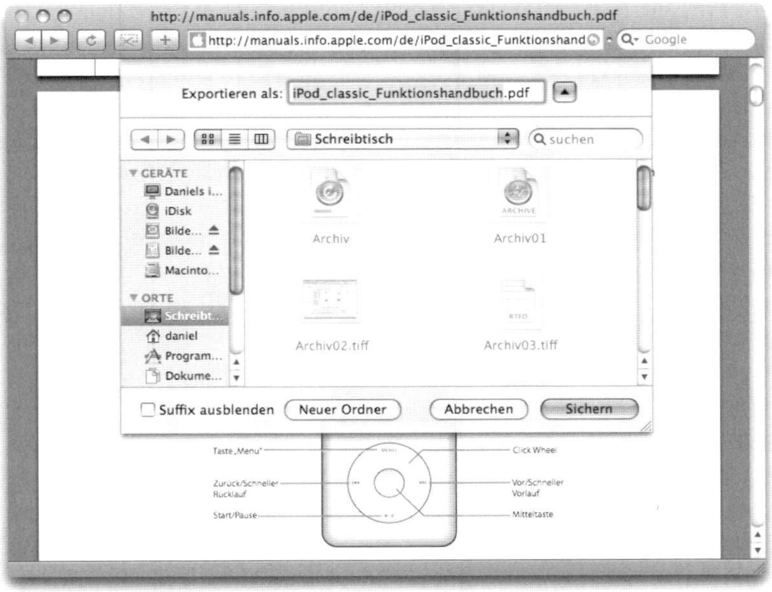

Mit DSL dauert der Download eines PDF-Handbuches mit 100 Seiten nur wenige Sekunden. Gespeichert ist es ebenso in Sekundenschnelle.

Unter Mac OS X Leopard hat *Safari* neue Features spendiert bekommen. Wird daher ein PDF angezeigt und Sie bewegen den Mauszeiger ins untere Drittel des Browser-Fensters, so wird eine Steuerleiste eingeblendet, die Ihnen mehrere Funktionen anbietet: Zum einen können Sie den PDF-Inhalt vergrößern bzw. verkleinern, das PDF im Programm *Vorschau* öffnen und bei Gefallen dann erst abspeichern, oder das Dokument sofort in den Ordner *Downloads* herunterladen.

Neue Funktionalität beim Sichten und Sichern von PDF-Dokumenten finden Sie in Safari unter Mac OS X Leopard.

Selbst Webseiten, die sich über mehrere Fenster-Seiten hin darstellen, können Sie ganz schnell in ein praktisches PDF verwandeln. Wählen Sie einfach *Ablage | Drucken* (⌘-P) und klicken Sie dann unten links auf das PDF-Popup-Menü. So lässt sich der Inhalt der Webseite zum einen im Programm *Vorschau* darstellen (*PDF in Vorschau öffnen*) und auf Wunsch über *Ablage | Sichern unter* direkt abspeichern. Oder Sie speichern das Dokument gleich als PDF (*Als PDF sichern*) bzw. befördern es in den dafür vorgesehenen Ordner *Web-Downloads* (*PDF in Web-Downloads-Ordner sichern*). Letzterer Befehl legt automatisch im *Downloads*-Ordner einen Unterordner namens *Web Receipts* an, in dem nun die heruntergeladenen PDF-Dokumente landen. Ganz nebenbei lässt sich die PDF-Datei für die ganz Eiligen auch als Fax (*PDF faxen*) bzw. als E-Mail verschicken (*PDF versenden*).

Safari bietet für das PDF-Format viele Raffinessen an.

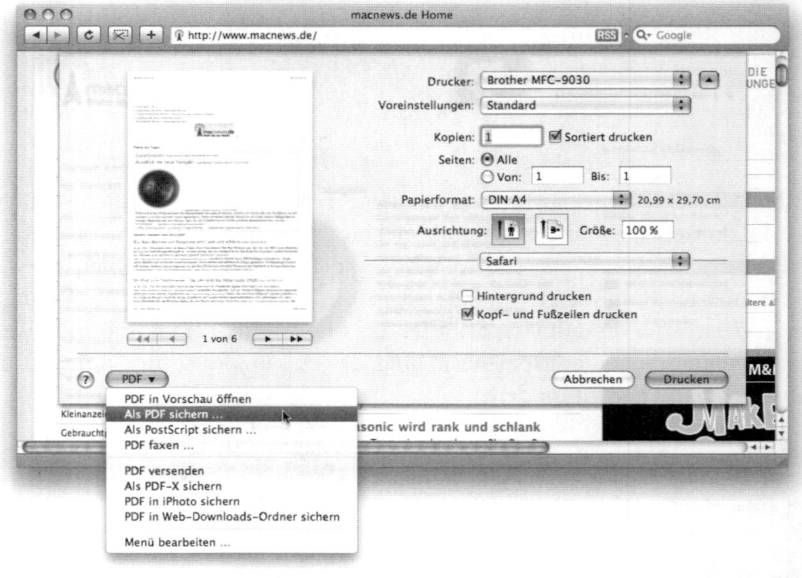

Wir persönlich finden den Befehl *PDF in iPhoto sichern* ein wenig verwirrend. Zum einen deshalb, weil *iPhoto* mit PDFs gar nichts anfangen kann, zum anderen deswegen, weil beim Importieren des Dokumentes dieses seitenweise in das Programm einfließt – und zwar jede Seite einzeln als JPEG-Datei. Naja, irgendwas wird sich Apple dabei schon gedacht haben ...

PDF in Scheiben: Unser Dokument wurde in Einzelseiten aufgesplittet und liegt nun als Bild-Datei (JPEG-Format) in iPhoto vor.

Viele Dateien, die Sie im Internet herunterladen können (meist Programme oder Updates), werden aufgrund ihrer Datengröße als komprimierte Daten (Apple spricht hier von *Archiven*) verschickt. Dabei öffnet sich zuerst das Fenster *Downloads*, in dem Sie den Status des Lade-Vorganges einsehen können. Danach entpackt normalerweise *Safari* automatisch die Datei. Ist dem nicht so, sollten Sie sich ein Programm wie *StuffIt Expander* (über `www.versiontracker.com`) zum Dekomprimieren downloaden. Gibt es dann mit dem Apple-eigenen *Archivierungsprogramm* Probleme, so brauchen Sie die komprimierten Daten nur draufziehen, um diese zu entpacken.

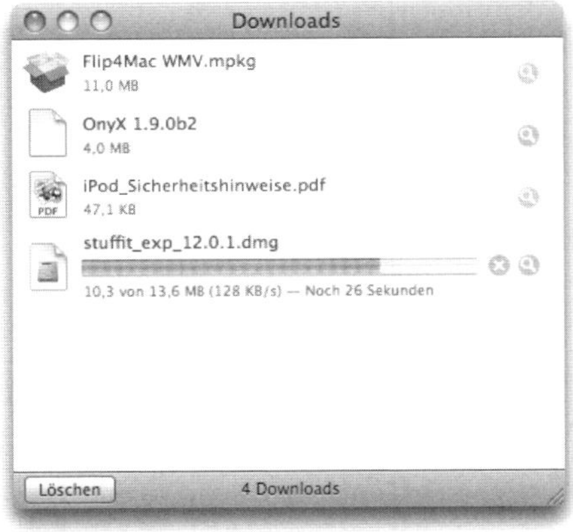

»Downloads« gibt einen Überblick über heruntergeladene Dateien – der Klick auf die Lupe führt Sie automatisch an den Speicher-Ort. Bei selbstentpackenden Daten warnt Safari, denn man weiß ja nie, was da so alles drinstecken kann.

Das hauseigene Programm zum Dekomprimieren wie Komprimieren finden Sie im Übrigen unter Mac OS X Leopard über den Pfad *Festplatte/System/Library/CoreServices/Archivierungsprogramm.* Ist es gestartet, so lässt sich über die *Einstellungen* (*Befehlstaste-Komma*) genau festlegen, wohin entpackte Daten gesichert werden bzw. was mit den Archiven passieren soll (z. B. in den Papierkorb legen). Wenn Sie selbst Daten komprimieren möchten, so erledigen Sie das über

den *Finder.* Markieren Sie zuerst ein oder mehrere Objekte und wählen Sie dann *Ablage* | *»Objekte« komprimieren.* Als Standard-Format wird *Komprimiertes Archiv* verwendet, was jedoch im Austausch mit Windows-Anhängern Schwierigkeiten bereiten kann. Wählen Sie stattdessen lieber Zip-Archiv.

Das »Archivierungsprogramm« dümpelt ein wenig unscheinbar in den Tiefen des Systems herum. Warum eigentlich?

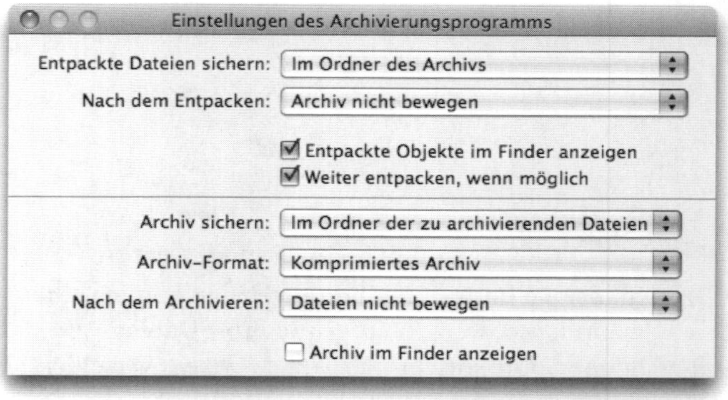

Archives.prefPane

Wenn Sie auf das Programm-Icon des *Archivierungsprogramms* mit gedrückter *ctrl-Taste* bzw. per Rechtsklick klicken und aus dem erscheinenden Kontext-Menü den Befehl *Paketinhalt zeigen* wählen, so finden Sie im Ordner *Contents* und dort wiederum im Ordner *Resources* die Datei *Archives.prefPane.* Wird Letztere doppelgeklickt, so bekommen Sie eine neue *Systemeinstellung* namens *Archive,* deren Funktionsumfang genau den *Archivierungsprogramm-Einstellungen* entspricht – Sie kommen nur schneller daran.

Die Systemeinstellungen bekommen Zuwachs: Ob das nun jeder braucht, ist allerdings die Frage. Unser Rat daher: Funktioniert bei Ihnen alles ohne Probleme und brauchen Sie weder Komprimierung noch Dekomprimierung, so sehen Sie die vorangegangenen Zeilen eher als Wissenserweiterung an als etwas, das nun unbedingt umgesetzt werden müsste.

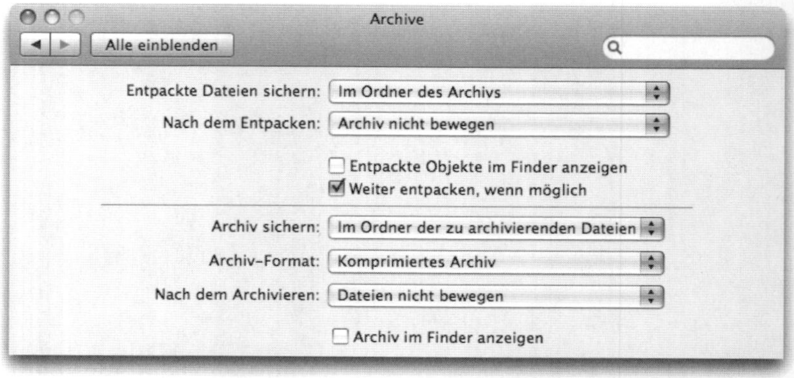

Zurück zu *Safari*: Natürlich lassen sich auch Bilder speichern, und zwar einfacher, als Sie denken. Die schnellste Methode: Packen Sie das Bild mit der Maus und ziehen Sie es aus dem Browser heraus auf Ihre Festplatte (in einen Ordner oder erst einmal zum Sammeln auf den Schreibtisch). Eleganter geht's jedoch über das *Kontext*-Menü, indem Sie mit gedrückter *ctrl-Taste* bzw. per Rechtsklick auf das entsprechende Bild klicken. Das *Kontext*-Menü bietet Ihnen nun eine Reihe von Optionen an, die über das Öffnen des Bildes in einem neuen Fenster oder Tab bis hin zum Sichern auf dem Schreibtisch/als Schreibtisch-Hintergrund oder zum Hinzufügen in das *iPhoto*-Archiv reichen. Auch die Bildadresse, sprich die zugehörige URL, können Sie speichern (*Bildadresse speichern*), wenn es sich beispielsweise um geschützte Bilder handelt, die einem Copyright unterliegen. Oder Sie kopieren das Bild einfach in die Zwischenablage (*Bild kopieren*) und fügen es dann in einem anderen Programm wieder ein.

Die meisten Bilder, die Sie im Internet antreffen, sind mit einem *Copyright* versehen, das den Gestalter oder Fotograf vor unbefugtem Zugriff ihrer Werke durch Dritte schützt. Denken Sie also bitte daran, diesen Schutz zu wahren und nicht anderseitig zu veröffentlichen oder gar Handel damit zu treiben. Das kann nicht nur teuer für Sie werden, sondern zollt auch den Künstlern Anerkennung für ihre Taten. Das gilt selbstverständlich nicht nur für Bilder, sondern auch für Text-Dokumente und Musik-Dateien.

Bilder kopieren leicht gemacht – dank des Kontext-Menüs ist ein Bild schnell auf der Festplatte.

Das *Kontext*-Menü ist auch bei anderen Tätigkeiten hilfreich. So lässt sich – jeweils mit gedrückter *ctrl-Taste* bzw. per Rechtsklick – bei Klick auf einen *Hyperlink* dieser in einem separaten Fenster oder Tab öffnen, die dazugehörige Datei laden oder diese Seite als Lesezeichen speichern. Bei Anwendung auf der »reinen« Internet-Seite können

Sie auf die vorherige Webseite zurückspringen oder die aktuelle neu laden bzw. diese sichern oder drucken. Markieren Sie Text-Abschnitte oder auch nur ein einzelnes Wort, so lässt sich über das Kontext-Menü mit *Spotlight* oder über *Google* suchen oder ein Begriff im Lexikon nachschlagen.

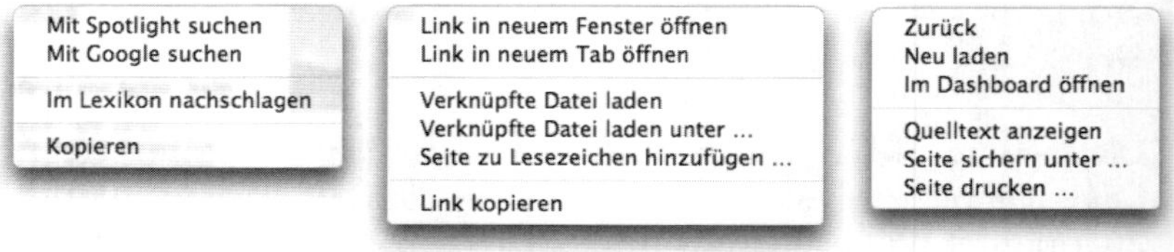

Das Kontext-Menü stellt Ihnen nur diejenigen Befehle zur Verfügung, die bei der augenblicklichen Anwendung Sinn machen.

Und noch eine Funktion zum schnellen Weiterleiten von Internet-Adressen bzw. von Webseiten-Inhalten haben wir in *Safari* gefunden: Über das *Ablage*-Menü und die dort auftauchenden Befehle *Inhalt dieser Seite als E-Mail senden* (⌘-I) bzw. *Links zu dieser Seite als E-Mail senden* (⌘-⇧-I) lassen sich schnell Informationen zu sehenswerten Webseiten verschicken.

Nach diesem ausführlichen Rundgang durch den Internet-Browser *Safari* wenden wir uns nun dem E-Mailen zu. Eine E-Mail ist ein wirklich schnelles Kommunikations-Medium, das Sie nicht mehr missen wollen, haben Sie es einmal ausprobiert. Auch im Geschäftsverkehr ist diese Art des Austausches schon Standard, so dass ein »sich drücken« vor der Technik zu Nachteilen führen kann. Das Einrichten des Programms sowie der Umgang damit ist gar nicht so schwer, wie Sie auf den folgenden Seiten sehen werden.

Schöner E-Mailen mit dem Programm »Mail«

Starten Sie das Programm *Mail* zum ersten Mal auf, müssen Sie es erst einmal für den E-Mail-Empfang einrichten – es sei denn, Sie besitzen einen *.Mac-Account*, der automatisch konfiguriert wird. Das Anlegen weiterer *E-Mail-Accounts* bewerkstelligen Sie in den *Mail-Einstellungen*, die Sie über *Mail | Einstellungen* bzw. *Befehlstaste-Komma* (⌘-,) aufrufen (siehe auch weiter unten) oder über *Ablage | Account hinzufügen*. Haben Sie zuvor mit einem anderen E-Mail-Programm gearbeitet oder eine Vorversion von *Mail* für Mac OS X benutzt, so können Sie Ihre schon bestehenden Postfächer importieren. Dazu wählen Sie *Ablage | Postfächer importieren* und bestimmen im *Import-Assistenten* das jeweilige Programm. Danach nimmt *Mail* mit dem ausgesuchten Programm Kontakt auf bzw. erwartet die Zuordnung des Speicher-Ortes. Nach Auswahl der Postfächer startet dann der Import, der nach Fertigstellung im Postfach *Importiert* zu finden ist.

Das Importieren von Postfächern geschieht über Anweisungen des Assistenten.

Konfiguration eines Accounts

Ebenso einfach ist die Einrichtung eines Accounts, den Sie benötigen, um E-Mails empfangen zu können. Über *Ablage | Account hinzufügen* startet ein Assistent, der Ihnen das Konfigurieren erleichtert. Hierzu sollten Sie Ihre Provider-Unterlagen bereithalten, denen Sie diese Daten entnehmen können. Im Zweifel können Sie auch direkt beim betreffenden Unternehmen nachfragen, das Ihnen sicherlich gerne bei etwaigen Konfigurationshürden behilflich ist.

Am Anfang erfolgt die Angabe des Namens, Ihrer E-Mail-Adresse sowie das Kennwort. Sowohl Name als auch die E-Mail-Adresse dienen dabei als Absender für E-Mails, die Sie künftig verschicken werden. Über *Fortfahren* bestimmen Sie dann den Server für eintreffende Mails. Bei einem *POP*-Server (*Post Office Protocol*) übertragen Sie beispielsweise Ihre Mails direkt auf den Computer, während bei einem *IMAP*-Server (*Internet Messaging Access Protocol*) diese üblicherweise auf dem Server verbleiben. Bei *Beschreibung* sollten Sie einen aussagekräftigen Namen vergeben, sofern Sie etwa mehrere Accounts benutzen. Danach folgen der Benutzername sowie das Passwort für diesen Server.

Wenn Sie es noch nicht herausgefunden haben: Das @-Zeichen schreiben Sie über *Optionstaste-L* (⌥-L).

Der Assistent zum Einrichten des Accounts macht es Ihnen leicht.

Haben Sie schon zuvor ein E-Mail-Programm benutzt, so sollten Sie dort Ihre Konten bzw. Accounts aufrufen und die eingetragenen Daten von dort abschreiben, falls Sie Ihnen im Moment nicht mehr schriftlich vorliegen. Erinnern Sie sich nicht mehr an die Passworte, so denken Sie an das Dienstprogramm *Schlüsselbund* (Mac OS X Tiger) bzw. *Schlüsselbundverwaltung* (Mac OS X Leopard), über das Sie dieses Problem lösen können.

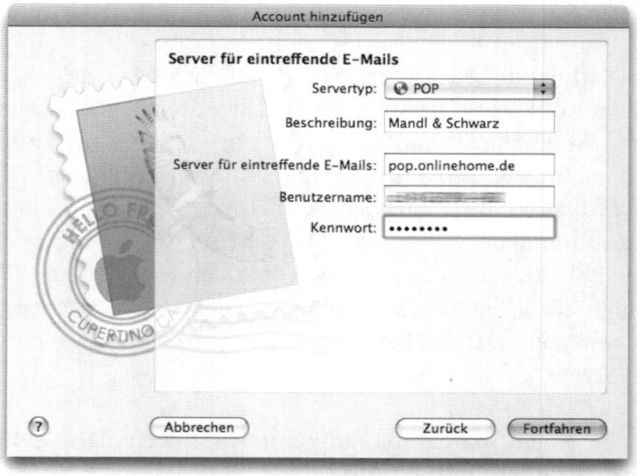

Der zweite Schritt der Konfiguration betrifft den Server für eintreffende Mails. Die Angaben hierzu wie Ihr Benutzer-Name (oder auch Konto-ID genannt) bzw. Ihr Kennwort können Sie Ihren Provider-Unterlagen entnehmen.

Zum Abchecken, ob alles funktioniert, sollten Sie jetzt online gehen und dann auf *Fortfahren* klicken. Es erfolgt die Bestimmung der Sicherheits-Richtlinien, die im Normalfall nur die Abfrage des Kennworts beinhaltet. Danach tragen Sie die Daten des Servers für ausgehende Mails ein. Dieser ist dafür zuständig, Ihre Mails zu versenden (auch Postausgangsserver genannt).

»smtp« steht für Simple Mail Transfer Protocol und ist das Standardprotokoll für ausgehende E-Mails.

Zum Schluss erhalten Sie eine *Account-Zusammenfassung*, die alle getroffenen Einstellungen noch einmal auflistet. Machen Sie sich davon am besten einen Screenshot, indem Sie ⌘-⇧-4 und die *Leertaste* drücken und dann das Fenster auswählen – mit Klick darauf wird der Dialog abfotografiert. Zum Anlegen weiterer Accounts können Sie nun fortfahren oder dies später ebenso komfortabel über denselben Assistenten bzw. über die *Mail-Einstellungen | Accounts* erledigen.

Die Zusammenfassung für Ihre Unterlagen.

Die Einstellungen von Mail

Wie auch bei den anderen Programmen finden Sie dort jede Menge an Optionen und Möglichkeiten, Ihr Programm so einzurichten, dass es Ihren Wünschen entspricht. Unterteilt in mehrere Rubriken ist folglich für jeden Zweck und Anlass etwas dabei, wie Sie gleich sehen werden.

Allgemein

In dieser Rubrik bestimmen Sie das E-Mail-Programm Ihrer Wahl als Standard und legen gleichzeitig fest, ob der Empfang von Mails automatisch nach festgelegten Zeiten (alle 5, 15 oder 30 Minuten bzw. stündlich) oder manuell (auf Knopfdruck) erfolgen soll. Geht eine E-Mail ein, können Sie diesem Vorgang einen Ton zuweisen, den Sie sich über das Popup-Menü anhören können. Die Option *Ungelesene E-Mails im Dock anzeigen* blendet direkt im *Mail*-Icon ein kleines Symbol mit der Anzahl der betreffenden – eben ungelesenen – Nachrichten ein (siehe auch Abbildung in der Seitenleiste). Bekommen Sie von einem Dritten eine *iCal-Einladung*, so stellen Sie das weitere Prozedere bei *Einladungen zu iCal hinzufügen* ein: *Automatisch* oder *Nie* (Informationen zu *iCal* erhalten Sie im Kapitel »Die Welt der Programme« unter der Überschrift »iCal – der intelligente Kalender«). In ersterem Fall müssen Sie nur auf den Link der *iCal.ics*-Datei klicken, um das Ereignis in *iCal* eintragen zu lassen.

Bei E-Mails mit Anhängen, die Sie empfangen, können Sie einen Ordner festlegen, in dem die Daten gespeichert werden sollen, sobald Sie auf den Button *Sichern* klicken. Als Standard ist der Ordner *Downloads* angegeben, den Sie in Ihrem Benutzer-Ordner finden. Wie mit Downloads weiter zu verfahren ist, stellen Sie bei *Nicht bearbeitete Downloads entfernen* ein.

Allerhand Optionen warten auf Sie.

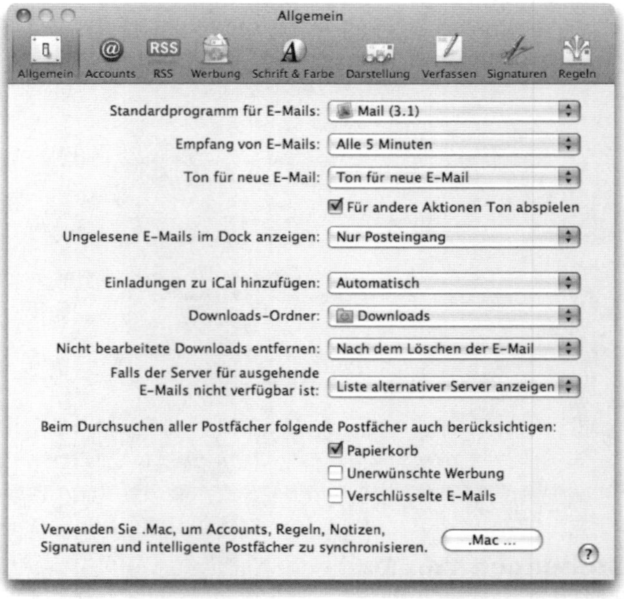

Suchen Sie später in der Fülle Ihrer E-Mails nach einer ganz bestimmten Nachricht, so lassen sich neben den selbst angelegten Ordnern auch die Ordner *Papierkorb*, *Unerwünschte Werbung* sowie *Verschlüsselte E-Mails* durchsuchen. Ganz unten finden Sie noch den Button für die Synchronisierung über

.Mac. Dort draufgeklickt startet die Systemeinstellung *.Mac*, in der Sie all Ihre Abgleichwünsche wie *Regeln*, *Signaturen* und *Accounts* steuern (siehe auch Kapitel »Die Systemeinstellungen«).

Accounts

In der Rubrik *Accounts* müssen Sie – wie schon erwähnt – jene Daten eintragen, die Sie von Ihrem Provider erhalten haben. Zumeist werden Sie nur einen Account besitzen, den Sie über *Ablage | Account hinzufügen* erstellen sollten. Die gleiche Vorgehensweise erwirken Sie auch über einen Klick auf den kleinen *Plus*-Button links unten, um weitere *Accounts* hinzuzufügen (siehe auch weiter oben). In der Rubrik *Postfach-Verhalten* regeln Sie dann, wie sich die einzelnen Postfächer für *Entwürfe* (Mails, die Sie schon geschrieben haben, aber noch nicht absenden möchten), *Notizen*, *Gesendete E-Mails* (Mails, die bereits verschickt worden sind), *Werbung* (das können sinnvolle Mails, aber auch Schrott sein) und den *Papierkorb*. Diese Einstellungen unterscheiden sich je nach Server-Typ – also *IMAP* (die Mails bleiben auf dem Server) oder *POP* (die Mails landen auf Ihrer Festplattte) – und betreffen auch das Lösch-Verhalten. Das Gleiche gilt auch für die Rubrik *Erweitert*, bei der Sie die Einstellungen so belassen sollten.

Links die Einstellungen für einen .Mac-Account, rechts ein typischer POP-Server.

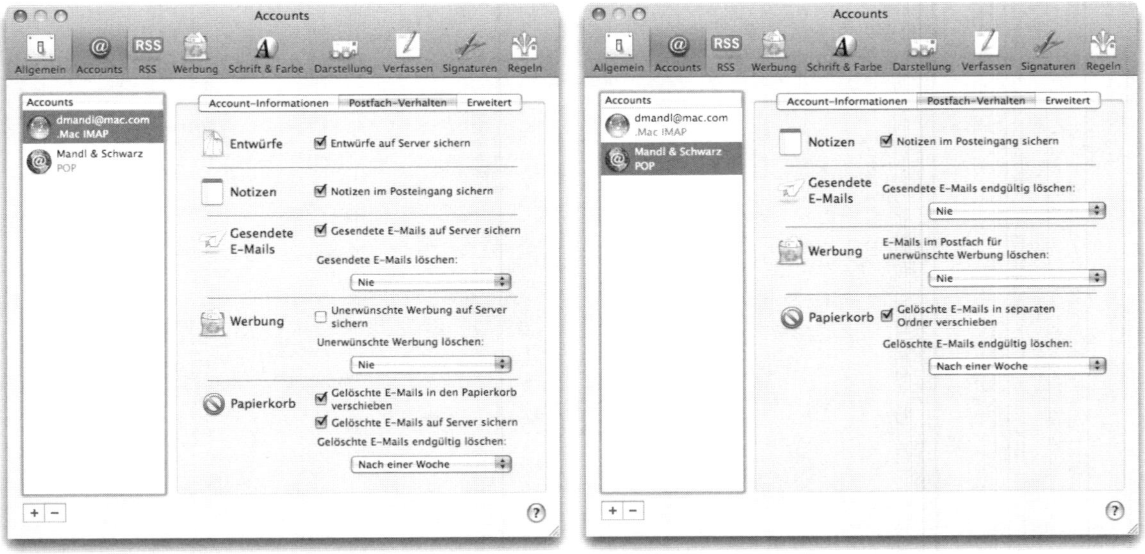

RSS

Neben dem Browser *Safari* lassen sich auch in Mail so genannte *RSS-Feeds* verwalten und lesen. Zum Anlegen eines neues RSS-Feeds klicken Sie links unten in das Plus-Symbol (+) und wählen aus dem auftauchenden Dialog den Befehl *RSS-Feeds hinzufügen*. Hierbei öffnet sich ein weiteres Dialogfenster, das Ihnen zwei Varianten anbietet: zum einen die Übernahme schon bestehender *RSS-Feeds* aus *Safari* (*Nach RSS-Feeds in Safari-Lesezeichen suchen*) oder die manuelle Eintragung, wobei Ihnen jedoch die Internet-Adresse bekannt sein sollte (*Eigene RSS-Feed-URL angeben*).

Zuerst wählen Sie den Befehl »RSS-Feeds hinzufügen«, ...

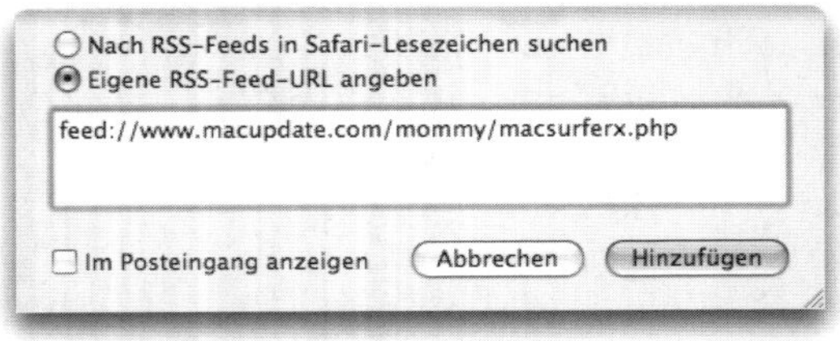

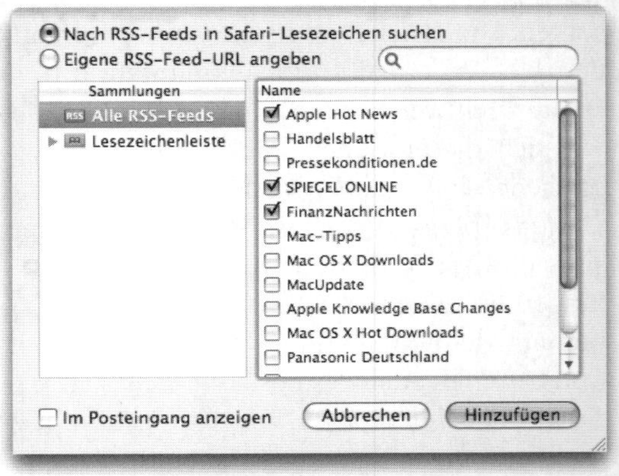

... danach teilen Sie dem Programm »Mail« die Internet-Adressen zu.

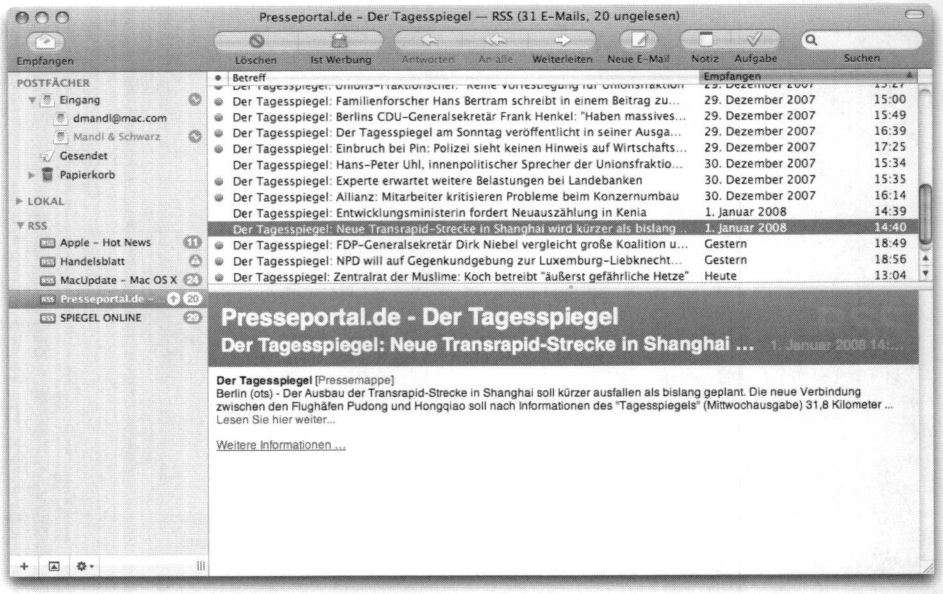

Sind Sie nun online, so lassen sich auch in Mail die Nachrichten anzeigen und auf Wunsch – per Klick auf »Weitere Informationen« – der gesamte Beitrag in Safari lesen.

In den *Mail-Einstellungen* (Rubrik *RSS*) legen Sie nun fest, wer zum einen Ihr *Standard-RSS-Reader* sein soll und in welchen Zeitabständen nach Updates gesucht bzw. Artikel entfernt werden sollen. Tragen Sie dort das Programm *Mail* als *Standard-RSS-Reader* ein, so werden *RSS-Feeds*, die Sie beispielsweise im Browser *Safari* aufgerufen haben und nun abspeichern möchten, im Programm *Mail* angelegt. Die Vorgehensweise ist dabei ganz einfach: Steht in der *Safari*-Adresszeile eine URL, die auch das *RSS-Symbol* (RSS) trägt, so brauchen Sie nur dort draufzuklicken. Es öffnet sich dann das *RSS-Feed abonnieren*-Fenster mitsamt der *RSS-Feed-URL* und Sie müssen nur auf *Hinzufügen* klicken, um sie in *Mail* zu integrieren. Ist hingegen *Safari* als *Standard-RSS-Reader* ausgewählt, so gehen Sie Ihre gewohnten Wege und speichern die URL als Lesezeichen ab.

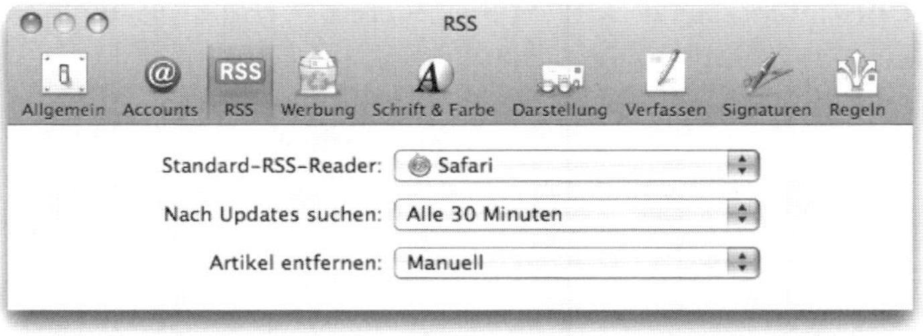

Die Mail-Einstellungen mit der Rubrik »RSS«.

Werbung

Mit der Werbung ist das so eine Sache. Da gibt es jene Newsletter und Mails, die Sie vielleicht anfordern, da Sie die Angebote interessieren. Auf der anderen Seite werden jedoch millionenfach Mails verschickt, die Ihnen neben verbilligten Potenzpillen und einer Rolex als Schnäppchen auch die Vergrößerung etwaiger – wie sollen wir uns ausdrücken – Gliedmaßen versprechen. Letzteren Schrott nennt man *Spam* (übersetzt »Müll«), der ungefragt verschickt wird, in der Hoffnung, dass der ein oder andere eine Bestellung aufgibt.

Die meisten Mails stammen aus Amerika, China oder Russland, so dass man diesen Versendern nur schwer auf die Spur kommt und ihnen oftmals nichts nachzuweisen ist. Hinzu kommt, dass meist Computer von ahnungslosen Anwendern zum Verschicken dieser Mail-Flut missbraucht werden, die davon gar nichts wissen. An Adressen gelangen Sie, indem Sie entweder massenhaft diese kaufen oder eben über Spy-Software das Internet durchforsten, um an E-Mail-Adressen zu gelangen. Leider nimmt ein geringer Prozentsatz der Empfänger solcher Mails die Dienste in Anspruch (das sind dann die mit den ganz großen Komplexen), so dass es sich anscheinend lohnt, diesen für alle anderen nervigen Weg zu gehen. Mit anderen Worten: Geben Sie folglich Ihre E-Mail-Adressen nur an Ihnen bekannte Personen weiter und hinterlassen Sie sie – wenn möglich – nicht auf irgendwelchen Webseiten. Bei Einkäufen oder der Anforderung von Informationen verwenden Sie am besten so genannte Free-Mailer (GMX, Freenet etc.), die Ihnen kostenlos eine E-Mail-Adresse zur Verfügung stellen. Hat es Sie dann erwischt und Sie werden von Hunderten unsinniger Mails zugemüllt, wechseln die einfach die E-Mail-Adresse und Sie haben wieder ein wenig Zeit gewonnen. Ihre Haupt-Adresse geben Sie bitte nur Stellen, denen Sie vertrauen können – beispielsweise dem Mandl & Schwarz-Verlag bei Ihrer nächsten Bestellung ;-)

Es wird Ihnen sicherlich nicht erspart bleiben, dass Sie auch so genannte *Phishing*-Mails erhalten, deren Absender sich mit uns bekannten Banken-Adressen schmücken. Ob Postbank, Deutsche Bank oder Volksbanken etc.: Im Begleittext werden Sie dazu aufgefordert, sich aufgrund von Betrügereien oder Datenbank-Umstellungen neu zu autorisieren. Hierzu werden Sie gebeten, persönliche Bank-Daten sowie TANs zu hinterlassen. Tun Sie das auf keinen Fall, denn keine Bank auf der Welt würde Sie dazu auffordern, sensible Daten per E-Mail oder auf Internet-Formularen einzugeben. Sind Sie schon in die Falle getappt, nehmen Sie am besten umgehend Kontakt mit Ihrer Bank auf und schildern Sie ihr den Fall. Diese sollten wiederum schleunigst Ihre Kontoverbindung für das Online-Banking sperren bzw. die Zugangsdaten ändern.

Wie dem auch sei – in der Rubrik *Werbung* treffen Sie die ersten Vorsichtsmaßnahmen in Sachen Spam & Co. Hierzu bietet Ihnen *Mail* einen Filter an, der anhand der Versender-Adresse diese Mails relativ zuverlässig heraussuchen kann. Was nun damit geschieht, regeln Sie über die dargestellten Optionen. Was also tun, wenn unerwünschte Werbung eintrifft? Zuerst sollten Sie die Standardeinstellung *Als unerwünschte Werbung markieren, aber im Posteingang belassen* verwenden. Hierbei werden fragliche E-Mails farbig gekennzeichnet, die Sie wiederum über die beiden in *Mail* vorliegenden Buttons *Ist Werbung* bzw. *Keine Werbung* zuordnen sollten. In diesem Modus können Sie zudem überprüfen, wie sich das Programm bei Ihren E-Mails verhält und inwieweit Spam von Ihren »richtigen« Nachrichten unterschieden und erkannt wird.

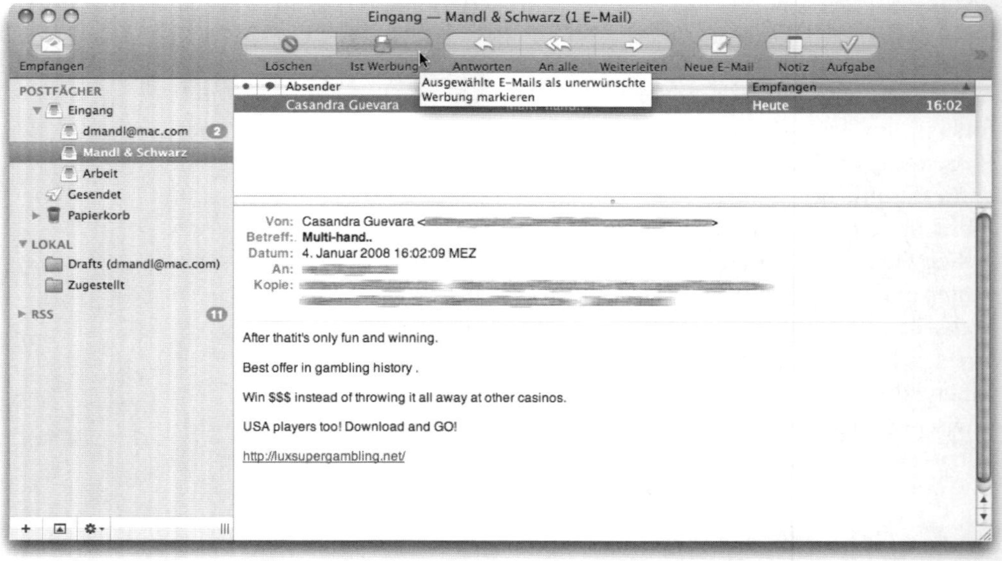

Unerwünschte Werbung wird farbig gekennzeichnet. Werden noch weitere Mails von Ihnen als unerwünscht eingestuft, aber vom Filter nicht erkannt, sollten Sie diese markieren und den Button »Ist Werbung« drücken.

Das Programm *Mail* bekommt sozusagen von Haus aus eine Art interne Datenbank mit, mit deren Hilfe Sie Werbung ausfindig machen kann. Und das Beste daran: Diese Datenbank ist lernfähig. Das heißt für Sie als Anwender, dass bei häufigem Gebrauch der Zuteilung von *Ist Werbung* bzw. *Keine Werbung* Ihr Spam-Filter ausgebaut und aktualisiert wird und von Mal zu Mal genauer arbeitet.

Ist der Filter über einen gewissen Zeitraum gelaufen und Sie sind zufrieden mit der Erkennungsrate, so können Sie in den Modus *In das Postfach für unerwünschte Werbung bewegen* wechseln, dem Sie allerdings nicht blind vertrauen sollten, denn manchmal rutscht auch eine wichtige Mail dort hinein. Hierbei wird ein weiteres Postfach namens *Werbung* angelegt, in das von nun an sämtliche Werbe-Mails geleitet werden – Ihr eigentliches Eingangs-Postfach wird dabei spürbar entlastet.

Den Kampf gegen Spam werden Sie zwar nie gewinnen, aber Sie können zumindest Teilerfolge erzielen.

Bei allzu vielen Ungereimtheiten können Sie die leidige Angelegenheit auch selbst in die Hand nehmen, indem Sie die Option *Eigene Aktionen ausführen* wählen. Hierbei stellen Sie Ihre eigenen Regeln auf, indem Sie auf den Button *Weitere Optionen* klicken und im auftauchenden Dialog Ihre Einstellungen eingeben. Dabei legen Sie zum einen fest, welche Bedingungen erfüllt sein müssen, damit die Kategorie *Werbung* erfüllt sein muss. Dies kann unter anderem eine nicht im Adressbuch vorhandene E-Mail-Adresse sein oder eine unvollständige Adressierung an Sie als Empfänger bedeuten. Nach diesen Festlegungen definieren Sie dann die Aktion, die bei Erfüllung der erst genannten Bedingungen erfolgen soll. Die Mails können dann etwa in einen bestimmten Ordner verschoben, farbig markiert oder auch gleich gelöscht werden. Mit der Zeit können die Regeln immer weiter angepasst werden, so dass eine immer höhere Trefferquote erreicht wird.

Etwas mühsam, aber was tut man nicht alles, um seine Ruhe zu bekommen.

Damit nun eine gewisse Beständigkeit in die Suche und Unterscheidung in Sachen unerwünschte Werbung kommt, lassen sich weiterhin in der *Werbung*-Rubrik einzelne Optionen (*Absender ist im Adressbuch*, *Absender ist in »Vorheriger Empfänger«* und *E-Mail ist an meinen vollständigen Namen adressiert*) aktivieren, die der Spam-Filter zu berücksichtigen hat.

Zusammenfassend lässt sich sagen, dass das Spam-Problem wohl noch eine Weile bestehen bleiben wird, die Programmierer intelligenter Mail-Software jedoch ebenfalls nicht schlafen und ihre Spam-Filter immer besser ausbauen. Nichtsdestotrotz sollten Sie dennoch immer auf der Hut sein, damit Sie sich a) keinen Virus auf den Rechner laden und b) Ihnen keine wichtigen Mails durch die Lappen gehen. Und tun Sie sich selbst den Gefallen und antworten Sie nie auf eine Werbe-Mail im Sinne von »Lassen Sie mich gefälligst in Ruhe!« oder »Ich zeige Sie an!«. Das erzeugt bei den Verursachern nur ein müdes Lächeln und sie freuen sich, dass sie nunmehr eine Bestätigung haben, dass Ihre Mail-Adresse existiert. In Zukunft würden Sie noch mehr Werbe-Mails bekommen und Sie müssten folglich eine Arbeitskraft einstellen, die Ihnen beim Abarbeiten Ihrer Postfächer unter die Arme greift.

Wenn Sie bei Mail-Überflutung durch Spam gewisse Rache-Gelüste entwickeln, so lässt sich dem ein wenig Abhilfe leisten. Dazu markieren Sie diejenigen Mails, die besonders nerven, und wählen dann aus der Menüleiste *E-Mail* den Befehl *Ablehnen*. Hierbei werden die Mails an den Versender zurückgesandt, allerdings nicht unter Ihrem Namen, sondern mit der Begründung, dass Ihre Adresse ungültig ist. Das kann durchaus nützlich sein, kann aber auch jenen Unglücksraben, von deren Rechnern ungefragt versendet wird, eine wahre Mail-Schwemme bescheren – mal davon abgesehen, ob derlei Einzeltaten überhaupt fruchten …

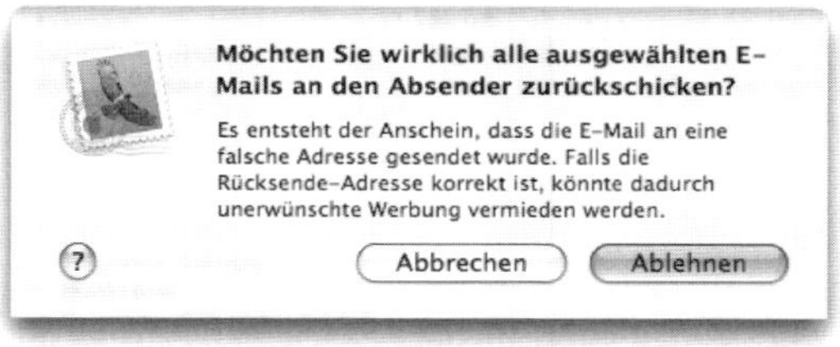

Zurück zum Absender über die »Ablehnen«-Funktion in Mail.

Wenn wir mal eine Woche unterwegs sind und den heimischen Rechner verlassen, sammeln sich in diesen 7 Tagen schon einmal bis zu 500 Mails an, die auf dem Server liegen. Sage und schreibe bis zu 90 Prozent dieser Mails sind als Spam zu betrachten, so dass die Nerven nach der Rückkehr blank liegen. Wir haben uns nunmehr angewöhnt, jenen wichtigen Geschäftspartnern mitzuteilen, von wann bis wann man unterwegs ist, so dass hiervon schon einmal keine wichtigen Mails kommen werden. Als zweiten Schritt gehen wir auch im Ausland ins Internet-Cafe und löschen bereits auf dem Server des Providers den gröbsten Schwung an unerwünschter Werbung, damit das Wieder-Nachhausekommen nicht allzu sehr in Richtung »Alptraum« ausartet. Bitte beachten Sie dabei, dass Sie sich auf fremden Rechnern immer korrekt von Ihrem Mail-Server abmelden (Logout!), damit sich nachkommende Benutzer nicht in Ihren Postfächern tummeln können.

Schrift & Farbe

Wie soll es auch anders sein: Sowohl für die Darstellung der E-Mail-Liste als auch für das Verfassen von Mails können Sie sich Ihre Lieblingsschrift heranholen. Wie Sie noch sehen werden, lässt sich ein Mail-Text formatieren (das sind dann so genannte HTML-Mails) und ganz nach Ihren Wünschen gestalten. Hierbei möchten wir jedoch ebenfalls unseren Senf dazugeben und äußern, dass uns persönlich reine Text-Mails wesentlich lieber sind, da sie zum einen weniger Platz beanspruchen und sie andererseits meist leichter zu lesen sind. Manche Profis bringen es auf bis zu fünf verschiedene Schrifttypen, acht unterschiedliche Farben und schreiend große Buchstaben, so dass man sich schon wundert, wie viel Zeit die Menschen zum Formatieren haben. Im Geschäfts-Verkehr sind reine Text-Mails angesagt, und zwar ohne viel Brimborium und in knapper, aber sinnvoller Form.

Das Zitieren von Text-Teilen in Mails ist ebenso Standard. Hierbei wird der Inhalt einer E-Mail, die Sie erhalten und der Sie antworten möchten (E-Mail in der Liste markieren und den Button *Antworten* drücken), beim Rücksenden farblich gekennzeichnet. So können Sie jene Text-Abschnitte, die unwichtig sind, herauslöschen und unter den Rest jeweils Ihren Kommentar schreiben. Verschicken Sie nun die Mail und Sie erhalten sie wieder, so ist der vormals als Zitat gesetzte Text (blaue Farbe) noch eine Ebene weiter nach unten gerutscht. Dieser wird nun in grüner Farbe dargestellt, während

Ihre Kommentare in blau gehalten werden. Drücken Sie nun wieder den *Antworten*-Button, so verschiebt sich der Inhalt der Mail wieder um eine Ebene und das erst genannte Zitat ist nun rot, während Ihre vormals getroffenen Antworten grün sind usw. Auf diese Weise lässt sich in einem Mail-Verkehr, der hin und her geht und der vielleicht eine anregende Diskussion enthält, nachvollziehen, von wem das Geschriebene stammt und wie alt es ist. Achten sollten Sie nur darauf, dass Sie jeweils unwichtige Text-Stellen herauslöschen, da ansonsten eine Mail einen ewig langen »Rattenschwanz« nach sich zieht.

Damit etwas Abwechslung ins Spiel kommt, die jedoch nicht von allen erwünscht ist.

Wenn Ihnen nun die vorgegebenen Farben nicht gefallen, so lassen sich diese bei *Zitierten Text in folgenden Farben darstellen* neu einrichten. Wir würden jedoch davon Abstand nehmen, sind doch die bereits bestehenden Farb-Vorschläge in allen E-Mail-Programmen Standard und werden somit von allen Anwendern sofort verstanden (im Gegensatz zu einer völlig neuen Farbgebung).

Darstellung

In dieser Kategorie treffen Sie Entscheidungen hinsichtlich der Darstellung der Benutzer-Oberfläche. Markieren Sie eine E-Mail, so sehen Sie im oberen Drittel den so genannten *Header*, also jenen Teil, in dem die Eintragungen zu Absender, Empfänger, Datum und Betreff stehen. Eben genannte Komponenten sind als Standard definiert, können jedoch angepasst werden, falls Sie weitere Informationen wünschen. Das erledigen Sie in der Rubrik *Darstellung* und dort bei *Header-Details einblenden.* Auf diese Weise lassen sich beispielsweise auch die Server-Daten anzeigen, über die die Mail hinwegbrauste. Am besten, Sie stellen einmal zur Probe die Option *Alle* ein, damit Sie verstehen, was wir meinen. Aber auch die benutzer-definierte Version

Eigene ist interessant, da Sie sich dort genau jene Daten einrichten können, die für Sie von Bedeutung sind.

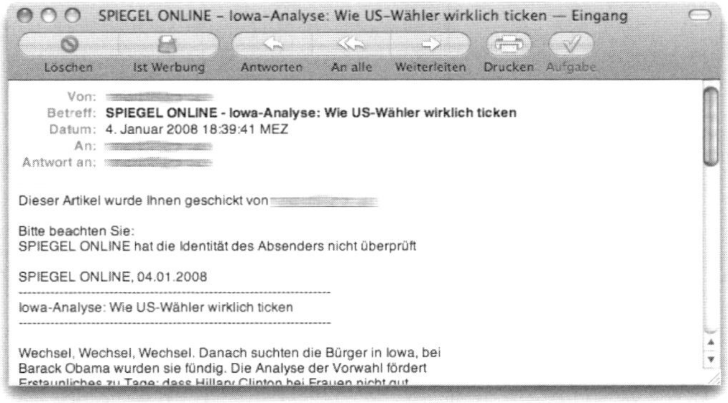

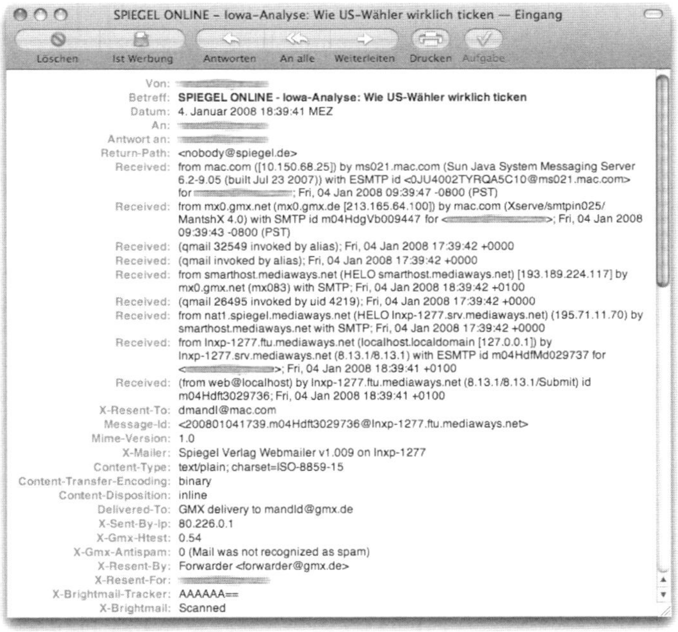

Der Header befindet sich über dem eigentlichen Mail-Inhalt und zeigt Ihnen wichtige Informationen an: links die Standard-Ausführung, darunter mit allen Header-Informationen.

Die Option *Online-Status von Kontakten einblenden* fügt in der Spalten-Ansicht ein weiteres Feld (•) hinzu, in dem Sie Personen, die sich in Ihrer *iChat-Kontaktliste* befinden und die ebenso online sind, schnell erkennen können. Ein grüner Punkt bedeutet in diesem Zusammenhang, dass diese Person eingeloggt ist und ggf. für ein Pläuschchen zur Verfügung steht, während ein gelber Punkt die Nichtverfügbarkeit anzeigt.

Zur Unterscheidung zwischen bereits gelesenen und noch nicht begutachteten Mails bietet es sich an, die ungelesenen Mails in Fettschrift anzeigen zu lassen. Sobald Sie diese anklicken, werden Sie als gelesen betrachtet und fortan in Normalschrift dargestellt. Diese Option sollten Sie ruhig aktivieren, dient sie doch sehr der Übersichtlichkeit. Auch die Bilder kommen nicht zu kurz, wobei diese Einstellung nur für jene interessant ist, die Ihre Mails auf einem Server belassen.

Rufen Sie eine neue Mail auf und geben in der Adress-Zeile die ersten Buchstaben ein, so werden in einem Popup-Menü alle in Frage kommenden Adressen eingeblendet, so dass Sie im positiven Falle gar nicht weiterschreiben müssen, sondern gleich im Menü zugreifen können. Ist nun die Option *Intelligente Adressen* aktiviert, so steht in der *Empfänger-Zeile* (*An*) anstatt der E-Mail-Adresse nur der vollständige Name – was einfach freundlicher aussieht.

Der letzte Punkt – *E-Mail-Verlauf* – fasst zusammengehörige Mails zusammen, indem er sie farbig hervorhebt. So werden alle Mails mit dem gleichen Betreff-Inhalt als zusammengehörig betrachtet, was gerade bei großem Mail-Aufkommen ein wenig Erleicherung bringen kann. Über ein kleines Dreieck lassen sich nun diese Mail-Pakete öffnen, die Zahl neben dem Haupt-Betreff zeigt dabei die Anzahl der Mails an.

Passen Sie Ihr E-Mail-Programm optimal an.

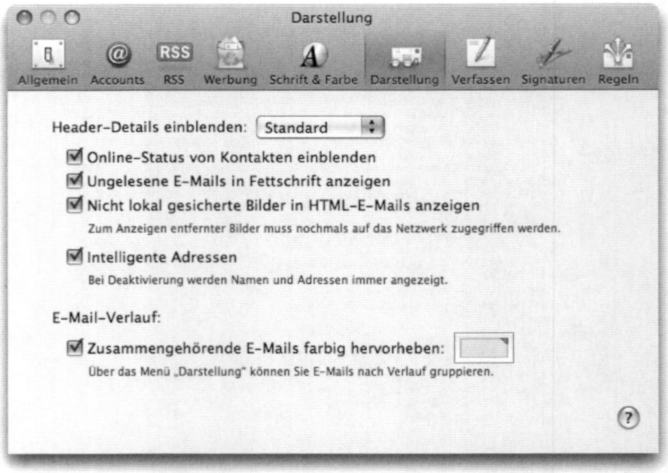

Verfassen

Hier geht's um Ihre neu zu erstellenden oder zu beantwortenden Mails. Sie legen also fest, ob Ihre Mail als formatierter oder reiner Text gestaltet werden und wie die Rechtschreib-Kontrolle eingreifen soll. Nebenbei können Sie auch festlegen, ob Sie von Ihrem elektronischen Brief-Verkehr grundsätzlich eine Kopie erhalten möchten (was eigentlich unnötig ist, haben Sie doch automatisch ein Postfach *Gesendet*, das Ihre Ausgänge speichert). Die Adressen lassen sich weiterhin automatisch vervollständigen (Sie tippen ein paar Buchstaben, das Programm blendet die in Frage kommenden Mail-

Adressen ein), bei Gruppen alle Mitglieder einblenden sowie der ausgehende Account (bei mehreren Accounts) einrichten (Option *Neue E-Mail senden von*).

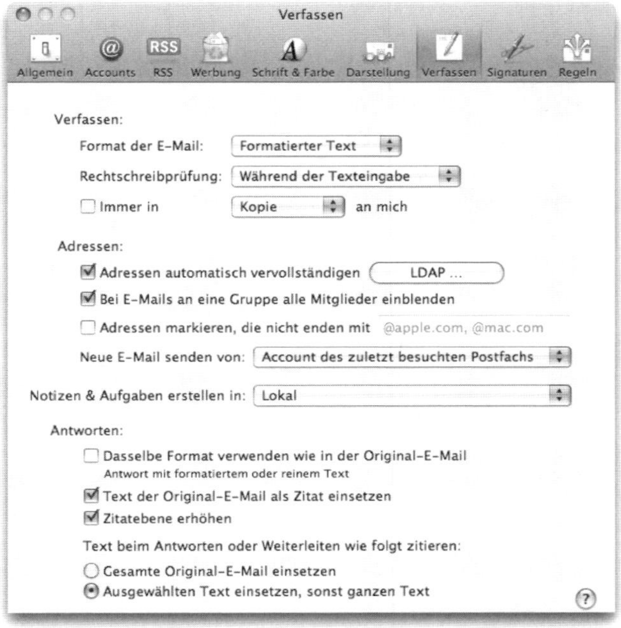

Wie hätten Sie es denn gerne? Verfassen und Antworten leicht gemacht.

Ebenfalls festlegen können Sie auch die Orte, in denen Notizen und Aufgaben (wie das genau geht, erklären wir noch) erstellt und abgelegt werden sollen. Mails, die Sie wiederum beantworten, können ebenfalls eingerichtet werden, indem Sie beispielsweise das Text-Format festlegen (etwa *Dasselbe Format verwenden wie in der Original-E-Mail*) und bestimmen, dass der Antwort-Text grundsätzlich als Zitat oder eine Zitatebene höher eingesetzt wird.

Als Tipp sollte noch Folgendes erwähnt werden: Möchten Sie eine vor sich liegende Mail beantworten, aber nicht den gesamten Text übernehmen, so markieren Sie zuvor jene Zeilen, die Ihnen wichtig erscheinen. Drücken Sie danach den Button *Antworten,* so wird nur der markierte Text-Abschnitt in die Antwort-Mail eingefügt.

Signaturen

Unter Signatur versteht man in diesem Zusammenhang eine vorgefertigte Absender-Adresse, die Sie je nach Zweck der Mail gestalten und hintanhängen können. So lässt sich bei geschäftlichen Anlässen Ihre Büro-Adresse angeben, während Sie bei privatem Mail-Verkehr die Ihres Wohnortes verwenden. Auch eine Grußformal lässt sich miteinfügen, so dass Sie sich das leidige »MfG« künftig sparen können.

Und überhaupt: Auch bei Mails sollten Sie eine gewisse Etikette wahren, denn ständige Abkürzungen, keine ausgeschriebene Anrede oder nur Kleinschreibung lassen manchen Geschäftpartner doch Rückschlüsse von Unhöflichkeit bis Oberflächlichkeit (auch in der Arbeitsweise) ziehen.

Legen Sie zuerst den Account fest und drücken Sie dann den *Plus*-Button. Vergeben Sie einen Namen für die *Signatur* und gestalten Sie dann Name und Adresse, vielleicht noch eine Grußformel oder einen weisen Spruch – fertig.

Vorgefertigte Signaturen können mit der Zeit viel Tipperei ersparen.

Rufen Sie nun eine neue Mail auf, so können Sie je nach Ansprechpartner schnell die dazu passende Signatur einstellen. Wählen Sie im Popup-Menü bei *Signatur* Ihre Wunsch-Einstellung und das Programm fügt automatisch Ihre Zeilen ein. Nun brauchen Sie noch eine freundliche Anrede und einen sinnvollen Text und alle Welt freut sich über geistreiche Kommunikation.

Auf Knopfdruck zeigen Sie Stil und Freundlichkeit gegenüber dem Empfänger.

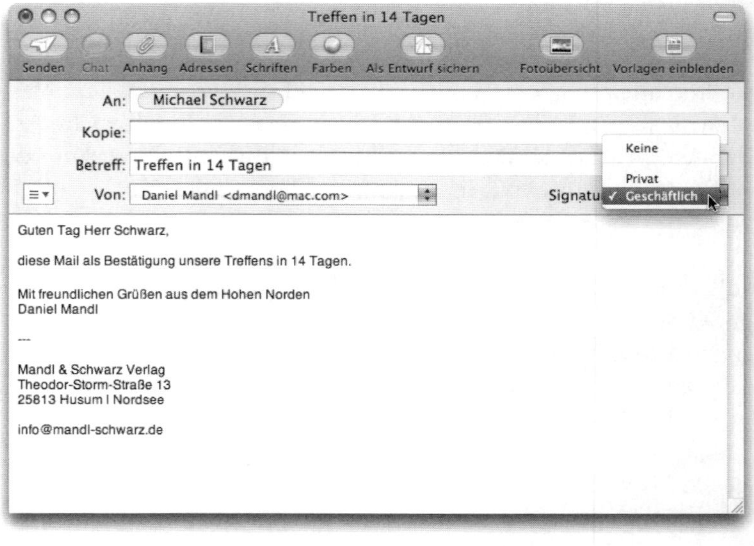

Regeln

Alle Welt spielt nach Regeln, so soll es auch beim E-Mailen sein. Auch wenn der Vergleich nicht so recht passt, haben Regeln bei umfangreichem Mail-Verkehr ihren Sinn. So lassen sich Mails mit bestimmtem Absender automatisch in ein vorher festgelegtes Postfach legen oder ungeliebte Angebote gleich in den Papierkorb befördern. Das Vorgehen gleicht dem Einrichten beispielsweise eines intelligenten Ordners, indem Sie Bedingungen aufstellen und bei Erfüllung dieser Gegebenheiten eine Aktion veranlassen.

Dazu klicken Sie zuerst in *Regel hinzufügen* und vergeben einen aussagekräftigen Namen mit Wiedererkennungswert. Danach legen Sie die Bedingungen fest und dann die Aktion – fertig ist die Regel. So lassen sich bestimmte Mails in Postfächer bewegen, farblich kennzeichnen oder mit einem bestimmten Ton untermalen. Wie üblich hilft hier der Forschergeist, wenn Sie sich einmal damit ausführlich auseinander setzen. Der Vorteil ist ganz klar eine stete Vorsortierung Ihrer Mails und damit ein enorm entlastetes Eingangs-Postfach. Ist die Regel erstellt, so heißt es diese noch zu bestätigen, damit sie in Kraft treten kann.

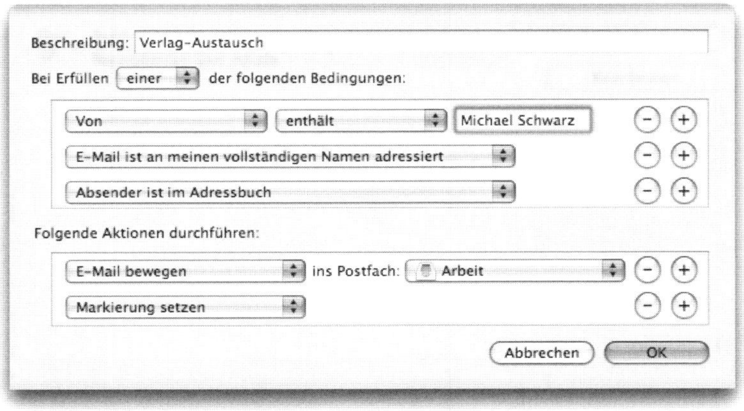

Regeln sind leicht zu erstellen und helfen, der Mail-Flut Herr zu werden.

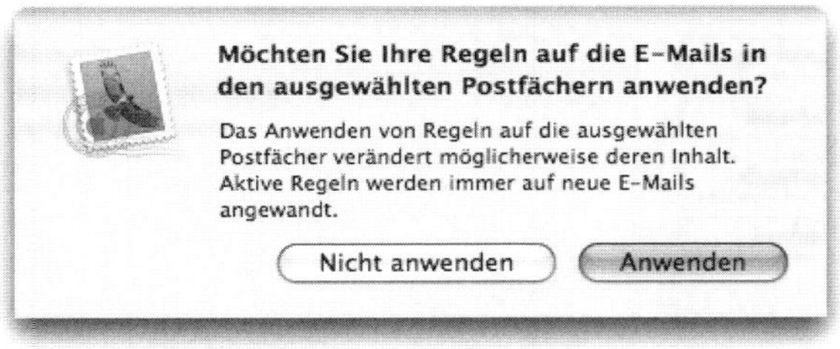

Umfangreiche Kriterien ermöglichen detaillierte Regeln zum Anpassen des E-Mail-Verkehrs.

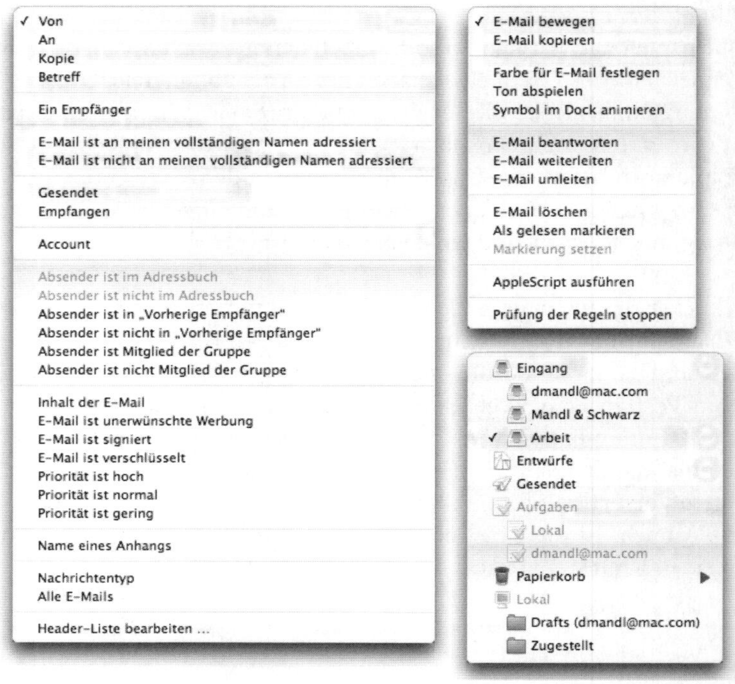

Mails versenden

Im Grunde eine einfach Übung: Sie klicken auf den Button *Neu* bzw. wählen *Ablage* | *Neue E-Mail* (⌘-N), woraufhin sich ein neues E-Mail-Fenster öffnet. In die Zeile bei *An* geben Sie die Empfänger-Adresse ein, wenn gewünscht auch mehrere. Sobald Sie Buchstaben eintippen, werden vom Programm Vorschläge von jenen E-Mail-Adresssen unterbreitet, deren Anfang mit dem Geschriebenen übereinstimmt. Ist einer der Vorschläge korrekt, müssen Sie nur die *Enter-Taste* (↩) drücken, um den Eintrag zu übernehmen. Folgen weitere, tragen Sie einfach den Nächsten ein. In das Feld *Kopie* können Sie ebenso E-Mail-Adressen eingeben. Damit zeigen Sie dem Haupt-Empfänger (*An*) an, dass auch andere diese Mail erhalten – die Adressen sind jeweils für alle sichtbar. In der *Betreffzeile* sollten Sie eine kurze Inhaltsangabe angeben, worum es sich in der Mail handelt. Bitte keinen Roman, sondern nur wenige Worte à la »Buchprojekt Leopard, Produktionsstand?« oder »Kunden-Nummer, Nachbestellung zum 29.7.2008«. So sieht der Empfänger auch bei vielen eintreffenden Mails auf einen Blick, was ihn erwartet und wie hoch die Dringlichkeit ist.

Kurz und schmerzlos – die Mail ist bereit zum Versenden.

Bei mehreren Accounts wird automatisch ein weiteres Feld namens *Von* eingeblendet, in dem Sie zuvor den entsprechenden Accoount auswählen sollten. Das gilt ebenso für die gewünschte *Signatur*, sollten Sie welche angelegt haben. Linker Hand finden Sie auch noch ein *Aktions*-Menü (≡▾), mit dem Sie die Kopfzeile der E-Mail anpassen können, indem Sie weitere Felder hinzufügen. Entweder Sie steuern direkt die angebotenen Felder *Blindkopie*, *Antwort an* sowie ein *Prioritätsfeld* an, oder Sie benutzen die Option *Anpassen*, die Ihnen alle Möglichkeiten einblendet.

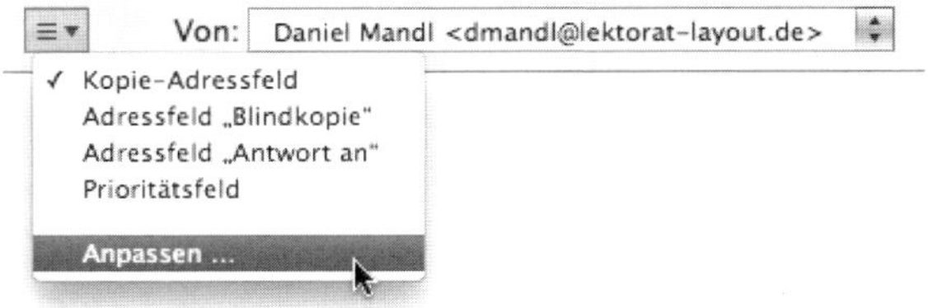

Das Anpassen des E-Mail-Fensters kann durchaus angebracht sein. Über das Setzen von Häkchen werden die betreffenden Punkte im E-Mail-Fenster eingeblendet.

Die *Blindkopie* ist eigentlich eine eher unfreundliche Angelegenheit, da hier eingetragene Adressaten ebenfalls eine Kopie der Mail bekommen, der eigentliche Empfänger jedoch davon nichts mitbekommt. *Antwort an* betrifft den Fall, an welche Adresse die Mail gehen muss, sollte der Empfänger antworten wollen. Tragen Sie also auf Wunsch eine andere E-Mail-Adresse ein. Der *Prioritäts-Status* gibt dem Empfänger zu verstehen, wie hoch die Dringlichkeit seiner Mail ist. Erwarten Sie in der nächsten Stunde eine Antwort, so sollten Sie *Hohe Priorität* (!!) wählen, im Laufe des Tages *Normale Priorität* (!), einfache Mitteilungen sollten *Geringe Priorität* erhalten (-). Denken Sie bei letzterem Punkt bitte daran, es mit der Einteilung *Hohe Priorität* nicht zu übertreiben, da Sie ansonsten nicht mehr ernst genommen werden. Es bringt also nichts, wenn Sie eine Mail nach Hause schreiben und fragen, was es zum Abendessen gibt und dies unter *Hohe Priorität* laufen lassen (auch wenn Ihnen der Magen knurrt). Ist dann ein paar Tage später wirklich Gefahr in Verzug, weil Sie Ihren Autoschlüssel verloren haben und abgeholt werden möchten, so kann es durchaus passieren, dass die ursprüngliche *Hohe Priorität* nunmehr ignoriert wird.

Werfen wir noch einen Blick auf die Symbolleiste der E-Mail. Der Button *Senden* ( ) schickt die E-Mail auf Reise, während Sie über *Anhang* ( ) eine Datei (PDF, Bilder, Text-Daten etc.) der E-Mail hinzufügen können. Zum Auswählen öffnet sich ein Dialog, in dem Sie nun die Datei markieren (bei mehreren die *Befehlstaste* drücken) und dann auf *Datei wählen* klicken (erreicht die E-Mail auch Empfänger, die auf einem Windows-Computer arbeiten, so sollten Sie weiterhin die Option *Anhänge Windows-kompatibel senden* aktivieren). Die Daten werden dann augenblicklich der E-Mail beigefügt. Achten Sie jedoch darauf, dass Ihre Anhänge stets eine den Empfängern annehmbare Größe aufweisen, da Modem-Benutzer doch arg Geduld aufbringen müssen, bis so ein Daten-Paket heruntergeladen ist. Sollte die Datei umfangreicher sein, ist es oftmals nicht verkehrt, dies vorher anzukündigen bzw. um Erlaubnis zu fragen.

Bei Datei-Anhängen, die mehrere Megabyte groß sind, sollten Sie diese zuvor komprimieren. Dabei werden die Daten verkleinert, indem unwichtige Informationen durch einen Algorithmus herausgerechnet werden. Beim Empfänger werden dann die Daten wieder dekomprimiert, sprich die Informationen wiederhergestellt. Apple bietet Ihnen im *Finder* diese Art der Verarbeitung an, indem Sie zuerst die Datei (oder auch mehrere) markieren (anklicken) und dann im *Finder* über die Menüleiste *Ablage* den Befehl *»Muster-Datei« komprimieren* wählen (»Muster-Datei« soll hier stellvertretend als Platzhalter für den jeweiligen Datei-Namen dienen, bei mehreren Daten wird die Anzahl der Objekte aufgeführt). Dabei wird ein Archiv mit dem Suffix *.zip* erstellt, was der am häufigsten verwandten Komprimier-Methode entspricht. Erhält nun der Empfänger einen »gezippten« Anhang, so muss er diesen nur doppelklicken, um an den Inhalt zu gelangen. *JPEG*-Bilder brauchen Sie im Übrigen nicht mehr zu komprimieren, da es sich dabei schon um ein komprimiertes Format handelt.

Datei-Anhänge einbauen ist ebenfalls eine leichte Sache.

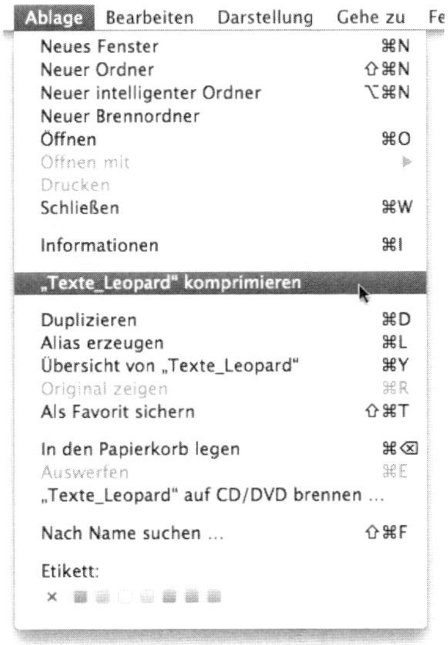

Über »Ablage | Muster-Datei komprimieren« wird eine ZIP-Datei angelegt, die sich auf Doppelklick hin entpackt.

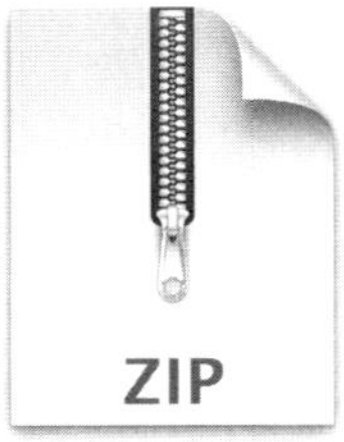

Über den *Adressen*-Knopf ( ) der Symbolleiste erhalten Sie direkten Zugriff auf Ihr *Adressbuch* (siehe auch Kapitel »Die Welt der Programme«), aus dem heraus Sie ebenfalls Adressaten bestimmen und sogar ganze Gruppen als Empfänger bestimmen können. Markieren Sie folglich einen Namen (dessen E-Mail-Adresse jedoch eingetragen sein muss) oder eine Gruppe (bestehend aus mehreren, zusammengehörigen Adressaten) und klicken auf *An*, *Kopie* bzw. *Blindkopie*, so werden diese in der E-Mail eingetragen.

Das Versenden von Mails an viele Empfänger ist über Gruppen am besten zu bewerkstelligen.

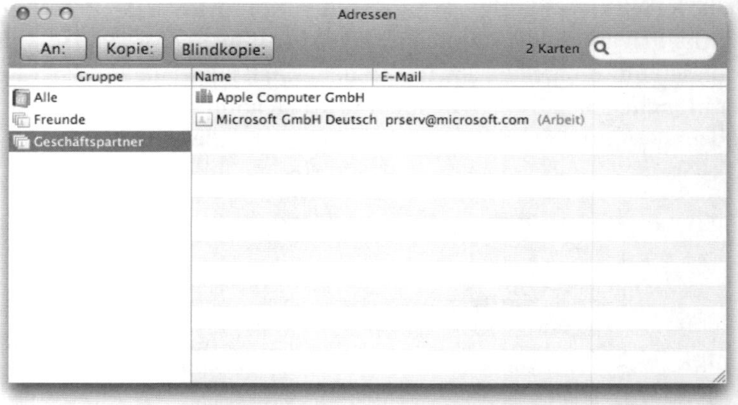

Auch das Formatieren von Mails fällt leicht, indem Sie die beiden Knöpfe für *Schriften* (A) und *Farben* (◉) bedienen. Hierbei können Sie aus allen auf Ihrem Rechner befindlichen Schrift-Typen wählen und sowohl Schriftgröße als auch die Farbe bestimmen. Dennoch sei gesagt, dass eine reine Text-Mail im Geschäftsverkehr eher angebracht ist als eine virtuelle Post in schreiend bunten Farben und »haushohen« Lettern.

Auch das ist möglich: Bunte Grüße an die Lieben per E-Mail – formatiert mit witzigen Schriften und Farben.

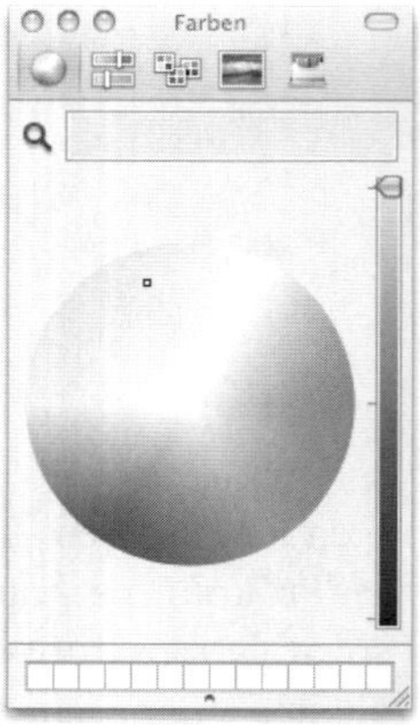

Der Text-Inhalt der Mail wird bei aktivierter *Rechtschreibprüfung* bereits während des Schreibens kontrolliert. Wörter, die unbekannt oder falsch geschrieben sind, werden automatisch rot unterstrichen – hier sollten Sie unbedingt noch einmal einen kritischen Blick darauf werfen. Ist für Sie das Ganze eher störend, so können Sie über das Menü *Bearbeiten* | *Rechtschreibung und Grammatik* | *Rechtschreibprüfung* die Korrektur deaktivieren. Noch besser ist es, wenn Sie in den *Mail-Einstellungen* in der Rubrik *Verfassen* bei *Rechtschreibung* die Einstellung *Nie* wählen – dann ist auch bei den folgenden Mails Ruhe.

Zum Vor- und späteren Überarbeiten dient der Button *Als Entwurf sichern* ( ). Hierbei wird die Mail noch nicht verschickt, sondern vorerst in das Postfach *Entwürfe* transferiert. Diese Mails können Sie nun zu einem späteren Zeitpunkt wieder hervorkramen und auf Vordermann bringen. Erst wenn alles sitzt und passt, drücken Sie auf *Senden* und die Sache ist erledigt.

Denken Sie bitte immer daran, dass bei einem IMAP-Server (unter anderem auch der *.Mac*-Account) die Daten auf dem Server und nicht auf der Festplatte liegen. Sie müssen also online eine Verbindung besitzen, damit Sie auf die Daten zugreifen können – es sei denn, Sie haben in den *Mail-Einstellungen* unter *Accounts* die Rubrik *Postfach-Verhalten* so eingerichtet, dass sowohl *Entwürfe* als auch *Gesendete E-Mails* explizit nicht auf dem Server gesichert werden sollen.

Neu hinzugekommen im Programm *Mail* sind seit Mac OS X Leopard die beiden Knöpfe *Fotoübersicht* ( ) sowie *Vorlagen* ( ). Über die *Fotoübersicht* öffnen Sie eine Palette, über die Sie auf all Ihre in *iPhoto* archivierten Fotos sowie auf alle in *Photo Booth* angefertigten Bilder zurückgreifen können. Packen Sie einfach ein oder mehrere Bilder und ziehen Sie sie an die gewünschte Stelle. Über das unten liegende Popup-Menü *Bildgröße* stellen Sie nun eine entsprechende Größe ein und fertig ist die Überraschungs-Mail.

Die »Fotoübersicht« ermöglicht das rasche Auffinden und Einbauen von Fotos aus Ihrem gesamten Bild-Bestand.

Ein weiteres Highlight, mit dem Sie mächtig Eindruck schinden können, sind die *Vorlagen*. Klicken Sie auf den Knopf *Vorlagen einblenden*, so finden Sie diverse Themen-Vorschläge für verschiedenste Belange, darunter Geburtstage, Ankündigungen oder Foto-Mails. Suchen Sie sich einfach Ihr gewünschtes Motiv und füllen Sie die Text-Platzhalter mit eigenen Worten. Bilder wiederum können Sie mit eigenen Fotos austauschen – Sie müssen nur Ihre Bilder aus der *Fotoübersicht* oder aus einem anderen Ordner auf die vorgefertigten Abbildungen ziehen: Fertig ist die ganz persönliche Mail.

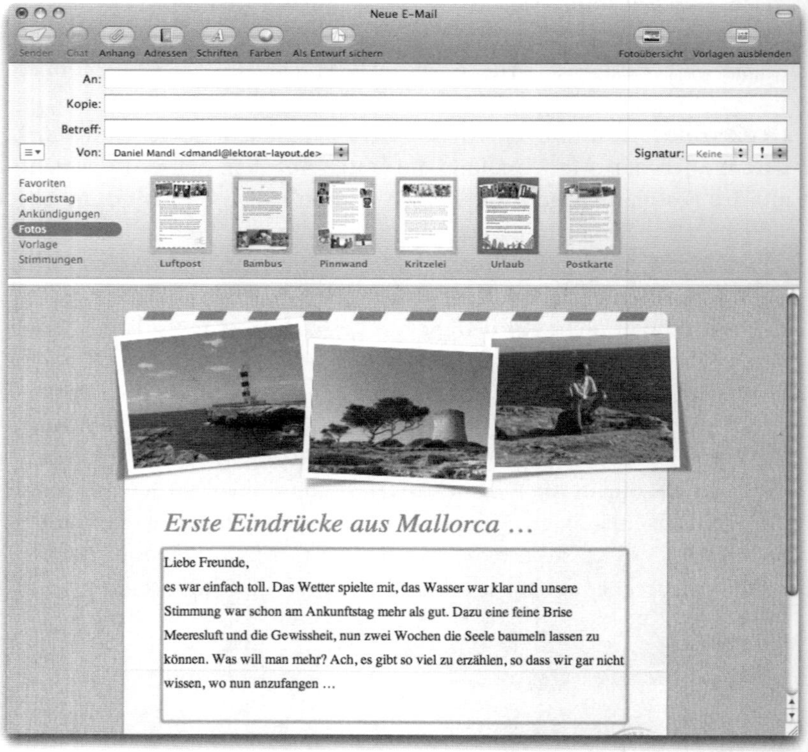

Vorlage wählen und mit eigenen Inhalten füllen – so schnell kann keiner professionelle Mails erstellen.

Das war aber noch längst nicht alles. Werfen Sie einen Blick auf die Menüleiste und dort insbesondere auf den Menüpunkt *Darstellung*, so finden Sie dort wieder den Befehl *Symbolleiste anpassen*, über den Sie weitere Buttons der Symbolleiste hinzufügen können – und zwar getrennt für ein E-Mail-Fenster sowie für die Benutzer-Oberfläche des Programms. So finden Sie dort etwa den Button *Anfügen*, über den Sie in der Mail-Übersicht markierte Mails der aktuellen E-Mail anhängen können, oder *Drucken*, über den sich schell die vorliegende Mail ausgeben lässt. Auch für *Formatierter Text/Reiner Text* oder für das Anpassen der Schriftgröße (*Kleiner/Größer*) sind Symbole vorhanden, die ein Abarbeiten von Funktionen per Mausklick erlauben.

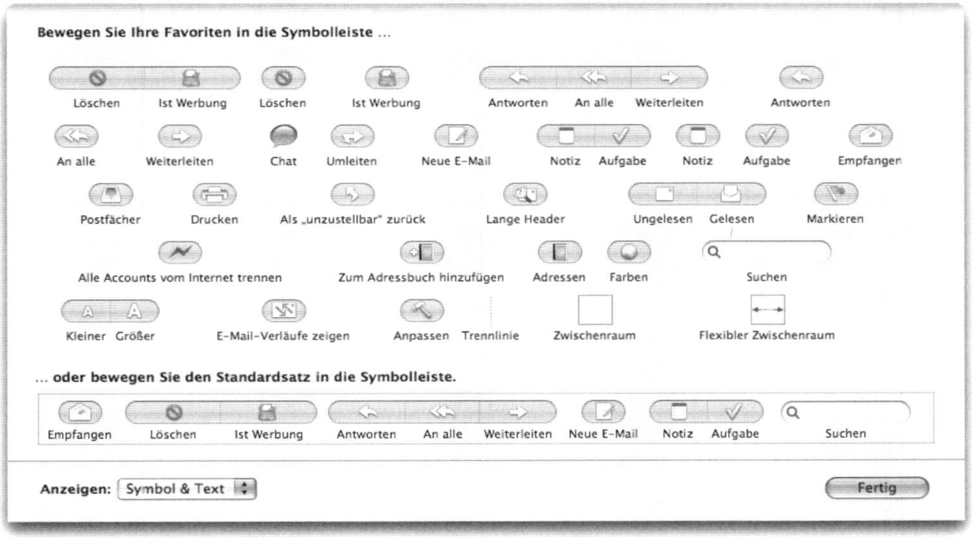

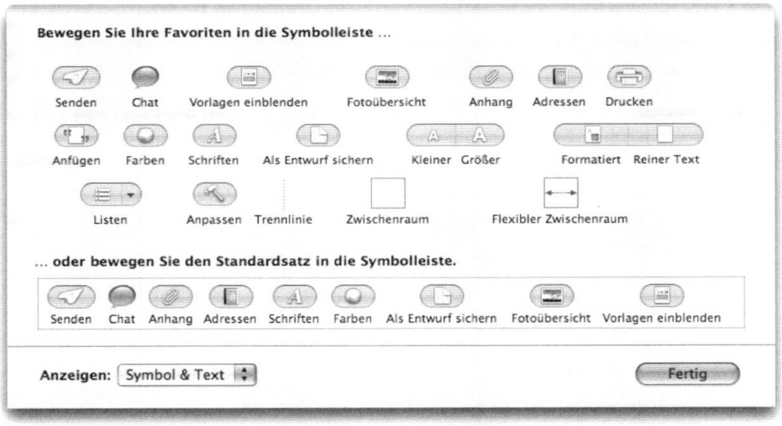

Für jeden Zweck die gewünschte Symbolleiste – »Symbolleiste anpassen« aus dem Menü »Darstellung« für das Programm (oben) sowie das E-Mail-Fenster (unten).

Für alle in der Symbolleiste vorhandenen Knöpfe finden Sie auch in der Menüleiste die entsprechenden Befehle samt Tasten-Kombinationen. So lassen sich über das Menü *Format* sowohl *Schriften* als auch *Farben* einblenden sowie *Stil* und *Ausrichtung* des Mail-Textes formatieren. Das E-Mail-Fenster können Sie über das Menü *Darstellung* und die Befehle *Adressfeld Blindkopie* bzw. *Antwort an* anpassen sowie im Menü *E-Mail* die Priorität über den Befehl *Markieren* bestimmen. Letztlich ist es »gehupft wie gesprungen«, auf welche Weise Sie Ihr Programm bedienen – die Knöpfe sind eben der direktere Weg, das Ergebnis ist jedoch immer dasselbe.

Mails abrufen und empfangen

Auch für das Empfangen sowie das Ordnen von E-Mails stehen Ihnen viele Funktionen zur Verfügung. Als erste Voraussetzung ist natürlich der Online-Zugang und die Verbindung zum Internet zu nennen. Danach müssen Sie nurmehr auf *Empfangen* ( ) klicken und die Mails sollten eintrudeln. Haben Sie in den *Mail*-Einstellungen unter *Allgemein* bei *Empfang von E-Mails* eine Zeiteinheit eingestellt, so läuft der Empfang automatisch ab – Sie brauchen sich um nichts kümmern.

Bei neu eingerichteten Accounts wird eventuell noch das Kennwort als Identifikation verlangt, welches Sie gleich im Schlüsselbund sichern sollten (Option *Dieses Kennwort in meinem Schlüsselbund sichern*) – es wird dann kein zweites Mal danach gefragt.

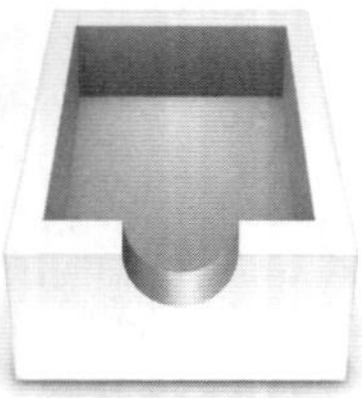

Ist dieser Punkt abgehakt, finden Sie in Ihrem Postfach *Eingang* ( ) die eingelaufenen E-Mails – schön geordnet nach dem jeweiligen Account. Die angezeigten Zahlen geben dabei den Umfang der Neuzugänge an. Klicken Sie Ihren Account an, so werden die E-Mails aufgelistet. Indem Sie eine Mail anklicken, wird der Inhalt im unteren Ansichts-Bereich eingeblendet. Sollte bei Ihnen nichts zu sehen sein, so doppelklicken Sie ganz unten auf den kleinen grauen Punkt. Danach können Sie mit der Maus auch die Bereiche der E-Mail-Übersicht (oben) und der Ansichtsfläche (unten) regulieren.

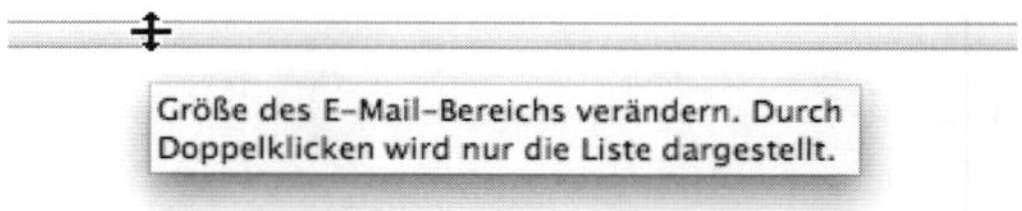

Über einen Doppelklick wird der E-Mail-Bereich verändert. Der Mauspfeil ändert sich dabei und zeigt damit an, dass Sie die Bereiche nach eigenem Wunsch verschieben können.

Was letztlich im Mail-Bereich an Spalten angezeigt werden soll, können Sie über die Menüleiste *Darstellung* | *Spalten* definieren. Neben *Absender* und *Empfangs-Datum* stehen Ihnen auch Informationen zur Mail-Größe, das Postfach, das Gesendet-Datum und vieles weitere mehr zur Verfügung. Denken Sie jedoch dabei immer auch an das Motto »Weniger ist Mehr«, sind doch zu viele Spalten eher unübersichtlich, vom umfangreichen Platzverbrauch ganz zu schweigen.

Eine Sortierung erreichen Sie ebenso über das *Darstellung*-Menü und dort über den Befehl *Sortieren nach.* Auch zu diesem Feature werden Ihnen ein gutes Dutzend Eigenschaften angeboten, die Ihrer Übersicht dienlich sind.

Links die möglichen »Spalten«, rechts die »Sortieren nach«-Kategorien: Ordnung muss halt ein.

Enthält eine Mail *Anhänge*, so lassen sich diese über den *Sichern*-Button (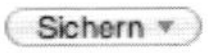) auf verschiedenem Wege abspeichern. Klicken Sie einfach nur auf den *Sichern*-Button, so landen die Anhänge schnell und unkompliziert in Ihrem *Download*-Ordner. Wünschen Sie einen anderen Platz zum Sichern, so erledigen Sie dies – Sie erinnern sich? – über die *Mail-Einstellungen | Allgemein* und dort über den Punkt *Downloads-Ordner*. Über den Befehl *Anderer* lässt sich nun jeder erdenkliche Ort festlegen. Eine andere Variante besteht darin, dass Sie ebenfalls auf den *Sichern*-Knopf klicken, dabei jedoch die Maustaste ein klein wenig länger als üblich gedrückt halten. Hierbei öffnet sich ein Menü, was auch am kleinen Dreieck innerhalb des Buttons erkennbar ist. Auch in diesem Fall lässt sich die Datei sichern, jedoch mit dem Unterschied, dass es sich dieses Mal über den normalen Sichern-Dialog vollzieht, das heißt, Sie können sich Datei für Datei vornehmen und jedes Mal neu bestimmen, wohin der Anhang gesichert werden soll.

Über den »Sichern«-Knopf wird der Inhalt der Anhänge angezeigt. Wählen Sie eine Datei aus, so können Sie diese an einem Ihnen angenehmen Platz abspeichern.

Im Falle mehrerer Bilder können Sie diese allesamt gleich in das Programm *iPhoto* transferieren. Das geht schnell und erspart Ihnen das doppelte Hantieren mit diesen Dateien an anderen Orten.

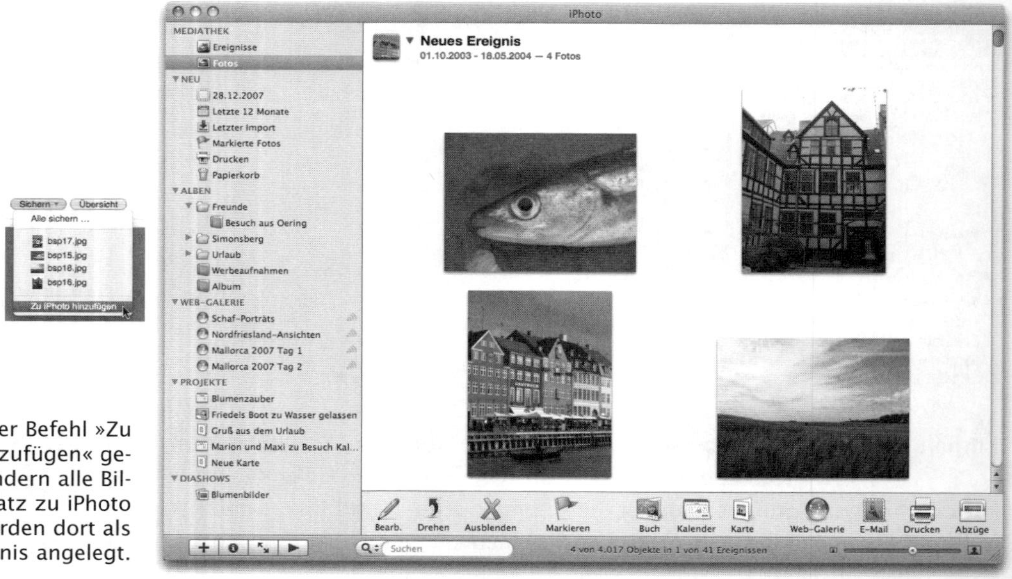

Wird der Befehl »Zu iPhoto hinzufügen« gewählt, wandern alle Bilder ratzfatz zu iPhoto und werden dort als neues Ereignis angelegt.

Und auch die *Übersicht* darf natürlich nicht fehlen. Egal ob PDF-, Bild- oder Text-Datei – über den Button *Übersicht* (Übersicht) erhalten Sie schon einmal eine Voransicht dessen, was Sie erwartet. Mehrere Bilder lassen sich so wieder als Index-Seite anzeigen, und PDF- sowie mehrseitige Text-Dokumente können Sie schon einmal durchblättern, um zu prüfen, ob es sich lohnt, derartiges auf die Festplatte zu laden. Auch die Diashow-Funktion steht selbstverständlich zur Verfügung.

Die Übersicht: Damit Sie nicht die Katze im Sack auf die Festplatte laden, ist es ratsam, schon einmal vorher einen prüfenden Blick auf die Anhänge zu werfen.

Klicken Sie mit gedrückter *Optionstaste* (⌥) auf den Button *Übersicht*, so werden die Anhänge sogleich in der bildschirmfüllenden Großansicht wiedergegeben.

Bitte achten Sie immer darauf, von wem Sie E-Mails erhalten, denn nicht immer sind Freunde, Verwandte oder Arbeitskollegen am Werk. Gewiefte Gauner können oftmals aufgrund des bloßen Öffnens eines Anhangs Schad-Programme auf Ihren Rechner schleusen. Wir wollen Ihnen hier keine Phobie einreden noch sonst wie Angst machen, doch zeigt leider die Erfahrung, dass ein wenig Misstrauen durchaus hilfreich sein kann. Falls Sie also E-Mails von unbekannten Absendern erhalten, die noch dazu mit undeutlichen Betreffs versehen sind oder in fremdländischer Sprache Ihnen sonstwas andrehen wollen, so markieren Sie diese Mails als Werbung und löschen Sie sie.

Ist nun eine Mail gelesen, heißt es für Sie: Was damit machen? Zum einen können Sie diese natürlich umräumen. Dazu packen Sie die E-Mail mit der Maus und ziehen sie mit gedrückter Maustaste in ein anderes Postfach. Letzteres legen Sie an, wenn Sie links unten auf den *Plus*-Button (+) klicken und dort den Befehl *Neues Postfach* wählen. Bestimmen Sie dann noch den Ort (*Lokal* für Ihre Festplatte bzw. den jeweiligen Account bei einem IMAP-Server, so dass das Postfach darauf angelegt wird) und vergeben Sie wie üblich einen ganz tollen Namen. Mit der Zeit werden Sie dafür ein Gespür bekommen, was wirklich wichtig ist und aufgehoben werden soll, im Gegensatz zu belanglosem Blabla, das Sie nie wieder hervorkramen werden und besser gleich löschen sollten.

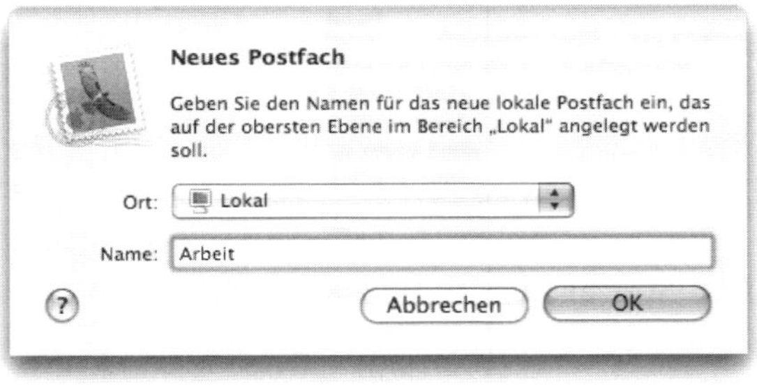

Neue Postfächer braucht das Land.

Wenn Sie häufiger zwischen den Postfächern *Eingang*, *Ausgang*, *Entwürfe* etc. hin und her wechseln, so sollten Sie sich folgende Tasten-Kombinationen gut merken. ⌘-1 steht für *Eingang*, ⌘-2 für *Ausgang*, ⌘-3 für *Entwürfe*, ⌘-4 für *Gesendet*, ⌘-5 für *Papierkorb*, ⌘-6 für *Unerwünschte Werbung*, ⌘-7 für *Notizen* und ⌘-8 für *Aufgaben*. Woher wir das wissen? Schauen Sie mal unter *Postfach* | *Gehe zu* nach …

Bei Mails, die Sie beantworten möchten, stehen Ihnen die beiden Buttons *Antworten* und *An alle* zur Verfügung. *Antworten* bezieht sich hierbei nur an einen Einzel-Absender, während *An alle* sämtliche Adressaten (also auch jene, die eine Kopie der Mail erhalten haben) betrifft. Die Mail wird neu geöffnet und die ehemaligen Absender werden automatisch als neue Empfänger eingetragen. Die *Betreff*-Zeile erhält ein *Re:* (für *reply* – antworten) vorangestellt und der Mail-Text wird – wie weiter oben schon beschrieben – als *Zitat* und somit farbig wiedergegeben. Haben Sie zuvor nur einen Ausschnitt des Textes markiert, so wird nur dieser als Zitat in der Antwort-Mail eingebettet. Bereits empfangene Anhänge werden im Übrigen beim *Antworten* ausgeschlossen, da diese ja bereits ihren Zweck erfüllt haben.

Das Beantworten geht recht schnell, da Ihnen das Programm »Mail« alles fix und fertig aufbereitet – nur den Antwort-Text müssen Sie noch eingeben.

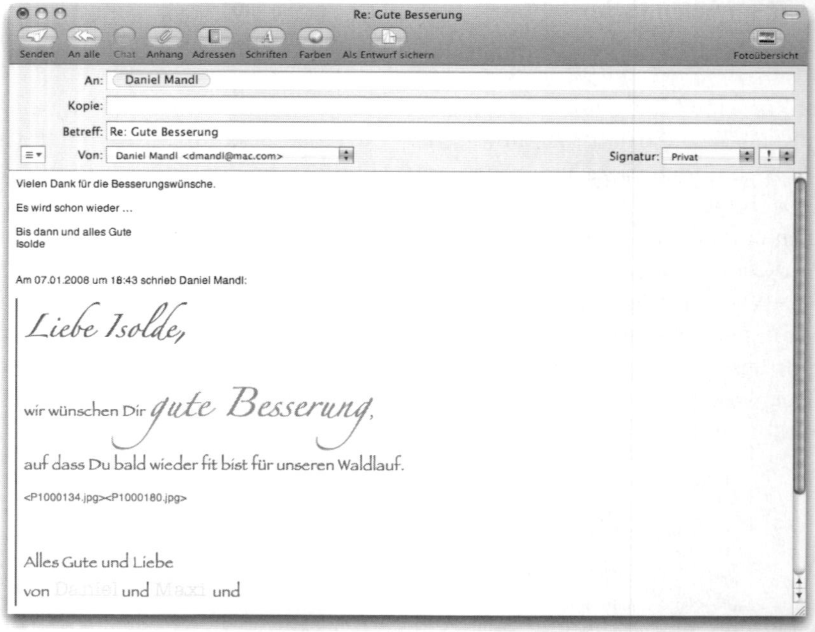

Jene Empfänger, die bei *Blindkopie* eingesetzt wurden, sind Ihnen nicht ersichtlich und werden auch im Falle von *An alle* nicht berücksichtigt.

Als Alternative zur Antwort-Mail steht Ihnen die *Weiterleitung* zur Verfügung. Hierbei markieren Sie ebenfalls die betreffende Mail und klicken dann auf den Button *Weiterleiten.* Nun müssen Sie nurmehr einen oder mehrere neue Adressaten eingeben und die Mail kann so, wie Sie sie erhalten haben, versendet werden. Der ursprüngliche Mail-Text ist wieder als Zitat eingefügt und der Empfänger erkennt die Weiterleitung am vorangestellten *Fwd* (für *forward* – weiterleiten). Auch hier bleibt es Ihnen natürlich überlassen, weiteren Text einzufügen oder zu einzelnen Text-Ausschnitten Ihre Kommentare zu hinterlassen. Beim *Weiterleiten* werden übrigens die Anhänge mitgeschickt, also bitte aufpassen, falls Sie dies nicht wünschen.

Neben den vielen wichtigen Mails gelangen auch unerwünschte Mails in Ihre Postfächer. Denken Sie daran, diese als Werbung (Button *Ist Werbung*) zu kennzeichnen, so dass der Spam-Filter trainiert wird. Oder Sie löschen die Mails gleich – wie sollte es anders sein – über den *Löschen*-Knopf (⃠). Die entsprechenden Nachrichten landen dann im Papierkorb und werden darin sozusagen zwischengelagert. Erst wenn Sie den Befehl *Postfach* | *E-Mails endgültig löschen* sowie den betreffenden Account (oder *In allen Accounts*) auswählen, verschwinden sie – nach nochmaliger Bestätigung – vollständig von der Bildfläche.

In Postfächern mit umfangreichen Mail-Sammlungen ist es manchmal ziemlich schwierig, überhaupt noch den Durchblick zu wahren. Hier hilft Ihnen die Mail-eigene Suche, indem Sie in das Suchfeld einen Begriff (Betreff, Datum, Absender etc.) eingeben. *Mail* arbeitet hierbei recht schnell und listet Ihnen die Ergebnisse in der Rangfolge nach der höchsten Treffer-Quote auf. Achten Sie auch darauf, dass bei einem markierten Postfach die Suche explizit darin stattfindet, im Gegensatz zu einer Ermittlung, die alle Postfächer miteinschließen soll (in diesem Fall sollte kein Postfach ausgewählt sein).

Da können Sie nicht mithalten: Die Suche arbeitet effektiv und wird garantiert fündig.

Über die Einträge oberhalb der aufgelisteten Mails lässt sich weiterhin das Suchergebnis sortieren, indem Sie weitere Einschränkungen (*Von, An, Betreff* oder *Gesamte E-Mail* bzw. *Alle Postfächer* oder ein ausgewähltes) festlegen.

Begeben Sie sich häufiger in das Feld *Suchen* – und zwar mit immer denselben Begriffen –, so sollten Sie diese Suche sichern. Klicken Sie rechter Hand in den Button *Sichern*, so wird als Pendant zum *intelligenten Ordner* im *Finder* ein *intelligentes Postfach* angelegt. Sie vergeben einen Namen und übernehmen entweder die vorgegebenen Eigenschaften oder passen diese noch an. Als Ergebnis erhalten Sie einen Ordner, der sich ständig neu aktualisiert und dabei Ihre vorgegebenen Such-Wünsche berücksichtigt.

Intelligente Postfächer lassen sich auch über die Menüleiste *Postfach* und den Befehl *Neues intelligentes Postfach* anlegen. Auch in diesem Fall bestimmen Sie zuerst die Bedingungen, die erfüllt werden müssen, damit eine Mail in den Ordner gelangt. So können Sie beispielsweise alle Mails mit der höchsten Priorität sammeln oder etwa ein Sammel-Postfach für die letzten sieben Tage einrichten – alles was älter ist, fliegt dann wieder raus. Und denken Sie daran: Nichts gilt für die Ewigkeit, so dass Sie jederzeit per Klick auf den intelligenten Ordner oder über *Postfach | Intelligentes Postfach bearbeiten* Bedingungen zusätzlich einbauen oder wieder entfernen bzw. per Doppelklick auf den Postfach-Namen diesen umbenennen können.

Ein Sammelbecken für wichtige Nachrichten wird eingerichtet – danach geht Ihnen nichts mehr durch die Lappen.

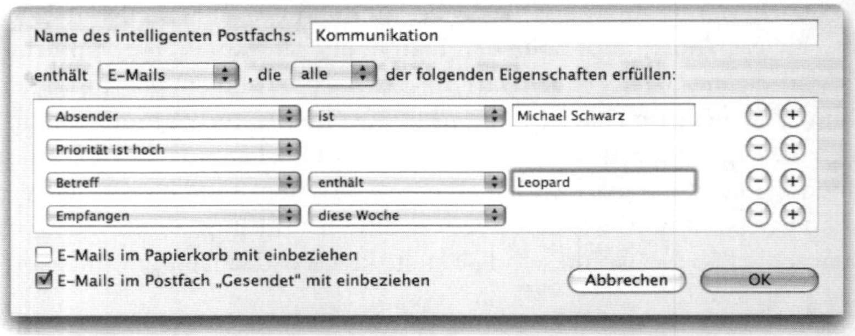

Zu Ihrer Beruhigung: In *intelligenten Postfächern* wird weder gelöscht noch verschoben, denn die dort gesammelten Mails verbleiben nichtsdestotrotz in ihren Original-Ordnern. Sie finden also darin nur Verknüpfungen.

Wird die Liste von intelligenten Postfächern mit der Zeit immer umfangreicher, so sollten Sie diese in Ordner packen, und zwar über *Postfach | Neuer Ordner für intelligente Postfächer.* Hier hinein lassen sich nun diese ziehen bzw. darin auch alle weiteren anlegen. So wird auf der einen Seite Platz gewonnen, auf der anderen Seite ist alles übersichtlicher.

Notizen und Aufgaben anlegen und verwalten

Neu hinzugekommen in *Mail* unter Leopard sind ebenso die beiden Funktionen *Notiz* sowie *Aufgabe*, die Sie bereits aus *iCal* kennen. So ist es nun ein Leichtes, auch aus einer E-Mail heraus – beispielsweise mit einer Terminanfrage – diese zu sichern und festzuhalten. Oder Sie legen aus dem Programm *Mail* heraus diese Merkhilfen fest.

Bei einer E-Mail markieren Sie mit der Maus den wichtigen Text-Eintrag und klicken dann auf den Knopf für *Aufgabe* (✓). Die Aufgabe als solches wird nun farbig hervorgehoben und kann weiter angepasst werden, indem Sie auf den links stehenden Pfeil (➔) klicken. So lassen sich das Datum des

Termins samt einer Erinnerung bestimmen, die Priorität festlegen sowie der dafür verwendete Kalender in *iCal* auswählen. Starten Sie zur Sicherheit einmal Ihr Kalender-Programm *iCal*, so sehen Sie, dass diese Aufgabe auch dort bereits eingetragen wurde. Mit anderen Worten: »Termine vergessen« überlassen Sie künftig den anderen, denn schließlich arbeiten Sie professionell :-)

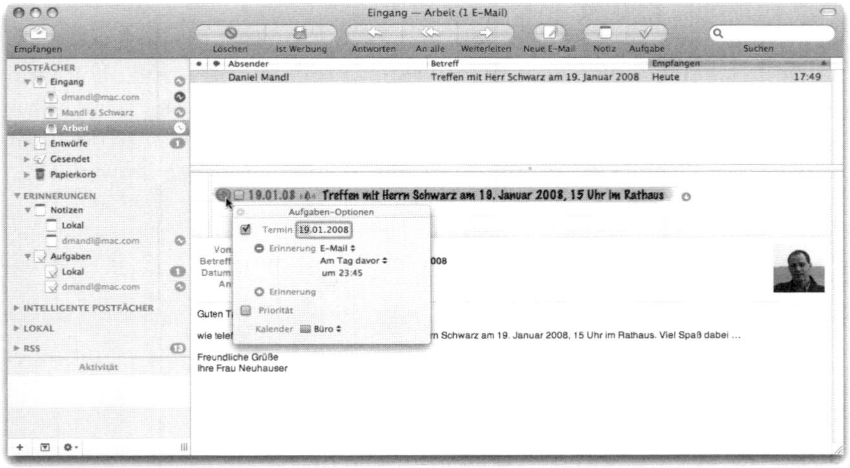

Aufgaben lassen sich schnell festlegen und weiter anpassen, indem Sie auf den links neben dem Text liegenden Pfeil klicken und Ihre Optionen festlegen.

Auch wenn Sie später den Aufgabentext ändern, um beispielweise eine neue Lokalität einzutragen, so gleichen sich die Programme *Mail* und *iCal* untereinander ab, so dass Sie immer den aktuellen Stand vor Augen haben. Dazu rufen Sie Ihre Aufgabe in der *Quellen*-Liste von *Mail* bei *Erinnerungen* auf. Überfahren Sie nun mit der Maus die Einträge der verschiedenen Spalten, so werden jeweils kleine Symbole (⬍ / ▾) eingeblendet, die auf Mausklick hin weitere Anpassungen zur Verfügung stellen.

Die Erinnerungen-Abteilung in Mail – wenn Sie denn nachbessern oder ganz neue Aufgaben anlegen möchten.

Notizen eignen sich – wie man es eben kennt – für das schnelle Aufzeichnen und Festhalten von Informationen oder »Gedankenblitzen« (wie auch immer diese aussehen mögen). Klicken Sie dazu auf den in der Symbolleiste liegenden Knopf *Notiz* ( ) und schreiben Sie im erscheinenden *Notizen*-Fenster einfach drauflos. Über die oben liegenden Knöpfe haben Sie nun wiederum mehrere Möglichkeiten zum Weiterverarbeiten. Zum einen lässt sich die Notitz als E-Mail versenden (Knopf *Senden* –), wobei die erste Zeile Ihres Eintrags als *Betreff* verwendet wird. Sie können Ihrer Notiz jedoch auch einen Anhang hinzufügen (Knopf *Anhang* –) und diese dann erst versenden. Über die Knöpfe *Schriften* ( ) und *Farben* ( ) lässt sich – wie soll es auch anders sein – das Aussehen anpassen und aufpeppen und über *Aufgabe* ( ) Ihre Notiz in eine – na raten Sie mal – Aufgabe umwandeln.

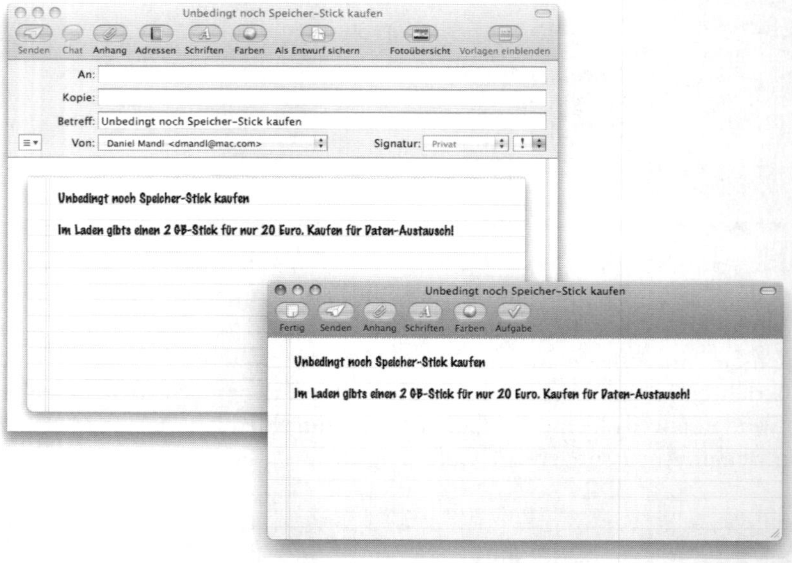

Notizen, die als E-Mail versandt werden sollen, verwenden die erste Zeile Ihres Textes als Betreff.

Übrig bleibt der Button *Fertig* ( ), der Ihre Notiz in der *Erinnerungen*-Abteilung der *Quellen*-Liste sichert. Dort hinein sollten Sie also ab und zu mal einen Blick riskieren, damit Ihre Notizen nicht in Vergessenheit geraten. Gehören Sie dennoch zu der eher »zerstreuten Generation« (so ab 40 Jahre geht's schön langsam los), so sollten Sie in der Tat überlegen, wichtige Notizen doch eher in Aufgaben zu verwandeln und diesen eine Erinnerungsfunktion zukommen zu lassen (siehe zwei Absätze darüber).

Wenn Sie bei geöffnetem Notiz-Fenster den Befehl *Darstellung | Symbolleiste anpassen* wählen, so können Sie zusätzlich den Knopf *Listen* ( ) einblenden lassen, über den Sie weitere Möglichkeiten zur Formatierung (*Aufzählungsliste einfügen* bzw. *Nummerierte Liste einfügen*) Ihrer Notiz erhalten.

Sie können Ihre Notizen aufpeppen, indem Sie über »Symbolleiste anpassen« neue Funktionen hinzufügen.

Und noch etwas sollten Sie beachten: *Notizen* und *Aufgaben* liegen üblicherweise im Postfach *Notizen* und sind daher grundsätzlich nur auf der Festplatte auf Ihrem Rechner gesichert. Das heißt mit anderen Worten, dass im Falle eines IMAP-Accounts – also wenn Ihre Daten üblicherweise auf dem Server des Dienste-Anbieters liegen – diese Informationen dort nicht gesichert werden. Um dem vorzubeugen müssen Sie in den *Mail-Einstellungen*, Rubrik *Accounts* darauf achten, dass unter dem Reiter *Postfach-Verhalten* die Option *Notizen im Posteingang sichern* aktiviert ist. Alle unter *Lokal* gesicherten *Notizen* sollten Sie daher besser in den Posteingang Ihres IMAP-Accounts verschieben (einfach mit der Maus packen und in das entsprechende Postfach ziehen). Der Vorteil: Sie können auch von unterwegs oder von einem anderen Computer mit Online-Zugang Ihre Notizen einsehen.

Durch das Hinzufügen der Notizen in den Posteingang werden diese auch für den Zugriff von außerhalb sichtbar.

Zum Schluss sei zum einen noch einmal auf das *Kontext-Menü* hingewiesen. Über einen Mausklick mit gedrückter *ctrl-Taste* bzw. per Rechtsklick rufen Sie es auf und erhalten so – je nach Anwendungsbereich – die dazu passenden Befehle zum Schnellausführen geliefert. Als Zweites wollen wir an die *Kindersicherung* in den *Systemeinstellungen* erinnern, mit der Sie ausgewählte E-Mail-Adressen sperren oder einrichten können.

iChat – bitte lächeln

Chatten ist in Mode, wie Millionen von fleißig plaudernden Anwendern in aller Herren Länder täglich beweisen. Aber neben dem eher belanglosen Talk am Abend kann ein Chat auch für Geschäftsleute auf internationalem Terrain interessant sein, die dann eher unter dem Namen Video- oder Audio-Konferenz laufen. Und auch in einem Computer-Netzwerk ist die Unterhaltung oftmals eine Überlegung wert, ist doch somit eine direktere Kommunikation möglich.

Eine Form des Chat nennt sich auch *Instant Messaging*, also eine Art von Sofortbenachrichtigung. Hierbei legen Sie eine *Buddy List* (Kontaktliste) an, in der jene Namen stehen, die über dasselbe Programm verfügen. Sobald nun jemand dieser Personen online ist, wird dies in Ihrer *Buddy List* kenntlich gemacht – Sie können also sofort Kontakt aufnehmen.

Apple hat die Software *iChat* im Gepäck, die Ihnen oben erwähnte Funktionalität bietet – und zwar sowohl als auch. Einzig für die Video-Übertragung, mit der Sie Ihren Gesprächspartner auch visuell unter die Lupe nehmen können, ist eine *iSight*-Kamera (oder eine anderes Gerät mit *FireWire*-Anschluss wie eine DV-Kamera) Voraussetzung. Besitzt Ihr Mac kein internes Mikrofon, so müssen Sie zusätzlich ein externes Modell anschließen. Wie das nun alles funktioniert, erfahren Sie auf den folgenden Seiten …

iChat AV konfigurieren

Beim ersten Start von *iChat* werden Sie freundlich Willkommen geheißen und richten über einen Assistenten die Software ein. Dabei wird unterschieden zwischen einem *.Mac-Account* und einem *AIM-Account*. Im Falle von *.Mac* brauchen Sie – verfügen Sie bereits über einen Account – nichts unternehmen, da bereits alles ausgefüllt ist. Ist der Servertyp *AIM-Account* (*AOL Instant Messenger*), benötigen Sie den *Benutzernamen* (*Pseudonym*) sowie das *Kennwort*. Haben Sie weder noch, so ist auch der Button *iChat-Account anfordern* von Interesse, werden Sie doch bei bestehender Online-Verbindung automatisch auf die *.Mac*-Seiten verlinkt und können dort einen solchen einrichten – natürlich nicht ganz uneigennützig. Denn Apple bietet Ihnen hierbei einen 60-tägigen, kostenlosen Zugang zu *.Mac*, wobei die an Sie vergebene *Apple-ID* sowie Ihr *Kennwort* gleichzeitig dem *Benutzernamen* und *Kennwort* für *iChat* entsprechen. Nach zwei Monaten kostet es dann aber Geld, denn bei Apple ist Geiz alles andere als geil ;-)

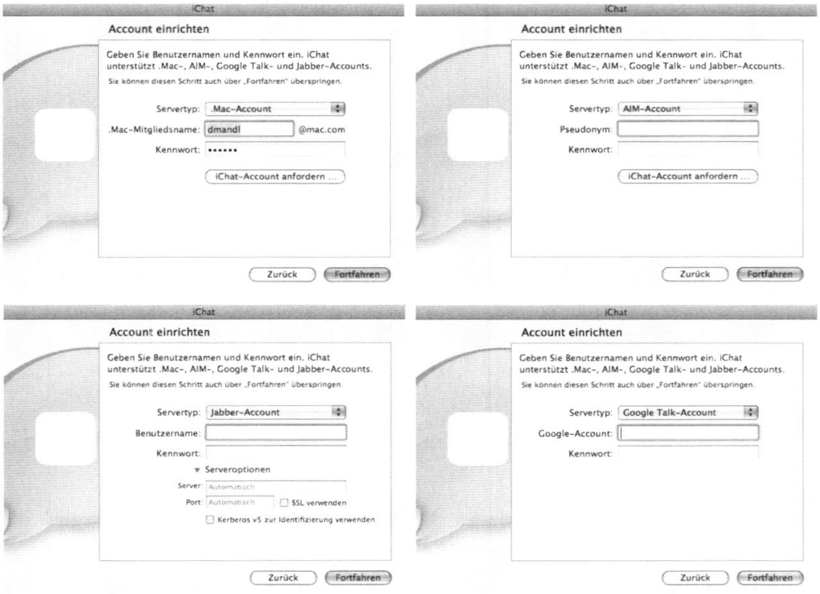

Die erste Stufe vor dem großen Chat: die Konfiguration. Es stehen insgesamt vier Möglichkeiten zur Verfügung.

Der *Jabber-Account* ist für Firmen-Netzwerke von Belang. Als offenes Protokoll ermöglicht es den Austausch von Nachrichten untereinander, wobei die Kommunikation immer über einen zwischengeschalteten Server läuft. Am besten fragen Sie hier Ihren Firmen-Webmaster, ob ein solcher Server besteht – wenn ja, bitten Sie um die entsprechenden Daten. Sind Sie selber Chef (beispielsweise Ihrer Familie) und haben davon noch nie etwas gehört, dann wird's aber höchste Zeit ;-)

Version Nummero Vier – *Google Talk-Account* – erfordert zuerst einmal einen Besuch der Webseite `www.google.de/talk/intl/de/`. Die Software *Google Talk* brauchen Sie dabei nicht herunterzuladen, da Sie nur für Windows-Anwender vorliegt. Interessant ist für Sie vielmehr *Google Talk* über das Internet, wobei Sie zuerst einen *Google-Account* benötigen, für den Sie sich anmelden müssen. Diese Zugangsdaten wiederum sind für Sie wichtig, da Sie sie in *iChat* übernehmen (Abbildung hierzu siehe nächste Seite).

Tragen Sie folglich – egal, für was auch immer Sie sich entscheiden – die Daten ein und klicken Sie dann auf *Fortfahren*. Die nächste Station nennt sich *Verschlüsseltes iChat* (im Falle eines *.Mac-Accounts*) und ermöglicht Ihnen ein sicheres Agieren im Internet, ohne dass sich Dritte unangemeldet in Ihren Chat einschalten können. Wenn Sie dies also bevorzugen, so lassen Sie die Option *iChat Verschlüsselung aktivieren* unangetastet (sie ist standardmäßig aktiv). Hierbei wird ein so genanntes *iChat-Zertifikat* verwendet, anhand dessen das Programm Ihre Identität zuordnen kann.

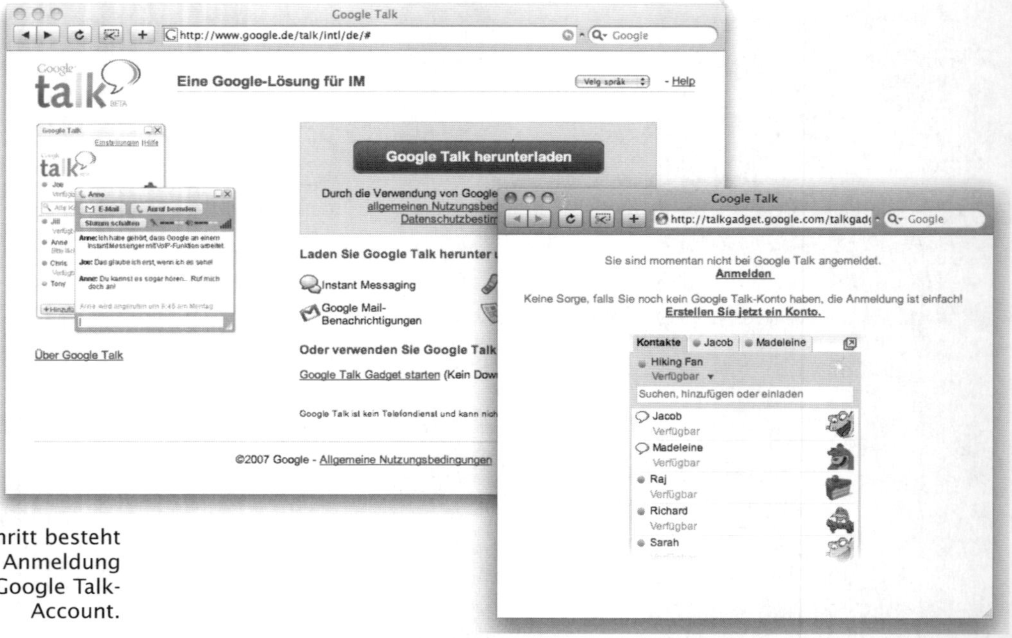

Der erste Schritt besteht für Sie in der Anmeldung für einen Google Talk-Account.

Wenn Sie sicheres Chatten bevorzugen, so können Sie dies über einen .Mac-Account erledigen. Im geöffneten iChat-Fenster erkennen Sie die Verschlüsselung anhand eines Schloss-Symbols in der Titelleiste.

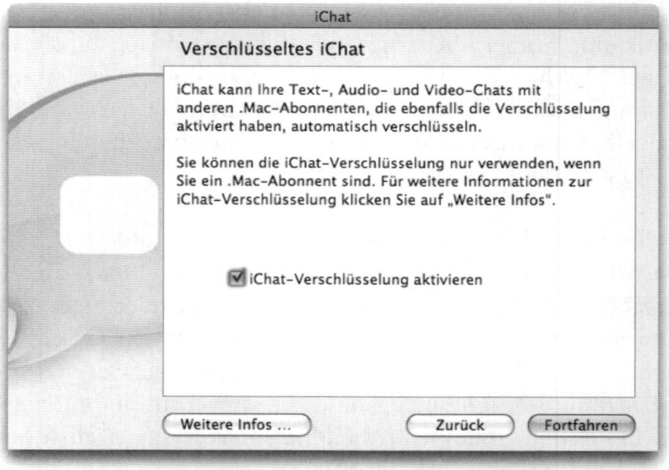

Das war's dann aber auch schon. Es folgt die Zusammenfassung und die gute Nachricht, dass Ihr *iChat AV* nun eingesetzt werden kann.

Die Einstellungen von iChat

Vor dem Vergnügen steht wie üblich ein wenig Theorie (eben wie beim Autofahren oder beim ersten Kennenlernen). Werfen wir also vor dem großen Geplauder noch schnell einen Blick in die *iChat-Einstellungen* (*iChat | Einstellungen* bzw. *Befehlstaste-Komma*), die gar nicht mal so umfangreich sind.

In der Rubrik *Allgemein* nehmen Sie Einfluss auf das Äußere der Bedien-Oberfläche sowie zum Verhalten *iChats* in verschiedenen Situationen. So können Sie beispielsweise eine Alternative zu *iChat* als *Standard-Chat-Programm* einrichten und sich den *Status in der Menüleiste anzeigen* lassen. Letzteres ist mit Sicherheit empfehlenswert, können Sie doch so schnell Ihren Status verändern.

Die automatischen Optionen beim Anmelden sowie Beenden von *iChat* sollten Sie ruhig aktivieren, denn die anderen Teilnehmer können ruhig wissen, dass Sie aus dem Chat ausgestiegen sind (Status *Getrennt*) bzw. wieder anwesend sind. Ob Sie nun Symbole (Status *Getrennt* ist ein rotes Quadrat, während *Anwesend* rund ist) oder lieber nur die Farb-Variante benutzen möchten, bleibt selbstverständlich Ihnen überlassen, bei einer Rot/Grün-Schwäche sind die Symbole jedoch empfehlenswert. Die automatische *Abwesenheitsnachricht* sowie die animierten Bilder für Kontakte sind wieder eher persönlicher Natur. Interessant ist noch das Verhalten bei Rückkehr an den Computer (nach dem Aufwachen aus dem Ruhestand, dem Beenden des Bildschirmschoners oder nach dem Wiedereinschalten des Rechners) – suchen Sie sich hier die für Sie passende Einstellung aus.

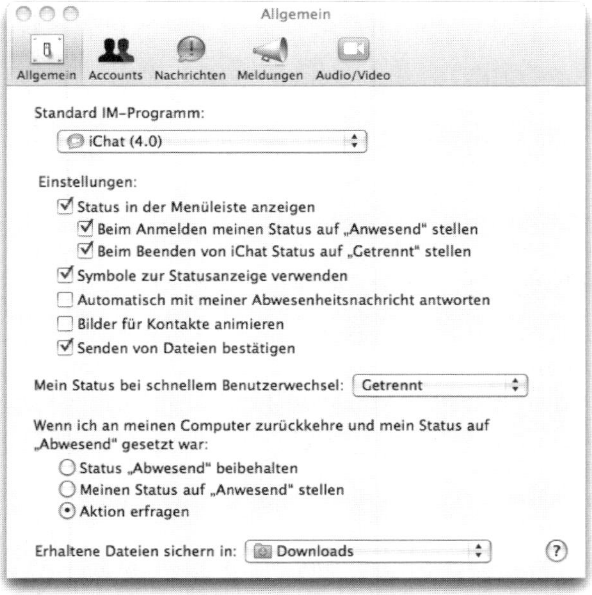

Mal wieder Einstellungen: Diese müssen Sie wahrscheinlich nur am Anfang besuchen, es sei denn, Sie legen einen weiteren Account an.

Bei den *Accounts* finden Sie nun die über den Assistenten eingerichteten Zugänge (*.Mac*, *AIM*, *Jabber* oder *Google Talk*). Hinzugekommen ist noch der Account *Bonjour*, der Ihnen das »Chatten« direkt in einem lokalen Netzwerk ermöglicht. Auf diese Weise werden alle *iChat*-Anwender automatisch gefunden und können sich austauschen. Je nach *Account* erhalten Sie nun eine Übersicht über die getätigten Einstellungen und können gegebenenfalls

Änderungen vornehmen. Wichtig ist die Option, ob Sie beim Öffnen von *iChat* automatisch angemeldet werden wollen oder ob Sie das lieber nach eigenem Gusto vornehmen möchten. Auch bei einem Chat über das Internet (*.Mac* und *AIM*) sollten Sie unbedingt einmal in den Reiter *Sicherheit* schauen, da Sie dort festlegen, ob Sie für alle oder nur für ausgesuchte Kontakte sichtbar sein wollen (Stichwort *Privatsphären-Stufe*).

Bei vielen Optionen werden – wenn Sie mit der Maus ein wenig darüber verharren – über die so genannte *Quick-Info* zusätzliche Informationen eingeblendet, die den größten Teil der Funktionalität sehr gut beschreiben.

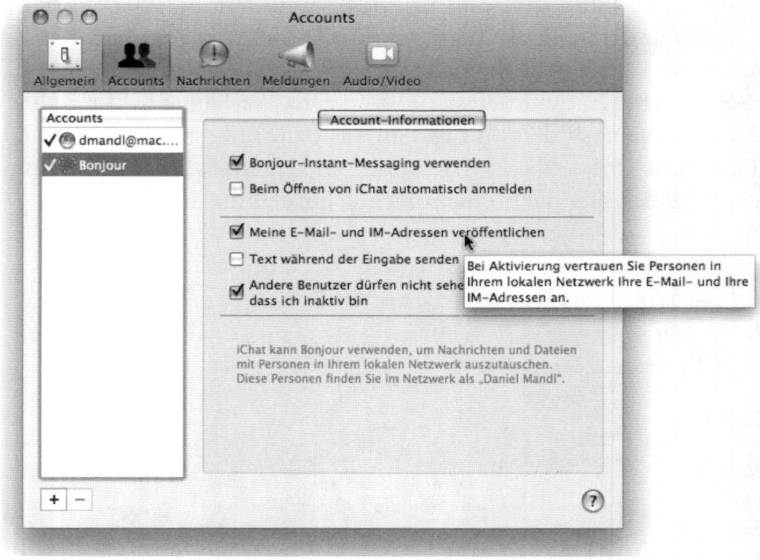

Ehe wir Ihnen nun jede Option einzeln erklären – die Quick-Info macht das auch ganz gut.

In der Rubrik *Nachrichten* kommt nun die Typografie ins Spiel: Welche Schrift/Schriftgröße und welche Sprechblasenfarbe? Sollen *Chat-Protokolle* gesichert werden (und wenn ja: wohin?) oder wünschen Sie einen Kurzbefehl, der *iChat* sofort in den Vordergrund bringt? Lassen Sie ruhig erst einmal alles in der Standard-Einstellung und regeln Sie erst nach, wenn Sie wirklich mit den vorgegebenen Werten unzufrieden sind.

Die *Meldungen* machen Sie per Ton, per Animation im Dock oder über einen Sprecher auf Aktivitäten aufmerksam. Welches Ereignis nun was machen soll, stellen Sie bei *Ereignis* ein und regeln dann die nachfolgenden Optionen. Übrig bleibt die Rubrik *Audio/Video*, mit der Sie das Mikrofon bestimmen, ein eventuell vorliegendes Bluetooth-Headset konfigurieren sowie regeln, dass *iChat* automatisch geöffnet wird, sobald Sie eine externe Kamera einschalten. Auch ein Klingel-Ton ist im Falle einer Einladung zu einer Konferenz möglich.

Auch beim Chatten soll was für's Auge geboten werden.

iChat AV im Netzwerk – Beispiel Text-Chat

Starten Sie *iChat* bzw. ist es auch auf den anderen Rechnern aktiv, nennt sich im Falle eines Computer-Netzwerkes das Fenster *Bonjour* oder *Jabber* – je nach Konfiguration. Dort müssen nun die Anwender ihren Status auf *Anwesend* einstellen, damit alle erkennen, wer gerade zu erreichen ist und somit kontaktiert werden kann. Dies erledigen Sie über das Popup-Menü unterhalb Ihres Benutzernamens.

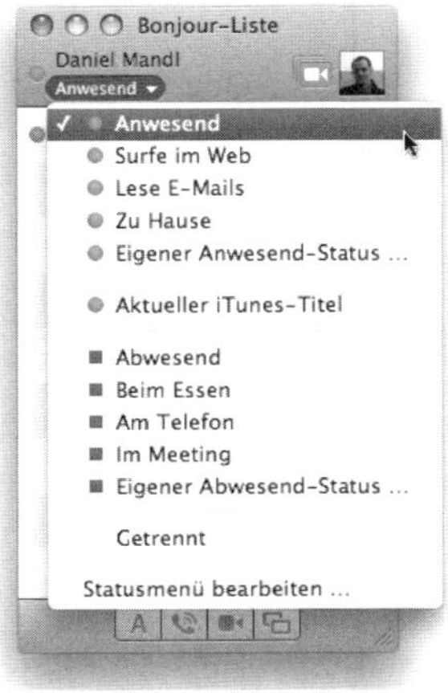

Der Status »Anwesend« ist essentiell, damit die anderen wissen, dass Sie potentiell erreichbar sind.

Sobald dies erledigt ist, taucht Ihre Kennung auch auf den anderen Rechnern auf. Möchte nun jemand mit Ihnen in Kontakt treten, so muss er nur Ihren *Benutzernamen* anklicken und unten im Fenster die gewünschte *Chat-Art* aussuchen:

A Text-Chat beginnen

Audio-Chat beginnen

Video-Chat beginnen

Je nach Hardware-Voraussetzung stehen nicht immer alle Chat-Typen zur Verfügung. Üblicherweise weist das neben dem Benutzernamen stehende, grüne Symbol (z. B.) auf die möglichen Erreichbarkeiten des Gesprächspartners hin. Eine gute Auflistung über sämtliche Symbole finden Sie in der *iChat-Hilfe*, wenn Sie als Such-Begriff *Status* eingeben und dann das Thema *Statustasten und Symbole* auswählen.

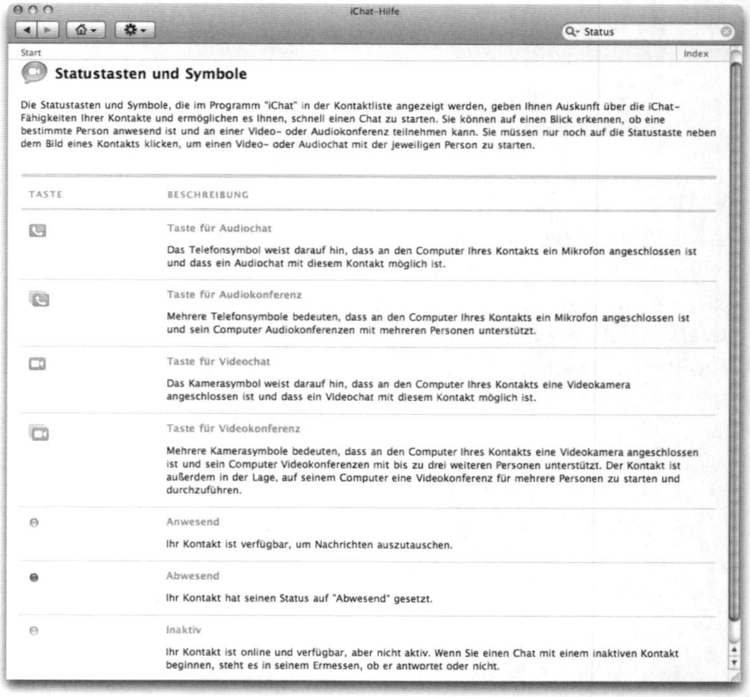

Ein Auszug aus der iChat-Hilfe zum Thema »Statustasten«.

Im Falle des *Text-Chat* schreibt der Kontakt-Suchende eine Art *Telegramm*, mit dem er sich anmeldet. Diese Meldung erscheint nun auf dem Rechner des Kontaktierten. Sobald dieser nun das Fenster in den Vordergrund holt, erscheint der *Akzeptieren*-Button. Wird dieser gedrückt, kann man gleich im Anschluss eine Antwort tippen und mit der *Enter-Taste* (↩) bestätigen. Der Text erscheint nun wiederum im *Chat*-Fenster des anderen, so dass die Damen und Herren eine Unterhaltung führen können – der Ball wird sozusagen immer hin und her gespielt. Als kleine Auflockerung lässt sich auch ein kleiner Smiley einbauen, der die aktuelle Stimmung wiederspiegelt – aber übertreiben Sie es nicht.

Zuerst wird angefragt. Die Telegramm-Meldung erscheint beim gewünschten Gesprächspartner, der wiederum bestätigen muss, dass er Zeit und Lust dazu hat: Der Chat kann dann beginnen.

Wenn Sie keine Unterhaltung möchten, klicken Sie in das rote Schließ-Symbol des Fensters – der Kontakt suchende Teilnehmer erhält die Nachricht, dass die Anfrage abgelehnt wurde. Ansonsten verabschiedet man sich nach Klärung der Dinge (sollte man zumindest) und schließt das Fenster – der Chat ist beendet und wird den anderen Teilnehmern auch mitgeteilt.

Und tschüss – nach dem Schließen des Chat-Fensters weiß der andere sofort Bescheid.

Selbstverständlich können Sie über das Netzwerk-Gespräch auch Dateien versenden. Dazu verwenden Sie über die Menüleiste *Kontakte* den Befehl *Datei senden* und wählen die gewünschte Datei (egal ob Bild oder Text). Über die *Enter-Taste* (↩) starten Sie die Übertragung. Klickt der andere auf die Verlinkung der Datei, wird diese automatisch auf den Rechner geladen und an jenem Speicher-Ort abgelegt, den er in den *iChat-Einstellungen* unter *Allgemein* (*Erhaltene Dateien sichern in*) bestimmt hat.

Eine Datei kommt geflogen – dabei steht es Ihnen völlig frei, den Transfer zu erlauben (auf »Sichern« klicken) oder abzulehnen.

Klicken Sie bei gedrückter *ctrl-Taste* in das *Chat*-Fenster, so lassen sich über das auftauchende Kontext-Menü verschiedene Optimierungen anbringen. So können Sie die *Darstellung* anpassen (*Namen* oder *Bilder einblenden*), die Rechtschreibung starten oder die Schriftart ändern. Markierter Text darf auch kopiert, einzelne Begriffe können im Lexikon nachgeschlagen oder über Spotlight/Google gesucht werden. All diese Befehle finden Sie wie üblich auch in der Menüleiste über die Punkte *Darstellung* und *Bearbeiten*.

Das Kontext-Menü hält wieder alle wichtigen Befehle per Mausklick parat.

Sitzt Ihr Netzwerk-Chat-Partner direkt im Nebenzimmer oder gar am Schreibtisch nebendran, so lächeln Sie doch ab und zu einmal rüber oder besuchen Sie ihn – denn der direkte Draht ist meist kommunikativer und fördert die soziale Kompetenz.

iChat über das Internet – Beispiel Audio- und Video-Chat

Im Großen und Ganzen läuft die Geschichte im Falle des *Audio-* bzw. *Video-Chats* ähnlich dem *Text-Chat* ab. Dieses Mal benutzen Sie aber nicht das *Bonjour-* (⌘-2) oder *Jabber*-Fenster (⌘-3), sondern die *Kontaktliste* (⌘-1). Um sich bei anderen bemerkbar zu machen bzw. mit anderen Konatkt aufzunehmen, müssen Sie online sein und Ihr *Status* muss auf *Anwesend* stehen.

Ist alles justiert, sollten diejenigen Namen in der Kontaktliste, die ebenso anwesend sind, klar erkenntlich sein – und auch das *Anwesend*-Symbol sollte eingeblendet sein. Zum Anfunken markieren Sie nun den Namen und wählen dann den gewünschten Chat-Typ. Beim Gegenüber wird daraufhin eine Einladung zum *Audio-* oder *Video-Chat* gesendet. Sobald dieser die Einladung in den Vordergrund holt, verändert sich das Fenster und er kann entscheiden, ob er den *Audio-Chat* ablehnen oder akzeptieren möchte. Im positiven Fall wird die Verbindung aufgenommen und die beiden Damen oder Herren können plaudern, was das Zeug hält. Über den unten liegenden *Plus*-Knopf können sogar weitere Gesprächspartner hinzugefügt werden. Hat es sich letztendlich ausgeplaudert und einer der Anwesenden beendet durch Schließen des Fensters den Chat, wird auch dies mitgeteilt. In Bildern gesprochen sieht das Ganze so aus:

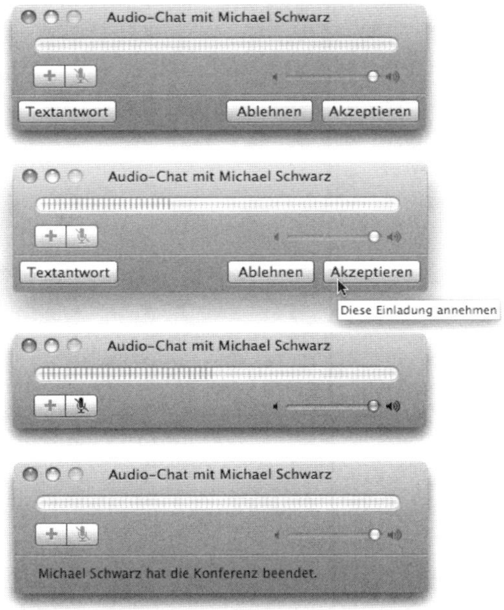

Nach der Einladung erfolgt das Akzeptieren, nach dem Plaudern das hoffentlich freundliche Beenden.

Der *Video-Chat* (oder vornehm ausgedrückt die *Video-Konferenz*) ist dasselbe in Grün, nur dass dieses Mal die visuelle Komponente hinzukommt. Dazu müssen Sie – wie schon erklärt – eine interne *iSight-Kamera* besitzen oder eine externe Kamera an den *FireWire*-Port angeschlossen und aktiviert haben. Auch in diesem Fall senden Sie eine Einladung per Klick über den unten stehenden -Button und warten auf Antwort (oder bestätigen im Gegenzug eine an Sie gerichtete Anfrage). Wird akzeptiert, wird Ihr Gegenüber (oder Sie selbst beim Kontaktierten) eingeblendet und das Gespräch (oder die Tanzaufführung oder was auch immer) kann beginnen. Ein DSL-Anschluss ist hier zwingend vorgegeben, da doch eine Menge an Daten übertragen werden müssen – und selbst dann ist die Bildqualität nicht unbedingt berauschend, wobei gesagt werden muss, dass man sein Gegenüber gut identifizieren kann (Sie müssen also keine Angst haben, dass Sie sich aus Versehen mit dem Haustier des Angesprochenen unterhalten). Wird der *Video-Chat* von einer Seite beendet, erfährt der andere dies direkt im Anschluss. Nachfolgend wieder die Bildergeschichte:

Zuerst die Einladung, dann das Akzeptieren des Video-Gesuches. Und bitte nicht in der Nase bohren oder ohne vorgehaltete Hand gähnen – denn das Gegenüber sieht und hört alles ...

Haben Sie Probleme und bekommen Fehlermeldungen, so kann ein Blick über die Menüleiste *Audio | Verbindung prüfen* rasch Aufklärung bieten. Stellen Sie im Popup-Menü bei *Anzeigen* die Option *Eigenschaften* ein, so kann sich das ein oder andere Problem klären.

Obwohl wir einen iMac mit iSight-Kamera besitzen, war ein Video-Chat nicht möglich. Der Grund: Eine zu langsame Internet-Verbindung.

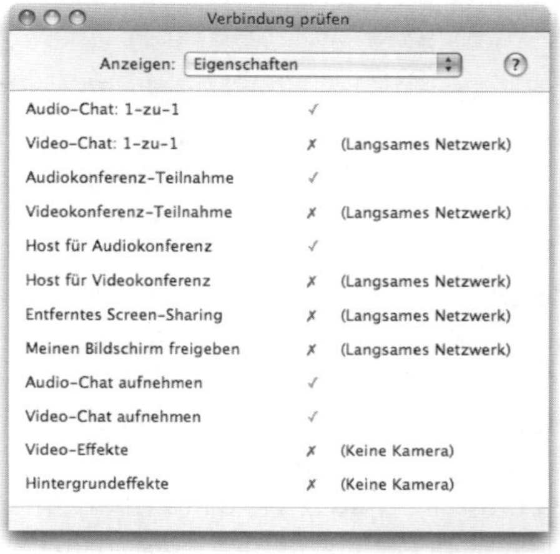

Nichtsdestotrotz: Video- und Audio-Konferenzen sind kein Spuk und gar nicht so schwer – und es bereitet wirklich Spaß (zumindest im Privat-Bereich). Auch bei geschäftlichen Anlässen ist es durchaus angebracht, seinen Vertragspartner direkt zu Gesicht zu bekommen, spricht doch manche Mimik und Gestik Bände – sowohl zum Vorteil als auch manchmal zum Nachteil.

Zu guter Letzt können Sie Ihren Status wieder auf *Abwesend* stellen, haben Sie genug gechattet. So wissen alle Beteiligten, dass mit Ihnen im Moment nicht zu rechnen ist.

Nach so viel Internet-, E-Mail- und iChat-Konversation möchten wir im nächsten Kapitel einen kleinen Ausflug zum Thema »Netzwerk« starten. Dabei werden wir Macintosh-Rechner vernetzen und auch ein Mac-/Windows-Netz anlegen, um beispielsweise Daten untereinander auszutauschen. Auch wenn Sie nur einen Einzel-Arbeitsplatz besitzen, kann es doch interessant für Sie sein, denn schon manches Mal hat Mac OS X den Anwender so mitgerissen, dass es nicht bei einem Mac geblieben ist. Aber sehen Sie selbst …

Vom Netzwerken – Mac zu Mac und Mac zu Windows

7

In großen Betrieben und Firmen werden oftmals Hunderte von Rechnern zusammengeschlossen. Ausgehend von einem Zentralrechner stehen dabei allen die gleichen Daten zur Verfügung und jeder kann dem anderen seine Arbeiten rüberschicken. Da wir nun ganz fest annehmen, dass Sie in Ihrer Wohnung höchstens zwei oder drei Computer (Mac oder PC) horten und keine Ambitionen pflegen, Firmen wie Siemens oder Apple Konkurrenz zu machen, möchten wir uns auch eher auf das Heim-Netzwerk beschränken.

Die Voraussetzungen

Was brauchen Sie? Als Erstes natürlich mindestens zwei Rechner. Diese können nun entweder über ein *FireWire*-Kabel, über ein Ethernet-Kabel oder über *AirPort* verbunden werden. Bei mehreren Rechnern müssen diese im Falle von *AirPort* alle über eine *AirPort*-Karte verfügen, bei der Verbindung über *Ethernet* benötigen Sie einen Switch, Hub oder Router, der die Datenströme lenkt und leitet. Bei vielen DSL-Providern erhalten Sie heutzutage bei Abschluss eines Vertrages einen wenn nicht kostenlosen, dann zumindest aber »subventionierten« Router samt Switch zum Schnäppchenpreis.

Ein Mac besitzt mindestens einen integrierten *10/100BASE-T Ethernet-Anschluss*, alle aktuellen Macintosh-Rechner gar einen *1000BASE-T Ethernet-Anschluss* (jeweils für RJ-45-Stecker) und beherrschen sowohl *10 Mbit/s-Ethernet*, *Fast Ethernet* und *Gigabit Ethernet*, die sich in Datenübertragungsraten von 10 Mbit/s, 100 Mbit/s sowie 1 Gbit/s zeigen. Der langsamste Mac in einem Netzwerk bestimmt folglich auch die Übertragungsgeschwindigkeit. Achten Sie auch darauf, dass im Falle eines Switches/Hubs auch dieser mit unterschiedlichen Geschwindigkeiten zurechtkommt.

Während Sie über einen Hub oder Switch nur *File Sharing*, also das Austauschen von Daten untereinander oder einen gemeinsamen Drucker nutzen können, ist eine gleichzeitige Internet-Verbindung nicht möglich. Für Letzteres benötigen Sie einen *Router* (z. B. eine *AirPort Basisstation*) sowie die Erlaubnis des Internet-Providers, mit mehreren Rechnern gleichzeitig online gehen zu dürfen.

Als Kabel benötigen Sie bei Längen bis 10 Meter ein so genanntes Twisted-Pair-Kabel (auch Patch-Kabel genannt) der Güteklasse *CAT5 UTP (unshielded twisted pair)*, ab 10 Meter empfehlen sich hier *CAT5e*-Kabel, die einen stabilen Netzwerk-Betrieb sicherstellen. Fragen Sie hierzu am besten Ihren Händler, dem Sie Ihre Wunsch-Konfiguration schildern.

Achten Sie auch darauf, dass Sie die Kabel in die richtige Buchse an Ihrem Computer stecken. Danach folgt die Konfiguration der Software.

Bitte achten Sie auf die richtige Buchse für Ihre Ethernet-Kabel.

Systemeinstellungen Netzwerk und Sharing

Hier spielt sozusagen die Musik, um nicht zu sagen: hier werden die Netze gesponnen. Zuerst heißt es wie immer die *Systemeinstellungen* für den jeweiligen Zweck zu konfigurieren – beginnen wir mit der Verbindung zweier Rechner über *FireWire.*

Netzwerk über FireWire

Rufen Sie die *Systemeinstellungen* auf und dort die Rubrik *Netzwerk.* Wenn Sie nun zwei Macs via *FireWire*-Kabel verbinden und ein Weilchen warten, so springt in der linken *Dienste*-Liste die Rubrik *FireWire* nach oben. Auch das »Ampel-Signal« in Form der drei bunten Lämpchen (»rot« für nicht verbunden, »gelb« für unbekannter Zustand, »grün« für verbunden) schaltet um auf grün. In der Konfiguration *DHCP* (Dynamic Host Configuration Protocol) wird den Rechnern dabei eine so genannte *IP-Adresse* (Internet-Protocol-Adresse) zugewiesen. Diese IP-Adresse muss für jeden Rechner unterschiedlich, aber dennoch eindeutig sein, damit beim Datenversand jede Stelle genau identifiziert werden kann und jeder weiß, für wen was bestimmt ist. Die Vergabe geschieht automatisch, kann aber ein paar Schrecksekunden dauern.

Bei der Verbindung über »FireWire« sollte die Systemeinstellung wie auf dem Bild aussehen.

Möchten Sie über eine feste *IP-Adresse* arbeiten, so wählen Sie bei *Konfiguration* den Eintrag *DHCP mit manueller Adresse.* Bei der manuellen Vergabe von IP-Nummern stehen für private Netzwerke die Adressen 192.168.0.2 bis 192.168.0.254 zur Verfügung. Hierbei spricht man auch von Clients, also von Rechnern, die Dienste von einem Server in Anspruch nehmen. Im Gegensatz dazu gibt es den Host-Computer, der die IP-Adresse 192.168.0.1 erhält und der unabhängig von den in einem Netzwerk werkelnden Computern die Daten nur verarbeitet und speichert. Als Teilnetzmaske können Sie die Adresse 255.255.255.0 belassen, während unter *Router* (auch *Gateway* genannt) und *DNS-Server* die vom Internet-Anbieter übergebene Adresse eingetragen werden muss (fragen Sie hierzu am besten Ihren Administrator).

In beiden eben genannten Fällen klicken Sie dann in *Anwenden* und gehen zurück in die Übersicht der *Systemeinstellungen* (Punkt *Alle einblenden*). Von dort aus begeben Sie sich nun auf *Sharing.* Oben sehen Sie den Geräte-Namen, unter dem Ihr Computer auch bei anderen Anwendern erscheint. In der Liste der *Dienste* müssen Sie nun *File Sharing* aktivieren. Daraufhin finden Sie nun jene Zugangsdaten, über die andere Teilnehmer im Netzwerk auf Ihren Rechner zugreifen können. Der Name mit dem Kürzel *.local* entspricht hierbei dem *Bonjour*-Namen. Weiterhin können Sie dort zusätzliche Ordner (neben den öffentlichen Ordnern) freigeben, die Zugriffsrechte (also wer was darf) der vorhandenen Benutzer anpassen sowie weitere Benutzer hinzufügen. Dazu klicken Sie jeweils auf den *Plus*-Button und nehmen dann im erscheinenden Dialog die gewünschten Eintragungen vor.

»File Sharing« ermöglicht anderen Benutzern das Übertragen und Tauschen von Daten.

Der oder die anderen Rechner müssen nun ebenso konfiguriert werden, was dieselbe Vorgehensweise bedeutet. Ist alles erledigt, so sollten sich die Rechner bereits erkennen. In einem Finder-Fenster taucht dazu der neue Eintrag *Freigaben* auf, der die erkannten Rechner im Netzwerk unter deren Gerätenamen auflistet. Klicken Sie diesen Rechner-Namen an, so erhalten Sie den Zutritt als *Gast* auf den Ordner *Öffentlich* der Gegenseite. Im Falle mehrerer Benutzer des Rechners müssen Sie sich für einen entscheiden. Dieser stellt dann seinen Briefkasten zur Verfügung, in den Sie Ihre Daten kopieren. Ein Öffnen desselben ist nicht möglich, jedoch auch ein Abrufen von Daten, hat die Gegenstelle im öffentlichen Ordner solche hinterlegt.

Sozusagen Zutritt »light«: Der Zugriff auf den öffentlichen Ordner zum Austausch.

Wenn Sie selbst der Administrator Ihres Netzwerks sind und Zugriff auf sämtliche Inhalte möchten, so klicken Sie wiederum auf den Knopf *Verbinden als* und versuchen sich als registrierter Benutzer. Hierzu geben Sie *Benutzername* sowie *Passwort* der Gegenstelle ein und haben danach den uneingeschränkten Eintritt zu allen Volumes (inklusive externer Festplatten, die am Netzwerk-Rechner hängen und eingeschaltet sind).

Zuerst erfolgt die Registrierung ...

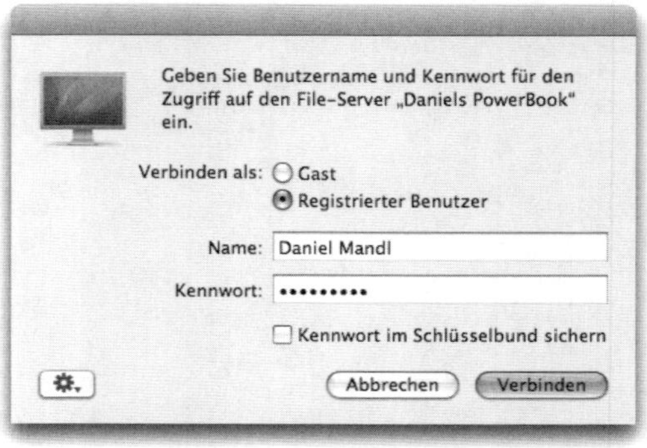

… danach die Freischaltung für alle Volumes.

Klappt die eben beschriebene Methode nicht so recht bzw. erkennen sich die Rechner nach der Konfiguration der Systemeinstellungen nicht automatisch, so trennen Sie noch einmal das *FireWire*-Kabel und versuchen es dann erneut. Als weitere Alternative zur Verbindungsaufnahme können Sie auch folgenden Weg einschlagen: Wählen Sie im *Finder* über die Menüleiste *Gehe zu* den Befehl *Mit Server verbinden* (⌘-K). Tragen Sie dort im oberen Eingabefeld die *Server-Adresse* des zu kontaktierenden Computers ein. Dies kann in einem reinen Mac-Netzwerk die *Bonjour*-Adresse (etwa »name-mac.local«) oder andernfalls die *AFP*-Adresse (z. B. afp://«IP-Adresse») sein. Möchten Sie des Öfteren auf diesen Computer zugreifen, so können Sie diesen gleich über den rechts stehenden Plus-Button zu den Favoriten (*Bevorzugte Server*) aufnehmen. Bei einer erneuten Kontakt-Aufnahme müssen Sie dann nur den gewünschten Server markieren und auf *Verbinden* klicken.

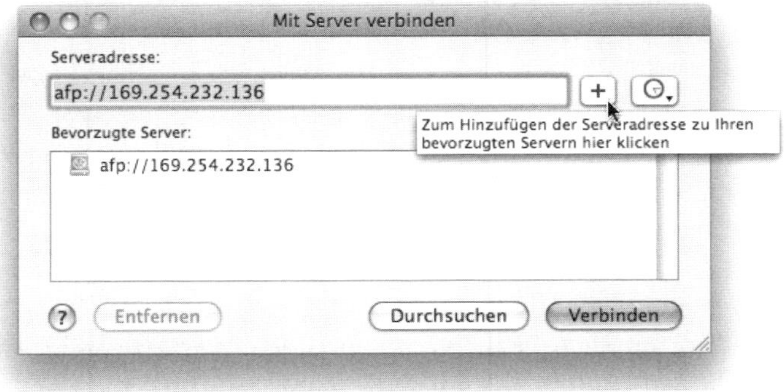

Tragen Sie die Server-Adresse ein und wählen Sie dann »Verbinden«.

Sowohl *Bonjour*-Adresse als auch *AFP*-Adresse lassen sich auch über einen herkömmlichen Internet-Browser wie beispielsweise *Safari* eingeben. Liegt Ihnen die Server-Adresse nicht vor, so lässt sich über den Button *Durchsuchen* nach solchen fahnden. Hierbei finden Sie in einem *Finder*-Fenster das Icon *Netzwerk*, das auf Klick hin die verfügbaren Server auflistet. Der *Verbinden*-Button gestattet Ihnen dann den Zugriff auf den Server.

Auch über den Punkt »Netzwerk« ist eine Kontakt-Aufnahme möglich.

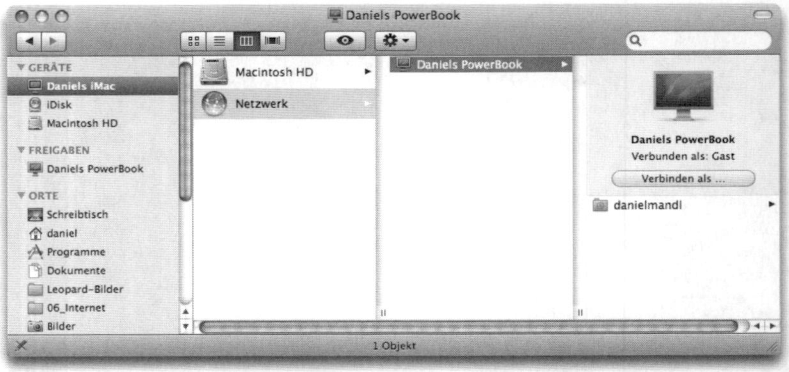

Zum *Abmelden* klicken Sie einfach auf das kleine *Auswerfen*-Symbol (⏏) bzw. auf *Trennen* – der Server verschwindet.

Möchten Sie nur mal schnell Daten von einem Mac auf den anderen transferieren, bietet es sich auch an, dies im *Target-Modus* zu erledigen. Hierbei benutzen Sie den Zweit-Rechner als externe Festplatte, indem Sie diesen per *FireWire*-Kabel im ausgeschalteten Zustand an Ihren bereits laufenden Mac anstöpseln. Starten Sie dann den anderen Mac und drücken Sie dann gleich die Taste »T«, bis das *FireWire*-Symbol auf dem Bildschirm erscheint. Danach mountet auch die Festplatte und zeigt sich auf dem Schreibtisch, so dass Sie nun Ihre Daten austauschen können. Zum Beenden klicken Sie in das *Auswerfen*-Symbol (⏏) bei den Volumes und drücken dann beim Mac die Ausschalttaste. Das war's.

Netzwerk über Ethernet

Das Prozedere ist das Gleiche wie bei der Verbindung über *FireWire*, nur dass Sie dieses Mal die Computzer über das *Ethernet-Kabel* verbinden und in der Systemeinstellung *Netzwerk* den Eintrag *Ethernet (integriert)* benutzen. Bei *Konfiguration* sollten Sie wieder *DHCP* zum automatischen Vergeben der *IP-Adressen* wählen. Klicken Sie dann wieder auf *Anwenden.* In der Systemeinstellung *Sharing* sollte ebenfalls wieder *File Sharing* aktiviert sein.

Das Gleiche müssen Sie nun auch auf den anderen Netzwerk-Rechnern erledigen. Ist alles erledigt, funktioniert die Kontakt-Aufnahme wie unter der *FireWire*-Verbindung. Entweder automatisch, indem Sie die verbundenen Rechner in der Seitenleiste des Finder-Fensters unter *Freigaben* finden, oder Sie gehen wieder in den *Finder* und wählen dort den Befehl *Gehe zu | Mit Server verbinden.* Dort tragen Sie die unter *Sharing* gezeigte *Bonjour*-Adresse oder die *AFP*-Adresse (des zu kontaktierenden Mac-Rechners) ein und klicken auf *Verbinden* (alternativ können Sie die *Server*-Adresse auch wieder über einen Internet-Browser eingeben). Loggen Sie sich folglich als *Gast* oder als *Registrierter Benutzer* ein und alles weitere nimmt seinen Lauf …

Das Gleiche in »grün« – nur dieses Mal als Ethernet-Netzwerk. Zwei Mac-Rechner sind dabei als LAN (Local Area Network) über einen Router verbunden.

Netzwerkdrucker über Ethernet einrichten

Ihre Vorarbeit besteht wie üblich im Treiber installieren und dem Verbinden von Computer und Drucker mit einem Ethernet-Kabel (läuft auch unter den Bezeichnungen *Patchkabel*, *CAT-5-* oder *RJ45*-Kabel). Rufen Sie dann Ihre *Systemeinstellungen* und dort die Rubrik *Drucken & Faxen* auf. Nun müssen Sie wieder auf den Plus-Knopf (+) zum *Hinzufügen* eines Druckers klicken, so dass dieser in der *Druckerübersicht* erscheint. Besitzen Sie einen Netzwerk-Drucker neueren Datums, der die *Bonjour*-Funktion (die früher einmal *Rendezvouz* hieß), also das automatische Konfigurieren und Erkennen im Netzwerk unterstützt, so sollte er ohne weiteres Zutun in der Liste erscheinen. Wählen Sie diesen nun aus und klicken Sie wieder auf *Hinzufügen* – der Drucker ist nun startklar.

Denken Sie bitte daran, auch die Option *Diesen Drucker gemeinsam nutzen* zu aktivieren, so dass auch die anderen Rechner auf das Gerät zugreifen können.

Das ging ja rasend schnell – der Drucker wird dank Bonjour-Netzwerktechnologie ohne Probleme identifiziert und kann nun in das Netzwerk eingebunden werden.

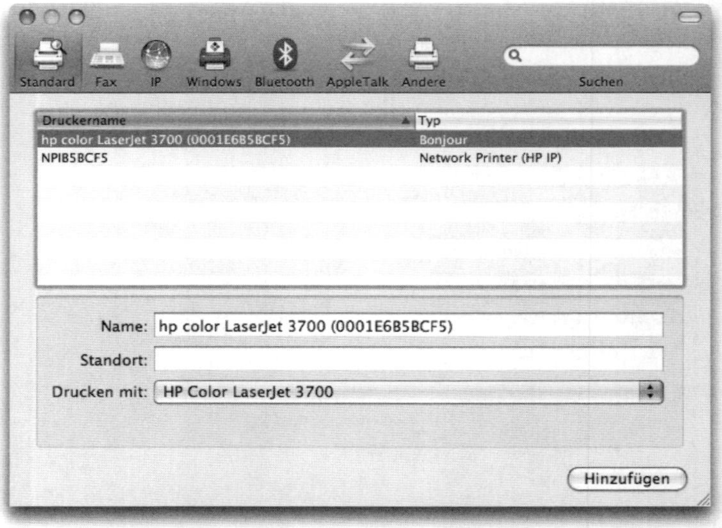

Besitzen Sie einen älteren *AppleTalk*-Drucker, der sich nicht auf das Protokoll *Bonjour* versteht, so müssen Sie in der Druckerübersicht in die Abteilung *AppleTalk* wechseln. Auf diese Weise wird automatisch dieser Dienst eingeschaltet und der Drucker sollte angezeigt werden. Seien Sie jedoch nicht zu ungeduldig, denn es kann ein Weilchen dauern, bis er erscheint.

Na wer sagt's denn: Auch AppleTalk spricht an, sollte die Bonjour-Technologie nicht möglich sein.

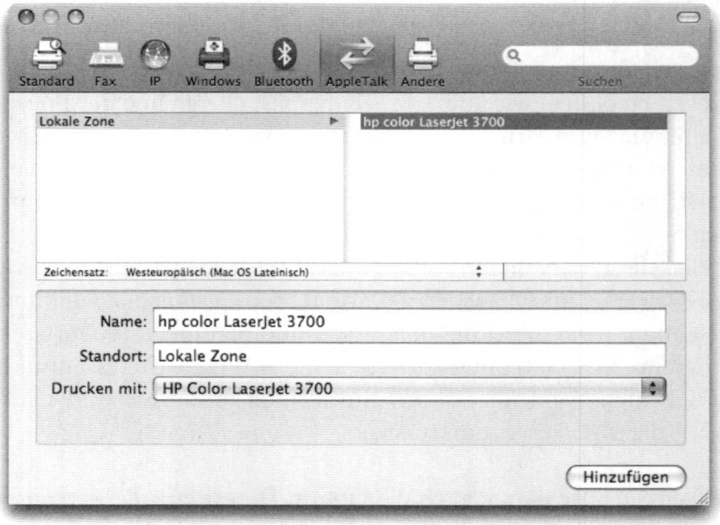

AppleTalk lässt sich auch in der Systemeinstellung *Netzwerk* aktivieren. Hierzu markieren Sie den Dienst *Ethernet* und klicken dann in *Weitere Optionen*. In der Abteilung *AppleTalk* können Sie nun die Option *AppleTalk aktivieren* einschalten.

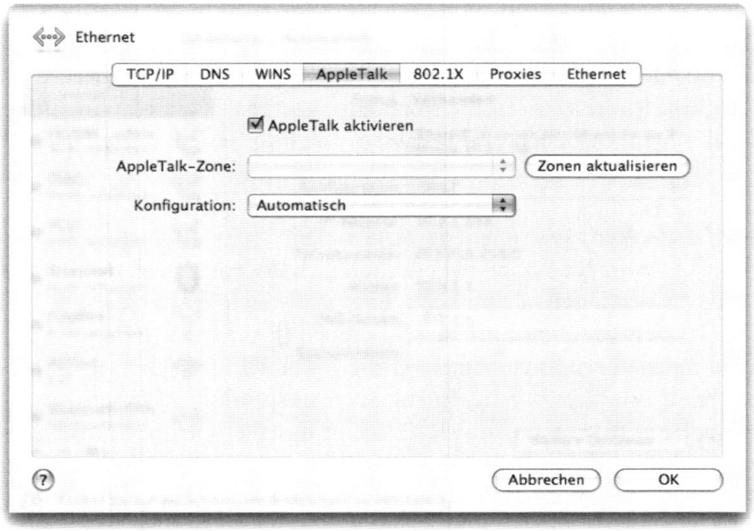

Zum Aktivieren von AppleTalk müssen Sie sich in die Systemeinstellung »Netzwerk« begeben.

Je nach Modell und Treiber weist Ihr Drucker wieder unterschiedliche Funktionen und Optionen auf. So lassen sich manche universal einstellen und konfigurieren, während andere – mit vielleicht weniger emphatischer Unterstützung des Herstellers – nur dürftige bis keine weiteren Eingriffsmöglichkeiten anbieten. Der Button *Optionen & Zubehör* weist daher Hersteller-abhängige Features auf. Im Falle unseres Vierfarb-Laserdruckers haben wir umfangreiche Möglichkeiten, beispielsweise die Füllstände der Toner-Kartuschen zu überprüfen. Einen Einblick in Ihre Druckaufträge erhalten Sie wieder über die *Drucker-Warteliste.*

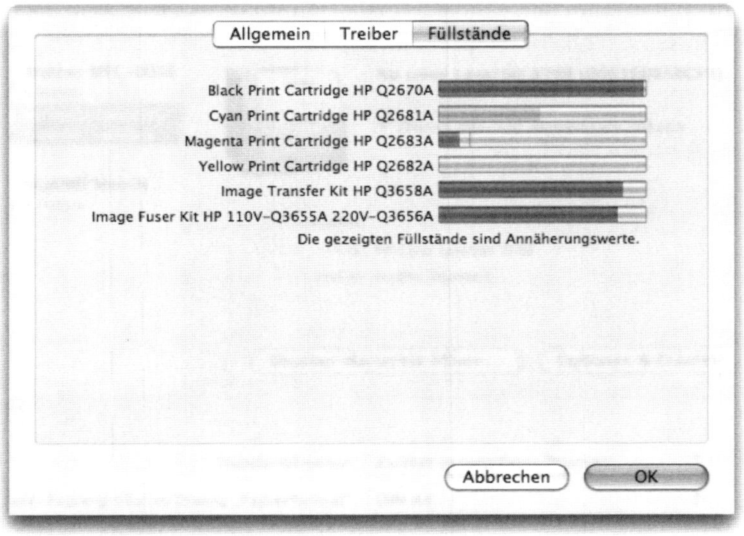

Je nach Gerät und Ausstattung sowie des Funktionsumfangs von Treiber und zusätzlicher Software gewährt der Drucker Einsicht in erschreckend niedrige Füllstände …

Für alle, denen es nicht schnell genug gehen kann, sei nochmals der Trick mit dem Drucker-Symbol verraten: Ziehen Sie einfach das Drucker-Icon aus der Liste der aufgeführten Drucker auf den Schreibtisch. Auf diese Weise müssen Sie nurmehr Ihre Text-Dateien oder Bilder auf das Symbol ziehen und loslassen – den Rest erledigt der Drucker.

Drahtlos – Netzwerk über AirPort

Wenn Sie *AirPort* verwenden, wiederholt sich unsere Netzwerk-Geschichte, nur dass Sie in diesem Fall anstatt *Ethernet* oder *FireWire* die Einstellung *AirPort* verwenden. Zuvor müssen Sie jedoch Ihre *AirPort Extreme Basisstation* konfigurieren und bei allen Netzwerk-Teilnehmern *AirPort* aktivieren. Es sei Ihnen also hiermit nachdrücklich ein ausführlicher Blick in das kleine Handbuch zur Basisstation ans Herz gelegt, das alle Schritte – illustriert und verständlich – aufführt. Nichtsdestotrotz zeigen wir Ihnen schnell die wichtigsten Handlungen zum Glücklichsein im *AirPort-Netzwerk.*

Möchten Sie Ihren Internet-Zugang allen im Netzwerk befindlichen Rechnern zur Verfügung stellen, so sollten Sie vor der ersten Konfiguration der *AirPort Extreme Basisstation* Ihr DSL- oder Kabelmodem an den so genannte *WAN*-Anschluss anstöpseln. Im Zuge der Konfiguration des Netzwerks lassen sich so auch gleich die Zugangsdaten Ihres Providers miteingeben.

Das Anschließen geht schnell vonstatten, und wenn Sie *AirPort* auf Ihrem Rechner aktiviert haben, sollten Sie das *AirPort-Dienstprogramm* (zu finden im Ordner *Programme* | Unterordner *Dienstprogramme*) starten. Dieses wiederum wird nun den Kontakt herstellen und die *AirPort Extreme Basisstation* in seinem Dialog-Fenster aufführen.

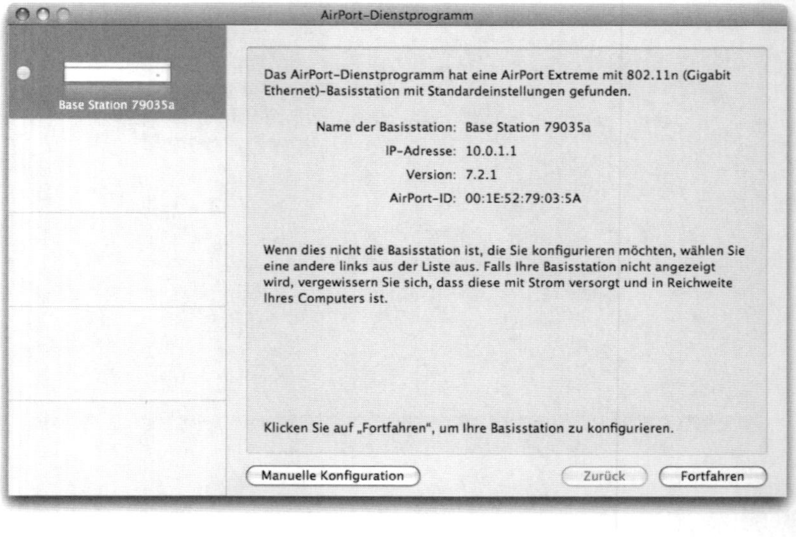

Die erste Hürde ist geschafft – unsere Basisstation wird erkannt.

Klicken Sie auf *Fortfahren* und vergeben Sie dann aussagekräftige Namen sowohl für das drahtlose Netzwerk als auch für die Basisstation. Ersterer Titel erscheint dabei auch im Netzwerk, so dass Namen wie »Puschl« oder »Mausi« nicht unbedingt geeignet sind. Der Name für die Basisstation ist dann besonders wichtig für Sie, wenn Sie mehrere Stationen in Ihrem Haus oder im Büro installieren möchten, um diese damit besser zuordnen zu können.

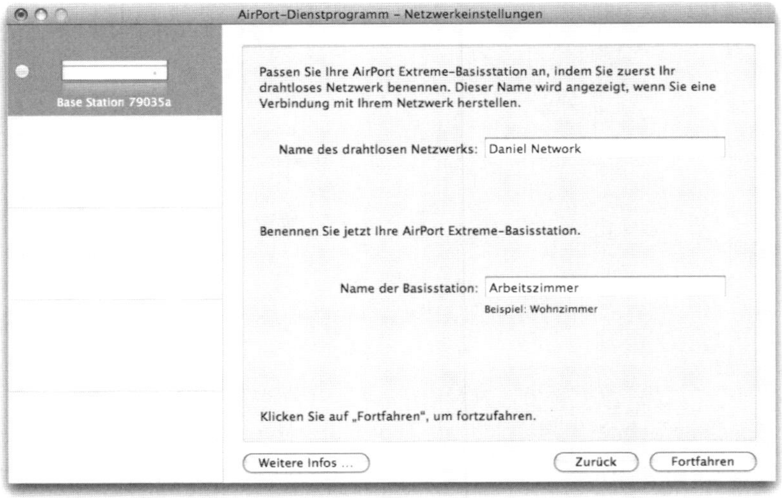

Die Basisstation wird getauft – allerdings ohne Weihrauch und bitte ohne Weihwasser.

Bei fast allen Dialogen finden Sie unten stehend den Knopf *Weitere Infos*, der in der Tat hilfreiche Informationen zu Tage fördert. Sollte also das Konfigurieren eines Drahtlos-Netzwerkes nicht gerade zu Ihren täglichen Übungen gehören, so ist das Lesen dieser Zusatz-Infos Pflichtlektüre.

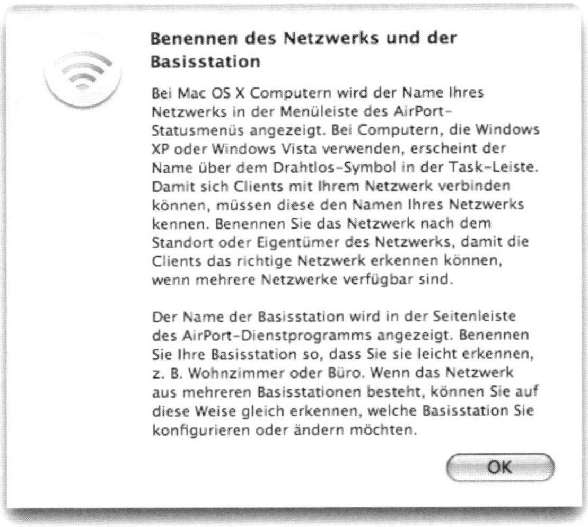

Für alle Wissbegierigen und Interessierten – zusätzliche Infos gibt's über »Weitere Infos«.

Über *Fortfahren* erhält die Station dann noch ihre Landeszugehörigkeit sowie den Sendermodus, den Sie erst einmal in der Standardeinstellung belassen sollten.

Die Nationalitäts-Zugehörigkeit wird bestimmt.

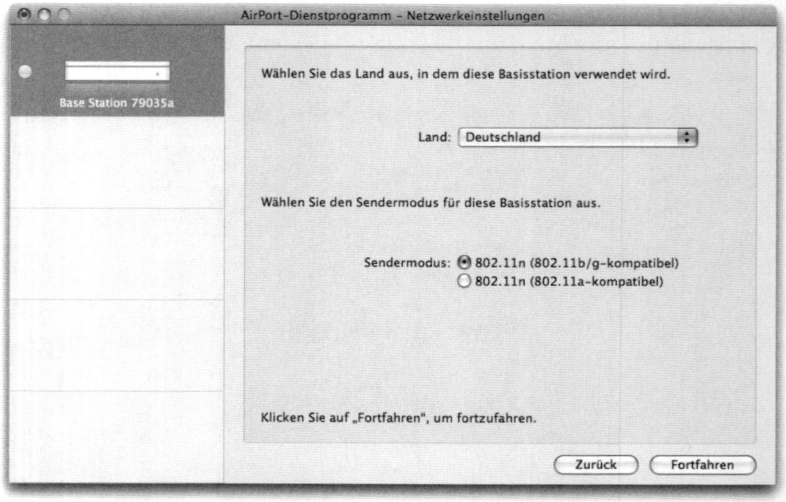

Der nächste Schritt behandelt die Einteilung der *Sicherheitsstufe.* Hier sei Ihnen dringend ans Herz gelegt, nur mit Schutz zu arbeiten, da ansonsten jeder von außen in das Netzwerk eingreifen kann. Und dies ist sicherlich nicht im Sinne des Erfinders. Welche *Sicherheitsstufe* für Sie die Richtige ist und welche was für einen Schutz bietet, gibt der Dialog über *Weitere Infos* hervorragend wieder.

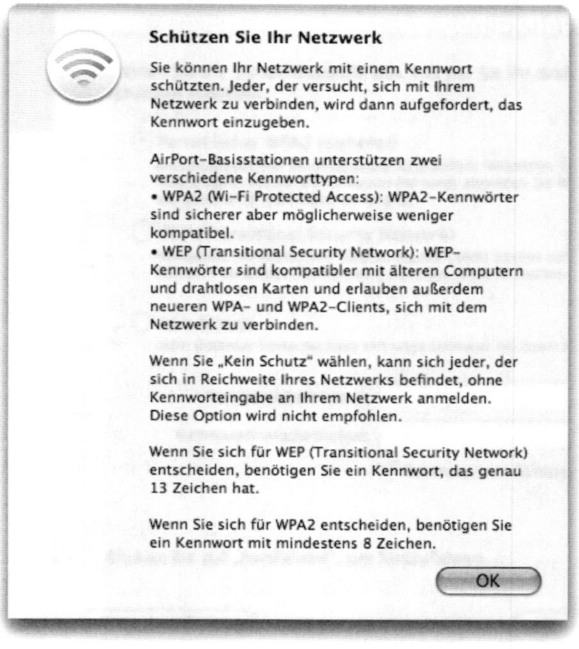

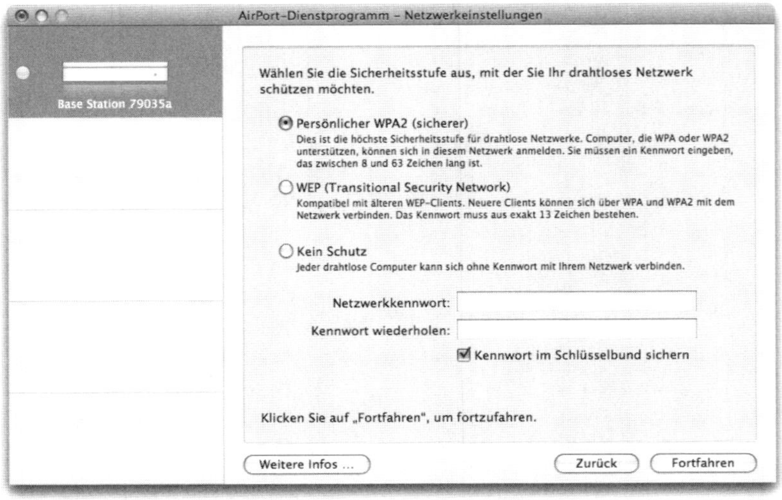

Die Sicherheitsvorkehrungen: Bitte unterschätzen Sie diesen Punkt nicht und wählen Sie die passende Sicherheitsstufe für Ihr Netzwerk aus.

Zum Schluss wird die Frage gestellt: Wie möchten Sie sich mit dem Internet verbinden? Da es sich in unserem Beispielfall ausschließlich um ein Netzwerk dreht, wählen wir die dritte Option *Ich stelle die Verbindung mit einem lokalen Netzwerk (LAN) her.*

Entweder über *DHCP* oder über die manuelle Vergabe wird nun die IP-Nummer vergeben, ehe es zur *USB-Peripheriegeräte-Konfiguration* geht. Letztere Einstellung betrifft jene Gerätschaften (etwa einen USB-Drucker oder eine externe Festplatte), die an der USB-Schnittstelle der *AirPort Basisstation* angeschlossen sind. Wählen Sie den von Ihnen gewünschten Schutz und bestimmen Sie noch, ob sich ein Gast daran wagen darf.

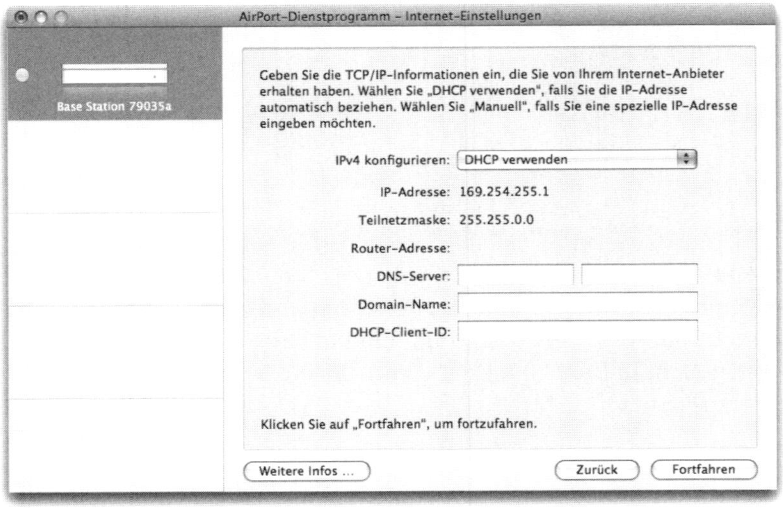

IP-Vergabe sowie nachfolgend ...

... Laufwerksschutz – sieht nach viel Arbeit aus, hält aber dann für die Ewigkeit.

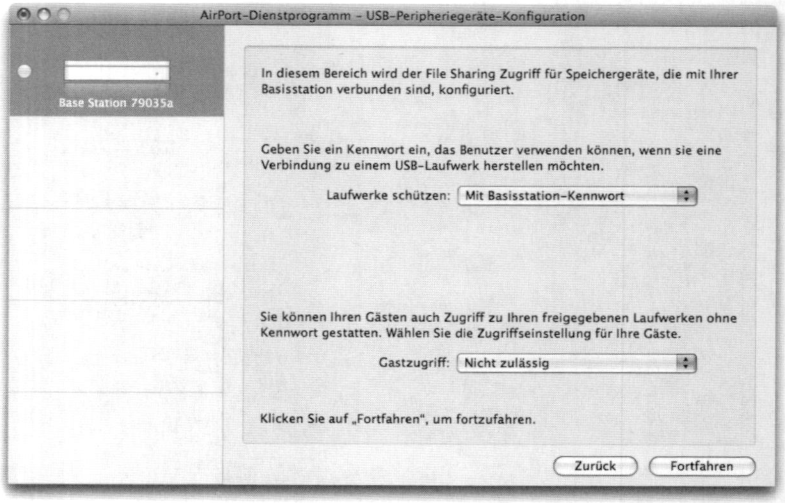

Es folgt das *Basisstation-Kennwort*, sollten Änderungen an der Station fällig werden. Auch dies gilt dem Schutz vor dem Zugriff Unbefugter, damit Sie selbst nicht irgendwann ausgeschlossen werden.

So viel Schutz muss sein – also nochmal das Kennwort eingeben und bestätigen, damit nur Sie Änderungen an der Basisstation vornehmen dürfen.

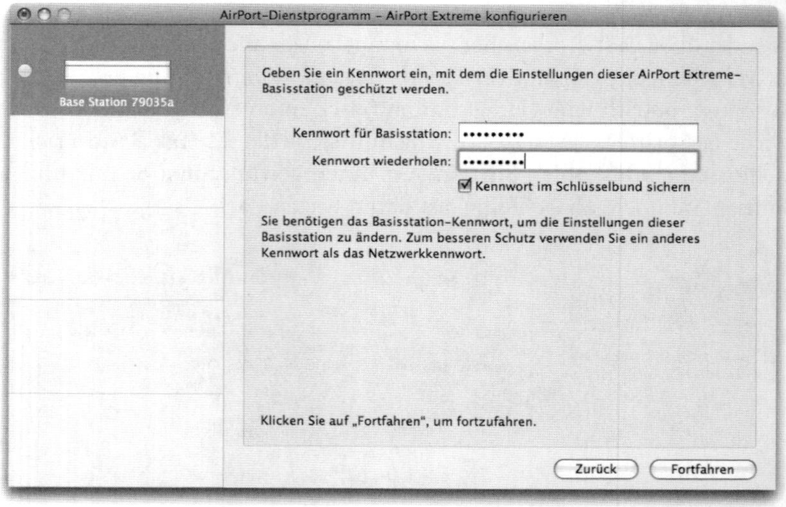

Wir kommen zum Schluss (endlich): Die Zusammenfassung! Ist alles zu Ihrer Zufriedenheit, so können Sie bestätigen und die Basisstation wird neu gestartet. Nun sollte alles sitzen und funktionieren – ansonsten lässt Sie der Assistent nicht in Ruhe und listet eventuelle Probleme auf.

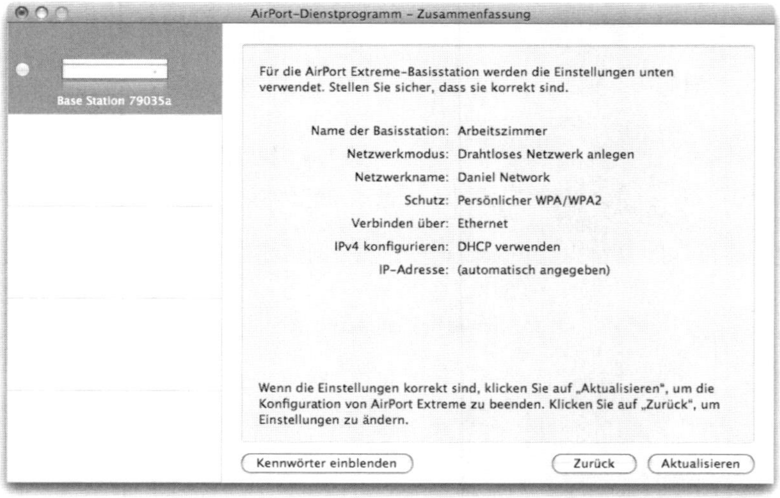

Der letzte Check zum drahtlosen Glück – die Zusammenfassung.

Der Dienst Web-Sharing

In Ihrem *Benutzer-Ordner* finden Sie den Ordner *WebSites*, in den Sie selbst erstellte Web-Seiten ablegen können. Ist in der Systemeinstellung *Sharing* der Dienst *Web-Sharing* aktiviert, so finden Sie neben stehend die Adressen der Computer- sowie der persönlichen Website. Gibt nun ein Netzwerk-Teilnehmer eine dieser Adressen in seinem Web-Browser ein, so erscheint die jeweilige Seite auf seinem Bildschirm. Aber auch Benutzer außerhalb des Netzwerks können nun – weltweit – über das Internet darauf zurückgreifen.

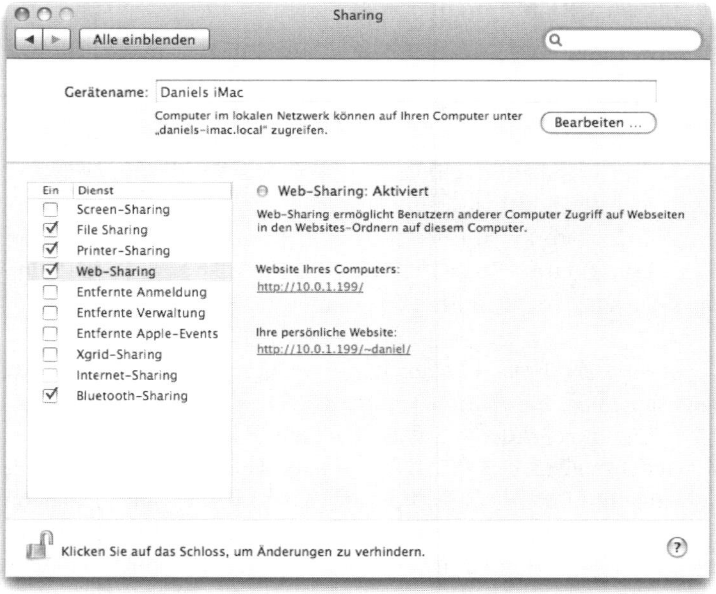

In der Systemeinstellung »Sharing« wird zuerst der Dienst »Web-Sharing« aktiviert …

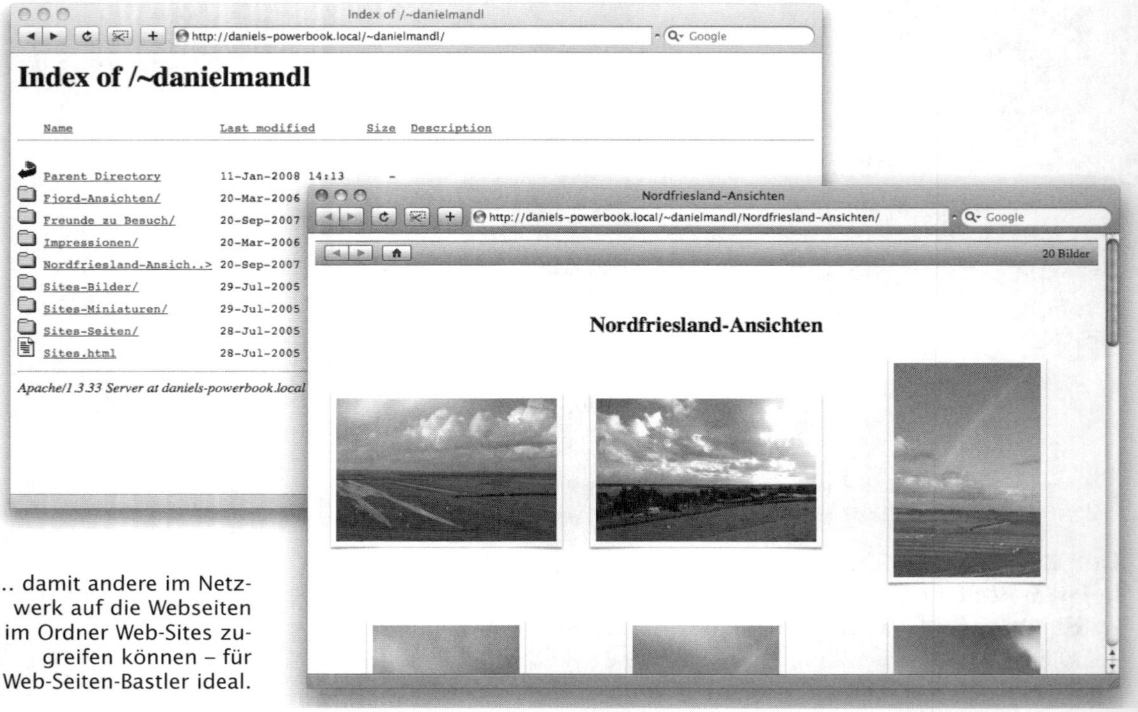

... damit andere im Netzwerk auf die Webseiten im Ordner Web-Sites zugreifen können – für Web-Seiten-Bastler ideal.

Wenn Sie sich für das Thema Webseiten-Management auf Ihrem Computer interessieren, so sollten Sie unbedingt einmal einen Blick auf die Apache-Webseite der *Webserver-Software* werfen. Sie finden sie unter der URL `http://httpd.apache.org/`.

Einen PC ins Mac-Netzwerk einbinden

Da die Macintosh-Welt stets tolerant ist, werden selbstverständlich auch die Windows-User nicht ausgeschlossen. Oder vielleicht kommen Sie ja auch aus dem Windows-Lager und suchen nun nach einer geeigneten Möglichkeit, Ihre Daten vom PC auf den Mac zu bekommen. Natürlich klappt das auch über eine externe Festplatte oder das Brennen von CDs/DVDs – die Netzwerk-Variante ist zumindest die Schnellste.

Beim Mac sind die Einstellungen rasch geregelt: In der Systemeinstellung *Netzwerk* stellen Sie bei *Konfiguration* auf *DHCP mit manueller Adresse* um und vergeben eine IP-Adresse, etwa 192.168.0.254. Die Teilnetzmaske belassen Sie wieder bei 255.255.255.0, die anderen Felder lassen Sie leer. Bestätigen Sie dann Ihre Eintragungen über den Button *Anwenden*. Danach wechseln Sie in die Systemeinstellung *Sharing* und aktivieren den Dienst *File Sharing*. Über den Button *Optionen* rufen Sie nun ein weiteres Dialogfeld auf, in dem Sie die Funktion *Dateien und Ordner über SMB bereitstellen* aktivieren.

Ein wenig Vorarbeit ist angesagt, damit es später keine Probleme gibt.

Hierbei müssen Sie einen auf dem Mac vorhandenen *Benutzer-Account* freigeben und explizit ausweisen, dass dieser zum Datenaustausch mit einem oder mehreren Windows-PCs verwendet werden darf. Setzen Sie daher einen Haken in den gewünschten *Account* und identifizieren Sie sich durch Ihr Passwort.

Auf Windows-Seite (Windows XP) müssen Sie ebenfalls Ihren Rechner für den Daten-Austausch klar machen. Wählen Sie dazu über *Start | Verbinden mit* und dort den Befehl *Alle Verbindungen anzeigen.* Klicken Sie nun mit der rechten Taste auf den gewünschten Verbindungs-Typ (*LAN-Verbindung* oder *Drahtlose Netzwerkverbindung*) und wählen Sie aus dem Kontext-Menü die Option *Eigenschaften.*

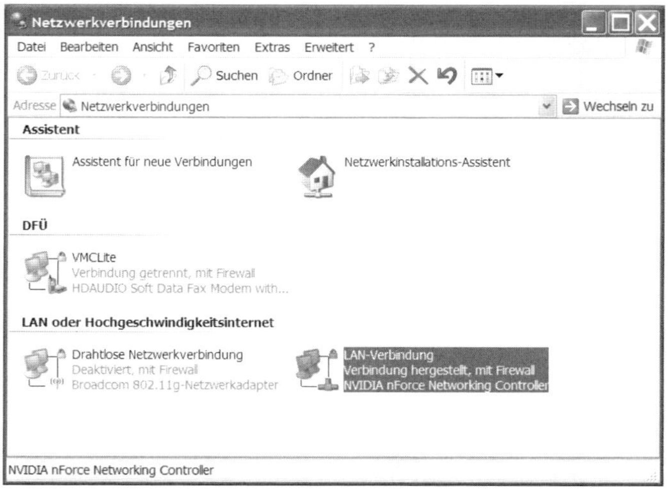

Der erste Gang erfolgt über die Netzwerkverbindungen sowie die Wahl der Verbindungs-Art.

Im sich öffnenden Dialog (im Beispiel *LAN-Verbindung*) *Eigenschaften von LAN-Verbindung* suchen Sie sich nun den Punkt *Internet-Protokoll (TCP/IP)*. Achten Sie darauf, dass der Haken linker Hand gesetzt ist, markieren Sie die Option und klicken Sie dann auf den Button *Eigenschaften.* Im Dialogfeld *Eigenschaften von Internet-Protokoll (TCP/IP)* klicken Sie nun auf *Folgende IP-Adresse verwenden* und tragen bei *IP-Adresse* etwa 192.168.0.252 und bei *Subnetzmaske* 255.255.255.0 ein. Die restlichen Felder können bei reinem *File Sharing* leer bleiben. Bestätigen Sie die beiden Dialogfelder jeweils mit *OK.*

Das Vergeben der einmaligen IP-Adresse ist wichtig zum Identifizieren des angewählten Rechners.

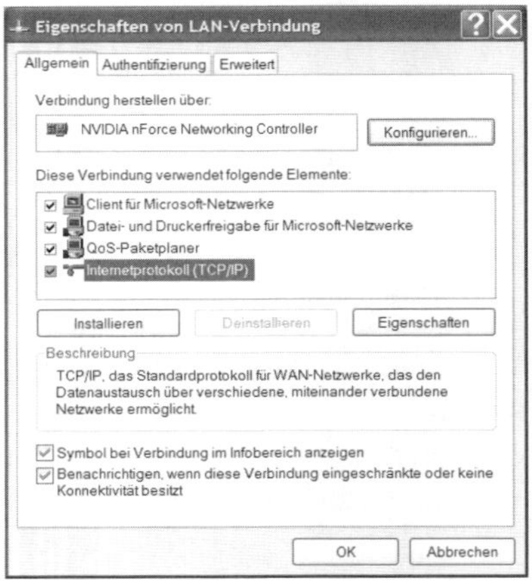

Danach geht's an das Freigeben von Ordnern (oder auch der gesamten Festplatte) im Netzwerk. Hierbei lässt sich einerseits der *Netzwerkinstallations-Assistent* verwenden, der Sie Schritt für Schritt begleitet. Oder Sie wählen Ihren Arbeitsplatz und darin die ausgesuchten Ordner, klicken wieder mit der rechten Maustaste und wählen aus dem Kontext-Menü die Option *Freigabe und Sicherheit.* Darin lässt sich nun die Netzwerkfreigabe erteilen (Option: *Diesen Ordner im Netzwerk freigeben*). Wenn gewünscht, lässt sich auch noch ein *Freigabename* vergeben, um einen besseren Wiedererkennungswert zu erhalten. Standardmäßig ist auf Ihrem Windows-Arbeitsplatz der Ordner *Gemeinsame Dokumente* freigegeben, den Sie jederzeit mit Daten füllen können, auf die andere im Netzwerk zugreifen sollen.

Und dann kann es auch schon losgehen: Sobald Sie beim Mac den Dienst *File Sharing* aktiviert haben, sollte auf Windows bei *Start | Netzwerkumgebung | Gesamtes Netzwerk | Microsoft Windows-Netzwerk* und dort unter *Workgroup* Ihr Mac eingeblendet werden. Wählen Sie nun diesen aus, erfolgt die Eingabe von Benutzer-Name und Passwort und Sie haben den totalen Zugriff auf die jeweiligen freigegebenen Benutzer-Ordner – Sie können also sowohl vom Windows-PC Daten auf den Mac kopieren als auch umgekehrt.

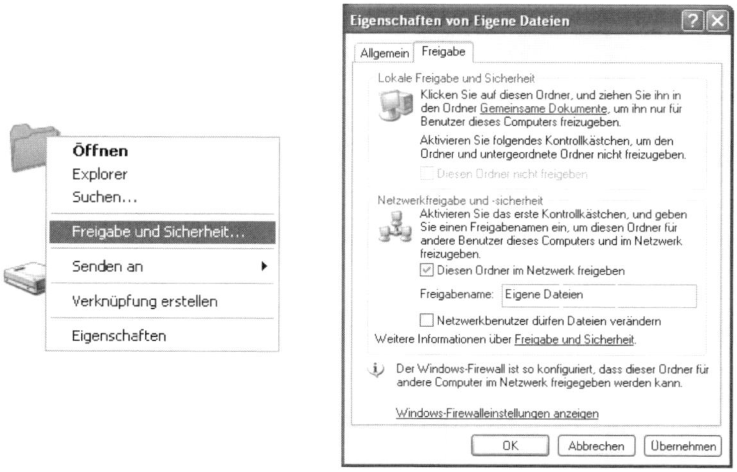

Die Freigabe von Ordnern ist schnell erledigt.

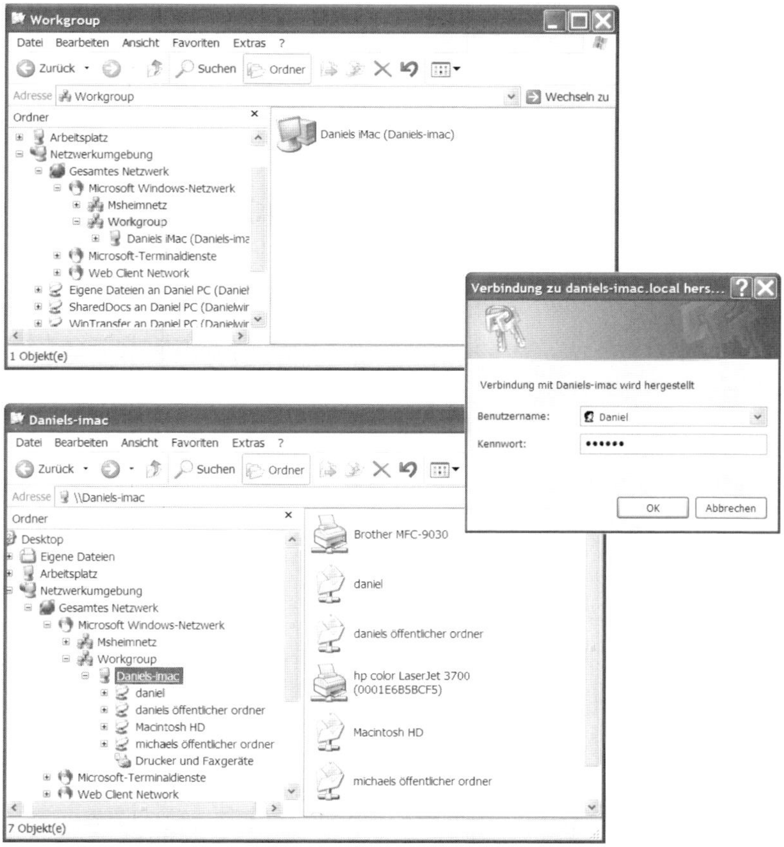

Der Mac taucht auf dem Windows-Rechner auf. Nach der Abfrage von Benutzer-Name und Kennwort lassen sich Ihre Dateien ohne Probleme transferieren.

Auch über die Eingabe der IP-Adresse des Mac-Rechners (wie etwa «\\192.168.0.254») ist der Zugriff auf den Mac möglich.

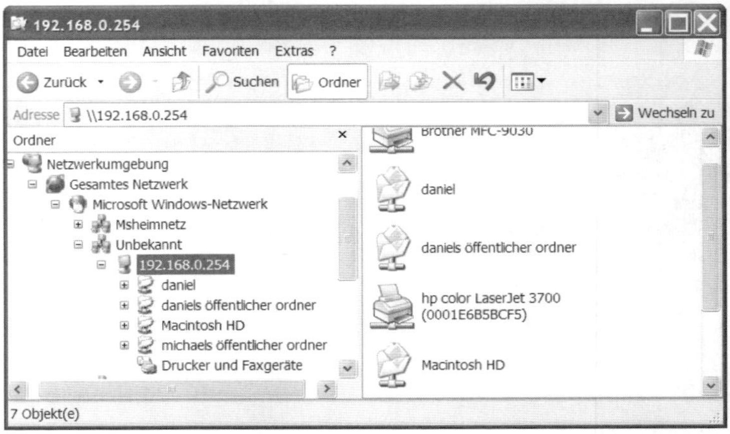

Die IP-Adresse wird oberhalb des Explorer-Fensters eingetragen. Falls dieses nicht sichtbar sein sollte, wählen Sie »Ansicht | Symbolleisten | Adressleiste«.

Das ganze Spielchen klappt natürlich auch, wenn Sie vom Mac aus starten und auf den Windows-PC zugreifen möchten. Auch dabei können Sie verschiedene Wege einschlagen. Sind alle IP-Nummern vergeben und auch *File Sharing* aktiviert, so öffnen Sie ein beliebiges Finder-Fenster und klicken auf *Netzwerk*. Ebenso sollte der verbundene PC nun auch in der Seitenleiste des Fensters unter *Freigaben* erscheinen. Mit Klick darauf wird nun der von Ihnen vergebene Netzwerkname Ihres PCs (in unserem Fall *danielwinlaptop*) samt aller freigegebenen Ordner auftauchen. Dort können Sie nun Daten entnehmen oder hinzufügen.

Der oder die Server werden aufgelistet.

Bis sich beide Computer (Mac und PC) finden und identifizieren, können schon einmal ein paar Minuten ins Land gehen. Seien Sie also geduldig. Im Zweifel können Sie auch nach der Konfiguration der Rechner einen Neustart beider Computer durchführen. Geht es dann immer noch nicht, so wählen Sie den nachfolgenden Weg.

Sollte bei Ihnen der Zugriff nicht gleich klappen, so lässt sich auch über Eingabe der PC-*IP-Adresse* bzw. des *NetBios-Namen* (zu finden unter *Systemsteuerung | System | Computername*) Kontakt aufnehmen. Hierzu wählen Sie im *Finder* über die Menüleiste *Gehe zu* den Befehl *Mit Server verbinden* (⌘-K) und tragen dort die Adresse ein. Beachten Sie bitte hierbei, dass Sie das Kürzel *smb://* voranstellen. *SMB* steht hierbei für Server Message Block und ist das von Microsoft benutzte Netzwerk-Protokoll.

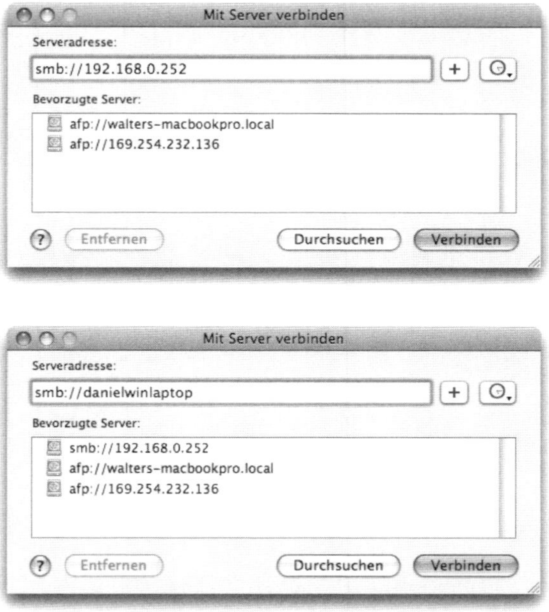

Suche des Servers über die IP-Adresse oder des NetBios-Namen (entspricht dem Computernamen).

Nach dem Klick auf *Verbinden* müssen Benutzername und Kennwort des PCs eingegeben werden – danach erscheinen dann die freigegebenen Ordner/Volumes, die Sie einzeln oder alle bestimmen. Auch nach dieser Vorgehensweise erscheint der PC in der Seitenleiste des Finder-Fensters und Sie können Daten transferieren.

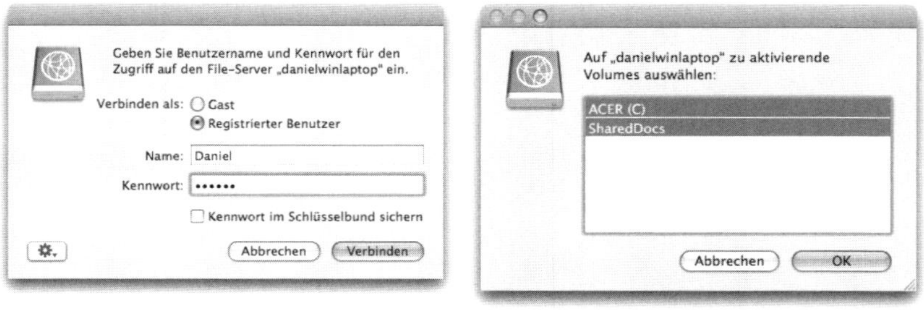

Nach der Identifizierung wählen Sie die zu aktivierenden Volumes.
Das war's.

Was tun bei Problemen?

»Nobody is perfect« – das gilt auch für ein neues Betriebssystem wie Mac OS X 10.5 samt seiner tollen Programme und Features. Manchmal hakt es doch ein wenig, ein Programm lässt sich nicht beenden, das Umschalten zwischen Programmen läuft träge, der Mauszeiger reagiert gar nicht mehr und zeigt anstatt dessen nur sein buntes Rädchen. Das große Trostpflaster dabei: Die meisten Probleme betreffen Software-Konflikte und sind daher ohne Weiteres zu beheben, die Hardware ist in den seltensten Fällen der Schuldige. Auch wenn Sie mitten in der Arbeit sind und einen Befehl oder einen Dialog nicht gleich auf Anhieb verstehen, ist Hilfe in Sicht. Welche Gegenmaßnahmen Sie treffen können, lesen Sie auf den folgenden Seiten.

Software-seitige Lösungen

Die Apple-Hilfe

Jedes Programm und insbesondere die Apple-eigenen Applikationen besitzen eine umfassende Hilfe, in die Sie auf jeden Fall einmal einen Blick werfen sollten. Zu finden ist diese meist über den Menü-Punkt *Hilfe* in der Menüleiste bzw. über *Befehlstaste-Fragezeichen* (⌘-?). Wählen Sie im *Finder* die Hilfe, so lässt sich über den *Home*-Button ( ) ein Popup-Menü ausfahren (mit der Maus darauf klicken und die Maustaste gedrückt halten), über das Sie nun einzelne Programme gezielt anspringen können. Danach benutzen Sie dann entweder die vorgegebenen Themen-Gebiete, geben einen Such-Begriff ein oder klicken auf das Feld *Index*, das mit zig Begriffen zum jeweiligen Programm aufwartet.

Für jedes installierte Programm existiert eine umfassende Hilfe mit informativen Inhalten.

Der ausführliche Index sollte Ihnen ebenso einen Blick wert sein.

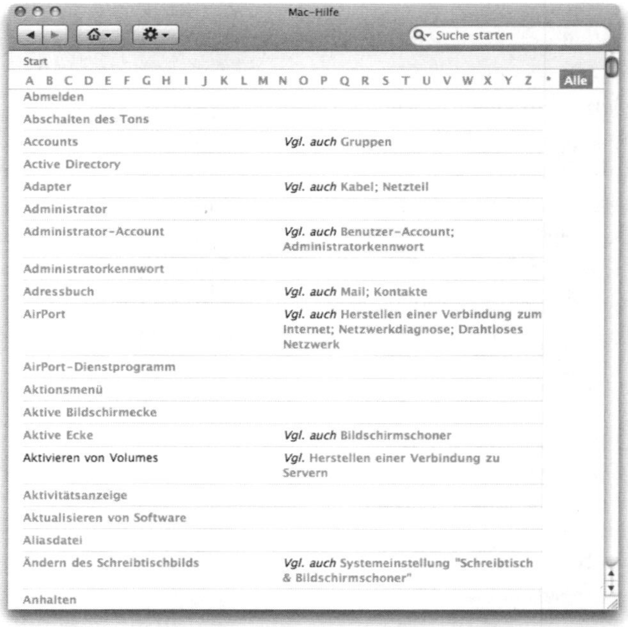

Nach der Begriffs-Eingabe listet die Hilfe alle relevanten Themen auf, die zum gewünschten Stichwort passen. Über die rechts stehenden Balken in unterschiedlicher Länge lesen Sie gleichzeitig die Wahrscheinlichkeit ab, mit der die besten Treffer erzielt werden. Verharren Sie mit dem Mauszeiger ein wenig länger über einem Eintrag, so erhalten Sie schon einmal eine kurze Inhaltsangabe. Über den Doppelklick auf ein Thema kommen Sie letztlich an die erklärenden Hilfe-Texte, die weiterführende Informationen anbieten oder gar auf die Support-Webseiten von Apple verweisen.

Die Rang-Reihenfolge zeigt auf einen Blick die Aussicht auf Erfolg.

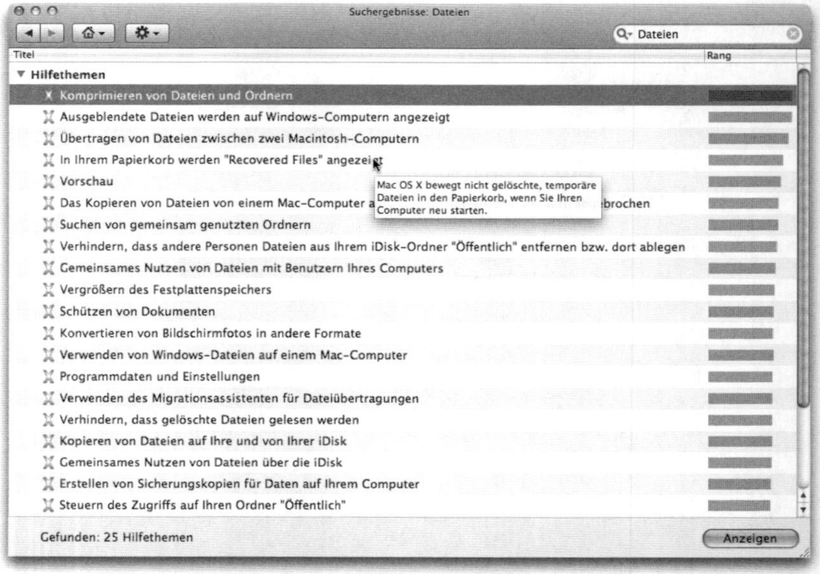

Über die beiden Pfeile in der Symbolleiste navigieren Sie nun vorwärts oder wieder zurück, ein kurzer Klick auf den *Home*-Button ( ) bringt Sie schnell wieder zum Ausgangspunkt der *Mac-Hilfe*.

Interessant ist auch der Index, der zu allen Themen-Gebieten die nötigen Stichwörter liefert und so schnell zum Ziel führt. Auch hierbei werden Ihnen viele relevante Themen vorgestellt, die nützliche Tipps & Tricks sowie Hilfestellungen zur Verfügung stellen.

In fast allen Dialogen finden Sie das Symbol ( ) mit einem Fragezeichen darin, das Sie direkt zum entsprechenden Thema in der Mac-Hilfe bringt.

Die *Mac-Hilfe* hat sich wirklich zur einer umfassenden Datenbank gemausert, die hervorragend übersetzt ist und in der man Stunden schmökern kann. Nutzen Sie also bei Bedarf auch diese Unterstützung und besuchen Sie die Seiten, denn – wie wir schon gelernt haben – Wissen kann man nie genug haben …

Neustart durchführen

Sie sollten sich eine bestimmte Reihenfolge angewöhnen, mit der Sie Problemen begegnen. Dazu gehört vorrangig Ruhe zu bewahren – insbesondere wegen des eigenen Nerven-Kostüms. Auch wenn es ungeduldige Menschen an den Rand des Wahnsinns bringen kann – die meisten Widrigkeiten lassen sich mit einem Neustart beheben. Beenden Sie folglich alle laufenden Programme, klicken Sie in das *Apple-Menü* (der Apfel ganz links) und wählen Sie aus dem aufklappenden Menü den Befehl *Neustart.* Dabei wird die Hardware einem internen Funktionstest unterzogen und das Betriebssystem wird neu hochgefahren. Meist sind kleinere Unregelmäßigkeiten danach aus dem Weg geräumt.

Denken Sie immer daran, Ihre verrichtete Arbeit vor dem Beenden von Programmen zu speichern. Die laufenden Applikationen weisen im Normalfall darauf hin, dass die geöffneten Dokumente (Texte, Bilder etc.) Veränderungen erfahren haben und diese gesichert werden sollen.

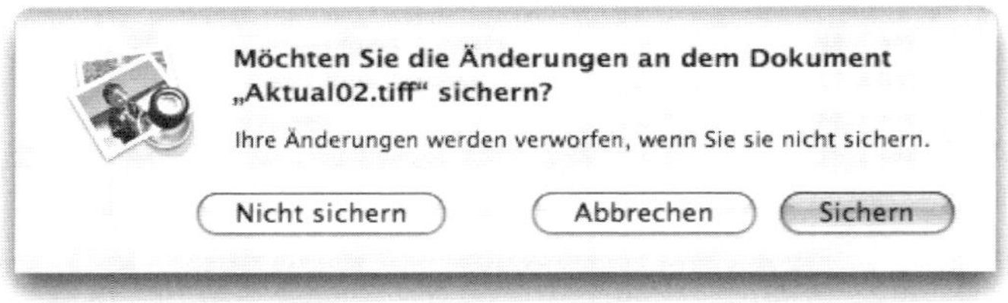

Das Sichern von Dokumenten sollte ins Grundgesetz aufgenommen werden.

Will der Mac nicht auf Sie hören und führt auf dem normalen Weg keinen Neustart durch, so versuchen Sie dennoch, zuerst die Programme zu beenden und Ihre Arbeit zu sichern. Danach wählen Sie als Not-Maßnahme für alle Laptop-Modelle (und alle Computer, an die eine Tastatur mit *Ein-/Ausschalt-Taste* angeschlossen ist) die Tastenkombination *Befehlstaste-ctrl-Ein-/Ausschalt-Taste* für einen erzwungenen Neustart. Hierbei wird der Mac ohne Warnung – und zwar sofort – neu gestartet. Bei iMac & Co. müssen Sie die *Ein-/Ausschalt-Taste* länger gedrückt halten (ein paar Sekunden lang), bis der Mac sich ausschaltet. Danach mounten Sie ihn wieder ganz normal.

Bei manchen Problemen kann auch das Ausschalten des Rechners (Zeitdauer etwa 30 bis 60 Minuten) Wunder bewirken. So ist es uns selbst schon passiert, dass man sich Stunden mit vermeintlichen Missständen herumärgert, bis man genervt den Rechner herunterfährt. Nach dem Abendessen oder einer entspannenden Dusche (mit selbst interpretierten Liedern wie »Du hast mich tausend Mal belogen …« oder »Mit 66 Jahren, da fängt das Leben an …«) haben sich nach dem Wiedereinschalten des Rechners die Probleme in Luft aufgelöst. Der Ursache kommt man so zwar nicht auf die Spur, aber es ist dennoch ein gutes Gefühl, dass wieder alles zur Zufriedenheit läuft. Übrigens: Unter der Dusche funktionieren natürlich auch andere Lieder …

Programme sofort beenden

Wenn Sie im normalen Arbeitsalltag Abweichungen feststellen und das Fehler verursachende Programm identifizieren können, sollten Sie es beenden und dann nochmals starten. Hilft das nicht bzw. lässt sich das Programm nicht beenden, greifen Sie zur Notbremse: Über *Befehlstaste-Optionstaste* und *esc-Taste* (⌘-⌥-*esc*) rufen Sie den *Sofort beenden*-Dialog auf, markieren das entsprechende Programm und klicken dann auf den Button *Sofort beenden*. Alternativ lässt sich auch über das Dock (mit gedrückter *Optionstaste* und einem leicht verlängerten Mausklick auf das Programm-Icon) der Befehl *Sofort beenden* starten. Die anderen noch laufenden Programme werden hierbei nicht in Mitleidenschaft gezogen und Sie können wenigstens mit diesen weiterarbeiten. Starten Sie dann das Programm noch einmal und beobachten Sie, ob es weiterhin »komisch« reagiert. Im Zweifel sollten Sie auch immer einen anschließenden *Neustart* in Erwägung ziehen.

Über das Dock lässt sich der Befehl »Sofort beenden« mit gedrückter Optionstaste (⌥) und verlängertem Mausklick aufrufen.

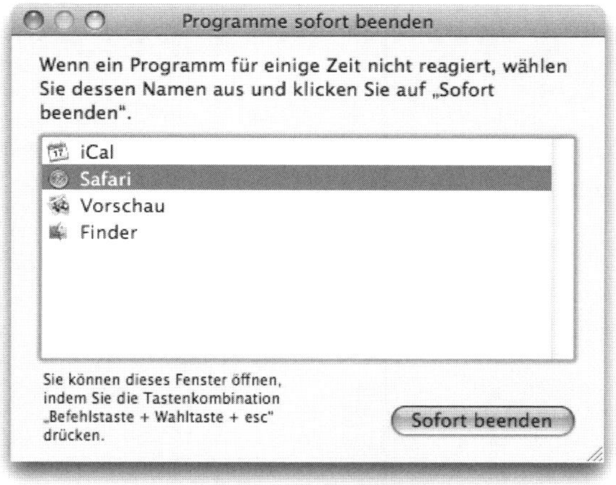

Instabile Programme werden in Nullkommanichts über »Sofort beenden« aus dem Verkehr gezogen.

Preferences und Caches

Jedes Programm besitzt eine kleine *Preferences*-Datei, in der die in den *Programm-Einstellungen* vorgenommenen Eintragungen gespeichert werden. Ab und zu können diese Dateien der Grund für fehlerhaftes Verhalten sein, so dass es sich anbietet, diese bei Problemen mit Programmen zu löschen. Beim erneuten Aufruf des Programms wird diese *Preferences*-Datei neu angelegt – Sie müssen einzig etwaige Anpassungen in den *Einstellungen* überprüfen und eventuell erneut eingeben. Einige Programme speichern in diesen *Preferences*-Dateien die Seriennummer, so dass auch diese in manchen Fällen neu einzutragen ist.

Im Verzeichnis *Benutzer/»Ihr Benutzername«/Library/Preferences/* finden Sie diese Dateien, die meist den Namen des Programms im eigenen Titel tragen. So nennt sich beispielsweise die Voreinstellungs-Datei vom Programm *DVD Player* »com.apple.DVDPlayer.plist« oder von *TextEdit* »com.apple.TextEdit .plist«. Markieren Sie die entsprechende Datei und befördern Sie sie in den Papierkorb. Nach dem erneuten Start des Programms wird sie automatisch wieder angelegt.

Wenn die Datei im Papierkorb liegt, sollten Sie diesen nicht gleich entleeren, sondern erst das Verhalten des Programms nach einem erneuten Start testen. Ist das Problem gelöst und die Applikation läuft nun einwandfrei, so können Sie auch den Papierkorb leeren. Ist die *Preferences*-Datei jedoch nicht das Übel, so können Sie diese wieder zurück an ihren angestammten Platz befördern – so sparen Sie sich eventuelle Neu-Eintragungen in den Programm-Einstellungen.

Manchmal tragen die »Preferences« die Bürde des Schuldigen.

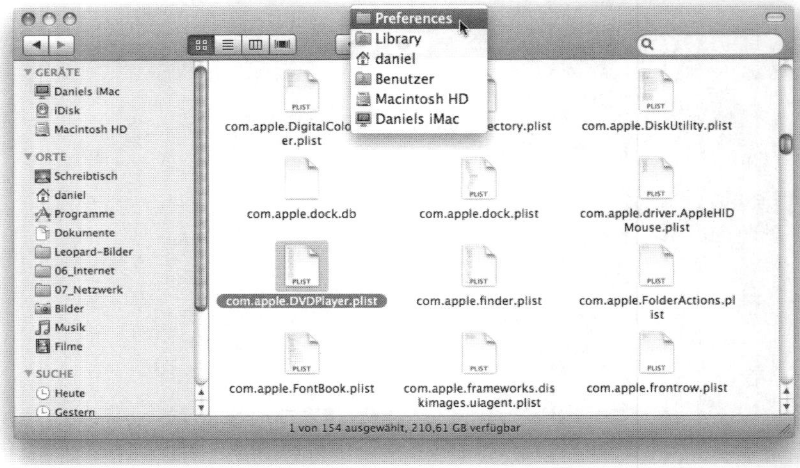

Denken Sie bitte daran, erst einen Neustart des Programms oder des Rechners durchzuführen, ehe Sie dem Programm mit dem Löschen der *Preferences*-Datei zu Leibe rücken.

Auch *Caches* können Probleme verursachen bzw. das Löschen derselben diese beseitigen. In diesen Dateien werden Informationen zwischengespeichert, auf die wiederholt zurückgegriffen wird – etwa zum Starten von Programmen, welche Schritte Sie bereits in Assistenten vollzogen haben etc. Insgesamt gibt es drei Orte, an denen besagte Ordner samt Cache-Daten liegen:

- *Macintosh HD/Library/Caches*
- *Macintosh HD/System/ Library/Caches*
- *Benuzter/ Library/Caches*

Zum Löschen der ersten beiden Orte müssen Sie sich mit Ihrem Administratoren-Kennwort identifizieren, in Ihrem Benutzer-Ordner klappt das auch ohne. Der darauf folgende Neustart dauert in der Regel etwas länger als üblich, danach sollten jedoch gerade Programme schneller starten. Kaputt machen können Sie dabei nichts, denn die Caches-Dateien werden erneut angelegt – nur dieses mal eben ohne Fehl und Tadel.

Parameter-RAM löschen

Das kurz *PRAM* genannte *Parameter-RAM* ist ein Speicher-Bereich, der durch eine Batterie mit Energie gespeist wird und daher auch nach dem Ausschalten des Mac seine Daten behält. Nach dem Einschalten des Mac stehen diese Informationen wie Datum und Uhrzeit dann wieder zur Verfügung. Auch hier kann eine Fehlerquelle vorliegen, wenn sich beispielsweise fehlerhafte Daten in diesem Bereich befinden (zum Beispiel nach einem Absturz des Systems). Um das *PRAM* nun zu löschen, müssen Sie gleich nach dem Neustart die akrobatische Tastenkombination *Befehlstaste-Optionstaste-P-R* (⌘-⌥-P-R) gedrückt halten. Halten Sie die Tasten so lange gedrückt, bis der Startgong ein zweites, besser noch ein drittes Mal ertönt. Danach startet der Mac wie gehabt hoch.

Überprüfen Sie *Datum* und *Uhrzeit* sowie Ihre Monitor-Einstellungen, ob alles seine Richtigkeit hat.

Volume-Zugriffsrechte überprüfen

Auch wenn das Prozedere schon im Kapitel über die *Dienstprogramme* ausführlich geschildert wurde, möchten wir dennoch daran erinnern. Manche Programme wollen einfach nicht mehr hochstarten oder verabschieden sich verfrüht und ohne ersichtlichen Grund. Ein Fall für das *Festplatten-Dienstprogramm!*

Markieren Sie das Volume mit dem Betriebssystem und lassen Sie die Zugriffsrechte reparieren. Als krönenden Abschluss fügen Sie noch einen Neustart hinzu und ein bestehendes Dilemma sollte hoffentlich beseitigt sein.

Häufige Abstürze – Leopard-DVD einlegen

Friert der gesamte Bildschirm ein oder erhalten Sie laufend Systemfehler, so sollten Sie bei fortwährendem Eintreten dieser Symptome ebenfalls die Festplatte mit dem *Festplatten-Dienstprogramm* untersuchen. Hierzu legen Sie die Installations-CD/DVD in das Laufwerk und wählen einen Neustart. Ist Letzterer auf dem normalen Weg über das *Apple*-Menü nicht zu bekommen, so erzwingen Sie ihn über die Tastenkombination *Befehlstaste-ctrl-Taste-Ein-/Ausschalt-Taste* (⌘-*ctrl*-⏻). Nach dem Startgong drücken Sie dann sofort die Taste »C«, damit der Rechner über die CD/DVD mounted. Nach Bestimmung der Sprache starten Sie über den Punkt *Dienstprogramme* die Anwendung *Festplatten-Dienstprogramm.* Damit lassen sich nun alle *Partitionen/Volumes überprüfen* und *reparieren.*

Als Alternative bei einem Zweit-Rechner (der ebenso unter Mac OS X läuft) bietet sich auch der *Target-Modus* an. Starten Sie den funktionierenden Rechner zuerst und verbinden Sie diesen dann per *FireWire*-Kabel mit dem Sorgenkind. Starten Sie Letzteren und drücken Sie sofort nach dem Startgong die Taste »T«. Dabei wird der Rechner zur externen Festplatte und erscheint als Volume auf dem erst genannten Computer. Nun können Sie die Volumes ebenso per *Festplatten-Dienstprogramm* reparieren.

Bringt auch das keine Besserung, sollten Sie wie üblich eruieren, welche Änderungen Sie zuletzt am System vorgenommen haben. Vielleicht war das zuletzt installierte Programm nicht kompatibel mit Mac OS X 10.5 und auf der Hersteller-Webseite schlummert längst ein Update.

Findet das *Festplatten-Dienstprogramm* keine Fehler und Sie haben aber dennoch weiterhin Abstürze, sollten Sie Ihren Mac probehalber im so genannten sicheren Modus (*Safe Boot*) starten. Dabei halten Sie beim Neustart die *Umschalt-Taste* (⇧) gedrückt, bis der Anmelde-Bildschirm erscheint – dieser sollte nun den Zusatz *Safe Boot* anzeigen. Bei dieser Methode des Hochstartens werden ausschließlich Apple-eigene Komponenten berücksichtigt – Erweiterungen seitens Drittherstellern wie Tastatur-Software oder Ähnliches bleibt außen vor. Versuchen Sie nun, die Konflikte zu reproduzieren. Läuft die System-Software dabei einwandfrei, können Sie davon ausgehen, dass die Konflikte von Apple-fremden Programmen/Erweiterungen hervorgerufen werden. Überlegen Sie folglich, was Sie zuletzt installiert haben! Über das Apple-Menü wählen Sie erneut einen Neustart, um wieder in den normalen Benutzer-Modus zu gelangen.

Erkundigen Sie sich am besten auf den Webseiten der Software-Hersteller, ob die Voraussetzungen seitens Ihres Betriebssystems in Zusammenarbeit mit der angebotenen Software erfüllt sind oder ob Konflikte gemeldet wurden. Im Zweifel löschen Sie das Dritthersteller-Programm, indem Sie es aus dem Ordner *Programme* in den *Papierkorb* befördern oder – im Falle eines angebotenen Deinstallers – darüber entfernen.

Die Einstellungen für *Tastaturen, Mäuse* oder sonstige Peripherie finden Sie oftmals in den *Systemeinstellungen.* Die dazugehörigen Software-Pakete liegen wiederum im Ordner *PreferencePanes* in den Verzeichnissen *Festplatte/Library/PreferencePanes* oder *Benutzer/Ihr Benutzername/Library/PreferencePanes.* Am einfachsten gelingt das Entfernen, indem Sie mit gedrückter *ctrl-Taste* auf die jeweilige Systemeinstellung klicken und dann aus dem Kontext-Menü den Befehl *Systemeinstellung »SoftwareXY« entfernen* wählen. Achtung: Entfernen Sie grundsätzlich nur *Systemeinstellungen,* die unter der Rubrik *Sonstige* abgelegt sind – alle anderen stammen von Apple und dürfen nicht gelöscht werden.

Als letzten Schritt – wenn gar nichts mehr hilft – sollten Sie das System neu installieren. Hierbei können Sie es zum einen über *Time Machine* wiederherstellen, was die einfachere Lösung ist. Oder Sie verwenden beim Installations-Prozedere (Leopard-DVD einlegen und darüber starten) die Einstellung *Archivieren und Installieren* und aktivieren die Option *Benutzer und Netzwerkeinstellungen beibehalten* (siehe auch Kapitel 1 »Die Installation – Schritt für Schritt zum fehlerfreien Betriebssystem«). Dabei wird das Betriebssystem neu angelegt und etwaige fehlerhafte Komponenten ersetzt. Nach der Installation gehen Sie dann am besten in die *Systemeinstellungen* und bringen Ihr System über die *Software-Aktualisierung* auf den neuesten Stand.

Und bitte unbedingt beachten: Vor der Neu-Installation bringen Sie bitte Ihre Arbeits- sowie persönlichen Daten (Bilder, Filme, Brief-Korrespondenz) in Sicherheit. Denn, falls alle Stricke reißen und nichts mehr geht, müssen Sie alles platt machen und eine komplette Installation (samt Löschen der Vor-Version) in Betracht ziehen.

Papierkorb lässt sich nicht löschen

Auch das ist mitunter möglich: Die Apple-eigene Müllabfuhr streikt, und das ganz ohne Gewerkschaft. Bemerken werden Sie diese Angelegenheit, wenn Sie Daten über *Finder | Papierkorb entleeren* löschen, der Papierkorb aber dennoch gefüllt bleibt. Ist ein Dokument beispielsweise geschützt, so verhindert dies schon einmal das Löschen – und zwar zurecht (sonst wäre ja der Schutz sinnlos), wobei die Daten noch nicht einmal in den Papierkorb befördert werden können. Hier müssen Sie die Datei markieren und den Befehl *Ablage | Informationen* (⌘-I) aufrufen. Im auftauchenden Dialog entfernen Sie dann in der Abteilung *Allgemein* den Haken bei *Geschützt* – danach sollte sich die Datei ohne Probleme löschen lassen.

Befinden sich dagegen schon einzelne Daten im Papierkorb und diese machen Anstalten, sich nicht löschen zu lassen, so klicken Sie bei gedrückter Optionstaste (⌥) auf den Papierkorb und halten kurzzeitig die Maustaste gedrückt. Im aufspringenden Popup-Menü wählen Sie dann den Befehl *Papierkorb entleeren* und der Inhalt sollte ohne Nachfrage verschwinden. Klappt auch das nicht, so hilft oft ein Neustart. Hierbei wird das System beim Aufstarten aufgeräumt und Fehlinformationen wieder gerade gerückt.

Shareware und Freeware-Programme als Helfer in der Not

Wie bei vielen anderen Dingen auch gibt es fleißige Programmierer, die ebenfalls den Mac-Usern unter die Arme greifen möchten (jedoch nicht immer aus angeborenem Altruismus). So finden Sie auf den Webseiten `www.versiontracker.com` oder `www.macupdate.com` Tausende von Programmen für alle möglichen Zwecke. Erwähnt haben wir schon das Programm *Carbon Copy Cloner* (`www.bombich.com/software/ccc.html`), mit dem Sie eine genaue Kopie Ihres Start-Volumes auf eine andere Festplatte oder Partition kopieren können, was sich natürlich nur lohnt, wenn das System fehlerfrei läuft.

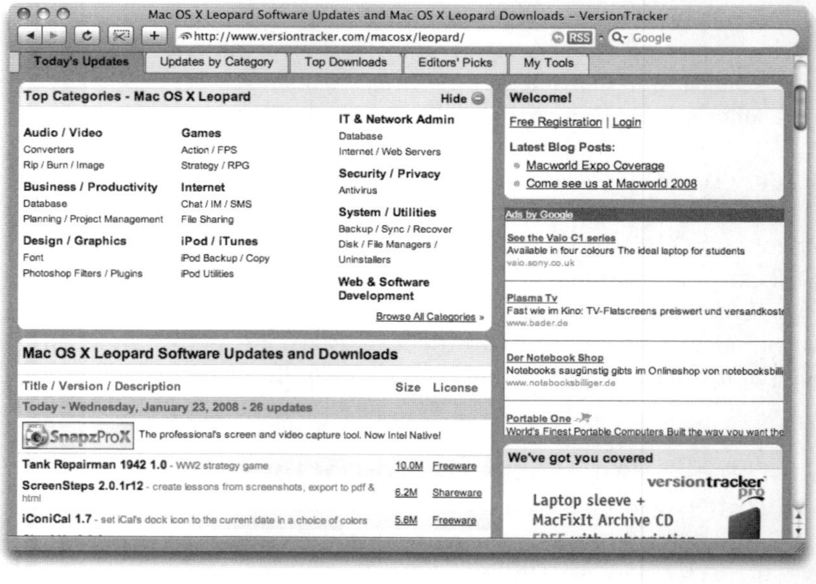

Auf den entsprechenden Webseiten finden Sie unzählige Share- und Freeware-Programme sowie Updates zum Herunterladen.

Auch Programme wie *OnyX* oder *Cocktail* sind erwähnenswert, erledigen diese Programme doch Aufgaben, die normalerweise in einem UNIX-Betriebssystem automatisiert ablaufen. Unix-Rechner in Netzwerken & Co. werkeln üblicherweise Tag und Nacht durch, was bei MacBooks und den Heim-Computern seltener vorkommt. Die System-Optimierungen beginnen meistens zu nachtschlafener Zeit, wenn der Mac ausgeschaltet ist und der Anwender sich in süßen Träumen wiegt. Diese täglich, wöchentlich oder monatlich (*periodic daily, periodic weekly, periodic monthly*) abzuarbeitenden Skripte können nun über beispielsweise *OnyX* kurz und schmerzlos auch tagsüber (oder wann auch immer) gestartet werden. Hierbei werden alte Logfiles weggeräumt, Sicherheitseinstellungen überprüft usw.

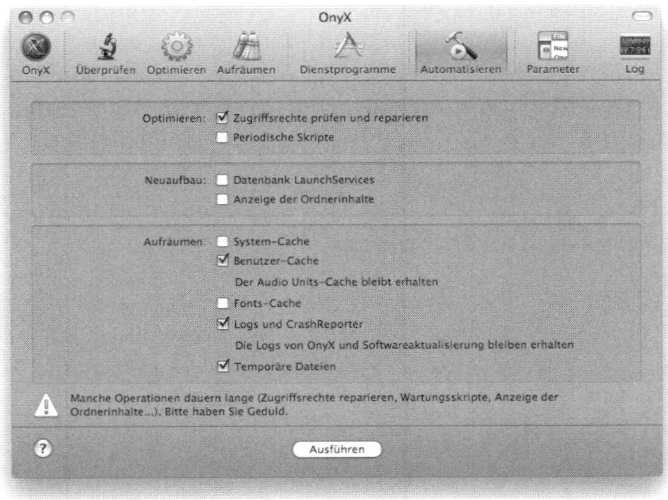

Mit »OnyX« lassen sich auch die oben genannten Caches leeren, die periodischen Skripte ablaufen, das System überprüfen, die Zugriffsrechte reparieren und, und, und.

Ein Tipp: Bitte führen Sie stets ein Backup Ihrer Daten durch, bevor Sie mit Utilities à la OnyX etc. das Betriebssystem auf Vordermann bringen.

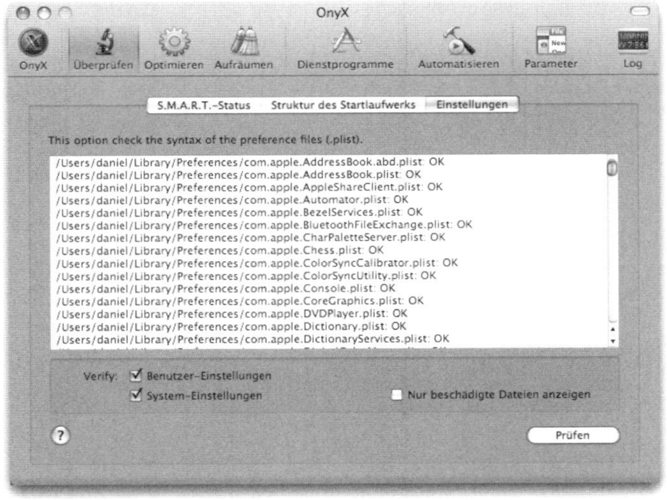

Ein ähnlicher Prozess läuft übrigens auch immer ab, wenn Sie ein Programm installieren und ganz zum Schluss der *System optimieren*-Balken zu sehen ist. So werden die zum Programm gehörenden Ressourcen erneut verbunden (Fachbegriff *Update Prebindings*) und der Start geht ratzfatz über die Bühne.

Im Grunde gibt es Tausende solcher Utilities (als Free-, Share- und Donationware), die alle irgendetwas können. Nichtsdestotrotz: Das Mac OS X kommt schon gut ausgestattet daher und sollte als Erstes einmal verstanden werden. Danach können Sie dann mit Zusatz-Programmen loslegen, die Sie dann vollends wunschlos glücklich machen.

Der Vollständig halber sei erwähnt, dass wir selbst eher sparsam mit Shareware und Freeware-Programmen umgehen. Eigentlich (Achtung, jetzt kommt die harte Wahheit ans Licht!) benutzen wir gar keine Hilfsprogramme, da unser Mac OS X so stabil läuft, dass man fast denkt, da schleicht nachts, heimlich, still und leise, ein Apple-Mitarbeiter ins Arbeitszimmer und bringt das Mac OS auf Vordermann. Deswegen sind die Rechner auch so teuer und die Apple-Supporter oftmals ein wenig gereizt – kein Wunder – bei den Arbeitszeiten…

Überprüfung der Hardware

Natürlich kann es auch die Hardware erwischen. Hierbei sollten Sie sich fragen, was Sie seit dem Auftreten dieses oder jenen Konflikts geändert haben? Kam eine neue Tastatur hinzu? Oder haben Sie eine externe Festplatte gekauft? Was haben Sie zuletzt gegessen und getrunken und überhaupt: War's vielleicht doch nur das Bügeleisen, das Sie an den Mac gehängt haben oder gar der Fausthieb auf den Rechner, weil er wieder mal nicht wollte?

Stöpseln Sie am besten alle Peripherie-Geräte ab und prüfen Sie erneut, ob Ihr Mac weiter Zicken macht. Wenn nicht, schließen Sie nach und nach die Zusatz-Geräte einzeln an und führen Sie immer wieder Probeläufe durch. Somit nähern Sie sich Schritt für Schritt dem Konflikt-Herd.

Auch in diesem Fall sollten Sie Ihren Händler oder die Hersteller auf Inkompatibilitäten ansprechen und nachfragen, ob andere User über ähnliche Probleme klagen.

Manchen Mac-Rechnern liegt eine Hardware-Test-CD/DVD bei bzw. befindet sich dieses Testprogramm auf der Installations-CD/DVD – erkennbar am aufgedruckten Kürzel »AHT« für *Apple Hardware Test*. Vor einer Überprüfung müssen Sie jedoch alle Kabel von Dritt-Produkten (externe Festplatten, Drucker, Ethernet-Netzwerk-Kabel etc.) abstecken. Nach dem Einlegen der Test-DVD starten Sie dann Ihren Rechner neu und halten dann unmittelbar nach dem Startgong die Taste »D« gedrückt. Nach Wahl der Sprache brauchen Sie dann nur noch den Anweisungen des Programms zu folgen. Lesen Sie aber zuvor unbedingt die Bedienungsanleitung in Form des PDFs *Über Apple Hardware Test*, die Ihnen die genaue Verwendung der Software erklärt. Über den Check werden Hardware-Komponenten wie die Hauptplatine, Arbeitsspeicher, Modem, Video-RAM und so weiter auf Herz und Nieren geprüft. Werden Ihnen auf diese Weise Fehler mitgeteilt, so ist Ihr Mac wohl ein Fall für den Fachmann. Rufen Sie dazu die Apple-Hotline an und schildern Sie Ihre Probleme sowie die

Fehler-Berichte – alles weitere verrät Ihnen dann der oder die hoffentlich freundliche MitarbeiterIn.

Gerade bei den mobilen Rechnern wie MacBook (Pro), iBook oder PowerBook bietet es sich an, die Installations-CDs/DVDs samt Hardware-Test immer in der Tasche mit sich zu führen. So stellen Sie auch im Urlaub oder auf Geschäftsreisen einigermaßen sicher, Ihren Rechner bei Problemen wieder auf Vordermann zu bekommen.

Test-Software von Drittherstellern

Wie bei allen Belangen rund um den Mac bieten auch andere Software-Hersteller ihre Produkte an – im Zusammenhang mit Problembewältigungen natürlich Prüf- und Reparatur-Anwendungen. Bekannt sind in der Mac-Szene insbesondere *TechTool Pro* (`www.micromat.com`), *Drive Genius* (`www.prosofteng.com`) sowie *DiscWarrior* (`www.alsoft.com/DiscWarrior`). Mit diesen Programmen lässt sich komfortabel auf Fehlersuche gehen, indem diese Hardware- wie Software-Komponenten checken und gegebenenfalls gleich reparieren (das Reparieren gilt natürlich nur für Letzteres). Auch eine Defragmentierung der Festplatte durch häufiges Löschen und Draufspielen von Daten kann beseitigt werden, was die Zugriffs-Geschwindigkeit enorm erhöhen kann.

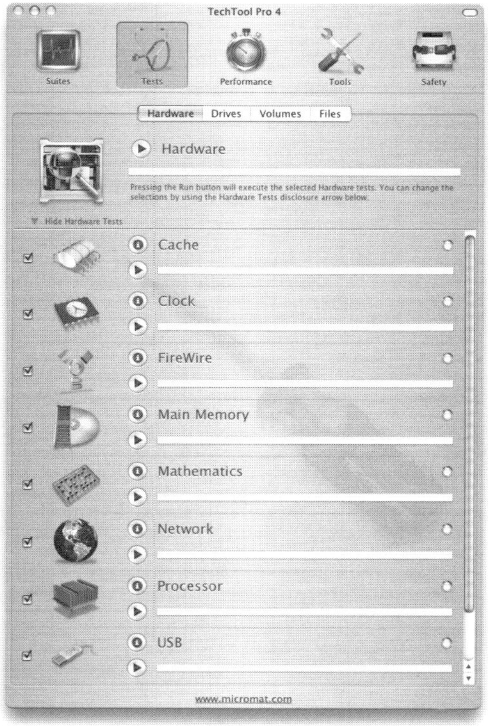

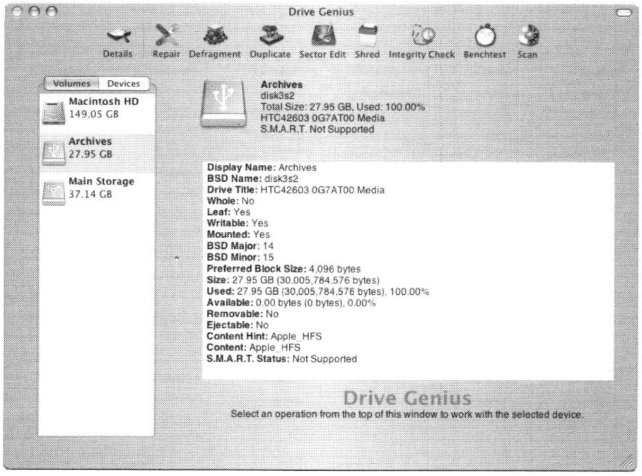

Mit kommerzieller Software den Fehlern auf der Spur.

Vor dem Reparieren sollte allerdings immer die Prävention stehen. Als wichtigsten Ratschlag können wir Ihnen nur mitgeben, Ihre Arbeits-Daten so oft wie möglich zu sichern und auch auf andere Medien wie externe Festplatten oder CD/DVDs auszulagern. Wie schon oben erwähnt – Nobody is perfect – das gilt insbesondere auch für die Technik, egal wie ausgereift sie scheint. Im Fall des Falles ist Ihr Rechner vielleicht für ein oder zwei Wochen in einer Werkstatt, aber nichtsdestotrotz haben Sie aufgrund eines regelmäßig angelegten Backups – denken Sie an *Time Machine* – Ihre wichtigen Daten zur Hand, um auf einem Ersatz-Rechner oder auf dem Computer eines Freundes weiterarbeiten zu können. Ihre Arbeit – wenn Sie mit dem Computer Geld verdienen – ist das wichtigste Gut in dieser Kette, so dass es hier keine Ausreden und Entschuldigungen gibt, warum und weshalb Sie gerade heute nicht »gebackuped« haben.

Selbstverständlich nimmt einem auch bei diesem Thema die entsprechende Software die Arbeit ab – die Rede ist von Programmen wie *Data Backup* (`www.prosofteng.com`) oder *Intego Personal Backup* (`www.intego.com`). Hierbei findet nach festgelegten Zeiten und nach vorgegebenen Verzeichnissen (Ordnern) ein Abgleich mit einem bestimmten Medium statt – die aktuellen Daten werden also tagtäglich gesichert. Die üblichen Programm-Funktionen im Fall von *Intego Personal Backup* sind in etwa

- die Durchführung kompletter Sicherungen sowie das Wiederherstellen und Synchronisieren von Ordnern und Volumes,
- das Starten des Backups (meist beim Ausschalten des Computers) in regelmäßigen Abständen oder zu einer vom Benutzer vorgegebenen Zeit,
- das Sichern im *Finder*-Format: im Falle eines Datenverlusts können die Dateien unmittelbar von der Sicherungskopie wiederhergestellt werden,
- eine stufenweise Sicherung: Sichert nur neue und geänderte Dateien,
- die Auflistung alle Sicherungsaktivitäten in einer Protokolldatei

und so weiter …

Sie sehen, ein Backup muss nicht kompliziert sein und kostet Sie auch nicht viel Zeit (dafür aber ein wenig Geld) – im Gegensatz zum Ärger und Zeitverlust, Ihre Arbeits-Daten wiederherzustellen bzw. bei Komplett-Verlust neu anfertigen zu müssen.

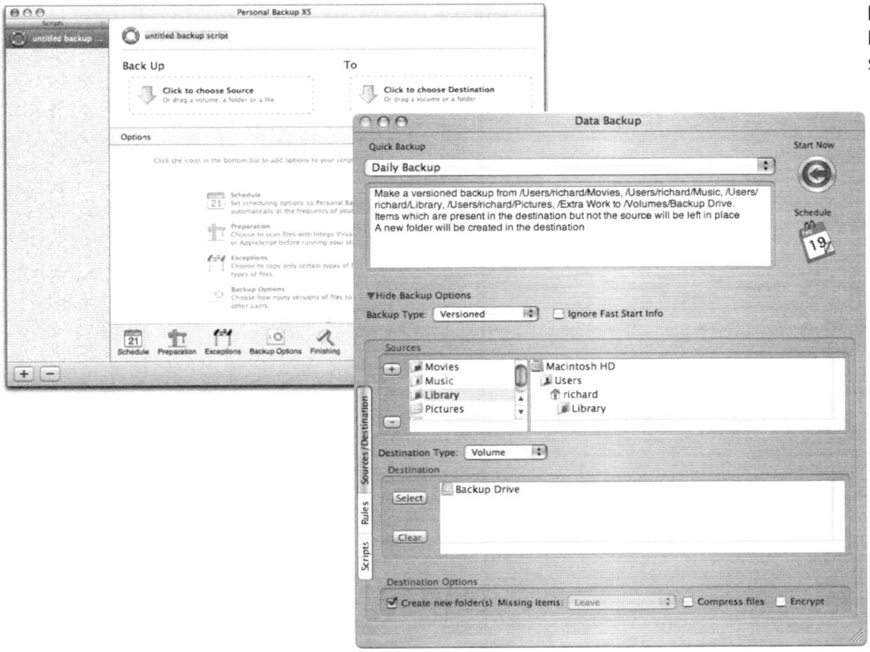

Die Konkurrenz zu Time Machine: Data Backup sowie Personal Backup X5.

Aber auch für das Wiederherstellen versehentlich gelöschter Daten oder im Falle von fehlerhaften Daten gibt es Spezial-Software, die als Retter in der Not wahre Wunder verrichten können. *Data Rescue* (`www.prosofteng.com`) oder *DiskWarrior* (`www.alsoft.com`) versprechen unter anderem die Wiederherstellung verlorener Dateien und Daten, Letzterer soll sogar so genannte *Directory Hard Links*, wie sie von *Time Machine* verwendet werden, reparieren können. Das soll jedoch nicht heißen, dass dies in allen Fällen zutreffen muss – einen Versuch bei wichtigen Daten ist es allemal wert, ein hundertprozentige Garantie gibt es dennoch nicht.

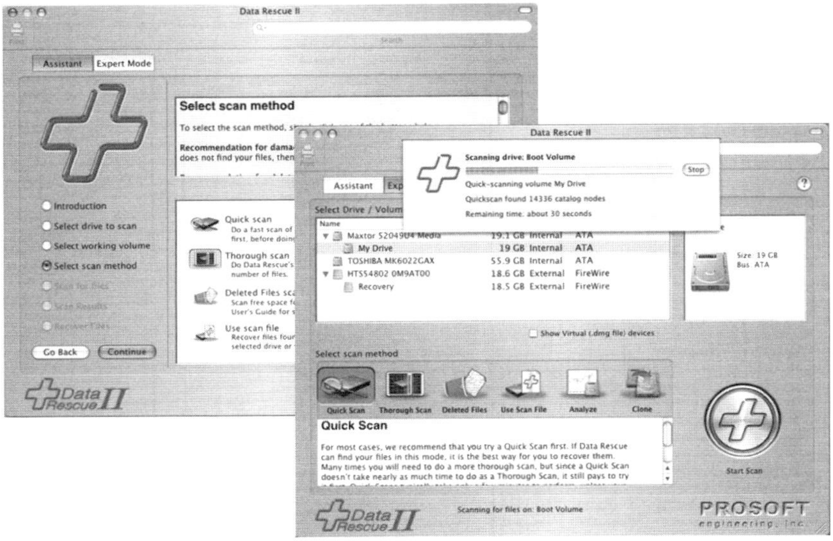

Professionelle Datenretter für den Notfall – Data Rescue von der Firma Prosoft.

Kommen wir noch zum lästigen Thema Viren und Würmer, die nicht nur im Tierreich wüten, sondern auch ab und an Computer-Nutzer stark beeinträchigen können. PC-Anwender können ein Lied davon singen bzw. geraten nahezu in Panik, spricht man eben genannte Seuche der Neuzeit aus, Mac-Anwender können sich dagegen – noch – einigermaßen beruhigt im Sessel zurücklehnen. Nichtsdestotrotz heißt es immer ein wachsames Auge auf unbekannte Dateien zu werfen bzw. diese nicht zu öffnen, kennen Sie Herkunft und Ersteller nicht. Dies gilt natürlich besonders für das Internet und seine Dienste wie E-Mail & Co. Auch für diese Fälle gibt es so genannte Viren-Scanner, die wöchentlich Ihre Viren-Datenbanken und somit auch die herausgegebenen Programme aktualisieren. Diese Auffrischung der Viren-Scanner erfolgt meist automatisch oder durch das Herunterladen von Updates, die regelmäßig zum Download bereitstehen. Die Programme heißen etwa *Intego VirusBarrier* (`www.intego.com`) oder *Norton AntiVirus* (`www.symantec.de`) und durchforsten den Rechner bis in die hintersten Ecken und Kanten auf verdächtige Spuren.

Dem Schädling auf der Spur – hoffentlich wird er nicht fündig ...

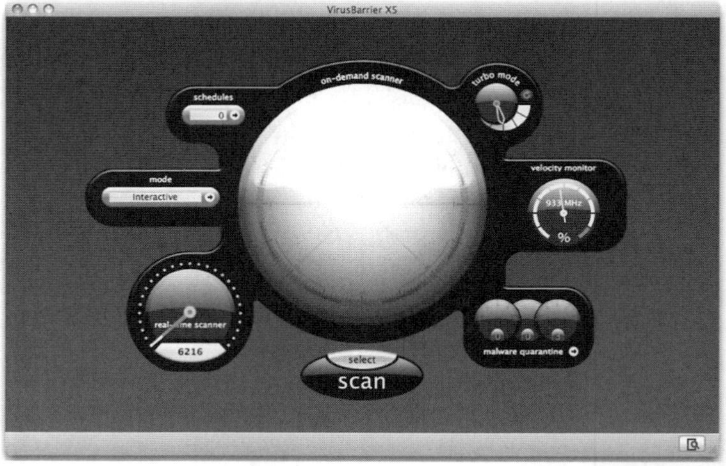

Es gibt auch eine kostenlose Anti-Viren-Software namens *ClamXav* (`www.clamxav.com`). Damit lassen sich E-Mails, Downloads aus dem Internet und verschiedene andere Dateien auf Windows-Viren und -Trojaner hin überprüfen. Wenn Sie also mit Windows-Anwendern zusammenarbeiten oder selbst noch einen Win-PC Ihr Eigen nennen und daher des Öfteren Daten auf dem Mac weiterbearbeiten, so ist es nicht verkehrt, auch dieses Material auf Schädlinge hin zu untersuchen – gerade dann, wenn Sie diese Daten auch weitergeben. Für Mac-Dateien als solches gibt es nach dem jetzigen Stand keine Viren oder sonstiges, doch sollten Sie immer auf der Hut sein.

Alle genannten Programme können Sie selbstverständlich über den Fachhandel beziehen bzw. über den Händler Ihres Vertrauens, dem Sie ruhig auch Fragen stellen sollten. Vergleichen Sie auch im Internet die Preise, da diese oftmals von Händler zu Händler schwanken und sich dabei der ein oder andere Euro oder Schweizer Franken sparen lässt.

Am Ball bleiben ...

Wenn Sie erst einmal auf den Geschmack gekommen sind und Ihren Mac von Woche zu Woche besser kennen lernen, sollten Sie es dennoch nicht versäumen, sich mit entsprechender Literatur zu versorgen.

Zum einen gibt es da Mac-Zeitschriften, die vier- bzw. achtwöchentlich erscheinen und stets einen Blick auf die Mac-Szenerie werfen. Neben Hard- und Software-Tests finden Sie darin viele weitere Anregungen und Tipps und Tricks, wie das Leben mit und am Mac einfacher und noch interessanter wird. Zur Auswahl stehen zur Zeit vier Magazine:

- Mac Life `maclife.de`
- Macwelt `www.macwelt.de`
- Macup `www.macup.com`
- iCreate `www.icreate-magazin.de`

Alle vier Fachzeitschriften betreiben einen Web-Auftritt, auf dem Sie sich ruhig einmal ausführlich umschauen sollten. Auch werden von allen Zeitschriften Probe-Abonnements angeboten, über die Sie sich ein genaues Bild über Aufmachung und Inhalt machen können. Alternativ lässt sich natürlich auch am Kiosk darin herumblättern und lesen (wahrscheinlich die sinnvollste Alternative), so dass Sie einem Fehlkauf aus dem Wege gehen.

Neben oben stehenden Fach-Magazinen buhlt auch das WWW um Ihre Gunst, das ebenso auf den Mac ausgerichtete Schwerpunkte setzt. Nachfolgende Webseiten befassen sich – fast – ausschließlich mit Mac-relevanten Themen, so dass Ihrem Wissensdurst keine Grenzen gesetzt sind:

- `www.mactechnews.de`
- `www.macnews.de`
- `www.macgadget.de`
- `www.macweb.ch`
- `www.macprime.ch`
- `www.mus.ch`
- `www.macstart.de`
- `www.macintosh-forum.de`

Hier finden Sie aktuelle News, Tests, Hintergrundwissen und die berühmt berüchtigte Gerüchte-Küche. Auch Foren sind dort anzutreffen, in denen Hunderte von Anwendern Ihre Fragen stellen und kompetente Antworten von engagierten Mac-Nutzern erhalten. Auch Sie sollten sich trauen, hier mitzumischen, denn von seinen Usern leben solche Foren, die sich über jeden Neuzugang freuen.

Hinzu kommen wahrscheinlich Hunderte von englischsprachigen Web-Sites, die ebenso ihren Schwerpunkt auf Macintosh-Themen legen und sich bis in die Innereien jedes Mac hineinfuchsen. Das Thema ist schier unerschöpflich, wie Sie sehen werden, wenn Sie sich damit auseinander setzen und abtauchen in die Materie Computer und Software …

Feedback willkommen!

An dieser Stelle danken wir Ihnen für Ihr Interesse – und hoffen, Ihnen mit diesem Grundlagenbuch den Einstieg in das fortschrittliche Betriebssystem *Mac OS X 10.5 Leopard* erleichtert zu haben.

Bitte haben Sie (wie bereits im Vorwort erwähnt) dafür Verständnis, dass wir keine individuelle Unterstützung anbieten können. Gern verweisen wir Sie aber auf die Webseite zum Buch unter `www.mandl-schwarz.de/leopard` für eventuelle Aktualisierungen und Ergänzungen, die wir als PDF zum Download anbieten – lassen Sie sich überraschen!

Sehr würden wir uns über ein Feedback per E-Mail freuen. Sie erreichen uns dafür unter ***leo@mandl-schwarz.de.*** Also, bis dann! ***Ihr***

Daniel Mandl & Michael Schwarz

Ausführliches Stichwortverzeichnis

J

K

L

M

N

O

P

Q

R

S

T

Für Windows-Wechsler und zum Kult-Player iPhone – alles dazu in unserer Edition Digital Lifestyle

Von Windows zum Mac – die Umsteigefibel
sicher und erfolgreich zu Apple wechseln – inklusive Infos zu Boot Camp, Parallels und Fusion

144 Seiten | vollständig vierfarbig
EUR 12,90 (D)
ISBN 978-3-939685-09-3

Frankfurter Allgemeine
Die F.A.Z. zur Erstauflage:
»Dieses hübsch gestaltete Büchlein war eigentlich schon lange überfällig. Daniel Mandl und Michael Schwarz sind vom Fach.«
Dr. M. Spehr | Technik & Motor | 7. Aug. 2007

Mobiles Multimedia mit integriertem Spaßfaktor

Die iPhone-Fibel
ca. 144 Seiten | EUR 12,90 (D)
ISBN 978-3-939685-05-5

- Mobiltelefon mit Digitalkamera, MP3-Player und Internet
- Zahlreiche Tipps & Tricks gerade im praktischen Alltags-Einsatz!
- hilfreiche Erweiterungen – über die Apple-Anwendungen hinaus

Weitere Information (und unseren Newsletter) erhalten Sie über www.mandl-schwarz.de